U0721744

全球化的历史考察 (修订本)

Quanqiuhua de Lishi Kaocha

何顺果 / 主编

江西人民出版社

目 录

课题来源、旨趣与运作

2003年,北京大学"十五""211工程"正式启动,由历史学系世界史专业部分教授申请的《全球化进程研究》课题,经反复论证终获批准并被纳入该工程计划。以我们的考虑,这是一个旨在追踪国际学术前沿又能拓展世界史专业研究领域、既有重要理论和学术价值又有一定现实借鉴意义、以历史学为主又带有跨学科性质的课题,并期待它的运作和成果能对世界史,特别是世界近代史的学科改造有所助益。

新中国的世界史学科建设自有其不可抹杀的成就,但几十年来其内容和结构变化不大也是不可否认的事实。对它的挑战和冲击来自各个方面,除上个世纪60年代以后兴起的现代化理论研究热潮外,近期对其挑战和冲击最大者非全球化莫属,因全球化所引发的思考实在是太多了。对全球化起源的探讨,必然地要涉及现代史与前现代乃至整个古代史的关系,由此提出的问题是:古代世界有过"全球化"吗?如果说"真正的全球化"是资本主义产生后才有的,那么对资本主义主导下的全球化的本质应如何界定,其运行又有何特点?在国际学术界,一提到全球化主要就是指"经济全球化",那么经济以外的其他因素,特别是"文化",在其中扮演了什么样的角色?在当今世界发生的每一个外交事件中,各国传媒特别是西方媒体动辄以"国际社会"如何云云,这个"国际社会"是如何形成的,它与全球化又有何关系?现在,世界各地争相设置"自由贸易区",区域化、本土化正取代

"边缘化"成为各国人民关注的焦点,那么本土化、区域化与全球化哪个是"因",哪个是"果"?70年代以来,全球化在美国等西方国家的推动下"高歌猛进",但这些全球化的推动者很快就发现自己在制造和消费等许多领域对海外市场发生严重依赖,那么全球化究竟对这些西方国家本身的社会经济发生了怎样的影响?虽然西方国家对"全球化"赞许有加,但世界并不太平。而"反全球化"运动更是此伏彼起,西方语境和流派中的"全球化"概念,究竟存在什么样的毛病和缺陷,这样的全球化能算是"真正的全球化"吗?如此等等,对所有这些问题的探索和回答,没有哪一个离得了对世界史的研究和了解,也没有哪一个问题的解决不对世界史的解释发生影响。正是在这个意义上,我们说全球化进程研究将拓展世界史专业研究的领域,并在某种程度上引发世界史,特别是世界近现代史的学科改造,看来这绝不是毫无根据的。

本课题由何顺果教授作总体设计,除了《全球化的历史考察》比较综合以外,还包括了《殖民化与全球化》《全球化与区域化》《全球化与地方社会》《全球化与国际社会》《全球化浪潮中的东北亚区域化进程研究》《全球化的文化解读》等专题,外加一个当时正在做的博士学位选题《美国非工业化研究——兼论全球化对美国社会经济本身的影响》。设计者希望,这些选题均能围绕全球化进程展开,因而都要从历史学的角度去进行探讨和研究,并对上面提出的问题从不同角度和不同深度作出各自的回答和诠释,但每个子课题从内容到写作都应当有各自的独立个性,并由教授们对自己所做的专题负责,以便发挥参与者的积极性和特长。

按"211工程"指导原则,所有子课题虽然均由在任教授担纲,但为了扶持和培养新生力量,也吸收了部分当时在校的博士生和硕士生参加。由于工程浩大,教授们的任务和教学又很繁重,各子项目的进度显然不能强求一律,故只能成熟一个先出版一个,估计整个课题的研究成果,可望在近几年内出齐。教授们都已尽其所能,但我们深知我们的努力离要求还相去甚远,丛书存在的问题肯定不少,盼读者不吝赐教。

《全球化进程研究》课题主持人　何顺果

2007年12月

▎导　论▎

全球化:一个历史学的解释

本文作者　何顺果

　　我们现在使用的"全球化"概念,是一个人文概念而不是一个地理概念。最初是由加拿大赫伯特·马歇尔·麦克卢汉(Herbert Marshall Mcluhan)于 1960 年提出的,当时他叫做"Global Village",被译为"地球村"。①"global"的名词"globe",原本是"球体"的意思,因此该词也可直译为"全球村",已包含了"全球化"的内涵。但正式使用"全球化"这一概念还是在1985 年,该年 R.罗伯逊和 F.莱克联名发表了论文《现代化、全球化和世界体系理论中的文化问题》,文中第一次使用了"globalization"一词。同年,西奥多·莱维特在《哈佛商报》上发表的文章《谈市场的全球化》,亦使用了"globalization"这一概念,并对它的含义有一个正式的界定,是指"商品、服务、资本和技术在世界性生产、消费和投资领域中的扩散"②。但究竟哪一个是真正首次使用"globalization"这一概念的人,目前尚无定论。

　　不过,必须指出的是,虽然大致可以确定"全球化"概念产生于 20 世纪60 至 80 年代,但"全球化"观念和思想的形成却可说是源远流长,并不是

---

　　①　虽然"Global Village"的概念 1960 年就提出来了,但他与布鲁斯·鲍尔斯合著的《地球村》(The Global Village)一书直到 1989 年才由牛津大学出版社出版。

　　②　Alan M. Kantrow, ed., Sunrise Sunset: Challenging the Myth of Industrial Obsolescence. John Winley & Sons, 1985, pp. 53 – 58. 参见程光泉主编:《全球化理论谱系》,湖南人民出版社 2002 年版,第 1—2 页。

第二次世界大战以后才有的,之前的许多思想家都为此作出了贡献,其中就包括卡尔·马克思。对于这个问题,不同的人在不同的场合作过不同的讨论,但却不见系统而深入的研究。我们认为,以下提到的探索和思考,均可以看做是对"全球化"概念形成所作的努力:

其一,是古代的"地圆"说。我们把它看做是"全球化"概念形成的地理学基础。"地圆"说来自西方而不是东方,因为中国古时是主张"天圆地方"的。这种思想起源很早,号称"五经之首"的《周易·说卦》就谈道:"乾为天,为圜。"《大戴礼记》已将"天圆"与"地方"并提:"天道曰圆,地道曰方。"《淮南子》不仅引用了上面的话,并在《精神训》中打比方说:"头之圆也象天,足之方也象地。"在西方,亚里士多德曾根据月食时地球投射到月球上的影子轮廓呈弧形等现象论证大地是"球体"。柏拉图在《裴洞篇》中也说"大地是圆的,位于天的中央"①,但这个"大地"究竟是个"圆盘"还是个"球体"则模糊不清。因此,"地圆"说在古代西方从总的来说还是不明晰、不确定的。而革老丢·托勒密就不一样,他在成书于公元 2 世纪而初版于 1475 年的《地理学导言》中,虽然坚定地捍卫"地球中心"这个古老的传说,但却明确地把地球描绘成"一个球体"②,他书中所引用的地名多达 8000 个,所附区域地图多达 64 张,但他却错误地计算了地球的周长。到弗朗西斯·培根就更不一样了,他在 16 世纪后期成书但至 1625 年才出版的论说文集中,不仅多次对地球进行了详细的描述,而且使用了"半球"的概念,尽管他当时还误以为南半球"差不多全是海洋"③。总之,至少在 16 世纪到来之前,学者们已可以使人们相信,地球确实是一个"球体",这种地理观念的确立,不能不影响到人类的活动。克里斯多弗·哥伦布 1492 年的航行,就是在其观念(包括错误观念)的影响下出发的。

其二,是马克思的"世界历史"理论。卡尔·马克思提出的"世界历史"概念,首次见于成文于 1843 年和 1844 年之交的《〈黑格尔法哲学批判〉导言》,④其思想萌芽于他的《克罗茨纳赫笔记》(1843),而形成于他与

---

① [古希腊]柏拉图:《柏拉图对话集》,商务印书馆 2004 年版,第 277 页。
② [苏]波德纳尔斯基编:《古代的地理学》,商务印书馆 1997 年版,第 403 页。
③ [英]弗·培根:《培根论说文集》,商务印书馆 1984 年版,第 204 页。
④ 马克思在文中写道:"历史不断前进,经过许多阶段才把陈旧的生活形式送进坟墓。世界历史形式的最后一个阶段就是喜剧。"见《马克思恩格斯选集》(第 1 卷),人民出版社 1966 年版,第 5 页。

恩格斯合著的《德意志意识形态》(1845)。这种理论认为,"世界历史不是过去一直存在的,作为世界史的历史是结果",促成这种转变的根本动力和原因,是人类生产力和交往的发展,特别是资本主义及其催生的工业革命;由于资本主义生产与交往的发展,"各个相互影响的活动范围在这个发展进程中愈来愈扩大,各民族的原始闭关自守状态则由于日益完善的生产方式、交往以及因此自发地发展起来的各民族之间的分工而消灭得愈来愈彻底,历史也就在愈来愈大的程度上成为全世界的历史"①;交往作为历史向世界历史转变的中介,"交往"的革命特别是交通运输革命,在这种转变中成为决定性的环节,但交通及其革命并不等于交往,因为"交往"在本质上是人们的一种生存方式,它存在于人类生活的各个方面,其形式既有物质的也有精神的。由于这一理论认为是资本主义大工业"首次开创了世界历史"②,"世界历史"理论因而为我们的"全球化"研究提供了历史学基础。

其三,是沃勒斯坦的"世界体系"理论。其代表作是从 1974 年开始,然后陆续出版的四卷本《现代世界体系》。伊曼纽尔·沃勒斯坦是美国社会学家,不满于当时流行的现代化理论和依附理论,认为依附论之"中心—外围"概念只不过是地理上的概念,他在"中心"和"外围"的概念之外增加了一个新的概念——"半边缘",而采用社会经济学的观点来考察现代世界及其形成过程,并用"核心—半边缘—边缘"来界定和建构自资本主义产生以来所形成的这个"现代世界体系",从而建立起一个有关"现代世界体系"的三层解释框架。在沃勒斯坦看来,在这个现代世界体系中,核心、半边缘和边缘已不再仅仅是地理上的划分,而是代表和表达了三种不同的社会和经济形态,并具有不同的社会经济功能,这个体系是"一个社会体系"③。由于"这一体系内的生活大体上是独立自主的"④,从核心到半边缘再到边缘的扩张,并不一定意味着发生贫富悬殊的两极分化,更多地体现为经济自主性的弱化,三个区域中任一个都以另外两个区域的存在为条件。其中,"半边缘"的地位较为特殊,它作为核心与边缘地区的过渡地带,既被核心地区剥削又剥削边缘地区,因而既增加了世界体系内的异质

---

① 《马克思恩格斯选集》(第 1 卷),第 49 页。

② 同上,第 64 页。

③ [美]伊曼纽尔·沃勒斯坦:《现代世界体系》(第 1 卷),高等教育出版社 1998 年版,第460 页。

④ 同上。

性,又是世界体系中充当体系稳定的因素。沃勒斯坦的"世界体系"理论,由于第一次系统地分析了资本主义产生以来"世界经济"的社会结构及其内在本质,可视为"全球化"研究的社会学或经济学基础。

其四,是 H. M. 麦克卢汉的"地球村"理论。此人被称为信息时代的"先知",自 20 世纪 50 年代起,他先后发表过一系列影响广泛而深远的著作,包括《机器新娘:工业人的民俗》(1951)、《传播学探索》(1960)、《理解媒介》(1964)、《言语·声象·视象探微》(1967)、《媒介即是讯息:效果一览》(1967)、《文化是我们的产业》(1970)、《媒介定律:新科学》(1988)、《地球村》(1989),等等。作为信息时代的"先知",他不仅首创了"地球村"(Global Village)的概念,认为交通工具的发达曾使地球上的原始村落(tribe)都市化,即"非村落化"(detribalize);而电子媒介的出现则造成了反都市化,即"重新村落化"(retribalize)。其结果是城市与乡村之间的"中心—边缘"结构的消除以及个人对个人的交往方式的恢复,而且对"媒介""媒介使用者""媒介的保健工具"等一系列课题进行了创造性研究,提出了"媒介即是讯息""媒介是人的延伸"的观点,作出了"信息和娱乐的二元分割已经结束"的论断,并进而提出了著名的"媒介四定律",指出某个媒介达到潜能之极限之后其原有的特征就会发生逆转。① 所有这些,都可以说是"全球化"的传播学基础。

但目前国内外对"全球化"的理解和界定,主要来自经济学家和社会学家,虽然角度也不尽相同。有人从金融发展的角度看问题,把全球化视为金融一体化,金融大鳄乔治·索罗斯是其中的代表。他在《索罗斯论全球化》一书中写道:全球化就是"全球金融市场的发展,跨国公司的扩张以及它们对各国经济日益加强的支配"②。也有人从经济全球化的角度看问题,视野比金融全球化要宽一些,可以国际货币基金组织的定义为代表:"全球化是指跨国商品和服务交易使世界各国经济的相互依赖性增加",即全球经济一体化。③ 比经济一体化理解更宽泛的,是以托马斯·弗里德曼为代表的一些学者,他们从跨学科研究的角度把全球化视为市场、金融

---

① [加]埃里克·麦克卢汉,弗兰克·秦格龙编:《麦克卢汉精粹》,南京大学出版社 2000 年版,第 567—568 页。

② [美]乔治·索罗斯:《索罗斯论全球化》,商务印书馆 2003 年版,第 1 页。

③ 国际货币基金组织:《世界经济展望》(1997 年 5 月),中国金融出版社 1997 年版,第 45 页。

和技术的整合，认为全球化"不仅是一种经济趋势"，"它正在直接或间接地塑造国家的政治、经济政策以及外交关系"①。然而，安东尼·吉登斯却把全球化定义为"全球范围内社会关系的强化"，其视角几乎与上述所有看法都颇为不同。他认为："可以把全球化定义为种种全球性社会关系的增强，它使各种本来天各一方的地方性联结在一起，以至此地发生的事情要受到遥远的地方的事情的制约，反之亦然。"②应当指出，上述对"全球化"的理解和定义虽然均言之有据，但由于主要是从西方发达国家的立场出发的，都不同程度地存在着局限性：第一，这些理解和定义主要是从经济学角度出发的，难免带有片面性；第二，它们主要讲的是"全球化"的好处，忽视其负面影响；第三，它们主要是讲全球的"一体化"，忽视世界对民主化的要求；第四，它们看到的主要是目前的"全球化"，忽视它形成的背景和过程。而在我们看来，"全球化"无论在广度上还是在深度上，都是一个世界历史上从未见过的潮流或趋势，它有着广泛、丰富而深刻的经济、社会、政治和文化内涵，但在社会经济上又有其本身一定的不容忽视或不容否认的性质，以及酿成这种内涵和性质的源远流长的历史背景和过程，绝不是一朝一夕形成的。为了更好地揭示"全球化"的内涵和性质，有必要对"全球化"运动作一历史学的考察和解读，而这在目前来说仍是一项艰巨的任务，因为这一工作才刚刚起步。本书的目的，就是要为全球化的历史学解释提供一个基本的框架，以供讨论。

与经济学、社会学和其他某些学科不一样，历史学要求把研究对象放到一定的历史环境中考察，这个"历史环境"应包括时间、空间和当时的社会历史背景；要求把任何事物的发展和演变都看做一个过程，努力地去揭示其发生和发展中的不同阶段及其相应的特点；要求重视并揭示各种事物之间的因果联系及其内在逻辑，以探寻该事物发展的内在的和外在的原因和动力；要求以"历史主义"的眼光来看你所考察和研究的对象或事物，如实地把它看成是历史上发生的事物。我们认为，从历史学的角度和上述要求看，我们对"全球化"的看法可以大致表述如下："全球化"并不是晚近才开始的过程，它本是人类各民族之间相互联系和交往并日益普遍化和紧密化的表现，有着深远的历史背景和渊源；但在很长一个时期内，这种交往还

---

① Thomas L. Friedman, Dueling Globalization, Foreign Policy, (Fall 1999), p. 110., http://global. umi. com.

② ［英］安东尼·吉登斯：《现代性的后果》，译林出版社 2000 年版，第 56—57 页。

是零散的和不连续的，只有在西欧资本主义产生以后，"全球化"作为一种社会、经济一体化的趋势才日渐显现，西欧资本主义不仅为"全球化"运动提供了主要的动力，也为"全球化"运动的启动和发展过程确立了最初的原点；不过，各民族交往的"普遍化和紧密化"有赖于各民族在国际社会中平等地位的真正确立，而目前的"全球化"更多地是以西方(主要是美国)主导下的经济"整合"，即一体化，它是不平等的交换；因此，要实现人类各民族交往真正的普遍化和紧密化，显然还有漫长的路要走，在这种情况下谈什么全球化的"终结"，显然为时尚早。在此，我们想申明，上面对"全球化"的这一表述，意在理解和解释而不是定义，其"关键词"是"交往"(communication or contact)，它包括五大要素：时空、动因、内容、形式和技术，其中"形式"既包括交往的方式也包括交往的组织，因为交往有时是以集体方式进行的，不完全是个人行为。因为"全球化"在本质上是一种横向运动，横向发展和联系是其主要趋势，只是在不同时代不同阶段这种"联系"的内容和方式不同，紧密程度不同而已。但"交往"又并不仅是"联系"，它本是人们的"一种生存方式"(a style of life)①，必然涉及人类生活的各个方面，诸如政治、经济、文化以及科学、艺术、宗教、哲学等。由此，便产生了如下几大问题，需要作进一步的讨论和回答。

问题之一，既然把资本主义产生后的西欧作为全球化的"原点"，那么应如何看待和评价此前人类各民族之间几千年的交往及其历史？又为什么说只有西欧资本主义的产生才为全球化提供了"动力"并确定了它的"原点"？

其实，在资本主义产生以前，人类各民族已进行了几千年，甚至更长时间的交往，这种交往形式各有不同，关系有疏有密，规模有大有小，时间有长有短，但都是人类共同体活动的重要组成部分，并为以后的全球化运动作了必要准备。没有这些准备，今天的全球化从启动到发展，都是难以想象的。但西欧资本主义产生以前的人类的交往更多地带有区域的性质，而不具有今天由资本主义推动的所谓"全球化"的性质。尽管当时许多人不乏"世界的"眼光，并对他们活动的"世界"相当熟悉。下面仅举几例：

---

① [美]威廉·H.麦克尼尔在《西方的兴起》一书中，就把"文明"定义为"一种生存方式"，人类各民族之间和各民族内部的"交往"是整个"文明"活动的一部分，因此把这种"交往"称为"一种生存方式"，当是可以的。参 William H. McNeil, The Changing Shape of World History. History and Theory, V. 34, No. 2(May, 1995), p. 16.

其一,是人类由发源地向全球的迁徙。一般认为,世界各大陆有人类存在,至迟不晚于15000年前。各大洲有人类存在的最晚的时间分别是:非洲,100万年前;亚洲,20万年前;欧洲,4万年前;澳洲,1.5万年前;美洲,1.5万年前。但考古学和人类学研究表明:"今天,生活在世界各大洲、各个地方的人们都有一个共同的祖先,但是6万年前生活在非洲的某个男人,他是真正的亚当。也就是说,人类起源于非洲。"①换言之,今天生活于世界各地的人类,都是在1.5万年前从非洲迁徙而来的人的后裔。由坎迪什·L.高彻等人编写的《全球史中的几大主题:在平衡中》一书,则以图形的方式描述了人类这种全球迁徙的过程:从非洲到亚洲,100万~20万年前;从非洲到欧洲,20万~4万年前;从非洲到澳洲,5万~1.5万年前;从非洲到美洲,1.5万~500年前。② 不过,人类早期的这种迁徙,虽然有其原点(非洲)和全球性,但它是一个自然的扩散过程,主要的动力是来自环境和气候变迁的压力,并不像今天的全球化运动那样,有着强烈的内在的冲动,更不具有任何整合的性质。正因为如此,人类在走出非洲之后的多少万年间,各大陆之间的联系不是增加了而是减少了,散布于各大陆的人类忙于适应不同的生活环境和气候,按家庭、氏族、部落、部落联盟的次序进行种族和民族的集结、聚合。这种发展趋势,与其说是"全球化",还不如说是区域化和民族化,其结果有三:一是繁衍于同源的人类发生种族的分化,出现了黄种、白种和黑种三大不同种族;二是以农业的发明为契机,人类开始由迁徙和游牧转为定居,由此导致了无数文明中心的形成;三是各民族在不同的自然环境和社会结构制约下,按自己不同的方式和道路走向成熟和文明。在此期间,各民族、国家、地区之间的区隔大于联系,在小范围内是聚合而在大范围内则主要是分离。

其二,是古代帝国管辖范围内的交流。各民族之间并不能长久处于分离状态而疏于交往,随着人类活动频率的增强以及政治、经济和文化活动的扩大,世界各民族、国家和区域之间的交往日益增多,而公元前后大约1000年间一系列古代帝国的建立,则为这种交往提供了便利的条件。有

---

① [美]斯宾塞·韦尔斯:《出非洲记:人类祖先的迁徙史诗》,东方出版社2004年版,第29页。
② Candice L. Goucher, Charles A. LeGuin and Linda A. Walton, In the Balance:Themes in Global History. Boston, 1998, p.26.

人认为,这一时期帝国的产生是一种"规律性现象"①,而我们则认为除罗马帝国和中华帝国的建立有其强烈的内在逻辑外,其余各帝国的建立都各有其由而不能归于一律。罗马自公元前753年建城起,先后经历了王政时代和共和时期,虽然直到公元前27年才转为帝国,但导致帝国建立的因素早已存在:对地中海周边地区的征服导致一个又一个新的行省的建立,在征服中诞生的以无产者为主要来源的职业军队取代以公民为主体的军队成为统帅笼络收买和利用的工具,对被征服人民的奴役使奴隶制取代贵族和平民的矛盾上升为罗马社会的主要矛盾,所有这一切都呼唤着中央集权帝国的降临。但古埃及当时由法老建立的专制王国更多地是以神的名义构建起来的,就像在黄河流域秦皇、汉武对秦、汉帝国的统治是以"天子"的名义进行一样,而亚历山大、大流士、纳西尔帕二世的马其顿、波斯、亚述帝国几乎完全是通过武力征服造成的,稍晚建立的查理曼帝国亦与此类似。这些帝国虽然主要扎根于当地,但当时可以说都不乏征服和统治"世界"的野心,为此罗马人修建了由各行省通往罗马城的道路,秦始皇修建了由首都咸阳通往全国各地的"驰道"或"直道",这些帝国内政治、经济和文化的交往空前活跃。不仅如此,帝国之间的交往也已开始,自河西走廊经塔里木盆地、中亚、西亚至地中海沿岸的"丝绸之路",成为世界历史上第一条横贯亚欧大陆的商道,这条商道自西汉中期开通以后使用了一千多年,其间虽常常被新兴起的国家打断,但终不能掩盖其有过的繁荣,堪称世界历史上的奇观。然而,几乎所有这类古代帝国真正做到有效统治的核心地区毕竟有限,罗马帝国的核心地区在地中海,秦、汉帝国的核心地区在黄河中游,亚述帝国的核心地区在两河流域,因此帝国境内的交流主要还是区域性的。更重要的是,所有这类古代帝国,其对所属领地的统治和维持,主要还是建立在政治控制和军事占领基础上的,帝国范围内的经济交流主要是为了满足帝国中心的需要,以贡赋形式出现的,是单向的而不是双向的,更不是多向的。斯大林在谈到这些古代帝国时说:"居鲁士和亚历山大大帝、恺撒和查理大帝等所建的帝国,这些帝国没有自己的经济基础,而是暂时的

---

① 朱龙华:《关于古代奴隶社会发展规律的一个探讨》,《世界史研究》,第1期(1984年),第11页。

不巩固的军事和行政的联合"①,"其分合以某一征服者的胜败为转移"②。

其三,是 13 世纪前后形成或存在的几大经济贸易圈内的交流。一般认为,在 13 世纪前后,全球存在着四大经济贸易圈,它们是以中国为中心的朝贡贸易体制,以印度为中心的印度洋贸易体制,以意大利为中心的地中海贸易体系以及西北欧的汉萨同盟。与上文谈到的古代帝国不同,如果说古代帝国在本质上是政治军事体制的话,那么,此处所列四大贸易圈在性质上则主要是经济的,但这四大贸易圈的范围、规模和经济化的程度,实际上差别很大。以中国为中心的朝贡贸易,源于先秦的"华夷"之分和"五服"③之制,一直延续到清代;它虽然较其他古代国际关系平缓,但由于它在政治上从属于源远流长的"华夷体制",其性质政治因素大于经济因素;为了维护中国历代帝王的威权,实行所谓"厚往薄来"的礼制和方针,在经济上朝贡贸易始终缺乏活力。④ 以印度为中心的印度洋贸易自古就存在,但 10 世纪以前印度对外贸易主要通过陆路而不是通过海洋,或者从印度东北进入中国的云贵地区,或者从印度北部进入中国的西藏,或者从印度西北进入波斯。"自 10 世纪以后,跨越欧亚大陆的贸易,就主要是通过海路而不是陆路,但这并不是说陆上运输就可以忽视和不重要了,因为印度洋没有几个港口城镇生产什么出口品,大多数物品仍须远距离运到船运地",并继续从属于欧亚大陆贸易,⑤因此印度洋实际上并不存在一个贸易圈。地中海及其周边地区的贸易,有时控制在亚历山大里亚手中,有时控制在地中海东岸的阿拉伯人手中,有时控制在意大利热那亚和威尼斯人手中,这里确实存在着一个复杂的多层次的贸易结构,但其中主要是欧亚两大陆之间的"过境贸易",在 1453 年奥斯曼土耳其人占领君士坦丁堡之前,其中心在很长一个时期是威尼斯,因为它是东西几条商路的汇集之地,又是从地中海进入欧洲腹地的门户。关于"汉萨"的文字记载最早见于 1239 年,其本身有一个"从商人汉萨到城市汉萨"的演变过程,最终发展成一个

---

① 斯大林:《马克思主义和语言学问题》,《斯大林选集》(下卷),人民出版社 1979 年版,第 507 页。

② 斯大林:《马克思主义和民族问题》,《斯大林选集》(上卷),第 61 页。

③ "五服":甸服、侯服、宾服、要服、荒服,见《国语·周语上》。

④ 李云泉先生认为,先秦的朝贡贸易制度有四大特征,即它的"原始性""非对称性""礼仪性和象征意义"和"典范作用"。见李云泉:《朝贡制度史论——中国古代对外关系体制研究》,新华出版社 2004 年版,第 13—14 页。

⑤ Stanley Wolpert, A New - History of India. Oxford University Press, 1997, p.79.

以吕贝克为中心的自卫性大同盟,高峰时期入盟城镇不下 70 个,东至诺夫哥罗德,西至伦敦,北到挪威的卑尔根,从"Hansa"这一德语古语的内涵看,"汉萨同盟"是上述四个贸易体中,组织最严密而又最富经济性的一个,因为它既有"基尔特"的含义,也有"公司联合体"的含义。①

  应当如何看待和评价资本主义产生以前人类各民族几千年的交往及其历史?又为什么说只有资本主义的产生才为全球化提供了"动力"并确定了它的"原点"?对此,西方左派经济史家作出了不同于"现代世界体系"创立者沃勒斯坦的回答。沃勒斯坦认为,"现代世界体系"产生于 16世纪,资本主义是推动其产生的动力,而左派经济史家则认为,"世界体系"并不是在资本主义产生以后才有的东西,其存在的历史已有五千年了。1993 年出版、由安德烈·冈德·弗兰克和巴里·K. 吉尔斯主编的《世界体系:500 年还是 5000 年?》一书,第一章就是两位先生写的文章并以"5000 年世界体系"作标题。② 而塞缪尔·阿明似乎认定,先于"现代世界体系"而存在的是"古代世界体系",这个古代世界体系就是存在于公元前300 年至 1492 年的"纳贡社会体系",而在有些人看来它却是一种"原始资本主义体系"。这就提出了一个问题,"现代世界体系"本是资本主义"全球化"的产物,"古代世界体系"不管它是"纳贡社会体系"还是"原始资本主义体系",只要认定它是古代的一种"世界体系",就应当承认在古代也存在一种"全球化"的过程,那么,这个"纳贡社会体系"或"原始资本主义体系"是不是一个"世界体系"呢?根据塞缪尔·阿明本人的解释:第一,他认为,现代世界体系是由"普遍化的资本主义市场"构成的,因而这个现代世界体系是"一个体系"即单一体系;第二,他认为,"纳贡"的形态并不构成"一种"生产方式,上文所说的资本主义产生以前的四大经济贸易圈,均是"一个自给自足的、自成一体的世界";第三,因此,他认为,尽管"人类自起源以来一直是统一的","人们发现所有的社会都遵循类似的发展阶段",但"社会进化规律的普遍性绝不暗含着一个单一体系的观念"。③ 按

---

  ① George Cawston and others, The Early Chartered Companies (A. D. 1296 – 1858), New York, 1968, p.4.

  ② [德]安德烈·冈德·弗兰克,巴里·K.吉尔斯主编:《世界体系:500 年还是 5000 年?》,社会科学文献出版社 2004 年版,第 3 页。

  ③ [埃]萨米尔·阿明:《古代世界体系与近代资本主义世界体系》,见《新史学》(第二辑),2004 年 7 月,第 197—223 页。

此逻辑,我们认为,古代的"纳贡社会体系"就不是一个"世界体系",因此就不存在一个与此相应的"全球化"过程。布鲁斯·梅兹利斯在对"Global History"和"World History"进行了比较后发现,"world"一词来自中世纪英语的"人类存在方式",而"Global"则是指"空间的方向"。他同时还指出:"全球史"包括两个方面:一是指全球化的历史,二是指对全球化进行的最好的研究,而不是做的地方史、民族史、地区史的研究。他认为,这里存在着一个由世界史向全球史的"跳跃"(leap)问题,[1]不能将"全球史"与"世界史"混为一谈,这一看法与上文所说马克思关于历史向"世界历史"转变的观点不谋而合,而马克思在使用"World History"这一概念的时候早已超越了中世纪英语的界限,提前赋予它以"全球史"的内涵。因此,退一步说,即使存在一个什么"古代世界体系",1500 年之前也谈不到"全球化"问题,因为那时还没有一个全球化的空间概念,即便是"地圆"说也还没有得到证实,尚处于理论探讨阶段。换言之,那种把"全球化"的世界历史进程从 1500 年前追溯到古代几千年的做法,在理论上是站不住脚的。只有西欧资本主义的产生,才为全球化提供了历史的"动力",并确定了它的"原点",而这个"原点"就是 14 世纪和 15 世纪资本主义的发源地——西欧,我们今天所说的"全球化"进程,就是在这时启动并由此向全球扩散的。这里,"原点",既是一个时间概念,也是一个空间概念:作为"时间"概念,它是全球化进程的起点;作为"空间"概念,它是全球化扩散的中心。

但资本主义的产生,为什么会成为全球化的"动力"并为其确定"原点",则是一个有待证明的问题。而为了证明这个问题,则必须从"全球化"的基本特点谈起。在我们看来,今天我们看到的"全球化"有三个基本特征:第一,它是一个持续不断的、向深度和广度扩张的过程;第二,它造成了一种以西欧为中心的,包括"核心—半边缘—边缘"三重结构的世界体系;第三,这个由三层结构组成的社会经济体系内部并不平衡。而 14 世纪和 15 世纪以来产生的"资本主义",作为一种生产方式和经济制度,它与以往的生产方式和经济制度比较有何特点呢? 第一,它不再以自给自足为限,而是以"利润"的追求为目标,即以资本来生产资本,因为"资本只有一种生活本能,这就是增殖自身"[2],而一旦它不再能使自己"增殖",资本也

---

① Bruce Mazlish, Comparing Global History to World History. Journal of Interdisciplinary History, V. 28, No. 3 Winter, 1998), p.389.

② 马克思:《资本论》(第 1 卷),人民出版社 1975 年版,第 260 页。

就没了或停止了生命,这就迫使资本投入不断地竞争从而赋予资本以"无限扩张"的能力。诚如马克思所说,"生产的无限扩张""成了每个厂主必须遵守的强制性的竞争规律"。①毫无疑问,正是资本的这种"无限扩张"的能力以及由此产生的所谓"资本主义的帝国主义使命"(The imperialist misson of capitalism),②为我们所说的"全球化"提供了取之不尽的动力,推动它持续不断地向广度和深度扩张。而"世界市场"的建立可以看成是这种扩张的基本任务和主要目标,因为资本的利润必须通过销售才能得以实现,这就要求有尽可能广大的市场,并占有其中尽可能大的份额。诚如曼纽尔·卡斯特所说,"资本主义生产方式的特征是不断扩张,总是尝试克服时空的限制"③,而在资本主义产生之前之所以不会有全球化,就是因为当时还没有这种"无限扩张"的、可以持续起作用的推动力。但我们对资本的这种"无限扩张的能力"的认识,不能仅仅停留在对资本的本性或本能的理解上,还必须了解和认识它在历史上的具体表现形式,资本主义的"无限扩张的能力"在历史上是如何体现的呢?我们看到的,无疑首先是其搜集和积累资本的能力和方式,这不仅是指它先如何以合资取代独资、后又如何以股份制取代合资的做法,更重要的是指它为了不断扩大"再生产"在处理利润时采用的分配和积累兼顾的原则;其次,为了扩大剩余价值的生产,它千方百计提高劳动生产率,以改变剩余价值中相对部分与绝对部分的比重,为此它不断扩大在科学和技术研究方面的投入,强调和鼓励企业创新能力的培养,并使之与生产紧密相结合;此外,在生产、开发和研究的组织上,它提倡和推广"科学管理"的原则和精神,并且不断把这种管理由起初的主要是对生产活动的管理,推进到对生产关系、人际关系乃至各类人员的素质的管理,以便尽可能地提高企业生产和经营的合理化程度和效率。第二,它一开始就显示了极大的开放性,而把建立"世界市场"作为自己存在和发展的条件和己任,因为在封建生产的最早的变革时期即现代生产的发生时期,商业资本"产生过压倒一切的影响",而"商业资本是资本本身的最早的自由存在方式"④。但这并不等于说资本只是在其开创时期才具有开放性,才把建立"世界市场"当做自己的任务,资本主义发展起

全球化的历史考察

quanqiuhuadelishikaocha

12

---

① 马克思:《马克思恩格斯选集》(第3卷),人民出版社1960年版,第490页。
② Bill Warren, Imperialism: Pioneer of Capitalism. London, 1989, p. 39.
③ [美]曼纽尔·卡斯特:《网络社会的崛起》,社会科学文献出版社2001年版,第119页。
④ 马克思:《资本论》(第3卷),第376页。

来后就不需要这种开放性,也不需要这种"世界市场"了,事情的发展恰恰相反。因为,资本主义生产"一开始就以商业为基础"的真正含义是:"既以替市场和世界市场生产为基础,也以世界市场造成的生产条件为基础"①。所以,"一旦工场手工业(尤其是大工业)相当巩固了,它就又为自己创造市场,并用自己的商品来夺取市场。这时,商业就成了工业生产的奴仆,而对工业生产来说,市场的不断扩大则是它的生活条件"②。换言之,沃勒斯坦所说的"现代世界体系",作为资本主义"全球化"的产物,在本质上乃是资本所造就的"世界市场"在结构上的表现形式,而"世界市场"在本质上则是资本的"开放性"在形式上的表现。第三,它虽以"利润"的追求为最大目标,但以提高劳动生产率为主要手段,因此得以优质但相对廉价的商品征服世界市场,因为自英国工业革命发生并使英国成为"世界工场"以来,英国和其他西方资本主义国家的对外出口相对来说大多是所谓"技术密集型"产品;而另一方面,在广大被西方殖民列强征服的殖民地、半殖民地和附属国,由于科学技术落后以及主权丧失,被迫沦为西方资本主义国家的投资场所和商品倾销市场,只能以原料和劳力密集型产品与之交换。显然,在这个世界市场上,在"核心地区"与"边缘地区"之间,其交换是不平等的。这是因为,在这种国际交换中,为了实现利润的平均化,剩余价值必须从一个企业团体转移到另一个集团,即从一些有机构成低于一般水平的部门转移到那些有机构成高于一般水平的部门,这就产生了"平等的剩余价值率与不平等的有机构成"的矛盾,而这正是"不平等的精确含义",其实质是"剩余价值率的不平等"③。

以上所说,虽然不能完全涵盖西欧资本主义与全球化启动的所有层面,但足以从正反两个方面证明,西欧资本主义的产生不仅为全球化的启动提供了真正的动力并规定了它的基本特征,也为全球化的扩展确立了"原点"。

问题之二,自资本主义产生以来,世界上至少形成了三大历史趋势:一是全球化趋势,二是现代化趋势,三是"国际社会"的形成,应如何理解这三大历史趋势的性质?又如何看待和分析它们之间的关系?

"全球化"并不是由资本主义催生的唯一的世界历史趋势,除此之外

① 马克思:《资本论》(第3卷),第376页。
② 同上。
③ [希腊]A.伊曼纽尔:《不平等的交换》,中国对外经济贸易出版社1998年版,第83、88页。

还有另外两大世界性潮流或趋势：一个叫做"现代化"运动，一个是"国际社会"的形成。

在我国，自罗荣渠先生倡导"世界现代化进程"研究以来，把现代化当做一个"世界进程"进行探讨，已构成我国学者现代化课题研究的一大特色，这种研究取向是可以的，也是重要的。但应当指出，"现代化"作为一种历史运动，在本质上它应被视为一种纵向运动而不是一种横向运动，因为现代化在本质上是一种社会变迁，尽管它不是一般的社会变迁。这一点常常被一些现代化研究者所忽视，而忽视这一点便很容易陷入"传播论"陷阱，并使研究流于一般化而不能深入。众所周知，"社会"是一种结构或形态，其性质是由与一定生产力相适应的生产关系决定的；所谓"社会变迁"，主要是指在新的生产力出现以后，已经不能与之相适应的旧的生产关系，不得不进行变革，并相应地带动有关上层建筑（包括意识形态）的改变；这种变迁有大有小、有快有慢、有深有浅，但真正的社会变迁不能不涉及生产方式的更替，不能不涉及社会性质在根本上的改变，不能不涉及社会实质性的提升和发展，当然有时也可能出现倒退。我们关于"现代化"的本质的这一理解正确不正确呢？且看著名现代化理论研究者 C. E. 布莱克是如何说的。他在《现代化的动力———一个比较史的研究》（1966）一书中写道："从上一代人开始，'现代性'逐渐被广泛地运用于表述在技术、政治、经济和社会发展诸方面处于最先进水平的国家所共有的特征。'现代化'则是指社会获得上述特征的过程。"①他在这里就是把"现代化"看做一个社会变迁过程，只不过他是把这种过程看做一个"高速变迁过程"而已。② 他在另一个地方说得更加清楚："所谓现代化，作者是指这样一个过程，即在科学和技术革命的影响下，社会已经发生了变化或正在发生变化。"③那么，"社会变迁"是不是一种纵向运动呢？对此，马克思有一段精彩的论述："社会的物质生产力发展到一定阶段，便同它们一直在其中活动的现存生产关系或财产关系（这只是生产关系的法律用语）发生矛盾。于是这些关系便由生产力的发展形式变成生产力的桎梏。那时社会革命的时代就到来了。随着经济基础的变更，全部庞大的上层建筑也或快或慢地

---

① ［美］C. E. 布莱克:《现代化的动力———一个比较史的研究》,浙江人民出版社 1989 年版,第 5 页。

② 同上。

③ ［美］C. E. 布莱克等:《日本和俄国的现代化》,商务印书馆 1984 年版,第 18 页。

发生变革。在考察这些变革时，必须时刻把下面两者区别开来：一种是生产的经济条件方面所发生的物质的、可以用自然科学的精确性指明的变革，一种是人们借以意识到这个冲突并力求把它克服的那些法律的、政治的、宗教的、艺术的或哲学的，简言之，意识形态的形式。我们判断一个人不能以他对自己的看法为根据，同样，我们判断这样一个变革时代也不能以它的意识为根据；相反，这个意识必须从物质生活的矛盾中，从社会生产力和生产关系之间的现存冲突中去解释。无论哪一种社会形态，在它们所能容纳的全部生产力发挥出来以前，是绝不会灭亡的；而新的更高的生产关系，在它的物质条件在旧社会的胎胞里成熟以前，是绝不会出现的。"①不难看出，马克思在这里所说的"社会变革"过程，就是用"新的更高的生产关系"取代旧的"现存生产关系"的过程，是一种纵向运动。P. 斯特恩斯认为，"现代化概念的核心意义有二：其一是经常用来描述西欧以外的，正在复制西欧内部先前表现出的或将要表现出的社会类型(patterns)；其二是更直接地应用于西欧的社会史的(结构)，尽管它同样赋予它以全球适应性(global application)"，这两个含义都说的是"社会变迁"。② 这与横向发展的"全球化"运动有重大区别。

　　然而，又不能说"现代化"与"全球化"完全无关，也不能说它未发生一种"世界进程"。这首先是因为，诚如上文所述，资本主义在它产生的时候，在其中起主导作用的是"商业资本"，而商业资本具有很强的开放性，它以自己特有的性质和功能，把工业生产和市场开拓紧密结合在一起，造成工业、市场和商业之间的互动关系。马克思生动地描述过这种互动关系："起初，商业是行会手工业、农村家庭手工业和封建农业转化为资本主义经营的前提。它使产品发展成为商品，这部分地是因为它为产品创造了市场，部分地是因为它提供了新的商品等价物，为生产提供了新的原料和辅助材料，并由此开创了一些生产部门，它们一开始就以商业为基础：既以替市场和世界市场生产为基础，也以世界市场造成的生产条件为基础。"③可见，如果我们把"工业化"的启动和发展视为"现代化"的重要的和核心

---

① 马克思：《〈政治经济学批判〉序言》，《马克思恩格斯选集》（第 2 卷），人民出版社 1966 年版，第 194—195 页。

② Peter N. Stearns, ed., Encyclopedia of European Social History from 1350 to 2000. New York, 2001, p.4.

③ 马克思：《资本论》（第 3 卷），第 376 页。

部分的话,那么"现代性几乎一开始就是全球性的"①,我们根本不能离开"全球化"来谈"现代化",因为在某种意义上可以说"全球化"是"现代化"的必要条件。从经济运作和发展的角度看,资本主义早期所形成的这种"现代性"与"全球化"的关系乃是一种自然关系,因为它是由"商业资本"的本性使然。其次还因为,"现代化"和"全球化"的这种关系,愈来愈变得不那么自然,甚至最终变得很不自然,如果说不是变得完全不自然的话。这突出地表现在二次大战以后,西方(特别是美国)出于美苏"冷战"的战略考虑,提出对落后国家提供经济援助的计划,如1949年美国总统杜鲁门的所谓"第四点计划",其条件是这些接受"美援"的国家要走西方式发展道路和模式,而在理论上他们称之为"现代化"。W. W. 罗斯托在1960年出版的名著《经济增长的阶段》,被认为是在理论上明确提出现代化问题并直接为美国对外政策服务的代表作,在书中他把现代社会的形成划分为五个阶段,认为美国的现代化不仅是落后国家的榜样且其资源和能力足以"影响事态的发展",书的副标题就是"非共产党宣言":"非"者,去也。但首次正式使用"现代化"这一概念,来研究落后国家的发展道路和模式问题,是见于1960年日本箱根会议上由美国著名日本问题专家约翰·W. 赫尔和爱德温·O. 赖肖尔提交的报告。该会议提出了社会现代化的八条普遍性标准,包括城市化、多样化、科层化及国际化等内容,而把日本作为落后国家现代化的典型来进行研究和推广,隐藏着罗斯托及美国政府有关现代化研究的战略意图,因为日本是一个"脱亚入欧"的发展范例。所有这些事态发展都表明,美国和整个西方在"全球化"过程中,加快了用西方"现代化"意识和标准改造世界的步伐,它不仅凸显了"现代化"作为一种"社会变迁"的主题由纵向向横向的加速演变,而且加重了"现代化"和"全球化"关系中的政治和意识形态因素。这时,用美国学者雷迅马的话来说,"现代化就成为美国文化的一个要素,是一种为许多不同的官员、理论家和媒体所共同拥有的意识形态,其内容是关于美国这个民族,它的历史'发展'以及美国变革它周围的'欠发达'世界的能力和责任"②。因此,我们可以把杜鲁门的"第四点计划"、罗斯托的《经济增长的阶段》及1960年日本

① [美]C. E. 布莱克:《现代化的动力———一个比较史的研究》,第62页。
② [美]雷迅马:《作为意识形态的现代化:社会科学与美国对第三世界政策》(Michael E. Latham, Modernization as Ideology: American Social Science and "Nation Building" in the Kennedy Era.),中央编译出版社2003年版,第21页。

的箱根会议,看做"现代化"由西方向"世界"迅速扩散的重要标志。在这种情况下,"现代化"就越来越把"全球化"看做自己向各地传播和扩散的形式和条件,而"全球化"也就越来越把"现代化"当做自己进行联系和交往的内容和动力。换言之,如果说"现代化"有一个"世界进程",那是指它向世界各地传播的进程,而真正的"世界进程"是全球化过程,"现代化"是作为全球联系的交往中的内容和动力出现的。这就是二者关系的实质。

但更重要的是,在"全球化"和"现代化"之外,由资本主义所引发的还有第三大世界历史趋势,这就是"国际社会"的形成和发展。"国际社会",英文为"international society",它既不是如"全球化"那样的横向发展运动,也不像"现代化"那样的纵向发展运动,是一种区别于上述二者但又与二者有密切关联的独立而全新的发展趋势,迄今国际学术界尚未给予足够重视。学术界常常把"国际社会"和"国际关系"混为一谈。而实际上,"国际关系"主要是从外交上着眼的,而"国际社会"的核心则是"国际体系"(international system),它的内容至少包括原则、组织和关系三个层面,远远超出"国际关系"的范畴。著名学者 H. 巴尔和 A. 沃特逊是这样定义"国际社会"的:"现实的世界范围的国际社会,是作为国家和不同的独立的政治共同体而产生的,它对于自然法学者而言还仅仅是一种理论上的东西,由于这种共同体这些国家和独立政治单位得以被包容进一个共同的国际体系,进而可在一种共存和合作的结构中找到一些共同的利益,并或明或暗地同意和批准一些共同的游戏规则和制度。"①它之所以尚未引起学术界足够的重视,是因为"国际社会"是由以下三层结构构成的,从而超越了以往外交史、国际关系史乃至国际政治史研究的范围:一是有一个由交往日益密切的各民族组成的民族大家庭,其实质是人类各民族社会经济生活趋于国际化;二是有一个以联合国为代表的包括一系列国际组织(如国际货币基金组织、世界银行、世界贸易组织)构成的国际社会管理、调整和服务体系;三是一整套由此产生的,有一系列国际法为代表的,包括了多种多边和双边条约、案例、协议和规定构成的国际社会交往的游戏规则。启动这一过程的要素之一是外交代表的交换以奠定一种永久性基础,另一个要素是"国际大家庭"中实际处于操作状态的、由国际社会所承认的国际法作为

---

① Hedley Bull and Adam Watson, ed., The Expansion of International Society. Clarendon Press, Oxford, 1984. p. 120.

共同形式的采用,还有一个要素就是标志着从西半球的和平演进到现代国际社会的各国代表多元会议的按期举行。国际社会的构成最初仅限于欧洲,此后以一系列移民殖民地和国家的形式扩大到包括澳大利亚在内的新大陆,然后又以殖民地和附属国的形式把广大亚非传统社会纳入其中,15世纪至19世纪欧洲的扩张已逐渐形成了一个"国际体系",它已将各个不同的地方体系联结在一起,但直到20世纪初,这并不意味着已存在着一个普遍性的"国际社会"。二战后建立的联合国及其相关机构,如世界银行、关税与贸易总协定、国际法庭等,是国际社会形成的最重要的标志,它的先驱可追溯到第一次大战后建立的国际联盟,再往前还可以追溯到1648年签订的《威斯特伐利亚和约》,该条约所确立的"主权"神圣不可侵犯的原则,为国际社会的形成提供了第一个共同遵守的规则。如今,联合国宪章及其原则,特别是它对基本人权、人格尊严与价值的重申,它树立的各民族主权平等的原则,已成为国际社会各成员国所遵循的最大公约,表示遵守并申请加入该体系的国家已达193个;与之相关的世贸组织(其前身即关税和贸易总协定),其成员也由最初的42个增加到今天的150多个,它所制定的"最惠国待遇"等基本原则和要求,正在成为各成员国之间普遍遵守的游戏规则。有人虽然承认联合国,但不承认有一个"国际社会"的存在,但正如著名国际关系学者詹姆斯·多尔蒂所指出的:"国际体系既是国家构成的系统(system),也是国家组成的社会(society)。"[1]"国际社会"的存在和发展及其对人类的日益增加的影响,不仅已是一个不容否认的事实,也已是一个不可抗拒的趋势,应当引起各国政府和人民的高度重视。

导致"国际社会"形成的原因十分复杂,包括政治的和经济的,思想的和文化的,但最基本的还是与"全球化"有关的发展。这是因为,随着"全球化"的不断推进,各民族、国家之间的联系和交往日益频繁,国际经济、政治和文化等方面的矛盾和纠葛也日渐增多,这种矛盾和纠葛有时表现为贸易摩擦、边界冲突或集团对抗,但有时也表现为外交角斗、文化冲突或思想交锋,均不是小事。而为了解决这些矛盾和冲突,维持和促进各民族、国家之间的联系和交往,包括弱国之间的、弱国与强国之间的和强国之间的交往,需要在国际之间达成某种妥协和共识,搭建一些沟通、解决矛盾和问题的平台。这种平台可能是临时的也可能是长期的,可能是有形的也可能是

---

① [美]詹姆斯·多尔蒂:《争论中的国际关系理论》,世界知识出版社2003年版,第127页。

无形的,有形的如联合国那样的组织机构,无形的可以近年出现的某些"论坛"为例,但均制定和达成有一定的大家共同遵守的游戏规则,并以国际条约、规则、协议和宪章等形式加以固定,而建立组织和机构则是为实施和督促它们实行。此间,各国人民及其政府,也渐渐地把解决问题的希望更多地寄托在这类国际组织和机构身上,这些组织和机构虽然不一定是"世界政府",但却逐步拥有了某些超越民族国家主权的权力和职能,并像一个国家那样调节着国家之间的事务,这时一个真正的"国际社会"就在思想和实践上形成了,它的基本特征是"民族(nation)与国家(state)的分离"①。在我们看来,作为民族与国家分离的产物,这个"国际社会"虽然目前可能更多的是一种舆论和共识,而不是各民族主权国家那样的实体和结构,但其发展有越来越实体化的趋势,各国人民不可等闲视之。因为这个"国际社会"一经形成,它就会以某种合法的名义参与和实施这个国际社会内部的事务和管理,所涉及的范围也会波及各国事务的方方面面。这时,各国人民所面临的最大问题就是:你在这个"国际社会"中享有什么样的权利,又应当对国际社会尽什么样的义务?如何争取和做到权利和义务的平衡?为此,除了了解、重视和熟悉国际社会的游戏规则,并积极参与一些重要活动以外,你还必须在"国民"意识之外培养和增强一种新的意识:"世界公民"意识。

"国际社会"的形成,虽然是一个独立于"全球化"和"现代化"发展的大趋势,但在"现代化"和"全球化"发展中它又不是不偏不倚的。因为处于国际社会主导地位的仍是西方发达国家,它们可以利用其在经济、政治、军事、技术和文化上的优势,通过各民族、国家之间的日益频繁的交往即通过上面所说的"全球化"运动,来传播西方的观念、技术和文化,以驱使落后的和发展中的民族和国家,按西方"现代化"的标准来改造它们的社会,其根本目标是促使其生产关系的更替。为达其目的,西方发达国家的办法之一,就是设法把自己的意志写入国际条约和协议,使之上升为"国际社会"的原则和精神,以影响甚至操纵国际事务的运作,从中谋利。以关税与贸易总协定和世贸组织为例,经过多个回合谈判所达成的各项协定,一方面反映着世界贸易和交往的大趋势,因而为越来越多的国家所接受,说明这些协议所体现的原则和精神是有效的、便利的;但另一方面,我们也应看

① [美]曼纽尔·卡斯特:《认同的力量》,社会科学文献出版社2001年版,第409页。

到,关税与贸易总协定以及世贸组织所制定的游戏规则,主要体现的还是西方发达国家主张的"自由贸易"而不是保护主义。而后发的或发展中的国家,由于落后,许多领域、许多行业的发展尚需国家的保护,否则在国际市场上将面临不公平竞争而处于不利地位,西方发达国家就可能以"自由贸易"为借口强势进入这些国家的市场,其结果是可想而知的。但也不容否认,正是由于"国际社会"的参与,发展中国家面临的许多困境,如粮食紧缺、社会混乱、资金缺乏等问题,在联合国粮食救济总署、联合国维和部队和世界银行贷款的帮助下,获得了不同程度的缓解。与此同时,科学、技术和知识的传播,某种程度上也就是"现代化"的传播,也由于国际社会的参与、特别是"自由贸易"原则的实施,其传播速度大大加快,这在二战后尤为明显。所有这一切,给我们留下了这样一个深刻的印象:自工业革命以后,特别是第二次世界大战以后,原先发展趋势完全不同的现代化和全球化,在一个日益成熟和壮大的"国际社会"内,正在被"整合"成一个统一的运动,以至于已很难将二者截然分开,在这种全球"整合"的条件下,原先在各国分别发生的"现代化",正在演变、汇合成整个人类社会的现代化。但绝不能把这种"整合"真正发生的时间说得太早。由此可见,自资本主义产生以来,现代世界确实发生了翻天覆地的变化,这种变化尽管纷纭复杂、千变万化,但不外乎三大趋势主宰着这些变化,它们就是:全球化、现代化和国际社会的形成,根据上面的讨论和分析,三者之间的基本关系可图示如下:

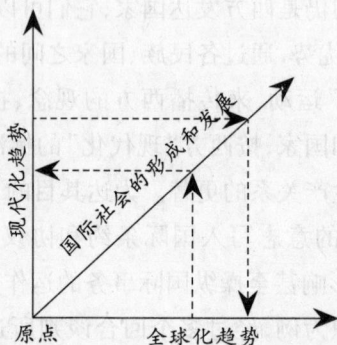

这里需要补充说明,尽管我们承认存在着一个现代化的"世界进程",即现代化的全球扩散过程,但我们并不认为全球扩散的内容仅限于"现代化",更不认为各民族、国家和社会的现代化均是这种"传播"的结果。像美国经济史家华·惠·罗斯托所主张的那样,似乎美国不仅是现代化的国

际样板,而且它的责任就是靠它"影响事态发展的资源和能力所及,在许多地区帮助维护现代化进程中的国家主权完整和独立自主"①。这是因为,在一般的情况下,按照唯物辩证法,导致事物发生变化的主要原因是内因而不是外因,一个民族、一个国家、一个社会的现代化走什么样的道路、采取哪种模式,是由这个民族、这个国家、这个社会所处的历史背景和条件决定的。现代化作为一种"社会变迁"过程,涉及整个民族、国家和社会的所有方面,包括经济的和政治的、制度的和文化的、伦理的和道德的,其中最重要的是要看它的社会发展进程已达到什么阶段以及国家主权是否完整;同时,也涉及这个民族的所有阶级、阶层、族群和个人,包括他们在这个国家中的社会地位及其在现代化过程中所起的作用。根据这一认识,我们认为全球的现代化道路和模式至少可分为三大类型:一是"原生型"的,这主要指的是西欧的现代化;二是"派生或再生型"的,这主要是指以美国为代表的原"自由殖民地"的现代化;三是"混合型"的,这主要指的是西欧以外的传统农业社会的现代化。在第三大类型中,又可以根据西方资本冲击下各国"主权"的保存状况及其对现代化进程掌控的情况,把西欧以外的传统农业社会的现代化分为三小类:一是以日本为代表的类型,其现代化是在完全自主的条件下完成的;二是以中国为代表的类型,其现代化是在其主权受到侵害的情况下进行的;三是以印度为代表的类型,其现代化是在完全丧失主权的情况下起步的。正因为如此,西欧以外的地区和国家的现代化,就其道路和模式而言没有一个是对西欧的简单"复制"。

问题之三,有人认为,目前世界三大发展模式,"亚洲虎式"专制发展、西方式新自由主义和布莱尔的"第三条道路"都已走入"穷途末路",那么全球化是否已经"终结"? 其远景又将如何?

上世纪 80 年代以后,在反全球化的各种流派和言论中,关于全球化已经"终结"的观念特别引人注意,因为这种观点不仅涉及对目前全球化的性质和状况的估计,也牵涉到全球化发展趋势的未来方向和远景问题。为什么这么说呢?

一般的反全球化言论,即使是非常激烈的反全球化言论,尽管他们以不同的形式和不同的程度从事反全球化活动,但这种反对有一个前提就是承认全球化的存在,因此他们的观点和活动总的来说是从现实主义出发

---

① [美]罗斯托:《从七层楼上展望世界》,商务印书馆 1973 年版,第 84 页。

的,是有的放矢的,有可取之处。而"终结"论者却认为,目前人类生活于其中的"全球社会","面临着日益巨大的经济、社会、政治和生态问题",而这个"全球社会"的统治者所提供的可供选择的药方只有三个:"1.'亚洲虎'式的'专制发展',即在极端反民主条件下长达半个世纪的残忍的资本积累;2.以新自由主义闻名于世的世界食利阶级(金融资本)专政;3.托尼·布莱尔的'第三条道路',即产业资本社会民主党式的独裁",但这三者之中没有一条道路发展顺利,在新殖民主义国家内贫困与剥削并存的条件下,托尼·布莱尔鼓吹的"第三条道路"也行不通。1999年,海因兹·迪德里奇在为《全球资本主义的终结:新的历史蓝图》所写的序中得出结论说:"在即将进入新千年之际,人类生活在一个脆弱的社会体制中。这个体制在政治、经济和社会领域已经陷入穷途末路:跨国资本主义时期的市场经济和资产阶级的形式民主已跌入财阀统治的衰退阶段。"①这里表面上谈的是"资本主义的终结",实质上谈的是"全球化的终结"问题,因为如前所述资本主义乃是全球化启动的原动力。英国学者阿兰·M.鲁格曼一面断言"全球化只是一种神话,它从来没有真正发生过";另一面又说"我们已经到了全球化的尾声","我们正在目睹全球化的终结",②前后是矛盾的。"终结"论者的分析和判断,虽然缘自现实世界的矛盾和困境,但结论却存在着脱离实际的倾向,与大多数反全球化者的看法并不完全一致。这就提出了一系列问题:资本主义的现状如何? 全球化的形势怎样? 目前的全球化有何特点? 全球化真的"终结"了吗? 又如何看待它的远景? 对这些问题的回答,都不能就事论事,须在大背景下进行观察。

对于资本主义的命运,历史上有过几次失误的预言:第一次是马克思关于西方"危机和革命"的预言,第二次是斯大林关于"资本主义总危机"的预言,"终结"论恐怕是第三次了。不能说这些预言毫无根据,也不能说这类"危机"根本没有发生,恰恰相反,这类"危机"几乎是连绵不断,"失误"主要在于总是低估了资本的"生存能力"。马克思所了解的资本主义主要是"早期资本主义",他经历了第一次工业革命的全过程,但没有完全经历第二次工业革命的过程,更没有见证垄断资本产生后所带来的许多重大变化,特别是F.罗斯福"新政"给资本主义注入的新因素。马克思所有

---

① [墨]海因兹·迪德里奇:《全球资本主义的终结:新的历史蓝图》,人民文学出版社2001年版,第1页。

② [英]阿兰·M.鲁格曼:《全球化的终结》,三联书店2001年版,第1、271页。

没有看到的东西斯大林都看到了,斯大林不仅经历并且直接参与领导或指导了列宁所说的"帝国主义和无产阶级革命时代"的革命,这使他相信资本主义似乎正面临着他所说的"总危机",因而既不能正确估计第二次工业革命对于资本主义发展的经济意义,也不能充分了解"新政"与"福利国家"所包含的社会意义。今日的全球化,乃是资本主义发展的一个新阶段,如果说 19 世纪 70 年代以前的资本主义是"个体资本主义",19 世纪 70 年代以后的资本主义是"垄断资本主义",那么二战以后的资本主义可以称为"全球资本主义",它有一系列新的发展和动因,但作为新左派代表的"终结"论者,可能再一次低估资本主义的"生存能力",夸大"全球化"造成的某些负面效应,而导致新的"总危机"论。"全球资本主义"有什么特点呢? 它既不同于 19 世纪 70 年代以前的竞争型小企业资本主义,也不同于二战以前的由垄断资本操纵的"国际经济",而是一种新式的资本主义生产方式:"以往的'国际经济'(an international economy),以第三世界国家的原材料的输出和第一世界国家的成品制造之间的分工为特点。而'全球经济'(a global economy)是以资本、商品、熟练劳动力和技术知识构成的单一市场,它们都可容易地通过世界范围的信息交换和运输系统跨越国界,以寻找高额的投资回报和生产利润。其结果之一,是导致第一世界的经济发生'非工业化'(deindustrialization),并转而在现在由服务业占主导,而一些第三世界国家也获得了比第一世界国家较高的工业生产率。"① 为"全球资本主义"提供动力的,首先是二战后发生的高科技革命即第三次产业革命,科学技术由此上升为"第一生产力";其次是在信息、技术特别是电子计算机迅速发展的基础上,全球的联系和交往实现了网络化。这种联系一旦建立起来,资本就可以在瞬间在全球实现信息和资源的收集与重新调配,从而获得生产和经营上的优势。在这种情况下,轻言"资本主义的终结",似乎过于草率。

再来说目前"全球化"的形势。目前的"全球化"不是晚近之事,而是始于二次世界大战。二战后的全球化与战前的全球化有很大区别,战前主要是由西欧(特别是英国)主导的,战后主要由美国主导。美国夺取这种主导权的指导思想,是二战中形成的"全球主义"(globalism)或全球观念,

---

① M. D. Litonjua, Global Capitalism: The New Context of Christian Social Ethies. Theology Today, (Jul. 1999), p. 212.

而这种"全球观念"的形成决定于二战中产生的遍布于全球的"美国利益"①。但其"全球观念"的形成也有一个过程:"新政"由于克服了20世纪30年代"大危机",得以使美国成为"民主国家的兵工厂";参战前它向交战双方提供军火和钢铁,实际上已在经济上初步卷入那场全球战争;F. 罗斯福总统决定参战并在欧洲战场、太平洋战场和非洲战场中发挥着主要或重要作用,由此造成了战后美国在全球的军事存在;如果说1941年发表的《大西洋宪章》已暴露了美国争夺战后世界领导权的意图的话,那么1943年4月福雷斯特·戴维发表在《星期六晚邮报》上的据说是F. 罗斯福授意写作的《罗斯福的世界蓝图》应被视为美国"全球"观念最终形成的标志。因为这个"世界蓝图"已包括了两个基本要点:一是组建一个由美国主导的名为"联合国"的普遍性国际组织,二是建立一个以美国为核心的新的世界经济体系,主导世界的两个主要杠杆都考虑到了。实际操作及其结果,可能并不完全与最初的构想一致,但从海因兹·迪德里奇对"全球国家"体系所作的分析看,二者之间还是大致相同的。见下图:②

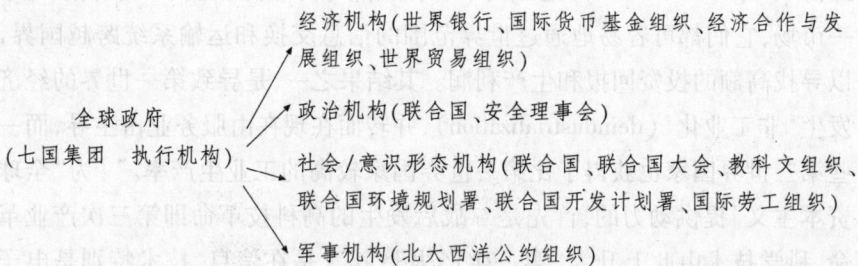

全球政府
(七国集团 执行机构)

→ 经济机构(世界银行、国际货币基金组织、经济合作与发展组织、世界贸易组织)

→ 政治机构(联合国、安全理事会)

→ 社会/意识形态机构(联合国、联合国大会、教科文组织、联合国环境规划署、联合国开发计划署、国际劳工组织)

→ 军事机构(北大西洋公约组织)

至于是否可以把这个国际体系称为"全球政府"或"全球国家",是一个可以讨论的问题。不过,我们在上文已谈到,这种国际体系既是国家构成的"系统",也是由国家组成的"社会",把它称为"国际社会"或"全球政府"都无不可。这里,需要着重补充说明的是,这个"国际社会"或"全球政府"之所以得以有效运行,有赖于战后国际联系即"全球化"趋势的加强,特别是"全球信息网"(world wide web)的建立。而"全球信息网"及其所代表的现代信息理论和技术有两个特点:第一,它不仅是发生于二战前后的

① 参阅马文丽:《美国全球主义的兴起》(硕士论文,2004年)。
② [墨]海因兹·迪德里奇:《新的历史蓝图的理论和实践:绪论》,载《全球资本主义的终结:新的历史蓝图》,第78页。

"高科技革命"的重要组成部分,而且有力地全面地影响并推动着这场革命不断向广度和深度发展,在很大程度上反映着这场革命的本质和特征:用电脑代替人的脑力,就像第一次工业革命中用机器代替体力一样;第二,由于标志着这场"高科技革命"到来的最新的两大突破:一是原子能的利用,于1942年首次实现人工控制链式核裂变反应;二是电子计算机的发明,于1946年造出名为"ENIAC"的第一台电子数字积分计算器,都是由美国完成的,决定了美国在这场革命中的主导地位。第一个电子互联网,名为"奥普网络"(APPANET),于1969年9月1日上线,此后于20世纪80年代由"奥普网络"发展为"比特网"(BITNET)和"因特网"(INTERNET),再于90年代发展出"全球信息网"。这就为美国在全球经济和政治中的主导地位,提供了强大的高技术支撑。导源于资本主义的三大世界性趋势和潮流:现代化、全球化和国际社会的形成,从来没有像现在这样在高科技的基础上获得如此紧密的"整合",并几乎完全由美国主导。

那么,世界各民族、国家之间的交往,是否由于上述"整合"而变得"紧密化"?全球化运动又是否由于这种"整合"而走向"终结"呢?答案是否定的,因为各民族、国家交往的"紧密化",要以各民族、国家交往的自由为前提,而各民族、国家交往的自由又要以其地位的平等为前提。正如著名国际法专家王铁崖先生所言,真正的"国际社会"应是由"平等国家信守一个共同交往法典而组成"的社会,①而目前由美国及西方国家主导的全球化还没有实现这种平等。王先生关于"国际社会"的定义包含三个要点:一是各民族、国家完全"平等",二是要制定出一个可以"共同交往"的"法典",三是各国必须"信守"这样的共同交往法典,否则各民族、国家之间的交往就不会"紧密化",而一个真正的"国际社会"就不会组成。但目前的"全球化",由于是由美国及西方发达国家主导的,从根本上来说属于资本主义范畴,表现出强烈的全球"整合"的性质。"整合",英文为"Integration",按《牛津现代高级英汉双解辞典》的解释,其基本含义为"合而为一"②,即我们常说的"一体化"。正如克里斯托弗·凯西 - 邓恩所指出的:"正是在政治—军事权力和剩余价值的专有通过世界市场中生产和销售而

---

① 邓正来编:《王铁崖文选》,中国政法大学出版社2003年版,第237页。

② A. S. Hornby, E. V. Gatenby and H. Wakefield, The Advanced Learner's Dictionary of Current English with Chinese Translation. Oxford University Press, 1970, p. 556.

起整合作用的时候,资本主义生产方式才显示其单一逻辑的。"①换言之,现在的"全球化",其根本的目的是要把全世界,特别是那些落后的和欠发达的国家和地区,整合进一个以美国和西方为中心的世界市场,并使之"单一市场化"即一体化。因此,且不说有没有一个可以"共同交往"的"法典",也不说各成员国是否都愿意"信守"这种法典,它的最大特点或问题就是世界各民族、国家之间的不平等,不能简单地说"全球主义就是世界上某国,按多元的大陆距离卷入相互依存的网络"②,在这个网络中各自的"依存度"实际上是不一样的,也不可能一样。据有关的权威研究,在世界50个发达国家和主要的新兴市场国家,每天参加国际旅行的人数由1980年的100万增加到2001年的300万,由于国际网络电话费用下降和跨境活动的增多,2000年国际交换机的通话时间首次超过1000亿分钟,而上网的人数估计在2.5亿以上并有日益增加的趋势,其中全球化依存度最高的新加坡每年人均拨出越洋电话为390分钟;1999年这些国家的外国直接投资突然上涨27%,达到8650亿美元,而这些国家的短期和长期跨国投资在1995至1999年间跃升了2倍,活跃的金融市场使用先进的信息技术来转移资金达每天1.5万亿美元之巨,其中美国在1970年至2001年债券和股票跨国流动就提高了54倍(日本为55倍,德国是60倍);荷兰作为高度全球化的国家,1995—1998年间其国外投资在GDP中所占比重由8%提高到19%,而同一时期该国仅有价证券投资组合就由5%提高到30%,这种增长率2倍于法、德而5倍于英国;在因特网的使用方面,1998年占加拿大和美国两国人口的25%、占瑞典人口的39%,芬兰和挪威因特网主机数量世界领先,每1000个居民中有70台服务器直接与全球信息网相连,这说明与信息技术有关的经济活动,大多集中在工业世界;这种全球化造成的一个结果是,以美国为首的发达国家,把传统的生产大量转移到发展中国家,导致发达国家"非工业化"(deindustrialization),并把服务业提升到各行各业的首位,芬兰30家最大公司的海外职员在1983至1990年间由15%

① Christopher Chase - Dunn, Interstate System and Capitalist World - Economy: One logic or Two? International Studies Quarterly, Vol. 25, No. 1(Mar. , 1981), pp. 20 - 21.

② Robert O. Keohane and Joseph S. Nye, Globalization: what´s New? What´s not? (and So What?), Foreign Policy, (Spring, 2000), p. 105.

上升到 1/2。[①] 于是,杰弗里·G.威廉姆森指出,自 1950 年开始的新的全球化"令全世界更不平等"[②],这是有事实为根据的:据统计,最富裕的国家与最贫穷的国家的人均收入的差距,由 1870 年时的 11 倍上升到 1985 年的 52 倍;[③]而分别占世界人口 1/5 的最富国家和最穷国家,二者之间的人均收入差距在 1960 年尚为 30:1,1990 年为 60:1,1991 到 1997 年扩大为 74:1。[④] 人们或许会问,国际社会在形成过程中,不是从一开始就强调各民族、国家之间以及人们在法律面前的"平等"吗? 为什么还会出现目前这样的状况呢? 这是因为,我们现在所看到的这个"国际社会",即目前各国及其人民都不得不与之打交道的对象,规范并指导其运作的所有国际法体系,从根本上来说是不完善的。正如戴维·赫尔德等人在研究了第一个国际社会法律体系,即形成于 1648 年的"威斯特伐利亚模式"后指出的:这个体系的要点之一就是,"法律面前所有的国家都被认为是平等的,但法律规则不考虑权力的不对称问题"。[⑤] 我们以为,这正是造成目前世界发展不平等的重要原因,而这个原因原是属于国际法的,因而是根本性的。

正因为如此,自全球化趋势发生以来,始终有它的对立物相伴而行。它的第一个对立物出现于西欧内部,这就是社会主义及其运动,它最初本来是作为资本主义的伴随物出现的,但这个思潮和运动最终在 20 世纪初催生出历史上第一个社会主义国家,然后又在第二次世界大战后建立起一系列类似的国家并形成一个阵营,一度得以与资本主义世界平分秋色,虽然它还不是马克思所说"本来意义上"的社会主义,但说它是资本主义全球化的"对立物"是没有错的。它的第二个对立物就是民族独立运动,它与社会主义及其运动相反,最初完全是反全球化并与殖民主义对立的,因为这个运动大多发生于资本主义世界体系的"边缘地区",但它的结果却不一定是反全球化的,因为获得独立的国家大多采用了资本主义制度,转

---

① 以上资料,见 Measuring Globalization, Foreign Policy（January/February, 2001）, pp. 56 - 64. http://global. umi. com

② Jeffrey G. Williamson, Winners and Losers over Two Centuries of Globalization. NBER Working Paper No. 9161,（September, 2002）, p. 7. http://www. nber. org/papers/w9161. pdf

③ 世界银行:《1995 年世界发展报告:一体化世界中的劳动者》,中国财政经济出版社 1995 年版,第 53 页。

④ the United Nations Development Programme, HUMAN DEVELOPMENT REPORT, 1999, p. 3, http://hdr. undp. org/en/media/HDR_1999_EN. pdf。

⑤ ［英］戴维·赫尔德等:《全球大变革:全球化时代的政治、经济和文化》,社会科学文献出版社 2001 年版,第 51 页。

而再次被纳入了资本主义世界体系,因为近代的民族运动本来就没有越出"资本主义"的范畴。正如伊曼纽尔·沃勒斯坦所说:"民族主义既是弱者的观念形态",也是"向往资本主义的最后表达"。① "区域化"常常被视为"全球化"的第三个对立物,但最初建立的几个区域经济或贸易共同体,如"欧共体"(1958 年)、"中美洲共同市场"(1962 年)、"南亚区域合作联盟"(1985 年)、"独联体"(1991 年)、"东盟自由贸易区"(1993 年)和"北美自由贸易区"(1994 年)等,虽然大多以维护本地区共同利益为主,但不少区域共同体的建立也可看到"美国因素"的作用。"区域化"可能更像是"全球化"与"反全球化"的中间物:它既是"全球化"的产物,又是"全球化"的异物。今天"全球化"的直接对立物,是 1999 年露面于美国西雅图的"反世贸"群众骚动,它没有严密的组织也没有统一的口号,但它正好体现了这个"反全球化"运动的群众性,其成员主要来自世界不同地方的农民、市民、贫民,包括主导着"全球化"的发达国家自身的公民,表明资本主义的全球化这把带"双刃"的剑:既刺痛了发展中国家的下层人民,也刺痛了发达国家自身的下层群众,发达国家的广大劳动者正受着来自两方面的压力:一是"非工业化"所造成的许多传统工业生产的萎缩,二是高科技条件下企业所追求的更多的是质量而不是规模,许多劳动力被传统工业剥离出来,但新兴产业又把他们拒之门外。这一切似乎印证了诺顿·金斯伯格早在 1973 年所得出的一个论断:"二元制不仅现在决定着世界秩序的特点,而且很可能将继续决定着世界秩序的特点";无论在什么地方,只要有人把"现代化"和"西方化"等同起来,那里就不可能实现"东西方的汇合"。②

我们的结论是,在这种发展严重不平衡的情况下,不仅断言全球化已经"终结"明显为时过早,更谈不上我们所说的人类各民族、国家交往的"紧密化",因为目前的"全球化"不是我们所理解的"紧密化"而是资本主义的"一体化",真正的"全球化"有赖于并呼唤国际社会的进一步民主化,而这并非一朝一夕之功。

问题之四,既然自资本主义产生以来"全球化"的趋势就形成了,那么

---

① Immanuel Wallerstein, Civilization and Modes of Production: Conflict and Convergences, Theory and Society, U.S, No. 1(Jan. 1978), p. 8.

② Norton Ginsburg, From Colonialism to National Development: Geographical Perspectives on Patterns and Policies. Annals of the Association of American Geographery. V. 63, Issure 1 (Mar., 1973), pp. 5 – 7.

全球化的历史进程究竟是怎样的？在这个过程中又有哪些不同的发展阶段？如何从整体上把握"全球化"的特点？

能不能从整体上把握"全球化"的特点，对于全球化的历史考察可能至关重要，因为一个事物的生命历程首先是一个整体，这个整体的性质和特点总是制约着该生命各阶段演变的内在逻辑。

那么，如何从整体上把握"全球化"的特点呢？如上所述，"全球化"这一概念是在1985年才正式采用的。但它的广为传播和流行似乎还要晚得多，大概是在上世纪80年代末和90年代初了。以致1997年10月26日，有名的《国际先驱论坛报》，它的一个标题还使用如此令人震惊的文字："全球化跃变为现实"，仿佛"全球化"不过是眼前的事，是刚刚才发生的。然而，在历史学家看来，"全球化"乃是一种漫长的历史进程，并不是刚刚才降临的突发事件，著名英国历史学家艾瑞克·霍布斯鲍姆在一个地方就谈到，帝国主义体系就是一个全球体系，当时就已"全球化"了。① 但如果我们承认艾瑞克·霍布斯鲍姆的挑战是有道理的，那么我们愿在此提醒读者不要忘了马克思在《共产党宣言》中的一个著名论断："大工业确立了由美洲的发现所准备好了的世界市场。"② 这个论断实际上说明了"世界市场"形成的过程和原因。如果说"世界市场"是世界经济体系，那么地理发现和殖民主义就是导致这个体系形成的最初动因，而海外探险、地理发现和殖民主义等等历史活动本身，难道不就是由资本引发的早期的"全球性"事件吗？在坎迪什·L.高彻所著《全球史中的几大主题：在平衡中》一书中，就把由此产生的新经济称为"全球经济"（a global economy）。③ 由此，我们可以获得这样几点启示：第一，资本的活动，不仅从一开始就是开放的，而且是"世界性"的；第二，"世界市场"应是由资本建立的第一个全球性经济和贸易体系；第三，资本发展的每一阶段，都为这种世界体系的建立注入了新的内容和动力，如没有工业革命，"世界市场"就不能"确立"，虽然美洲的发现已为世界市场的建立作了"准备"；第四，20世纪80年代

---

① 艾瑞克·霍布斯鲍姆说："一个由已开发或发展中的资本主义核心地带决定其步调的世界经济，非常容易变成一个由'先进地区'支配'落后地区'的世界"，"19世纪最主要的事实之一是单一全球经济的创建"，这种经济全球化在"1875—1914年间，仍然继续增长"。参见《帝国的年代》，江苏人民出版社1999年版，第59、60、67、68页。

② 马克思，恩格斯：《共产党宣言》，《马克思恩格斯选集》（第1卷），第240页。

③ Candice L. Goucher, Charles A. Le Guin and Linda A. Walton, In the Balance: Themes in Global History, p. 482.

和 90 年代的"全球化",从历史发展的角度看虽然不是突然降临的,但它的丰富性和成熟性超越了历史上的其他任何阶段。这样,我们便可以得出这样一个结论,至少可以得到这样一个难以磨灭的印象:全球化进程是以叠加的方式进行的,它的范围可能一开始就是全球性的。在这一点上,今天的全球化和最初的全球化并没有太大差异,但全球化每向前推进一步都会获得新的内容和动力,直到达到目前的"全球化"。我们可以这样设想,这种全球联系或"全球化"活动,最初仅限于贸易联系,然后才发展为贸易和生产并重,再后又由经济联系发展到政治联系,最后才形成全方位的全球联系:包括经济的和政治的、制度的和文化的。我们认为,这应是全球化进程的重要历史特征,离开了对这一历史特征的正确理解,我们便无从对"全球化"作历史的考察,并揭示全球化各阶段的具体内容和特点以及各阶段演变的内在逻辑。换言之,全球化在其发展的不同阶段,会拥有自己不同的"历史形态"及特征,研究者必须努力"分辨出"这些不同的形态。① 根据这一整体认识,我们可以将全球化的历史进程,划分为如下几个时代或阶段:全球化的探险时代,全球化的殖民时代,全球化的帝国时代以及全球化的网络时代。之所以在每一个阶段之前都冠以"全球化"字样,就是因为我们认为由资本主义开创的"全球化"进程,自始至终都具有"世界性"或"全球性",尽管各阶段的内容和程度并不一致。下面分别就各阶段作些讨论。

先来说"全球化的探险时代"。这是资本主义全球化的启动阶段,也可以说是这个全球化的序幕或序曲。之所以说它只是全球化的序幕或序曲,是因为从全球化角度看,"探险时代"的主要成果是形成了"全球"观念。我们在上文曾提到,早在中世纪末期,已出版的革老丢·托勒密的书已有了明确的"地圆说"。但这个"地圆说"存在着一系列问题:第一,它从属于"地球中心说"的宇宙观;第二,它是一个尚未得到证实的假说;第三,它颠倒水陆之间面积的比例而过小估计了地球的周长。"探险时代"的真正开拓者,并不是 1492 年到达了"新大陆"的哥伦布,而是 1487—1488 年到达了"好望角"并进入印度洋的迪亚士。虽然葡萄牙和西班牙的探险活动当初都得到了两国王室的支持和赞助,但这些活动的主要出资人还是商人和市民,而冒险家和航海者不少是来自"第一个资产阶级民族"的意大利人。从 15 到 18 世纪,探险时代延续了三百来年,载入《简明泰晤士世界

① [英]戴维·赫尔德等:《全球大变革:全球化时代的政治、经济和文化》,第 27 页。

历史地图集》的重大事件,就不下 40 起。① 探险与航海紧密联系,二者均带动了多方面的发展:一是大批"特许公司"的组建,它们为探险和航海提供资金和组织保证;二是推动了造船和航海技术的提高,这是探险和航海事业的物质和知识保障;三是大批未知领域(包括大陆和岛屿)的发现,这为以后资本的活动提供了无限广阔的空间。但在我们看来,探险时代最重要的事件和成果,还是证实了"地圆说"的麦哲伦航行,1519 年他率领的船队从西班牙出发,从西非沿岸穿过大西洋经南美后来以他的名字命名的"麦哲伦海峡",进入太平洋并抵达菲律宾群岛,他本人虽然在与土著的冲突中被杀死,船队余下的人和船只仍穿过印度洋,经非洲南端于 1522 年返回出发地西班牙,刚好绕地球一圈。如果说麦哲伦的环球航行意味着一场"地理革命",但这场"地理革命"却不限于他的环球航行;同样,如果说麦哲伦的环球航行证实了"地圆说"的理论,但"地圆说"的证实却不等于"全球"观念的确立。实际上,从西欧出发探索世界,走向全球的旅程包括了三个方向,且每一个方向的行程都不是一步到位的:向西,第一步是葡萄牙人对西非沿岸的马德拉、加那利和佛得角三大群岛的发现、占领和殖民,完成于 15 世纪初至该世纪中叶;第二步是西班牙人的发现和殖民,可以 1496 年在圣多明各建立第一个西属美洲殖民地为标志;第三步则是西班牙以新西班牙(墨西哥)为基地征服菲律宾群岛,完成于 1564 年至 1637 年。向东,第一步是葡萄牙人在印度建立其商业和移民据点,可以 1502 年和 1510 年占领卡利库特和果阿为标志;第二步是正式打开清朝统治下的中国的大门,可以 1840 年中英鸦片战争和《南京条约》的签订为标志;第三步则是日本锁国政策的被打破并正式开港,可以 1854 年日美《神奈川条约》的签订为标志。向南,以寻找传说中的"南大陆"为目标,其过程也可以分为三个步骤:1526 年葡萄牙人发现新几内亚,1605 年荷兰人詹森发现澳大利亚东北角,1788 年英国把澳大利亚作为犯民流放地。至此,西方人的"全球"观念,才可以说完全确立。这个时期,在探险、航海和殖民活动中,起主导作用的是"重商主义"政策,而皇家授予商业公司种种贸易特权是其重要特征,有人认为它是"反全球化的商业限制"②,但这种"特权"实

---

① G. Barraclough, ed., The Times Concise Atlas of World History, New Jersey, 1992, pp. 64 – 65.

② Jeffrey G. Williamson, Winner and Losers Over Two Centuries of Globalization. NBER Working paper No. 9161, (September, 2002). p. 2. http://www. nber. org/papers/w9161.pdf.

际上只限于具体公司、具体领域和具体方向,所有实行"重商主义"的西方国家,从整体上来说在对外扩张上却是开放的。在探险和发现时代,欧洲人奔走于全球,到处落户到处驻点,但最初主要还是商业性质的,经济联系主要在遍于各大洲但为数不多的"商站"(factories)之间进行,且主要限于贸易层次。这类西方人的"商站",主要建于各地沿海港口,既未形成严密的网络,更不具全球的规模。正如艾瑞克·霍布斯鲍姆所说:"当我们在撰写早期的'世界历史'时,我们实际上是在把各地的历史加在一起。但是,就世界各地的相互了解而言,当时有的只是肤浅的表层接触","甚至在交往频繁的地区,大多也可置之不理"。① 换言之,地理大发现虽然已为欧洲的商人"准备好了"世界市场,但真正的世界市场尚未形成,至多只算是一个贸易体制。总之,这时的"全球化",主要还是地理和观念上的。

再来看"全球化的殖民时代"。这是由资本开创的全球化运动的第二阶段。如果说头一阶段主要是形成一种"全球"观念,那么这一阶段的任务便是建立实际的联系并形成初步的网络。与上一阶段相比,这一阶段的全球化取得了哪些进展? 首先,是在全球化的"原点",在 17 世纪发生了"科学革命"和政治革命(资产阶级革命),这两场革命都极大地解放了生产力,并最终导致了一场新的更加深刻的革命——工业革命,因为这场革命前所未有地改变了传统社会的经济结构,使早已存在的"原工业化"现代化发展为以蒸汽机为主要动力的"机器大工业",这就增强并提升了资本主义"核心地区"的实力,增强并提升了由它主导的核心地区的辐射力。第二,工业革命后,西方列强仗着"坚船利炮",扬威于七大洲四大洋,纷纷以前一个时期建立的沿海商站为据点,逐渐但稳步地向各大陆的内陆推进,以至最终占领并统治新、旧大陆,建立起历史上从未有过的庞大的殖民地。据统计,至 1900 年,西方殖民列强(包括美国)所占土地,在各大洲总面积中所占比重分别为:非洲,90.4%;亚洲,98.9%;澳洲,100.0%;美洲,27.2%;玻利尼西亚,90.4%。② 第三,但西方国家并不满足于对殖民地的占领,或者说并不以占领这些殖民地为最终目标,而是以最大限度地利用这些殖民地为终极目的,为此它们必须千方百计地建立起对其殖民地的有效统治。而据我们的研究,并参照国际学术界的研究,西方国家对殖民地

---

① [英]艾瑞克·霍布斯鲍姆:《资本的年代》,江苏人民出版社 1999 年版,第 57 页。

② A. Supan, Die territoriale Entwieklung der europaischen Kolonien. (1906), 转引自《列宁选集》(第 2 卷),人民出版社 1972 年版,第 296 页。

的统治模式有四:①是将殖民地直接纳入帝国的版图,而任命"总督"代表帝国行使其统治权利,如欧洲国家在"新大陆"的统治模式。②是借用东方某些帝国的"宗主权制度"作为过渡统治模式,采用这种模式的原因一般是殖民者当时只夺取了某些当地地方的权力,尚无法推翻原帝国对它的"宗主权",如葡萄牙人、荷兰人当初在莫卧儿帝国殖民时就是这样做的。③是采用建立和操控"傀儡政权"的模式进行统治,这一方面是为了掩盖其侵略本质的需要,另一方面也是迫于当时来自国内外的强大压力,如日本在中国的满洲和华北就是这样做的。④是一种"联系"统治模式,见于英国在印度建立起殖民统治后对一些尚未直接纳入其统治的土邦的做法,在这种模式下土邦与殖民者之间按契约承担一定的义务,而不是完全放弃自己的治权。在此期间,各殖民当局,一般都建立了相应的管理机构,虽然这种机构在各国采取的形式和层次不一样。以英国为例,最初只设立了一个皇家咨询委员会,然后才设立了一个专门的贸易局而且隶属于政府,最后才将各种机构统一为"殖民部",而不管何时亦不管这类机构的名称和性质如何变化,英王都对各类海外领地拥有最终所有权。我们认为,这个新形成殖民地制度和体系,是一个新的包含着政治和军事内容的全球体系。第四,由于英国发生的"工业革命"及其向大西洋两岸的扩散,多方面影响了之前逐步形成的"世界市场":首先,在工业革命中,由火车和汽船(轮船)的发明引发的"交通革命"以及 19 世纪 30 年代发明的(有线)电报,不仅"极大地降低了交通运输的成本"①,而且极大地增强并加快了核心地区与世界各地市场之间的联系及其频率;其次,工业革命改变了西方在世界市场(特别是与东方贸易)中的不利地位,此前英国常常需要大量输出金银币,而现在它已成为海外市场"工业品"的主要供应者,进而获得"世界工场"的称呼;再次,与此同时,殖民地在世界市场中的地位也变了,此前它主要向西方出口拥有优势的传统产品,而现在它主要成了西方工业国家原料的供应者以及接受西方工业品的市场。总之,一个由西方(特别是英国)主导的、受西方殖民体系和机器工业支撑的世界市场最终得以形成,即马克思所说的"确立"。这是由资本所推动的全球化事业的决定性步骤。

---

① Jeffrey G. Williamson, Winners and losers over two centuries of Globalization. NBER Working Paper No. 9161, (September, 2002), p. 4, http://www. nber. org/ papers/ w9161. pdf. James Foreman - Peck, ed., Historical Foundations of Globalization. Cheltenha, UK, 1998, p. 29.

从 1870 年到 1914 年,再从 1914 年到 1945 年,在世界历史上被称为"帝国时代"。列宁称之为"帝国主义和无产阶级革命时代",其实还应在"无产阶级革命"之后加上"民族民主运动",因为这二者都是对这个时代的全球化作出的反应。这个时代的"全球化"有什么新特点或新进展呢?我们的总的感觉是,由于"帝国主义是资本主义的开拓者"①,无论是在广度上还是在深度上,帝国时代的"全球化"都有了新进展。最为突出的是,这个时代产生了有史以来第一个,也是在某种意义上具有普遍意义的国际组织,这就是第一次大战后于 1920 年在日内瓦成立的"国际联盟"(简称"国联",League of Nations),先后加入这个组织的有 63 个国家。作为伍德罗·威尔逊"集体安全体系"设想的产物,"国联"尽管由于美国的缺席而失去灵魂、神经错乱、鲜有成效,但它毕竟第一次为组织一个全球化的"国际体系"提供了经验和教训,它应是由资本所创建的第三个全球性体系。推动帝国时代全球化发展的主要因素何在? 首先是以钢和电的发明为标志的所谓"第二次工业革命",极大地提高了资本的生产力,其中特别是发电机和电动机的发明,使工业生产力获得了突飞猛进的发展;其次是生产方式的巨大变革,它以美国人福特在汽车生产中采用的"流水线"为标志,带动了标准化、大量生产和"科学管理";第三是新的交通运输业的革命,除广泛影响了生产和生活方式变革的汽车的发明外,在 1903 年第一架可搭载乘客的飞机问世并在 1933 年开通第一条正规航线;第四是通讯革命的发生,其标志是 1901 年和 1902 年无线电和传真的发明,在此之前人类曾想出许多办法来加快信息的传递,包括秦国建筑的"驰道"或"直道"和美国的"小马快递"在内,但都不如电报和传真来得快,因为它实现了瞬间传递;第五是生产和经营组织形式的变革,其主要标志是"垄断"的产生及其发展,它一方面结束了以往的小型企业的竞争时代,另一方面则开辟了大企业主导国内外经济的时代,资本输出及由此带动的资本生产方式的转移越来越重要,在此基础上形成了所谓"国际经济"。正因为如此,据美国经济史家 W. W. 罗斯托计算,全球贸易在 1750—1938 年间增长了 54. 2 倍。② 它有力地印证了这个时代全球化取得的进展。

---

① Bill Warren, Imperialism: Pioneer of Capitalism. London, 1988.

② W. W Rostow, The World Economy: History and Prospect (1978),转引自巴里·布赞和理查德·利特尔:《世界历史中的国际体系——国际关系研究的再构建》,高等教育出版社 2004 年版,第 271 页。

全球化的最近阶段,我们称之为"全球化的网络时代"。这是因为,"world wide web"(全球信息网)的问世,使信息的传递和接收网络化,不仅反映了当今全球化的广度和深度,也塑造并影响了当今社会的性质。为什么这样说呢?且看事实:首先,二战后,政治、经济和军事最强大的新兴的美国,取代英国成为全球化的新中心,又通过"北约"把英国和西欧传统核心地区与之捆绑在一起,这极大地增强了全球化中心的力量;第二,这个新的中心美国,还在其崛起和形成过程中,就形成并奉行所谓"全球主义"(globalism),因为它在参与二次大战的过程中就先是在经济上,然后又在军事上和政治上卷入全球事务,有了"全球"利益;第三,由于伍德罗·威尔逊"赢得战争、失去和平"的经验和教训,从参战起 F. 罗斯福就自始至终把捍卫"美国利益",贯穿在有关经济、军事、政治和外交的事务中,而把在战后建立一个由美国主导的"集体安全体系"作为其作战的主要目标,并取得了成功;第四,战后成立的联合国,有 15 个专门机构(主要有世界银行、国际货币基金组织、联合国教科文组织等)和一大批附属机构(如联合国开发计划署、环境计划署、难民事务高级专员办事处等)以及与之相联系的国际原子能机构和关税与贸易总协定,是有史以来最具普遍性的国际体系,并通过"大国否决权""布雷顿森林体系"等,被置于美国直接或间接控制之下;第五,在"冷战"过程中,为了维持美国在世界上的领导地位,它把开发高科技与争夺霸权地位、军事绝对优势和发展经济、文化联系在一起并作为基本国策,由此推动了产生于二战前后的"高科技革命"的蓬勃发展,它不仅极大地提高了美国的经济政治和军事实力,也极大地增强了战后由美国主导的全球化的辐射能力。这其中,既包括了"美国式生产方式"的国际转移,也包括了"日本式生产方式"的国际转移;①第六,集中体现了这种能力的、可以覆盖全球的、启用于 20 世纪八九十年代的"world wide web"关键在于取得了让电脑与电脑彼此沟通的技术的突破,但它的起源乃是美国国防部先进研究计划局的一个任务,如今从美国到联合国、从联合国到世界各地,成千上万的人都可以用它来传递信息、从事工作、进行研究,已不限某个特定的行业,因而成为全球化的重要工具,因为"这种技术使我们的意识延伸,成为一种普世一体的环境"②。不过,由于分配和

---

① [日]安保哲夫等:《日本式生产方式的国际转移》,中国人民大学出版社 2001 年版,第1—3页。

② [加]埃里克·麦克卢汉,弗兰克·秦格龙编:《麦克卢汉精粹》,第 411 页。

设置"域址"的控制权主要操于美国之手,"全球信息网"在很大程度上也是信息时代美国主导的全球化的工具。但不管怎样,在网络时代,全球化无论在内容和形式上,还是在广度和深度上,都取得了空前的进展,却是一个人所共知的事实。

以上,我们讨论了"全球化"概念的产生及其性质,追述了它形成的过程及各学科对它的贡献,介绍了当代人对"全球化"的理解及其局限性,在此基础上提出了我们对"全球化"的理解以及有关历史学解释的框架。围绕这个理解和框架,我们提出并讨论了与之有关的四大问题并得出了相关结论,其中许多观点与目前流行的观点不同。读者或许已注意到,我们将"国际社会"的形成,看做是与"现代化"和"全球化"不同的第三大世界性潮流或趋势,并着重讨论了三者的性质及其相互关系,是因为在我们看来其中包含了极为重要的理论和实践的意义,对"国际社会"的关注和研究将成为世界史研究的重大课题,并将在很大程度上突破以往"国际关系"研究的范畴。在即将结束本文的讨论的时候,我们不准备重复上面已阐述过的所有观点和结论,这里想要特别强调的只是,在人类历史上迄今为止发生过的全球化,即在时空上都能找到它发生的"原点",在内容和形式上都在不断发生变化,而在性质和方向上又始终保持其一致性的全球化只有一个,这就是导源于西欧资本主义的全球化。它依仗着资本无限扩张的能力,不断突破时空对它的限制,把人类各民族源远流长的联系和交往,推到前所未有的普遍化和紧密化的程度。但它还不是我们所说的真正的紧密化,因为各民族交往的真正紧密化要以各民族在国际社会中拥有自由和平等为前提,而目前的全球化很大程度上还是西方主导的全球经济"整合"即经济一体化,交易是不平等的。从这个意义上说,真正的全球化,即我们所说的各民族交往的真正普遍化和紧密化,还有一段十分漫长的路要走,当然也就谈不上什么全球化的"终结"了。由此,我们可以将"全球化"的历史划分为三个大的阶段:

(1)全球化的准备阶段;

(2)资本主义全球化阶段;

(3)真正的全球化阶段。

第一篇　全球化的探险时代（1500—1750）

本篇作者　陈继静

▎第一章▎

全球化的启动机制

作为全球化的启动阶段，殖民时代在空间上包括非洲沿岸地区，大西洋、印度洋以及美洲大陆。随着美洲和通往东印度的航线的探索和发现，贸易交往的范围急剧扩大，从地区间的远程贸易发展为横跨大洋的洲际贸易。贸易范围的扩张又为工场手工业的发展、工业技术的变革和产业阶级的形成奠定了基础，并且沉重地打击了封建土地所有制。从殖民地输入的新物种和农产品改变了欧洲人的饮食和营养，导致人口逐年增加。来自殖民地的大量贵金属在欧洲引起商业资本的繁荣和货币革命，而后者又进一步导致冒险远征、殖民投机、新兴帝国的全球争霸等。总之，上述一系列连锁反应预示着一个新的历史发展阶段的出现，它与以前相对静止而封闭的地区性交往体系不同，显示出无限的扩张性、开放性和连续性。

封建依附的瓦解

中世纪之前，奴隶制或封建制构建起一个相对比较封闭的体系。而在整个中世纪，西欧地区的经济经历了显著的发展，这为欧洲人 16 世纪初的海外扩张奠定了牢固的基础。从公元 900 年至 1300 年的四个世纪中，欧洲经济一直在稳步增长。14 世纪时，粮食歉收和饥荒（1315）、黑死病

（1348—1349）、百年战争（1337—1453）等阻碍封建社会发展的典型因素导致了经济的暂时衰退。尽管如此，1400年以来，欧洲经济很快就进入复苏阶段。而且从那时起，经济发展的主要趋势都是向上的。

经济发展促进了人口的增长。10—14世纪，中欧和西欧的人口增长约50%，超出当时世界其他地区的水平。[1] 人口增长最快的是西欧地区。法国、德意志和不列颠诸岛的人口可能增加了3倍，而意大利的人口也可能增加了两倍。[2] 到15世纪，欧洲最大的几个城市人口达到5万～10万人，且大都集中在意大利等地区。而纽伦堡、布鲁塞尔等大城市的人口超过2万人。一些中等城市如法兰克福、巴塞尔登，居民人口也有5000人或1万人。

急剧增长的人口使已有的可耕地不足以供所有人使用，因此导致两个相辅相成的现象的出现：一方面，没有继承权的贵族后代纷纷以投资的形式开垦荒地；另一方面，没有继承权的平民后代则被迫走出家门，受雇于新垦殖的庄园或新兴的工场手工业。中世纪晚期，这两个现象相互作用，共同导致了封建依附关系的松散和瓦解。

就贵族阶层而言，由于西欧社会实行长子继承制，只有长子才能在父母家中结婚、并继承父母的地产。而对那些没有继承权的贵族子女而言，如果他们不想以独身的身份待在家里、听命于父母或长兄的安排，就必须走出家门，依靠投资或经营风险事业来获取财富和社会地位。实际上，为了避免因无法继承地产而沦为无地的人，许多庄园主的后代加入了垦荒的队伍。在德国东部、低地国家、意大利，在西班牙、英国等地，都出现了大规模的森林、沼泽、滩涂被改造为可耕地的现象。垦殖运动扩大了欧洲的可耕地面积，从而增加了粮食供应。不仅如此，垦殖运动也松弛了封建依附关系。根据北京大学历史学系黄春高教授的研究，这种垦殖"实际上是一种投资行为，领主出资让农民开垦土地，然后从他们帮助建立的村庄或庄园中分享各种权利，获得利益，如征收各种费用，享有禁用权等"[3]。可见，在新兴庄园中，雇佣劳动制正逐步取代封建依附关系，劳动力的流动性大大增强了。

长子继承制也限制了平民子弟，迫使那些没有继承权的子女离开父

---

① [美]斯塔夫里阿诺斯：《全球通史》，第18—19页。

② 萧国亮，隋福民：《世界经济史》，北京大学出版社2007版，第66页。

③ 黄春高："11—13世纪农业的发展"，见《西欧封建社会》，中国青年出版社1999年版。

母。随着以货币为支付手段的雇佣劳动日渐普遍,越来越多的非长子平民到别的社区或城市去做佣工。然而更多的人则成为无地的流浪者。早在13世纪,欧洲就出现了个别的流浪时期,而到15世纪末~16世纪初,流浪成为普遍而持久的现象。以英国为例,单由英王亨利八世下令绞死的流浪汉就有7.2万人。伊丽莎白时代,伦敦人口约20万,而常年流浪的人口就有5万以上。苏格兰的乞丐人数也估计不下20万。① 无所事事的流浪汉跟强盗、小偷、麻风病人等一样,均被中世纪的欧洲社会看做有罪的人,因为根据基督教,懒惰是"七宗罪"之一。国王和教会都认为,必须用严苛的法律迫使这些人停止流浪。1576年英国法律规定,治安法官有权使用公款购买成批原料、羊毛、大麻等为穷人安排工作。法律还规定每个郡要办2~3个感化院,收容有劳动能力的乞丐和流浪者。这时的感化院,很大程度上也是手工工场。很多感化院办起手工工场,也有不少手工工场办起感化院,目的都是为了利用日益增加的流民作为廉价劳动力。

工场手工业的扩大再生产,为解决流浪汉问题、完成农业劳动力向工业的转移打下了基础。与开垦荒地的新兴庄园不同,在工场手工业的发展过程中,政府(而不是贵族后代)成为主要的推动者。当很多欧洲国家还在把工业看做商业服务的手段时,英国国王却提出:"英国需要的不是交换的价值,而是提高生产的能力。"1571年,亨利三世宣布:"所有男女职工,不管是弗兰德斯人还是其他国家人,均可前来我国安全织布。"并对移民给予五年的免税待遇。伊丽莎白时期,女王又趁低地国家反抗西班牙专制统治的绝佳时机,大量接纳尼德兰工匠。她还颁布法令,规定每一位来英国定居的弗兰德斯工匠必须带两名英国学徒。据估计,当时大约有3万名弗兰德斯工匠逃往英国,他们也把精湛的选毛、染色技艺带到了英国。17世纪,法国发生迫害胡格诺教徒的运动,英国人又为这些受害者打开大门。为了安置法国难民,英国政府1681年拨款1.4万英镑,1685—1687年拨款6.37万英镑,1694年又拨款1.18万英镑。政府还为他们在伦敦郊区修建了12所教堂,保证他们能够安居乐业。据统计,1670—1690年间,大约有8万名胡格诺教徒逃亡英国,约占伦敦周围居民的1/3。② 这样,随着国家政策的推动,大量劳动力投入到工场手工业中,中世纪的那种封建依附关

---

① 潘迎华:《论英国呢绒工业的发展与工业化的启动》,《历史教学》2001年第4期。
② 同上。

系逐渐在欧洲社会中衰落了。

当然，封建依附关系的松散也为欧洲人的海外探险、征服和殖民提供了自由劳动力。实际上，参与地理大发现、海外征服和殖民运动的欧洲人，大都是欧洲没有继承权的贵族或平民的后代。因此，全球史学家斯塔夫里阿诺斯指出："欧洲诸国从事海外冒险事业的成功程度与其摆脱封建束缚的程度成正比，并非偶然。"[①]

商业资本的繁荣

工场手工业的兴起进一步促进了欧洲城市的繁荣和商业的发展，不过商业资本的繁荣和商业城市的出现却是一个早就存在的现象。以意大利商人为例，自中世纪晚期起，意大利商人的船只就开始运载着谷物与其他粮食，通过地中海沿岸新开发的土地直接航行到人口稠密的欧洲西部地区出售，而西部地区则提供各种工具和工业品作为回报。他们控制了欧洲与北非之间的很大一部分贸易，还投资于非洲的岛屿殖民地。葡萄牙人在马德拉群岛上的蔗糖生产和输出，就主要利用热那亚的财政收入。而随着西欧商业城市的兴起，中世纪十分繁荣的北方香槟集市则逐渐失去了重要性。

这一时期，不仅欧洲内部的贸易在发展，欧洲和外部世界之间的贸易需求也在增加。长期以来，欧洲对于东方的香料、丝绸、宝石和其他商品都有很大的需求。中世纪时，欧洲与中国、印度等东方国家的贸易主要依靠横跨亚欧大陆的丝绸之路和沿印度洋、红海进入地中海的香料之路。阿拉伯商人和印度商人在这一地区间贸易的东段担任着中间商的角色，而拜占庭帝国与意大利城邦国家的商人则控制着这些贸易路线的西端。14世纪以来，随着奥斯曼土耳其帝国的兴起，丝绸之路和香料之路遭到侵扰。而与此同时，欧洲社会的发展却对贸易额提出了更高的要求。

为了获得价格较低的东方货物，很多西欧探险家希望找到通往东方的新航线，这类远征活动往往得到商人的赞助和支持。例如，富有的热那亚金融家弗朗西斯科·皮内洛为哥伦布筹措了第一次和第二次横越大西洋所需要的资金，并因此于1503年成为塞维利亚"贸易局"的成员，专门负责

---

① ［美］斯塔夫里阿诺斯：《全球通史》，第20页。

监督西班牙与新世界的商业往来。又例如,1505 年热那亚商人和佛罗伦萨商人投资 3 万弗罗林,资助葡萄牙大型船队于次年绕过非洲向东的航行。这次航行不仅让热那亚人获利颇丰,还控制了由海外流入里斯本和塞维利亚的香料、蔗糖和白银的主要销量。①

商业资本的繁荣进一步促进了工场手工业的发展。中世纪晚期,随着封建行会手工业的长期自然发展,生产过程中逐渐出现较为明显的分工。因为新兴的生产部门往往超出了行会制度的范围,分工的直接结果是工场手工业的产生。从行业来看,织布业是最早出现的工场手工业,也一直是最主要的工场手工业。织布业在数量和质量上的发展得益于两个因素。一是欧洲人口增长造成衣料需求的扩大。二是商业繁荣导致资本积累和奢侈品需求的扩大,新兴商人阶层与旧贵族阶层都对质量上乘的纺织品产生更大的需求。织布是一种不需要很高技能、并且很容易分化成无数部门的劳动,较能抵制封建行会的束缚。因此,织布业多半在没有行会组织的乡村和小市镇上经营。随着织布业的繁荣,这些地方逐渐转变为城市,甚至是每个国家最繁荣的城市。与此同时,这些城市里也逐渐产生了一个新的织工阶级,他们所生产的布匹源源不断地供给国内外市场。

这样,自 17 世纪中叶到 18 世纪末,工场手工业逐步取代行会手工业,各国间的商业竞争也因此加剧。意大利、佛兰德斯等面向欧洲的商业城市较早出现工场手工业,英国、法国等面向国内市场的城市则紧随其后。工场手工业的出现改变了资本积累的方向。从这个时候起,商业资本虽然继续向封建行会流动,但还是有一部分开始逐渐积聚到商人手中。② 为了争夺手工工场产品的市场,西欧各国之间展开激烈的商业斗争,战争、保护关税和各种禁令成为斗争的主要形式。商人开始取代贵族阶级,逐渐对国家政治产生影响。用马克思的话来说,"从此以后商业便具有政治意义"③。

---

① [美]戴维·阿诺德:《地理大发现》,上海译文出版社 2003 版,第 21—22 页。

② 马克思,恩格斯:"德意志意识形态",《马克思恩格斯选集》(第 1 卷)(1995),第 108—110 页。

③ 同上。

商人阶级的崛起

　　商业资本的繁荣导致了商人地位的上升。因为商业活动不同于农业生产，具有较大的风险和不确定性、对海外信息有极高的要求，这些都决定了王权无法直接控制商业。结果，商人阶级与王权之间达成交易。商人以货币形式向王室购买经营、管理、开发等特许权，只有在商人无法独立应付安全问题时，王权才会出面干涉。这一商人逐渐兴起的过程开始于 11 世纪，在 17—18 世纪达到顶峰。

　　11 世纪时，一些商人已经拥有了较强的实力。他们开始从有钱人那里融资，贷款人可以从借款人的商业利润中获得一定比例的回报。到 12 世纪，在意大利所有商业城市里，信用票据的使用已经很普遍。意大利还出现了中世纪欧洲最有实力的银行家。不仅是商人，欧洲各国的国王、贵族、主教、寺院住持都是他们的借款人。他们经常欠债不还，一些银行甚至因此而破产。不过，这一现象也正好说明了新兴商业资产阶级与王权、旧贵族的紧密联系。

　　进入 16 世纪以后，作为文艺复兴的结果，教士阶层继续衰落，而属于第三等级的商人则进一步主宰了市镇。以英国为例，1688—1760 年的近一个世纪中，商人总数和财富额都有了急剧增长。1688 年，英国年收入为 400 英镑的海外商人为 400 个，到了 1760 年拥有同样收入的海外大商人发展到 1 万个；1688 年，年收入 200 英镑的海外商人为 8000 个，到 1760 年就发展到 1 万个；1600 年，年收入 45 英镑的店主和零售商为 4 万个，到 1760 年则达到了 16.25 万个，其中还不包括客店店主和啤酒销售者。而从财富上衡量，1688 年商人集团的总财富达到 420 万英镑，1760 年则达到 1500 万英镑。[①] 由此可见，从商业贸易活动中获得的财富已经成为当时英国社会的重要经济支柱。这一时期，海外贸易由于利润丰厚而成为商人重点角逐的领域。同时，中小商人活跃于城乡之间，投资于乡村毛纺织业，以"包买制"的形式组织生产而获得利润。

　　到 17—18 世纪，西欧商人的社会地位和政治权力已经在世界范围内达到独一无二的程度。由于长期从重商主义政策中受益，商业资产阶级已

---

　　① 张为良：《英国社会的商业化历史进程：1500—1750》，人民出版社 2004 版，第 345 页。

经知道如何利用人民运动作为杠杆来反对专制主义;而在平民面前,他们又经常与实力尚存的贵族达成精心的妥协。在英国,17世纪40年代以后,国会在国家政治决策中的作用越来越重要,既制约王权,又决定立法。结果,工业革命以前的一个多世纪里,英国商人提出的议案逐渐增加,经济立法成为立法的主要部分,由此促使国家关注商业贸易问题,保障商业贸易的发展。在荷兰,1674年,商业资产阶级中最富有的54个人拥有20万~40万弗罗林的财富;140个人拥有1万~2万弗罗林的财富。他们经营贸易,发展工业,组织"商会"(Chambers of Commerce),控制殖民公司,监管莱顿大学,向阿姆斯特丹银行提供捐赠等。[①] 种种迹象表明,英国和荷兰的商人阶级已经在实际上统治着国家。这段时期,商人资本的主要流向一方面是有价证券,另一方面是再出口贸易,这样的投资刺激了航海业的发展。在新兴的港口城市,奴隶贸易也因为利润可观而成为商人投资的重点。到18世纪中期,由于流通领域的竞争日趋激烈,利润不断降低,商人们又将投资转向制造业。[②]

商人阶级是一个含义宽泛的概念,包含来自欧洲各地、从事不同贸易的商人群体。从规模上看,当时的商人包括大商人、商业冒险家、商人银行家、商人船主、商人制造业者、大宗产品商人、批发商、零售商和小商贩等近代早期典型的商人群体。如果按照区域划分,当时较为著名的有汉堡商人、土耳其商人、弗吉尼亚商人、意大利商人、荷兰商人、法国商人、葡萄牙商人、黎凡特商人、非洲商人、印度商人、东方商人、俄罗斯商人、东印度商人等。他们分别在欧洲、北非、近东和远东从事商业活动,在英国尤其多。另外,根据贸易的商品内容,还可以细分为铁器商人、面粉商人、木材商人、煤炭商人、羊毛商人、丝绸商人、烟草商人、布匹商人、绸缎商人、皮革商人、马具商人、杂货商人、盐商、葡萄酒商人等。[③] 这些大大小小的商人们大力发展工商业,从事海外探险和国际贸易,并与王权联合,抵制教会和封建贵族,成为新兴民族国家在政策制定和推行方面的重要支持。

商人阶级的身份来源各不相同。农民、贵族、士兵、走私者、官员、律师、医生、店主、船主、纺织工、地主、牧师等都有可能成为商人,是商业贸易活动使他们形成共同的利益和特点。在英国,通过海外贸易积累财富而形

---

① Michel Beaud, A History of Capitalism, 1500 – 2000, p.25.

② 萧国亮,隋福民:《世界经济史》,第143页。

③ 同上,第138页。

成的财富效应迅速波及英国社会的各个阶层,上至国王、贵族、政府官员,下至市井平民,纷纷投身于海外殖民、工业和海上走私,少部分人甚至投身于海外商业公司和股票市场,而大量的普通民众也被卷入商业贸易活动。国内学者张卫良认为,英国社会这种史无前例的浓厚的商业氛围,以"全民经商"来形容绝不为过。①

在海外贸易、殖民和开发的过程中,商人们所从事的活动千差万别。以东印度公司为例,在殖民活动盛期,公司职员必须管理好殖民地的行政、财政等各个方面。尽管大多数人都没有行政管理的经验,却要面对连政治家都大伤脑筋的问题。公司最初装备简单,很多职员不懂如何作战,为了保卫新建立的商业据点,只能白手起家组织军队、指挥战斗。因此,很多人既是商人,也是冒险家、探险者、投资者、士兵、行政长官、财政长官、传教士、医生、外交家等。实际上,他们是殖民帝国的建造者,虽然他们自己并不知道。②

正因为16—18世纪商人地位逐步上升,很多历史记载都表明,当时的欧洲商人在社会中日益享有更高的声望。1627年,商人安德鲁·里卡多爵士的墓志铭上写着"伦敦的一个市民和富裕的商人,他主动虔诚、不屈正直且能力卓著,而聪明和明智的建议使他崇高"。大商人兼金融家亨利·弗内斯爵士被称赞为"一个慈善的基督教徒、一个高贵的捐助者和一个坚定的爱国者,具有伟大和优秀的品格"。到了18世纪,商人更成为英国社会生活中的理想楷模。约瑟夫·艾迪逊在1711年5月的《观察家》中说:"在共和国中没有比商人更有用的人。他们能以互相交流的形式把人们编织到一起,分配自然的恩赐,为穷人找工作,把财富加给富人,把华丽给予伟大者。"丹尼尔·笛福甚至给商人至高无上的地位:"我们的商人就是君王。"③于是,在商人的影响下,出现了一批重商主义国家。

重商主义国家的竞争

重商主义国家指的是16—18世纪的英国、法国、荷兰、西班牙、意大利等欧洲国家,它们以重商主义学说为基础建立起一套经济、政策体系,支持

---

① 张卫良:"商业社会:英国近代早期的一种新观念",《浙江学刊》,2008年第3期。
② [英]T. G. 威廉斯《世界商业史》,中国商业出版社1989版,第88页。
③ 转引自张卫良:《英国社会的商业化历史进程:1500—1750》,第212—213页。

通过海外殖民和贸易扩张的方式积累国民财富,正好代表了新兴商业资产阶级的利益。而对西欧各国君主而言,15 世纪正是领地制、分封制逐步瓦解的时期。到 15 世纪末,西欧各国基本形成中央集权制,并积极扩张实力、扩大版图、扩充臣民。在这种背景下,为了抵制封建贵族的影响,王权经常与新兴的商业资产阶级结盟,形成所谓"重商主义的妥协"。

重商主义学说与其说是一种经济学派,不如说是一种思潮。实际上,欧洲在 1500—1750 年间出现了大量讨论经济问题的手稿、论文、小册子和书刊,内容都与鼓吹对外贸易有关。这些观点均被反对者如法国重农学派米拉波、英国古典学派亚当·斯密等人蔑称为"重商主义"。重商主义学说的著名代表者大都是英国经济学家兼商人,前期有托马斯·孟(《英国得自对外贸易的财富》1630),后期有詹姆斯·斯图尔特(《政治经济学原理研究》1767)。另外,英国商人杰勒德·马利尼斯的《古代商业法典》、税收和进出口官员查尔斯·戴维南特的《论东印度的贸易》等,也都是重商主义的代表作。在意大利、法国、西班牙等国,经济学家们也大力鼓吹重商主义。与英国重商主义者大都为商人身份不同,这些国家的重商主义者往往是政府官员。例如,法国最重要的重商主义者是财政大臣柯尔贝尔,他所施行的柯尔贝尔主义政策含有强烈的重商主义色彩。不管怎样,作为一种经济学说和一套政策体系,重商主义逐渐成为 16—18 世纪西欧普遍流行的社会经济现象,它强调通过商业贸易获取利润的重要性和正当性,提高了商人的地位和作用,并解释了商业利益与国家利益的紧密联系。

大多数重商主义经济学家都只针对具体的经济问题发表意见,因此重商主义并没有一个严格的理论体系。1648 年,奥地利学者菲利普·威尔海姆·冯·霍尔尼克(Philipp Wilhelm von Hornick)提出发展国民经济九条原则,一般被看做对重商主义理论最为系统的概括。这九条原则是:[1]

1. 国家的每一寸土地都应用于农业、矿业或制造业;

2. 国内开采的所有原料都应用于国内生产,因为成品的价值高于原料;

3. 鼓励增加劳动力;

4. 禁止出口金银,保持本国所有货币的流通;

5. 尽量阻挠外国商品的进口;

---

① Von Hornick, Philipp, 1924. "Austria Over All If She Only Will," Histoy of Economic Thought Chapters, in Monroe, Arthur Eli (ed.) Early Economic Thought: Selections from Economic Literature Prior to Adam Smith, Cambridge University Press, chapter X, pages 221–243, 1924.

6. 对某些外国进口必需品,应首先以本国商品、而非金银为交换;

7. 进口商品尽可能仅限于本国能够加工的原料;

8. 不断地寻找机会,尽可能将本国剩余产品卖给外国以换取金银;

9. 禁止进口本国供应充足的粮食。

归根结底,重商主义者认为国家的富强在于不断地从国际贸易中获取金银的顺差,不断地增加金银的拥有量。"财富即金银货币",重商主义者建议政府通过禁止货币输出来积累货币财富,或通过保持对外贸易的出超来获得货币数量增加。

从欧洲历史来看,重商主义实践可以划分为两个阶段:早期重商主义产生于 16 世纪,在对外贸易上强调尽量少买,严禁货币输出国外,力求用行政手段控制货币运动,以贮藏尽量多的货币。晚期重商主义盛行于 17 世纪上半期,强调多卖,政府一般采取保护关税的政策,尽可能让进口商品货币总额低于出口商品货币总额,以此获得财富的积累。

第一阶段的代表性国家为西班牙、葡萄牙等。这些国家大量输入殖民地的白银、黄金等贵金属,并通过法令的形式尽可能地禁止金银的出口,以此作为增强国家经济实力的手段。因此,这一阶段的重商主义又被称为"重金主义"(Bullionism)。[①]

西班牙与葡萄牙(1580—1640 年间,两国因为王室联姻而合并)从重金主义政策中受益最多,这当然与他们在美洲殖民地的金、银矿开采有密切的关系。1545 年,西班牙在墨西哥和秘鲁的银矿被发现,白银源源不断地流入西班牙。平均每年 300 吨的产银量使西班牙一跃而起,成为当时西欧最强大的国家。17 世纪 90 年代,葡萄牙人在巴西米纳斯·吉拉斯山区(Minas Gerais)发现丰富的金矿,立刻吸引了 40 万殖民者和 50 万非洲奴隶的到来,很多人因此离开了东北沿岸的蔗糖种植园和城镇。

为了将这些贵金属留在母国,欧洲各国政府制定了严苛的政策。在西班牙,从 16 世纪初开始,出口金银者将被判处死刑;在法国,1506 年、1540 年、1548 年和 1574 年的立法均禁止出口铸币;英国也曾于 1546 年和 1576 年两次尝试由政府控制货币交易、甚至汇票交易,不过均未获成功。[②]

然而,重金主义并没有让西班牙、葡萄牙维持住霸权国家的地位。以

① R. Cameron and L. Neal, A Concise Economic History of the World: From Paleolithic Times to the Present, 4 ed. (Oxford University Press, 2003), p. 133.

② Michel Beaud, A History of Capitalism, 1500 - 2000, p. 17.

西班牙为例,行政命令无法阻止金银外流。由于西班牙国内制造业落后,很多产品都必须从国外购买。结果,西班牙人必须用开往中国的商船转运欧洲或墨西哥出口的白银,在中国用白银交换商品和黄金后,再把这些东西输入到印度,换回欧洲所需要的货物。这样,伊比利亚半岛成为一个巨大的漏斗。通过这个漏斗,来自殖民地的贵金属流向欧洲其他制造业发达的地区,甚至流向远东。① 不仅如此,重金主义还搅乱了国内经济。对王室来说,驻扎在海内外的陆军和海军需要消耗大笔的财政支出。对贵族来说,财富的激增鼓励了奢侈消费,却阻碍了资本向制造业的流动。而对穷人来说,贵金属流入国内则导致通货膨胀、物价飞涨,人们的生活一落千丈。通货膨胀还阻碍出口,因为高价的商品在国际市场上失去竞争力。可以说,西班牙帝国的衰落很大程度上可以归结为早期重商主义实践的失败。

重商主义第二阶段的代表性国家,是新兴的荷兰、英国和法国等。这些国家没有产量惊人的贵金属矿藏,但它们的议会或君主通过建立特许垄断公司,限制原料出口,征收保护关税等手段大力支持海外贸易,维持贸易顺差,由此促进了国民财富的增加。首先,很多国家都制定了毛纺织业等新兴制造业的垄断政策。以英国为例,詹姆斯一世、查尔斯一世均对制造业垄断权进行过规定和分配。为了排斥竞争者,英国政府对法国和荷兰的进口纺织品征收赋税,甚至英国殖民地也被禁止生产毛织品。17世纪以来,为了防止迅速发展的爱尔兰工业对本国造成威胁,英国政府设立出口税制度,使爱尔兰不能接近殖民地和外国市场,并在其周围设立封锁,派遣由两艘军舰和八艘武装帆船组成的小舰队进行巡逻。② 其次,很多国家都限制原料的出口。1576年,英国政府颁布法令限制羊毛、大麻等本国原料或初级产品出口。18世纪,输出羊毛被列入重罪之列,政府禁止输出羊毛、活羊,甚至不准在离海滨五英里地之内剪羊毛。第三,对外国有竞争力的商品,这些国家大都征收保护关税。法国政府从1644年起对纺织品征收保护关税。到1659年时,对外国船只征收的关税达到50苏/吨。第四,为了增加本国制造业的劳动力供给,引进人才成为重要的鼓励政策。自1663年起,法国柯尔贝尔政府通过海外领事馆招募了大量的技术工人。

---

① [德]安德烈·冈德·弗兰克:《白银资本:重视经济全球化中的东方》,第三章"货币周游世界,推动世界旋转",中央编译出版社2000年版。

② 潘迎华:《论英国呢绒工业的发展与工业化的启动》,《历史教学》2001年第4期。

例如,他们从德国和瑞典引进冶铁工人,从荷兰引进织布工人,从威尼斯引进刺绣和玻璃制造工人,从米兰引进丝绸工人。①

不过,晚期重商主义体系最集中的表现形式却是航海条例。几乎所有的西欧国家都颁布过航海条例。这类法令一般都是为了保护本国商船在海外贸易中的竞争地位。英国议会1651年通过的航海条例就规定,所有进口国的商品(如烟草、糖、棉花、燃料等)必须用英国船只或商品原产国的船只运输;即使是英国船只运送的货物,也必须直接来自原产地,不得经过其他港口中转;而英国船只指的是"船主、船长和3/4的船员为英国臣民的船只",必须在英国本土制造。这些法令都表明英国人始终如一的目的——保护本国商船和渔船的垄断权、扶持本国的造船业,并以荷兰为假想敌。然而,航海条例并没有达到目的。因为荷兰造船业发达,为英国提供大量船只,威胁了英国造船业。另一方面,荷兰出口产品却很少,绝大部分荷兰船只都装运别国产品。英国人缺少足够的武力来保护商船,也无法阻止荷兰造船业向英国商人源源不断地提供船只。尽管如此,在商人日益强烈的呼吁下,很多国家都开始派出大规模的商业船队。这些船队既能够以较低的成本运输本国出口商品,又可以帮助外国商人运送货物赚钱,在殖民争霸时还可以变成战舰。这样,商人活动开始获得国家的全面支持和保护。

重商主义国家的兴起是全球化启动机制中的最后一个环节。至此为止,全球化的探险时代所必需的社会经济条件基本形成完备。自1500年至1750年,借由封建依附关系的瓦解,西欧商人阶级终于借助商业资本的繁荣而崛起,并迅速获得王权或议会的支持,成为国家的真正主宰者。这一环环相扣的过程表明,1500年以来的全球化历史进程是前所未有的,因为它以西欧社会的结构性变迁为基础:雇佣劳动代替依附劳动,工场手工业代替封建行会,庄园、贵族阶级让位于商业资产阶级,通过海外贸易积累财富成为风尚。在这样的背景下,欧洲人开始将目光转向全球,迅速揭开大发现和大探险时代的序幕。

---

① Michel Beaud, A History of Capitalism, 1500 – 2000, p. 39.

第二章

地理大发现和大探险

　　以 1492 年哥伦布发现新大陆为起点,至 1750 年前后工业革命开始告一段落,一场规模空前的地理大发现、大探险和大殖民运动在全球展开,成为真正意义上的全球化历史进程的起点。这场由欧洲冒险家主导的运动是一个大发现、大探险、大殖民三位一体的历史进程。它既是新兴商业资产阶级建立全球贸易路线的过程,也是殖民主义整合全球市场、建立世界工厂的过程。如果说发生在欧洲的 16 世纪原工业化和 17 世纪的工业革命是资本主义生产方式发展的核心过程,那么地理大发现、大探险和全球殖民则是这种生产方式向全球扩展、最终建立资本主义世界体系的过程。换句话说,工业化和全球化这两个过程分别代表了全球化历史进程的纵深发展和广度扩展,对资本主义世界体系的建立有不可分割的作用。

　　尽管如此,人们却往往忽略以地理大发现为代表的全球化进程对建构资本主义世界体系的作用。在讨论世界历史的近代化时,以地理大发现为标志的全球化历史进程研究,往往被以工业革命为核心的现代化研究所代替。欧洲人的大航海、大发现和大探险活动经常只被解释为冒险活动、宗教使命或武力征服。然而,深入探讨地理大发现的动机、条件和内容可以发现,这一延续了近三百年的全球运动既是全球化历史进程的第一步,也是最为关键的一步。从地理上看,它为欧洲文明和资本主义生产方式的全球扩张提供了基础。从历史上看，它构成了全球化历史进程的第一个阶段，我们不妨称之为探险时代。

地理大发现的动机

欧洲人探险未知海域的动机是错综复杂的。任何一个简单的原因，比如追名逐利、冒险投机、宗教使命等，都难以完全解释这场规模巨大的运动。根据上一章的分析，我们也许可以认为，正是 16 世纪以来的社会变迁导致了欧洲人时代精神的变化，使上述所有因素综合作用，成为地理大发现的综合动机。

贫穷是驱使欧洲人离开家园的第一个原因。以经济上相对落后的葡萄牙为例，由于国内土地贫瘠、农业和制造业都不发达，因此葡萄牙航海者十分热衷于寻找新的资源和土地。早在 13 世纪初，葡萄牙水手就已经远离海岸，深入大西洋进行探险。他们以寻找鱼、海豹、鲸鱼、原木和可耕地为目标，而这些资源正是葡萄牙国内缺乏的。结果，14 世纪初期，葡萄牙人就发现了无人居住的亚速尔群岛和马德拉群岛，并经常造访加那利群岛。15 世纪开始，他们在这些岛屿上建立种植园，向欧洲市场提供农产品。不久以后，他们又将航行的目标指向大西洋南部的岛屿，在佛得角、圣多美、普林西比和费尔南多波等地建立了种植园。

除了获得可耕地以外，寻找通往亚洲的新商路也是一个十分诱人的目标。15 世纪以前，欧洲商人横跨亚欧大陆进行丝绸、香料、瓷器和其他亚洲特产的贸易，其影响甚至远及中国。然而随着蒙古帝国的分崩离析和黑死病的扩散，丝绸之路不再像以前一样安全。于是，穆斯林商人开始将亚洲货物经由印度洋和红海运送到开罗，在开罗卖给意大利人以后，再由意大利商人转卖到西欧。14 世纪起，欧洲的富有阶层将印度胡椒和中国生姜看做是生活必需品。这样，一方面是运输成本增加，另一方面是需求量日益提高，两个因素相互作用，导致开罗的香料价格飞涨，根本无法满足欧洲人的巨大需求。在这样的背景下，各国商人和君主都认识到，必须绕过穆斯林世界的限制，开发通往亚洲的直接商路，增加香料和其他亚洲商品的供应。

对财富、尤其是黄金的渴望也是地理大发现的原动力之一。自从马可波罗介绍东方世界以来，欧洲人对东方世界丰富的黄金产量留下了深刻的印象。黄金对欧洲人来说是举足轻重的商品。因为当时欧洲人缺乏工业制造品和其他天然产物,主要通过穆斯林商人获得西非的黄金,并以此同亚洲的奢侈品交换。因此,他们迫切希望能够找到通往非洲黄金产地的直接途径。重商主义者日益鼓吹黄金白银的积累等同于国民财富的增加,更是在探险者和殖民者中间刮起一阵阵的"黄金热"(gold rush)。

除了物质激励外,传播基督教的使命也推动着欧洲人向未知世界进发。16世纪初的伊比利亚人对穆斯林的统治记忆犹新。因为此前的数百年中,穆斯林在半岛上建立了众多的据点。直到1492年,十字军收复失地的运动才接近尾声。就在热那亚人克里斯托弗·哥伦布准备向西航行的前几周,穆斯林王朝在格拉纳达的最后一个据点终于落到基督教的西班牙人手中。此后,向野蛮人传播基督教成为伊比利亚人与穆斯林"异端"长期斗争的延续。地理大发现使西班牙人、葡萄牙人认识到,全球有更多的穆斯林亟待消灭、还有更多的异教徒亟待救赎。于是,他们将宗教使命扩展到大洋彼岸。葡萄牙的亨利王子就希望绕过非洲,找到传说中的基督教君王约翰,希望与其结盟,共同击败伊斯兰文明的势力。葡属印度殖民地总督阿方索·德·亚伯奎在围攻马六甲时,也曾用宗教使命激励手下士兵,他说:"我们将为我们的主出色地效劳,把摩尔人从这一地区驱逐出去,扑灭穆罕默德教派之火,使它今后永远不会重燃。"同样,曾经跟随科尔特斯征服墨西哥的贝尔纳·迪亚斯也在回忆录中写道:"在我们废除了印第安人中间的盲目崇拜和其他令人憎恶的东西之后,上帝保佑了我们的努力,我们给男人、妇女和所有征服后出生的孩子施洗礼,要不然他们的灵魂可能已下到地狱。"①

值得一提的是,传说、误解和冒险也许是上述各种动机的共同催化剂。在探索未知世界的过程中,由于知识和经验的限制,冒险精神几乎是探险家身上必不可少的气质。很多探险活动都是在传说、经验和冒险冲动的驱使下进行的。例如,1565年航海家安德烈斯·德·乌尔达内塔(Andrés de Urdaneta)即依据有限的季风知识大胆选择无人尝试的新航线,才发现从菲律宾宿务岛返回墨西哥的海路,为后来的马尼拉大帆船贸易奠定了基础。当时,船队在从菲律宾返回墨西哥殖民地的途中分成两路,其中乌尔达内塔所在的船只向南行驶。这位大胆的航海家据此推测,太平洋的季风

---

① [美]斯塔夫里阿诺斯:《全球通史》,第124页。

可能像大西洋的季风一样形成一个环流。这样,乌尔达内塔向北航行到北纬38度线,然后才掉转船头向东行驶。结果,他们顺利到达加利福尼亚的门多西诺角(Cape Mendocino),最后沿着海岸南下到达阿卡普尔科。当然,乌尔达内塔只不过是当时不计其数的冒险家中的一员而已。对于16世纪的西欧人而言,有关东方遍地黄金的传说、在东非找到基督教王国的使命、甚至对地球直径的过小估计等等,都在无形中鼓励了冒险精神,因为16世纪本来就不是一个安分守己的时代。

地理大发现的条件

然而,单纯拥有强烈的动机是不够的。投身于海外冒险活动,在较为谨慎务实的国家(比如意大利)看来,也许不过是鲁莽的、甚至无利可图的行动。[①] 幸运的是,16世纪欧洲的天时地利、科学发展、技术进步、甚至王室的支持,都为地理大发现和大探险创造了不可多得的条件。

新的时空观

在古代和中世纪,由于交通条件和通讯技术的限制,时间和空间成为阻碍文明交流的重要因素。地球上距离遥远的不同地区,很难在较短的时间内相互获知对方的情况。为了弥补各地之间因为空间阻隔而造成时间定位差别,人们很早就尝试将计时方式标准化。正式的计时方式和定位方式早在古代就已经出现,比如日历和今天看来十分粗略的地图。以计时方式为例,早在古代,利用光影计时的日晷、利用滴水或流沙的恒定流量计时的漏壶等,就已经作为最简单的计时器出现在古埃及、中国、希腊和罗马。13世纪的工匠们又发明了机械钟。在中国,元代初年郭守敬发明独立的机械性计时器大明殿灯漏(1276)。明代初年詹希元又创造出具备齿轮系和流沙动力的"五轮沙漏"(约1360)。在西方,约1370年法国人亨利·维克发明具备齿轮系和重锤动力的机械时钟。科技的进步允许人们越来越能够记录和了解不同地区在相同时间内发生的事情。尽管如此,直到1500年为止,对于大多数人而言,日常活动所依赖的地理空间仍然是全球化交流的最大限制。在传统的时空观念中,时间必须依赖空间而存在。要

---

① [美]戴维·阿诺德:《地理大发现》,第29—30页。

了解遥远地区的情况,人们必须进行耗费时日的旅行。

然而16世纪以来,一种新的时空观出现。随着交通方式和通讯技术的发展,各地区间交流的日益频繁,时间的概念开始摆脱对空间的依赖而日益独立存在,出现了"时间/空间的虚空化和结构化"。新的时空观被很多学者看做现代社会与传统社会的基本区别之一。例如,安东尼·吉登斯在探讨现代性问题时,就强调前现代社会与现代社会在时空观念上的根本区别。[①] 他认为,首先是机械时钟的发明和传播导致通用计时系统和全球标准化时区的出现。在此基础上,不同场合协调社会活动、实现时空重组成为可能,被分离的空间日益能够跨越物理的距离而被准确地协调。最后,社会制度得以在时间和空间的框架内抽离和分化,传统社会中的地方性社会关系在全球化的无限时空中获得"再联结"。[②]

通用计时系统是全球时空观赖以存在的基础。其形成以16世纪现代机械时钟的发明和改进为标志,欧洲科学家伽利略和惠更斯在这方面起了决定性作用。1583年,意大利物理学家伽利略发现单摆振动的等时性。1656年,荷兰数学家、物理学家兼天文学家惠更斯将摆引入时钟。1658年,以"摆"作为钟表调速器的惠更斯摆钟问世,后来发展成为最常见的座钟。1675年,惠更斯又采用摆轮游丝系统造出一种便于携带的钟表,成为现代闹钟的前身。

精确的计时系统对全球标准时区的划分提出要求,而从事全球探险的航海业尤其需要准确计时。长期以来,航海者只是凭航海经验臆测经度、确定航向,搁浅或触礁的事故屡见不鲜。为解决测定航海经度问题,1675年英王查理二世下令在伦敦东南泰晤士河畔的格林尼治村兴建天文台。1707年,克劳斯利爵士率领的一支英国舰队因为测错经度而失事。4艘舰只被毁,2000多人葬身鱼腹。经过百余年的努力,天文学家终于研究出一套科学的计时法,把通过格林尼治天文台的子午线作为地理经度测量和计时系统的起点。全世界的航海者只要以该子午线为起点,便可以在航行中准确地测出自己船只的正确位置和当时的时间。格林尼治天文台的科学研究,为繁荣海上航运事业、避免航海事故作出了贡献。[③]

① 向德平,章娟:"吉登斯时空观的现代意义",《哲学动态》,2003。

② [英]安东尼·吉登斯:《现代性与自我认同》,北京三联书店1998版,第18—19页。

③ "A Prime Meridian and a Universal Day. Protocals of the Proceedings", (paper presented at the International Meridian Conference, Washington D. C., 1884).

全球化的时空观念对于地理大发现十分重要。新的时空观重构人们的日常思维，以现代性的全球时空观代替传统社会的分散时空观。结果，近代以来的世界正逐渐变小、日益显出清晰的轮廓，而人们探索世界的雄心则越来越大。从这个意义上说，存在着两个全球化进程，一个发生在历史现实中，另一个则发生在人们的观念中。观念的全球化发生在现实的全球化之前。欧洲人先是认识到全球的存在，然后才开始探索全球的过程。

地理科学

探索未知海域的活动还获得当时自然地理科学的理论支持，如果没有这些科学研究成果的支持，欧洲人的探险活动也许只能被看做利益和虚荣心驱使下所做出的莽撞行为。实际上，自从马可波罗向西方人介绍东方以来，欧洲人就对地理学产生浓厚的兴趣。古代希腊的地理学和中世纪阿拉伯人的地理学成为欧洲人智慧的来源。在上述地理学研究成果的基础上，近代欧洲人建构起一个当时看来最为科学的地理学体系。这些地理学研究成果可以概括为四点：一是地圆学说；二是关于地球圆周的估算和测量；三是世界海洋统一论；四是关于南方大陆的猜想。

地圆学说是地理大发现最重要的理论基础。早在公元前6世纪，希腊哲学家如毕达哥拉斯等人就从理论上推断地球是圆的，因为对称是完美的属性之一。上述地圆说和地理知识鼓励了许多航海家和探险家的探险活动。哥伦布就是引证托勒密地理学，向那些提供财政资助的官员们证明"世界是小的"。他认为，船队航行大约五个星期之后，就可以穿越位于欧洲和东亚之间的大洋。

对地球圆周的错误估算也间接推动了地理大发现。早在公元前3世纪，西方"地理学之父"埃拉托色尼就测算出地球的周长为39690公里，精确度达到99%以上。然而，对地理大发现影响最大的还是公元2世纪希腊天文学家托勒密所创立的地理学。托勒密认为地球作为一个圆球，其直径远小于我们现在所知道的真实直径。这种看法对探险者产生了深刻的影响。例如，哥伦布就认为，从亚速尔群岛到香料群岛的距离比地中海宽不了多少。错误的估算鼓励了殖民者和冒险家，使他们误以为用相对较短的时间就能完成环球航行。

此外，统一大洋说也是地理大发现的理论支持之一。早在15世纪，红衣主教皮埃尔·戴利就根据托勒密《地理学》的拉丁文译本证明，在非洲以南有大片的海域,绕过非洲可以找到一条避开阿拉伯人到达印度的道路。15世纪以后,佛罗伦萨的托斯堪涅里根据"地圆学说"绘制的世界地图,就已经将印度置于大西洋的西岸。

最后,有关南半球存在一个大陆的传说一直诱惑着探险者向未知的海域进发。这种假想保持了2000多年,直到18世纪后25年,詹姆斯·库克在南半球和南极水域完成环球航行后才被放弃。在此过程中,这一假想促使16世纪和17世纪初叶的西班牙人、17世纪中叶的荷兰人、18世纪的英国人和法国人为寻找这块大陆而完成许多发现。[①] 后来,甚至澳洲大陆的名称,从字面上说都是"南方大陆"的意思。

近代早期的地理学知识既是欧洲人向海外探险的基础,也随着地理大发现的推进而发展。1480年到1780年间,欧洲的探险家们已经发现和绘制出世界上几乎所有海洋和大陆的轮廓了。他们绘制的地图却作为遗产流传到今天的世界,成为全人类共同享有的资源。

航海技术

航海技术主要包括地图绘制、有关季风的知识以及在远海确定方向的技术和设备等,它是人类征服未知海域所必不可少的。16—18世纪的远洋航行普遍采用东方的航海技术和器材,并雇佣富有航海经验的印度洋领航员。从这个意义上说,地理大发现堪称东西方航海技术的结晶。然而不可否认的是,欧洲人对外来技术的接受、加工和发展使他们最终得以决定性地征服海洋世界。

早在古代和古典时期,海上探险活动就已经出现在世界各大洲。当时的探险家们积累了丰富的经验。例如,波利尼西亚水手经过两千多年的航海探索,早在欧洲人到达之前,就已经占据太平洋哪怕最偏远的岛屿达一千年之久。另外,来自印度尼西亚的瓦克瓦克斯人也曾在公元前400年前后成功地穿越印度洋,占领无人居住的马达加斯加。

然而,更重要的航海技术和经验却是由波斯、印度、阿拉伯和中国的水手所积累起来的。地理大发现开始之前,整个印度洋,已经被阿拉伯人的探险家、旅行家和商人连接在一起,成为一个联系紧密的世界。中国、印度

① [苏]约·彼·马吉多维奇:《世界探险史》,第48—52页。

尼西亚、印度、阿拉伯和东非之间的贸易往来已经有一千多年的历史。①
阿拉伯人在他们的航海手册上绘制了这些水域和海岸线,只不过是以阿拉
伯世界为中心,从东到西绘制。这些手册描述得十分详细,阿拉伯和波斯
航海家首先环绕非洲航行的事实毋庸置疑。② 另外,星盘的使用方法也是
由地中海的阿拉伯人传到欧洲的。中国人则在13世纪发明用司南测定方
向的办法。1405—1433年,郑和率领的从中国航行到阿拉伯的巨型航船,
实际上早已能够应付越洋航行。

上述航海技术被15—16世纪的西欧、北欧所接受,并加以改进。例
如,欧洲人引进阿拉伯人装在艉柱上的舵、海图和"航海指南",学习有关
大西洋风向和洋流的知识,并掌握了数学测磁偏差表等。中国的司南经阿
拉伯人传播到欧洲以后,欧洲人将罗盘的磁针改为黄铜小针,固定在方位
盘上。

此外,东方的水手和领航员还直接参与欧洲人的大航海活动。单纯从
造船技术来衡量,也许欧洲人早在1421年就已经能够进行横跨太平洋的
航行。然而实际上,直到一个世纪以后,麦哲伦才将这种可能变成现实。
原因就在于,当时的欧洲人还没有掌握印度洋以外各大洋的季风风向。
14—15世纪以来,在阿拉伯航海家的帮助下,欧洲人才逐渐掌握各种先进
的风向知识。15世纪中期,葡萄牙水手们制作出风向模式图,这使得他们
能够航行到非洲西北沿岸的加那利群岛、马德拉群岛和亚速尔群岛等地。
在绕过西非博哈多尔角时,葡萄牙人已经熟悉了北大西洋海域的西风,并
逐渐认识到大西洋南部的海洋季风正好与北部的海洋季风相反。这些借
助季风知识而进行的航海探险活动都为跨越大西洋的航行奠定了基础。
1492年,哥伦布也是顺着贸易季风向西横越大西洋,并于第二年初从加勒
比海逆贸易季风北航,直到遇上西风,再顺着西风回航到欧洲的。③ 1498
年,在一位熟悉印度洋西部季风规律的印度穆斯林领航员的帮助下,达伽
马得以从东非的马林迪港直航到印度西南沿岸的卡利卡特。季风知识不
仅指导葡萄牙人绕过非洲的航行,而且使得远洋航行的效率大大提高。为
了探索从摩洛哥到好望角的大西洋航线,葡萄牙人花去将近80年的时间。

① [英]巴里·布赞,理查德·利特尔:《世界历史中的国际体系——国际关系研究的再构
建》,高等教育出版社2004版,第245页。

② Abu‑Lughod, Before European Hegemony: The World System Ad 1250–1350, p.19.

③ [英]戴维·阿诺德:《地理大发现》,第38—39页。

但在具有专业航海技术和知识的亚洲人帮助下，他们只用了 15 年时间就找到抵达中国的航线。

如果说上述航海知识都是吸取其他文明的成果，则欧洲人的最大创新却是以经线确定地理位置的办法。直到 1760 年之前，航海活动都称不上精确，因为确定纬度的方法尚未出现。精密的航海计时器发明以后，情况大为改观。前文已述，标准时区的划分也即经度的确定相对简单，可以通过测量正午时分太阳与地平线的角度而获得。然而纬度的确定却相对困难。长期以来，通过对照太阳在一年中已知经线的倾斜度表，水手们可以确定自己在赤道的北部或南部。这样，即使采用相对粗糙的目测工具，他们也能将纬度的估算精确到大约 48 公里左右。然而，最大的困难在于编著一个精确的太阳倾斜度对照表。葡萄牙国王若奥二世于 1484 年成立一个由数学家组成的委员会，试图找到观察太阳确定纬度的最佳办法。① 航海家亨利王子将这个任务交给天文学家和数学家们。经过详尽的计算，他们终于找到了办法：通过估算自己向东或向西走出多远，探险家们可以画出非洲海岸的地图；据此，后继的航海家能够在广袤的海洋中长途航行，并准确地到达已经绘出经线的地方。根据这一技术，1497 年瓦斯科·达伽马在一望无际的大洋上航行 97 天，依然能够准确到达好望角，尽管自从 9 年前迪亚士到来之后，再也没有人造访过这里。达伽马所使用的方法很快成为几乎所有早期欧洲航海家通用的方法。目的地的经度位置一旦确定（例如好望角是迪亚士发现以后测量并记录下来的），后来的航海者就可以远离海岸线、避开暗礁、在更大的风速推进下，更安全地向目的地所在的经度航行。一旦到达目的地所在的经度位置，他就可以向南或向北航行以到达目的地所在的纬度位置，准确到达目的地。

欧洲天文学的发展也为航海技术的改进作出了巨大的贡献。如英国著名天文学家埃德蒙·哈雷，1676 年访问南大西洋上的圣赫勒拿岛，并在那里研究南天星空。1678 年返回英国后，哈雷发表包含 341 颗南天恒星详细数据的《南天星表》。1698 年他受命作为一艘探险船的船长研究地球的磁场，两年内从大西洋北纬 52 度一直航行到南纬 52 度。1701 年他发表《通用指南针变化图》，对于应用指南针指导的海上探险活动具有十分重

① ［美］戴维·阿诺德：《地理大发现》，第 39 页。

要的意义。①

造船技术

由于大帆船是探险时代最基本的全球化媒介,造船技术的改进对于地理大发现来说显然有着不言而喻的重要性。造船技术包括船只设计和建造的各种技术。就1500—1750年的探险、航海、殖民与远洋贸易活动而言,最重要的改进体现在船舵、运载量和船帆的设计等方面。上述几项技术上的发展都发生在地理大发现前夕。船舵在13世纪就已经提高了操纵质量。传动装置和船帆在15世纪被改良,增强了可操纵性和逆风航行的能力。船体的构造在15世纪也变得更加耐用,能够经受住风暴天气。不过,随着地理大发现尤其是远洋贸易的进行,欧洲人在造船技术上不断取得更重大的进步,葡萄牙人又是其中的领先者。他们增加桅杆的数量,使主桅杆更大,还安装多个船帆。这样,船员们可以根据风浪的大小和方向来灵活改变船帆,大大提高了船的机动性和远洋航行能力。

造船技术的全面改进最终表现为适于不同海洋条件的船只类型交替出现。大致说来,1500—1750年海上运输工具的演进经历了从14—15世纪适于地中海平静水面、负责轻型贸易和小型海战的划桨帆船(galley),适用于北欧大宗贸易活动、载货量较大的柯克船(cog),到集合两者优势、适合远洋探险活动的多桅轻帆船(caravel)和克拉克船(carrack),再到适合横跨大西洋、太平洋贸易活动的西班牙大帆船(galleon)的演进。

中世纪晚期直到18世纪,划桨帆船一直是地中海最主要的船只。当时,由于海洋贸易只在海岸线附近进行,商人们不敢离陆地太远,所以划桨帆船这种吃水不深、可以驶入内地浅港的船只盛行。划桨帆船一般光滑狭长,备有成列划桨。虽然以风帆为主要动力,但这种帆船也可以让水手在进入或离开港口时,通过划桨迅速获得较快的速度,因此适用于海战,或运载香料等体轻价高的货物。它的特点是机动灵活,划桨配备的人员较多,也可以防御海盗的侵扰。从14世纪上半叶开始,意大利城邦国家如威尼斯、比萨和热那亚的大型划桨帆船每年都航行到弗兰德斯和英格兰。桨帆船一般配有护航的船队,船上还有弓箭手等,后期还配备了火炮。14—15世纪,商人划桨帆船运输价值高昂的货物、搭乘旅客。从地中海通往黑海

① Jeremy Black, Europe and the World, 1650 – 1830, New York: Routledge, 2002, p. 7.

的线路以及地中海和布鲁日、南安普顿之间的航线,都是划桨帆船最主要的航线。但是1453年拜占庭帝国首都君士坦丁堡陷落以后,划桨帆船所承载的谷物贸易也因此中断。划桨帆船的衰落经历了漫长的过程,其本身的缺陷如运载量小、火力装备差等正是其他船型取而代之的原因。首先,北欧波罗的海贸易广泛应用柯克船。这种船底部平坦、造价低廉。而对划桨帆船来说,缺少较高的侧舷而导致载货量较小,一直阻碍着划桨帆船的用途:既不适合运载大宗货物,也不适合海况险恶的大西洋航运。其次,16世纪末至17世纪初荷兰与英国的船只开始进入地中海地区,直接导致意大利人划桨帆船的衰落。荷兰与英国的新型船只装备重型炮弹,能够在200码之外用火炮击中敌舰。而威尼斯人的划桨帆船则只能在夏天对付海盗,到了冬天就对海盗无能为力了。

如果说划桨帆船主要由意大利商人用于地中海贸易,那么柯克船则是北欧人广泛用于波罗的海贸易的船只。柯克船最早出现在10世纪,12世纪达到发展盛期,14世纪逐渐衰落。这是一种船壳用铁钉将交叠的厚板搭接起来、呈瓦叠状的船只。船上一般只有一个桅杆、一张长方形的船帆。这种设计就决定了柯克船不可能应付太强的风暴,但也使它仅需要很少的水手,运输成本低廉,载货量较大。所以,柯克船主要用于大宗贸易活动,北欧人用它在波罗的海和北海地区进行贸易。

从15世纪初期,葡萄牙王子航海家亨利大力发展造船业,并组成一支规模可观的舰队。组成这种舰队的是多桅轻帆船。这是一种小型的、高度灵活的双桅或三桅帆船,船上采用的是三角形帆,而不是柯克船的那种长方形帆。多桅轻帆船不但轻巧,而且航速很快,顺风时可以达到每小时22公里。逆风时,它还可以迎着风曲线前进,一会儿把一侧船舷转向风,一会儿又把另一侧船舷转向风,就好像船舷的两侧都备有划桨帆船的那种桨板一样。多桅轻帆船唯一的缺陷是稳定性不好,进行远洋航行时偶尔也存在危险性。[1] 多桅帆船首先被用于西非海岸和大西洋的探险。虽然此时克拉克大帆船已经开始投入使用,但多为轻帆船具有克拉克船不可替代的优势。后者吃水量小,机动性好,所以特别适合沿着近海水域逆流而上,探索未知的地区。在葡萄牙人绕过非洲好望角建立与印度的香料贸易路线以后,多桅轻帆船一直是这条航线所采用的主要船只。后来随着大三角帆的

---

① ［苏］约·彼·马吉多维奇:《世界探险史》,第122页。

兴起，多桨轻帆船才因为运输成本较高而被取代。

15—18 世纪的各种船只

桨帆船

柯克船

多桨轻帆船

克拉克船

西班牙大帆船

资料来源：

桨帆船 http：//www001. upp. so－net. ne. jp/a－sasano/galley/galley20. jpg；

柯克船 http：//www. michtoy. com/MTSCnewSite/newplastic _ folder/Zvezda/2005 _ adds/zve9018. jpg；

多桅轻帆船 http：//warandgame. files. wordpress. com/2007/12/386px－potuguesecar-
avel1. jpg；

克拉克船 http：//www. flagshipgames. com/Carrack. jpg；

西班牙大帆船 http：//upload. wikimedia. org/wikipedia/commons/e/ea/Galleon－
spanish. jpg。

从 15 世纪开始,葡萄牙人为了适应大西洋航行的需要,开始结合划桨
帆船、柯克船等现有船型的优势,建造出欧洲第一种真正适合远洋航行的
船型,即克拉克帆船。这是一种宽身帆船,三至四层甲板。从 16 世纪初到
17 世纪,其吨位从 400 吨上升到 2000 吨。船的尾桅用大三角帆,与数个横
帆并用,船体又深又宽。后来大三角帆和横帆合而为一,因此航行速度很
快。坐这种帆船,21 天就能从佛得角群岛横越大西洋到达安德烈斯群岛。
直到 19 世纪蒸汽船出现为止,克拉克船一直是最快的船只。由于具有平
整而稳定的甲板,克拉克大帆船更便于安置枪炮和弹药。事实上,哥伦布、
瓦斯科·达伽马、麦哲伦和很多其他欧洲航海家都发现,他们的大帆船与
其他大部分船只相比都具有强大的优势。唯一可以和克拉克大帆船匹敌
的是中国和日本的舰船。然而,中国和日本的舰船往往没有装备足够的火
炮,所以无法靠近欧洲的舰船。

然而,远洋贸易的不断扩张对船只提出新的要求。西班牙大帆船就是
这样一种更结实、具有更长的桅杆、数量和尺寸更大的船帆的新型船只,主
要用于 16—18 世纪横跨太平洋和大西洋的国际贸易。西班牙大帆船是结
合桅轻帆船与克拉克大帆船的优势并加以改进的产物。它的船首较低,船
身较长,航行时更具稳定性。由于前舷的风阻降低,航行速度得以提高,也
更易于操舵。比起现有的船只,西班牙大帆船的船身更为修长及狭窄,且
以方形的船尾取代传统的弧形船尾,所以更为适合远洋航行。而重量方
面,与一般重达 1000 吨的克拉克船相比,西班牙大帆船仅重 500 吨左右,
所以航行速度更快。此外,西班牙大帆船拥有十分坚固的船身,令它适合
于远洋探险、远洋贸易及海战等多个不同方面的范畴。最重要的是,它的
生产成本比克拉克帆船便宜,生产三条克拉克帆船的成本可以生产五条西
班牙大帆船。

西班牙大帆船被制造出来的年代,正好是西欧各国争相建立海上强权
的大航海时代。所以,西班牙大帆船的面世,对欧洲局势的发展产生了重

要的影响。横跨太平洋的马尼拉大帆船贸易，就是由西班牙大帆船来完成的。而在1588年英、葡海上争霸中，被英国舰队摧毁的葡萄牙无敌舰队，也是当时最为先进的西班牙大帆船。实际上，虽然18世纪晚期蒸汽动力已经可以用于航海，但由于成本较高，西班牙大帆船一直是全球贸易的主要承载者。

15世纪初的划桨帆船向18世纪的西班牙大帆船演进的过程说明，造船技术的发展对欧洲人的地理大发现具有关键的作用。如果没有这种驾驭海洋的能力，欧洲人也许只能继续固守一隅，依靠本身有限的资源谋求发展。

王室支持

欧洲王室对海外探险的支持也构成地理大发现的重要条件。迪亚士、达伽马、哥伦布等人的早期海上探险活动，几乎都是在葡萄牙、西班牙王室的支持下完成的。而英国虽然没有在地理大发现中成为先锋，但王室对帝国贸易的支持却令其在海洋争霸中后来居上。

15世纪，对航海事业提供最大支持的无疑是航海家亨利。作为葡萄牙国王若昂一世的第三个儿子，他本人毕生从未远航探险，但其贡献在于将当时最好的理论知识与船只设计、建造、航海探险活动等实践结合在一起。发现马德拉群岛以后，亨利王子将它们赠送给发现有功的贵族，使之成为他们的领地，允许他们在岛上烧毁森林，开辟居住地，进行殖民开发。[①] 1415年，亨利担任摩洛哥地区的总督，拥有了一些船只。1418年，他开始发起小规模航行。在航行中，他的手下发现圣港岛和马德拉岛，还在萨格里什创立一个地理研究院。1419年，他改任葡萄牙南端阿尔加维省总督后，又组织一批海员、测绘人员、天文学家和制造船舶与仪器的工匠。26岁时，他被教皇授予教廷在葡萄牙的最高勋位，由勋位而获得的基金大部分被他资助了探险事业，以实现他把异教徒转变为基督教徒的目的。为此，亨利所有的船帆上都印有红十字架。葡萄牙可以从探险者的所得中抽取四分之一的金额。如果是他自己组织探险队，或者借给航行的费用，则将抽取收益的一半金额。[②] 1434年，他手下探险家吉尔·埃阿奈斯绕过博

---

① [苏]约·彼·马吉多维奇:《世界探险史》,世界知识出版社1988版,第115页。
② 同上,第118页。

哈多尔角,在以后几年里,船长们再往南推进,过了利奥德奥罗。在亨利的命令下,他们开始在新近发现的亚苏尔群岛开拓殖民地。因为上述鼓励航海和探险的活动,英国人将"航海家"(navigator)的称号送给他。航海家亨利究竟出于何种动机支持葡萄牙的航海事业?15 世纪为亨利撰写编年史的历史学家戈麦斯·埃亚内斯·德·苏拉拉揭示了答案:"为了探索加那利群岛和博哈多尔角以外的未知领域;为了和可能居住在已知大陆以外的任何基督教徒贸易;为了发现穆斯林所控制区域的广度;为了找到能帮助他战胜异端的基督教国王;为了传播基督教信仰;为了实现他占卜星象得到的预言,即他有责任从事于伟大而又高贵的征服,并试图发现其他民族所隐藏的事物;为了找到几内亚。"①

英国人在海外探险与开发中虽然属于后来者,但都铎王朝早期诸王的鼓励和支持却成为重要推动力。1496 年,亨利七世准许居留在布里斯托的威尼斯商人约翰·卡博和他的三个儿子"自筹资金,航行到东方、西方、南方的任何地区、国家去探险",条件是缴纳全部利润的五分之一给皇家国库。后来,卡博家族即通过多次探险活动发现纽芬兰,并与俄罗斯建立贸易关系,最后导致了英国莫斯科公司的建立。②

地理大发现的内容

当各种有利于海外探险的因素逐渐具备时,欧洲的航海家、探险者、商人兼殖民者就开始游说王室、购买船只、征募水手,向欧洲以外未知领域探索。经过三百年左右的全球大探险,欧洲人将他们的活动范围扩张到美洲新大陆。按照沃勒斯坦的观点,近代世界的地理扩张经历了三个主要的时代转折:第一个是创始期,即 1450—1650 年,在此期间现代世界体系最初主要包括欧洲大部分及美洲的某些部分。第二个转折点是 1750—1850 年的大扩张,俄罗斯帝国、奥斯曼帝国、南亚及东南亚地区、西非大部分地区和美洲的剩余部分都在这个时期被纳入全球体系中。第三次是 1850—1900 年,东亚、非洲、东南亚其余地区和大洋洲也被纳入全球体系。③ 由此可见,通过地理

---

① Gomes Eanes de Zurara: Introdução à Crónica dos feitos de Guiné. Agência Geral das Colónias, Divisão de Publicações e Biblioteca, 1949.

② [英]T. G. 威廉斯著,陈耀昆译:《世界商业史》,中国商业出版社 1989 年版,第 79—80 页。

③ [美]伊曼纽尔·沃勒斯坦:《现代世界体系》(vol. 1),高等教育出版社 2000 版,第 81 页。

大发现和大探险,欧洲人完成了上述全球化三阶段的第一步。

从地中海到大西洋

    位于大西洋沿岸的葡萄牙和西班牙是大探险的先头部队。15世纪,这两个国家的探险家们分别占领了非洲西海岸沿岸的四个群岛。葡萄牙占领马德拉群岛、亚速尔群岛、佛得角群岛,西班牙则占领加那利群岛。

    1415年,葡萄牙远征军占领北非的重要城市休达,被认为是葡萄牙海上扩张政策的正式起点。占领计划是财政总监若奥·阿丰索提出的,他与里斯本的大商号来往密切。这一占领对商人和贵族都有好处,因为休达港位于农业发达的地区,还控制了直布罗陀海峡,是陆地和海上的重要贸易中心。①

    占领休达以后,葡萄牙人开始加快对非洲西海岸的探索过程,主要分为两个阶段。第一阶段是1415—1474年,主要由亨利王子领导,发现从直布罗陀海峡直到塞拉利昂的非洲海岸约4000公里。王子派出的探险队占领了大西洋东部海域的四个面积可观的群岛,即亚速尔群岛、马德拉群岛、达荷美群岛和加那利群岛。葡萄牙人在那里种植谷物和甘蔗,向欧洲人提供谷物。甘蔗最早种植在马德拉群岛和加那利群岛,15世纪后期移植到几内亚湾内的圣多美岛,以后又跨越大西洋移植到巴西和西印度群岛。亨利的船队规模较小,只有一两艘船组成。不过从1469年开始,里斯本富商费尔南·戈麦斯与热那亚人安东尼奥·乌索迪马雷在葡萄牙开办了一个非洲贸易股份公司,向国王要求同几内亚进行独家贸易。他的请求获得允许。垄断期定为五年,地域范围包含从佛得角以南到塞拉利昂长约800公里的地带。作为交换条件,费尔南·戈麦斯每年付给国王20万雷伊斯的租金,并且保证每年探索100里格的海岸(1里格相当于5572米)。从1469年到1474年,这个商人一直肩负着开发非洲海岸的义务,他出钱雇用的航海人员发现了赤道以南的几内亚湾海岸、圣多美和普林西比岛、安诺本岛、斐南多波岛。②

    葡萄牙人地理大发现的第二阶段开始于1474年,王位继承人、未来的若奥二世开始亲自领导航海事业,目的是为了找到绕过非洲到达印度的道

---

① [葡]J. H. 萨拉依瓦:《葡萄牙简史》,第114页。
② 同上,第128—129页。

路。1481—1484 年间,葡萄牙船队到达刚果河和安哥拉南部沿海地区。1487 年,巴托罗缪·迪亚斯率领的远征队到达非洲南端的好望角。由于遭遇暴风雨,水手们筋疲力尽,他没有再继续前进,但这次航行为开辟通往东方的新航路创造了条件。1497 年达伽马绕过好望角、进入印度洋,并于1498 年到达南亚西海岸。这次航行耗时三个多月,而且只有少数船员平安返回。但是通往印度的新航路却被打通了,欧洲人多年的梦想得以实现。更重要的是,满载的胡椒和肉桂带来巨额利润,刺激葡萄牙人继续远洋探险的野心。到 1500 年,葡萄牙人在加尔各答建立起贸易商站,并很快遍访印度和印度洋地区的港口。1509—1515 年,阿丰索·德·阿尔布克尔克任印度总督,建立了葡萄牙人对海洋和贸易的双重控制。首先,一批商业或战略据点被控制:1510 年控制果阿,1511 年控制马六甲,1515 年控制霍尔木兹,1557 年控制澳门和长崎。其次,殖民者实行“通行证”制度,以控制穆斯林在印度洋的贸易自由。第三,他们还在亚洲的转口贸易中担任中间商,从澳门与长崎间的金、银和丝绸贸易中获得高额利润,并由此融入亚洲既有的贸易模式。到 1600 年为止,葡萄牙人在非洲和日本之间一共建立 50 个贸易中转站。16 世纪后期,英国和荷兰的水手也跟随着葡萄牙人的足迹来到印度洋。尤其是荷兰人,他们夺取了葡萄牙人在东方建立的几乎大部分据点。

旨在通过东南航线到达南亚的航行

航海家	时间	新发现
迪亚士	1487—1488 年 (出航)	发现阿古尔哈斯角的开阔水域;进入印度洋;到达大菲什河
瓦斯科·达伽马	1497—1498 年 (出航)	在驶往好望角的途中,最有效地利用大西洋的季风;在当地领航员的指引下,到达印度
卡布拉尔	1500 年 (出航)	葡萄牙人通往印度的第二次航行;登陆巴西,可能出于偶然
葡萄牙人	1509 年	通往马六甲的首次航行
阿布雷乌	1512—1513 年	游历摩鹿加
葡萄牙人	1516 年	首次到达澳门

由于葡萄牙控制了沿非洲西海岸向南绕过非洲的通道,西班牙人不得

不向西越过大西洋进行探索。基于对当时地理科学的了解,热那亚人克里斯托弗·哥伦布相信,地球是个周长不大的小球体,从欧洲向西航行亚洲将是有利可图的。为了证明自己的想法,哥伦布寻找王室赞助他远航。葡萄牙宫廷谢绝了他的提议,一方面是怀疑他的地理学说,另一方面是由于1488年迪亚士的航行已经找到去往印度的航路。最终,西班牙国王斐迪南和女王伊萨贝拉同意资助哥伦布的探险活动。1492年,哥伦布率领的远征队到达圣萨尔瓦多、古巴和海地。后来,他又三次出航,到达南美洲沿岸地区和一些岛屿。

哥伦布虽然没有找到真正的印度,却鼓励了更多的西班牙、英国、法国和荷兰的航海家追随他的梦想。而且欧洲人逐渐发现,加勒比群岛本身也蕴藏着无数诱人的商机。哥伦布的重大发现使得东西半球联系起来,也为后来欧洲人对美洲的征服、在美洲的定居以及开发铺平了道路。

从大西洋到太平洋

发现美洲大陆以后,一些航海家继续寻找哥伦布没有发现的、通往东方的航线。1513年,西班牙船队在军官瓦斯科·努涅斯·德·巴尔博亚率领下,从加勒比海的伊斯帕尼奥拉岛和古巴岛出发,穿越巴拿马地峡抵达太平洋海岸。当时的人们并不了解这块海域有多大,也不知道要如何航行才能通过它到达东方。

对太平洋海域的勘探是由葡萄牙航海家费迪南德·麦哲伦开启的。1519年,麦哲伦在西班牙王室的支持下,从塞维利亚起航,去寻找一个向西到达亚洲海域的航线。他开始沿着南美洲的东海岸探索,发现位于南美洲最南端附近的麦哲伦海峡。驶过险象环生的麦哲伦海峡以后,他的船队又航行四个月后才到达关岛,并获得补给。离开关岛后,麦哲伦来到菲律宾群岛。在那里,船队卷入当地的政治冲突,麦哲伦本人和40名水手因此丧命。活下来的人继续航行到达马鲁古的香料群岛,在那里他们装满丁香,从熟悉的印度洋海域返回西班牙。

作为首次环球世界的航行,这次探险用了三年时间,出发时有五条船和280名水手,在返航时只剩下一条船,18名水手。另外17名水手经由别的路线返回,因此总共有35名水手在这次探险中幸存。麦哲伦的航行证明,绕过南美大陆的唯一路径位于非常遥远的南美洲南端,且航程极为险恶,无法成为一条常规的商业航线。

旨在通过西部或西南航线到达中国和南亚的航行

航海家	时间	新发现
达莫塔 泽莫托 佩肖托	1542—1543 年	葡萄牙人发现日本
哥伦布	1492—1493 年 （出航并返航）	发现巴哈马群岛，探察古巴和伊斯帕尼奥拉岛的北部海岸；找到最理想的返航线路
哥伦布	1493—1494 年 （出航）	探察古巴的南部海岸；认为它是中国大陆的一个半岛
哥伦布	1498 年 （出航）	发现特立尼达和委内瑞拉；将海滨地区当做大陆
哥伦布	1502—1504 年	探察洪都拉斯、尼加拉瓜及其地峡周围的海岸
奥赫达 韦斯普奇	1499—1500 年 （出航）	到达圭亚那海岸，但未能绕过圣罗克角，沿着海岸向西航行，到达贝拉角
科埃尔奥 韦斯普奇	1501 年 （出航）	从圣阿戈斯蒂尼奥角出发，沿着海岸向南航行，到达南纬35°
索利斯	1515 年	进入普拉特河口，并探察河口的北岸
麦哲伦 埃尔卡诺	1519—1522 年	发现麦哲伦海峡，横跨太平洋，经过菲律宾群岛到达摩鹿加；实现第一次环球航行
萨维德拉	1527 年	发现从墨西哥横跨太平洋到达摩鹿加的航路
乌尔达内塔	1565 年	发现从菲律宾返回墨西哥的可靠路线，即利用北纬42°的西风
斯豪滕 勒美尔	1616 年	发现从勒美尔海峡和合恩角进入太平洋的航线

　　尽管如此，此后的三百年中，欧洲各国的探险家仍然根据麦哲伦所搜集的信息，继续寻找从欧洲通往亚洲的西北通路。英国水手对太平洋上的许多地理细节进行了探险。例如16世纪，英法兰西斯·德雷克爵士勘探了北美西海岸北至温哥华岛的地区。18世纪中期，法国人也加入到英国水手探索太平洋以及寻找西北通路的队伍中。俄国政府委托丹麦航海家维塔斯·白令进行了两次海上探险(1725—1730、1733—1742)以寻找亚洲

港口的西北通路。白令驶过冰天雪地的北冰洋和分隔西伯利亚与阿拉斯加的白令海峡,勘察亚洲北部远至堪察加半岛的地区。到 1800 年,俄国水手对太平洋的勘探已经南至夏威夷群岛。

西北或东北航线到达亚洲的航行

航海家	时间	新发现
卡博特	1497 年(出航)	重新发现纽芬兰,11 世纪斯堪的纳维亚人曾到此
科尔特 - 雷亚尔	1500 年	重新发现格陵兰
维拉扎诺	1524 年	沿着北美海岸航行,从北纬 34°(据猜测)到达北纬 47°;证明北美洲是一块大陆
卡尔捷	1534 年和 1535 年	探察贝尔岛海峡和圣劳伦斯海峡,远至蒙特利尔
威洛比和钱瑟勒	1553 年	绕过北角到达阿尔汉格尔
弗罗比歇	1576 年	到达巴芬岛的弗罗比歇湾,误认其为"海峡"
戴维斯	1587 年	探察格陵兰的西部海岸,直到北纬 72°的冰线
巴伦支	1596—1597 年	发现熊岛和斯匹次卑尔根岛;在新地岛过冬
哈德逊	1610 年	通过哈德逊海峡航行到哈德逊湾的最南端
巴顿	1612 年	探察哈德逊湾西岸,推断出海湾西岸连接内陆
巴芬和拜洛特 - 加龙省 - 加龙省	1616 年	探察巴芬湾全部海岸线;推断出该地区不存在可以航行的西北通道

通过一系列探险活动,世界各大海洋之间形成一个统一的航海体系,欧洲和亚洲之间建立完全由水路连接的路线。欧洲人控制海洋,并以此为基础将他们的影响力扩展到世界所有大陆。①

地理大发现堪称探险时代全球化历史进程的核心环节。由于地理大发现扩大了资本主义的世界市场和贸易规模,人类的经济活动从此有了更加广阔的舞台。虽然早在 1500 年以前,地中海的一些意大利城市、阿拉伯—穆斯林世界、印度和中国等文明中心或贸易发达地区就已经开始出现原资本主义因素(protocapitalist),但这些因素却因为缺乏向全球扩散的动

---

① [美]戴维·阿诺德:《地理大发现》,第 2 页。

力机制而不成气候。正如马克思指出："当交往只限于毗邻地区的时候，每一种发明在每一个地域都必须单独进行；一些纯粹偶然的事件，例如蛮族的入侵，甚至是通常的战争，都足以使一个具有发达生产力和有高度需求的国家处于一切都必须从头开始的境地。只有当交往成为世界交往并且以大工业为基础的时候，只有当一切民族都卷入竞争斗争的时候，保持已创造出来的生产力才有了保障。"[①]

16 世纪以来的地理大发现、大探险、大殖民的运动却正好让地区性的交往成为世界交往，并且将新大陆、非洲和亚洲都卷入欧洲资本主义扩散的范围。从此以后，欧洲新型的商业资本开始源源不断地获得土地、原料、资本和市场，避免了古代和中世纪许多地区性交往因战乱或其他原因而中断的厄运。

---

① 马克思,恩格斯:"德意志意识形态",《马克思恩格斯选集》(第 1 卷)(1995),第 108 页。

第三章

世界经济初露端倪

地理大发现和大探险改变了世界经济格局和发展路径,全球各地联系日益紧密,贸易交往深入发展,一个世界性的经济体系前所未有地形成了,这为全球化的深入发展提供一个结构性的基础。正如新马克思主义学者卢森堡指出,资本主义是一个自己不能单独存在的经济形态,"国际贸易一开始就是资本主义历史存在的首要条件",它的功能是"吸收资本主义的生产物并供给资本主义以生产要素及劳动"。必须有非资本主义的生产形态(即发达国家内的前资本主义成分或海外殖民地)为其提供支持。[①] 可见,资本主义生产必须不断地把前资本主义生产纳入市场体系,而地理大发现和大探险所开辟的越洋贸易路线,则正好建构了这一新的资本主义市场体系。

1500—1800年间,支撑世界资本主义市场体系的,是跨越欧、亚、美、非四大洲的贸易圈。与中世纪横跨亚欧大陆和印度洋沿海的长途贸易相比,新的大西洋贸易和太平洋贸易无论在规模上还是制度化程度上都是前所未有的。实际上,这段时期国际贸易的增长远比工业的扩散引人注目。欧洲的海上霸权国家在亚洲和美洲都拥有殖民地和港口。他们买进的新

---

① [德]罗莎·卢森堡:《资本积累论》,三联书店1959年版,第283—284页。

的特许状公司又逐渐让位于规模更大、风险更容易控制的股份公司。这样,真正现代意义上的公司形式在 18 世纪逐步形成。

贸易委员会

贸易委员会的形成是与葡萄牙、西班牙王室对殖民地的垄断管理相联系的。1469 年,阿方索五世国王就曾命令里斯本的富商、奴隶贩子费尔南·戈麦斯以固定的价格销售从几内亚收购来的全部象牙。作为交换,他批准戈麦斯对塞内冈比亚地区拥有五年期限的贸易垄断权,并附加一项任务:每年必须探查约 500 公里距离的海岸线。1475 年,戈麦斯完成任务,对长达 2000 公里的全部海岸线进行探索,发现科特迪瓦、黄金海岸和奴隶海岸等。[1]

1494 年,西班牙君主费迪南和伊萨贝拉建立商人行会布尔格斯委员会(Consulado of Burgos),垄断了原棉的出口贸易。布尔格斯是一个繁荣的商业城镇,但距离最近的港口也超过 160 公里。所有用于出口的原棉,无论来自西班牙的任何一个地方,都必须先运送到布尔格斯,然后用骡车队运送到比斯开湾沿岸的毕尔巴鄂,最后装船运往北欧。布尔格斯商人们由此获得对西班牙最有价值的出口商品的集体垄断。布尔格斯委员会正是几年以后控制美洲贸易的贸易委员会(La Casa de Contratación)的一个雏形。[2]

1503 年,塞维利亚建立贸易委员会,垄断殖民地贸易。不久以后,其他的同类委员会纷纷成立,如葡萄牙矿业委员会(Casa da Mina)、几内亚委员会(Casa da Guinea)和印度群岛委员会(Casa das Indias)等。与此后英、荷殖民者建立的殖民公司不同,贸易委员会是军队与商队合而为一的组织,在形式上更像国家官僚机构。他们没有独立的股东,资金和船只都由国家提供,除进行远程贸易以外,也对获取领土感兴趣。贸易委员会由于代表王室全权管理殖民地的事务,其权限往往比殖民公司大得多。例如,西班牙贸易委员会负责向殖民地征收赋税、审批探险和贸易的船队、给船长颁发许可证,并对商业纠纷进行管理。从理论上说,没有贸易委员会的准许,西班牙船队无法在任何地方航行。(当然,实际上在西班牙帝国范围

---

① [苏]约·彼·马吉多维奇:《世界探险史》,第 125—126 页。

② R. Cameron and L. Neal, A Concise Economic History of the World: From Paleolithic Times to the Present, pp. 137 – 138.

内,走私行为一直没有禁绝过。)由武装舰队护航使得西班牙舰队的运费十分昂贵。不过从美洲殖民地运送贵金属回国的宝藏船却十分需要这种保护。

贸易委员会的垄断权打破经历了一个过程。1524年,西班牙政府允许外国商人在美洲经商,但不许定居,这就为外国商人的发财致富大开方便之门。1538年,该政策被废除,垄断权重归西班牙人。然而,通过贸易委员会进行远洋贸易的很多西班牙商人实际上都是外国尤其是热那亚金融家的买办。1529—1573年,西班牙其他十个港口的船只获准与美洲交易,但必须在塞维利亚登记货物和返航卸货。因为成本太高,商人从这一规定中受益不多。走私情况严重,既有西班牙商人,也有外国商人。1680年,瓜达尔基维尔河淤塞,大型船只无法进入塞维利亚,美洲贸易的垄断地位转到加得斯。① 外国殖民者的海上掠夺也加速了贸易委员会的衰落。1628年,荷兰人拦截了一艘西班牙的宝藏船,致使西班牙蒙受巨大的经济损失。1656年和1657年,英国人也如法炮制,每一次都导致西班牙发生严重的财政危机。可以说,贸易委员会的失败证明伊比利亚封建王室主导下的殖民模式存在内在缺陷。

特许状公司

16世纪以来,新兴的现代国家如英国、荷兰等虽然开始参与海上争霸,其殖民者却还无力单独承担大规模的越洋贸易和殖民。因此,持有特许状的公司得以发展,并成为欧洲海外扩张的主要手段之一。

特许状公司一般是向政府缴纳一定的税金而得到国家(有时是教会)特许、在殖民地建立的自治共同实体。特许状公司的历史可以追溯到中世纪时期。当时的修道院和宗教团体等神职机构或城镇、行会、大学等世俗机构,常常是皇家特许状的持有者。近代的特许状公司将个人利益和各种各样社会目的加以综合,是经济和军事政治权利的混合体。其目的在于拓展新贸易、发展新生产和进行殖民。但为了完成这些任务,公司还经常被赋予行使军事和政治权力的权利。国家通过颁布特许状而得以摆脱国库有限资金的限制,利用私人的资源进行探险和贸易活动。所以,特许状公

① R. Cameron and L. Neal, A Concise Economic History of the World: From Paleolithic Times to the Present, p. 140.

司也是一种较为自由的间接统治性质。它反映了从封建主义向资本主义转化的一种混合体,反映了重商主义国家对从海外获取财富的兴趣比控制领土更有兴趣,也反映了仍然处于形成过程中的现代国家凭自身能力处理海外扩张事务的力不从心。

16 世纪下半叶,英国建立一系列拥有贸易垄断特许状的公司。最早和最重要的两个海外贸易公司是莫斯科公司(1553 年)和土耳其公司(1583 年)。它们在国际关系方面具有重要意义,因为它们维持了英国在公司所在国的影响,并且为英国的外交使节支付开销。其他的特许状公司也是在同一时期建立的。1577 年建立西班牙公司,1579 年建立旨在进行波罗的海贸易的东陆公司,1611 年建立法国公司。针对法国、西班牙、波罗的海等地区的贸易建立各自特定的公司,正好说明此前由于重商主义政策,英国与这些国家和地区的直接贸易量是非常小的。这些贸易很大程度上被荷兰和其他国家的商人所掌握,而荷兰从未在殖民地以外的欧洲地区建立殖民地。英国在非洲的第一个特许状公司建立于 1585 年,此后几个公司又分别于 1588 年、1618 年和 1631 年获得特许状。根据特许状,英属非洲公司得以与非洲统治者贸易,建立银行,拥有、管理、赐予和分配土地,并建立自己的警察部队即英属南非警察。但是在这段时期所建立的公司中,影响最为巨大的还是垄断与印度和新世界贸易的公司。在北美,英国的特许状公司具有殖民和贸易的双重目的。虽然哈德逊湾公司几乎完全致力于贸易,但大部分公司如伦敦公司、普利茅斯公司和马萨诸塞湾公司都是直接参与殖民活动的。

上述英国特许状公司都是商人探险家组成的。作为商人的一种联合体,公司向政府缴纳一定的费用取得特许状,在特许状里规定具体经营范围、经营路线和船舶停靠的口岸。公司的每个商人都建立自己的账户进行交易,但所有的人都必须服从一整套严格的规则,将其行为限制在很小的范围之内。特许状还规定了进口税额和其他许多事项。在这些公司中,并不存在属于公司全体的贸易股份。个人以自己的资本经营、谋自己的利益,条件是一律遵守政府特许状的规定。但个人每年要交一定的款项给公司,作为护卫商业据点、大使代表的薪金等项集体费用开支。

特许状公司在世界贸易方面的优势很快显示出来。多数情况下,特许状公司都能通过贸易垄断而获得利润。以英国的东印度公司为例,1610—

1640 年,英国的对外贸易额增长了 10 倍。① 为了执行很多主权国家才有的使命和功能如安全和自卫等,有些公司获得了相对自治的地位。少数特许状公司如英国东印度公司和荷兰东印度公司拥有独立的陆军和海军,其军事实力使欧洲国家的军队都相形见绌;它们还拥有充足的资金以购买最好的装备、雇佣优秀的人员,这实际上使它们成为国中之国。

在法国,特许状公司也被政府用于同一目的。红衣主教黎塞留在《回忆录》中主张,法国为了争霸,必须像邻国一样建立大型公司,并授予商人有利可图的特权,派驻军队对公司进行保护。1625 年莫尔比昂公司建立。1627 年圣皮埃尔公司建立,其垄断权覆盖整个世界。但这两次尝试均失败了。不过其他的公司却得以建立起来:加拿大出现一百协会公司,塞内加尔建立佛得角公司,安的列斯群岛上建立美洲群岛公司,马达加斯加建立东印度公司。② 1664 年,法属东印度公司建立,殖民地和印度的贸易都归公司处置,而国王本人在其中具有巨大的财政收益。不过,法国的公司由于约翰·劳尔(John Law)的“密西西比阴谋”(Mississippi scheme)而遭到大规模的衰落。在密西西比阴谋中,塞内加尔公司、法国东印度公司等都参与了侵吞公共财政的活动。1720 年的财政崩溃破坏了公众对特许状公司的信任,虽然新的印度群岛公司(Company of the Indies)一直延续到1769 年,但特许状公司实际上已经名存实亡了。

在荷兰,东印度公司和西印度公司是 17 世纪以来荷兰商业和海洋霸权的保障。荷兰东印度公司的成功导致奥斯坦德公司的成立,神圣罗马帝国的皇帝查理六世希望借助该公司与英国和荷兰进行贸易,但他的愿望最后落空了。

特许状公司的活动范围十分广泛,在某种意义上可以看做今天的跨国公司的先驱。但这种演化并非直接的过程。除了哈德逊公司以外,几乎没有哪个特许公司能够幸免于被国家收回权力。19 世纪兴起的更加专业的有限公司几乎都是新兴企业,虽然从组织上看,股份有限公司可以看做特许公司的后继者,但两者之间仍有许多不同之处。

特许状公司的衰落也许应该归因于自由贸易需求的增加。以英国为例,18 世纪时利物浦、布里斯托和格拉斯哥的商人先后向英王请愿,反对

① [法]米歇尔·博德:《资本主义史:1500—1980》,东方出版社 1986 版,第 21 页。
② Michel Beaud, A History of Capitalism, 1500 - 2000, p.38.

重订特许状,要求在东方实行"门户开放"政策。到 1814 年,政府接受人民"海外"贸易的要求,至少在印度实行"门户开放"政策。1832 年之后,英国打开中国的通商门户,东印度公司停止营业,船只都出卖了。在 1857 年印度发生暴动后,公司不复存在,它遗留的权益交给了英国驻印大臣。[1]

历史上著名的特许状公司及其建立年份[2]

英国皇家特许状公司	
1555 年	莫斯特公司
1577 年	西班牙公司
1579 年	东陆公司
1581 年	土耳其公司
1588 年	摩洛哥公司
1600 年	东印度公司
1605 年	黎凡特公司
1606 年	弗吉尼亚公司
1609 年	法国公司
1629 年	马萨诸塞湾公司
1629 年	普罗维登斯岛公司
1664—1674 年	皇家西印度公司
1670 年	哈德逊湾公司
1672 年	皇家非洲公司
1693 年	格林兰公司
1711 年	南海公司
约 1792 年	塞拉利昂公司
约 1792 年	非洲商人公司
1835 年	南澳大利亚公司
1839 年	新西兰公司
1881 年	英国北婆罗洲公司
1886 年	皇家尼日尔公司
1889 年	英国南非公司
法国特许状公司	
1613 年	一百协会公司(Company of One Hundred Associates)
1664 年	西方公司
1717 年	密西西比公司
1717 年	亚美利加岛公司
1717 年	东印度公司

① [英]威廉斯:《世界商业史》,第 83—84 页。
② http://en. wikipedia. org/wiki/Chartered_company.

续表:

德国特许状公司	
1682 年	勃兰登堡非洲公司
1882 年	德国西非公司
1884 年	德国新几内亚公司
1884 年	德国东印度公司
葡萄牙特许状公司	
1482 年	几内亚公司
1888 年	莫桑比克公司
1891 年	尼亚萨公司
低地国家特许状公司	
1602 年	荷兰东印度公司
1614—1642 年	日耳曼公司
1614 年	新尼德兰公司
1621 年	荷兰西印度公司
1717 年	奥思坦德公司
斯堪的那维亚特许状公司	
1616 年	丹麦东印度公司
1671 年	丹麦西印度公司
1671 年	皇家格林兰公司
1638—1655 年	新瑞典公司
1649—1667 年	瑞典非洲公司
1731—1813 年	瑞典东印度公司
1786—1805 年	瑞典西印度公司
1738 年	瑞典黎凡特公司

股份公司

特许公司在 17 世纪发展到全盛的时期,但与此同时,建立在特定事业股份基础上的早期控股公司形式,也正被更复杂、更成熟的股份公司取代。股份公司的资本由股东共同提供、共同管理,其利润也由股东分享。公司设立董事会(directorates, boards, courts),以加强管理、处理成员之间的争端,或与非公司成员协商,并确立年度结算制度。股份公司的出现导致特许状公司的重要地位逐步丧失。[①]

股份公司之所以能够代替特许状公司,是因为它更能适应全球贸易的发展,抵御风险的能力也更强。特许状公司的资金只够地方性贸易之用,

---

① www.britannica.com/EBchecked/topic/107687/chartered - company.

要开展海外商业就不够了。而且,公共利害关系松散是特许状公司的一个弱点,个体利益往往和集体利益冲突。它缺乏稳定性,因为公司成员并不总是愿意"冒险"的,往往任意退出,致使长时间不能振兴企业,所以特许状公司必须改组。股份公司的最大优点是各成员与公司整体之间利害相关,休戚与共。个体只能从公司的昌盛中按比例分享一部分。入股者直接享有其资本控制权,信任一个永久性的董事会,董事会对公司经营兢兢业业。这样,这个组织便成为永久性的,其经营有延续性。股份公司使个人积蓄聚成大宗资本去派用场。集资多就能从事比过去更大规模的经营。由于这个集团存续期长,基础较坚实,能够承受风险,所以能够投资于"长期"企业,就是那种经过一段较长时间才能获利的企业。相比来说,特许状公司就显得结构松散,寿命短促,资金短缺,目标不一致。而股份贸易公司则是一个合同组织,有永久性,资金雄厚,目标单一。专有特权对两者都是一样的:一是作为投放大宗资本所冒风险的补偿;二是作为为国家开辟新商业区和保卫海洋通道的报偿。最早的股份公司企业出现在意大利,弗吉尼亚和马萨诸塞公司出现较迟。在 18 世纪这种类型的公司已逐渐普遍,在 19 世纪它已成为公司组织的主流形式,凡是个人出资或者合伙出资的企业,莫不这样办,只是不再享有垄断利益了。①

股份公司的形式最初主要应用在远程贸易中,英国和荷兰的东印度公司堪称其中的代表者。英国的莫斯科公司和黎凡特公司也是较早采取合股形式的。但随着商业关系的发展和区域稳定,它们都变成管理公司。莫斯科公司位于阿尔汉格尔港口,控制了西欧与俄罗斯北部的大部分贸易。1649 年沙皇讨好荷兰,才将该公司的贸易特权收回。东印度公司也采取股份公司的形式。1600 年,东印度公司建立,在东印度地区进行贸易。公司的政治成就显赫,成为英帝国历史的重要一部分。其经济实力也不容忽视,对整个国家的财富都作出了贡献,甚至使公司成为 17 世纪的经济中心。

1602 年,联合省政府、阿姆斯特丹市和几个私人贸易公司建立荷兰东印度公司,也采取了永久合股的形式。公司不是个人的,而是由很多小公司组成,与其说是一个股份公司,不如说是一个托拉斯。该公司包括 73 名主管,全都是贸易公司的管理者。普通事务由阿姆斯特丹理事会管理,由

---

① ［英］威廉斯:《世界商业史》,第87—88 页。

一个十七人团(a College of Seventeen)执行,由理事会成员指定,其中 8 个人由阿姆斯特丹理事会指定,该理事会支付联合公司一半的开支。每个理事会独自决定各自成员的事务:在印度的买卖,黄金的运输量,进口商品的销售。十七人团决定舰队的组织、目的地、商品的价格。东印度公司垄断了荷兰与印度的贸易,在印度执行"关闭之海"(mare clausum)政策,禁止印度与英国人、葡萄牙人和法国人交易。[1] 荷兰东印度公司具有类似国家主权的权力,如战争、跟土著首领签订条约、保持海上和陆上的武装、设立法庭、在公司的贸易站执行民事和刑事判决等权力。公司在东印度拥有一支 1 万多人的陆上军队,40~60 艘船组成的海军,每年向欧洲运入价值 1.1 千万~1.2 千万弗罗林的商品,并带来 25%~30% 的股息,所以公司的股票价格从 3000 弗罗林上升到 1670 年的 18000 弗罗林。[2] 航行的线路是保密的,绝不允许泄露香料群岛的地图。在荷兰东印度公司的赞助下,17 世纪好望角殖民地在南非建立,以开普敦为中心。荷兰开往东方的船只在这里休整和补充给养。

1621 年,荷兰又成立西印度公司,这也是一个股份公司。董事会由 19 名会员组成,各商会按出资比例选出理事会。国王先给公司 25 年的特许权,后来作了几次修改。公司的势力范围延伸到美洲的大西洋沿岸,从纽芬兰到合恩角,再沿太平洋沿岸到巴拿马,在非洲还包括西非从直布罗陀到好望角的地区。1674 年,通过三次英荷战争而在英荷争霸中落败的荷兰关闭和改组了西印度公司。

除了英国和荷兰外,在法国、普鲁士、瑞典和丹麦也形成许多股份公司,如 1623 年成立的葡萄牙东印度公司、1649 年成立的巴西通用商业公司(Compagnia Geral do comercia do Brasil)和 1670 年成立的哈德逊湾公司。这些公司是强大的准国家实体。法国首相黎塞留建立垄断控股公司来执行与东印度、西印度之间的贸易,还建立类似的公司与波罗的海、黎凡特地区和非洲进行贸易。不过法国公司与荷兰和英国的模式不同,实际上是政府的代理商。私人,包括王室成员和贵族在内,都被劝说或强迫参加投资。

---

[1] R. Cameron and L. Neal, A Concise Economic History of the World: From Paleolithic Times to the Present, p. 126.

[2] Michel Beaud, A History of Capitalism, 1500–2000, p. 24.

几年之内,这些公司全部以破产告终。①

　　股份公司因为风险较小、投资规模相对较大而在 18 世纪的欧洲广受欢迎。然而,随着投资范围的扩大,在一些地方也出现了投机行为和投机泡沫。达令公司事件和南海泡沫事件即是股份公司招致投机泡沫的例证。达令公司创立于苏格兰,原本打算在达令建立一个殖民地,通过巴拿马地峡向远东开展贸易。公司提议与达令贸易不受限制,这使拥护航海法的人大为心动。另外,这个公司还希望发展对阿堪吉的贸易并经营捕鲸业,这就与俄罗斯公司和格陵兰公司发生了冲突,在中美也难免跟西班牙利益矛盾。在英格兰,这个公司的计划并不受欢迎。但苏格兰人一意孤行,坚持认为英国政府之所以反对,不过是害怕荷兰国王威廉三世而已。于是苏格兰各阶层人民纷纷投资,远航队抱着很大希望出发了。两年之间,殖民者为实施这个盲目的计划付出了代价。鼓吹者既不知道应该输出什么商品,又没有相应的资金。恶劣的气候比西班牙人更加凶残,结果只有少数人逃回苏格兰。②

　　南海公司则是另一个著名的投机泡沫。这个以发展南大西洋贸易为目的的公司成立于 1711 年,获得专卖非洲黑奴给西属美洲的 30 年垄断权,兼营捕鲸业。后来得到国会的同意,以国家公债换作公司的股票(约 1000 万镑),国家债权人换作公司的股东。1713 年,公司与西班牙缔结《乌特勒支条约》,由公司供应非洲黑奴给西属美洲,并享有特权。由于这项计划的提倡者把美妙的前景吹上了天,以致在全国掀起一股投机狂热。成千上万的人赌博似的购买有价证券,根本不去考虑将来会怎么样。在 1720 年 4—7 月间,南海公司的股票价格由 120 镑涨到 1020 镑。公司趁着众人的这股狂热,提出各种新计划。然而不久真相大白,股票价格一落千丈,成千上万的人倾家荡产。经国会调查发现,原来是宫廷和政府中许多要员互相勾结、共同作弊,制造了欺骗全国的弥天大谎。③

　　法国密西西比公司的投资失败更是导致了国家财政的破产。法国政府曾派苏格兰人约翰·劳任政府财政顾问。他开办了一个"土地银行",发行一种不能兑现的纸币作信贷,以法国土地为担保。与此同时,膨胀的

　　① R. Cameron and L. Neal, A Concise Economic History of the World: From Paleolithic Times to the Present, p. 153.

　　② [英]威廉斯:《世界商业史》,第 88 页。

　　③ 同上,第 89—90 页。

货币有了一个投资场所,那就是成立密西西比的公司。政府许可公司在路易斯安那经营殖民地。一股疯狂的投机风随之而起。有一段时期,股票价格涨到票面价值的 20 倍。"法兰西一下子有了难以置信的巨大财富。人们一开口就是上百万法郎。"但是人们很快就发现,在路易斯安那垦殖,要靠实物而不是靠纸币才能获利。纸币所体现的资本是法国土地而非大西洋彼岸的土地,而路易斯安那的发展则需要流动资本。结果,纸币因发行过多而严重贬值,1720 年国家财政宣告破产,投资的人血本无归。[1]

尽管存在很大投机泡沫,许多股份公司依然免遭不幸生存下来、并从此繁荣,比如英国的皇家交易所和伦敦保险公司等。到 18 世纪末,现代意义上的股份公司已经发展成熟,成为资本主义经济体系中最重要的组织单位。

全球化引起的商业革命

自中世纪晚期开始的商业需求、意识形态的变化和商业制度的创新等,都为近代早期欧洲商业革命的产生提供了内部条件。然而随着新航路的开辟,国际贸易显著地拓展到亚洲、西半球和非洲。市场规模和贸易范围日益扩大,使欧洲经济生活受到巨大影响,直接引发欧洲和欧洲以外地区一系列商业制度的变革,并一直持续到工业革命。经济史学家罗斯托将这一段漫长的变革时期称为"商业革命"[2]。

由地理大发现和大殖民带来的商业革命,主要表现在欧洲的金融和银行制度的一系列创新:金本位货币制度的确立,信贷方式的发展,参股形式的普遍化,金融中心的转移等。可以说,地理大发现既是西欧商业发展的产物,又促进了西欧商业的进一步发展。

首先,在全球化的探险时代中,由于金银等贵金属的全球流动,货币的金本位制最终得以确立。当然,确立的过程并非一帆风顺。一开始,由于美洲金银的流入使得金银比价和银铜比价波动很大,货币市场长期混乱。在贵金属数量日益增加的同时,物价开始上涨。西欧小麦的平均价格,从 16 世纪初叶到中叶变化很小,但从中叶到世纪末则增长了四倍。货币工

---

① [英]威廉斯:《世界商业史》,第 94—95 页。
② [法]米歇尔·博德:《资本主义史:1500—1980》,东方出版社 1986 版,第 21 页。

资增长得较慢;据估计,整个16世纪,真实工资下降了50%。人们的不满增加,穷人的革命爆发。[①] 直到18世纪,货币市场才逐步稳定下来,形成以金币和大银币为流通记账货币基准的货币制度,并逐渐在政策制定中占据主导地位。

与此同时,信贷领域也出现了创新。众所周知,在地方和国际票据交换方面,意大利、西班牙早自十五六世纪就出现了公立的清算银行。国际商品交易博览会上也出现集市银行(fair bank)。北欧地区则在本票流通、背书、贴现和期货交易等方面成为制度创新的先行者。然而进入16世纪,欧洲人开始在全球范围内从事贸易,国际资本市场也逐渐成熟,中世纪开始发展起来的金融机制进一步发生革命性的变化。首先,是汇票形式的资本,能够在国与国之间安全而迅速地转移。因为15世纪海上航线的开辟,贸易开支骤增,商人对金融中介人的需求产生。16世纪的金融中介人负责提供建造远洋船只及其运载物资的资金。汇票正是为满足日益增长的金融贸易成本而产生的信贷体系的主要形式。但作为金融中介人的商业银行家们则开始利用汇票来建立金融市场,使各种与国际贸易相关的、代表实物存货的票据都变得可以流通和转让。其次,年金市场使长期投资成为可能。现代国家随着实力的增长,对资金的需要也不断增加。16世纪上半叶,哈布斯堡王朝的查理五世在荷兰征收一项以世袭年金(heritable annuities)为形式的、用于维持皇室开销的赋税。其他国家也纷纷效仿,如通过发放国库券向个人借贷,用于偿还高额的战争债务。因为这些国家年金是可转让的,适合于交易,这就为那些愿意对它进行交易的金融中介人提供机会,并由此产生一个资本市场。

紧随信贷方式革命的,是参股形式的普遍化。17世纪初,荷兰东印度公司掀起股份公司的热潮,汇票和年金这两大金融改革成为股份公司的基础。最初的公司股东以不返还资本的形式入股,并凭此每年获得红利。因此,股票也如汇票一样进入当时正在形成的国际资本市场进行交易。英国东印度公司完全效仿荷兰东印度公司,而17世纪其在伦敦的资本积累促成其他股份公司的建立。到18世纪末,就已经有100家公司成立。1681年甚至更早,伦敦股票交易所的股票价格已经开始每周公布一次。从1723年起,在伦敦和阿姆斯特丹注册的公司已开始在两地股票交易所同

---

① Michel Beaud, *A History of Capitalism, 1500-2000*, p.13.

时进行交易。此后 70 年中,由于在制定货币政策上相互参照,两地的资本市场逐渐开始融合。①

商业革命的最后一个结果,是金融中心的转移。中世纪晚期已经建立的德国和意大利银行主要依靠向政府放贷。相比之下,新兴的荷兰和英国银行则主要经营支票、国际汇兑以及短期信贷业务,致力于为私人利益服务。

阿姆斯特丹银行建于 1609 年,在其建立以后的一个世纪时间里一直是欧洲大陆无可争辩的贸易中心。当时,荷兰的货币交易商由于引发货币混乱而遭到谴责,阿姆斯特丹市镇压了这些交易商,建立银行,并授予它货币交易的垄断权。该银行接受货币或金银形式的所有存款,数目超过 300 弗罗林。因为十分安全,存款纷纷涌入,有些甚至来自外国。阿姆斯特丹银行由此得以向任何国家的商人提供贷款,使他们可以购买来自任何地方的商品,并吸引外国商人。银行还担任支付银行的角色:它并不向所有商人支付现金,只要在他们存款数目的限度之内,就只是传送票据,而不是调用贵金属。银行将贵金属当做流通货币,令其有固定的价值,称为银行弗罗林,这使顾客感到十分放心。这样,阿姆斯特丹银行渐渐变成一个信贷银行。它起初在战争期间向阿姆斯特丹市信贷,也向东印度公司提供信贷。到 17 世纪末,它已经开始向私人公司提供借贷。而私人银行则继续提供贷款和结算汇票。②

英国与法国也建立了自己的金融中心。直到 1694 年之后,英国人才有能力与荷兰人展开竞争。从这一年起,对于那些更为古老的私人银行公司来说,英格兰银行开始成为一个可靠的业务汇集点。低市场利率、资本的自由流动、安全的国际支付以及一个有保障的储蓄流程,这些都表明现代金融的基础已经稳固地确立起来。而在法国,1685 年南特赦令取消以后,巴黎银行体系逐步发展,成为具有世界性地位的金融中心。这样,从17 世纪开始,一个世界性的银行体系以欧洲的巴黎、阿姆斯特丹、伦敦等城市为中心而确立了。

① [英]巴里·布赞,理查德·利特尔:《世界历史中的国际体系——国际关系研究的再构建》,第 275 页。

② Michel Beaud, A History of Capitalism, 1500 – 2000, p. 24.

第四章

近代国际关系的出现

16 世纪以来,世界经济的形成对近代国家间交往方式的改变提出了新要求。商人阶级是联合王权来反对封建贵族势力的。如果说贵族是以封建采邑为控制单位的,那么商人所支持的王权则要求以更加统一的民族国家作为控制单位。另一方面,商人在海外的探险、开发和商业活动也要求国家的军事力量和商业政策给予支持。

这样,在商业资本逐渐强大的背景下,16—18 世纪的西欧逐渐出现一批具有明确疆界的近代民族国家。与古代和中世纪曾经出现过的城邦、封建领地和帝国不同,这些近代国家需要在海外殖民、国际贸易和欧洲领土争端方面频繁交涉,因此对国家间互相承认平等地位、互派常驻使节、通过和平的常态外交解决争端问题提出了要求。作为三十年战争的结果,欧洲新兴的争霸国家首先确立以《威斯特伐利亚条约》为基础的近代国际关系原则。而在海外,为了争夺非洲、美洲和亚洲的殖民地,这些国家则先后通过教皇诏书、国会立法、国际合约等或传统、或创新的方式来处理相互之间的关系。

近代国家的兴起

所谓近代国家,一般是指拥有明确地理边界和文化认同、实行民族自决和自治的主权实体。相对于古代和中世纪更为常见的城邦、帝国、封建领地和教会领地而言,民族国家(nation state)则是近代最主要的国家形式。民族国家包含"民族"和"国家"两个重要属性。"民族"(nation)指的是文化和/或民族实体;而"国家"(state)指的是政治和地缘实体。

就第一个属性而言,民族国家与其说是服务于一块主权领土,不如说是服务于一个主权实体。在一个典型的民族国家中,公民有共同的语言、文化和价值观。历史与文化上的认同使民族国家与古代帝国(如罗马帝国)区别开来。对帝国而言,增加或减少国家领土和人口屡见不鲜。随着战争胜负、军事盛衰和王朝联姻与继承关系的变化,帝国的边界往往不断变化,帝国境内的臣民不一定拥有同样的历史和文化认同。而1500年以来逐渐出现的民族国家则恰恰相反。文艺复兴带来民族语言文化的发展,印刷术的推广引起大众媒体的繁荣,一种统一的文化认同和政治认同逐渐出现。在接下来的三四百年中,欧洲几个主要国家从主权在君的绝对主义开始,逐步转化为主权在民的民族国家形式,人民由臣民转变为公民,政治中心从君主、贵族等领袖转向民众。

而就民族国家的第二个属性而言,在明确而稳固的边境内宣称绝对的主权,又是近代国家的普遍特点。近代国家是军事、征税、行政、再分配性生产和生产性组织的结合。资本与强权政府合而为一,因此能够在战争和经济中创造出效率。这也正是近代主权国家能迅速在全球政治中占据主导地位的原因。近代国家强化了世界政治的内外结构。近代国家出现的三四百年时间里,全球几乎所有其他的政治单位不是被逐步推翻,就是被控制或殖民化。少数依旧保持独立的传统政治实体如日本、中国、埃塞俄比亚、奥斯曼帝国、泰国等,也被迫纷纷改革或调整,从而转变为类似于近代民族国家的形态。这样,自古代和中世纪以来形成的帝国、城邦及蛮族部落并存的国际格局,很快就被一个以近代民族国家为主要单位的新国际格局所取代。①

近代民族国家的起源是一个富有争议的问题。大部分学者都认为,民族主义是19世纪欧洲的现象,与大众识字率的提高和早期大众媒体的出现联系在一起。但是,历史学家也注意到,更早时期也出现相对统一的国

---

① [英]巴里·布赞,理查德·利特尔:《世界历史中的国际体系——国际关系研究的再构建》,第219—220页。

家和一种普遍的认同,比如葡萄牙和荷兰共和国;15—16 世纪的英国和法国,政治权力也逐渐由分散转向集中于君主专制的中央王权。到 17 世纪初,专制王朝发展较为典型的西班牙、英国和法国以及贵族制较为发达的荷兰等国家,都已经具备近代民族国家的基本特征。

商业繁荣是民族国家兴起的诸多因素之一。15—16 世纪君主专制的中央集权形成之前,对长途贸易的发展提供支持的并非君主,而是封建领主。正是封建领主对君主和教皇这两个权力的反抗,才为商业城市贸易的发展提供了自由的环境。因此,中世纪晚期的城市是欧洲经济的主导单位,它们构成一条纵贯整个农业欧洲的城市走廊,从意大利西北延伸到英格兰南部。在走廊的北端,商人们忙于批量的大宗贸易,从事低利润额的商品贸易,如木材、粮食和鲱鱼。那里的城镇规模较小、相对贫困,需要通过城市同盟如汉萨同盟的形式集中资源,提供保护。而在处于走廊南端的意大利城市国家中,商人则经营着高利润的奢侈品。威尼斯、热那亚等城市国家的规模都比北方城市更大、也更富有,不需要建立联盟来集中力量。在这一城市走廊之外,则存在着许多中世纪王国,尤其是英国、法国、西班牙和后来的普鲁士等,它们也囊括了许多城镇。① 所以,中世纪晚期欧洲的贸易关系表现为城市之间的关系,而不是国家间的关系。欧洲最有活力的政权是商人控制下的城市国家。许多国家如那不勒斯帝国、拜占庭帝国、阿拉贡王国等,虽然具有一定规模的版图,但充其量不过是领土扩大了以后的强大城市而已。

15 世纪以来,随着欧洲城市的衰落、商业资本和政治权力之间的复杂博弈,近代民族国家才取代城邦国家而逐渐兴起。从商业资本主义的要求来看,近代民族国家为商人阶级创造出更为有效的经济环境。首先,近代国家规范度量衡标准,使铸币中央化,由此降低了商人们的交易成本。正因为如此,商人们十分支持君主把国家凝聚为等级制的、边界清晰的主权国家,因为这有利于提高商人的经济地位。其次,近代国家筹集战争费用,建立统一的国家军队和军事防务,从而能够在对外战争中表现出更强大的势力。尤其是 1500 年以后,大炮和大型军舰的使用使战争进入热兵器时代,战争费用不断增加,新兴的现代国家,如英国,就比其他形式的国家更

① [英]巴里·布赞,理查德·利特尔:《世界历史中的国际体系——国际关系研究的再构建》,第 220—221 页。

加表现出优势。总之,近代民族国家比农业帝国更能有效地组织资源,也比城市国家力量更为强大,因此受到新兴商业资产阶级的支持。

由于近代民族国家的崛起,在近代早期欧洲出现了这样一个过程:在文明核心地带,帝国、城市国家、城市联盟和近代民族国家并存,并且存在了几个世纪后被民族国家所取代。单个的城市国家大都被邻近的近代国家或帝国吞并,如意大利自治城市国家不断陷入法国和西班牙的控制之中。城市国家联盟有些让位给新兴的近代国家形式,如在反抗西班牙统治的漫长战争中,荷兰因为采纳近代国家的形式而幸存下来。而纵观1500—1750 年间近代民族国家的崛起过程,则可以发现两种主要的发展模式:以葡萄牙、法国为首的中央集权君主专制国家模式和以英国、荷兰为首的代议制国家模式。

葡萄牙、西班牙

葡萄牙是欧洲最早向外扩张的国家,也是最早稳定政治边界、形成民族统一的国家。13 世纪末,葡萄牙南部最后由穆斯林控制的领土阿尔加维已被收复。1383 年,葡萄牙国王去世,却没有留下男性继承人,他的女婿卡斯蒂利亚国王因此继承王位。随之而起的民众反抗导致1383—1885 年的王位继承战争。与卡斯蒂利亚的冲突时断时续,除了1383—1885 年的危机以外,还有1474—1479 年王位继承战争。这些公开战争进一步明确葡萄牙独立于西班牙的地位,并使两国在北非和大西洋诸岛上的竞争升级。1479 年签订的《阿尔卡索瓦斯条约》结束了王位继承战争,也对两国关于大西洋诸岛的统治权进行了划分。葡萄牙人拥有亚速尔群岛和马德拉群岛,但必须承认卡斯蒂利亚对加那利群岛的主权要求。1580—1640 年间,葡萄牙的独立短暂中断,并被并入西班牙。合并的原因是,国王塞巴斯蒂安在摩洛哥的战斗中死去,生前没有留下继承人。因此,西班牙国王菲利普二世成为葡萄牙的菲利普一世。葡萄牙虽然没有失去形式上的独立地位,却必须接受西班牙君主的统治。1640 年,在一群心怀不满的贵族支持下,约翰四世带头发动起义,并宣布成为国王,这就是布雷冈萨王朝的开始。布雷冈萨王朝对葡萄牙的统治一直延续到1910 年。

西班牙的国家统一比葡萄牙要漫长得多,一般被历史学家概括为几个世纪的"再征服"过程。西班牙传统上历来重视地中海地区,而不是大西洋。西班牙东部的阿拉贡人和加泰罗尼亚人在商业和政治上一直对意大利、巴利阿里群岛和北非怀有觊觎之心。在阿拉伯人统治西班牙的中世纪，逃亡的西哥特贵族联合山地人民在伊比利亚半岛的北部逐渐形成阿斯图里亚斯、莱昂、卡斯蒂利亚、阿拉贡、纳瓦尔、加泰罗尼亚和葡萄牙等信奉天主教的王国。这些小王国逐渐合并，阿拉贡和加泰罗尼亚于1137年合并，卡斯蒂利亚和莱昂于1230年合并。1469年卡斯蒂利亚王国的伊萨贝拉一世与阿拉贡王国的斐迪南二世结婚，1479年两国合并。罗马教皇亚历山大正式授予伊萨贝拉一世和斐迪南二世"天主教国王"的称号。这些合并起来的王国进行了长达8个世纪的驱逐阿拉伯人收复失地运动。1492年，天主教国王的军队在格拉纳达打败比利牛斯地区最后一个阿拉伯王朝，统一了西班牙。王朝合并与消灭穆斯林力量标志着西班牙已经作为一个统一而强大的近代国家登上世界舞台。

葡萄牙与西班牙的崛起很大程度上要归因于新大陆的发现。在葡萄牙，1680年起巴西的金矿开始开采，1729年又发现钻石矿。在那以后，驶往葡萄牙的船队增加了两倍，船上装满糖、烟草、贵重木材、可可、靛青。在西班牙，1492年伊萨贝拉一世支持哥伦布到达了新大陆。此后半个世纪内，西班牙向美洲扩张，建立殖民地，对美洲进行掠夺。国内工商业发展，出现了手工工场。1545—1560年间，西班牙海军从海外运回的黄金即达5500千克，白银达24.6万千克。到16世纪末，世界贵金属开采中的83%为西班牙所得。另外，西班牙南部安达卢西亚地区的牧牛人为美洲大陆"征服者"提供了许多最能吃苦耐劳的军人和殖民者。①

但作为以商业资本和君主制为基础的国家，葡萄牙和西班牙很快在与以工业资本和议会制为基础的英国等国的竞争中逐渐衰落下来。从殖民地掠夺的财富虽然丰厚，却很少能够真正地保留在葡萄牙和西班牙。以葡萄牙为例，在里斯本港口停泊的船只数量仅次于伦敦和阿姆斯特丹，但这些商船的主人往往是英国人、荷兰人、意大利人、汉堡人、瑞典人和法国人等，从殖民地输往葡萄牙的金币都流向了外国。英国人用葡萄牙的金子偿还他们在世界各国的债务。据说欧洲人得知1755年里斯本发生地震后竟然十分兴奋，因为地震使这个西欧黄金国度和国际市场毁掉了3/4。贪污、腐败的现象在国家行政部门中十分普遍。尽管如此，王室仍通过海关、捐税、垄断权等获得了大笔收入。然而这些收入又被教会大量地用于天主教事业。葡萄牙的工商业因为农业方面的比较优势而无法发展。1703 年英葡签订《梅休因条约》(Methuen Treaty),英国同意购买葡萄牙的葡萄酒,而作为交换条件,葡萄牙则要尽可能地购买英国的工业制造品。自此开始,葡萄牙的红葡萄酒和马德拉白葡萄酒市场需求量激增,葡萄酒生产、乃至用于制作软木塞的橡木林的开发,都成为葡萄牙整个国家经济活动的中心。18 世纪中期,首相蓬巴尔曾试图打破教会束缚,降低《梅休因条约》的影响。1750—1752 年,蓬巴尔建立了生产面粉、糖、丝织品的工场。1760年前后又建立了生产布、纸、玻璃的工场。蓬巴尔还禁止贵金属的出口,从而给葡萄牙带来明显的经济增长。然而随着荷兰、英国发生工业革命,葡萄牙的地位相应衰落。

　　法国历史学家勒纳尔和乌勒西认为,缺乏统一的经济、天主教会独裁、贵族陋习、对商人的压榨和外国商人的竞争等造成了西班牙的衰落。[①] 首先,为了应付战争、缉私和宫廷的巨大开销,国王们又开始大量增加关税,尤其是菲利普二世时期对所有买卖活动征收间接税"奥卡巴拉"(al-cabala),对工匠和商人都造成了严重的伤害。菲利普三世时期,宫廷更是因为财政需求而造成货币大量贬值。其次,菲利普二世梦想以天主教统一世界。宗教裁判所将路德派和加尔文派驱逐到外国,后来成为西班牙最可怕的海上对手。第三,西班牙贵族不愿从事农业和手工业,新型的商人阶层却因为官员盘剥、无法偿还的国债等压榨而夭折。最后,外来的意大利、荷兰、英国商人等通过投资从西班牙获得高额利息和一些利润丰厚的商业垄断权。例如,奥格斯堡银行家富格尔家族获得出口羊毛、木材、铁的垄断权;桑塔德市 1700 年与英国船主们达成一项特别协议。德国人、荷兰人和英国人获得在加的斯和塞维利亚建立特别商业法庭的权利。到 17 世纪,外国人已经垄断了大宗商业贸易,西班牙国内贸易的 5/6 都掌握在外国人手中。[②] 自从 1590 年开始,来自拉丁美洲的金银数量就开始减少,1650 年的数量只有 1550 年的一半。塞维利亚的贸易也逐渐衰落,从 1600—1604年 55 艘船合计 2 万吨贸易额,减少为 1701—1710 年 8 艘船合计 2500吨。[③] 菲利普二世虽然继续宣称维持帝国体系,但很快受到荷兰和其他国家的掠夺。

---

① [法]G.勒纳尔,G.乌勒西:《近代欧洲的生活与劳作》(从 15 到 18 世纪),第 19 页。
② 同上。
③ Michel Beaud, A History of Capitalism, 1500 – 2000, p. 23.

西班牙的衰落很大程度上以"无敌舰队"的倾覆为标志。英国的海上抢劫以及对美洲的掠夺严重地威胁着西班牙对殖民地的垄断地位,引起西班牙国王菲利普二世的仇视。菲利普二世扶植苏格兰女王玛丽夺取伊丽莎白的王位失败,便决心用武力征服英国。当时,英国的海上实力并不强大,只能靠海盗头子德雷克、豪金斯和雷利等人组织的海盗集团袭击、拦劫西班牙运载金银的船只。然而,菲利浦二世却拥有强大的"无敌舰队"。1588 年西班牙无敌舰队被英国舰队和暴风雨击败,原本一百多艘船只只剩下 43 艘,几乎全军覆没。在此之前,西班牙人创造了一个又一个的奇迹,包括到达新大陆,只用几百人就征服美洲,环球航行,大败土耳其舰队,发现和开采白银矿,建立遍布全球的贸易点和殖民地(16 世纪末葡萄牙并入西班牙)等等。然而无敌舰队的毁灭则打破了西班牙人所向无敌的神话,从此走上衰退之路。

荷兰

中世纪时代,低地国家大约包括现在的比利时、荷兰、德国西部部分地区、法国北部部分地区。这里存在着很多诸侯封建领地,分别属于勃艮地公国和神圣罗马帝国。16 世纪初,通过复杂的皇室联姻,这些领地逐渐被统一在神圣罗马帝国的哈布斯堡王朝内。

1556 年,神圣罗马帝国皇帝卡尔五世(1519—1556 在位)退位,将西班牙和北方七省分给他的儿子菲利普二世,奥地利等其他地区以及哈布斯堡王朝则分给他的弟弟斐迪南一世。这样,北方七省就被并入西班牙王国。1568 年,为了反抗西班牙国王的中央集权和对新教加尔文派的迫害,北方七省爆发反抗西班牙的八十年战争。1579 年,七省成立乌得勒支联盟,地域上覆盖今天荷兰、比利时和卢森堡境内,以共同反对西班牙统治。现代荷兰由此产生。1581 年乌得勒支联盟正式宣布独立,但反抗西班牙的战争却并未结束。直到 1648 年,西班牙国王菲利普四世才签订《明斯特条约》,承认七省联合共和国的独立。

从西班牙获得独立之后,荷兰发展成为航海和贸易强国,在世界各地建立殖民地和贸易据点,17 世纪也因此被称为荷兰的"黄金年代"。荷兰的商业优势根植于所谓的"母国贸易"("mother trade"),这种贸易将荷兰的港口与北海、波罗的海、比斯开湾和地中海的其他港口联系在一起。在这些地区中,荷兰船只的运输量占了总量的 3/4。他们从波罗的海运送谷物、木材和航海物资，然后分销到西欧和南欧，换取来自葡萄牙和比斯开湾的酒、盐，他们自己制造的工业品，主要是纺织品以及鲱鱼。鲱鱼捕捞业在荷兰经济中占据一个独特的地位，1/4 的荷兰人直接或间接地依赖它而生。熏干的咸鲱鱼，在长期缺少新鲜肉制品的欧洲总是有很大的需求。早在 15 世纪，荷兰人就已经有了在海上加工鲱鱼的完整方法，这使他们的渔船可以在海外停留几个星期，而不用每个晚上都回到港口。他们在苏格兰和英格兰以外的北海捕鱼以后，很快就夺走了汉莎同盟、斯堪的纳维亚商人在波罗的海的捕鱼事业。[①]

荷兰之所以能够在西欧国家的争霸中崛起，很重要的一个因素是对优秀人力资源的吸收。作为宗教信仰和政治理念相对自由的地区，尼德兰的北部，尤其是荷兰和泽兰，由于来自欧洲各地自由移民的涌入而受益匪浅。在荷兰革命发生以后，弗兰德人、布拉班特人和瓦龙人大量流入尼德兰的北方城市，其中很多都是商人和熟练的手工业者。阿姆斯特丹之所以如此迅速地崛起为欧洲的货物集散地，部分原因就是来自安特卫普的商人和金融家涌入阿姆斯特丹，并且带来资本和技术。此后，随着来自南部尼德兰地区的宗教避难者、来自西班牙和葡萄牙的犹太人以及来自法国的胡格诺教徒的涌入，尼德兰继续不断地得到金融资本和人力资本。[②]

荷兰人号称"海上马车夫"，但其海外殖民帝国却在与英国人的争霸中逐渐瓦解。1652—1674 年，英国人通过三次英荷战争打败荷兰，这标志着荷兰作为西欧霸权国家的地位逐渐衰落。

英国

很多学者认为，近代英国始于 1485 年玫瑰战争的结束和都铎王朝的开始。在亨利七世和八世统治时期，君主的力量逐步得到增强。亨利八世通过宗教改革削弱罗马天主教的势力、没收教会财产，并宣布自己为英国国教的首领。1558—1603 年的伊丽莎白统治时期更被称为英国历史的黄金时代。从政治上看，这段时期的英国政府权力集中、运行高效，这很大程度上是亨利七世、亨利八世时代政治改革的成果。从经济上看，英国人已经开始从大西洋贸易中获利。1585—1604 年与西班牙的漫长争霸以英国

---

① Cameron and Neal, A Concise Economic History of the World: From Paleolithic Times to the Present, p. 154.

② 同上，p. 155.

胜利而告终。战争虽然消耗了国库,但伊丽莎白的谨慎经营却避免了国库亏空。从文化上看,英国文学、诗歌和戏剧都在这一时期繁荣,标志着英国文艺复兴的到来;新教改革也没有像欧洲大陆的很多国家那样酿成宗教战争。近代英国的版图则是 1707 年英格兰王国(包括威尔士在内)和苏格兰王国合并而成的。早在合并之前,因为伊丽莎白一世去世而没有留下继承人,自 1603 年开始,英格兰和苏格兰就开始由詹姆斯六世联合统治。1707年的《统一法案》则将这两个王国合并在一起,安妮女王(1702—1714 年在位)成为大不列颠联合王国的第一位君主。

随着传统贵族的力量被削弱,商业阶级随之崛起。贸易的兴盛和政府对金钱的需求都助长了商人阶级的发展,但他们却在议会中没有代表,最终导致 17 世纪君主与议会的长期冲突。

英国内战是 1642—1651 年间国会派和保皇派之间的一系列武装冲突和政治阴谋。随着内战的结束,新的宪政原则得以确立:英国君主没有议会的同意无法进行统治。由此,英国的历史发展形成君主与议会妥协模式。民族国家的强大、商人的富裕和对全球的控制,这是资产阶级和君主之间达成妥协的基础。但这是一种十分艰难的妥协。议会关于征税的投票特权得到维护,查理一世甚至在人民不满的运动中掉了脑袋。贵族希望建立共和国的理想被克伦威尔的独裁统治所粉碎,而克伦威尔又执行咄咄逼人的重商主义政策。

英国以议会立法保护海外殖民,这使得它早在工业革命之前就避免了霸权竞争的落败。1651 年,第一个航海条例颁布:欧洲的商品只能由英国的商船或商品来源国的商船运输;来自非洲、亚洲或美洲的产品只能用英国或殖民地的船只运输才能进口。1660 年颁布的第二个航海条例规定,这些英国船只的船长以及至少 3/4 的船员必须是英国人。

一系列争霸战争导致英国的崛起。1688 年,英国与荷兰结盟加入以法国和西班牙为敌对方的九年战争。英国作为获胜方获得比荷兰更强大的殖民势力。18 世纪,英国又开始与法国进行殖民争霸。1701—1714 年的西班牙王位继承战争以法国和西班牙的失败告终,英帝国在地域上得到扩张:从法国获得纽芬兰和阿卡迪亚,从西班牙获得直布罗陀和米诺卡。直布罗陀的获得对英国意义重大,英国由此控制了大西洋的出海口。

法国

15 世纪末 16 世纪初,哈布斯堡王朝获得勃艮第领地中力量最强大的奥地利,又囊括整个尼德兰以及已经联合的西班牙王国卡斯蒂利亚和阿拉贡,查理五世又被选为罗马皇帝。尽管危机四伏,中央集权的君主政治仍在 1661 年取得胜利。路易十四获得多数支持,并开始他个人的统治。路易十四被称为"太阳王"。

路易十四统治时期(1638—1715 年),法国民族国家的专制主义发展到顶峰,人们对这一时期的评价毁誉参半。路易十四组建统一的军队,增加军费,改善装备,严明纪律,由此避免了地方贵族拥兵自重,也增强了法国在欧洲的军事地位;此外,通过修建凡尔赛宫,政府行政机构被集中到路易十四的控制之下。凡尔赛的豪华成为全欧洲羡慕的焦点。在地方上,行政长官成为国王政府的化身,他们监督税收和征募士兵,维持地方治安和诉讼。这段时期也是法国文化史上最富创意的时期。笛卡儿、高乃依、拉辛和莫里哀等大师辈出,在法国国力达到全欧巅峰之时,文化也成就了灿烂丰富的"伟大时期"。

在路易十四时代,专制主义与重商主义的联合达到顶峰。由于专制主义王权的扩张需要强大的财政支持,路易十四任命柯尔贝尔为财政总监,推行重商主义政策。这样,太阳王和资产阶级结成同盟。宫廷依然代表着贵族的利益。但资产阶级日益夺取了国家的权力。国王自己选择大臣、顾问和随从:他封他们为贵族,接受他们进入宫廷,从而创造出一个新的资产阶级贵族。[1] 这些措施使旧贵族十分失望,却使商人和制造业主逐渐富裕起来,海外商人和许多外省商人纷纷向王室供应大炮、武器、硝石、丝绸和冶金产品等。这些商人"像贵族一样生活",并且希望有一天能被封为贵族。[2]

然而自 17 世纪 80 年代起,路易十四开始和英国及荷兰作战。1685 年南特赦令被废除,法国又开始镇压新教徒。长期的战争致使法国国库亏空,而与英国的争霸也以法国失败而告终。

---

① Michel Beaud, A History of Capitalism, 1500 - 2000, p. 38.

② 同上, pp. 35 - 36.

由主权国家到全球性海洋霸权国家

直到 15 世纪末,世界上虽然不乏跨地区的贸易活动,但全球还是一个十分松散的体系,没有较强的霸权国家存在。一个松散的长途贸易体系把中国、印度、波斯、埃及和西欧各主要城市连接在一起。有限的商品和人员在亚洲和欧洲之间沿着一些陆路和水路航线经常性地流动。但这个体系在组织上还很零散,很多交通路线控制在穆斯林商人手中,在西欧这一端则由威尼斯人所掌握。尽管伊斯兰帝国、威尼斯商人和拜占庭帝国等作为中间商人都对亚欧贸易线路提供了或多或少的保护,但其管理绝非系统的国家政策。

随着近代主权国家的出现,情况发生了变化。西欧少数几个重要的现代国家开始建立庞大的海外帝国,逐步形成一些全球性的海洋霸权国家。霸权在国际关系中往往指的是那些可以决定其周边其他大国政策的强国,或交战时可以打败任何其他国家的强国。霸权国家一般依靠制度形成貌似抽象的权力,通过教育、宣传和出版物等使民众接受其霸权理念,并调动警察和军队镇压其反对势力。霸权的研究可以分成两个学派,系统论和现实主义论,每一派又包含两种突出的理论。系统论的两个代表是世界经济理论(沃勒斯坦,1974,1980;弗兰克,1978)和长周期理论(Modelski,1987;Modelsiki and Thompson,1988);现实主义论的两个代表是霸权稳定理论(Gilpin,1981)和权力转移论(Organsiki,1968;Organsiki and Kugler,1980)。在系统论中,分析单位是整个世界体系,而在现实主义论中,分析单位则是民族国家。系统分析关注的是全球结构的影响和导致世界资本家和国际政治体系变迁的动力。现实主义方法关注的是国家间的政治关系,国际政治体系和体制正式从这种国际关系中产生的。现实主义分析民族经济,但经常忽略世界经济的结构和动态。① 国内学者许二斌曾对近代早期的战争进行定量研究,他发现霸权/征服问题是近代早期(1492—1674)战争的重要原因,商业/航海问题和安全/均势问题则是主权时代(1648—1788)战争的重要原因。但这两个因素在其他几个世纪的重要性要小得多。从近

---

① Terry Boswell and Mike Sweat, "Hegemony, Long Waves, and Major Wars: A Time Series Analysis of Systemic Dynamics, 1496 - 1967'," International Studies Quarterly 35, no. 2 (1991).

代早期开始出现的争夺殖民地问题在主权时代成为比较重要的战争原因,此后则重要性开始下降。[①]

这里讨论的海洋霸权国家,指的是早期殖民国家沿着地理大发现的海路而在东方建立的贸易站、据点而形成的势力范围。葡萄牙、西班牙人的活动集中在1400—1600年,主要是地理大发现、海洋探险、开辟横跨大西洋和太平洋的贸易新航路和创建海外殖民地。他们也许称不上海洋霸权国家,但却肯定是最早建立海外帝国的欧洲人。荷兰人和英国人的扩张活动则集中在1600年以后,主要是巩固已有的贸易航线并开拓新航线,进行奴隶、蔗糖、白银、棉布、咖啡和茶叶等新型商品的交换,他们可以被看做典型的海洋霸权国家。

葡萄牙、西班牙

对于葡萄牙和西班牙的海洋霸权地位,学术界一直没有达成共识。一些学者认为16世纪是西班牙的世纪,葡萄牙的作用只是在于早期的探险和发现。例如,世界体系论的创立者沃勒斯坦就认为,尽管印度洋贸易由欧洲的一个大国即葡萄牙控制,但它在欧洲世界经济中却不占据一个重要的地位。而西班牙与墨西哥和秘鲁的大西洋贸易(主要是贵金属贸易)则占据十分重要的地位。另一些学者则认为,葡萄牙和西班牙一起,成为全球性海洋争霸的第一轮霸主。例如,国际政治霸权周期论的提出者莫德尔斯基就认为,通过《托德西利亚斯条约》,整个世界被葡萄牙和西班牙这两个霸权国家分成两个部分,葡萄牙据有东方和巴西,西班牙则在美洲拥有富裕的殖民地。然而,葡萄牙首先夺取了其霸权势力范围,从而将双头霸权的结构戏剧性地转变。西班牙由于在新大陆的边远地带活动,从来没有形成一个真正的全球形势。地区争端和哈布斯堡家族对欧洲大陆的长期义务(如查理五世和菲利普二世时期)严重束缚了西班牙的发展。只有在葡萄牙与西班牙合并之时(1580年),西班牙才开始扮演全球角色,而这已经太迟了。[②]

然而,16世纪的葡萄牙即使称不上海洋霸权国家,却至少是最早尝试建立海洋帝国的国家。葡萄牙率先开始探索外部世界,葡萄牙的探险活动

---

① 许二斌:"对欧洲历史上战争原因类型的一项计量研究",《史学集刊》,4,no. 2 (2002)。

② George Modelski, "The Long Cycle of Global Politics and the Nation-State," International Relations: Critical Concepts in Political Science 20 (2000),p. 274.

和殖民活动揭开了地理大发现时代的序幕,而葡萄牙国王若奥一世的儿子亨利王子,则成为这一伟大事业的主要支持者和赞助者。1415 年,葡萄牙舰队在北非征服繁荣的穆斯林贸易中心休达港,并在那里建立第一个海外殖民地。随后,葡萄牙人又率先在大西洋进行地理探险和发现活动。作为地理大发现的初期成果,马德拉群岛和亚速尔群岛成为欧洲人近代殖民活动的早期代表。在整个 15 世纪中,葡萄牙探险家完成了环绕非洲海岸的航行。在寻找通往西方人梦寐以求的香料国度印度的过程当中,他们在非洲建立了许多商品交易据点,交易的内容都是当时最为常见的商品,包括黄金和奴隶。1498 年,达伽马终于航行到达印度,给葡萄牙及其一百万人口带来经济繁荣。1500 年,佩德罗·阿尔瓦里斯·卡布拉尔在前往印度的途中发现巴西,并宣布它为葡萄牙所有。十年以后,阿尔布克尔克的阿方索征服印度的果阿、波斯湾海峡的霍尔木兹和亚洲的马六甲。这样一来,葡萄牙就建立起一个控制了印度洋和大西洋南部的大帝国。葡萄牙水手从欧洲出发,向东航行到东亚的中国台湾、日本、帝汶岛等地区,他们还可能是首先发现澳洲的欧洲人。

在殖民初期,葡萄牙人主要依靠与当地商人的贸易维持对殖民地的控制和掠夺。事实上,葡萄牙人从未幻想过建立陆地上的帝国,只想维持一个有利可图的海洋帝国,因此非常善于利用地方的强权势力。例如在非洲,经过二十多年的探险活动,1444—1445 年葡萄牙的一支远征船队到达塞内加尔河河口,才最终发现黄金产地。但他们很快发现直接深入内地黄金地区很不现实,只能依靠非洲的中介商带来黄金。葡萄牙人与当地人交换欧洲和北非的商品如铜和纺织品,并在几内亚海岸从事珍珠项链和奴隶的贸易。16 世纪初,葡萄牙又在非洲东南部,即今日的津巴布韦到沿海城市苏法拉和基卢瓦一带发现第二个黄金贸易区。通过炮击和局部摧毁、在莫桑比克岛建立基地,他们部分控制了那里的黄金贸易,但同样无法直接控制真正的黄金产地。[①] 退而求其次,葡萄牙人在那里构筑了一系列海岸要塞:1445 年开始建立的阿尔金,1482 年建立的埃尔米纳和 1503 年建立的阿克西姆等。这些要塞化的贸易据点成了欧洲人后来在亚洲和美洲地区建立据点的雏形。[②]

① [美]戴维·阿诺德:《地理大发现》,第 45—47 页。
② 同上,第 46 页。

在亚洲，葡萄牙也无法建立完全的垄断地位。1498 年，葡萄牙人抵达印度的加尔各答。通过此后的一系列海战，在印度沿岸建立一系列据点，并将其他国家的战舰驱逐出印度洋。到 1515 年，葡萄牙已经建立一个从里斯本到果阿、绕过南非的航海路线，香料贸易成为这一路线的主要交易内容，非洲和亚洲沿岸的一系列前哨基地成为葡萄牙全球体系的基础。葡萄牙帝国兴盛的 16 世纪被称为"印度的烟雾"，反映了以垄断东方为基础的繁荣实际上很不可靠。葡萄牙人在很多地方发动战争，最初的胜利往往演变成拖而不决的持久战。葡萄牙的兵力总嫌不足，里斯本一直负担着巨额的战争费用。[1] 与西班牙人遇到的那些半开化的、容易征服的美洲国家不同，葡萄牙人在远东遇到的是具有高度文明的富庶民族。因此，他们只能占据一些海角、岛屿或其他容易防守的地方，建立一系列的商站和堡垒。这些商站和堡垒之间通常相距遥远，只能充当贸易中间站，还随时可能遭受攻击。纵横捭阖的联盟保护了葡萄牙人在亚洲沿海一带的利益，使他们能够扩大对内地的影响。这样，16 世纪初，葡萄牙凭借地理大发现的成果而称霸印度洋和远东海域，控制了与东方的贸易，成为第一个海上强国。

但上述活动毕竟无法为葡萄牙人创建一个真正的海洋霸权国家，探险和殖民活动很快就衰落了。15 世纪下半叶从里斯本开出的船只只有上半叶的一半。葡萄牙虽然还占有果阿、第乌、澳门、非洲的几个港口，但在东方海洋上的垄断地位已经失去。葡萄牙与西班牙的王室统一时期，葡萄牙的海军和海外殖民地也依然保持独立，但为了实际上的政治目的，葡萄牙的全球体系与西班牙哈布斯堡王朝的统治区域已经联合起来了。

紧随其后的西班牙人与葡萄牙人不同，他们一开始就对被征服地区进行移民和拓殖，并且将欧洲技术、装备、制度（包括宗教）都强加给印第安人。1520 年麦哲伦率西班牙远征队实现环球航行以后不久，西班牙很快依靠重商主义政策和无敌舰队超越葡萄牙，确立海洋霸权国家的地位。1519 年和 1521 年，科尔特斯征服墨西哥的阿兹特克帝国。16 世纪 30 年代，皮萨罗又征服秘鲁的印加帝国。

如果说葡萄牙的海上帝国是由一些他国领土内供商人落脚的小块殖民地和少数具有重要战略和商业意义的岛屿所构成的，那么西班牙的海洋

---

① ［葡］J. H. 萨拉依瓦：《葡萄牙简史》，第 153 页。

帝国则是建立在以陆地征服为基础的领土范围的殖民扩张。① 西班牙政府采用多种措施来维护其海洋帝国的安全。在西班牙本土,沿海居民原来拥有"失事船只权":即失难海船上的财物归出事海岸的居民所有。这一权利曾经让西班牙海岸像北非伯伯尔海盗一样危险。为此西班牙政府废除了"失事船只权",并尽力保护本国的船只。1500 年 9 月,西班牙通过一项法令,宣布在挂着皇家旗帜的船只可用的情况下,禁止所有西班牙和其他国家的商人使用外国船只。这成为后来克伦威尔航海条例的原型。②在殖民地,新收复的领土都被并入西班牙,征服、殖民、同化和消灭印第安人,新的基督教殖民地纷纷创建。这样,到 16 世纪末,西班牙人已经对北至佛罗里达和南加利福尼亚,南到智利和拉普拉塔河的地区实现有效控制。

荷兰

低地国家在西班牙、葡萄牙的体系中本来就非常富有,他们与里斯本进行贸易,从中获得大量的收入。早自 15 世纪开始,荷兰就逐渐在鲱鱼贸易中取代汉萨同盟而居于垄断地位,安特卫普一直是葡萄牙体系中的银行中心和销售中心。16 世纪 80 年代,由于资金充裕,荷兰将贸易网络从北欧扩展到地中海和黎凡特地区。16 世纪 90 年代,荷兰的船只开始在巴西和非洲的荷属黄金海岸进行贸易,并与印度进行获利丰厚的香料贸易。西班牙国王继任葡萄牙王位以后,禁止叛乱地区的所有贸易,荷兰人因此从葡萄牙手中夺取了香料贸易的垄断权。1594 年,远地公司在阿姆斯特丹成立,旨在同马鲁古群岛进行香料贸易。1597 年和 1598 年的两次航行运回大量的胡椒,商人获得丰厚的回报,其中第二次贸易获利 400% 。这两次航行的成功促使后来一系列贸易公司的建立。

17 世纪的荷兰共和国(1609—1672)可以看做第一个全球性海洋霸权国家,很多经济史学家还认为荷兰是第一个真正意义上的资本主义国家。1602 年,荷兰东印度公司成立。1612 年,荷属西印度公司成立。这两个公司控制了殖民地的商业活动。1609 年,荷兰阿姆斯特丹银行成立,它铸造的弗罗林金币成为广受欢迎的国际货币。由于荷兰政府对阿姆斯特丹银

---

① [美]戴维·阿诺德:《地理大发现》,第30—31 页。
② [法]G. 勒纳尔、G. 乌勒西:《近代欧洲的生活与劳作》(从 15 到 18 世纪),第 16—17 页。

行提供安全保证,阿姆斯特丹很快成为当时欧洲的金融中心。同年建立的阿姆斯特丹交易所,也是世界上第一个全天经营的交易所。1616 年谷物交易所建立,成为欧洲期货市场出现的标志之一。商人的投资促进了保险和退休金业务的发展,但也引发了经济泡沫。1636—1637 年的郁金香危机,被认为是世界上第一个卖空浪潮。荷兰贸易发展的盛期,北欧和法国、葡萄牙、西班牙和地中海的几乎全部贸易、英国与欧洲大陆间的大部分贸易,都掌握在荷兰人手中。据统计,1497—1660 年波罗的海进出港口的 4 万艘船只中,几乎 60% 是荷兰船只,其余则为英格兰、苏格兰、德国和斯堪的纳维亚船只。[1]

1609 年,联合王国与新的西班牙和葡萄牙国王签订《十二年停战协定》,标志着荷兰全球海洋霸权的建立,这一"黄金时代"维持了一个世纪。在格劳秀斯《海洋自由论》[2]的支持之下,荷兰的海军很早就胜过了西班牙和葡萄牙的海军。阿尔弗雷德·马汉在描述 1660 年的荷兰海军时,认为这一时期荷兰的影响力达到顶峰,他们的国力完全建立在海洋的基础上。用当时人的话说,荷兰人已经成为"海上马车夫"。当时,欧洲大约 3/4 的海上商船挂着荷兰的旗帜航行。

荷兰人建立海洋霸权的过程主要表现为夺取葡萄牙人已有的海外定居点,并进一步加以扩充。在亚洲,1605 年他们从葡萄牙手中夺取安汶岛,1619 年又从葡萄牙手中夺取雅加达,后来成为东印度公司的所在地。1641 年马六甲落入荷兰手中,科伦坡 1656 年被占领。荷兰人所夺取的其他葡萄牙据点还有:锡兰(1658)、纳加帕提南(1662)、科钦(1662)等。印度果阿和中国澳门都是荷兰人久攻不下的据点。但在日本,由于幕府发现了葡萄牙人的侵略野心,1639 年的锁国令将信奉天主教的葡萄牙人驱逐出境,荷兰人成为此后两百年中唯一被日本人欢迎的欧洲人。他们的据点包括平户(1639—1641)和出岛(1641 起)。17 世纪中期,荷兰人还探索了澳大利亚西海岸,命名很多地方。1638 年,他们又在非洲毛里求斯建立殖民地,但由于那里的气候恶劣,几十年后就放弃了。

到 17 世纪中期,荷兰已经取代葡萄牙成为香料贸易的主要垄断者,1652 年,荷兰人在南非海岸建立开普敦殖民地,为欧亚之间的贸易提供中

① Cameron and Neal, A Concise Economic History of the World: From Paleolithic Times to the Present, p. 121.

② [荷]格劳秀斯:《海洋自由论》,上海三联书店 2005 版。

转站。第一批移民在南非定居下来以后,逐渐离开沿海地区,向内陆垦殖。1795 年,这些受到非洲人骚扰,但由于无法获得东印度公司保护的内地布尔人发动反叛,在斯韦伦丹和赫拉夫—里内特建立起自己的殖民地。

在大西洋,荷兰西印度公司主要致力于打破葡萄牙人对蔗糖和奴隶贸易的垄断,并伺机掠夺西班牙人返航的船只。1624 年,荷兰夺取巴西东北海岸的巴伊亚,但一年以后又被葡西联军夺回。1628 年,西印度公司船队司令海斯夺取整艘西班牙宝藏船,船上的巨额财富占公司此后两年股份现金分红的 70%。1630 年,荷兰又占领葡萄牙的蔗糖生产基地伯南布哥,并以此为中心夺取大量的蔗糖种植园。为了向种植园提供劳动力,1637 年,荷兰夺取葡萄牙人的奴隶贸易站埃尔米纳,1641 年又夺取葡萄牙人在安哥拉的殖民地。到 1650 年,西印度公司已经牢牢控制住蔗糖贸易和奴隶贸易,并夺取一些加勒比海地区的岛屿。但是与在亚洲不同,荷兰在巴西和非洲的殖民地并不长久。荷兰商人往往不是长期的定居者,却要管理规模已经很大的葡萄牙人的定居点。1645 年,伯南布哥的葡萄牙人发动叛乱,1654 年荷兰人被赶出巴西。接着,葡萄牙从巴西派出一支远征军重新夺取安哥拉首都罗安达,到 1648 年,荷兰人被从那里驱逐出去。

在北美东北部,西印度公司在哈德逊河流域的奥兰治堡建立定居点,与印第安人进行毛皮贸易。1625 年,西印度公司在长岛和新泽西地区建立新阿姆斯特丹。不过因为当地非法的毛皮交易十分活跃,新荷兰的经营并没有获利。1655 年,特拉华河流域的新瑞典也被荷兰人所夺取。

18 世纪晚期,荷兰共和国开始衰落。在国内,共和派和保皇派的纷争撕裂了社会。在国外,英国开始和荷兰进行争霸战争和贸易战争,法国也通过三十年战争而在欧洲崛起。荷属东印度公司自建立之日起就受到英属东印度公司的竞争压力。英属东印度公司早于荷属东印度公司两年建立,资产只有荷属东印度公司的 1/8,但他们在东方拥有共同的市场和商品。1619 年,荷兰人处决几名英属东印度公司的人员,激起英国人长期的仇恨。17 世纪 20 年代,英属东印度公司将活动范围从印度尼西亚转移到印度。1713 年《乌得勒支条约》签订,荷兰因为与英国联盟而抵制住了法国的侵略,但代价却是将全球霸权的位置拱手让给英国。①

---

①　George Modelski, "The Long Cycle of Global Politics and the Nation–State," p. 276.

英国

英国是 1500—1750 年发展最为成功的全球性海洋霸权国家。英国通过两种方式来控制世界贸易。一是稳步控制亚洲和美洲。1553 年,威洛比穿越北冰洋进入白令海,建立了英国与俄罗斯帝国的联系,并由此与中东联系。1600 年,英国东印度公司成立,从伊丽莎白女王那里得到特许状。15 年以后,公司已经建立 20 多个贸易站,在印度、印度洋岛屿、印度尼西亚和日本都有据点。1628 年,英国人到达波斯,1668 年到达孟买。1625 年英国在巴尔巴多斯殖民,1629 年夺取魁北克,1655 年又占领牙买加,1664 年夺取新阿姆斯特丹;1620 年,清教徒乘坐五月花号到达北美,此后其他的移民又在北美建立一些殖民地,如弗吉尼亚(1607)、新英格兰(1620)、马里兰(1632)等。[①]

二是间接控制以前全球霸权的成果。在对法战争中长期是英国盟友的尼德兰,现在仍旧与英国的全球体系联系在一起;虽然阿姆斯特丹依然还是投资金融的中心,但荷兰海军和贸易则无法与英国相比,并开始衰落。葡萄牙也是英国的同盟,而且很快就变成英国的顾客。1703 年的《麦修恩条约》是葡萄牙经济依赖于英国的开始。条约规定,英国以优惠税率进口葡萄牙的酒类,而葡萄牙以优惠税率进口英国的毛纺织品。通过这个条约,英国商人享有一项特权,就是承运葡萄酒销往他国。里斯本—伦敦贸易很快开始繁荣,吸收来自巴西和葡萄牙其他殖民地的黄金和钻石,而且与西属美洲进行走私贸易。西班牙通过《乌得勒支条约》,第一次正式将拉丁美洲王国的门户向英国贸易打开。这样,英国虽然没有直接控制这些以前霸主的殖民地,却在此之上建立一个上层结构,形成新的全球经济模式。

16、17 世纪,英国对外贸易的发展经历了三个不同而又相对独立的阶段,这三个阶段在时间上相互重叠或交错。第一阶段是 1500—1550 年欧洲大陆内部及其邻近地区发展数量可观的传统绒面呢出口贸易,即伦敦—安特卫普贸易。这项传统的呢绒贸易在 16 世纪中叶达到顶峰,但开始在 1550—1614 年期间长期停滞,在 1614—1640 年逐渐走向衰落。第二阶段是从 1550 年开始同俄国、波兰、黎凡特和东印度之间远距离贸易的建立与

---

① Michel Beaud, A History of Capitalism, 1500 – 2000, p.26.

扩展。第三阶段是从 17 世纪初开始,在北美建立弗吉尼亚等殖民地,并发展了对殖民地的贸易。随着时间的推移,同殖民地的贸易越来越重要,它对国内工业发展的推动作用不可估量。

在欧洲大陆,英国实行平衡政策。伦敦成为世界银行和船运中心,新出现的工业和技术使英国成为"世界的工厂",自由贸易政策成为新的经济原则。[①] 伊丽莎白时代(1558—1603),英国重商主义盛行。政府鼓励商人涉足西班牙、葡萄牙等老牌殖民帝国的商业活动,并公然抢劫西班牙从殖民地获取的财富。商人活动受到国家政策的支持,这方面最主要的表现是 1651 年通过的航海条例。这个条例不仅旨在保护英国的商船,还企图夺取荷兰人在英国海域内运输和捕鱼的垄断权。1660 年,查理二世复辟以后,航海条例又得到加强,此后不断得到修改,不仅试图保护英国的商船和渔船,而且成为英国殖民体系的基石。根据航海条例,所有进口到英国的商品必须用英国的船只,或商品原产国的船只运输。所谓英国船只就是船主、船长和 3/4 的船员为英国臣民的船只。该法律还规定英国船只必须在英国建造,企图由此保护造船业。但这条规定后来证明很难执行,很多年内,荷兰的造船厂一直为英国的商人船队提供为数相当可观的船只。而且,即使是英国船只运送的货物,也必须直接来自原产国,而不得通过其他港口中转。航海条例希望通过这种方式削弱阿姆斯特丹的贸易集散地地位,打击荷兰的运输业,并将英国沿海贸易、鱼类进口都完全控制在英国船只手中。

美洲殖民地的经营也完全与英帝国的全球争霸目标结合在一起。重商主义认为,殖民地必须供给母国尽可能多的产品,如糖、烟草、靛青、棉花等,使得母国不至于再向外国购买。因此,卡罗来纳、弗吉尼亚和宾夕法尼亚大力发展纺织业,纽芬兰大力发展渔业,弗吉尼亚和马里兰的烟草种植园繁荣起来,西印度群岛则专营甘蔗、咖啡和棉花的种植园。总之,殖民地经济的所有部署都是为了使英格兰经济独立、不依赖外国。至于殖民地的工业,凡是跟母国工业带有竞争性质都不许创建,凡是英格兰能够供应的产品,殖民地都不许制造。殖民地可以贸易海狸皮,但不许制造海狸皮帽。殖民地可以输出生铁,但不能输出马蹄铁或铁钉。毛纺织是受限制的,炼

① George Modelski, "The Long Cycle of Global Politics and the Nation – State," pp. 277 – 278.

铁炉的制造则被禁止。① 英国的北美政策由于对殖民地限制过多,终于在 18 世纪中期导致反抗,并以北美十三个殖民地的独立而告终。

航海条例由于目标直指以转口贸易为发展重点的荷兰,因此招致荷兰的坚决反对。三次英荷战争(1652—1654、1665—1667、1672—1674)以荷兰的战败而告终,荷兰也因此被迫接受英国的商业霸权地位。1688 年,荷兰执政威廉(William III,1650—1702)应邀成为英国国王,英荷联盟得以巩固,荷兰也就逐渐成为依附于英国的国家。

18 世纪是英法两国争霸战争频繁发生的时期。通过西班牙王位继承战争(1701—1714),英法签订《乌德勒支条约》,英国获得直布罗陀、米诺卡和所有拉美殖民地的奴隶贸易垄断权,并获得法属北美的新斯科舍、纽芬兰和哈德逊湾。这样,法国在欧洲大陆和海外殖民地的地位都被大大削弱。1756—1763 年,英法又进行了决定性的七年战争,结果,英国从法国手中夺取加拿大及其附近的全部领地,包括俄亥俄河流域、密西西比河左岸(新奥尔良除外)等广大地区。此外,在印度,法国几乎丧失全部领地,只剩下五个不设防的城市作为贸易据点,英国完全控制了印度。

法国

法国用于争夺殖民帝国霸权地位的策略是路易十四时代推行的建设现代化军队和舰队、建立殖民公司等。1661 年,柯尔贝尔推行重商主义,为了让法国获得更多的金银,政府自上而下地重点发展工艺品的手工工场。此外,法国还建立起一支庞大的舰队和现代化陆军。在殖民地,东印度公司和西印度公司将法国的势力扩张到地中海以及波罗的海和非洲。

法国在北美的殖民活动起步较晚,主要集中在 17 世纪下半叶。16 世纪初,法国人赞助乔凡尼·达·维拉札诺探险队和雅克·卡蒂埃探险队,法国渔船也出现在纽芬兰周围的海域,这些都是法国早期的殖民扩张活动,但规模不大。由于西班牙、葡萄牙殖民者的限制,法国人在巴西里约热内卢和北美佛罗里达的殖民活动也以失败而告终。1605 年,法国在北美阿卡迪亚(今加拿大新斯科舍)殖民地建立罗亚尔港,才真正开始殖民帝国的建立。1608 年,萨缪尔·德·尚普兰建立魁北克,后来成为地域广大

① Cameron and Neal, A Concise Economic History of the World: From Paleolithic Times to the Present, pp. 159 – 160.

的、以毛皮贸易为基础的新法兰西的首都。1665年建立新法兰西的构想，标志着法国在北美的活动从毛皮贸易转变为垦殖定居。新法兰西的人口密度和经济水平远远落后于新英格兰。而阿卡迪亚也在1713年的《乌德勒支条约》中割让给英国。1699，法国人以密西西比河流域为中心建立路易斯安那，并通过五大湖区与加拿大建立贸易网络。为了维持这个贸易网络，法国人在五大湖区建立起巨大的防御体系，很多据点都集中于今天美国的伊利诺伊和阿肯色州。

在西印度群岛，法国也建立了殖民地。1624年，法国在南美海岸建立法属圭亚那殖民地，1625年又在圣基茨岛建立殖民地。1635年，亚美利加岛屿公司（Compagnie des les de l'Amérique）在瓜达卢佩岛和马提尼克岛建立殖民地，1650年又在圣卢西亚岛建立殖民地。这些生产经济作物的殖民地以奴隶制为劳动力，依赖于非洲的奴隶贸易。1664年，法国在西班牙人占领的伊斯帕尼奥拉岛西半部建立圣多米尼克殖民地，这是法国在加勒比海地区最为重要的据点。18世纪，圣多米尼克成为加勒比海最为富庶的蔗糖生产区。

在西非的塞内加尔，法国人开始沿着海岸线建立据点。为了在东方从事贸易，法属东印度公司建立。接着法国在亚洲南部建立一系列贸易据点：昌德纳哥（Chandannagar）（1673）、本地治理（Pondichéry）（1674）、亚南（Yanam）（1723）、马希（Mahé）（1725）、开离开尔（Karaikal）（1739）。在印度洋上，也建立了一些法属殖民地。

法国殖民帝国的衰落很大程度上要归因于与英国争霸的失败。18世纪中期，英法进行了一系列战争，包括奥地利王位继承战争（1744—1748）、七年战争（1756—1763）、美国革命、法国革命和拿破仑战争等。七年战争尤其对法国的海外殖民地造成致命的打击。法国失去了对新法兰西和法属西印度群岛的殖民地的控制，大部分地区都转为英国所有，路易斯安那则割让给西班牙。尽管如此，法国对殖民地的割让并没有感到太大的遗憾，因为从战略上看，法国人对殖民主义的重视程度远远不及英国人，他们更愿意关注在欧洲大陆上的优势地位。

近代国际关系体系的初步确立

15世纪，在欧洲国家之间逐渐出现一种新的国际关系，这正是近代民族国家的形成及其在全球争霸的结果。与古代和中世纪曾经出现过的城邦、封建领地和帝国不同，这些近代国家需要在海外殖民、国际贸易和欧洲领土争端方面频繁交涉，因此对国家间互相承认平等地位、互派常驻使节、通过和平的常态外交解决争端问题提出了要求。因为民族主义的核心思想就是，在一个由民族国家共同组成的世界里，每个国家内部都实行民族自决和自治，对外主权平等、互不干涉。任何试图在国际事务中担任突出角色的国家都必须服从一整套全新的国际规则。

意大利为近代国际关系准则的建立作出了最初的尝试。马基雅维利和奎齐亚迪尼为这种新的国际关系准则提出了一整套学说。而意大利城邦国家则在严苛的政治斗争和竞争中对新的治国术和外交原则作出了贡献。意大利人最富有创新的贡献在于常驻大使。在此之前，欧洲君主只是出于特定的目的才向其他国家派驻大使，如宣战、传递消息等。但从 16 世纪开始，欧洲主要国家都开始在各个国家的首都或宫廷设立常驻代表。常驻大使可以向本国政府提供当地和国际上的最新形势，并且可以迅速保护本国政府的利益。担任外交大使的往往是一些大贵族，他们能够将敏锐的政治分析回馈给国内。①

尽管如此，近代国际关系原则的真正确立却是 1648 年的《威斯特伐利亚和约》。条约肯定欧洲国家主权平等的原则，主张平等协商处理外交关系，否认高于国家之上的其他主权实体的存在。从西班牙、葡萄牙以教皇诏书方式瓜分世界，到《威斯特伐利亚和约》确认国家主权平等，一个全新的国际关系体系出现了。

教皇诏书

地理大发现以来，葡萄牙和西班牙的全球殖民时而发生利益冲突，解决这些国际争端的，往往是一系列教皇的诏书和条约。例如，为了解决哥伦布和其他航海家于 15 世纪后期发现的陆地的归属问题，教皇亚历山大六世颁布训令规定，待发现世界以佛得角以西 556 公里从北到南画一条分界线，分界线以西的地区归西班牙所有。葡萄牙的远征活动只能在分界线以东进行。已经归基督教统治者所有的任何土地，葡萄牙和西班牙均不得

---

① Mortimer Chambers et al., The Western Experience, 8 ed., vol. 1 (New York: McGraw - Hill, 2003), p. 507.

占领。

对于教皇的安排,西欧其他国家并未接受,而葡萄牙也表示不满。于是,1494 年 6 月 7 日,葡萄牙和西班牙两国大使在西班牙西北部的托德西利亚斯会晤,签订著名的《托德西利亚斯条约》,规定在距佛得角群岛以西2056 公里处划分一条虚拟的分界线,将世界分成东西半球,此线以西的岛屿归西班牙所有,以东的岛屿归葡萄牙所有。

这样的安排终于为两国所接受。原因是哥伦布估计印度洋和香料产地都在西班牙的半球内,而葡萄牙天文学家则推测印度在葡萄牙的扩张地区之内。① 1506 年,教皇批准上述更改。后来这条界线因为划分得比较偏西,使葡萄牙人得以提出对巴西领土主权的要求。1514 年,教皇利奥十世颁布法令,承认葡萄牙人拥有在非洲和印度所夺取的任何土地,并规定他们有权拥有向东航行后所能达到的领土。

威斯特伐利亚体系

三十年战争和海外殖民争夺使欧洲人发现,由于缺少一个能够维系和平的最高权威,各国不得不寻找解决争端的办法。1648 年,欧洲国家达成《威斯特伐利亚和约》,为彼此独立又相互竞争的国家关系奠定了基础。几乎所有欧洲国家都参与了和约的起草,和约承认彼此的主权和平等,还承认各国自主处理国内事务包括宗教事务的权力,而不是服从想象中的帝国、教皇或是其他任何至高无上的权力。作为三十年战争的结果,欧洲新兴的争霸国家首先确立了以《威斯特伐利亚和约》为基础的近代国际关系原则。这样,《威斯特伐利亚和约》终止了欧洲国家中一切企图超越民族国家之上的强制力量,欧洲的宗教统一不能继续,君主国家的时代来临。而在海外,为了争夺非洲、美洲和亚洲的殖民地,这些国家先后通过教皇诏书、国会立法、国际合约等或传统、或创新的方式来处理互相之间的关系。

19 世纪末,随着民族主义的兴起,威斯特伐利亚体系发展到最高峰。因为威斯特伐利亚主权观念正好适应民族国家的主权概念,它基于两个原则:主权领土完整和互不干涉内政。按照这种学说,合法的国家应该与由语言和文化统一在一起的民族相吻合,也就是本尼迪克特·安德森所说的"想象的共同体"。

① [葡]J. H. 萨拉依瓦:《葡萄牙简史》,第 129 页。

很多学者都认为，今天存在的国家、跨国社团和组织都起源于 1648 年的《威斯特伐利亚和约》。虽然大国依然会基于现实的考虑而干涉其他国家，但相比于 1850—1900 年前后的大部分时期，武力干涉他国内政都要少得多。《威斯特伐利亚和约》中确立的几个关键原则，决定了它对当代的影响：主权国家的原则和政治自觉的基本权力；国家之间（在法律上）平等的原则；不干涉他国内政的原则。这些原则被当代国际体系的"现实主义"国际关系范式看做尝试，国家体系也因此被称为"威斯特伐利亚体系"。

不过，上述对威斯特伐利亚体系的解释并不是没有争议的。在历史学家和国际关系理论研究者中都出现了修正观点，甚至认为《威斯特伐利亚和约》并未确立上述原则。这些学者认为，主权概念并没有被条约明确地提出；而"法国和瑞典在条约破裂的情况下有权干涉神圣罗马帝国内部事务"的条款，则驳斥了互不干涉的原则。因此，修正派的学者认为，《威斯特伐利亚和约》旨在维持既定事实，而不是要巩固国家主权。条约承认类似国家的主体具有一定的（通常是很高的）自主性，但并没有讨论主权国家。

尽管存在各种争议，从《托德西利亚斯条约》向《威斯特伐利亚和约》的转变，却是欧洲国家处理国际关系原则的重大转变。一个以近代国家为主体的新的国际关系体系逐步开始形成了。

第五章

探险时代：全球化的深度和广度

如何评价探险时代（1500—1750）的全球化进程？如果从经济的全球化、文化的全球化和国际关系的全球化这三个层面来衡量，则探险时代作为全球化的第一阶段，在这三个层面表现为不同的深度和广度。首先，经过近三百年的地理大发现和殖民活动，一个新的全球性经济体系已经形成。这一体系以横跨大西洋的大三角贸易和横跨太平洋的马尼拉大帆船贸易为核心内容，主要通过全球贸易活动而促进了欧洲国家财富的增加。从18世纪下半叶开始，随着欧洲工业革命的启动，殖民地又开始为工业革命提供原料，从而促使全球贸易体系向全球工业生产体系转化。其次，伴随着全球性经济体系的形成，一个全球性跨文化传播体系也逐渐出现。物种、技术、宗教和其他文化因素超越了大西洋和太平洋，在各大洲之间广泛地交流，对各种文明产生迥然不同的影响，也将各种文明以前所未有的紧密方式联系在一起。最后，必须承认的是，虽然这段时期欧洲主要国家已经形成了以《威斯特伐利亚和约》为基础的国际关系格局，一个全球性的国际关系体系却尚未出现。在与非洲奴隶贩子、美洲印第安部落首领和亚洲君主交往的过程中，欧洲人并没有推行威斯特伐利亚原则，也并没有设立一套可以被非西方民族所接受的平等交往体系。

国际贸易网：全球性经济体系的雏形

早在近代以前，世界历史上就出现过一些横跨大洲的交往活动，它们与现代意义上的全球化交往具有近似之处。[①] 从历史的长时段来看，1500年前最具有全球交往性质的是连接大希腊文明圈和大印度文明圈的海上贸易路线以及连接罗马帝国和中华帝国的陆上贸易路线。保证这些贸易往来的，往往是奴隶制或封建制的经济体制以及相对封闭或分散的政治体系，因此并不具有全球性。地理大发现和大探险改变了世界经济格局和发展路径，全球各地联系日益紧密，贸易交往深入发展，一个世界性经济体系前所未有地形成了，这为全球化的深入发展提供了一个结构性的基础。

在一个充分发展的全球性经济体系中，商品和服务的生产、分配和消费在全球的范围内进行。然而，全球性经济体系经历了一个漫长的形成过程，生产、分配和消费的每一个方面都经历了从地区性向全球性的转变：从地区性集市、通商口岸到国际性商业中心转变；从特许状公司、股份公司到跨国集团转变；从地区性贸易、横跨大西洋和太平洋的贸易到全球贸易转变；从原工业化生产、大工业生产到世界工厂的生产方式转变……上述转变随着1500年前后的地理大发现、大殖民开始。而直到21世纪人类迈入信息社会，这一全球性经济体系仍在进一步深入发展。

作为全球经济体系发展的第一个阶段，1500—1750年的全球经济主要表现为横跨大西洋和太平洋的全球贸易。全球贸易的主要内容已经在第二章中充分讨论。需要指出的是，这一时期虽然资本的运转已经大大加速，但相对后来的历史阶段来说还是比较缓慢的。1500—1634年间，葡萄牙和亚洲的香料贸易量每年只有大约7艘千吨级货物的承载量（但利润很大）。[②] 世界市场被分割成几大部分，如大西洋贸易、太平洋贸易、远东贸易、黎凡特地区贸易等，其中每一部分被一个或数个欧洲殖民国家所控制。16—17世纪欧洲的对外贸易与对内贸易相比，数量很少，而且粮食（除了

---

① ［德］安德烈·冈德·弗兰克，巴里·K.吉尔斯主编：《世界体系：500年还是5000年？》，社会科学文献出版社2004年版。

② ［英］巴里·布赞，理查德·利特尔：《世界历史中的国际体系——国际关系研究的再构建》，第271页。

香料以外)在贸易中的重要性可以忽略不计。[1]

除了全球贸易的规模相对有限以外,这一阶段随着海外投资的兴起,还出现了一些投机泡沫,反映全球化初期世界经济的不稳定性。郁金香热潮发生在1634—1637年间,是由于流动资本过多而兴起的商业投机狂热的最早表现。郁金香本来是极平常的,只有某些品种具有工艺价值。但是不断增长的需求抬高了价格,在难以置信的短时间内,所有的人像着了魔一样,希望弄到梦寐以求的郁金香球茎。人们纷纷将辛苦积攒起来的金钱取出来购买郁金香,有了它似乎一定能获得难以想象的财富。这段时期不但球茎缺货,而且郁金香的"期货"也成了热门买卖,郁金香价格的微小波动被人们看做具有全国意义的经济大势。为了获得巨额利润,商人们在行情看涨时就抛售尚未开花的郁金香。然而,生意崩溃犹如花开花谢一样快。在牟利遭到恐慌时人们就大量抛售,往往连本带利都付之东流。郁金香热潮成为世界商业史上意味深长的事件。它说明当时已经有股票市场的组织,股票持有者已在小额信用基础上发展到"期货买卖"和"优先购买权"的投机。[2]

最后,重商主义的局限性决定了探险时代的霸权国家在世界经济体系中往往采取有限的商业自由政策。以荷兰为例。在荷兰国内,富有的商人控制主要城市,在城市建立自由贸易制度,欢迎各国的商人进入他们的港口和市场。然而在荷兰的殖民帝国中,实行的却是与自由政策完全背离的垄断政策。在荷兰,国家对进出口原料或半成品都不征收关税。消费品虽然需要缴纳关税,但那是为了增加国家收入,而不是为了保护国内工业。更重要的是,贵金属的交易在荷兰境内是完全自由的,这与其他国家的重金主义政策形成鲜明的对比。阿姆斯特丹由于拥有银行、交易所和良好的收支平衡,很快就成为全世界金银交易的中心。据估计,西班牙帝国每年有1/4到1/2的白银最后都会汇聚到阿姆斯特丹,即使是在荷兰独立战争期间。荷兰也存在行会,但从来不像其他国家那样普遍和强大;大部分制造业都完全是在行会制度以外发展起来的。[3] 然而在殖民地,荷兰人则完全控制和垄断了当地的贸易,不允许自由竞争的存在。荷兰议会(the

---

① Cameron and Neal, A Concise Economic History of the World: From Paleolithic Times to the Present, p.99.

② [英]威廉斯:《世界商业史》,第76页。

③ 同上,第156页。

States – General of the Netherlands）直接控制贸易,而荷兰政府则强大到可以直接拥有控股公司,即管理印度洋和印度尼西亚贸易的东印度公司以及管理非洲西海岸和南北美洲的西印度公司。这些公司成为"国中之国"（states within state）,垄断贸易。① 正因为此,1663 年英国驻荷兰大使乔治·唐宁爵士称:"荷兰在英国海是开放之海（mare liberum）,而在非洲和东印度沿岸则是关闭之海（mare clausum）。"

由此可见,作为全球化的第一个阶段,1500—1750 年的全球经济主要表现为全球贸易。这种全球贸易虽然有自由贸易的因素,但很大程度上仍旧以重商主义为基础。商业投机行为和商业泡沫在全球贸易中屡次出现,体现了全球贸易的不成熟性。另一方面,商业贸易在霸权国家及其殖民地表现为自由贸易和垄断贸易的鲜明对比,说明了全球化的不平衡发展。

正如新马克思主义学者卢森堡指出,资本主义是一个自己不能单独存在的经济形态,必须有非资本主义的生产形态（即发达国家内的前资本主义成分或海外殖民地）为其提供支持。所以,"国际贸易一开始就是资本主义历史存在的首要条件",它的功能是"吸收资本主义的生产物并供给资本主义以生产要素及劳动"。剩余价值只有在交换过程中才能实现,而剩余价值的实现又是资本主义生产持续下去的必要前提。② 可见,资本主义生产必须不断地把前资本主义生产纳入市场体系,而地理大发现和大探险所开辟的越洋贸易路线,正好建构了这一新的资本主义市场体系。因此,15 世纪末到 17 世纪初的地理大发现开启了真正全球意义上的世界历史,也导致了世界市场的逐步形成:在资本主义动力的驱使下,全球形成了劳动力的国际分工。因此,现代全球化体系具有无限扩张性、连续性、开放性,并以市场为基础和归宿。

1500—1800 年间,支撑世界资本主义市场体系的,是跨越欧、亚、美、非四大洲的贸易圈。与中世纪横跨亚欧大陆和印度洋沿海的长途贸易相比,新的大西洋贸易和太平洋贸易无论在规模上还是制度化程度上都是前所未有的。实际上,这段时期国际贸易的增长远比工业的扩散更加引人注目。欧洲的海上霸权国家在亚洲和美洲都拥有殖民地和港口。他们买进的新产品如同潮水般涌来,如茶叶、咖啡、蔗糖、巧克力和烟草等。而作为

---

① ［英］威廉斯:《世界商业史》,第 156 页。

② 赵自勇:"资本主义与现代世界:沃勒斯坦的世界体系理论透视",《史学理论研究》,1996年,第 4 期。

交换,他们又向殖民地卖出欧洲产的制造品。由此所需的海运、保险和商业服务,则纷纷在富庶的港口如波尔多、伦敦、阿姆斯特丹和马赛等地建立。

可以说,在地理大发现和大殖民基础上建立的世界经济体系是探险时代向纵深发展的标志。在这个体系中,横贯印度洋、大西洋和太平洋的航海路线连接成一个繁忙的全球贸易网络,保证了各大文明间的频繁交流。这在人类历史上还是第一次。而随着工场手工业向机器制造的转变,交流的商品也从最初的奢侈品、奴隶和贵金属日益转化为原料、经济作物和工业品。国际贸易的繁荣也导致殖民帝国在货币体系、金融技术、企业组织等方面的创新,新的金融中心在西欧出现。全球经济一体化的进程正在日益展开。

全球性跨文化传播体系

伴随着全球贸易体系同时出现的,是一个全球跨文化传播体系。自西欧探险家发现美洲新大陆以来,物种、商品、技术,甚至疾病、宗教、革命思想等,都开始横跨大西洋和太平洋,在旧世界和新大陆之间传播。

值得强调的是,在这一全球范围的跨文化传播体系中,文化资源的传播规模及其产生的影响力都表现出巨大的差异。欧洲旧大陆和美洲新大陆之间进行的跨文化传播规模最大,对新旧两个世界的影响也最为显著。实际上,这种因为探险殖民活动而产生、伴随大三角贸易而进行的物种和思想的流动,被称为"哥伦布交换"(Columbian Exchange)①。在哥伦布交换中,新物种造成欧洲和非洲的人口增长,新疾病则造成印第安文明的衰落。哥伦布交换对旧大陆和新大陆的影响迥然不同。

美洲的特产,包括玉米、马铃薯、西红柿、花生、巧克力、菠萝和酥梨等重要农作物,外加烟草、大麻与古柯碱等各种药用植物传入旧世界,对旧世界的人口和社会生活造成重大的影响。土豆先是在意大利和西班牙试种,进而成为西欧国家的基本食物。在爱尔兰,土豆的引进使人口大规模增长

---

① "哥伦布交换"是 Alfred W. Crosby, Jr. 教授在《哥伦布的交换:1492 年的生物和文化后果》中提出来的(Alfred W. Crosby, Jr. The Columbian Exchange: Biological and Cultural Consequences of 1492),内容可以参见 http://daphne. palomar. edu;也可见其文章 Columbian exchange: plants, animals, and disease between the Old and New World, http://www. eoearth. org。

（从 250 万增加到 800 万人）。但 1846 年收成下降时，又造成历史上著名的"马铃薯饥荒"。美洲玉米和土豆一样，比欧洲已有的谷类如大麦、小米和高粱等产量更高，因此被广泛种植于南欧。新物种改进了人们的营养结构，促进了人口体质的提高。如果说中世纪是欧洲流行病肆虐、死亡率居高不下的时代；到了近代早期，大规模的流行病疫情则变得十分少见（1660年代伦敦发生的瘟疫算是极少的例外，英国政府因此被迫迁移至牛津）。体质的改善和疾病的减少造成了欧洲人口的显著增长，城市开始繁荣起来，出现了一批经济发达的大都市，如伦敦、阿姆斯特丹、巴黎等。新物种同样也引起非洲大陆人口的增长。从 16 世纪到 18 世纪末，非洲人口显著增长。考虑到这三百年间正是奴隶贸易夺走非洲总计 1200 万—4000 万人口的时期，则物种交换对非洲人口增长的作用就显得更加可观了。

美洲物产不仅改变了旧世界的人口和社会生活，还为 18 世纪的工业化提供了必不可少的原料。印第安人较早种植烟草和棉花这两种经济作物。虽然东方人早就知道种植棉花，但作为经济作物的棉花主要是由印第安人培育的品种发展起来的。蔗糖于 16 世纪晚期由欧洲人引入美洲的巴西和西印度群岛，很快也成为美洲对外贸易的大宗商品。将美洲殖民地作为欧洲母国工业原料供应地的做法，是重商主义理论的集中表现。重商主义认为，殖民地的所有物产都应归母国所有，殖民地的生产目标无一例外都是为了增加母国的财富。因此，殖民地不应该自主地发展自己的农业和工商业，而应该完全围绕母国工业革命发展的需求来组织生产。在这种理论指导下，美洲殖民地逐渐成为大规模的棉花种植园、甘蔗种植园、咖啡种植园和烟草种植园等。而在欧洲被发明和改进的用于工业制造的机器，却往往被母国禁止运往殖民地。结果，棉花、烟草、蔗糖等经济作物为 18 世纪欧洲的工业革命提供了必不可少的工业原料。美洲新大陆也因此成为新的世界经济体系中一个有机的组成部分，只不过由于其原料供应者的地位而在体系中处于边缘地位。

在哥伦布交换中，欧洲的疾病对世界历史进程造成的影响仅次于美洲农作物，传播的路径却刚好相反，从旧大陆向美洲新大陆流动。若不是因为这些疾病的侵害，欧洲人绝对无法轻易掌控美洲。天花、麻疹、伤寒等中世纪肆虐的流行病自 16 世纪开始已经很难在欧洲造成大规模的传播。然而这些疾病通过大三角贸易的帆船传播到美洲以后，却对那里的印第安部落造成毁灭性影响。在遭遇欧洲人之前，美洲人是全世界最少遭受疾病侵扰的人,也因此对旧世界的疾病完全没有抗体。疾病随着探险者的脚步传播,有时候甚至走在了探险者的前头。在那些偏远的印第安村庄,当地人也许从来没有见过欧洲人,却因为村子里曾经有人与外界进行过交易或其他接触而感染了流行病。巫师们对这些外来传染病束手无策,印第安村子一个接着一个消失。历史学家估计,某些印第安部落在第一次接触欧洲疾病以后,就有多达80%的人口死亡。① 以天花为例,在北美洲,1618—1619年间,天花消灭了马萨诸塞湾殖民地90%的印第安人。1634年,莫霍克印第安人与荷兰儿童在奥尔巴尼接触以后感染了天花,此后这种疾病横扫莫霍克村庄,1636年传播到安大略湖,1679年又感染了易洛魁部落。1780—1782年和1837—1838年两次流行的天花对大平原的印第安人造成了致命的打击。在南美洲,一个多世纪中,墨西哥的印第安人减少了90%,人口总数从2500万减少到150万。秘鲁的印第安人减少了95%。根据西班牙传教士和历史学家估计,1495—1503年间,超过300万人从新大陆的岛屿上消失。② 总起来看,1500年美洲大约有1亿印第安人,而在与欧洲人接触的一个半世纪里,95%左右的美洲人死亡,其中大多数死于疾病。疾病消灭的印第安人远远超过殖民者的枪炮,成为毁灭印第安文明的首要因素。

所幸的是,欧洲人带来的不只是疾病,也有宗教、物种等其他因素。西班牙人的殖民征服和传教活动使美洲人比非洲人和亚洲人更迅速地接受了基督教。1524—1536年期间,墨西哥有大约400万人皈依基督教。葡萄牙人也在美洲扩大影响。1548年,巴西建立殖民总督府以后,许多在葡萄牙受到迫害的犹太人纷纷逃亡到巴西定居。大多数移民孑然一身来到这里,与当地女子结婚,形成一个混血种族——马麦卢科斯族。他们对于传播葡萄牙文化的影响起了推波助澜的作用。1583年,在巴西定居的白种人达到2.5万人。③ 除了宗教以外,欧洲人引进的枪支、针线、刀釜、锅碗瓢盆、珠饰、贝壳、镜子、酒等,也都让当地人爱不释手。物种方面,印第安人原来只有三种家畜,即北美洲的狗与火鸡、南美洲的骆马。欧洲人引进马、

---

① Greg Lange, "Smallpox Epidemic Ravages Native Americans on the Northwest Coast of North America in the 1770s,"(2003),http://www. historylink. org/index. cfm? DisplayPage = output. cfm&file _id = 5100(2009 - 9 - 20)

② Michel Beaud, A History of Capitalism, 1500 - 2000, p. 15.

③ [葡]J. H. 萨拉依瓦:《葡萄牙简史》,第151页。

牛、羊、鸡、猪等，使美洲的家畜种类大大增加，人口的饮食来源更加稳定，但人畜混杂也为病菌滋生提供了方便。

与哥伦布交换对大西洋两岸造成的巨大影响相比，亚洲却是这一新兴文化传播体系中改变最小的一个地区。西班牙殖民者可以说是在顷刻之间摧毁了历史悠久的美洲文明阿兹特克帝国（1521）和印加帝国（1535）。相反的是，直到18世纪下半叶，殖民者对亚洲国家的政治影响却依然非常有限。中国和日本几乎一成不变。为了传播基督教，耶稣会传教士学习儒家文化和经典，甚至用儒家思想来解释天主教教义，但传教士的进展并不大。除了极少数的成功（如1537年南印度帕拉瓦渔民皈依基督教）之外，基督教只在殖民地内部有影响。为了贸易利益，葡萄牙人不得不接受亚洲各地已有的宗教格局，甚至包括令他们深恶痛绝的伊斯兰教。至于印度，自从1498年瓦斯科·达伽马到达这个地区以来，整整250年，欧洲人都只能与它保持疏远的关系，大部分殖民活动仍限于孤立的沿海贸易站。对于这个宗教高度发达的文明而言，基督教的影响则更加微不足道。实际上，只有到了19世纪中后期，在西欧工业技术资源的支持之下，基督教才依靠武力在菲律宾群岛得以推行。

在新兴的全球文化传播体系中，非洲大陆占据独特的地位。全球化进程改变了非洲的传统文化，也赋予非洲文化改变世界的机会，而这一双向的过程是与16—19世纪三百年的奴隶贸易紧密联系在一起的。非洲大陆普遍存在着比美洲印第安人更为发达的文明，这是殖民活动进展缓慢的第一个原因。虽然非洲是地理大发现的先驱者——葡萄牙人——探险活动的第一站，但对这个广袤大陆的占领和瓜分，却发生在19世纪末，中间相隔三百多年。北非地区早自欧洲古典时代就已经进入希腊、罗马历史学家的视野。在中世纪时，接受伊斯兰教的西部伯伯尔人和东部埃及人更成为控制地中海贸易、威胁天主教会的欧洲劲敌。撒哈拉沙漠以南的非洲在近代早期以前还不为欧洲人所熟悉。但随着葡萄牙探险队的进发，这些地区的文明也逐渐进入欧洲人的视野。在西非，继马里帝国崛起的桑海帝国，是殖民者所面对的第一个大型的非洲帝国。在东非，探险者们则不断地与讲斯瓦希里语的城邦国家发生冲突。中非的刚果、恩东戈等以血缘集团为基础的国家一开始接受了殖民者的宗教，甚至默许奴隶贸易。但与殖民者的长期交往还是导致这些国家的衰落。南非以大津巴布韦为中心的城邦最初接触的是葡萄牙人，后来荷兰人和英国人相继进入。然而尽管各地情况存在差异,复杂的地理环境和较为发达的当地文明却成为欧洲人深入非洲腹地的共同原因。

在近代早期的全球跨文化传播体系中,从欧洲向非洲流动的最重要的文化因素是基督教。在撒哈拉沙漠以南非洲,欧洲文化尤其是天主教的传播情况只比在亚洲好一些。中非和东非是接受基督教影响的主要地区。15世纪90年代,一些葡萄牙传教士、教师和手工艺人奉命来到刚果王国。皈依基督教的阿方索一世于1506年登基,成为刚果国王。他潜心研习《圣经》,并要求贵族们跟他一起皈依基督教。葡萄牙的传教士把果阿当做东方基督教的总部,葡萄牙的作家喜欢把果阿比作罗马。然而,具有原教旨主义倾向的天主教会逐渐对非洲产生了不满。自然神论的原始崇拜、非洲特有的巫祝、祭祀和庆典仪式等与天主教圣礼相结合,产生非洲特有的混合基督教,如西非的富拉尼人所崇拜的基督教以及在刚果出现的安东尼运动。富拉尼人的基督教因为宣扬神迹和巫祝而受到非洲人的普遍欢迎。自称被圣徒安东尼灵魂附体的唐娜·贝亚特丽斯,因被刚果国王判决为异端而处死,支持她的民众却发起反对国王的宗教战争。

混合形式的基督教不仅改变了非洲的文化生态,还随着贩奴船扩散到美洲。由于开发美洲的需要,殖民者对非洲奴隶的需求超过一切其他物产。因此,在19世纪中期欧洲国家纷纷废除奴隶贸易之前的三百年内,非洲向新大陆源源不断地输送了1200万~4000万名奴隶,这还不包括在横跨大西洋时因为疾病和抗争而死亡的奴隶。如果说美洲作为欧洲工厂的原料供应地而居于新兴世界经济体系的边缘地位,则非洲因为向这一体系提供必不可少的劳动力而同样居于边缘地位。通过惨无人道的奴隶贸易,非洲大陆被有机地整合到全球经济体系中去。19世纪中期,奴隶贸易和奴隶制先后被西欧各国废除以后,原来的奴隶无法回到非洲的家乡,在新大陆定居了下来。但他们把非洲语言、饮食、手工业技艺、音乐、舞蹈和宗教等文化因素保留下来,并与西方文明中的相应元素融合,形成一种新的非洲—美洲文化。

不管怎样,伴随着欧洲人的地理大发现和殖民活动,一个联系欧、亚、美、非大陆的跨文化传播体系在18世纪中期基本形成。物种、产品、技术、宗教都发生了横跨大西洋和太平洋的流动,并对各个大陆产生了不同的影响。必须指出,作为全球跨文化传播体系的形成阶段,这一时期的全球文化交流过程表现出极大的不平等。欧洲人见到了整个世界,而其他地方的人却只见到了欧洲人。美洲文明在这种接触中遭到毁灭性打击,疾病和战争令其消亡殆尽。非洲文明也被侵蚀得支离破碎,奴隶贸易迫使许多人流离失所,并且丧失自由、尊严甚至生命。

全球性国际关系体系

必须承认,从时间上看,一个真正的全球性国际体系出现的时间远远晚于全球性经济体系的出现。虽然威斯特伐利亚体系促成民族国家的形成和外交、军队的制度化,并通过殖民主义活动输出到美洲、非洲和亚洲,但输出的过程却显得十分漫长。实际上,直到二战以后、甚至冷战期间,随着一大批殖民地、半殖民地国家先后获得民族独立,一个以主权平等为基础的全球性国际关系体系才最终形成。在这五百年的漫长时期内,很多国家和地区被欧洲人看做是"野蛮的"或"不文明的",从而不被当做主权实体对待。

在向非洲和美洲探险、殖民和征服的过程中,殖民国家或者作为其代理人的殖民者也曾经尝试以签订条约的方式与当地的政权交往。但这种国家间交往只发生在殖民者与较为强大的土著政权之间,而当实力的平衡被打破时,殖民者往往撕毁和约,代之以枪炮和铁骑。在非洲,最具有代表性的情况发生在皈依基督教的刚果王国。葡萄牙的奴隶贩子曾向国王阿方索一世提供顾问,派遣驻军帮助国王。然而在发现奴隶贸易有利可图时,非洲基督教君主的盟友地位开始动摇。殖民者逐渐与中非内陆的地方权贵结盟,给他们武器以换取奴隶。与当地权贵的结盟损害了刚果国王的权威和利益。1526 年,阿方索一世致信葡萄牙国王,呼吁殖民者遵守刚果当地的法律:"我通过了一项法律,任何生活在我国的白人若要以任何方式购买货物(即奴隶),须首先照会我国三位主管此事务的贵族与宫廷官员……但若白人不遵守此法律,前述货物将被悉数没收。"[①]然而,要求殖民者遵守当地法律的呼吁并没有得到葡萄牙王室的积极回应。1665 年,殖民者与刚果军队开战,最终将刚果国王捕获斩首。

在北美殖民者与印第安人的交往中,也出现了签订契约的尝试,然而

---

① [美]杰里·本利特,赫伯特·齐格勒:《新全球史:文明的传承与交流》(下),北京大学出版社 2007 年版,第 743 页。

这种尝试也以殖民者的背信弃义而告终。以契约的方式与印第安人交往，这曾经是北美的英、法殖民者的选择，却未被南美的西班牙、葡萄牙征服者所采纳，原因是北美殖民地与南美殖民地性质不同。在北美的殖民者往往是平民身份的垦殖者，因为宗教改革或经济压力的原因来到新大陆。他们初来乍到之时，不仅缺少母国政府的支持，连生存都时刻遭受威胁，经常需要依靠印第安人的施舍。而另一方面，北美并没有阿兹特克帝国和印加帝国那样面积广大、人口集中的印第安王国，只有一些从事农业和狩猎的印第安部落联盟。随着垦殖范围的扩大，殖民者发现必须表明对已经开发的土地的所有权，便同当地的印第安居民签订条约。在复杂精深的法律条款之外，殖民者还声称，他们占用土地是为了进行高效率的农业生产，而当地居民却只把那些地方用作猎场。要知道在欧洲，狩猎是贵族和特权阶层才能享受的消遣；而在美洲，狩猎却是印第安人的生产生活方式，这种生活方式也决定了他们对土地所有权的忽视。① 协商和签订条约的方式并没有导致双方的和平共处。土著居民并不承认英国人的法律，经常对农场和村庄发动突袭。例如，在1622年的突袭事件中，他们杀死了切萨皮克地区将近三分之一的英国移民。袭击反过来又招致移民的报复，移民们残酷摧毁土著居民的土地和村庄。反复不断的互相报复困扰着英国政府，由此导致了禁止殖民者向阿巴拉契亚山脉以西垦殖的规定，当局希望殖民者与印第安人的冲突能够因此得以避免。然而这些规定与其他的殖民地税收、法令相互作用，促成北美十三个殖民地的反抗和独立斗争。

相比之下，西欧殖民者更渴望与亚洲的强大君主平等地交往。然而，一个全球性国际体系并未按照欧洲人设想的方式而确立。恰恰相反，他们在亚洲遭遇到一个与威斯特伐利亚体系完全不同的国际关系体系，即以中国为主导、以册封和被册封、朝贡和被朝贡为基础的华夏朝贡体系。

朝贡体系的双方承担一种双向的权利和义务。中国皇帝负有在周边国家中维持正当秩序的职责，并通过向藩属国王派遣使节、主持其册封仪式和颁发皇帝诏书来承认这些国王的合法地位。当这些藩属遭受外来入侵时，中国要给予他们援助；当他们遭遇灾难时，中国皇帝应派遣宣慰使节、颁布安抚诏令。而藩属国向中国皇帝表示臣服的具体形式是按时向中国皇帝"进贡"、请求册封其国王、奉中国为正朔——即按中国皇帝的年号

---

① [美]杰里·本利特,赫伯特·齐格勒:《新全球史:文明的传承与交流》(下),第715页。

及日月来记录历史。朝贡体系同时具有政治、经济和文化的三重意义,它虽然不是一个平等的国际关系体系,却并非建立在武力征服基础上。从经济上说,朝贡体系下的东亚诸国都从中国获得贸易的实惠,这些国家的经济得到了繁荣和发展。朝贡体系下的进贡主要是一种礼仪形式,而贸易往来才是维系封贡关系的重要纽带,并由此在朝贡体系内部形成了一个东亚贸易圈。在文化上,朝贡体系促进了中国向东亚诸国输出儒家文化,并由此形成东亚文化圈。

华夏朝贡体系一直持续到 1840 年鸦片战争前后才开始有所松动;而它的彻底崩溃则在中日甲午战争之后。对这一体系构成最大威胁的是朝贡体系之外的西方殖民者和体系之内的日本国。17 世纪以来,欧洲势力逐渐蚕食中国周边的各个小国,日本也在德川幕府时代停止向中国的朝贡,并且进一步加强对琉球的控制,朝贡体系内部的成员因此大幅减少。但是,直到 1793 年英国乔治·马戛尔尼使团访问中国,条约体系和朝贡体系方才发生全面的碰撞。作为西欧国家首次正式派到中国的外交使节,马戛尔尼提出通商、建交、传教等 7 项请求,并要求签订平等条约。然而,乾隆帝以"无此先例"为由加以拒绝。他认为中国作为天朝上国,不需要外国的商品即可自给自足,双方不存在平等贸易的基本条件。马戛尔尼的随员安德逊回忆说:"我们的整个故事只有三句话:我们进入北京时像乞丐;在那里居留时像囚犯;离开时则像小偷。"①

作为全球化的第一阶段,1500—1750 年的探险时代在经济交往、文化交流和国际关系上都存在一定的限度。尽管如此,这些发展的限度却并未导致全球化历史进程的中断。相反,18 世纪中期,随着工业革命在欧洲的展开、新兴工业资产阶级在全球建立世界工厂和殖民帝国,全球化在经济、文化和国际关系层面都进一步向纵深发展。应该说,探险时代的全球化正是为这些发展提供了坚实的基础。

---

①　[法]佩雷菲特:《停滞的帝国:两个世界的撞击》,北京三联书店 2007 年版。

第二篇　全球化的殖民时代 (1750—1870)

本篇作者　张红菊

第六章

全球化的新动力

　　历史发展到这个阶段,全球化的进展增加了三大动力:科技革命、工业革命和资本主义政治体系的确立。以蒸汽机的发明为标志的科技革命为全球化的进展提供科技动力,工业革命为全球化的进展提供经济动力,而资本主义世界体系的确立则为全球化的发展提供不竭的政治动力。蒸汽机帮助欧洲人从使用有机能源(畜力)转向无机能源(煤炭),动力变得更加强大,也更加便捷;通过工业革命建立起强大的生产能力,通过向外殖民帮助自己建立起庞大的原料基地和海外市场,通过大量移民缓解人口增长带来的生态压力。西方资产阶级正是利用这些先进条件,奔走于全球各地,建立起日益庞大的殖民地和世界市场,实现生产的早期全球化。对此,马克思在《德意志意识形态》中曾这样写道:大工业"创造了交通工具和现代化的世界市场,控制了商业,把所有的资本都变为工业资本,从而使流通加速、资本集中。……它首次开创了世界历史,因为它使每个文明国家以及这些国家中的每一个人的需要的满足都依赖于整个世界,因为它消灭了以往自然形成的各国的孤立状态"。①

----

　　① 《马克思恩格斯全集》(第3卷),第68页。

科学革命与工业革命的兴起

18 世纪 60 年代开始的工业革命,极大地推动了生产力的发展,大大提高了劳动生产率。据统计,到 18 世纪 20 年代,工厂纺纱工用机器纺纱,每人每天可生产 100 支纱,是手摇纺纱工效率的 250 倍,1710—1740 年英国棉纺织业的年平均增长率只有 1.4%,而到 1740—1770 年增长到2.8%,1770—1810 年则达到 8.5%。① 工业革命使世界生产力获得飞速发展,以至于马克思说:"资产阶级在它的不到一百年的阶级统治中所创造的生产力,比过去一切时代创造的全部生产力还要多,还要大。"②

科学革命:工业革命的技术前提

工业革命是以大机器生产为标志的,即机器的发明必须以自然科学的进步为基础。科学革命始于 1543 年出版的哥白尼的《天体运行论》,止于 1687 年出版的牛顿的《自然哲学的数学原理》。中世纪末期以来,古典时期的思想通过一些阿拉伯翻译家重新传入欧洲,并伴随着新兴商人和工场主的产生壮大,得到比较广泛的传播。从 15 世纪起,在文艺复兴和宗教改革浪潮的启发下,16 和 17 世纪初以达·芬奇为代表的学者,开始把中世纪形成的技术传统与学术传统相结合;而由印刷术的传入和新教的兴起形成的出版文化,则把在此之前与文字根本无缘的人们引入知识世界,于是实用主义成为新兴知识分子的思想主流。在 16 和 17 世纪产生了一批着眼于实验的思想家,如弗朗西斯·培根(1561—1626)。他既是哲学家,也是自然科学家。培根认为哲学的任务,就是要深入到自然界去,研究和反映自然界,从中获得知识,以推动科学和技术的进步。培根提出"知识就是力量"的口号。培根提倡认识自然要通过科学实验。他认为,实验是观察、认识和形成知识,得到新发现的最有效方法。培根的思想对欧洲自然科学家产生积极影响,活跃了 17 世纪自然科学领域。这个时期,科学在实践中取得的进展层出不穷。波兰的天文学家尼古拉·哥白尼(1473—1541)创立"太阳中心说";法国的数学家勒内·笛卡儿(1596—1650)发明解析几

① C. C. M. Cipolla: The Fountana Economic History of Europe, Vol. 3. Fountana/Collins, 1974, p.195.

② 《马克思恩格斯选集》(第 1 卷),人民出版社 1965 年版,第 256 页。

何;意大利的科学家伽利略(1564—1642)在动力学方面取得重大突破。伽利略证明,任何物体的运动都不会消灭或自行消失,在没有任何外力作用或障碍物使运动着的物体停止运动以前,物体的运动都是保持着等速直线运动的形式。英国科学家伊萨克·牛顿(1643—1727)继承和发展了伽利略的科学突破,并在许多领域取得重大成果。恩格斯说:"牛顿由于发明了万有引力定律而创立了科学的天文学,由于进行了光的分解而创立了科学的光学,由于创立了二项式定理和无限理论而创立了科学的数学,由于认识了力的本性而创立了科学的力学。"在这种情况下,英国皇家学会、法国皇家科学院先后于1662年和1666年成立。1665年3月英国皇家学会还创办会刊《哲学会报》。确定、统一及普及学术用语的方法也在此期间形成。这个时期取得的自然科学成果为工业革命的发生奠定了坚实的科学理论基础。

英国工业革命:世界工业革命的发端

英国工业革命,从18世纪中叶起到19世纪中叶止,大致用了一百年的时间。英国的工业革命首先发生于棉纺织业领域,而不是传统的毛纺织业领域。这是因为棉纺织业不仅和毛纺织业一样是轻工业,而且是新兴的轻工业。英国的毛纺织业是十三四世纪由尼德兰工人引进的,此后几百年间,毛纺织业在英国城乡广泛地发展起来,成为英国的民族工业。到18世纪,毛纺织业是英国最发达的工业。但由于它是从封建社会后期发展起来的,受到政府严格控制和旧行会行规的束缚,这严重阻碍了毛纺织业的技术更新,使这个行业的生产过程僵化、定型,成为一个保守的传统生产部门。而棉纺织业则不同,它是一个新兴的工业部门。英国的棉纺织业是1588年由尼德兰技工引进的,起初生产基地散布于农村,到17世纪才在兰开夏建立生产中心。它很少受到行会和政府法规的约束,也不存在生产上的清规戒律,没有传统的阻碍,因此,棉织业具有良好的技术创新环境。所以,18世纪60年代,英国工业革命首先是从新兴的棉纺织业的技术革命开始的。

早在1733年,机械工约翰·凯伊就发明飞梭,使织布效率提高两倍,导致市场上的棉纱供不应求,进而刺激了纺纱业的革新。1764年织布工兼木匠詹姆斯·哈格里夫斯发明能同时纺出8根纱线的"珍妮纺纱机"。后来,他又不断加以改进,使一台机器能同时纺出80根纱。到1780年代末,英国已有 2 万台珍妮纺纱机投入生产。1769 年,理发匠理查·阿克莱特制造出一种用水力转动的纺纱机,并于 1771 年建立英国第一座水力纱厂。1785 年埃德蒙·卡特莱特发明水力织布机,把织布的速度提高 40 倍。这样,棉纺织业由纺到织的整个流程都已建立在机器生产的基础上了。

棉纺织业的创新都是建立在以水力为动力的基础上的,这受到自然条件的很大制约,于是动力机器的发明成为当时的迫切问题。早在 1706 年,托马斯·纽可门发明一种动力机器——蒸汽机,但由于水是在汽缸内蒸发的,效率不高。后来,瓦特把冷凝工序从汽缸中分离出来,通过一个阀门把蒸汽引到一个经常保持低温的冷凝器内冷却,使汽缸始终保持高温状态,从而提高了机器的工作效率。蒸汽机把热能转化为机械能,是动力方面的一次巨大变革,它的发明和使用标志着工业革命时代的真正到来。1785年蒸汽机开始用于棉纺业,1789 年又开始使用于织布业,19 世纪上半叶它已在采矿、冶金和运输等领域广泛采用。

从棉纺织业的技术革新开始的英国工业革命,经过近百年的发展,从生产动力的提供,到消费资料的生产,到生产资料的生产,逐步实现机器生产,并产生工厂这种集中生产的组织方式。到 19 世纪 50 年代,英国已有棉纺织厂 1932 家,毛纺织厂 1497 家,绒、麻、丝织工厂 1070 家,生铁产量229 万吨,煤产量 5000 多万吨,工厂已成为全国占重要地位的生产组织形式,其工业产量已占全国生产总值的 33.8%。[①] 英国工业革命开启世界工业革命的大门,随后的一百多年间,各国都强烈地感受到工业革命带来的影响。工业革命开始从欧洲的一个岛国逐步扩大到全球,成为全球生产的一种普遍现象。

工业革命在欧美的传播:经济核心区域的形成

18 世纪末和 19 世纪初,英国工业革命以各种方式从英伦三岛向大西洋两岸扩散、传播,从而把欧洲的比利时、荷兰和法国以及北美的美国首先纳入工业化国家体系,逐步形成世界经济的"核心地区"。

比利时位于英吉利海峡东岸,和英国隔海相望,是最早受英国工业革命影响,并从中受益的国家之一。比利时和法国交界地有丰富的煤矿和铁

① [苏]A. 门德尔逊著,斯竹等译:《经济危机和周期的理论与历史》(第 1 卷,上册),三联书店 1975 年版,第 294 页。

矿,鲁尔矿脉由西向东穿越该地。为了开采矿产,比利时很早就从英国引进蒸汽机。1706 年托马斯·纽可门设计出蒸汽发动机,1712 年首先在米德兰茨制造生产。到 1720 年,在比利时的列日省就已引进并制造纽可门蒸汽机。1727 年,西部的博里纳日省也开始采用纽可门蒸汽机。1814 年,瓦特发明的新蒸汽机开始引入博里纳日地区。其中沙勒罗瓦地区,蒸汽机使用迅速,1830 年时 128 个矿井中只有 8 台,1830 年后每年新增 1 台,1836 和 1837 年每年增加 5 台,1838 年一年就增加 17 台。与英国相反,比利时纺织工业中采用机器生产,比采矿业中采用机器要晚。在毛纺织业中,从 1799 年起开始采用英国的先进技术,这一年一位精通纺织技术的英国人威廉·科克里尔来到比利时,在羊毛工业中心韦尔维那开办一家纺纱机制造厂,到 1789 年这类公司发展到 150 家。根特是比利时另一个纺织业中心。一位叫里艾温·波温的本地商人把英国纺纱机和蒸汽机引入根特,在 1801—1803 年间先后在巴黎和根特建造三座纺纱厂。1830 年根特拥有纱锭 28.3 万枚。

荷兰是资本主义萌芽最早的国家之一,曾经有过相当发达的工场手工业。但它积累的资本后来主要流向商业和航运。18 世纪中叶当英国迅速走向工业革命时,荷兰的工商业却还处于衰落状态。1815—1830 年,比利时曾一度与荷兰合并,1830 年分立时,一批倾向于荷兰的比利时纺织业者移居北方,同时也带来比利时先进的纺织技术和资本,才使荷兰获得开展工业革命的机遇。比利时资本家的移居地主要集中于沿海的莱登和哈勒姆,所以这里便成为荷兰新兴的棉纺织工业的重要基地。以哈勒姆为例,1836 年该市三个移民工厂所雇工人就达 146 人,包括家属在内的工人人数占全市人口的 1/4。哈勒姆第一家完全机械化的纺织厂的创办人就是比利时工业家威尔逊。1832 年以后在荷兰东部的特文特形成另一个现代化的棉纺织业中心。据统计,1834 年时,特文特向东印度出口的棉布已达 13200 匹,到 1840 年就增加到 678222 匹,为六年前的 51 倍。荷兰的第三个现代化的纺织工业中心是 19 世纪初兴起的蒂尔堡。早在 1809 至 1812 年,此地已有 5 家采用简单机械和集中劳动的毛纺厂,到 1827 年荷兰纺织业中的第一台蒸汽机已从国外购来并安装于范·多伦的工厂,至 1839 年这类蒸汽机在全市就增加到 20 多台,成为该地区向工厂制度过渡的强大动力。除纺织业以外,蒸汽机的使用也逐渐扩大到其他行业。1839 年由阿姆斯特丹至哈勒姆的铁路通车,这是荷兰第一条铁路,距世界上第一条铁路通车仅晚十几年。但由于荷兰纺织业机械化速度较慢,整个荷兰工业化、机械化的速度明显迟缓,到 1853 年荷兰拥有的蒸汽机总数不过 392台,而比利时 1850 年时已达 2040 台。铁路发展也是如此,1850 年比利时铁路线总长达 861 公里,而荷兰只有它的五分之一。

法国是英国工业革命在欧陆最早传播的又一个国家。在法国大革命爆发之前,一些英国工业革命中的重要发明已传入法国。如纽可门蒸汽抽水机于 1732 年传入昂赞,瓦特的改良蒸汽机于 1782 年运到勒克勒佐,珍妮纺纱机也于 1782 年前后传入法国。法国革命期间这种传播一度受阻,但在拿破仑上台后这种情况明显改观。一是拿破仑专制的建立使法国社会由乱而治,一系列鼓励工商业的政策得以顺利推行。比如 1800 年建立法兰西银行,1801 年成立"奖励民族工业协会",1804 年建立"工厂和作坊管理委员会"和 1808 年制定《商务法典》等等。二是拿破仑的军队占领欧洲近一半的领土,通过课税等手段,为法国积累了资本。三是拿破仑的大陆封锁政策切断了英国和欧陆的贸易联系,迫使法国及大陆各国自己生产工业品和生活日用品,间接地促进了法国的工业革命。所以,法兰西第一帝国时期是法国工业革命正式起步的时期。1815 年时各行各业采用的蒸汽机总共不过 15 台,而到 1820 年时仅采矿业中采用的蒸汽机就达 65 台,到 1830 年全法国所采用的蒸汽机就增加到 625 台,总马力在 1 万匹以上。法国第一条铁路也于 1835 年建成。这时,工业革命的浪潮已强烈波及法国,包括棉织业、毛织业、丝织业等各行各业,还诞生了橡皮制造、银板照相、油脂化学等行业。到 1852 年,法国纺织业企业有 1438 家,拥有蒸汽机1179 台,工厂制度在工业部门普遍推广。①

当工业革命在欧洲大陆如火如荼展开时,大西洋彼岸的北美,也受到工业革命浪潮的冲击。1775 年初,"珍妮机"第一次在北美著名的工业中心展出,几个月后,纳萨尼尔·奈尔斯在康涅狄格州的诺威克建立专门的熔炉来生产棉刷和棉梳。同年 1 月 22 日,由工商业者建立的"费城联合公司"在工业中心费城应运而生。至 1791 年,来自英国的移民技工塞缪尔·斯莱特在当地资本家摩西·布朗的合作下,采用阿克莱特式纺织机,在罗得岛建立美国第一座现代型棉纺厂。此后,各式各样的现代型工厂在新英格兰地区如雨后春笋般涌现。在 18 世纪最后十年蒸汽机首先用于新泽西

① Joel Mokyr, The Economics of the Industrial Revolution Rowman & Allanheld, 1985. p.128.

和罗得岛的矿山排水,1803 年在纽约则首先使用于锯木厂。1814 年以后,新英格兰工业革命升级,在罗德岛诞生了具有美国特色的"沃特罕姆制度",第一次把由纺到织的过程统一在一个工厂里。[1] 此外,以瓦特蒸汽机为标志的新的生产力也开始越过阿巴拉契亚山脉向更广的西部扩散,到 1817 年西部的匹兹堡、路易斯维尔和辛辛那提都已能自己制造蒸汽机。

自 18 世纪中叶英国发生工业革命以后的一个世纪里,分布在大西洋两岸的比利时、荷兰、法国和美国等几乎同时发生工业革命并取得成功,从而使"工业世界"以英国为中心在西方初步形成。这个"工业世界"的范围超过了资本主义萌芽时期由英国和荷兰构成的核心地区的范围,同时又处于一个更大范围即正在形成的世界资本主义体系的核心地位,也是世界经济的核心地区。

工业革命的扩散

工业革命在欧洲主要资本主义国家和美国轰轰烈烈展开,并取得巨大成就后,德国、俄国、意大利和日本等国家也通过改革或革命的方式走上资本主义道路,开始工业革命。这是第二批进行工业革命的国家,有的国家发展很快,不久就迈入世界强国的行列,如德国、日本;有的国家发展很不平衡,如俄罗斯、意大利,但这些国家到 20 世纪初也基本实现工业化,成为第二批新兴的工业国家。

在欧美主要国家中,德国是工业革命开始比较晚的,但发展速度很快,工业化水平也比较高。19 世纪 30 年代德国才真正开始工业革命,在最初 20 年里,发展缓慢,直到 1848 年革命后,德国工业革命才蓬勃发展起来。在 19 世纪 50—60 年代,开发新矿山、建设新工厂、修建新铁路的投资盛极一时。到 19 世纪 60 年代末,工厂制度已在各先进工业区占了主导地位。德国工业革命有两个明显特点,一是工业革命一开始就以重工业为重心。19 世纪 30 年代中期,工业革命刚刚起步时,德国就开始了工业革命。在交通运输业的带动下,采矿、冶金、煤炭和机器制造业发展很快。从 1848 年到 1875 年,德国重工业的发展速度一直超过轻工业,生产资料的生产始终领先于消费资料的生产。国家积极干预是德国工业革命的另一突出特

---

① [美]福克讷著,王昆译:《美国经济史》上卷,商务印书馆 1964 年版,第 322 页。

点。如 19 世纪 40 年代,普鲁士政府出资设立铁路基金,资助私人铁路公司。从 1848 年起,政府开始直接投资修建铁路,到 19 世纪 60 年代,国有铁路已占普鲁士铁路的一半以上。普鲁士政府还兴办了许多国营的煤矿和炼铁厂,鲁尔煤田的煤矿几乎都是国家经营的。到 19 世纪 70 年代末,工业革命完成时,德国不仅在技术方面消除了与英国的差距,在电气、化学、合成染料等方面还走在世界的前列。

俄国工业革命开始于 19 世纪 40 年代,首先在棉纺业中采用机器、建立工厂,随后织布业、毛纺业和造纸业也向工厂制度过渡。但由于农奴制的束缚,工业革命进展缓慢。1861 年农奴制改革后,工厂获得充足的劳动力来源,19 世纪 60—80 年代,工业革命进展迅速,到 19 世纪 80 年代末,工厂制度在主要工业部门中都已占主导地位。俄国工业革命具有三个明显的特点,首先是企业的资本有机构成低,技术落后;其次,无论是时间还是空间上,俄国工业革命发展都很不平衡;其三,外国资本和技术在俄国工业革命中起了重要作用。因此,俄国工业革命无论在深度和广度上都落后于西欧各国和美国。

意大利工业革命开始于 19 世纪 30 年代,开始在皮德蒙特和伦巴第出现棉纺业的小工厂,到 1848 年,在两地共有 60 家棉纺厂,总共约 20 万枚纱锭。到意大利统一前,工业发展比较缓慢,总共有不到 1000 家丝、棉、麻、毛纺织厂,其中 15 家具有比较大的规模。这段时间工业化成绩比较大的是铁路的修建,1860 年以前,意大利总共修建 1798 公里铁路,其中 819 公里在皮德蒙特,522 公里在伦巴第和威尼斯。从 1860 年意大利统一到 19 世纪末,是意大利大规模进行工业革命时期。经过半个世纪的发展,意大利经济终于和国际接轨,进入工业化国家行列。

日本工业革命开始于明治维新,是主要资本主义国家中工业化最晚的国家。明治政府 1870 年 10 月设立工部省(工业部),掌管矿山、冶铁、铁路、通信等建设工作。在工业生产部门,从 1868 至 1880 年间,由明治政府兴办的陆海军兵工厂已达 8 所,其中有的已具有相当大的规模和生产能力。同时设立"模范工厂",如富冈缫丝厂、新町纺织厂、火柴厂等。据统计,到 1880 年,这类工厂已增至 52 家。1870 年便着手兴建东京至横滨间的官营铁路,稍后神户至大津间的铁路也破土动工。1870 年设立回漕公司,之后又设立日本国邮政蒸汽公司,并于 1875 年下令三菱商会开辟海上航线。1873 年东京至大阪间的电信线路开通,翌年东京至长崎的第一和第二线路的架设也相继竣工。为了推行"殖产兴业"政策,明治政府不惜投入巨额财政资金。1867年12月至1886年3月,明治政府用于"殖产兴业"的资金合计达2.1亿日元,其中政府一般会计支出占64.5%,特别会计支出占34.7%,地方财政支出占0.8%。[①] 1872年11月,明治政府根据伊藤博文的建议,以美国国民银行为蓝本,制定"国立银行条例",并分别在东京、横滨、新潟和大阪设立四家国立银行。1876年8月,"国立银行条例"经过修订后,允许私人设立银行,至1882年末,其总数已达176家。日本的工业化走的是典型的国家主导型工业化道路,在政府的大力投资和推进下,主要行业很快实现工业化,成为新兴的工业化国家。

在西方国家轰轰烈烈地开展工业革命的时候,广大的亚非拉国家也明显感觉到工业革命的影响,一些国家的进步人士开始兴办企业,实行机器生产,走上工业化道路。但由于本国封建主义的束缚和西方殖民主义的压制,这些国家的工业化道路漫长而艰难,有的甚至经过上百年的历程,还在为实现工业化而奋斗。

19世纪后半期,奥斯曼土耳其帝国为了阻挡俄国对中东的扩张,在西方诸强国的鼓励下,开始建立技术工厂、制造重武器的铸工厂、海军兵工厂和造船厂。近代工业开始在帝国产生,后来因外国控制了奥斯曼帝国的财政、金融等,工业化并没有在军事以外的行业实现。但埃及是帝国的一个例外。穆罕默德·阿里于19世纪初成为埃及总督后,采取学习西方的改革措施,建立硝石场、火药厂、造船厂、纺织厂、呢绒厂、染料厂、铸造厂等各种工厂,仅纺织厂就有30个,在职工人达31000人。[②] 为了改变技术落后的状况,他购买西方机器设备,聘请技师,引进先进技术。1809年,穆罕默德·阿里规定,私人作坊主和工场主所需的原料由政府按价供给,产品由政府按价收购。他还采取措施由政府控制进出口贸易。这样埃及比较早地受到工业革命的影响,走上工业化的道路。但由于英国的入侵,埃及成为西方的半殖民地,工业发展受到很大束缚,工业化迟缓地进行。

19世纪60年代,中国兴起洋务运动,发展到70年代,洋务派认识到只发展军事工业,无法实现"求强、求富"的目的,于是在兴办军事工业和建立新式陆海军的同时,着手兴办民用企业,其中包括采矿、冶炼、纺织等工

---

①　万锋:《日本资本主义史研究》,湖南人民出版社1984年版,第98页。
②　C. Issawi, The Economic History of the Middle East, Chicago, 1966, p. 404.

矿业以及航运、铁路、邮电等交通运输事业。从 19 世纪 70 年代到 90 年代，共创办民用企业 20 多个，这些企业基本上是资本主义性质的近代工业。在洋务派创办官督商办企业的同时，中国社会还出现一些商办企业，主要是由一些官僚、地主、买办和商人投资而来的，也还有一些是从原来的旧式手工业工场、作坊开始采用机器生产转化而来的。自 1869 年至 1894 年，商办企业只有 50 多个，资本共有 500 余万元。从 19 世纪 60 年代末期到 90 年代初，中国出现的近代工业，只占很小分量，而且受到封建主义和外国资本主义的双重压迫，工业化进程缓慢。

综前所述，首先发生在英国的工业革命，从 18 世纪后期开始，不断向外传播，与英国地理位置比较近的欧洲低地国家、法国和与英国关系密切的美国首先受到工业革命的影响，发生工业革命，走上工业化道路，成为第一批工业化国家。随后，德国、俄国、意大利、日本等国也在工业革命的影响下，采取政府强力推动的方式，引进先进技术，发展国内工业，逐步走上工业化道路，成为第二批工业化国家。其他一些国家，如中国、埃及、印度、土耳其等，也强烈地感受到工业革命的影响，国内相继出现采用机器生产的工厂，产生了近代工业。但由于国内因素和殖民主义的干扰和压迫，民族工业始终处于弱小状态，没有发生大规模的工业革命。

从上面的叙述可以看到工业革命从原发地开始向外传播，呈同心圆放射状，英国如同工业化的圆心。离圆心越近的国家，接受工业革命影响的时间越早，影响越大，工业化程度越深，国家也就越富强。离圆心越远的国家，受到的影响越小，工业化程度越浅，国家相对较弱。那些更边远的国家，几乎没有感受到工业革命的影响，仍然处在前资本主义时代，逐步沦为西方工业国家的殖民地、半殖民地，成为原料产地和产品销售市场。也就是说，工业革命的传播强度是与距离成正比的。距离越近，传播强度越大，影响越深，产业领域的变化也越大，工业化的步伐越快；距离越远，传播强度越小，影响越浅，产业领域的变化也越小，工业化的速度越慢。

全球生产力的普遍提高及区域生产发展的分层化

工业革命对世界生产力的发展产生了重大影响，过去生产主要集中在农业和商业领域的情况逐渐改变，工业愈来愈成为世界生产的最主要领域，并逐步控制了经济生活。工业革命以世界性的规模有效地利用人力资源和自然资源，使生产率发生史无前例的增长。以英国为例，1770 到 1840

年,每个工人的日生产率平均提高 20 倍。英国棉纺织业的年平均增长率,1710—1740 年为 1.4%,1740—1770 年为 2.8%,1770—1810 年达到 8.5%。① 1850 年,英国在世界总产值中占 39%,在世界贸易总额中占 21%,成为世界各国工业品的主要供应者,从而取得世界工业和世界贸易的垄断地位,成为世界上最先进的资本主义工业国。

机器生产使世界工业生产增长速度大大高于机械化生产以前的增长。1701—1710 年到 1781—1790 年,世界工业生产指数提高 2.3 倍(以 1913 年为 100,从 0.55 上升到 1.8),而 1802—1812 年到 1870 年提高 5.1 倍(从 3.18 上升到 19.5)。② 世界贸易的价值从 1851 年的 64100 万英镑上升到 1880 年的 302400 万英镑。世界经济总量在 1870 年至 1880 年的十年间,翻了一番多。新西兰的羊毛、加拿大的小麦、缅甸的稻米、马来西亚的橡胶、孟加拉的黄麻以及西欧和美国东部的工厂——所有这些资源都被卷入到不断扩大的全球性的经济网中。

工业生产的迅速发展使全球经济发生根本性变化。工业革命以前,东方国家在世界经济中占主导地位,工农业生产总值远高于欧洲和美国,东方的制成品在欧洲很受欢迎,在世界贸易中占主要地位。但工业革命改变了这种情况,欧洲的经济地位迅速提升,经过百年的发展,到 19 世纪中期,欧美主要国家工业革命完成时,欧美少数几个工业国家无论是在工业生产领域还是在世界贸易上都取得了绝对的优势。而广大的亚非拉国家则处于从属地位。

1820—1870 年主要工业国家在世界工业中的比重(%)

年份	英国	法国	德国	美国
1820	50	15 ~ 20	–	10
1840	45	–	12	11
1850	39	–	15	15
1860	32	10	13	23

资料来源:库钦斯基著,陈东旭译:《资本主义世界经济史研究》,三联书店 1955 年版,第 41 页。

---

① C. M. Cipolla, The fontana economic history of Europe, Vol3, Fontana /colline, p. 159.

② 宋则行,樊亢主编:《世界经济史》,经济科学出版社 1998 年版,第 122 页。

1820—1870 年主要工业国家在世界贸易中的比重(%)

年份	英国	法国	德国	美国
1820	27	9	–	6
1840	25	9	8	7
1850	22	11	8	7
1860	25	10	10	8

资料来源：W. W. Rostow, The world economy: history & prospect, London: the Macmillan press Ltd., c1978., pp. 70 – 71.

从上面两表可以看出，1820—1870 年间，英、法、德、美四个主要工业化国家在世界工业生产中的比重一直占 70% 以上，在世界贸易中占 50% 左右。其中，英国在 19 世纪前 70 年里，掌握着世界工业生产的三分之一到二分之一和世界贸易的五分之一到四分之一。亚非拉国家成为工业原料的供应地和工业产品的市场，完全变成主要工业国家的附庸。19 世纪全球经济分布呈现在我们面前的是这样一幅画面：以英国为中心，这是世界工厂，是世界工业品的产地，它生产了世界工业品的近一半；它的外围是海洋对岸的法国、德国和美国，它们在完成工业革命后，逐步成为工业品的主要产地之一，在 19 世纪 70 年代，已占到世界工业品产量的三分之一强。再向外围是俄国、意大利、日本等国家，它们正在进行工业革命，工业产品在世界工业品总额中占的分量不大，但在不断上升。处于最外围的是亚非拉国家，占有世界人口的绝大多数，但工业生产却非常微弱，是世界工业的原料产地和销售市场。

在全球呈现以主要工业国家为中心的世界城市与广大亚非拉国家的世界农村对立统一的景象时，主要工业国家内部也在发生分化。随着工业化的发展，城市化迅速进行，农村人口迅速减少，这些国家逐步完成了城市化。同时，国民经济的产业结构也发生前所未有的变化。工业革命以前，各国的产业结构都是以农业为主；工业革命的深入发展使工业的地位大大提高，农业占国民收入的比重和农村劳动力在总人口中所占的比重，都不同程度地下降。工业生产的迅速增长和较高的利润，吸引越来越多的资本和劳动力。欧美国家的工业，已从原来附属于农业的地位，上升为国民经济的主要部门。这些国家已经从农业国转变为工业国。

资本主义政治体系的确立

全球化进程中,政治因素的逐步加强是同经济因素的逐步加强成正比的,经济全球化直接推动了政治全球化的发展,并在很大程度上决定着政治全球化的进程,这是因为经济全球化产生了有着新的利益、有着使其利益合理化的新的思想意识的资产阶级,它想维护和巩固本阶级的利益,必然要求分享政治权力,并通过建立符合资产阶级利益的政治制度维护经济发展的成果。符合经济发展要求的政治制度一旦建立起来,又对经济发展起着促进和推动作用。在全球化进程中经济因素与政治因素的相互作用、相互促进也非常明显,并在长达三个世纪的发展中,清楚地显现出来。

经济全球化的历史进程开始于英国,经过欧洲大陆、美国的经济革命,得到进一步发展,逐步影响到世界各地,最终形成以国际分工为基础,以世界市场为核心的世界经济体系。政治的全球化与经济全球化有相似的发展历程,但其发生更早一点,可以追溯到 17 世纪的英国革命,随后的美国革命和法国革命使其进一步发展,到 19 世纪 70 年代,影响整个欧洲,在 20世纪时,则影响整个世界,使人们强烈感受到政治全球化带来的影响。

从 17 世纪中叶到 18 世纪末,英、美、法三国相继发生资产阶级革命,革命浪潮在大西洋两岸来回激荡,一个比一个更彻底地涤荡封建势力,强烈震撼了世界,引起各国的连锁反应,由大西洋两岸向世界扩散,引发新一轮革命和改革,推动资本主义世界政治体系的形成。

工业革命经过一百多年的传播和发展,欧美主要国家资本主义得到比较快速的发展,资产阶级的力量得到迅速壮大,为资本主义政治制度确立打下坚实的经济基础和阶级基础。经过 1848 年欧洲革命的洗礼,各国普遍感受到资本主义发展的要求,各国统治者纷纷进行改革,采取措施发展资本主义经济,吸纳资产阶级进入政府,建立封建阶级与资产阶级的联合统治,并逐步过渡到资产阶级统治,从而确立起资本主义政治制度。

英国议会改革

英国"光荣革命"后,资产阶级和新贵族结成政治联盟,掌握国家政权,18 世纪上半期,议会通过《叛国罪法案》等法律,使国王逐渐成为"统而不治"的虚君。英国工业革命在 18 世纪中期以后迅速发展,工业资产阶级的力量不断壮大,取得政治统治地位的愿望不断膨胀。同时,自由主义思想逐步上升为国家政策,在不危害资产阶级根本利益的前提下,允许有言论、出版、集会和结社等自由。在这种背景下,英国议会也顺应时代要求,进行改革,逐步实现普选制。1832年6月英国议会通过改革法案,重新划分选区,重新规定选民财产资格,小商人、手工作坊主获得选举权;规定选民登记程序,使选民人数增加50%,从而扩大议会的代表性基础。19世纪中期工人运动高涨,要求议会接受人民宪章,实行普选制,为议会选举制度改革指明了方向。1867年8月议会通过《人民代表制度法案》,调整选区,取消46个"衰败城镇"的下院议席,分配给工业城市;降低选民资格,扩大选民范围,使工业资产阶级、小资产阶级和工人有产者获得选举权,选民人数由135万人扩大225万人。① 19世纪英国议会改革和自由主义政策使工业资产阶级取得政治统治权,并不断得到巩固,促进了英国资产阶级民主化的进程,标志着英国资本主义政治制度的最终确立。

法国资产阶级民主政体的确立

1851年12月2日,法兰西第二共和国总统路易·拿破仑·波拿巴发动政变,于次年12月2日宣布建立法兰西第二帝国,称拿破仑三世。法兰西第二帝国经历了由专制帝国向自由帝国的转变。19世纪50年代为专制帝国时代,根据帝国宪法,皇帝是国家元首,统率军队,有宣战、媾和、结盟、任命政府与地方官员,决定是否将法案送交立法团讨论等权力。帝国立法体制分成3部分:参政院由皇帝任命,任务是维护宪法与保证皇帝统治,准备法案和审查法令修正案;立法团由选举产生,仅有权讨论和表决法案;元老院由皇帝任命,批准立法团通过的法令。进入19世纪60年代,第二帝国开始由专制统治向自由主义、议会政治演变。1860年11月拿破仑三世发布敕令,宣布议员在皇帝演说之后,有权提出陈述书,对施政方针发表自己的意见,供皇帝参考。议会开会的记录,一律于次日在政府的公报上公布,向全社会公开。1861年12月进一步规定议会对国家的财政预算案逐段表决,提高议会财政决策权。1867年1月又规定,议员可享有对政府的质询权,从而向责任内阁制进了一步。1868年颁布报刊出版自由的新闻法,政治性与宗教性以外的自由集会法。1869年9月规定,议会下院

① 蒋孟引:《英国史》,中国社会科学出版社1998年版,第500—501页。

（立法团）可与皇帝共同享有立法创议权；上院（元老院）享有对内阁大臣起诉权。1870 年 5 月拿破仑三世批准元老院关于明确帝国宪法原则的法令，规定皇帝与议会共享立法创议权；皇帝的敕令须由参政院先拟成议案，提交议会通过；皇帝对全体公民负责，随时可举行公民投票；元老院改为上院，不再拥有宪法解释者和保护者的权力；立法团享有下院的权力，税收法案需先经立法团讨论；各部大臣对议会有从属性等。这些规定使帝国政治接近于完全的议会政治。1870 年 7 月普法战争爆发，9 月在色当战役中法军大败，拿破仑三世成为普鲁士的俘虏，消息传到巴黎，引发 1870 年 9 月 4 日的巴黎革命，第二帝国覆灭，法国进入法兰西第三共和国时期。1875 年 1 月颁布《法兰西第三共和国宪法》，规定国民议会实行两院制，参议院与众议院共同行使立法权。总统经国民议会选举产生，负责法律的执行和任命文职及军事官员，设立部长会议，负责内阁工作，由总统主持。法兰西第三共和国宪法标志着法国资本主义共和体制最终确立，保证了资产阶级的政治统治。

德意志的统一

经过拿破仑战争，德意志邦国数量减少，范围扩大，民族认同加强。1833 年，以普鲁士—黑森为核心的关税同盟和以巴伐利亚—符滕堡为核心的南德商业同盟合并，正式成立德意志关税同盟，经济一体化进一步增强，并逐步形成以普鲁士为中心的北德意志经济共同体。到 19 世纪五六十年代，德国工业革命迅速发展，经济繁荣，强化德国人的民族意识和各邦之间的经济联系，进而将政治统一提上日程。长期以来，德意志内部存在奥地利和普鲁士争夺统一领导权的斗争，国际环境也对德国不利，但到 19 世纪中期，随着普鲁士力量的壮大和国际形势的发展，德国统一的条件逐步成熟。1848 年革命后，普鲁士保留帝国宪法，建立贵族与大资产阶级的统治，1850 年普鲁士颁布《调整地主和农民关系法》，1854 年颁布《雇农法规》，实行改革，使农民解脱封建束缚，容克资产阶级获得经营资本主义农场的土地和资金，普鲁士的农业迅速走上资本主义的发展道路，国家力量不断壮大，同时，关税同盟扩大到全德范围，加强普鲁士作为德国经济中心的地位。19 世纪 50 年代末，德国资产阶级民族运动出现了新的高潮形势。1859 年 9 月，德意志北部各邦的资产阶级自由派和小资产阶级民主派在法兰克福集会，成立"德意志民族协会"，提出在普鲁士领导下统一德国,并召开全德议会。

19世纪60年代的国际形势对普鲁士统一德国也十分有利。首先,在克里米亚战争中,奥地利因为担心俄国占领巴尔干半岛,可能引起奥境内斯拉夫人的独立运动,同时,担心给法国进攻奥属意大利地区制造借口,因而在战争中没有支持俄国,而是站在英、法、土一边,使俄奥矛盾加剧,而1863年波兰爆发起义,也牵制了俄国的力量。其次,英国在克里米亚战争后确立的对外政策目标是一方面与法国缔结商约,共同对外进行殖民战争;另一方面,又支持普鲁士成为牵制法国、防止拿破仑三世独霸欧洲的力量。第三,法国拿破仑三世也想利用普奥冲突时机,兼并比利时和莱茵河左岸的德国领土,恢复1814年的疆界,因而对普奥冲突持放任态度。

在这种背景下,俾斯麦于1862年被任命为普鲁士宰相,9月30日,俾斯麦出席众议院预算委员会的会议时,在演讲中提出:“……德国注视的不是普鲁士的自由主义,而是它的实力……普鲁士必须集中它的力量等待有利的时机(已错过几次良机);维也纳条约规定的普鲁士疆界不利于一个健全的政治实体;当代的重大问题不是通过演说和多数派决议所能决定的(这正是1848年和1849年所犯的错误),而是通过铁和血。”①俾斯麦因此被称为“铁血宰相”,而德国的民族统一运动也沿着这条“铁血政策”的轨道向前发展。

俾斯麦的铁血道路是通过王朝战争来实现的。他上台后实行军事改革,建立一支强大的普鲁士军队,步兵由45个团增至81个团,骑兵由28个团增至48个团,炮兵由9个团增至18个团,兵役期也延至三年。军队不仅配有新式武器,而且在总参谋长毛奇的指挥下,采用新的战略战术,作战能力迅速增强。就在俾斯麦壮大力量、等待时机发动王朝战争时,1863年11月发生的石勒苏益格—荷尔施泰因事件,为俾斯麦发动第一场王朝战争提供机会。石勒苏益格—荷尔施泰因两公国原是丹麦国王的“个人领地”,但一直没有与丹麦合并。其中,荷尔施泰因的居民主要是日耳曼人,石勒苏益格的居民大多是丹麦人,也有日耳曼人,1863年,丹麦国王宣布限制荷尔施泰因的自治权,将石勒苏益格正式并入丹麦。这引起德意志境内日耳曼人的强烈反对,在此情况下,俾斯麦展开纵横捭阖的外交,争取英、法、俄等国的中立,并把奥地利拉进战争。1864年,俾斯麦发动第一次

① [德]埃米尔·路德维希著,王维克译:《俾斯麦传》,团结出版社2004版,第156页。

同丹麦国王争夺石勒苏益格和荷尔施泰因两公国的战争,普鲁士军队很快击败丹麦军队,迫使丹麦国王放弃这两个公国。

俾斯麦力图把奥地利从德意志邦联中排除出去,合并其他中小邦。于是,1866 年俾斯麦发动普奥战争,双方在捷克的萨多瓦村附近进行决战,双方投入兵力 44 万至 46 万之间,这在欧洲历史上是前所未有的最大战役,普鲁士凭借雄厚的经济实力和军事实力,最终击败奥地利。1866 年 8 月两国签订《布拉格和约》,奥地利将它在石勒苏益格和荷尔施泰因的利益让给普鲁士,并同意普鲁士与汉诺威、黑森、拿骚和法兰克福等北德意志的大部分地区建立北德意志联邦,德意志邦联解散。通过普奥战争,普鲁士统一德意志北部和中部,建立起在普鲁士领导下的北德意志联邦,德国的统一前进了一大步。

奥地利退出德意志邦联后,南德四邦在法国的控制下,普鲁士只有打败法国,才能把南德四邦并入德意志联邦,实现统一。俾斯麦经过充分准备,1870 年 7 月利用公布修改过的国王发给法国大使的"埃姆斯电报",挑动法国向北德意志联邦宣战,法德战争爆发。9 月 2 日,普法两国在色当进行决战。结果,法军全线崩溃,拿破仑三世、麦克马洪元帅、39 个将军以及 10 万多法军都成为普鲁士的俘虏,普军继续挥戈直逼巴黎。此时,德国民族主义情绪高涨,南德四邦的代表陆续来到普军占领下的凡尔赛,进行统一谈判,在同意巴伐利亚、符登堡两个邦国在军事、邮政、税收等方面享有独立的特权后,德意志帝国于 1871 年 1 月 18 日,在法国凡尔赛的镜厅宣告成立,德国实现统一。

1871 年 4 月,德意志帝国颁布 1871 年宪法,帝国实行联邦制,由 25 个邦和帝国直属领地阿尔萨斯—洛林组成。全国军事、外交、关税、银行、铁路、邮政、电报、航务等由帝国政府统一管理。各邦保留派遣和接受驻外使节的权利,巴伐利亚、符滕堡等邦仍保留各自的邮政机构以及教育、宗教、部分司法等权利。帝国皇帝由普鲁士国王担任,拥有包括帝国宰相在内的国家官吏的任免权、签署和公布帝国法律的权力、武装力量的指挥权、对外政策的决定权等。帝国实行两院制议会,联邦议会由各邦派出的 58 名代表组成,帝国议会由年满 25 岁的公民选举产生,共 397 席,任期 5 年。联邦议会享有立法权,同时还有权否决帝国议会通过的议案。① 宪法充分保证普鲁士在政治上的支配地位,帝国皇帝由普鲁士国王担任,主持帝国政府的宰相以及联邦议会主席也由普鲁士首相兼任,只对皇帝而非议会负责,联邦议会中普鲁士拥有 17 个席位,而议会提案规定只需 14 票反对便不能通过。1871 年德意志帝国宪法在统一的德国确立起普鲁士领导下的容克与资产阶级的政权,为德国资本主义发展提供了政治保证。

意大利统一

19 世纪上半期,意大利处于分裂割据状态,大多数地区被奥地利和法国控制。同时,资本主义经济在意大利迅速发展,但分裂割据局面严重阻碍了资本主义经济的进一步发展。随着工业革命的开展和资本主义的发展,意大利各地要求民族独立和国家统一的运动日益高涨。19 世纪 20 年代以来,意大利革命运动发展过程中,以加里波第为首的资产阶级民主派发动的旨在自下而上完成统一的多次武装起义连连受挫,广大人民和资产阶级把实现民族独立、国家统一的希望,寄托在当时意大利唯一独立的君主立宪制国家,也是意大利力量最强、经济最发达的邦国——撒丁王国身上。撒丁王国逐步成为意大利资产阶级自由派活动的中心,也成为统一运动的中心。1852 年,自由派领导人加富尔出任撒丁王国首相,推行富国强兵政策,使撒丁王国的经济、军事实力大为增强,逐步具备统一意大利的条件。

为了把奥地利势力驱逐出意大利,1858 年 7 月 21 日,加富尔和法国皇帝拿破仑三世会晤于法国南部小镇普隆比埃尔,双方商定法国出兵帮助撒丁王国将奥地利逐出伦巴底和威尼斯,而撒丁王国将把威尼斯和萨伏伊地区割让给法国作为补偿。1859 年 5 月,法、撒联合对奥地利作战,奥地利战败,托斯坎那、帕尔马和摩地纳先后发生起义,资产阶级自由派夺取政权,法国担心革命浪潮危及本国而退兵。1860 年 3 月,意大利中部的托斯坎那、帕尔马和摩地纳等邦进行全民投票,正式与撒丁王国合并,同年 4 月,两西西里人民发动起义,资产阶级民主派组织"千人志愿军",由加里波第指挥,于 5 月初远征两西西里,很快占领两西西里王国首都那不勒斯。

① [德]弗兰茨·梅林著,张才尧译:《中世纪末期以来的德国史》,三联书店 1980 版,第 161 页。

1861年3月17日,意大利王国成立,除罗马教皇国和威尼斯地区以外的大部分地区完成统一。1866年,普奥战争爆发,意大利加入普鲁士一方对奥作战,最后奥地利战败,根据维也纳条约,威尼斯归还意大利。1870年,普法战争爆发,拿破仑三世被迫调回罗马的法国驻军,随后,意大利军队进入教皇国,根据公民投票,罗马教皇国合并于意大利,教皇被剥夺世俗权力,避居梵蒂冈。至此,意大利最终完成统一大业。

1861意大利王国以1848年制定的《撒丁王国宪法》作为意大利王国宪法,建立起君主立宪和两院制议会,确立资产阶级的统治。1877年,王国颁布法令,没收和拍卖教会财产,学校改神学为选修课,使学校摆脱教会控制。1882年实行选举制改革,降低选民资格,扩大选民范围,资本主义政治制度逐步确立起来。意大利的统一和资本主义政治制度的确立促进了资本主义经济的发展,19世纪70年代后,意大利工业有了显著增长,经济发展较为迅速。

美国内战

美国独立后,存在着两种经济形式,即北方的资本主义工商业经济和南方的奴隶制种植园经济。随着19世纪上半期美国经济迅速发展,西进运动和西部开发的进展,美国北部和西部自由资本主义经济急需劳动力,而南方奴隶制的存在,将大量奴隶禁锢在土地上,严重阻碍了经济的发展。19世纪中期,美国南北两种经济制度的矛盾加剧,突出表现在对劳动力、市场和原料的争夺上。1860年主张废除奴隶制的林肯当选总统,南方奴隶主发动叛乱,南方蓄奴州纷纷独立,并于1861年2月组成邦联政府,戴维斯当选总统。同年4月南方邦联军攻占萨姆特要塞,内战爆发。

战争第一个阶段,南部军队充分准备,北上进攻,北部军队仓促应战,节节失利。1861年北军在弗吉尼亚大败。1862年,在西线战场上,格兰特指挥北军发动进攻,进展顺利,解放了肯塔基和田纳西。东线战场,北军则进展迟缓,7月被罗伯特·李指挥的南军击溃,李乘胜北进,8月在布尔河再次击败北军,兵临华盛顿,9月两军进行安提塔姆会战,李被击退。12月北军在弗雷德里斯克堡战役中再次被李击败。战争第二阶段,林肯颁布《解放黑奴宣言》和《宅地法》,北方士气高涨,南方奴隶响应,北方军队很快平定南方叛乱。1863年的战局南北双方互有胜负,但在东线战场具有决定性的葛底斯堡会战中,北方军取得胜利;西线战场格兰特攻下南军防守密西西比河的要塞维克斯堡,并于 7 月 8 日占领哈德逊港,南军被分割成东西两部分。1864 年北方发动全面进攻,双方在彼得斯堡相持不下,北军拖住南军主力达 9 个月。同时,谢尔曼在西线发起进攻,占领亚特兰大后,向佐治亚海岸进军,沿途破坏了一切南方可资利用的资源,12 月 21 日谢尔曼攻占萨凡纳,将南方邦联东部分割成南北两半。1865 年 1 月,谢尔曼北上,2 月相继攻克哥伦比亚和查尔斯顿,3 月和格兰特会师,4 月 3 日攻占彼得斯堡,9 日李率残部投降。4 月 14 日,南方派人刺杀了林肯。26 日南方投降,内战结束。

在美国内战中,林肯领导的联邦政府于 1862 年 5 月颁布《宅地法》,规定每个美国公民只需交纳 10 美元登记费,便能在西部获得 160 英亩土地,连续耕种 5 年之后就成为这块土地的合法主人。[①] 这一措施当时不仅从根本上消除了南方奴隶主夺取西部土地的可能性,满足了广大农民的迫切要求,大大激发了农民奋勇参战的积极性,为北方的胜利奠定了基础,而且为内战后,西部土地的自由开发,提供了法律依据,为西部土地制度提供了保障。1863 年元旦林肯颁布《解放黑奴宣言》,宣布从 1863 年 1 月 1 日起废除叛乱各州的奴隶制,解放的黑奴可以应召参加联邦军队。[②]《解放黑奴宣言》不仅在国内争取到各方面的支持,在国际上也争取到世界各国道义上的支持,并且阻止了英国等干涉美国内战的企图。内战结束后,1865 年 1 月,美国国会通过宪法第 13 条修正案,并为各州批准,禁止美国土地上任何蓄奴行为,不可逆转地废除了奴隶制。1866 年国会通过、1868 年为各州批准的宪法第 14 条修正案,规定"禁止剥夺公民的特权和豁免权"或拒绝提供"平等的法律保护",给予黑人公民权。1870 年批准的宪法第 15 条修正案禁止各州以种族为由阻止公民行使选举权。[③] 彻底废除奴隶制和给予黑人公民权,不仅为南部的民主化奠定基础,使美国最终确立起资产阶级政治制度,也为美国资本主义经济的迅速发展铺平道路。到 19 世纪末,美国国内经济总量已居世界首位。

① [美]艾捷尔编,赵一凡、郭国良主译:《美国赖以立国的文本》,海南出版社 2000 版,第 587 页。

② [美]艾捷尔编,赵一凡、郭国良主译:前引书,第 286 页。

③ [美]埃里克·方纳著,王希译:《美国自由的故事》,商务印书馆 2002 年版,第 160、161 页。

俄国 1861 年改革

19 世纪中期,工业革命已在俄国展开,机器生产开始代替手工劳动,资本主义有了进一步发展。但是,封建农奴制的存在,成为阻碍俄国历史进步的最大障碍。主要表现在以下三个方面:一是封建农奴制的存在,导致俄国资本主义发展所需要的自由劳动力严重缺乏。而且,农奴制的存在使俄国农业经营落后,致使俄国资本主义发展所需要的市场、原料、资金等问题无法解决。二是由于农奴制的腐朽造成工业落后,导致俄国在1853—1856 年与英法争夺巴尔干半岛的克里米亚战争中失败,影响了俄国的对外扩张。三是随着社会经济状况的恶化,俄国社会内部的矛盾进一步激化,农民的反抗斗争风起云涌,农奴制面临统治危机。在此背景下,1861 年沙皇亚历山大二世为了挽救统治危机,签署废除农奴制的法令,进行资本主义改革。

俄国 1861 改革包括废除农奴制法令和其后采取的一系列发展资本主义的措施,主要有:一是废除农奴制。1861 年废除农奴制的主要内容集中反映在《关于脱离农奴依附关系的农民的总法令》等 17 个文件中,规定农民有人身自由,包括有权离开土地,有权拥有财产和有权以自己的名字进行诉讼、立约等,但是农民为了获得自由和份地,必须和地主订立契约并缴纳巨额赎金。二是政治改革。1861 年成立自治局,1864 年颁布地方自治机构法规,1870 年颁布市政自治法规,各省县都建立地方自治机构,城市建立杜马和自治局。1864 年改革司法程序,建立代表社会各阶层的法院,确立公开诉讼程序,审判公开进行,有陪审员参加,允许律师辩护,规定司法的独立性。三是军事改革。1874 年实行普遍义务兵役制,建立新式军校等。四是文化教育改革。1861—1864 年实行普及教育,发布大学、中学和初级学校条例,废除贵族女子学院,设立女子中学,实行大学教授自治等。五是扶持工商业措施。政府采取官方订货方式来刺激工业生产;成立有工商业者参加的工业会议和商业会议,讨论工业、商业发展中的重大问题;开办技术学校,培养技术人员,出版有关杂志,以交流生产经验;保护关税,保护国内工业生产等。

俄国 1861 年改革废除封建农奴制,有 2250 万依附封建农奴主的农民获得解放,获得人身自由,摆脱封建生产关系的束缚,为俄国资本主义的发展提供了自由劳动力,改革时农民支付地主近 9 亿卢布的购买份地资金,为资本主义发展提供了资金来源,所以改革后俄国资本主义的发展获得了所需的劳动力、资金和市场,促使俄国走上了资本主义发展的道路。

总之,从17世纪开始,资本主义制度首先在英国确立,到19世纪末,欧美国家普遍建立起资本主义制度,进而到20世纪初,资本主义制度在世界范围内确立。这个过程经历了两种目标截然不同的资产阶级革命或改革。一种是17、18世纪的资产阶级革命,主要有英国资产阶级革命、美国独立战争、法国资产阶级革命,根本原因是这些国家和地区资本主义经济的发展,遇到落后制度或外来势力统治的阻碍,这种落后统治表现形式不尽相同,既有封建王朝,又有殖民制度,但总的来说,都是落后的生产关系阻碍了先进生产力的发展,生产力要发展就必须建立与之相适应的生产关系,于是爆发革命。这一时期的革命造就了崭新的资本主义制度,尽管力量还比较单薄,但资本主义制度作为当时先进的生产关系,一经建立就表现出顽强的生命力,反作用于生产力,英国率先进行工业革命,法、美等国纷起仿效,生产力有了长足的发展。长足发展的生产力又一次决定了生产关系,这就导致第二种资产阶级革命和改革,即19世纪上半期的革命和改革,包括19世纪二三十年代的欧洲革命、1848年欧洲革命、英国议会改革、俄国1861年改革、美国内战、德意志和意大利的统一等,这些革命或改革,主要是在资本主义制度的框架内,清除发展道路上的障碍,巩固资本主义制度。在17、18世纪资产阶级革命、19世纪革命或改革的基础上,若干国家不仅完成了从封建制度向资本主义制度的过渡,而且使资本主义制度日益巩固,在世界范围内占据明显的优势,全世界都被卷入资本主义的浪潮,资本主义世界政治体系确立起来。

|第七章|

世界市场的逐渐成熟

世界市场是指作为人类历史基础的生产和交换在长期发展过程中形成的人与人之间的关系,它是生产力和生产关系相互作用形成的普遍联系。从生产力方面看,世界市场是随着生产力的发展以及由此产生的交往普遍发展而形成的。从生产关系方面看,世界市场的形成和发展主要是由资本的本性决定的,"创造世界市场的趋势已经直接包含在资本的概念本身中"①。资本一方面具有创造越来越多的剩余劳动的趋势,同样它也具有创造越来越多的交换地点的趋势。资本表现出对以前各生产阶段所固有的种种界限和限制的否定,最终形成一个全球普遍联系的世界市场。而这个世界市场是以生产的国际分工为前提,交通通讯革命和近代金融制度的建立为条件的,到 19 世纪六七十年代,这些条件成熟后,国际分工也形成了,一个包括全球各国家和地区的近代世界市场最终形成了,标志着全球化的经济进程大大加速,一个全球化时代悄然而至。

交通运输与通讯革命

进入 19 世纪后,随着蒸汽机技术的不断完善,它成为车辆、船舶等交

---

① 《马克思恩格斯全集》(第 46 卷上),人民出版社 1979 年版,第 391 页。

通工具上通用便利的动力机器,促成了以铁路建设为代表的陆路交通运输业的繁荣。1825 年,英国建成世界上第一条铁路,1840 年以后,欧洲大陆和美国也相继开始了大力兴建铁路的时期。人类水上交通技术的变革,同样始自蒸汽机的使用。1807 年,美国人富尔顿发明蒸汽机船,并投入实际运营,不久蒸汽机船成为海上交通的主角。电报、电话等通讯工具也在这一时期发明出来,大大方便了人们之间的信息交流。铁路、轮船、电报等近代交通通讯工具和网络到 19 世纪 70 年代完成了真正的革命。这时,英、法、德、美等国的主要铁路干线都已建立起来并投入运营,印度、拉美等落后国家也出现修建铁路的热潮。由于铁路从沿岸延伸到大陆腹地,大量人口移居内地,因而使许多国家的草原、森林、矿山得到开发和利用。铁路是联系港口和内地的陆路交通工具,而轮船又把世界各地的铁路系统联结起来,形成一个庞大的国际交通运输网。在此期间,海底电报电缆的敷设,使电汇取代汇票,便利了国际贸易和国际支付,更加强了各国的经济联系。国际交通运输体系和通讯网络的建立,大大沟通了世界各国的生产、流通和消费,把各大洲的地方性、区域性的市场联合为一个统一的世界市场。

陆路交通的变革

工业革命时期,陆路交通的变革主要体现在铁路的铺设和火车的发明上。铁路的出现要比火车出现早得多。早在 16 世纪欧洲的矿山中,已出现用木轨平车运煤。18 世纪时,英国人就在木轨表面贴上一层铁皮,以提高效率。1789 年,英国人杰索普最先使用铁轨铺路。但那时的铁轨路不是供火车使用而是供牲畜拉的平车使用的。1804 年,英国人特列维锡制成一台蒸汽机车,第一次开上矿区铁道,但试跑的结果却不理想。真正开辟火车铁路运输时代的,是英国的设计工程师乔治·史蒂芬孙。1825 年,他亲自驾驶着一台蒸汽机车"运动一号",拉着数节货车和数百名乘客,总载重量约 90 吨,在铁路上飞奔,获得巨大成功。1827 年国会法案授予公司载运乘客之权,1829 年 10 月,世界上第一条专供火车使用的铁路——从利物浦到曼彻斯特的铁路建成。1830 年,美国也修建了从巴尔的摩到俄亥俄城之间的铁路,并进行营运。

自蒸汽机车发明使用以来,世界的铁路发展很快。英国率先掀起修建铁路的热潮。1845—1847 年,铁路事业大扩展,全国出现了铁路热。1847年共有不下 637 条线路,平均每条 24 公里长。在 19 世纪 40 年代,各条线路互相联通,车费和运费统一,并在各线间分配通车收入,同时国会又制定铁路法规以统一制度。1850 年英国铁路形成若干大干线,共长 10594 公里。接着,在不到三十年的时间,英国就修建近万公里的铁路,把各个城市都连接起来。1890 年,英国全国性铁路网已形成,路网总长达 32000 公里。① 欧洲大陆、美国、加拿大在 19 世纪中期也相继兴建了大量铁路。其中,美国铁路发展最为迅速。1840 年美国有 4480 公里铁路,不列颠 1280 公里,欧洲其他各国也是 1280 公里。20 年后,美国铁路长达 84800 公里以上,1890 年增加到 24960 公里。美国的第一条铁路于 1830 年 5 月 24 日建成通车,从巴尔的摩至俄亥俄,全长 21 公里。19 世纪 50 年代,筑路规模扩大,80 年代形成高潮。1869 年第一条横贯北美大陆的干线(太平洋联合大干线)建成。到 1909 年,横过安第斯山脉的铁路也建成通车。1900 年时美国全国铁路通车里程达到近 32 万公里,相当于欧洲铁路里程的总和,世界铁路总长的 1/3。② 加拿大于 1870 年倡议建造加拿大太平洋铁路,1886年建成。在欧洲大陆,最早的铁路开始铺设在法国西北部,但 1840 年以后中欧各国都竞相设计铁路。西班牙、奥地利、瑞典、俄罗斯等国到 1860 年以后才发展铁路。巴尔干半岛各国发展得更晚。1870—1871 年普法战争后各国才知道铁路在战争中的重要性,于是许多国家往往专为战争目的而不是为商业目的建设铁路。印度到 1858 年才有铁路,澳大利亚修建铁路开始于 1860 年,非洲更迟。③ 1870 年时全世界拥有的铁路线已达 21 万公里。

与此相应,机车的发展也十分迅速。从运行速度上看,1830 年史蒂芬孙的"火箭"号机车的平均时速为 16 公里,最高时速也只有 50 公里,到1899 年,法国巴黎到马赛的特别快车平均时速已达 67 公里。蒸汽机车在迅速发展的同时,也暴露出来自身的缺陷,因此出现了其他类型的机车。1835 年,美国的德凡伯在麻省展出第一台电力机车模型。1895 年,斯泼拉格和通用电气公司用一台四轴四个发动机、总共 1440 马力、由架空线和集电弓供电的直流电力机车,行驶于巴尔的摩到俄亥俄铁路的隧道区,全长4.8 公里,揭开铁路电气化的序幕。

① [英]T. G. 威廉斯著,陈耀昆译:《世界商业史》,中国商业出版社 1989 年版,第 119—120页。

② 杨生茂,刘绪贻主编:《美国通史》(第 3 卷),人民出版社 2002 年版,第 87 页。

③ [英]T. G. 威廉斯:《世界商历史》,中国商业出版社 1989 年版,第 120 页。

海上交通运输革命

18 世纪中叶蒸汽机发明后，许多人都试图把蒸汽机作为动力用于船舶的行驶，以代替原始的风帆，并进行大量的探索。据比较可靠记载，最早进行蒸汽机船实验的是法国人乔弗莱，他于 1783 年 7 月制成世界上最早的近代轮船——"波罗斯卡非"号。它以两个直径为五米的巨大桨轮作为推进器，然而轮船在索恩河上试航 15 分钟后，蒸汽锅炉发生爆炸。

1802 年，对蒸汽机很有研究的英国机械工程师薛明敦，在一个名叫邓达斯的人的资助下，制成一艘蒸汽轮船，该船的桨轮装在船尾，以一台 10 马力的单缸蒸汽机驱动。这艘蒸汽轮船在苏格兰格拉斯哥附近的一条运河上试航成功，这是世界上第一艘试航成功的蒸汽机轮船。然而因运河公司怕轮船激起的水浪损坏两侧堤岸，这艘船没能投入运营。

世界上第一艘用于实际运输的轮船是美国人富尔顿制造成功的。他于 1793 年开始致力于蒸汽轮船的研究，并观看过薛明敦的蒸汽轮船试航，得到不少启发。1807 年他在詹姆士·瓦特的支持下，终于在美国制造成功"克莱蒙特"号蒸汽轮船，该船长 45.72 米，宽为 9.14 米，排水量为 100 吨，两个直径 4.6 米的巨大桨轮装在船舷两侧，船中央安装着当时最先进的船用蒸汽机。8 月 18 日，"克莱蒙特"号在纽约附近的哈德逊河上进行试航，以时速 6.4 公里的速度平稳地在哈德逊河上逆流而上，到达纽约州首府奥尔巴尼后再调头顺流而下，回到纽约，往返航程 91.4 公里，试航获得圆满成功。后来富尔顿把"克莱蒙特"号投放到哈德逊河上进行实际运营，开辟从纽约到奥尔巴尼的定期航班，载客运货。从此，轮船作为一种新的运输工具写进人类历史。1811 年，英国人也很快造出汽船，并于 1838 年，首次横越大西洋。此后，轮船开始跨越试验阶段，得到广泛采用。1850—1870 年间，全世界轮船的总吨位，大约由 50 万吨增加到 300 万吨，与帆船吨位的比例由 1∶10 增加到 1∶4。远洋货轮把英国等工业国家的消费品运销到世界每个角落，又把各种工业原料、生活用品运回英国等工业国家。

铁船的出现使大不列颠恢复了几乎失去的霸权。因为美国发明了一种叫"剪子"的新式快帆船，其速度和容积都远远超过其他种类的船只，加上美国海岸出产良好木材，沿海小港很多，很适宜经营造船业。这些条件使美国在 19 世纪 40—50 年代出现一股造船热潮，造船吨位不断增加，几乎赶上了大不列颠的水平。但当美国仍然在制造木船时,大不列颠正竭尽全力生产铁船。铁船不受木材长度的限制,可以造得很大。同时,它经久耐用,受火灾的威胁小。贝塞墨发明钢船后,1870年西门·马丁予以改进,于是钢船取代铁船。它造价更低,也更结实。在1855—1860年间,美国造船业一落千丈,直到1910年美国在国外贸易的吨位一直不振。而英国却是稳步上升的。1880年,新船中有60%是在英国船坞中制造的。船身越来越大。在政府注册登记的船,大不列颠联合王国1853年有25224艘帆船,1385艘汽船。帆船平均重150吨,而汽船是107吨,到1913年有8336艘帆船,12602艘汽船,帆船平均重100吨而汽船则约1000吨;在此期间,船舶数虽减少5000艘,而总吨数则增加了800万吨。后来船只又使用内燃机取代蒸汽炉,烧煤也改为烧油了。[1]

英国航运业大约在1890年时达到极盛时期。此时,联合王国中外贸进出口总吨数的3/4是用的英国船。在1892—1894年间,世界航船的总数中有80%以上来自英国船坞。10年以后,所有轮船吨数在不列颠帝国港口注册的占56%,1913年联合王国航运业的收入达9400万镑,约占全世界航运业总收入的一半。[2]

海上交通工具的革命,加快了运输速度,增加了运输数量,扩大了运输规模,但这仅是海上交通革命的一部分,海运路线的革命对全球市场的形成意义更为重大。19世纪50—70年代,大西洋上开辟了许多条固定航线,万吨巨轮横越大西洋一般只需两周左右。此时,到亚洲的航线也因为苏伊士运河的开通获得突破:作为联结亚、欧、非三大洲的海上重要通道,1859—1869年修建的苏伊士运河彻底改变了海运路线,使欧洲到亚洲的距离转瞬间缩短了7000多公里。

通讯革命

通讯业的革命是和交通运输业的发展密不可分的。英国于1780年开始建设收费公路和运河,逐步建立起方便的交通网络。这样人们之间的通讯也依托便捷的交通有了明显改善。1784年英国邮政总局创建了由驿车送信的制度。18世纪末,邮车速度有了新的提高,人们之间的通信联系大

---

① [英]T. G. 威廉斯著,陈耀昆译:《世界商历史》,中国商业出版社1989年版,第116—117页。

② 同上,第117页。

大加快。1840 年开始，英国引进便士邮局制度，效果立竿见影，国家因此能够办理寄包裹、汇金钱及其他日常商业服务。但通讯革命是从电报的发明开始的。

　　1753 年 2 月 17 日，《苏格兰人》杂志发表一封署名为 C·M 的书信。在这封信中，作者提出用电流进行通信的大胆设想。1793 年，法国查佩兄弟俩在巴黎和里尔之间架设一条 230 公里长的接力方式传送信息的托架式线路。据说两兄弟是第一个使用"电报"这个词的人。

　　1832 年，俄国外交家希林在当时著名物理学家奥斯特电磁感应理论的启发下，制作出用电流计指针偏转来接收信息的电报机；1837 年 6 月，英国青年库克获得第一个电报发明专利权。他制作的电报机首先在铁路上获得应用。不过，这种方式很不方便，无法投入真正的实用阶段。同年，美国画家莫尔斯在旅欧学习途中，开始对这种新生的技术发生兴趣，经过 3 年的钻研，在 1835 年，发明第一台实用的电报机。1843 年，莫尔斯获得 3 万美元的资助，他用这笔款修建成从华盛顿到巴尔的摩的电报线路，全长 64.4 公里。1844 年 5 月 24 日，莫尔斯亲自操纵他倾十余年心血研制成功的电报机，向巴尔的摩发出人类历史上的第一份电报："上帝创造了何等奇迹！"

　　电报的发明，开创了人类利用电来传递信息的历史。从此，信息传递的速度大大加快。"嘀嗒"一响，电报便可以载着人们所要传送的信息绕地球走上 7 圈半。这种速度是以往任何一种通信工具所望尘莫及的。电报传送的是符号。但是发送一份电报，得先将报文译成电码，再用电报机发送出去；在收报一方，要经过相反的过程，即将收到的电码译成报文，然后，送到收报人的手里。不仅手续麻烦，而且也不能及时进行双向信息交流。因此，人们开始探索一种能直接传送人类声音的通讯方式，这样就发明了电话。

　　欧洲对于远距离传送声音的研究，始于 18 世纪。在 1796 年，休斯提出用话筒接力传送语音信息的办法，虽然这种方法不太切合实际，但他赐给这种通信方式的名字——Telephone（电话），一直沿用至今。

　　1861 年，德国一名教师发明最原始的电话机，利用声波原理可在短距离互相通话，但无法投入真正的使用。直到 1875 年，贝尔才发明真正实用的电话。

　　1875 年 6 月 2 日，贝尔和助手沃森特的电话模型进入最后实验阶段，在最后测试的时候,沃森特在紧闭门窗的另一房间把耳朵贴在音箱上准备接听,贝尔在最后操作时不小心把硫酸溅到自己的腿上,他疼痛得叫了起来:"沃森特先生,快来帮我啊!"没有想到,这句话通过他实验中的电话传到在另一个房间工作的沃森特先生的耳朵里。这句极普通的话,也就成为人类第一句通过电话传送的话音而记入史册。1876 年 3 月 7 日,贝尔获得发明电话专利。

1877 年,也就是贝尔发明电话后的第二年,在波士顿和纽约架设的第一条电话线路开通,两地相距 300 公里。也就在这一年,有人第一次用电话给《波士顿环球报》发送新闻消息,从此开始公众使用电话的时代。

电报、电话的发明,很大程度上方便了人们信息的交流,但 19 世纪 70 年代,电话还不够成熟,这时各国广泛推广使用的是电报。1866 年横贯大西洋的第一条海底电报电缆建成,1870 年通过苏伊士运河、经亚丁湾到孟买的海底电报电缆建成,1871 年上海与伦敦之间也建立了海底电报联系,1874 年从伦敦到巴西的佩南布科的海底电报开始营业。这样,通过电报信息把棉花产地、黄麻产地、丝茶产地和咖啡产地与世界市场中心直接联系起来。同时,在英国、美国以及欧洲大陆的一些先进国家,国内电报已大为普及。其中仅美国正式运营的电报线路,在 1861 年就达 8 万公里之长。1865 年国际电报同盟成立,1874 年万国邮政联盟成立,使国际通信和邮政业务变得更加方便和可靠。① 由于电报、信件、报纸和其他印刷品的及时传递,使世界上许多国家的居民可以在每天早晨的餐桌上看到最新发生的世界大事和世界市场行情的变化。交通通讯革命像一剂催化剂,把越来越多的经济发展水平不同的国家卷入到全球市场中去。

国际信贷关系的扩大

随着欧洲工业革命的发展和世界市场的扩大,近代资本主义银行制度逐步确立起来。伦敦不仅成为世界贸易的中心,而且成为国际金融的中心,国际信贷关系随之迅速扩大。特别是从 19 世纪中叶起,英国已经有相当数量的对外投资。

---

① [英]戴维·赫尔德等著,杨雪冬等译:《全球大变革》,社会科学文献出版社 2001 年版,第 92 页。

近代银行制度

　　用于货币兑换和贵金属保管的银行雏形早在古代巴比伦、雅典和罗马就已经出现。但是近代银行却是 12 世纪意大利商业复兴的时候逐步形成的。

　　16—17 世纪,随着工业和国际贸易的发展,在意大利、佛兰德尔、荷兰、英国、法国的一些城市中,商人银行家,即私人银行开始兴起。到 18 世纪下半期,私人银行有了进一步的发展,但主要是家族企业或合伙经营的企业,财力有限,已不能适应这个时期开办工厂的融资需要。进入 19 世纪后,合伙银行和家族银行逐步为股份银行所代替,股份银行是通过发行股票集资创立的银行,是近代银行的基本形式。

　　近代银行制度首先在英国诞生。19 世纪初,英国只有一家股份银行,就是 1694 年由政府授予特许状创立的英格兰银行,但合伙银行和家族银行有 500 多家。为了保持英格兰银行的垄断地位,英国议会通过立法,不允许建立其他股份公司形式的银行。随着工业革命的深入,英格兰北部和中部的工业和城市迅速发展,私人银行已经不能适应发展工业的融资要求,议会不得不在 1826 年通过法案,允许在伦敦周围 104 公里以外的地区设立股份银行。到 1833 年末,英格兰已有近 50 家地方股份银行,绝大多数可以发行银行券,经营与私人银行同样的业务。1833 年起,在伦敦地区也获准设立股份银行。到 1844 年,在英格兰和威尔士的股份银行中,伦敦地区已有 6 家,地方有 100 家。同时,私人银行减少到 273 家。从 19 世纪 40 年代起,股份银行开始在各地设立分支行,广泛吸收存款,开展各项银行业务。1844 年,英国通过一项银行法案(Bank Charter Act),规定除英格兰银行外,其他银行不能再发行银行券,从而确立了英格兰银行的中央银行地位,英格兰银行发行的银行券具有法定货币的地位。1844 年后,英国股份银行有进一步发展。伦敦五家股份银行的存款总额从 1844 年的 800 万英镑增至 1857 年的 4000 万英镑,地方股份银行取代私人银行的趋势继续发展,而股份银行设立分支行的制度更加普遍起来。支票的运用也不再局限于伦敦地区,在地方银行中普遍运用起来。地方银行通过在伦敦的代理处,与伦敦各家银行建立密切联系,把剩余资金存放伦敦,伦敦逐步成为金融中心。到 19 世纪 90 年代,股份银行出现合并趋势,形成以密德兰银行、威斯敏斯特银行、劳埃德银行、巴克莱银行和国民地方银行"五大银行"为主的少数大银行,许多地方银行成为它们的分支机构。19世纪,英国出现一批公司,专门代理发行债券、股票,特别是为外国政府、外国铁路公司等代理发行债券业务。这样英国的银行短期信用业务就与长期信用业务分离开来,标志着英国近代银行制度的成熟。[①]

18世纪下半期,欧洲大陆的银行都是私人银行,主要从事汇兑或向政府放款以取得利息,很少吸收存款,因而融通企业资金的能力有限。到19世纪,法国、比利时、德国先后发生工业革命,企业发展遇到资金问题。资本少、吸收存款又少的私人银行,已不能适应工业发展对资金的需要。1822年,比利时出现一家叫比利时总公司的银行,试图吸收公众存款,投资工业。1835年,比利时出现两家投资公司——布鲁塞尔商业公司和工商企业国民公司,除了自有股金外,还发行长期债券,投资工商企业。这是比利时近代银行制度的开端。1825年,法国著名银行家拉斐德创立工业融通公司,资本1亿法郎,企图广泛吸收存款以投资工业,但不久失败。1837年,拉斐德东山再起,创立工商总银行,这是一家经营短期信贷的存款银行,吸收稳定存款,用于长期放贷。以后,以拉斐德的银行为模型的存款银行在法国纷纷出现,但都规定除国家授权开发的矿山和铁路外,不得向工业投资,因此,都属于从事短期信贷的股份银行。总之,从19世纪初到1848年,欧洲大陆银行的发展还不能适应工业发展的要求,工业对银行的参与有疑虑,银行对工业投资怕担风险,工业和银行还没有形成良性互动的关系。这一时期欧洲大陆主要着力于建立短期信用制度。

从19世纪50年代起,随着工业革命的深入,欧洲大陆的银行主要转向为工业发展提供长期资金。在法国,1852年皮雷尔兄弟创立巴黎信用银行,除了经营存款、贴现等一般银行业务外,也为工业企业提供长期信贷业务。这是欧洲大陆银行制度转变的重要标志。在德国,第一个仿效巴黎信用银行模式的是1854年成立的达姆斯塔特银行。接着,大陆其他国家纷纷仿效。德国于1854—1856年间,成立15家同样性质的银行。瑞士、瑞典等国家同一时期也建立起类似的银行。

进入19世纪70年代,存款银行已遍布欧洲各国,并有上千个分支行。同时,出现一种新的信用组织——投资银行,专门从事长期信贷业务,以自己的资本经营证券发行,并与存款银行建立密切联系,利用存款银行遍设

---

① 宋则行,樊亢:《世界经济史》,第204页。

的分支行,将其购入的股票、债券委托它们推销。1872 年在法国建立的巴黎荷兰银行是第一家这样的银行。其他国家的"信用银行"后来也改组或转变成为投资银行,如德国的德意志银行(1870)、德累斯顿银行(1872)等。从动产信用银行转向专营投资业务的投资银行,标志着短期信用业务与长期信用业务的分离。欧洲大陆的银行制度,经过一个曲折道路,也逐渐健全起来。

国际信贷关系的扩大

19 世纪初以后,随着工业革命在欧洲和北美的深入发展以及世界贸易在范围与数量上的急剧增长,国际信贷关系也迅速扩大起来。国际信贷关系可分为短期信贷关系和长期信贷关系两个方面。国际短期信贷关系的扩大是和国际贸易的迅速发展直接相关,它是为国际贸易业务融资的。在 19 世纪,伦敦是国际金融中心,担负着提供长期和短期信贷的业务。英国的进出口贸易在世界贸易中占有绝大部分比重,加上英国从 19 世纪 20 年代起确立的货币金本位制,英镑币值稳定,伦敦的一些大银行成为融通国际贸易所需资金的重要来源。同时,由于英国工业革命发生早,工业发展快,资金积累充足,伦敦也成为国际长期信贷中心。欧洲大陆、美洲各国政府、英属殖民地政府以及这些地区的铁路建筑和矿山开采公司,都纷纷在伦敦金融市场通过发行债券、股票等形式进行借贷,形成英国大量的对外投资。

1815—1830 年间,在伦敦金融市场上以发行债券形式进行借贷的,主要是欧洲大陆一些国家的政府、拉美独立战争时期的一些革命政府和美国的一些州政府。据英国詹克斯(L. H · Jenks)的估计,英国对欧洲大陆国家(法国、荷兰、德国、俄国等)政府债券的投资,在 1815—1830 年间至少有5000 万英镑。这些政府借款,有的用来资助工业发展,鼓励建立新的纺织工业,对工业革命的开展起着一定的促进作用。同一时期,对南美一些国家的投资约在 2000 万英镑以上,大部分是政府债券,一部分是采矿公司债券。对美国的投资,主要是一些州政府的债券以及少量的银行股票、运河债券等。19 世纪 30 年代美国对英贸易处于逆差,这主要是靠英国投资者购买美国证券来平衡的。这种外国债券在伦敦的发行和销售是 19 世纪英国对外投资的主要渠道,一般都是由对外有广泛商业联系的商人银行家作为中介进行的。①

19 世纪 40 年代英国掀起铁路建筑热潮,吸引大量国内资本。不久欧洲大陆也出现铁路修建热潮。大陆上第一个从事铁路建筑的国家是比利时,1834 年比利时提出建设铁路网计划,铁路干线由政府经营。国有铁路建筑所需的相当一部分资金是通过在伦敦发行债券取得的。比利时的支线是由私人经营的。1845 年比利时创立 8 家铁路公司,公司的总部都设在伦敦,资本几乎全部是在英国筹集。法国第一条重要的铁路也是由英国提供资金建设的。1840—1847 年,法国每年引进 400 万英镑左右的英国资金,并从英国进口大量铁路器材。英国资金流向国外,主要是因为资金收益比国内高。19 世纪 50 年代,整个欧洲大陆掀起铁路修筑热潮。英国资金和承包商不仅进入法国和比利时,也进入瑞士、奥地利、西班牙、俄国、丹麦和北欧国家修筑铁路。19 世纪 50 年代末,更扩展到欧洲周边地区,如土耳其、阿尔及利亚等。同时,英国的银行和伦敦金融市场也为美国、加拿大、澳大利亚、巴西等国家提供铁路修筑资金。

19 世纪 50 年代以后,英国除了通过伦敦金融市场继续为外国政府借款和铁路建筑提供资金外,重点转向印度和其他殖民地进行投资。在东印度公司统治印度时期(1757—1857),英国以各种残酷手段从印度搜刮了大量财富,却很少在印度投资。1834 年到 1848 年,东印度公司每年平均 2000 万英镑的收入中,用于公共工程的,仅有 143 万英镑。在 19 世纪 40 年代的铁路建筑热潮中,为了在东方取得较高的股息,伦敦也曾出现过十来家公司,筹划在印度兴建铁路,但成果甚微,到 1857 年印度仅修建 365 公里的铁路。英国真正重视对印度的投资,是 1858 年英国政府取代东印度公司直接统治印度后才开始的。据估计,1854—1869 年,英国在印度投资约 15000 万英镑;19 世纪 70 年代,英国继续以每年约 500 万英镑的规模投入印度。到 1870 年前后,印度铁路建筑的投资累计约达 7500 万英镑,英国投资至少 5500 万英镑。估计还有 2000 万英镑的资金投入茶叶种植园、黄麻工厂、银行、航运和商业等方面。这些投资的收益加上在伦敦支付的管理费用,是以印度在这一时期的贸易出超(每年约 400 万英镑至 1500 万～2000 万英镑不等)来平衡的。

从 19 世纪 50 年代起英国还在加拿大、澳大利亚、好望角和西印度等

---

① 宋则行,樊亢:《世界经济史》,第 207 页。

殖民地投资修建铁路、开发矿山和城市公共工程,相应地成立的公司总部一般都设在伦敦。

19 世纪 50 年代后,英国对殖民地的借款、外国政府借款(发行的公债)和在国外建筑铁路进行投资的情况,见下表。

1860—1876 年在伦敦发行的外国证券的统计

贷款地区和种类	单位(万英镑)
外国政府借款	32070
印度和其他殖民地政府借款(包括铁路担保借款)	16190
外国和殖民地私人铁路公司和其他公司发行的证券	23200
总计	71460

资料来源:Leland H. Jenks:The migration of British capital to 1875 , London : Nelson, 1971, p.125.

从上表统计可以看出:在伦敦发行的外国证券中,2/3 以上是外国政府和殖民地政府发行的公债(其中前者占 2/3,后者占 1/3),外国和殖民地私人公司发行的股票和债券仅占 1/3。这些仅是在伦敦金融市场公开发行的外国证券(股票和债券),但还不能涵盖英国这一时期对外投资的全貌。据估计,1875 年英国投资者持有的国际公债约达 8 亿英镑。

19 世纪 70 年代后,欧洲大陆国家也形成了一些金融中心,如巴黎、法兰克福、阿姆斯特丹、布鲁塞尔、维也纳等,不仅成为所在国家的金融中心,也不同程度地建立起各自的国际信贷关系。据估计,19 世纪 70 年代初,欧洲各国政府的对外债务至少在 20 亿英镑以上,其中德国和法国各有债权 4 亿英镑,瑞士、比利时、荷兰共有债权 1 亿英镑。19 世纪 70 年代后,法国对俄国进行大量信贷投资,比利时、荷兰等国对外投资也增长比较快,国际信贷关系进一步扩大。

国际分工体系的发展

国际分工体系的建立

国际分工是指世界上各个国家和地区之间经济上相互依赖的劳动分工,是一个国家内部社会分工的延伸和继续,是这种分工向国际领域扩展的结果。国际分工与国际贸易的发展是相互促进的。国际分工是商品经济发展到一定阶段的产物。工业革命以前，由于生产力发展水平低下，交通运输工具落后，国际贸易规模不大，真正的国际分工体系并未形成。随着18世纪资本主义生产关系在欧洲各国的逐步确立，18世纪中叶在英国首先发生工业革命，使英国一跃成为当时世界第一强国。生产效率的提高，大量剩余工业产品的出现，交通运输工具的改进，使大规模的国际贸易成为可能，并且成为当时英国倾销大量剩余工业品的现实需要。英国大量海外殖民地的建立，通过强力手段使其顺利地实现工业品的倾销以及廉价原料的掠夺，因而带有殖民地色彩的新的大规模国际贸易由此形成，真正的国际分工体系得以确立。这是一个以英国为中心，以英属殖民地以及其他资本主义列强为辅的国际分工体系。这一时期的国际分工主要表现为两种形式：一是宗主国(以英国为主，此外还有法、德等)与其殖民地的分工关系，即垂直分工体系；二是英国与其他资本主义列强生产力水平有差别的分工交换关系，即水平分工体系。这时的国际分工体系以宗主国与殖民地的垂直分工为主要特征。

国际分工的垂直分工体系是随着工业革命的进展和殖民体系的形成产生的。18世纪60年代首先是在英国由于广泛采用机器生产，工业内部的分工得到进一步发展，分离出许多专门从事原料、生产资料和消费资料生产的独立工业部门。这种分工的规模不断扩大，产品产量的快速增加，使大工业逐渐脱离本国基地。因为"这些工业所加工的，已经不是本地的原料，而是来自极其遥远的地区的原料；它们的产品不仅供本国消费，而且同时供世界各地消费"[①]。19世纪英国工业品的一半销往国外市场，国内消费的大部分原料靠国际市场供给。这种情况在棉纺织业中表现尤为明显，当时英国生产的80%的棉纺织品销往国外，所需棉花几乎完全靠国外进口。国际贸易商品日益大量地参与到资本主义扩大再生产的过程中去，原料取自世界市场，产品输往世界市场，世界市场成为资本主义再生产过程顺利进行所必不可少的条件。大机器生产的价格低廉的工业品成为打开世界各国大门的利器，越来越多国家的社会生产被吸引到国际分工体系中来。过去被坚船利炮打开的殖民地、半殖民地国家的大门，现在是用大机器工业生产的廉价商品来巩固，同时，生产过剩和原料紧缺又要求寻求

---

① 《马克思恩格斯选集》(第1卷)，人民出版社1972年版，第254—255页。

更多的国际市场和原料产地,坚船利炮又成为寻求"生存空间"的急先锋。这样资本主义的坚船利炮与大机器生产的廉价商品相辅相成,共同巩固资本主义的国际分工和市场体系。

大工业生产的廉价商品一方面迫使落后国家的消费者不得不购买,从而打开了商品的销售市场;另一方面又迫使落后国家的生产者不得不出卖,从而使这些国家变为工业国的原料供应地。大机器生产迫使亚洲、非洲、拉丁美洲的众多民族和国家不仅在政治上,而且在经济上也成为西方的附庸。而19世纪的交通通讯革命为国际分工进一步扩大提供可靠的物质手段,更进一步加强这种依附关系。工业革命使英国最早建立起机器大工业的生产体系,在19世纪前半期的国际分工中,成为"世界工厂"和"世界工业中心"。到19世纪中期以后,随着工业革命的扩展,欧洲大陆和美国先后完成工业革命,也逐步形成类似英国的这种垂直国际分工。

随着国际分工的发展,世界市场上交换的商品也发生了变化。过去那种只为满足少数人需要的奢侈品,现在已为大宗商品所代替,19世纪中期以后,工业制成品、原料、食品等大宗商品在世界市场上的贸易额大幅度增长,把生产上的国际分工迅速地扩展到世界各地。

由机器大工业引起的国际分工,到19世纪中期,基本上形成世界城市与世界农村既相互对立又相互依存的国际分工体系,英国在国际分工体系中占有支配地位。19世纪60年代以后,世界城市由英国扩展到欧洲大陆和美国,而世界农村则由于新地区的开发而进一步扩大。这种资本主义生产方式下的国际分工,开始就显示出它所固有的两重性质。一方面,国际分工节约了社会劳动,使世界各国的人力资源和物质资源得到合理利用,有利于发挥分工国家各自的经济优势,并把这种优势转化为世界范围内的巨大的社会生产力,使世界生产力得到迅速提高,促进了世界经济的发展。另一方面,它又成为先进国家控制、剥削落后国家的一种经济强制制度,造成落后国家经济发展的片面性和依赖性。

世界市场的形成

国际分工体系的建立,标志着近代世界市场的形成。世界市场的产生和发展是资本主义生产方式扩展的历史结果。从18世纪60年代开始,英、法、美、德等国借助第一次技术革命,特别是交通运输和邮电通讯工具的发展,相继开始工业革命,建立了工厂制度,从而使社会生产力空前提高,其产品也源源不断地涌入世界各地。交通运输和邮电通讯的发展,大大地缩短了时空距离,极大地方便了商业信息的沟通和商品在世界各地的流通。随着工业革命的深入发展,资本主义大机器生产经过一个世纪的开拓,到19世纪60—70年代,一个全新的近代世界市场形成了。这个新形成的世界市场有着新的经济和物质技术基础,与以前的世界市场迥然有别。近代世界市场的形成,是资本主义生产方式向国际领域扩展的集中体现,也是工业资本取代商业资本在世界市场上占统治地位的集中体现。

18世纪60年代首先发生在英国的工业革命,经过半个世纪的扩散,演变成遍布欧美大陆并波及世界各地的工业革命,其直接后果就是在世界范围内第一次建立起近代机器大工业的生产体系。机器大工业生产不同于以往的手工生产,它本身就是一种世界性的生产。在竞争规律的支配下,它需要不断地扩大再生产,从而要求一个不断扩大的市场。19世纪每一次新的工业高涨,都与海外市场的开辟,即与世界市场的扩大相关联。19世纪40—60年代,世界贸易的增长速度超过世界工业的增长速度,就是机器大工业促进世界市场不断扩大的例证。

机器大工业不仅需要不断扩大的海外销售市场,同时也需要日益扩大原料供应的来源地。大工业本身已成为农业原料和矿产原料的巨大销售市场。当这些原料在国内市场不能充足供应或完全不能供应时,便越来越多地转向世界市场,特别是到经济落后但资源丰富的国家去购买。同时,机器大工业用商品生产征服一切产品生产,用廉价商品摧毁落后国家的手工产品,从而使这些国家不得不依赖于强制性的国际分工,变成工业国的原料产地。这样,机器大工业不仅把它的海外销售市场,而且把它的原料产地都卷入到世界市场中来。广大亚、非、拉国家沦为西方工业国家的商品销售市场和原料产地的过程,也就是这些国家日益卷入世界市场的过程,也是经济全球化逐步扩大的过程。

18世纪60年代开始形成的世界市场是全球化进程中的一个重要元素,也是全球化进入实质形成阶段的重要标志。世界市场表现出的诸多特点,从多个方面体现着全球化的特征。

一是进入世界市场的商品数量和种类大幅度增加,商品结构发生重大变化。随着机器大工业对世界市场的开拓,过去仅限于欧洲手工产品和热带农产品交换的世界市场,现在已让位于种类繁多的大宗商品交换的世界市场。特别是诸如棉花、羊毛、矿砂、煤、铁、棉纱、棉布、机器等生产要素进入世界市场后,使世界市场的内涵更加深化,使国际贸易的商品结构和流向也发生了重大变化。首先,在工业制成品贸易中,机器纺织品特别是棉纺织品的激增,迅速超过手工毛纺织品,成为欧洲最重要的大宗出口商品。19世纪中期,世界上绝大多数国家都进口英国的棉织品,几百年来向全世界输出棉织品的印度,竟输入英国全部出口棉纺织品总值的1/4还强。另外,随着工业革命在其他纺织部门的扩展,英国和欧洲大陆国家的毛、麻、丝等纺织品的出口也迅速增加,并同棉纺织品一起成为19世纪国际贸易中最主要的工业制成品和日用消费品。其次,机器设备以及金属制品等重工业产品在国际贸易中的地位日趋重要。1825—1872年,英国机器出口额从21万英镑猛增到820万英镑,增长38倍。19世纪中期的机器贸易主要局限于进行工业化国家的欧洲大陆和美国市场,到50—60年代工业高涨时期,英、法等欧洲先进国家开始在殖民地建港口、修铁路、开矿山,在资本输出的带动下,铁轨、机车、蒸汽机、港口和矿山机械等机器设备,也开始输往落后国家。第三,在初级产品贸易中,大宗的工业原料日益取代特产品和热带产品成为殖民地最主要的出口商品。19世纪,咖啡、可可、茶叶和糖等消费品的贸易额虽然继续增长,但在国际贸易中的地位不断下降。欧美工业国家通过廉价工业品的大规模输出,在破坏落后国家前资本主义经济结构的基础上,片面发展单一农业和矿产原料的专业化生产,从而扩大了国际贸易中原料的市场。19世纪原料贸易增长最快的是棉花和羊毛,主要集中在印度、美国和拉丁美洲国家。此外,印度的黄麻、俄国的大麻和亚麻、中国的生丝、美洲的烟草等的出口也有了大幅度增加,成为19世纪原料贸易中的大宗商品。第四,谷物贸易迅速增长,成为19世纪中期以后国际贸易的重要商品。19世纪中期以后,随着城市人口的增加、运输条件的改善和运输费用的降低,美国、加拿大、北非和东印度等地的价格低廉的谷物涌入欧洲市场。1848年英国废除谷物条例以后,海外谷物的进口急剧增加,促进了谷物贸易规模的不断扩大。18世纪末期,谷物的国际贸易根据某些统计仅为3000万蒲式耳,到19世纪80年代,骤增至15亿蒲式耳。除了上述4类大宗商品的贸易外,还有许多其他种类的商品进入世界市场。例如,铜、铅、锡、石墨、硝石、石油等矿产品,鱼、肉、蛋、奶等加工食品,干鲜蔬菜、水果及其制品,等等。所有这些商品在各国间的频繁流转,使19世纪世界市场的范围和容量进一步扩大,使世界市场的内容更加丰富多彩。

二是国际贸易额急剧增长,并超过世界工业增长率。从 19 世纪起,国际贸易额迅速增加,并且出现逐渐加快的趋势。1800—1870 年间,按当年价格计算的国际贸易额增长了 6.7 倍。如果扣除价格下跌因素,实际贸易额增长了 9.6 倍,而 1720—1820 年间,国际贸易额仅增长了 1.74 倍。19世纪的最初 20 年中,由于拿破仑战争破坏了欧洲各国的经济和对外贸易,国际贸易额(按 1870 年价格计算)仅增加了 40%,1840 年以后随着英国工业革命的完成和欧洲 19 世纪 50—60 年代的工业高涨,国际贸易增长速度明显加快。1840—1870 年间国际贸易额就增长了 3.4 倍。[①] 这 30 年国际贸易的发展,不仅表现在贸易增长速度的加快,同时还表现在国际贸易的增长速度超过同期世界工业生产的增长速度上。1840—1860 年世界工业年平均增长率为 3.5%,而同期的世界贸易的年平均增长率为 4.84%;1860—1870 年世界工业年平均增长率为 2.9%,而同期世界贸易的年平均增长率达到 5.53%。[②] 国际贸易增长的速度超过世界工业生产增长速度,表明欧美工业国家生产的增长增加了对海外原料的进口。同时,生产的增长日益超过国内市场的容量,扩大了出口值在整个国民生产总值中的份额。

三是贸易组织形式进一步发展变化。19 世纪以后,随着国际贸易规模的扩大,商品交易所的数量不断增多,并逐渐由过去只是偶然进行商品交易的场所变为经常性的营业机构,成为一定商品的集散中心。其中谷物、棉花、矿砂等大宗商品几乎都在交易所成交。随着商品种类的增加和商品结构的变化,商品交易所也日趋专业化,即从综合性商品经营变为单一商品经营。19 世纪中叶以后,世界各地出现了一批经营单一商品的交易所。1848 年芝加哥出现第一个谷物交易所,1862 年在伦敦成立有色金属交易所,还有在新奥尔良成立的棉花交易所。殖民地的原料产地也出现如加尔各答的黄麻、新加坡的锡和橡胶、墨尔本的羊毛等大型商品交易所。在这些交易所中,现场看货的传统方式已让位给凭样品或根据凭证签约的方式。交易双方为了避免签约与发货期间市场价格涨落的影响,期货交易也盛行起来。同时,证券交易也开始有了固定场所,如伦敦皇家证券交易所大厦于 1773 年正式开业,纽约证券交易所则建于 1792 年,从而在伦敦、

---

① [苏]包达包夫等编:《国际贸易》(上册),财政经济出版社 1957 年版,第 94 页。

② W. W. Rostow, The world economy : history & prospect , London:the Macmillan press Ltd. , c1978 , p. 67.

纽约、巴黎、苏黎世、法兰克福等地形成规模相当大的证券交易中心。此外,在世界各地还兴办了许多为国际贸易服务的保险公司、租船公司和转运公司等等。贸易组织形式的变化,有力地促进了世界市场上各种商品的频繁流转。19世纪各种贸易组织形式的正规化、大型化和专业化,为国际贸易的大发展和世界市场的形成提供了组织保证。

四是世界贸易单一货币逐渐形成。1816年英国最早过渡到单一金本位制。接着葡萄牙于1854年,德国、丹麦、瑞典、挪威、法国、比利时、意大利、瑞士、荷兰、西班牙和奥匈帝国先后都在19世纪70年代过渡到金本位制。美国从1873年开始向金本位过渡,因国内各派势力的激烈斗争,到1900年才正式采用金本位制。这样,到19世纪70年代末,世界主要资本主义国家的货币相继过渡到金本位制,黄金逐渐演变为单一的世界货币。尽管这一时期统一的国际金本位货币体系还没有形成,但居于世界市场中心国家的货币都有了确定的含金量,它们之间存在着固定的比价,所以便利了国际支付和国际结算,使世界市场经常保持汇率的稳定,使世界市场的机制更加完善。世界货币的产生是世界市场和国际贸易发展的必然结果,同时也有助于世界市场的稳定和世界贸易的扩大,促进各国经济贸易联系的加强。

五是世界贸易的空前发展,使国际经济关系变得更加错综复杂。为确保海外市场的巩固和扩大,各国之间开始签订各种贸易协定。当时世界强国英国在1846年和1849年先后废除谷物条例和航海条例,全面实施自由贸易政策,和一些国家签订贸易协定:希腊(1837)、土耳其(1838)、波斯(1836、1857)、中国(1840、1842)、日本(1858)等,其中绝大多数是不平等的贸易协定。

六是全球性的经济危机出现,并表现出周期性。历史上第一次周期性生产过剩的经济危机发生于1825年的英国。在19世纪中期以前的历次危机几乎都表现为英国一国的危机,对其他国家的再生产周期影响不大。1857年首先在美国爆发的经济危机,很快从大西洋彼岸蔓延到欧洲诸国。这次危机已具有明显的世界性和周期性。1866年经济危机的范围进一步扩大,1873年经济危机已具有世界规模。这次危机不仅同时打击了所有的资本主义国家,连殖民地、半殖民地国家也未能幸免。经济危机的世界性和周期性反映出通过世界市场联结的世界各国,已包容为一个统一的整体,经济运行已有同一的周期。英国发生危机,澳大利亚、爪哇、巴西、中国和日本也遭到打击；纽约股票行情的剧变，转眼便波及斯德哥尔摩、敖德萨、新加坡等地。经济危机的世界性和周期性标志着世界市场已高度统一，全球各国已高度联系在一起，经济形态的全球化进程已进入实质阶段。

19世纪中叶国际分工体系完全建立起来，世界市场逐步形成，这也标志着人类社会经济形态全球化的开始。这个时期的世界市场与以前的国际市场相比，无论在广度上，还是在深度上都有显著的进步，商品和资本的输出无孔不入地冲击着世界各国的民族经济，并借助于政治和军事手段打破那些试图闭关锁国的国家的大门。经济形态的全球化成为不可逆转的趋势。

但是，19世纪60—70年代，尽管世界市场和资本主义世界经济体系已经形成，全球化也进入了一个崭新阶段，由于这一时期世界领土还没有被瓜分完毕，资本主义的触角还没有完全深入到落后国家的内地和穷乡僻壤，热带非洲的内陆还鲜为人知，资本主义还没有囊括全世界；资本输出虽在英国已具有一定规模，但尚未普遍成为资本主义列强对外扩张和奴役殖民地半殖民地国家的重要手段；同时，世界各个地区地理的、民族的和政治的障碍以及对资本主义的顽强抵抗还没有完全消除，世界市场和资本主义世界经济体系在广度和深度上还有待于继续发展，全球化的进程还有待于在下一个阶段进一步深入。

第八章

世界殖民体系:第一个全球政治体系

　　1750 年至 1870 年是资本主义列强凭借工业革命巨大的生产力创造出的坚船利炮,打开亚洲、非洲国家的大门,逐步把这些国家和地区沦为殖民地和半殖民地的过程。拉丁美洲虽然在 19 世纪初建立了一系列独立国家,但这些国家很快沦为英国、法国和美国的原料产地和商品销售市场,在资本主义经济体系中处于边缘地位,在政治上也无法保持独立状态,因此,拉美国家处于一种类似半殖民地的状态。资本主义殖民体系初步确立起来。

　　资本主义殖民体系形成的根本原因是资本主义具有开放和扩张的本性,它要求以全世界为活动舞台,以掠夺其他国家为基本发展条件。工业革命后,工业资本的发展要求资本主义国家向海外殖民,向世界各地倾销商品、掠夺原料,直接导致世界各地区联系的加强;在资本主义过渡到垄断阶段后,更推动了资本主义列强加强殖民扩张,不但要求进一步扩大商品市场及原料供应地,而且还要把过剩资本输往海外,因此出现了瓜分世界的狂潮。到 19 世纪末,世界被瓜分完毕,世界连接成一个整体,资本主义殖民体系最终确立起来。

世界殖民地体系的形成

世界殖民体系形成的过程,就是资本主义发展和对全球进行侵略扩张的过程。这个过程大致分为三个阶段。第一阶段,从 15 世纪末到 18 世纪,随着新航路的开辟和早期的殖民侵略扩张,一方面,欧洲同非洲、亚洲之间的贸易扩大,同美洲开始形成紧密的经济联系,世界各地区的商品逐渐在欧洲市场出现;另一方面,欧洲人开始对美洲、非洲、亚洲进行政治控制和渗透,资本主义世界市场和殖民体系初见端倪。第二阶段,从 18 世纪 60 年代到 19 世纪 70 年代,英国首先发生工业革命,后扩展到美、法、德、俄、日等国,它导致社会生产力的提高,资产阶级的实力空前强大。一方面,世界上一些主要国家通过资产阶级革命或改革,进一步扫除资本主义发展的障碍,走上迅速发展资本主义的道路,使资本主义制度在世界范围内确立;另一方面,资本主义列强加紧对外侵略扩张,使亚非拉美许多国家和地区沦为其殖民地和半殖民地,并利用先进的交通运输工具向这些地区输出工业品,掠夺工业原料,甚至直接输出资本,在当地建立资本主义企业,把殖民地半殖民地变为其经济的附庸。这样,到 19 世纪中后期,世界殖民体系初步形成。第三阶段,19 世纪 70 年代以后,工业革命进入新的阶段,社会生产力进一步提高,资本主义制度得以完善并取得世界统治地位;各国争先恐后地争夺殖民地、划分势力范围,英国、法国等欧洲列强和美国、日本纷纷向海外殖民,扩张领土,到 20 世纪初,全世界(无常住人口的南极洲除外)难以数计的大大小小地方,都被欧洲列强和美国、日本"瓜分"掉。据 1914 年的统计,11 个帝国主义国家共拥有各类殖民地达 5430 万平方公里,面积将近 5 个欧洲大小。列强拥有各类殖民地面积依次为:英国 3200 万平方公里,法国 611.5 万平方公里,德国 514.5 万平方公里,比利时 234.6 万平方公里,丹麦 217.7 万平方公里,葡萄牙 207.4 万平方公里,荷兰 190.4 万平方公里,意大利 169.3 万平方公里,西班牙 30.1 万平方公里,美国 30 万平方公里,日本 25.6 万平方公里。这还没有把俄国计算在内,其实它的亚洲部分,在很长时期里同样具有殖民地性质。

在资本主义世界殖民体系形成的过程中,英国发展成为最大的殖民帝国,因而可把英国殖民体系看做世界殖民体系的一个典型。英国在海外的殖民扩张是从 16 世纪开始的,随着英国资本主义的发展表现出不同的形态。原始积累时期的殖民扩张是英帝国历史上的第一帝国时期,这一时期始于16世纪止于18世纪后期工业革命的兴起。在这一时期,商业资本起了主要作用,商业资本家成为殖民扩张的主要推动者。殖民掠夺通常由政府授予享有特权的贸易公司进行。工业资本时期的殖民扩张处在英帝国历史上的第二帝国时期,从18世纪后期工业革命的发生开始到19世纪70年代第一次工业革命完成基本结束。这一时期,英国政府代表工业资产阶级的利益,奉行自由贸易政策,主要是掠夺原料和商品销售市场。金融资本时期的殖民扩张是英国"日不落帝国"时期,从19世纪70年代开始到第一次世界大战结束。这一时期英国逐步丧失其工业世界的垄断地位,但资本输出和殖民扩张仍然领先。据统计,1876年时英国拥有2250万平方公里的领地和25190万人口。到1914年英国拥有的殖民地面积增加到3350万平方公里,相当于全球陆地面积的1/4,占各列强殖民地总和的1/2,等于本土面积的137倍。拥有的殖民地人口达到39350万,等于本国人口的近9倍。殖民地范围达至各大洲,是当时最大的殖民帝国,也是名副其实的"日不落帝国"。

世界殖民体系一览表

殖民国家	洲别	殖民地名称	建立时间	所辖范围
英国	非洲	巴苏陀兰	1868年英国吞并该地区,1871年交由好望角殖民政府管辖,1884年英国恢复对其直接管辖。	今莱索托
		贝专纳	1885年成为英国的保护国,1895年贝专纳部分地区交由好望角殖民政府管辖,其余部分继续直接隶属英国管辖。	今博茨瓦纳
		英属多哥	原为德国的殖民地,一战时英国对该地区进行委任统治,1919年被并入黄金海岸。	今加纳一部分
		英属喀麦隆	原为德国殖民地,一战后英国对部分地区进行委任统治。	今喀麦隆一部分
		冈比亚	1821年被并入塞拉利昂,1888年成为独立的英国殖民地,1894年部分内陆地区也被宣布成为英国的保护国。	今冈比亚

续表：

殖民国家	洲别	殖民地名称	建立时间	所辖范围
英国	非洲	黄金海岸	1821—1874 年是英属塞拉利昂的下设行政区,其中 1828 年至 1843 年曾由商人控制。1830 年起其领土开始向内陆扩张,1874 年英国设立黄金海岸殖民地,1904 年其边界最终被确定。	今加纳
		埃及	1882 年被英国占领,1914 年至 1922 年期间是英国的保护国。	今埃及
		肯尼亚	1888 年为英国东非公司管辖,1895 年由英国政府直接管理。1920 年成立殖民地。	今肯尼亚
		毛里求斯	1814 年英国从法国手中夺得毛里求斯。	今毛里求斯
		尼日利亚	1885 年成立尼日尔地区保护地,1900 年英国直接统治该地。	今尼日利亚
		北罗得西亚	1891 年起划归英属南非公司统治,1924 年英国直接统治该地。	今赞比亚
		尼亚萨兰	1891 年英国在此建立中非保护地,1907 年被命名为尼亚萨兰殖民地。	今马拉维
		塞拉利昂	1807 年成为英国殖民地。	今塞拉利昂
		南罗得西亚	1893 年英国从非洲部落手中夺得南罗得西亚,并由英属南非公司管理,1923 年成立责任政府,由英国政府管理。	今津巴布韦
		英属索马里兰	1884 年成为亚丁的保护国,1897 年划定边界,1905 年成为单独的殖民地。	今索马里一部分
		南非	1795 年和 1806 年英国从荷兰人手中两次夺得好望角的部分领土,1814 年全面吞并好望角。1843 年吞并纳塔尔。1900 年布尔战争后吞并奥兰治自由邦和德兰士瓦,1910 年由上述殖民地合并组成南非联邦,成为自治领。	今南非
		西南非洲	1878 年纳米比亚的沃尔维斯港被宣布为英国领地,1884 年并入好望角殖民地,1915 年英国吞并该港周围的德国殖民地,1919 年成立南非委任统治地。	今纳米比亚

续表：

殖民国家	洲别	殖民地名称	建立时间	所辖范围
英国	非洲	斯威士兰	1890年英国与德兰士瓦对斯威士兰统治者进行联合保护，1906年英国单独对其保护。	今斯威士兰
		苏丹	1880年代马赫迪推翻埃及殖民统治；1898年英国以埃及的名义重新占领苏丹，并与埃及共同对苏丹进行统治。	今苏丹
		坦噶尼喀	原为德国在东非的殖民地，1919年英国开始对其进行委任统治。	今坦桑尼亚一部分
		桑给巴尔	1890年宣布其为英国的保护国。	今坦桑尼亚一部分
		乌干达	1890年英国东非公司与布干达王国签订条约，1894年正式成为英国保护国，1896年其他几个地区陆续加入，1905年成立乌干达殖民地。	今乌干达
	美洲与大西洋	英属北美殖民地	16—17世纪英国在北美洲大西洋沿岸所建立的相对独立自治的殖民地的总称。时间分别是：1620年建立马萨诸塞，1629年建立新罕布什尔，1636年建立罗德岛，1639年建立康涅狄格，1664年建立纽约，1664年建立新泽西，1681年建立宾夕法尼亚，1701年建立特拉华，1632年建立马里兰，1607年建立弗吉尼亚，1662年建立北卡罗来纳，1662年建立南卡罗来纳，1732年建立佐治亚。	今美国东部十三州
		加拿大	1760年英国占领法属加拿大，1763年成立英属魁北克殖民地，1791年分为上、下加拿大两个独立的殖民地，后下加拿大被重新命名为东加拿大，上加拿大被称为西加拿大，东西加拿大又分别是后来魁北克省与安大略省的核心部分，它们与新不伦瑞克和新斯科舍于1867年合并为加拿大自治领，之后英属哥伦比亚、爱德华王子岛、西北地区和纽芬兰岛陆续加入加拿大自治领。	今加拿大东部

殖民国家	洲别	殖民地名称	建立时间	所辖范围
英国	美洲与大西洋	阿森松岛	1815年拿破仑被囚禁于圣赫勒拿岛后，英国为防止法国人控制该岛在此驻军，1922年起由圣赫勒拿岛对其进行行政上的管辖。	
		英属圭亚那	1796年和1803年英国分两次夺得原属于荷兰的伯比斯、德梅拉拉和埃塞奎博，1831年合并为英属圭亚那殖民地。	今圭亚那
		英属洪都拉斯	1786年英国取得英属洪都拉斯完全控制权。1862年至1884年该地由牙买加管辖，1884年成为单独的殖民地。	今伯利兹
		福克兰群岛	1765年英国首次占领福克兰群岛，1774年撤出，1833年又重新占领，1841年开始进行殖民统治。	今马尔维纳斯群岛
		纽芬兰	1583年汉弗莱·吉尔伯特爵士登陆纽芬兰并宣布其为英国领土，1713年英国政府开始对其进行直接殖民统治。1855年纽芬兰成立责任政府。1934年英国又恢复对其殖民统治。1949年加入加拿大自治领。	今加拿大纽芬兰省
		安圭拉岛	1663年该岛被宣布为英国领土，1882年至1967年它与圣克里斯托弗由一个联合政府共同管理，1967年退出，1969年英国恢复对该岛的统治。	今安圭拉岛
		安提瓜	1632年英属圣克里斯托弗开始对其殖民统治，1663年被置于英国的管辖之下。	今安提瓜和巴布达
		巴哈马群岛	1717年开始被英国统治。	今巴哈马群岛
		巴巴多斯	1625年起开始有人居住该岛，1663年归英国政府统治。	今巴巴多斯
		百慕大群岛	1612年一家伦敦公司开始管理百慕大，1684年起由英国政府直接管辖。	今百慕大群岛
		英属维尔京群岛	1666年起就有人在此居住，1713年起成为英国殖民地。	今维尔京群岛

续表:

殖民国家	洲别	殖民地名称	建立时间	所辖范围
英国	美洲与大西洋	开曼群岛	1670年西班牙割让该群岛,行政上一直属牙买加殖民政府管理,直到1959年成为独立殖民地。	今开曼群岛
		多米尼加	1761年英国从法国手中获得该岛,1778年法国重夺多米尼加,英国则于1783年再度占领。	今多米尼加
		格林纳达	1762年英国从法国手中获得该岛,1779年法国重夺格林纳达,英国于1783年再度占领。	今格林纳达
		牙买加	1655年英国从西班牙手中夺得该岛。	今牙买加
		蒙特塞拉特	1632年起岛上开始有人居住,1663年成为英国殖民地,法国曾在1664—1768年和1782—1784年两度统治该岛。	今蒙特塞拉特岛
		圣克里斯托弗和尼维斯	1623年圣克里斯托弗成为英国在加勒比海地区的第一块殖民地,1663年起由英国政府直接统治,1782—1783年间曾被法国短暂占领。1882年圣克里斯托弗和尼维斯岛组成联合政府。	今圣基茨和尼维斯
		圣卢西亚	1778年英国从法国手中夺得该岛,1783年又归还法国,1796年和1803年英国又分别两次重新占领,1814年英国再次吞并圣卢西亚。	今圣卢西亚
		圣文森特	英国于1762年占领该岛,1779—1783年法国曾占领该岛。	今圣文森特和格林纳丁斯
		特立尼达	1797年英国从西班牙手中获得该岛,1888年与多巴哥成立联合政府。	今特立尼达和多巴哥
		特克斯和凯克斯群岛	1678年起有居民居住在此,1766年英国吞并该群岛,之后曾先后由牙买加和巴哈马的殖民政府管辖,1973年成为单独的殖民地。	今特克斯和凯克斯群岛
		圣赫勒拿岛	1651年英国吞并该岛,1661年起东印度公司对其进行管理,1834年英国政府开始对其进行直接管辖。	今圣赫勒拿岛

续表:

殖民国家	洲别	殖民地名称	建立时间	所辖范围
英国	美洲与大西洋	特立斯坦达库尼亚群岛	1815年为防范被囚禁在圣赫勒拿岛上的拿破仑而由英国皇家海军于1816年占领该岛,1938年起成为隶属于圣赫勒拿岛行政管辖的英国殖民地。	今特立斯坦达库尼亚群岛
	亚洲	亚丁	1839年不列颠东印度公司从阿拉伯人手中夺得该港口,1858年东印度公司将统治权交给英国政府,成为英属印度殖民政府的管辖范围。1936年亚丁与其内陆地区成为一个单独的殖民地亚丁保护地。	今也门南部
		巴林	1820年,英国政府与巴林埃米尔签署协议,将其变为保护国。	今巴林
		不丹	1864年英国通过战争占领不丹的边境地区,1911年与英国签署条约,不丹的外交政策交由英国执行,内部事务则保持自治。	今不丹
		英属新几内亚	1884年英国在此建立保护地,1906年转由澳大利亚管理并更名巴布亚。	今巴布亚新几内亚的一部分
		文莱	1888年英国宣布文莱为其保护国。	今文莱
		缅甸	英国经过1824年、1852年和1885年三次战争后占领缅甸全境,并将其置于印度殖民政府行政管辖之下,直到1937年。	今缅甸
		锡兰	1796年东印度公司从荷兰手中夺得该岛沿海地区,1802年由英国管理,1815年英国将锡兰全岛置于统治之下。	今斯里兰卡
		中国香港	1842年鸦片战争胜利后英国取得香港岛;1860年英国又获得九龙半岛;1898年英国向中国签订租约,将新界置于香港的管理之下,租期99年。	今中国香港
		英属印度	1609年起东印度公司在印度沿海建立起移民据点,1757年开始向内陆扩张领土。1858年英国政府正式接管印度,印度逐渐成为英国最重要的殖民地之一。1876年起英国君主被授予"印度皇帝"或"印度女皇"称号。	今印度、巴基斯坦和孟加拉国

续表：

殖民国家	洲别	殖民地名称	建立时间	所辖范围
英国	亚洲	伊拉克	英国在一战期间占领原属土耳其的伊拉克，1920年开始对伊拉克进行国际联盟授权下的委任统治，1922年伊拉克在英国保护下实行自治。	今伊拉克
		科威特	1899年起科威特埃米尔就与英国签订一系列保护条约，丧失部分主权，成为英国保护国。	今科威特
		马来亚	1874年至1930年间英国与马来亚半岛上的多个苏丹签订一系列的保护条约；1896年部分州组成马来亚联邦。	今西马来西亚
		马尔代夫群岛	1887年成为英国的保护国。	今马尔代夫
		巴勒斯坦	1918年一战期间英国占领原属土耳其的巴勒斯坦领土，1920年英国开始对其进行委任统治。	今巴勒斯坦地区
		尼泊尔	1814年英国战胜尼泊尔王国，1816年起在尼泊尔宫廷派驻特别代表，对尼泊尔进行间接殖民统治。	今尼泊尔
		北婆罗州	1881年，文莱苏丹将该地区割让给英国北婆罗州公司，1906年起英国对其进行直接管理。	今东马来西亚的沙巴
		阿曼	英国自19世纪初开始就控制着阿曼繁荣的贸易，1891年阿曼正式沦为英国的保护国。	今阿曼
		卡塔尔	1916年起英国就与卡塔尔签订一系列协定，成为英国保护国。	今卡塔尔
		沙捞越	1841年文莱苏丹同意任命英国人詹姆斯·布鲁克担任该地区总督，1861—1905年间沙捞越领土不断扩大。1942—1945年日本曾占领该地区，1946年英国政府取代布鲁克家族对沙捞越进行统治。	今马来西亚沙捞越地区
		海峡殖民地	1826年马六甲、槟城和新加坡这三个重要港口城市联合组成海峡殖民地，由不列颠东印度公司管辖，1858年起由印度政府管理，1867年成为单独的殖民地，交由英国政府直接管理。	今马六甲、槟城和新加坡

续表：

殖民国家	洲别	殖民地名称	建立时间	所辖范围
英国	亚洲	外约旦	1918年英国占领曾经是土耳其约旦省一部分的外约旦，1920年起对其进行委任统治。	今约旦
		特鲁西尔酋长国	1887年起成为英国保护国。	今阿拉伯联合酋长国
		威海卫	1898年英国向中国政府租借该港，1930年归还。	今中国山东威海
	欧洲	塞浦路斯	1878年英国与土耳其签订条约，获得塞浦路斯统治权，1914年正式成为英国殖民地。	今塞浦路斯
		直布罗陀	1704年英国从西班牙手中夺得这个军事要塞，1713年英国与西班牙签订条约，正式确认其主权归英国所有。	今直布罗陀地区
		马耳他	1800年英国人赶走法国人，并在1814年正式吞并马耳他。	今马耳他
	大洋洲与太平洋地区	澳大利亚	1788年第一批英国犯人被移民到澳大利亚东部沿海拓荒，1855年新南威尔士成立责任政府。1824年昆士兰成为英国在莫尔顿湾所建的第一个殖民地，1859年成立独立的责任政府。1836年第一批英国殖民者到达南澳大利亚，1855年南澳大利亚成立责任政府。塔斯马尼亚1825年脱离新南威尔士成为独立的英国殖民地，1856年成立责任政府。1834年，来自塔斯马尼亚的英国人又到菲利浦港殖民，1851年维多利亚殖民地成立，4年后成立责任政府。西澳大利亚则从1826年开始就被殖民，到1890年才成立责任政府。1901年新南威尔士、昆士兰、南澳大利亚、塔斯马尼亚、维多利亚和西澳大利亚合并组成澳大利亚联邦，后取得自治领地位。	今澳大利亚
		埃利斯群岛	1892年该群岛被英国宣布为其保护国，1916年埃利斯群岛与吉尔伯特群岛组成殖民地。	今图瓦卢

续表：

殖民国家	洲别	殖民地名称	建立时间	所辖范围
英国	大洋洲与太平洋地区	吉尔伯特群岛	1892 年与埃利斯群岛一同成为英国的保护国，1916 年与埃利斯群岛组成殖民地。	今基里巴斯
		斐济	1835 年起就有传教士和殖民者在斐济定居，1874 年斐济成为英国保护国。	今斐济
		瑙鲁	原属德属新几内亚，一战结束后澳大利亚开始对其进行委任统治。	今瑙鲁
		新西兰	詹姆斯·库克分别于 1769 年和 1770 年对新西兰北岛和南岛提出主权要求，1840 年英国与当地毛利人签订条约，英国开始统治新西兰，1856 年新西兰成立责任政府，后取得自治领地位。	今新西兰
		皮特开恩群岛	1790 年，英国军舰邦蒂号发生军变，9 名水手逃亡该岛，并在此定居，1838 年英国将其纳入帝国版图。	今皮特开恩群岛
		所罗门群岛	1893 年起成为英国保护地。	今所罗门群岛
		汤加	1879 年汤加统治者与英国签订友好条约，1900 年成为英国保护国。	今汤加
		新赫布里底群岛	1887 年起，新赫布里底群岛由英法海军委员会管理。1889 年，维拉港得到自治权。1906 年，英法两国同意新赫布里底群岛由两国共同管治。	今瓦努阿图
法国	美洲	新法兰西	1603—1608 年，法国人在芬地湾建立居留地，在圣劳伦斯河流域建立魁北克城。1663 年，新法兰西殖民地成为法国的一个行省。17 世纪初，建立以新奥尔良城为中心的路易斯安那殖民地。1763 年英、法七年战争后，签订《巴黎和约》，新法兰西殖民地转属英国。	今北美洲北部，北起哈德逊湾，南至墨西哥湾，包含圣罗伦斯河及密西西比河流域，划分成加拿大、阿卡迪亚、哈德逊湾、纽芬兰、路易斯安那五个区域。
		圣皮埃尔和密克隆群岛	1604 年，法国渔民在此建立第一个永久性居民点。此后 200 年中，英法交替占领该岛。1816 年被法国占领。1914，根据《巴黎和约》，该群岛归法国所有。	今圣皮埃尔和密克隆群岛

续表:

殖民国家	洲别	殖民地名称	建立时间	所辖范围
法国	美洲	瓜德罗普	1674年瓜德罗普成为法国领地的一部分。18—19世纪瓜德罗普被英国短期占领,1815年正式归法国。1946年成为法国的一个海外省。	今瓜德罗普岛和法属圣马丁岛
		圣巴托洛缪岛	1648年,法国占领圣巴托洛缪岛。1651至1656年,由马耳他骑士团管治。1659年法国重新恢复对该岛的殖民统治。1784年,法王路易十六把该岛赠与瑞典,1878年瑞典将该岛回售给法国。法国随即将其划归瓜德罗普管辖。	今圣巴托洛缪岛
		马提尼克	1635年法军占领马提尼克岛,1674年法宣布该岛为法国领地,1946年成为法国海外省。	今马提尼克岛
		法属圭亚那	17世纪初法国殖民者开始侵入。1676年被宣布为法属领土。1808年英、荷占领该地区。1816年复归法国。1946年法国宣布法属圭亚那为海外省。	今法属圭亚那
	非洲	塞内加尔	1638年,法国在塞内加尔河河口建立起第一个殖民区。1677年以武力夺取荷兰在塞内加尔的几个重要据点。1783年英法《凡尔赛条约》规定,法国承认冈比亚河两岸为英国的势力范围;英国则同意将包括戈雷岛和圣路易城在内的塞内加尔划归法国。1890年,法国完全占领塞内加尔。	今塞内加尔
		摩洛哥	1767年法国在摩洛哥取得领事裁判权和贸易特权。1904年法国和西班牙签订瓜分在摩势力范围的协定。1912年3月30日沦为法国的保护国。	今摩洛哥
		阿尔及利亚	1830年法国入侵,1834年宣布阿尔及利亚为法国领土。1905年沦为法国殖民地。	今阿尔及利亚
		突尼斯	1881年4月,法国出兵突尼斯,签订巴尔杜条约,法军占领突尼斯,1883年突尼斯正式成为法国保护国。	今突尼斯

续表:

殖民国家	洲别	殖民地名称	建立时间	所辖范围
法国	非洲	贝宁	1851年,法国获得在贝宁南部进行贸易和传教的特权。1885—1889年,法国控制了贝宁沿海地区。1894年,南部阿波美、阿拉达和波多诺伏沦为法国殖民地。1897年,法国占领贝宁北部。1913年沦为法国殖民地。	今贝宁
		布基纳法索	1886年法国人进入布基纳法索的莫西地区。1895年,法国分别取得对桑杜马和亚滕加的保护权。1896年法军占领纳滕加王国的首都瓦加杜古,古龙西、多里、滕科多戈、博博－迪乌拉索等地区接受保护,从而布基纳法索沦为法国的殖民地。	今布基纳法索
		科特迪瓦	17世纪末,法国人在沿海设立据点。1842年,法国军队占领大巴萨姆等地后向内地推进。1888年,法国占领科特迪瓦全境。1893年,科特迪瓦成为法国殖民地。	今科特迪瓦
		几内亚	19世纪初,法国殖民主义开始深入几内亚内地。1882年几内亚成为法国殖民地。1893年被命名为法属几内亚。1895年成为法属西非的一部分。	今几内亚
		马里	19世纪50年代法国殖民者开始入侵。90年代法国殖民军相继攻占巴马科、塞古、杰内、廷巴克图等地。1895年沦为法国殖民地。	今马里
		毛里塔尼亚	1687年法国人驱逐荷兰人,1815年维也纳会议承认法国对从布朗角到隆卢姆西非海岸的主权,1903年沦为法国的保护地,1912年成为殖民地。	今毛里塔尼亚
		尼日尔	从1891年开始,法国人同一些部落酋长签订保护条约,继之以武力在各地建立军事领地,1921年占领全境,1922年正式宣布尼日尔为其殖民地。	今尼日尔

殖民国家	洲别	殖民地名称	建立时间	所辖范围
法国	非洲	多哥	1904 年多哥沦为德国殖民地。第一次世界大战期间，英国和法国分别占领多哥的西部和东部。1919 年 7 月，英法重新瓜分多哥。英属多哥包括沿西部边界的咖啡和可可产区，以及多哥西北端。其余部分，包括全部海岸和港口，为法属多哥。	今多哥
		喀麦隆	喀麦隆原是德国的殖民地，第一次世界大战后，英、法两国瓜分喀麦隆：法国占东部领土，约占总面积的 4/5；英国在西部，约占总面积的 1/5。1922 年，国际联盟将东、西喀麦隆分别交由法、英委任统治。	今喀麦隆
		法属赤道非洲	1839 年，法国取得加蓬海湾南岸地区的主权。1843 年取得海湾北岸地区的主权。1880 年法国占领整个加蓬。1882 年，法国设立包括加蓬和刚果的法属刚果殖民地，1886 年，加蓬和刚果分为两个领地。1900 年，法国派重兵进攻乍得，同年宣布对乍得实行保护，1910 年加蓬、中央刚果、乌班吉 – 沙立和乍得 4 块殖民地合并为法属赤道非洲。	包括今加蓬、中刚果、乍得和中非共和国
		科摩罗	1841 年法属留尼汪岛总督派官员到马约特岛与苏丹谈判，1843 年迫使苏丹把该岛割让给法国。1886 年后，其他 3 个岛也陆续被置于法国保护之下，整个群岛成为法国殖民地。	今科摩罗群岛
		马达加斯加	1642 年法国在东南海岸建立多凡堡据点。1750 年，法国又占领圣玛丽岛，接着在多凡堡和安通吉尔湾建立居留地。1883—1885 年法国兼并了该岛北端的迭戈苏瓦雷斯。1895 年法国占领塔那那利佛，1896 年 8 月宣布兼并马达加斯加。	今马达加斯加

续表：

殖民国家	洲别	殖民地名称	建立时间	所辖范围
法国	非洲	毛里求斯	1715年法国东印度公司占领毛里求斯岛。1767年法国政府接管此岛，作为进攻英属印度的基地。1810年英国为维护它在印度洋的霸权地位。出动海军占领此岛。1814年的巴黎条约规定此岛让给英国。	今毛里求斯岛
		留尼汪	1642年法国宣布正式占领留尼汪岛，由法属东印度公司管理留尼汪。1767年法兰西国王赎买该岛，并建立各种行政、司法机构。拿破仑帝国崩溃后，留尼汪一度为英国人占领，1815年交还法国。1946年法国政府决定改留尼汪为法国的海外省。	今留尼汪岛
		塞舌尔	1742年，法国驻毛里求斯总督马赫子爵鼓励法国移民移居马赫岛。1756年，法国宣布占领整个塞舌尔群岛。1794年英国海军夺取塞舌尔群岛。1814年，英法签订巴黎条约，法国正式把塞舌尔割让给英国。	今塞舌尔群岛
		法属索马里	1888年法国为了争夺非洲殖民地和向亚洲扩张势力，占领吉布提一带，宣布吉布提为其保护领地，1896年建立法属索马里殖民地。	今吉布提
	亚洲	法属印度	1668年法国东印度公司船队抵达印度的苏拉特，并在此建立法国在印度的首个贸易站。后陆续建立4个贸易站。1673年法国占据本地治里，并设总督治理。1723年法国占领雅南，1725年占领位于马拉巴海岸的马埃，1739年占领卡来卡。此后，本地治里的治理权在法国和英国间多次易手。1816年，拿破仑战争结束后，法国在本地治里地区建立五个特别区。科泽科德与苏拉特县也重回法国手中，这些地区共同组成法属印度。1871年法属印度获得自治权。	法国在印度占领地的总称，包括位于科罗曼德尔海岸的本地治里、卡来卡、雅南；马拉巴海岸的马希，孟加拉湾附近的金德讷格尔。还包括在默吉利伯德讷姆、科泽科德和苏拉特的补给地

续表:

殖民国家	洲别	殖民地名称	建立时间	所辖范围
法国	亚洲	黎巴嫩	原为奥斯曼帝国属地,1920年,国际联盟圣雷莫会议把黎巴嫩划归法国委任统治。	今黎巴嫩
		叙利亚	原为奥斯曼帝国属地,1920年,国际联盟正式将叙利亚委托给法国统治。	今叙利亚
		法属印度支那	1858年,法国占领岘港,1861年占领西贡,六年后又占领南圻,并将其更名为交趾支那。1883—1885年期间占领越南中部和北部及柬埔寨。1887年10月,法属印度支那联邦正式成立。1893年老挝也被收入法属印度支那联邦。	今老挝、柬埔寨、越南
	大洋洲	克利珀顿岛	1858年法国政府对克利珀顿岛声称拥有统治权,1931年,国际间正式承认此地为法国所有。	今克利珀顿岛
		新喀里多尼亚	1853年沦为法国殖民地,1860年成为独立行政区。1946年成为法国海外领地。	今新喀里多尼亚
		法属波利尼西亚	1880年,塔希提岛沦为法国殖民地。至19世纪末,其他岛屿亦被法占领。1946年成为法国海外领地,1957年正式命名为法属波利尼西亚。	今法属波利尼西亚
		新赫布里底群岛	1887年起,新赫布里底群岛由英法海军委员会管理。1906年开始由英法两国共同管治。	今瓦努阿图
		瓦利斯及富图纳群岛	1830年法国传教士开始在群岛传教,1887年瓦利斯群岛成为法国的保护地,富图纳群岛在次年也成为法国保护地,1959年成为法国的海外领地。	今瓦利斯及富图纳群岛
西班牙	美洲	古巴	16世纪古巴被西班牙征服,1511年沦为殖民地。1898年美西战争中被美国占领,直到1902年古巴独立。	今古巴
		波多黎各	1493年哥伦布在第二次航行中到此岛,此后西班牙在这里建立殖民据点。1809年西班牙将波多黎各设为西班牙的海外省,1898年美西战争后,将波多黎各割让给美国。	今波多黎各

殖民国家	洲别	殖民地名称	建立时间	所辖范围
西班牙	亚洲	菲律宾	1565 年,菲律宾宿雾岛被西班牙占领,随后西班牙占领整个菲律宾。1898 年美西战争后,美国接收菲律宾,改为美属菲律宾领地。	今菲律宾
		关岛	1668 年被西班牙占领,1898 年美西战争后,美国从西班牙手中得到关岛。	今关岛
	非洲	西属撒哈拉	19 世纪初西班牙人入侵该地,1886 年将西撒哈拉划为"保护地",1958 年改划为海外省。	今西撒哈拉地区
		西属几内亚	1778 年西班牙占领比奥科岛,1843 年占领木尼河地区,1845 年建立殖民统治,称为西属几内亚。1904 年,西班牙将木尼河区、比奥科和其他岛屿组成西属几内亚。	今赤道几内亚
		休达	1668 年葡萄牙把休达割让给西班牙。	今休达市
		查法里纳斯群岛	1848 年,西班牙军队征服查法里纳斯群岛。	
		西属摩洛哥	1912 年月法国与西班牙缔结分割摩洛哥的协定。西班牙获得摩洛哥北部的里夫地区和西南端德拉河以南的沙漠地带。	今摩洛哥和西属撒哈拉部分地区
葡萄牙	亚洲	中国澳门	1557 年葡萄牙人进入澳门,并开始在澳门长期居留。1848 年后,葡萄牙相继占领澳门半岛、氹仔岛和路环岛。	今中国澳门
		东帝汶	1642 年,葡萄牙殖民者入侵帝汶岛,建立一个檀香交易港。与此同时,荷兰殖民者也占领帝汶岛周围的各大群岛。1859 年,葡荷达成条约,帝汶岛东部划归葡萄牙统治,西部归荷兰。	今东帝汶
		葡属印度殖民地	16 世纪初,葡萄牙在印度马拉巴尔海岸的果阿、达曼和第乌等地建立葡属印度殖民地。	今果阿、达曼和第乌等地
	非洲	佛得角	15 世纪 60 年代,葡萄牙人占领佛得角群岛,1879 年葡萄牙宣布佛得角为其殖民地,1951 年改为海外省。	今佛得角

殖民国家	洲别	殖民地名称	建立时间	所辖范围
葡萄牙	非洲	圣多美和普林西比	1470、1471 年葡萄牙入侵圣多美岛和领普林西比岛，1522 年两岛沦为葡殖民地。1951 年改为海外省。	今圣多美和普林西比
		几内亚比绍	15 世纪 40 年代葡萄牙来此从事奴隶贸易。葡萄牙以佛得角群岛为基地对几内亚比绍海岸进行控制。1879 年葡萄牙宣布几内亚比绍为其殖民地。1951 年改为海外省。	今几内亚比绍
		安哥拉	1571 年葡萄牙占领安哥拉宽扎河口南岸，1575 年占领罗安达岛，以此为中心建立葡萄牙在安哥拉的殖民统治。1884—1885 年葡萄牙得到刚果河左岸一些地方和卡奔达飞地。1899 年英、葡秘密协定确定葡萄牙对安哥拉的殖民统治。	今安哥拉
		葡属东非	15 世纪末，葡萄牙在索法拉建立第一个殖民据点。两年后占领莫桑比克岛。16 世纪 20 年代取得对莫桑比克内陆地区的支配权。1700 年，葡萄牙宣布莫桑比克为保护地，1752 年改为殖民地。1884—1885 年柏林会议承认葡萄牙在东非的势力范围。1891 年莫桑比克正式定界，称为葡属东非。	今莫桑比克
荷兰	亚洲	荷属东印度群岛	1596 年被荷兰占领，最初通过荷兰东印度公司对这一地区实行殖民统治。1799 年被荷兰政府接管，史称荷属东印度。	今印度尼西亚
	美洲	荷属圭亚那	1551 年荷兰人在苏里南河口处建立第一个移民点。1667 年荷兰取得对苏里南的殖民统治。1799—1815 年拿破仑战争期间，苏里南再次被英国占领。根据 1802 年亚眠条约，英国把苏里南归还给荷兰，称荷属圭亚那。	今苏里南
		荷属安地列斯群岛	1499 年西班牙殖民者在库拉索登陆，1527 年占领南部 3 岛（包括阿鲁巴岛）。1634 年南部 3 岛变成荷兰殖民地。17 世纪中叶被荷兰占据北部 3 岛，此后多次易主，1816 年最后确定为荷兰属地。	包括库拉索岛、博奈尔岛、阿鲁巴岛、小安的列斯群岛北部圣尤斯特歇斯岛、萨巴岛和圣马丁岛的南部

殖民国家	洲别	殖民地名称	建立时间	所辖范围
德国	亚洲和太平洋	德属新几内亚	1882年,德国在俾斯麦群岛辟建种植园。1884年德国宣布占有新几内亚岛东北部。1889年,德国政府接管德属新几内亚的行政管理权。1900年德国将布干维尔岛、布卡岛纳入德属新几内亚。第一次世界大战爆发后,澳大利亚占领德属新几内亚。	包括威廉皇帝领地、俾斯麦群岛、德属所罗门群岛、布干维尔岛、瑙鲁。还包含德属马绍尔群岛、德属萨摩亚、加罗林群岛、密克罗尼西亚联邦、帕劳、马里亚纳群岛
		胶州湾保护领地	1898年为德国强租,1914年又为日本强占,至1922年中国收回。	今青岛
	非洲	德属东非	19世纪80年代,德国通过东非公司侵入东非,1885年德国在此地设立殖民地政府,第一次世界大战后为英国、比利时、葡萄牙瓜分。	包括坦噶尼喀、卢旺达、布隆迪、维图、基翁加三角区
		德属西非	19世纪60年代末,德国在喀麦隆沿海建立商站,1884年德国将喀麦隆沿海地区划归德国保护;1884年多哥沿海地区成为德国保护地,称多哥兰。20世纪初喀麦隆和多哥合为德属西非殖民地。一战后为英法瓜分。	包括德属喀麦隆和多哥
		德属西南非洲	1883年,德国取得安格拉佩克纳湾。1884年,德国占领从奥兰治河口到安哥拉南部边界的全部海岸线,并逐步深入内地,1892年宣布成立"德属西南非洲"殖民地。一战后为南非实行委任统治。	今纳米比亚
日本	亚洲和太平洋	朝鲜	1876年江华岛条约取得在朝鲜驻军权,1895—1905年沦为保护国,1910年日韩合并条约。	今朝鲜半岛
		中国台湾	1874年1月日军入侵台湾。1894甲午战争后,清政府把台湾割让给日本。从此,台湾沦为日本殖民地达50年之久。	今中国台湾
		日本委任统治和托管的太平洋岛屿	第一次世界大战中从德国取得,1920年国际联盟委任统治或托管,二战后,划归美国管理。	包括马里亚纳群岛、卡罗林群岛、帕劳群岛、马绍尔群岛

续表：

殖民国家	洲别	殖民地名称	建立时间	所辖范围
俄罗斯	美洲	俄属美洲	1799 年俄罗斯在阿留申群岛建立殖民地，称俄属美洲。其后其殖民地扩展至今阿拉斯加 Alaska 和北美洲其他地方。1867 年俄罗斯将俄属美洲售予美国。	今阿留申群岛和美国阿拉斯加州
	亚洲	布哈拉	1868 年成为俄罗斯保护领。1920 年 9 月 2 日俄罗斯推翻布哈拉王朝政府。此后布哈拉成为俄罗斯附庸国。	除泽拉夫尚和卡什卡河流域的基本领土外，还包括今土库曼、塔吉克和阿富汗部分地区
		希瓦	1873 年成为俄罗斯保护领。1920 年 2 月 1 日俄罗斯推翻希瓦王朝政府。此后希瓦成为俄罗斯附庸国，并改国名为花剌子模。1925 年并归乌兹别克（其后又并归苏联）。	包括阿姆河下游，咸海南岸的花剌子模绿洲等地。
		浩罕	1868 年成为俄罗斯保护领。1876 年 2 月 19 日为俄罗斯并吞。	核心地区在包括浩罕、安集延、马尔吉兰、纳曼干等城市的费尔干纳盆地
		阿布哈兹	1810 年成为俄罗斯保护领，1867 年为俄罗斯并吞。	今阿布哈兹
		伊梅列季亚	1804 年成为俄罗斯保护领，1810 年 5 月 23 日为俄罗斯并吞。	今格鲁吉亚伊梅列季亚州
		古里亚	1804 年成为俄罗斯保护领，1830 年为俄罗斯所灭。	今格鲁吉亚一部分
		明格列里亚	1803 年成为俄罗斯保护领，1867 年 1 月 4 日为俄罗斯所灭。	今格鲁吉亚一部分
		格鲁吉亚	1783 年成为俄罗斯保护领，1802 年 4 月 24 日为俄罗斯并吞。	今格鲁吉亚一部分
比利时	非洲	比属刚果	1885 年比利时在其占领的东刚果地区建立刚果独立国。1908 年比利时取消刚果独立国，将其地改称比属刚果。	今刚果（扎）

续表：

殖民国家	洲别	殖民地名称	建立时间	所辖范围
比利时	非洲	卢安达—卢旺达	1899 年成为德意志保护领，被划归卢安达—乌隆迪。1922 年成为比利时保护领。	今卢旺达
		乌隆迪	1899 年成为德意志保护领，被划归卢安达—乌隆迪。1922 年成为比利时保护领。1961 年实行内部自治。1962 年 7 月 1 日独立。1966 年改国名为 Burun-di。	今布隆迪
丹麦	美洲和大西洋	格陵兰岛	1775 年成为丹麦殖民地。1979 年成为丹麦自治邦。	今格陵兰岛
		丹属西印度群岛	1650 年圣·克洛伊岛成为法兰西殖民地。1733 年丹麦从法兰西购得圣·克洛伊岛。1756 年丹麦将圣·克洛伊岛与其他丹属岛屿组成丹属西印度群岛。	今维京群岛
		法罗群岛	1814 年成为丹麦的海外属地。1948 年起成为丹麦自治邦。	今法罗群岛
意大利	欧洲	佐泽卡尼索斯群岛	1915 年成为意大利殖民地。1948 年并归希腊。	今希腊佐泽卡尼索斯群岛
	非洲	意属利比亚	1919 年成为意大利殖民地，1934 年 1 月 1 日意大利将其在利比亚属地的黎波里塔尼亚和昔兰尼加合并为意属利比亚。	今利比亚的一部分
		意属索马里	1905 年成为意大利殖民地。1936 年被划归意属东非。1949 年成为意大利托管地。	今索马里的一部分
		厄立特里亚	1890 年成为意大利殖民地。1936 年被划归意属东非。	今厄立特里亚
		埃塞俄比亚	1889 年埃塞俄比亚成为意大利之保护领，并被称为阿比西尼亚。1906 年不列颠、法兰西和意大利划分在埃塞俄比亚的势力范围。1936 年意大利征服埃塞俄比亚，使阿比西尼亚成为其殖民地，划归意属东非。	今埃塞俄比亚

殖民国家	洲别	殖民地名称	建立时间	所辖范围
美国	亚洲和太平洋	菲律宾群岛	1898 年西班牙将菲律宾群岛割给美国。1901 年菲律宾群岛成为美国殖民地。	今菲律宾
		关岛	1898 年西班牙割让给美国,成为美国殖民地,隶属菲律宾群岛。1899 年成为单独殖民地。	今关岛
		威克岛	1899 年西班牙割让给美国,成为美国殖民地。	今威克岛
		东萨摩亚	1900 年成为美国殖民地。	今东萨摩亚
	非洲	利比里亚	1821 年美国殖民协会在梅苏拉多角建立黑人释奴殖民地,其后陆续建立其他殖民地。1824 年梅苏拉多角殖民地扩展为利比里亚殖民地。	今利比里亚
	拉美洲加勒比海	古巴岛	1899 年西班牙将古巴割给美国,美国遂占领古巴。1902 年后古巴继续成为美国的附庸国。	今古巴
		波多黎各岛	1898 年西班牙将波多黎各岛割予美国。	今波多黎各
		美属维京群岛	1917 年美国从丹麦购得丹属西印度群岛,并将之更名为美属维京群岛。	今美属维京群岛
		巴拿马运河区	1903 年成为美国殖民地。	今巴拿马一部分

资料来源:殖民地,http://baike. baidu. com/view/34807. htm(2009 - 6 - 17);

殖民体系一览表,http://www. geocities. com/kfzhouy/Colony2c. html (2009 - 6 - 18)。

18 世纪中期到 19 世纪 70 年代,欧洲列强对外殖民扩张是资本主义经济发展的必然。一方面是工业革命的发展促使新兴资产阶级在全世界范围内抢占商品市场和廉价原料产地。早在工场手工业时期,资本主义便通过对殖民地的掠夺来补充自身发展的需要。工业革命的开展,极大地提高了社会生产力,使得资本主义生产的发展"只有原料和销售市场才是它的限制",因此,最大限度地占有原料产地和销售市场,便成为推动资本主义列强进行全球性扩张的原动力。另一方面是资本主义国家通过工业革命增强了经济和军事实力,它们所掌握的廉价商品和火枪轮船,为它们征服世界提供了物质条件。第三方面是各个资本主义国家在扩张程度和方式上虽然有所不同,但都具有竭尽全力去进行侵略扩张的共同性。

英国工业革命自 18 世纪 60 年代开始,到 19 世纪 30 年代末基本完成,是最早进行和完成工业革命的国家。工业革命使英国成为世界上最先进的资本主义工业国,成为世界各国工业品的主要供应国。机器大工业的发展,要求英国迅速扩大国外市场和原料产地。自 19 世纪初开始,英国凭借雄厚的经济军事实力,在世界各地大肆进行殖民扩张。英国海外殖民地的面积,也由 1800 年的 1130 万平方公里,迅速扩大到 1850 年的 2000 万平方公里。到 1876 年,英国海外殖民地面积达 2250 万平方公里,人口达 2.5 亿人,成为世界上最大的殖民帝国。

对于 19 世纪英国不断扩张的原因,早在 1883 年,英国剑桥大学近代史教授约翰·西利爵士在他的《英格兰的扩张》一书中提出一个流行很广的观点:"我们似乎是在一阵心不在焉中征服和殖民了半个世界。"[1]约翰·西利是第一个把英国的对外扩张放到近代国际关系大背景下进行考察的历史学家。此后,有关英国海外扩张的动力、原因、方式等问题,开始引起学者们的极大兴趣与关注,对这个问题的探讨不断深入。比如,美国历史学家戴维·罗伯茨提出:"帝国的扩大,反映了帝国内部支持扩张的力量,要比伦敦怀疑帝国思想方面的力量大得多。这许多力量,加上英国的海军势力、工业强盛和世界性联系,就使得这个前所未有的、最大最富有的、人口众多的帝国,在不知不觉中成长起来,构成了一个名副其实的大英和平圈。"[2]比德·马歇尔也将帝国的扩张与英国的各个社会阶层相联系,认为"扩张反映了英国社会许多阶层寻求贸易、掠夺、土地、官职、知识等机会的愿望,简言之,就是来自世界的所有好处"[3]。其他一些学者也从不同角度解释英国殖民扩张的原因。

从根本上讲,英国殖民扩张的原因是资本主义发展的需要,但也有一些具体的事件和利益需要推动扩张的进行。首先,保卫和促进英国的商业贸易需要。英国政府与本国商业贸易的关系,集中体现在对开拓海外新市场的支持上。19 世纪中叶英国在印度洋和南太平洋的顺利扩张,说明政府与东印度公司以及公司殖民官员之间存在着某种默契和根本上的一致。

① J. R. Seeley, The Expansion of England, Boston: Roberts Brothers, 1883, p. 7

② C. C. Eldridge. British Imperialism in the Nineteenth Century, Macmillan, 1984, p. 29.

③ Peter. J Marshall, The Cambridge Illustrated History of British Empire. Cambridge, 1896, p. 23.

其中占领新加坡的例子最为典型。新加坡位于马来半岛最南端,是扼马六甲海峡的"咽喉",而马六甲海峡则是欧、亚、非及大洋洲之间的重要通道。英国人急于想打破荷兰人对马来半岛及印尼群岛的贸易垄断。拿破仑战争中,英国迅速占领爪哇和马六甲,但 1816 年又被迫归还,荷兰人得以继续控制东印度。1818 年 12 月,英属明古连副总督斯坦福·莱佛士,在印度总督弗朗西斯·黑斯廷斯勋爵支持下,率领一支远征军从加尔各答出发,于次年 1 月在新加坡升起东印度公司的旗帜。岛上当时一片荒凉,居民大约不到 150 人,但莱佛士确信占领该岛在商业上意义无比重大,他向公司报告说:"荷兰人的时代已经打破,一个飘扬着我们旗帜的独立口岸将自动重建,它足以阻止荷兰人曾经在这些海域实行的垄断。"[1]19 世纪,英国在工业革命的推动下,经济实力在世界上已无可匹敌,海军舰队也是独领风骚,这为英国人提供了更广阔的视野与发展空间,英国迫切需要的,不再是获取新的海外领土,而是最大限度地扩展贸易。就像 1830 年英国《评论季刊》写的那样:"我们在东方海域的势力应当维持;不能设想任何针对我们伟大商业的致命打击,能比放弃这些有价值的属地更为有效。"[2]但贸易特权的获得与商业的扩张,几乎不可避免地要伴随着各种形式的武力威胁、外交欺诈、军事侵略,甚至领土的兼并。这是英帝国版图迅速扩大的首要原因。

其次,建立全球战略防卫体系的需要。贸易与商业利益的追求,决定了英帝国必须同时将贸易和安全作为一个基本原则。而要保证帝国海外贸易的安全,除了维持一支占压倒优势的海军舰队外,在全世界各交通要道建立军事要塞和海军基地,以形成一个全球战略防卫体系,就成为必然的选择。16 世纪以来,英帝国的贸易主要围绕北美、西印度、印度进行,因此,这些贸易通道上的要冲及其周边地区,就成为英国着力去占领的地方。第一帝国时期,英国已经在大西洋和地中海西部建立起许多重要的军事据点。北美 13 个殖民地丧失后,英国开始将注意力逐渐转向印度洋和太平洋,印度遂成为帝国新的中心。反法战争为英国在东方夺取战略要地提供了天赐良机,好望角、锡兰、马耳他岛、爱奥尼亚群岛、毛里求斯岛、塞舌尔群岛,这些通往印度海上通道的重要岛屿被英国人轻易夺取。19 世纪 30

---

① V. Harlow. F. Madden(eds.), British Colonial Developments, Selected Documents. Oxford, 1953, p. 73.

② Gerald S. Graham, The Politics of Naval Supremacy, Oxford, 1965, p. 42.

年代,面对法国和埃及共同构成的威胁,英国迫切需要在红海与波斯湾地区占领据点,以保卫印度。1839 年 1 月,英国从印度孟买派遣一支 700 人的舰队攻占亚丁,使其成为英国的保护地。亚丁作为皇家海军基地,具有重要的战略价值。它扼红海入阿拉伯海咽喉的地理位置,一旦从红海到印度的交通线受到威胁,英国就可以在亚丁迅速进行大规模海军集结。除亚丁以外,英国还同时将势力打入波斯湾,1861 年将巴林变成保护国。通过亚丁和巴林这两块战略要地,英国牢牢控制了红海到印度、波斯湾到印度的贸易交通线。在东南亚,占领新加坡之后,1846 年英国通过积极支持詹姆斯·布鲁克向文莱的进攻,获得拉布安岛及其附近岛屿。由此,英国人便在从马六甲海峡到中国的贸易航道上有了一个重要的立足点。从 18 世纪末至 19 世纪中期,由于集中夺取、占领和控制一大批战略要地,英国建立皇家海军的基地和给养供应站,并形成战略上的防卫链条,直到 19 世纪末,帝国通往印度和中国的海上通道始终保持通畅,从未受到过真正的威胁。

从地中海、红海、阿拉伯海到波斯湾,从大西洋、印度洋到太平洋,从开普敦到广州,从直布罗陀到孟买,帝国贸易通道上所有的战略要地都有英国米字旗在飘扬。这些遍布世界交通要道上的军事基地,为英帝国在全球范围内快速调动和派遣海军,为英国"炮舰政策"的实施,为英国商业向全世界的扩张,提供了最好的保障。这样,对世界市场的追求,对贸易通道安全的追求,成为 19 世纪英帝国扩张的基本原则与动力,它就像是一个永不休止的魔咒,驱使着自由主义时代的英国人在扩张的道路上一路向前。

殖民地管理体系的发展

近代资本主义殖民政策是资本主义国家在其形成和发展进程中,征服、掠夺、剥削和统治落后国家,使之变成自己的殖民地、半殖民地和附属国,以有利于自己的生存和发展的对外政策。近代资本主义在其经历的商业资本主义时期(16 世纪至 18 世纪)、自由资本主义时期(18 世纪至 19 世纪下半叶)、垄断资本主义(19 世纪下半叶至第二次世界大战)三个发展阶段中,推行内容不尽相同、各具特点的殖民政策,并建立起相应的殖民制度。

随着殖民地的扩张,西方殖民国家在殖民地建立起各具特色的组织管理体制。这类体制大多与宗主国的自身特点有着直接的联系,并且随着时间的推移,不断发展变化。概括起来说,殖民地组织管理体制大体上可分为直接统治和间接统治,但在各个时期,每个国家又具有不同的特点。

殖民政策、制度的发展

商业资本主义时期多数西方国家奉行重商主义政策,对内限制、取消关卡,实行税制统一,使商品转运通畅;对外发展航运业,支持海外贸易和殖民掠夺。这一政策规定这一时期殖民政策的内容和走向。概括地说,这时期推行的是商业资本的殖民政策。其主要内容:一是政治上的移植性。在政治上,此时殖民统治的一般特点是殖民地纷纷移植宗主国的社会制度。西班牙在墨西哥和秘鲁重建伊比牛斯半岛上的社会结构,其殖民政府的机构和观念都接近母国;葡萄牙在巴西的殖民机构也充分反映了葡萄牙自身的政治特征;法国殖民地显示出宗主国绝对君主制的印记;英国也将自身的政治观念和制度移植到美洲。[①] 二是经济上的重商主义。在这一时期,由于西欧的资本主义发展尚处在起步阶段,西班牙和葡萄牙这两个最大的殖民帝国经济水平还相当落后。因此,以殖民地贸易垄断制度为特色的重商主义成为西、葡积极推行的主要经济政策,包括实行保护关税制,不准许外国参与本国殖民地范围内的任何贸易,限制和禁止殖民地之间的相互贸易,只允许它们与宗主国有贸易活动,以"强迫供应制""单一种植制"等强令殖民地生产和供应宗主国所需产品,并规定贱买贵卖的价格,实行不等价交换和超经济强制,对殖民地进行野蛮的剥夺。另外,各宗主国推行的特许港口制、双船队制、护航舰制、航海条例等,都是贸易垄断政策的产物。

在18世纪60年代开始的工业革命的推动下,西方资本主义进入自由资本主义发展阶段。资本主义各国在"自由贸易"的幌子下,凭借科学技术和机械化大生产的优势,以炮舰开路,强制实行不平等贸易,使更多的殖民地、半殖民地成为自己的廉价原料供应地和商品倾销市场,使之以经济附庸身份纳入世界资本主义体系。具体说这一时期的殖民政策有四方面内容:一是运用廉价商品"重炮",开辟广阔的海外市场。首先是英国打出

---

① D. K. Fieldhouse, The Colonial Empires, A Comparative Survey from the Eighteeth Century, London,1982,pp. 14－62.

"自由贸易"的旗帜,废除《谷物法》和《航海条例》,逐渐取消贸易垄断和全面放弃保护关税制,其他国家也调整了殖民政策。这一时期,向殖民地输出工业制品和掠夺那里的原料成为自由资本主义剥削殖民地的主要方式。二是改造殖民地的经济结构,使其成为宗主国的廉价原料生产和供应基地。各宗主国在殖民地推行单一作物制或单一工业原料供应制,迫使农民接受奴役性的合同,强令他们种植和出售某种农作物。为了保障商品流通,殖民者在殖民地兴办铁路、港口及加工制造业,客观上启动了殖民地近代化过程。三是以炮舰政策扩大和加强对殖民地的侵略和压榨。西方列强以炮舰政策开路,把包括割地、赔款、建立商站、开放港口、协定关税等内容的不平等条约强加给东方国家,肆意地侵略和压榨殖民地、半殖民地国家。四是剥夺被殖民国家的关税自主权,强制推行差别关税。西方殖民国家以炮舰相逼签订不平等条约,在殖民地和半殖民地国家实行差别关税,宗主国输入的货物实行低税率关税,有的甚至免税;而由殖民地输入宗主国的制成品则课以高额关税,或禁止进口,从而实现差别关税,保证殖民地半殖民地国家成为原料产地和商品销售市场。[①]

19 世纪末在第二次工业革命浪潮推动下,主要资本主义国家进入垄断资本主义阶段,即帝国主义阶段。资本主义国家的殖民政策也随自身经济结构的变化发生了较大的调整。一是宗主国极力抢占殖民地,对殖民地或者实行政治经济利益的独占,或者实行不带政治兼并的经济兼并。19世纪末,各帝国主义国家掀起瓜分世界的狂潮。到 20 世纪初,非洲大陆基本被帝国主义列强瓜分完毕。中东成为英、德、俄等展开激烈角逐的场所。在远东太平洋地区,中国、朝鲜、菲律宾、马来西亚、越南、泰国等国家也先后沦为殖民地、半殖民地和帝国主义附属国。帝国主义的殖民体系基本形成,近代资本主义推行殖民政策达到顶峰。二是资本输出成为宗主国掠夺殖民地的最主要形式,鼓励和强迫殖民地发展单一经济,以便使之成为宗主国的原料产地。西方列强为了追逐垄断高额利润,把"过剩资本"输出到殖民地、半殖民地国家。投资的方式大部分是直接投资,即利用殖民地工资低、原料贱、地价便宜等条件,投资于铁路、采矿、农业加工业等,直接榨取剩余价值并垄断自然资源和原料。也有间接投资,即以发行各种债券、购买股票、发放贷款等方式投资银行金融业,以实现对殖民地、半殖民

① 王韵华:"略论近代资本主义殖民政策的演变",《历史教学》,1988 年第 8 期。

地经济命脉和内政外交的控制。据统计,20 世纪初各帝国主义国家对殖民地、半殖民地的资本输出,占它们海外投资总额的比例,英国为 50%、美国为 43%、法国为 30%。三是发动重新瓜分世界的战争,争夺世界殖民霸权,构成帝国主义殖民政策的重要内容。资本主义经济发展的不平衡性必然导致占有殖民地矛盾的尖锐化,致使发动战争成为重新瓜分世界的主要途径。它突出表现为各帝国主义国家军备竞赛加剧,冲突频繁。1898 年美西战争、1899—1902 年英布战争、1904—1905 年日俄战争,这三次早期帝国主义重新瓜分世界的战争,未能解决帝国主义之间占有殖民地的矛盾。随着各帝国主义力量的消长和利害关系的演变,终于爆发重新瓜分世界的第一次世界大战。

殖民地组织管理的发展

商业资本主义时期,欧洲国家在美洲和加勒比海地区的殖民地管理方式基本相同,主要是对殖民地采取直接统治的方式,基本上把本国的社会治理形式照搬到殖民地,重建宗主国的社会结构。具体做法是废除传统的统治者和社会制度,直接向殖民地派出代表国王的总督或副王,由其与派往殖民地的其他官员组成一个官僚机构进行管理。在这个官僚机构中欧洲人占有重要的地位,非欧洲人只能担任较低的职务。此时期,西班牙对美洲殖民地的统治最为典型。西班牙把美洲殖民地分为几个总督辖区,其总督都由西班牙国王直接任命,在殖民地代行国王的权力,总揽行政、财政、司法和军事等方面大权。为了管理这个庞大的殖民帝国,西班牙还在马德里设有西印度事务委员会,专门负责制定殖民地政策。西班牙还将其国内的封建土地制度和人身依附关系移植到殖民地去。西班牙国王宣称殖民地的全部土地都是王室的财产,所有印第安人都是国王的臣民。1503 年又将大量土地交给殖民地的西班牙贵族、官吏和教士管理,使他们的地位与欧洲中世纪的封建领主相似。

自由资本主义时期,西方资本主义国家开始采取直接和间接统治的方式来治理殖民地。其中以英国和法国对殖民地的管理最具典型。这一时期,英属殖民地大体可分成三种类型:一是早期建立的加勒比地区殖民地;二是各种移民垦殖殖民地;三是皇家殖民地,这类殖民地数量最多。在 19

世纪 80 年代之前,上述三类殖民地构成英帝国的基本组成部分。[①] 对庞大殖民地的管理,英国主要采取两种方式,一是在白人移民垦殖殖民地逐步采取建立自治政府,实行间接统治的办法来管理。这种自治政府主要建立在白人移民垦殖殖民地,如加拿大、澳大利亚、新西兰等。它们都有一个大致相同的特点,即每个殖民地都是独立的单位,独自管理自己的内部事务,宗主国政府一般很少对它们进行直接的干涉。二是在皇家殖民地,则是依赖于专制政府,以直接统治与间接统治为手段,来维护它在这些地区的殖民权益。这种专制政府主要建立在英属印度和其他热带地区的殖民地。在 18 世纪 70 年代后,它们被统称为皇家殖民地。由于地区各异,成为殖民地的时间也不尽相同,从而使这类专制政府之间存在着一些差别。但它们的基本特征却是相同的,即这类专制政府都处在英国派出的总督掌管之下,并且受到来自伦敦方面的严密监管。法国对殖民地实行直接统治,并把殖民地作为共和国的一个组成部分,建立专制政府,推行"同化"政策,企图从政治、经济和文化领域对殖民地实行更全面的控制。[②]

　　垄断资本主义时期,西方国家对殖民地的统治方式趋向多样化。英国对殖民地更多地采取"间接统治"的方式,保留原来的土著政权,设法令殖民地在政治上与经济上达到自立。英国在非洲和印度,仍保留许多原有的土邦国,如印度的海德拉巴邦、克什米尔邦,非洲的布干达王国、巴苏陀兰王国、桑给巴尔苏丹国,中东及东南亚的一些酋长国和苏丹国等。在被划为皇家殖民地的地区,也保留原有的部落、乡村等行政机构,并任用当地人为次级地方官员。其中以英国殖民总督卢加德在北尼日利亚建立的行政管理体制最为典型。卢加德创立的间接统治体制包括四个基本要素:一是英国的宗主权,这是实行间接统治的前提。这种宗主权包括对全部土地的最高所有权,任命土著首领(埃米尔)和所有国家官员之权以及立法权和征税权。土著统治者只有接受英国宗主权,其权势和地位才能得以维持。而在北尼日利亚的英籍高级殖民专员(后称总督)、驻扎官和地方长官则分别对各级土著统治者进行监督和指导,使他们成为英国宗主权在殖民地的具体体现者。二是土著政权,这是整个间接统治制度的基础。1907 年颁布的《土著权公告》,以法律形式确认北尼日利亚各级土著政权的存在。

　　① D. K. Fieldhouse,The Colonial Empires, A Comparative Survey from the Eighteeth Century, pp. 12 - 49.
　　② 高岱:"英法殖民地行政管理体制特点评析(1850—1945)",《历史研究》,2000 年第 4 期。

各级土著官员由英国总督任命并授予委任状,他们不得作为独立的统治者而应作为附庸对当地居民进行统治,并要宣誓效忠英王。土著政权的主要职责是维持治安,征收税款,执行总督的命令,还负责一些地方建设的工作。土著政权可以拥有少量警察,但不得组建军队。三是土著税收,这是间接统治制度的经济支柱。1903年和1904年先后颁布的《土著收入公告》和《土地收入公告》,规定由英国官员协助土著首领确定各村、镇应纳的年度直接税额,由土著官员负责征收。土著政权可留取一部分税额用来支付地方官员的薪水和公共建设费用,其余部分则上交英国殖民当局。四是土著法院,这是间接统治制度的保障。1900年颁布的《土著法院公告》授权驻扎官发给土著法院许可证,允许其对土著居民拥有司法权,但主要限于民事案件,对刑事案件仅拥有十分有限的审判权。至于白人之间及白人与土著之间的各种纠纷,则由参照英国法律制度建立的高等法院和省法院来审理。[1]

法、葡、西等国进一步改进直接统治方式,尽力将殖民地在政治和经济上与宗主国结为一体,大力灌输宗主国的文化与生活方式,以便同化尽可能多的殖民地人,或者至少也要使被统治民族对统治民族产生密切的认同感。这些政策的主要目的就是要使殖民地国家的受教育阶层(通常是当地的上等富有阶层)感到自己的命运与宗主国休戚相关,并摒弃土著生活方式。其中以法国在印度支那实行的"杜美体制"最为典型。1897—1902年间,保罗·杜美在任法属印度支那总督期间创立这一体制。其特点是,总督集大权于一身,驻各地的欧洲殖民官员和土著官员都直接对总督负责,从殖民政权的最上层直到最底层都是如此。上级对下级的要求是多服从少自主,下级对上级要绝对负责。同时,在这一体制中,也存在着一些以土著人为主的辅助性机构,如笼络当地名流士绅而设立的土著咨询会议、贵族会议等,这些机构的成员从表面上看是经过选举或推选产生的,实际上都要经过殖民当局的严格挑选后才能当选。这些机构是咨询机构,大都不能发挥行政管理的作用。例如在柬埔寨的咨询议会中,议员们所能做到的仅仅是提出某些当地居民渴望解决的问题,以此来引起驻扎官的注意。如有人过多地干预地方行政,就将受到司法的制裁。安南和东京的土著人咨询会议甚至连讨论政治问题的资格都没有,而交趾支那中央大议会的议员

---

① 高岱:"英法殖民地行政管理体制特点评析(1850—1945)",《历史研究》,2000年第4期。

们所能做的仅是就一些地方性的财政预算提出协商性意见。①

资本主义世界殖民体系的影响

从总体上讲,资本主义世界殖民体系,是建立在资本主义列强全球扩张的基础之上的,而资本主义列强的全球扩张,不论是军事上的、经济上的或是文化上的,其目的都是为了掠夺。就其性质来说,是侵略性的,是非正义的。亚洲、非洲和拉丁美洲广大地区在遭受资本主义列强侵略奴役之前,一般都处在前资本主义的社会发展阶段,其特点是社会封闭落后,经济水平低下,发展速度极为缓慢。资本主义列强的侵略,使得资产阶级"把一切民族甚至最野蛮的民族都卷到文明中来了","过去那种地方的和民族的自给自足和闭关自守状态,被各民族的各方面的互相往来和各方面的互相依赖所代替了",从而客观上起到在世界范围促进人类历史发展进程的作用。资本主义列强把广大地区变为殖民地或半殖民地,只是为了把这些地区变为本国资本主义经济的附属,变成自己的原料产地、商品销售市场和资本输出地,而绝非要在这些地区发展资本主义,改变其落后面貌。

但具体分析,资本主义殖民体系对东方落后国家的统治所带来的社会后果具有双重性。马克思在谈到英国对印度统治时,对殖民主义的双重作用作了最精辟、最科学的论述:"英国在印度要完成的双重使命:一个是破坏性使命(即消灭旧的亚洲式的社会),另一个是建设性的使命,即在亚洲为西方式的社会奠定物质基础。"②如何理解马克思关于殖民主义双重使命的论断? 这实际上涉及三个问题:即破坏性、建设性以及破坏性与建设性二者之间的关系。

一是殖民掠夺的破坏性。西方殖民者的野蛮掠夺、残酷统治给东方国家带来前所未有的灾难,破坏了东方原有的社会形态。包括西方殖民者从非洲掠夺人口、贩奴,在美洲大批屠杀印第安人,这些都是造成东方国家人口锐减的原因,还包括肆意勒索、战争赔款、不等价交换、征收各种苛捐杂税、商品倾销等手段,摧毁了东方各国的手工业,破坏了农业,造成大片土地荒芜,使农民、手工业者破产,饥荒不断发生。总之,它造成东方各国社

---

① 高岱:"英法殖民地行政管理体制特点评析(1850—1945)",《历史研究》,2000 年第 4 期。
② 《马克思恩格斯选集》(第 9 卷),第 247 页。

会远远落后于西方,使人民贫困化。

二是殖民主义的建设性。西方殖民者的统治、剥削在客观上为东方国家建立起西方式资本主义社会创造了前提,奠定了必要的物质基础。以英国对印度的统治为例,马克思、恩格斯作了分析:首先,国家的统一为印度建立起西方式社会奠定了政治上的前提。19世纪中期,英国完全征服印度,最终结束了印度长期封建割据和混战的局面,从而实现政治上的统一。一方面,由于有一支英、印军队的保卫,起到防范邻近外族侵扰的作用,使统一局面更加稳定。另一方面,由于英国统治印度以后采取一系列措施,修复扩建公路,修建铁路,架设电话线,沟通各地贸易往来,加强印度各地联系,使印度在一个政府、一部法律和统一关税的管辖之下,这就使印度的统一有了更牢固的基础,这一切都为以后建设西方式社会创造了物质前提。其次,农村公社的解体与手工业的衰弱为印度资本主义化创造了条件。英国统治印度以后推行了各种政策,如土地税制,商品倾销,把印度变为原料产地,这些政策引起一场深刻的社会变革,不仅彻底摧毁了农村公社和传统的手工业,破坏了自给自足的自然经济,使农民和手工业者破产,更重要的是出现了商品货币关系的发展,促成社会自由劳动力的形成,这一切都为印度建立起西方式的资本主义社会创造了条件。第三,修建铁路必然要促进印度民族工业的兴起。英国占领印度后,为加速把它变为工业品倾销市场和原料产地,加紧修筑铁路网,办起与铁路有关的工场和企业。英国的做法在客观上为印度近代民族工业的兴起创造了条件。第四,为了经济掠夺的需要,英国在印度培训掌握近代交通、工业所需要的各方面人才,在印度土著居民中逐渐培养出一批具有初步文化知识、懂得欧洲先进科技、并且有管理国家能力的新的知识分子,它的出现,不仅为后来发展印度民族工业提供了一支重要力量,而且一部分先进分子成为后来民族运动的先驱者。

三是破坏性与建设性之间的关系。辩证地看,西方殖民者对东方国家的殖民侵略与掠夺为后来东方国家资本主义的发展起了建设性作用,这种建设性是破坏性的延续和必然结果,是殖民者的主观意图和客观效果的关系。殖民主义对东方各国的统治和奴役,最终破坏了东方各国前资本主义社会形态赖以生存的基础,使其发生一场深刻的社会变革。这种变革本身又为落后国家建立起西方式资本主义社会创造了前提条件,奠定了物质基础。就这一点来说,殖民主义和资本主义的统治在客观上起到了一种促进作用。因此,马克思说:"殖民主义充当了历史发展的不自觉的工具。"

18世纪中期到19世纪70年代这一百多年,工业革命使已经在欧洲出现的现代性的关键性制度得到发展,并最终确立起来。欧洲各国凭借大工业造出的坚船利炮和物美价廉的工业产品,最终征服其他所有的文明,建立起世界殖民体系。为了方便分段梳理全球化发展脉络,我们称之为殖民时代。这个时代是欧洲国家凭借工业革命强劲的发展动力,实现或正在实现工业化,在政治上确立了资本主义政治制度,经济上建立起市场经济制度,对外进行全球性的殖民扩张,在全球化过程中处于中心和主动地位。而美洲、亚洲、非洲、大洋洲各地原有经济和政治制度正处在相对衰落时期,被动地卷入全球化过程,处于边缘位置。这个时代全球化的形态总的来说,全球流动和相互联系的强度与本土化的交往和联系相比,一般是比较低的,而且全球关系的制度化和正规化依然非常有限,但全球交往和联系正在变得更加频繁。

但这个时代欧洲的扩张还不真正具有全球性,而是主要集中在美洲、大洋洲,不过在非洲西海岸和南部非洲已经建立了人口不多的前哨基地,在南亚,英国在印度的存在正变得更加牢固,在东亚,西班牙人在菲律宾群岛、荷兰人在爪哇、葡萄牙人在中国澳门和帝汶岛建立基地,在广阔的中亚平原和西伯利亚平原上,俄罗斯的存在和力量不断壮大,势力扩张到了太平洋沿岸。欧洲在这些地区的扩张造成了以前与世隔绝的美洲和大洋洲被紧紧地结合进新的、明显的全球关系之中,同时为进一步在南非、印度和东亚等地区的扩张奠定了基础,这些地区在下一个阶段,也会被毫无保留地拖进全球关系之中。而在欧洲和北美出现的一系列新发展,包括经济的、政治的、社会的创新和一些制度化、组织化联系的出现,改变并强化着这个时期的全球化。

第九章

资本主义生产方式的逐步确立

　　从 18 世纪 60 年代开始,英、法、美、德等国借助第一次技术革命,特别是交通运输和邮电通讯工具的发展,相继开始工业革命,建立工厂制,从而使社会生产力空前提高,其产品也源源不断地涌入世界各地。交通运输和邮电通讯的发展,大大地缩短了时空距离,极大地方便了商业信息的沟通和商品在世界各地的流通。大机器生产使世界工业的增长速度大大地高于以往。1781—1790 年间与 1701—1710 年间相比,世界工业生产指数增长了 2.3 倍;而 1812—1870 年间与 1802—1812 年间相比,世界工业生产指数又提高了 5.1 倍。[①] 在 1820—1870 年间,英、法、德、美四个主要资本主义国家在世界工业生产中的比重一直占 70%以上。至 1870 年前后,英、美、法、德等主要资本主义国家已经完成或接近完成工业革命(英 1840 年、美 1860 年、法 1870 年、德 1880 年,日本则于 1904 年才完成工业革命)。在世界生产力得到巨大提高的同时,占主导地位的生产关系也发生巨大变化,前资本主义的生产方式在西方各国逐步经过革命或改革,被资本主义生产方式所取代,当工业革命在西方主要国家完成时,大工业生产成为世界的主导生产方式,无产阶级与资产阶级的矛盾成为世界生产关系的主要内容。

[①] 宋则行、樊亢主编:《世界经济史》,经济科学出版社 1998 年版,第 122 页。

现代工厂制度的形成

工业革命前,工业生产的主要形式有家庭作坊和手工工场。手工作坊是最普遍的生产组织形式,它是独立的手工劳动者自己经营的小型生产单元。当时,手工作坊仍然与农业有密不可分的联系:作坊主一般都有土地和牲畜;作坊的生产时间也是根据农业生产季节来安排的,农忙时干农活,农闲时从事手工劳动。而手工工场是完全从事工业生产的劳动组织形式,它的特点主要是规模大、分工细。分工的重大意义就在于它"使工匠成为丧失独立性的依附劳动者"①,而工场主成为拥有资本的雇主,现代意义上的两大阶级开始萌芽。

生产模式的转换——工厂制度的形成

从 17 世纪开始,欧美主要国家的社会经济发生深刻的变化。欧美国家发生的资产阶级革命为资本主义经济的迅速发展创造了有利的政治条件;通过对农民的彻底剥夺,为资本主义大工业的发展提供了充分的劳动力和国内市场;海外贸易的迅速发展和海外殖民地的迅速扩大,为产品寻找到了广阔的市场;通过大规模的殖民掠夺和奴隶贸易等暴力、欺诈手段,积累了为发展资本主义大工业所必需的物质技术基础。更为重要的是,随着国内外市场的扩大,手工工场的生产已不能满足市场日益增长的需要。因为,手工工场是以手工劳动为基础的资本主义企业,它既不能进行大规模的生产,又不能把小生产者从本部门中完全排挤出去。这种形势推动着生产技术的改革和创新,就是要以规模化的机器生产代替手工生产。

18 世纪 60 年代,以蒸汽机动力的使用为标志的工业革命引起了生产工具的变革,生产工具的变革必然导致生产的经营和管理上的变化。因此,纺织、冶炼、机器制造、造纸、玻璃等行业建立了一系列工厂,工厂制度开始形成。19 世纪 50 年代,英国已有棉纺织厂 1932 家,毛纺织厂 1497家,绒、麻、丝织工厂 1070 家。工厂已成为全国占重要地位的生产组织形式,其工业产量已占全国生产总值的 33.8%。总之,在最先进的经济部门中,主要的新生产单位便是工厂,把许多工人集中在工厂进行系列性的工

---

① 马克思:《资本论》(第 1 卷),人民出版社 1975 年版,第 358 页。

作,改变了以往分散和集中的个体劳动为主的手工业生产,也改变了过去商业资本控制下的分发原料、加工制作、定期收购、转运出售的商品产销体制。工厂制首先在英国诞生,随着工业革命的扩散,这种新型生产组织形式迅速传播到欧洲大陆和美国,到19世纪中期,欧美主要国家工业生产中普遍建立了工厂制度。机器大工业代替手工工场在生产中占了绝对优势,从而使社会生产力有了惊人的发展,使用机器生产的工厂工人的生产率,也几倍甚至几十倍于手工工人。以英国为例,从1770—1840年,英国每个工人的日生产率平均提高20倍,英国工业生产迅猛增长,英国原棉消耗量从1800年的5200万磅,增加到1840年的45590万磅;生铁产量1720年为25000吨,1840年增至139640吨;煤产量1770年为260万吨,1836年增至3000万吨。[①] 由此英国建立起强大的纺织工业、冶金工业、煤炭工业、机器制造业和交通运输业五大工业部门,到19世纪50年代取得世界工业和世界贸易的垄断地位,成为世界上最先进的资本主义工业国。

所以,工厂制度的确立,促进了劳动生产率的提高,加速了工业化和资本主义化。同时,也为社会阶级的形成奠定了物质基础,直接催生了第一代工业资产阶级和无产阶级。

英国生产关系的演变:对典型个体的考察

工业革命前,英国资本主义虽然有所发展,资产阶级和无产阶级逐步分化,开始形成,但由于生产方式仍以手工生产为主,分化并不明显。形成中的两大阶级都与旧的生产关系存在千丝万缕的联系,资本家与地主、贵族和商人之间不存在隔阂,工人同时可能也是农民。18世纪60年代,以蒸汽机动力的使用为标志的工业革命却改变了一切,使得社会越来越分化为两大阶级——资产阶级和无产阶级。

英国工业革命不仅是生产技术的革命,同时也是整个生产方式的革命,它引起社会的全面变革。工业化使工厂制度在英国工业中占据统治地位,从而使英国社会阶级结构发生深刻变化。根据1841年的资料,工厂工人在棉纺织业中占68.7%,在毛纺织业中占50%,在丝织业中占40%。因此,马克思说:"机器只是一种生产力。以应用机器为基础的现代工厂才是

---

① 吴于廑,齐世荣:《世界史·近代史》(下),高等教育出版社1997年版,第36页。

生产上的社会关系。"①工厂制度完全改变了工人的地位,因为在工场手工业时期,手工工场工人大都还同农村保持着密切联系,还有可能占有一些简单的工具而成为小生产者。但机器生产的工厂制度,完全割断了工人同农村的联系,他们在城市变成了只能依靠出卖劳动力为生的雇佣工人。同时,机器使工场手工业时期靠高超手艺在生产中居于较高地位的熟练工人,同一般工人一样成了机器的附属物。总之,机器工业不仅使工场手工业时期的手工工人进一步隶属于资本,而且使大量的独立手工业者破产,加入到工人阶级队伍中来。蒸汽织布机在英国采用后,就有 80 万手工织工破产,成为产业工人的后备军。机器是昂贵的工具,只有拥有大量资本的资本家才能占有,这样,便在资本家和工人之间形成一条不可逾越的鸿沟,在社会上形成两个根本对立的阶级——工业资产阶级和无产阶级。

工业资产阶级作为一个阶级,其形成必须有工业化作条件。工业革命前,重大的商业事务照例不实行分工,批发商掌握一切,他既是商人,又是银行家、保险人、股东、工业家等等。18 世纪中后期工业革命产生了一个机械化工厂体系,以迅速降低的成本极大量地生产商品,以致它不再是依靠原有的需要,而是创造其自己的需要,为工业资产阶级的形成创造条件。工业资产阶级最初是由独立的手工作坊主和工场主、发明家、兴办工业企业的商人和贵族转变而来,在工业革命中随着新技术的采用,生产规模的扩大,旧的生产形式已不能适应新形势的需要,于是,在纺织业、冶炼业及其他行业,工厂制应运而生,首先,原手工作坊主、工场主成为工业家。同时,带动工业革命发展的发明家们,凭借技术上的优势一跃成为具有一定实力的工业家。如阿克莱特靠水力纺纱机的发明成为第一家水力纺纱厂的工业家;达比靠焦炭混合生石灰炼铁的新方法成为较大规模炼铁工厂的工业家。另外,对财富的追逐驱使大批拥有雄厚资本的商人和贵族办实业、开工厂。无论这些工业家原属于哪个阶层,共同的生产方式和经济利益,使他们割断了与前工业和商业资本主义之间的种种联系,逐渐发展成一个新兴的工业资产阶级。

在两大阶级形成过程中,英国人口分布和流动也发生根本性变化。由于工厂制度的建立,许多新兴工业崛起,城市人口迅速增长,到 1850 年城市人口已占全国人口的 50%,至 1871 年这一比例已达到 62.8%,英国成

---

① 《马克思恩格斯全集》(第 4 卷),人民出版社 1958 年版,第 163—164 页。

为世界上第一个城市化国家。① 由于新兴工业和城市大多集中于西北部，全国人口流动的明显特征是从传统农业区的东南部流向西北部。工业革命逐步扩及农业领域，其突出的表现是 1789—1820 年间发生的"圈地运动"，使残存的独立小农和茅舍农丧失 371 万英亩土地，最终消灭传统的自耕农阶级。在农村取而代之的主要是三个阶级：大土地所有者、资本主义租地农场主、农村雇佣劳动者。

总之，18 世纪 60 年代开始英国工业革命带来了经济的腾飞，同时也破坏了旧的社会秩序。工业化的突出特征就是生产方式的转换，工业生产由手工工场向工厂制度转变。随着工厂制度的确立，财富逐步集中在工业资本家手中，资本主义雇佣制度在工业中得到巩固和发展，破产的独立手工业者加入无产阶级队伍。从而形成了工业资产阶级和无产阶级两大对立的阶级。建立在工厂制这种生产方式之上的社会生产关系，从产生开始就影响着世界历史的发展，影响着全球化的进程。在下面的分析中，会逐渐理清生产关系作为全球化的本质，对全球化产生着无处不在的影响。

核心区域所有制形式的演变

在英国社会发生巨大变化的稍后一段时间，随着工业革命向欧洲国家和北美地区的扩散，西欧和美国的所有制形式开始发生根本性变化，生产方式逐步由手工工场向资本主义大工厂制转变，农业领域也发生了根本性的变化，封建的和其他前资本主义的所有制形式开始转变为资本主义所有制形式，资本主义农场在这些国家产生并发展起来。从较长一个时间段来分析，这种变化更加明显。从 16 世纪资本主义产生到 18 世纪工业革命的发生，从生产方式和生产关系的角度分析，这是资本主义手工工场时期，是从封建主义到资本主义的过渡时期。这个时期社会阶级关系十分复杂，有封建地主、资产阶级（工业资本家、商业金融资本家、租地农场主）；有工场手工业工人，还有广大的小生产者（农民、手工业者、小商人等）。手工工场工人，大都还占有一点生产工具（例如家用手纺车，织布机等），或者还占有一小块在工余时间可以耕种的土地。这就是说，他们还有可能因此成

---

① 中国社会科学院经济研究所世界经济研究室编：《主要资本主义国家经济统计集》，世界知识出版社 1961 年版，第 7 页。

为小生产者,甚至上升为小业主。这时,稳定的工人阶级还没有形成。资本主义工场手工业在整个经济结构中,与当时广大城市的小手工业和农村家庭工业相比,其分量和地位是微不足道的。资本主义的生产方式和生产关系还处在成长期,还没有完全取代以前的生产方式,稳定的生产关系也没有形成。

工业革命后建立起的工厂制度,以其高度的劳动生产率,逐步排挤各行业的手工工业,在各个产业部门成为主导者,社会生产关系也发生彻底变革。当然,机器生产排挤手工业,也有一个过程。手工工人总是力图以过度劳动、降低生活费用到最低限度的办法,来维持自己可怜的存在,但终究还是被大机器生产排挤出去。在英国,手工棉纺织工人大概在 19 世纪 30 年代末被消灭,法国和欧洲低地国家则是在 19 世纪中期被消灭。手工工场的工人、包买商控制下的手工工人和独立的手工业者,渐渐地都变成大工厂的工人、无产者。手工作坊的小师傅由于没有可能和大企业竞争,也沦落到工人队伍之中。从前的大商人变成工厂主。在纺织工业中,就这样确立了工厂制度的统治。工厂制度在其他生产部门也经历了类似的过程,逐渐统治了各个生产领域。资本主义生产确立起来。社会关系随之发生了彻底的变化。

工厂制度下的工人,跟手工工场的工人相比,发生了质的变化。机器使工人仅有的一点薄产变得一钱不值,昂贵的机器是独立的手工业者和工人完全无力获得的,这样,资本家和工人之间形成了一条不可逾越的鸿沟。集中在城市大工厂里的工人逐渐脱离了农业和副业,成为真正一无所有的无产者。同时,工厂里机器生产的细密分工,把工人变成了听由机器支配的附属品。资本主义生产方式的胜利,排挤了封建地主阶级和一切中间阶级,社会的阶级结构两极分化为资产阶级和无产阶级两大对立的阶级。

从生产领域分析,前资本主义时代是以农业生产为生产主体的,手工业和商业是从属于农业的。资本主义生产方式是以工厂制下的工业生产为主体,无论是从产值,还是从就业人口看,农业在整个国民经济中都退居次要地位,而且农业生产也资本主义化,商品经济取代自给自足的小农经济成为农业生产的主要部分。由于各国历史条件不同,主要资本主义国家资本主义在农业的演进方式也不相同,具有多样性的特点。

在英国,15 世纪以来,从自由佃农和自耕农中产生富裕农民、租地农场主,这是最初的农业资产者。自 15 世纪末开始,以暴力手段圈占农民土地、消灭中世纪农民的运动,推进了农业的资本主义演变。起初是封建地主以暴力圈占土地,把农民赶走,将土地出租给租地农场主经营,建立起资本主义的农场制度。18世纪开始,圈地成为由国会通过议案批准的合法行动,在工业革命展开后,规模更趋扩大。到18世纪末,自耕农基本上被消灭。农业中形成地主、农业资本家和农业工人三个阶层,资本主义在农业中取得完全的胜利。

在美国,资产阶级在独立革命中摧毁了封建土地关系。革命后,政府颁布一系列土地法令,使农民可以低价或免费得到土地,小农的经营普遍建立起来。自由农民成为美国农业中独一无二的代表人物。然后,随着工业革命的开展,自由农民不断发生分化,农业日益被卷入商品市场,资本主义农场逐渐形成。到19世纪末20世纪初,资本主义大农业成为占统治地位的生产形式。

法国与美国的情况类似,所不同的是,由于法国社会经济的某些具体条件,例如,强大的高利贷资本把农民固着在小块土地上进行盘剥,阻碍了农民与土地的分离,由农民分化而形成农业资本家和农业工人的过程要缓慢得多。

德国资本主义在农业中的发展属于另一种情况。封建农奴制是通过自上而下的改革被废除的。农民用"赎金"和自己的份地进行赎买,才解除了封建依附关系和封建义务。这样的改革使地主占有更多的土地和财富,而农民的耕作经营更加困难。地主雇佣贫困的农民组织资本主义农场经营,使封建庄园逐渐演变成容克资产阶级农场。这样,容克地主逐渐资产阶级化,而以前的农奴则成为遭受半农奴制剥削的雇工。在封建残余长期存在的条件下,德国农业缓慢地向资本主义演进。封建残余势力强大的俄国和日本与德国相似,农业中资本主义的发展都属于德国的类型。

各国以不同的途径和方法建立起农业中的资本主义关系,这不仅对以后农业的发展,而且对整个国民经济的发展,都产生了巨大的影响。在美国和英国,农业中无论是生产力的发展还是生产关系的演进都很迅速。在德国、俄国和日本,封建关系的残余被浓厚地保存下来,不仅农业中资本主义关系发展缓慢,而且直到20世纪,它们在国民经济中也都保留有较多封建性的特点。

在殖民时代,生产、贸易、市场、政治、人口、文化等方面逐渐带有世界性。从生产力方面看,从18世纪中期英国发生工业革命开始,现代工厂制度开始形成,大工业创造了交通工具和现代的世界市场,消灭了各国以往自然形成的闭关自守的状态,使每个文明国家以及这些国家中的每一个需要的满足都依赖于整个世界。从生产关系方面看,最基本的资本主义社会准则和政治经济框架在英国、法国、美国等少数国家通过资产阶级革命得以初步确立下来。资本开始掌握越来越大的话语权,表现出对以前各生产阶段所固有的种种界限和限制的否定:一方面创造越来越多的剩余劳动,另一方面希望拥有越来越多的市场,这驱使资产阶级不断地奔走于全球各地,最终形成一个普遍联系的全球市场。最终,资本主义生产方式逐渐占据主导地位。

全球化进程的几个特点

18 世纪中期到 19 世纪 70 年代是全球化趋势发展的重要时期,首先是英国,继而欧洲发生了工业革命,近代工业文明经过两百多年的酝酿,终于冲破各种阻力,以其特有的迅猛的速度发展起来,很快整个世界便感觉到了它的影响。恩格斯是这样评论工业革命对全球化的影响的:"它(工业革命)首次开创了世界历史,因为它使每一个文明国家以及这些国家中的每一个人的需要的满足都依赖于整个世界,因为它消灭了以往自然形成的各国孤立状态。"①从工业革命起全球化的趋势不断加快,到 19 世纪 70 年代,全球化的各种因素流动、传播和融合的速度加快,相互依存的程度加深,相互影响的广度加大,全球化状态已然显现。这种状态主要表现在以下几个方面:

一是经济相互依存程度加深。工业化促进了经济的发展,也改造了经济结构,传统农业经济相互孤立、相互隔绝的状态被工业经济相互依存的国际分工、国际贸易和世界市场所取代。首先,殖民时代国际贸易大发展。表现之一,国际贸易额成倍增长。1800—1870 年,国际贸易额实际增长9.6 倍,而 1720 年到 1820 年的 100 年间,国际贸易额仅增长 1.74 倍。② 表现之二,国际贸易增长速度超过同期世界工业生产的增长速度。1840—1860 年,世界工业年均增长率为 3.5%,而同期的世界贸易年均增长率为

---

① 《马克思恩格斯选集》(第 1 卷),人民出版社 1972 年版,第 66—67 页。
② W. W. Rostow, The world economy : history & prospect , London : the Macmillan press Ltd. , c1978. , p.669.

4.84%;1860—1870 年,世界工业年均增长率为 2.9%,而同期世界贸易的年均增长率达 5.53%。表现之三,国际贸易中商品种类增加,商品结构发生重大变化。在工业制成品中,机器纺织品特别是棉纺织品成为欧洲最重要的大宗出口商品,机器设备以及金属制品进出口数量增加,如英国1825—1872 年,机器出口额从 21 万英镑增加到 820 万英镑,增长 38 倍。在初级产品贸易中,大宗工业原料逐步取代当地特产而成为殖民地最主要的出口商品,国际谷物贸易增长,19 世纪 80 年代谷物的国际贸易增长到15 亿蒲式耳,按价格计算占到世界贸易额 10% 左右。其次,国际分工体系逐渐形成。英国工业革命产生了真正意义上的国际分工,大机器生产促进了工业内部分工的发展,分离出专门从事原料生产、生产资料生产、消费资料生产等不同的工业部门,并扩散到世界各地。如马克思所说:“这些工业所加工的,已经不是本地原料,而是来自极其遥远的地区的原料;他们的产品不仅供本国消费,而且同时供世界各地消费。”①机器大工业引起的国际分工,到 19 世纪中期,基本形成了以英国为中心,包括欧洲主要国家和美国在内的世界城市与广大亚非拉国家组成的世界农村,欧美工业中心与亚非拉原料产地既相互对立又相互依存的国际分工体系。第三,世界市场逐步形成。机器大工业发展的内在要求和国际分工体系的建立,促进了世界市场的形成。到 19 世纪 60 至 70 年代,一个以资本主义经济和近代物质技术为基础的世界市场形成了,集中体现在三个方面:第一,各种贸易组织形式逐步正规化、大型化和专业化,如 1848 年芝加哥出现第一个谷物交易所,1862 年伦敦成立了有色金属交易所等。第二,信用交易代替现货交易成为贸易的主要方式,19 世纪黄金逐渐演变成单一的世界货币,各主要资本主义国家货币制度相继过渡到金本位制。第三,19 世纪 50 年代以后,资本主义周期性经济危机带有了世界性,表明世界各国的再生产周期已经按统一的世界市场机制同步运行。

二是交通通讯等基础设施的迅猛发展,世界各地的距离在时间上和人们的感觉中不断缩小。19 世纪前半期铁路、轮船、电报等近代交通通讯工具已经出现,随着技术的成熟和主要资本主义国家基础建设投入的加大,19 世纪 70 年代交通通讯业的革命才真正完成。此时,英、法、德、美等国的主要铁路干线都已建成并投入运营,印度、拉美等落后国家也出现了建

---

① 《马克思恩格斯选集》(第 1 卷),人民出版社 1972 年版,第 254—255 页。

设铁路的热潮。铁路把大陆腹地同港口连接起来,而轮船又把世界各地的铁路系统联结成为一个庞大的国际交通运输网络。国际交通运输体系的建立,架设起世界各国交流和往来的桥梁,使世界各地的距离在时间和空间上大大缩短。如 1869 年苏伊士运河的通航,使欧洲到亚洲的距离缩短了 7000 多公里;1847 年,由英国运往东亚的商品的流通时间,至少需要 12 个月,现在已经减少到 12 个星期左右。此间,海底电报电缆的敷设更加强了各国的经济联系,缩短了世界各地在人们感觉上的距离。1866 年横贯大西洋的第一条海底电报电缆建成,1870 年通过苏伊士运河,经亚丁湾到孟买的海底电报电缆建成,1871 年上海与伦敦之间也建立了海底电报联系,1874 年从伦敦到巴西的佩南布科的海底电报开始营业。而在英国、美国以及欧洲大陆的主要国家国内电报已大为普及,仅美国正式运营的电报线路,在 1881 年就达 8 万公里之多。1874 年万国邮政联盟的成立,国际邮递业务变得更加方便和可靠。由于电报、信件、报纸和其他印刷品频繁及时的传递,使世界上许多国家的人们可以方便地了解世界各地的事情。交通通讯等基础设施的革命像催化剂一样,把越来越多的国家卷入到全球化体系中去,人们感觉到世界各地的距离缩短了,地球好像变小了。

三是生产方式的统一性加强,资本主义私有制的生产方式逐步向世界各地扩散,工厂化集约生产成为生产的主要形式。工业革命使以机器为主体的工厂制度代替以手工技术为基础的手工工场,确立起现代工厂制度,它的出现和发展标志着资本主义生产方式的最终确立。随着工业革命向农业领域的延伸,资本主义农场制逐步代替原有的封建庄园和自耕农农场成为农业生产的主要形式。到 19 世纪 70 年代,资本主义生产方式在欧洲和北美完全确立起来,成为社会生产的主要组织形式。随着欧洲国家的殖民扩张,广大的亚非拉地区也被卷入资本主义经济体系,瓦解原有的生产方式,建立起从属于资本主义生产方式的殖民地半殖民地经济模式。

四是资本主义中心国家不断的殖民扩张,逐步形成世界殖民体系,把大多数国家和地区卷入全球化进程。开始于 18 世纪中期的工业革命不仅启动了社会经济的工业化进程,而且导致形成了一个世界规模的贸易网络。工业化国家以发展中国家为对象,竞相争夺原料产地和投资场所,引发一次又一次殖民扩张。从 18 世纪中期开始,印度、伊朗、土耳其等亚洲国家,埃及、马格里布、南非等非洲地区和加拿大、澳大利亚、新西兰等地先后沦为欧洲主要国家的殖民地。欧洲资本主义国家的殖民扩张揭开了世界一体化的进程,促进了全球范围内的民族融合和文化交流,导致国际格局的演变。同时也给世界秩序造成诸多不公平性和不合理性。

五是世界性政治体系的出现。19世纪初拿破仑帝国崩溃后,以英国、俄国、奥地利、普鲁士为首的战胜国在维也纳召开会议,签订了《维也纳会议最后议定书》,重新划分欧洲各国的国界,恢复原有政权的统治。《维也纳会议最后议定书》及有关条约、宣言和文件构成了维也纳体系。它以均势原则、正统主义和补偿原则等为指导思想,在拿破仑帝国瓦解后的欧洲,建立起多极的政治均势。这个体系维护了欧洲近百年的和平,促使欧洲各国集中精力向海外扩张,更多的亚非拉国家沦为西方列强的殖民地和半殖民地,在国际关系上从属于宗主国,从而使维也纳体系具有世界性质,也是全球化时代第一个世界性政治体系。

六是世界性的移民活动增强,人们主动或被动移往新地区,人种之间的融合和扩散也在加快。在近代以前,人种的融合和扩散非常有限。传统上,尼格罗种人集中在撒哈拉以南的非洲和太平洋的少数岛屿上,蒙古种人聚居在中亚、西伯利亚、东亚和南北美洲,高加索种人集聚在欧洲、北非、中东和印度。到18世纪中期,这一格局已发生根本改变。在亚洲,俄罗斯人开始慢慢地越过乌拉尔山脉,迁徙到西伯利亚。在非洲,荷兰人在好望角的殖民地不断扩大,布尔人已越过奥兰治河,向北扩散。在南北美洲更为明显,欧洲和非洲移民取代印第安人,成为新大陆的主人。由于欧洲移民中男子比妇女多得多,他们通常娶印第安女子为妻,或者找她们做情妇。于是,出现了混血居民。在南北美洲许多地区,这种混血居民已开始在人数上超过欧洲人和印第安人。从18世纪中期到19世纪中期这一百年中,人种扩散和融合的步伐仍在继续,并且有加速的趋势。表现之一是南北美洲从纯粹蒙古人种的大陆改变成世界上种族成分最混杂的地区,居于多数的白种人与明显少数的黑人、印第安人、印第安人与白人的混血人以及黑白混血人杂居在一起。表现之二是澳大利亚和新西兰欧洲和亚洲移民的涌入,改变了以往土著人在大洋洲的主导地位,逐渐变成了多种族聚居地。1871年到达澳洲的海外移民有近80万人之多,其中欧洲移民占90%以上,其余是亚洲移民,相比之下,土著人数量急剧减少。表现之三是欧洲移民在南非的增多和地域范围的扩大。

第十章

西方优势的确立

近代以前,全球没有形成统一的国际关系体系,所谓的国际体系实际上是地区体系,比如,18世纪初期,全球存在三个较大的国际体系,它们是东亚地区以中国清朝为中心的朝贡体系,西亚东欧北非地区以奥斯曼帝国为中心的藩属体系,西欧地区均势格局的威斯特伐利亚体系及以西欧为中心的西方殖民体系。从16世纪近代资本主义在西欧崛起开始,国际体系发生了巨大变化,经过17—19世纪欧美资产阶级政治革命和工业革命,资本主义国际体系以西欧为中心,向全世界扩展,逐步侵蚀、挤压另外两个国际体系,并通过两次鸦片战争和克里木战争逐步摧毁了另外两个国际体系,到19世纪末20世纪初,终于建立起以西欧为中心,囊括全球的资本主义国际关系体系。换句话说,近代国际体系逐步形成的过程,就是西欧地区的国际体系借助资本主义的政治经济优势,逐步扩展到全球的过程。

欧洲国际体系的演变

近代西欧国际体系开始于威斯特伐利亚体系。三十年战争结束后,西欧国家在英国签订《威斯特伐利亚和约》,首次确立一个由国家作为行为主体,以维护主权国家利益为原则,用国际会议谈判方式解决国际问题,多国并存的国际均势格局的体系,被称为威斯特伐利亚体系。在这个体系下,从 18 世纪中期开始,英法矛盾居于主要地位,英国通过七年战争打败法国,确立了世界殖民霸权。18 世纪末,法国发生资产阶级革命,英国多次组织反法同盟,进攻法国。拿破仑战争后确立维也纳体系,民族国家成为国际社会的主体,建立均势国际格局。在这个体系下,俄国称霸欧洲大陆,英国称霸海上,英俄矛盾尖锐,上升为国际关系的主要矛盾,随后于 1856 年爆发了克里木战争,沙俄失败,丧失欧洲霸权,国际力量恢复了均势格局。从 19 世纪 50 年代末起,法国地位上升,夺取了欧洲大陆的霸权,但随着普鲁士逐步完成统一大业,德国与法国的矛盾尖锐起来,终于在 1871 年爆发普法战争,法国失败,丧失欧洲大陆霸权,维也纳体系下的均势格局再次恢复。

18 世纪中期到 19 世纪初欧洲列强的争霸

从 18 世纪中期开始,英法两国的争霸明显激化,争霸的范围不仅在海上,而且几乎波及全部欧洲大陆。彼此战争频繁,其中最重要的是七年战争(1756—1763)。

七年战争是由普鲁士和奥地利就西里西亚的领土冲突引起的。从 18 世纪上半期开始,四分五裂的神圣罗马帝国境内开始形成普奥相互对峙的局面。在普奥冲突中,法国支持奥地利,英国支持普鲁士。这样,以普奥矛盾为导火索,很快发展形成两个集团:一个是法、奥、俄、瑞(典)集团,一个是英、普集团。两个集团经过 7 年激战,结果法、奥失败。法国海军几乎全被歼灭,海外领地被英军占领。法国的失败促成普奥的停战。1763 年 2 月 10 日签订以英国和葡萄牙为一方,以法国和西班牙为另一方的《巴黎和约》。2 月 15 日签订以普鲁士为一方,以奥地利、萨克森为另一方的《胡贝尔茨堡和约》。根据《巴黎和约》,英国夺取法国在北美的加拿大、密西西比河左岸(除新奥尔良外)和俄亥俄河流域的全部土地,在非洲夺得塞内加尔,在印度几乎夺得以前法国的全部领地(只保留五个城市作通商之用)。此外,英国还从西班牙手里得到佛罗里达。七年战争后,法国被严重削弱,丧失了欧洲大陆霸主的地位。英国很快抛弃欧洲大陆的同盟者普鲁士,退到海上,确立起自己的"海上霸主"地位。欧洲形势的变化,为俄国争霸欧洲创造了条件。

17 世纪末期至 18 世纪末期,随着资本主义因素的发展,沙皇俄国国力日渐强盛,强烈要求夺取出海口,争夺欧洲甚至世界霸权。为达到这个目的,1700 年 8 月 20 日发动对瑞典长达 21 年之久的"北方战争"。结果,俄国夺得波罗的海的出海口,随后修建了圣彼得堡。为了夺取南方的出海口,沙俄分别于 1768—1774 年、1789—1791 年发动了对土耳其的战争,结果迫使土耳其签订《库楚克—凯纳吉条约》和《雅西条约》,取得俄国商船在黑海自由航行和出入博斯普鲁斯、达达尼尔海峡的权利,为俄国夺取欧洲大陆的霸权进一步创造了条件。

　　18 世纪末 19 世纪初,俄国和法国成为争夺欧陆霸权的主要对手。法国大革命爆发后,俄国以反对法国革命为名,支持欧洲的反动势力,组成"反法同盟",与法国作战,但连遭失败。1805 年和 1806 年,俄国与英国、奥地利、瑞典、普鲁士发动第三次和第四次"反法同盟"战争。1807 年 7 月,沙皇亚历山大一世与法国的拿破仑一世签订《提尔西特和约》,俄国和法国瓜分了欧洲——"西方归拿破仑,东方归亚历山大"①。俄国充分利用《提尔西特和约》给它在东方的"自由行动"权利,于 1808 年兼并芬兰;1809 年重新挑起对土耳其的战争,并在 1812 年吞并比萨拉比亚,把俄国的西南疆界推到普鲁特河和多瑙河口,攫取多瑙河贸易航行权和军舰在普鲁特河的行驶权。法国认为俄国没有履行《提尔西特和约》应遵守的规定,又是破坏大陆封锁政策的元凶。于是拿破仑一世于 1812 年 5 月 9 日率军经德国向波兰推进,6 月 24 日进入俄国领土作战。战争初期,俄军节节败退,相继丢失德里萨、斯摩棱斯克。9 月 15 日,法军占领莫斯科,但此时莫斯科已是一座空城,拿破仑踞守 35 天后,被迫撤离,这是拿破仑从军事顶峰走向崩溃的开始。1813 年 2 月 28 日,俄普两国签订反法军事同盟条约,旋即,英国、瑞典等国很快加入,组成第六次反法同盟。10 月 16 日,反法联军和法军在莱比锡进行一场决定性会战,结果法军败退至莱茵河西岸。1814 年 1 月 1 日,反法联军进入法国本土。3 月 30 日,10 万联军进攻巴黎。翌日,亚历山大一世以欧洲大陆主宰者身份进入巴黎,从此,沙皇俄国成为欧洲大陆霸主,而英国是海上争霸的胜利者。经过 1815 年拿破仑一世短暂的反复,沙俄与英国伙同其他欧洲国家在维也纳举行会议确定欧洲"新秩序"。

---

① 《马克思恩格斯全集》(第 22 卷),第 31 页。

维也纳体系的确立

　　1814 年 5 月,反法联盟成员国与法国签订第一次《巴黎条约》。规定法国保留 1792 年的疆界,恢复荷兰、瑞士、德意志诸公国和意大利各国(奥地利统治地区除外)的独立;拿破仑战争时期,各国占领的法国在海外的殖民地(英国控制的多巴哥等岛屿除外)归还给法国,马耳他岛归英国所有;宣布莱茵河和希尔德河自由航行。对于法国放弃的领土归属问题以及涉及除法国以外的欧洲其他国家的问题,条约规定另外召开国际会议解决。1814 年 9 月,维也纳国际会议召开。会议由俄、英、普、奥四大国操纵,目的是瓜分战争赃物,以满足本国的领土野心;打着"正统主义"的招牌,恢复法国大革命前的欧洲旧秩序,使旧封建王朝复辟;防止法国东山再起。但各国为了各自的利益,争吵不休。

　　正在此时,拿破仑一世利用法国各个阶层对复辟的波旁王朝的不满以及战胜国在维也纳会议上的尖锐矛盾,从流放地厄尔巴岛潜回法国,建百日王朝。英、俄、奥、普等国组织第七次反法联盟,在滑铁卢战役中打败法军,拿破仑一世第二次退位。

　　面对拿破仑复出的共同威胁,维也纳会议上各国矛盾有所缓和,经过讨价还价,1815 年 6 月,与会各国签署《最后议定书》。其主要内容是:(1)俄国夺得华沙大公国大部领土,波兰只在克拉科夫及其毗邻地区组成一个共和国,并由俄、普、奥共同"保护"。(2)英国在战胜法国后继续占有马耳他、法国殖民地多巴哥、圣卢西亚和毛里求斯。另外,锡兰(今斯里兰卡)以及好望角、部分圭亚那和洪都拉斯也都成为英属殖民地。英国还拥有对伊奥尼亚群岛的保护权。(3)比利时与荷兰组成为尼德兰王国。瑞士成为永久中立的联邦国家并由 19 州增加到 22 州。撒丁王国收回萨瓦和尼斯,且兼并了热那亚。(4)奥地利失去比利时而从意大利获得伦巴第和威尼斯作为补偿。它还获得蒂罗尔、萨尔茨堡、的里雅斯特、伊利里亚和达尔马提亚。(5)普鲁士获得 2/5 的萨克森、吕根岛和波美拉尼亚,又在西部取得莱茵—威斯特伐利亚地区。(6)德意志邦联由 34 个君主国和 4 个自由市组成。各邦政府的代表产生邦联议会,由奥地利代表担任议长。(7)瑞典将芬兰让给俄国而从丹麦取得挪威。丹麦把从瑞典得来的波美拉尼亚换取普鲁士的劳恩堡。(8)继法国之后,西班牙、葡萄牙、德意志和意大利境内各邦的旧王朝复辟。罗马教皇也恢复教皇领地。(9)会议还解决了 3 个带有普遍性的欧洲国际问题,订立国际河流的航行规章、规定外交官员等级的划分和各国关于禁止贩卖黑人奴隶的宣言。

维也纳会议后,第七次反法联盟成员国与法国于 1815 年 11 月 20 日,签订了第二次《巴黎条约》。规定法国只能保留 1790 年的疆界,致使法国又丧失菲利普维尔、萨尔路易、萨尔布吕肯和兰道等许多有重要战略意义的地区,法国要偿付 7 亿法郎的赔款,以发行公债的办法分 15 次在 5 年内还清;赔款还清以前,联盟各国派兵 15 万人驻扎在法国东北的要塞,驻军费用由法国负担;法国归还拿破仑战争时期从战败国掠走的珍贵艺术品。此外,凡未被该约取消的 1814 年《巴黎条约》和维也纳《最后议定书》的所有条款,也都再次得到确认。

通过维也纳会议最后议定书和两次巴黎条约确定的欧洲统治秩序和国家体系称为维也纳体系。其主要内容有:恢复欧洲旧的封建秩序;限制法国,保证欧洲均势,按照大国意志重新划分欧洲版图;分割海外殖民地,英国夺得许多原属法国的海外殖民地,进一步确立世界殖民霸主地位;继续维持德意志和意大利的分裂局面等。维也纳体系虽然恢复了欧洲的封建秩序,但作为国际体系,其主旨是维持欧洲各国的力量均衡,保证欧洲均势,重建欧洲和平,从而不断扩大欧洲国际体系的范围,把更多的地区纳入欧洲势力范围,逐步形成一个以欧洲为中心的世界殖民体系。

从维也纳体系的力量框架上来说,它是一个五极均势结构,即英、法、俄、普、奥五国共同支配的国际关系体系,但五个国家的力量仍有差异,相比而言,英国和沙俄力量要较强一些。一个是海上强国,一个是陆地霸主,占据着维也纳体系结构力量的中心位置,尤其是英国在维持欧洲的均势方面起着重要的制衡者的角色,对欧洲乃至世界事务起着至关重要的作用。普、奥的实力较弱,但凭借着神圣同盟的力量,基本上可以维持欧洲均势结构的平衡,法国在维也纳和会之后一度受到约束和限制,但法国很快成功地瓦解了其他大国的敌视,逐渐恢复大国地位,成为欧洲国际关系体系中的重要一极。

维也纳体系维系了欧洲近一个世纪的和平,其中发挥着重要稳定作用的是神圣同盟、四国同盟和欧洲协调机制。

神圣同盟是 1815 年维也纳会议结束后不久,由俄国沙皇亚历山大一世发起,得到奥地利皇帝弗兰茨一世和普鲁士国王腓特烈·威廉三世的赞同,于同年 9 月 26 日在巴黎签署《神圣同盟宣言》建立的、欧洲大多数国家参加的一个松散的政治组织。名义上维护基督教教义,建立同盟关系,实际上是三国联合起来防止法国再度爆发革命而组成的以维护欧洲旧秩序为原则的同盟。19世纪20年代,神圣同盟先后镇压了意大利革命和西班牙革命,还曾企图干涉拉丁美洲的独立运动。后因欧洲革命蓬勃发展,列强间矛盾加剧,1822年后名存实亡。在1830年法国七月革命和1848年欧洲资产阶级民主革命的冲击下,同盟瓦解。

四国同盟是英、俄、奥、普4国为保证1815年《巴黎条约》的实施而缔结的同盟。第七次反法同盟打败拿破仑一世后,同盟国与法国于1815年11月20日签订《巴黎条约》的同时,签订了四国同盟条约。条约主要内容是:拥护1815年《巴黎条约》;如任何一方受法国攻击,盟国各出兵6万相助;定期举行会议,协商各国的共同利益和维持欧洲和平的方法。四国同盟与神圣同盟相配合,目的在于防止法国再起,反对新的革命运动。法国遵守1815年《巴黎条约》规定,按期偿付赔款,1818年,盟国同意撤出在法国的驻军,法国也加入同盟。并于11月15日发表共同宣言,声明五强维持欧洲和平,即按欧洲各大国统治者的利益和目的,处理欧洲事务。这使得同盟的性质发生了巨大的变化,由之前的反法同盟演化成为意在保持欧洲的协调,维护大国利益的持久联盟。

建立欧洲协调机制是四国同盟的一项重要内容,它指的是欧洲大国间的协调机制,目的是维护欧洲大陆的政治和领土现状。它定期举行国际会议,讨论欧洲的重要事务,对彼此的矛盾和利益进行协调和磋商,解决国际争端。四国同盟的欧洲协调机制共举行了四次会议,主要是就当时欧洲频繁出现的民族革命进行讨论,商量对策。但五强中由于英国与其他四强意见相左,导致了该协调机制的崩溃,但定期举行国际会议,解决国际争端的形式却保留下来,成为解决国际问题的重要手段。

维也纳体系的演变与欧洲均势的维持

1815年形成的维也纳体系,内部存在诸多矛盾冲突,其中大国力量的较量和矛盾占主导地位。19世纪50年代以前,沙俄俨然是欧洲大陆的霸主,它利用神圣同盟到处镇压各国的革命,竭力维持封建统治,维护它的霸主地位。19世纪二三十年代,席卷西班牙、意大利、俄国、法国等广大地区的革命风暴,震撼了各国的封建专制统治,也激化了大国矛盾,而希腊和比利时的独立,使神圣同盟的内部矛盾进一步激化,俄、英、法不顾奥地利的强烈反对,出兵援助希腊,打败了奥斯曼帝国,维也纳会议确定的欧洲版图首次被改动,"神圣同盟"也开始分裂、瓦解。1848 年欧洲革命中沙俄继续充当欧洲宪兵,镇压各国人民的革命运动。但沙俄在黑海地区的扩张,加剧了与英、法的矛盾。终于在 1853—1856 年发生了克里米亚战争。战争一开始在俄土之间进行,土耳其海军在黑海被俄国击败。1854 年,英、法向俄国宣战。在克里米亚半岛上的塞瓦斯托波尔一战,俄国被英、法打败。根据 1856 年签订的巴黎和约,俄国被剥夺了在黑海拥有军舰的权利,并把比萨拉比亚的部分土地归还给土耳其。克里米亚战争后,沙俄丧失欧洲大陆霸主地位,继而把扩张重心转向东方。欧洲又恢复了力量平衡,维持了英、法、俄、奥、普五强均势格局。

19 世纪 60 年代,法国工业革命进入尾声,力量有了较大增长,拿破仑三世称霸欧洲大陆的野心迅速膨胀,到处插手各国事务。而普鲁士此时在俾斯麦的领导下,励精图治,并着手进行统一德意志的战争,1866 年 6、7 月间,普鲁士迅速战败奥地利,迫使奥地利退出德意志邦联,承认普鲁士对德意志的领导权,为普鲁士统一德国扫清了道路,但同时也激化了普鲁士与法国的矛盾。

普奥战争后,拿破仑三世向普鲁士暗示,如果普鲁士同意法国的东北部领土扩展到莱茵河西岸,法国就支持普鲁士在德意志境内的领土吞并。俾斯麦设计让法国把要求写成书面照会,然后加以拒绝,并公布于众。拿破仑三世在外交受挫以后,进一步要求吞并比利时和卢森堡,遭到普鲁士的反对,普法矛盾激化。1868 年,西班牙女王流亡国外,王位虚悬;经过多方选择,决定挑选普鲁士霍亨索伦王族的一个亲王利奥波德为西班牙国王。法国非常不满,对普鲁士进行威胁,要求霍亨索伦王族放弃西班牙王位继承权。俾斯麦趁机把普鲁士国王给他的关于法国要求的电报略加修改后,送报纸发表。普法双方都觉得自己受了侮辱。1870 年 7 月 19 日,法国对普鲁士宣战。战争开始后,法军接连失败,9 月初,色当战役法国大败,拿破仑三世率 10 万法军投降。次年,法普签订和约,法国赔款 50 亿法郎,割让阿尔萨斯和洛林部分地区。从此,法德结下世仇,矛盾走向新的顶点。而法国的失败和德国的崛起,改变了欧洲的力量对比,使欧洲国际格局得以重新校正,恢复了均势格局。

亚洲逐渐被纳入西方体系

近代初期,中东地区的国际体系仍是以土耳其为中心的奥斯曼帝国内的藩属体系。从13世纪开始兴起的奥斯曼帝国(也称奥斯曼土耳其帝国或土耳其帝国),16世纪中叶达到鼎盛,其领土北面从奥地利边界直至俄国境内,西界非洲摩洛哥,东迄亚洲高加索和波斯湾,南境一直伸入非洲内地,囊括今欧、亚、非近40个国家和地区的土地,领土面积约600万平方公里,成为地跨欧、亚、非的大帝国。18世纪中期时,奥斯曼帝国虽已开始衰落,但其属国仍然被控制在藩属体系,向伊斯坦布尔的苏丹政府称臣纳贡。18世纪下半叶后,欧洲列强开始将他们的势力扩张到帝国境内,首先是欧洲的属国纷纷独立。随后,马格里布国家和埃及虽然保留了名义上的臣属关系,但实际处于独立状态。到19世纪末,亚洲的广大阿拉伯地区仍处于帝国的范围之内,但英国、法国的势力已经渗入。奥斯曼帝国内的藩属体系已逐步瓦解,中东地区开始被纳入以欧洲为中心的资本主义国际体系中。

在古代东亚形成的以中国封建王朝为中心的国际关系体系,以朝贡贸易为其表征,故称为朝贡体系。它形成于秦汉,发展于隋唐,充实于宋元,明和清前期达到鼎盛。但进入近代后,随着西方资本主义的崛起和中国封建王朝的衰弱,朝贡体系也逐步式微,到18世纪中期,以清王朝为中心的东亚国际秩序还勉强维持,东南亚诸国、琉球、朝鲜、日本等国与清王朝通过朝贡贸易,维系着已十分脆弱的朝贡体系。从18世纪末,随着欧洲列强侵入东南亚,东南亚诸国逐步沦为殖民地,朝贡体系的范围越来越小,到19世纪中叶,经过两次鸦片战争,朝贡体系及清王朝在西方资本主义列强优势力量的猛烈冲击下濒于崩溃。19世纪70年代,风雨飘摇的清王朝成为列强瓜分的对象,朝贡体系也只剩下一个残缺不全的外壳。1894年中日甲午战争和1900年八国联军侵华战争后,中国沦为列强的半殖民地,朝贡体系也至此寿终正寝,东亚地区被纳入资本主义全球性国际体系中。

殖民时代全球关系的制度化和正规化虽然还很有限,但一些制度和规范正在确立。在欧洲,国家间的外交和互惠性承认体制正在伴随着国家行为的多边调节体制的出现发展着,像"四国联盟"就是这种调节体制的一个代表。而在非政治领域联系机制的建立影响更加深远,1865年成立国际电信联盟,1874年成立的万国邮政联盟,1875年成立的国际度量衡局等,在各自领域建立起联系的机制。欧洲的这些制度又不断地通过各种方式扩展到欧洲的殖民地及其他地区。所有这些从总体上促进了全球联系的发展,巩固了全球化的进程。

全球移民潮

　　殖民扩张的过程基本上是欧洲人向全世界移民的过程。实际上,殖民一词最初的含义就有移民之意。据查,殖民地一词(colony)源自拉丁语,指的是古罗马移民在新的土地上代表罗马帝国建立的一块定居点。殖民时代的移民主要包括三个部分:欧洲的征服与向美洲和大洋洲的移民,被掳掠到殖民地作为劳动力的非洲黑人以及弥补奴隶贸易终结所造成的劳动力短缺的亚洲劳动力大规模转移。在1650年至1780年间,约七十万欧洲人迁移至北美洲及加勒比海地区。在1850年至1913年这段史学家称为"大移民潮"的时期,每年有约一百万欧洲人迁往其他国家和地区,是欧洲移民的高峰期。在殖民时代,世界移民活动主要是欧洲殖民者发起、推动和掌握的。

移民的基本情况

　　从15世纪末16世纪初"地理大发现"后,西班牙、葡萄牙、荷兰、英国和法国等欧洲国家先后在美洲建立起殖民地并向那里大量移民。欧洲的移民是随着欧洲列强的殖民扩张而迁移到世界各地的。在殖民地生活的欧洲白人殖民者本身就是移民。对殖民地,欧洲殖民者除了派遣武装人员、行政官吏、传教士外,还需要大量从事生产的劳动力。历史上,欧洲是主要的移民输出国,其殖民地遍及北美洲、南美洲大部分地区、非洲南部、澳洲及新西兰。到后来,移民情况变得越来越复杂。

欧洲移民的主要目的地

目的地	时间范围	移民人数(万人)
美国	1821—1932年	3420
俄国亚洲地区	1800—1939年	1200
阿根廷	1856—1932年	640
加拿大	1821—1932年	520

续表：

目的地	时间范围	移民人数(万人)
巴西	1821—1932 年	440
澳大利亚	1861—1932 年	290
英属西印度群岛	1836—1932 年	160

资料来源：[美]斯塔夫理阿诺斯：《全球通史》，上海社会科学出版社，1992 年，第
310 页。

在 18 世纪中期以前，欧洲移民的方向主要是美洲和大洋洲，但移民速度比较慢。18 世纪中期以后，首先开始于英国的工业革命迅速扩展到欧洲，进而从欧洲迅速扩展到美洲殖民地，资本主义从手工业阶段向大工业过渡，到 19 世纪下半期工业革命完成这段时间，国际移民呈现出大发展的态势。最先向美洲大陆大规模移民的是工业化发生最早的英国。从 1815 年到 1914 年，100 年间大约有 2500 多万人离开英国，其中去美国的占了一半稍多，约有 1300 万人，其余的分别去了英帝国各殖民地，主要是加拿大、澳大利亚、新西兰以及南非等。[1] 其中，1815 年以后的 60 年间，约有 700 万英国人迁居海外，[2]其中移往帝国各殖民地的占了大多数，许多殖民地的人口因此迅速增加。例如新西兰在 1853 年白人居民只有 3.3 万人，至 1878 年已达 41.2 万人。加拿大人口的增长速度更是惊人，上、下加拿大在 1841 年合并时的人口总数为 115 万，10 年后增加到 184 万人，再过 10 年又猛增到 250 万人。新建的不列颠哥伦比亚省最初几乎渺无人烟，1858—1860 年间大约有居民 2 万人，到 1870 年已上升到 6 万人，短短 10 年里居民人数增加了 2 倍。[3] 19 世纪 40 年代末，200 多万爱尔兰人由于饥荒逃往美洲。紧随其后的是德国的移民潮。从 1870 年起大量斯堪的纳维亚和北欧其他地区的移民也加入移民队伍。1880 年，来自南欧和东欧的移民掀起更大的移民潮：先是意大利和奥匈帝国的移民，紧接着是波兰、俄罗斯、西班牙和葡萄牙的移民。多数的英国移民前往英国的殖民地和美国；意大利人前往美国和拉丁美洲；西班牙人和葡萄牙人前往拉丁美洲；德国人前

① Ronald C. Gordon. The Moment of Power: British Imperial Epoch. New Jersey, 1970, p. 85.

② J. Rose, A. Newton, E. Benians. The Cambridge History of the British Empire, Vol. II London, 1940, p. 438.

③ Ronald Hyam. Britain´s Imperial Century: A Study of Empire and Expansion. Macmillan, 1993, p. 42.

往美国,其中还有小部分人前往阿根廷和巴西。据估计,1880 年之前,约有 1100 万~1200 万欧洲人迁移到世界各地,大多数移民来自北欧和西欧,其中,不列颠群岛移民占全部移民的 1/3 强。① 这些移民大多数去了美国,俄国的亚洲部分、阿根廷、加拿大、巴西、澳大利亚等地是其他主要移民目的地。

在前期,移民主体是欧洲契约奴和罪犯。契约奴是因付不起路费而被迫卖身给殖民地商人或农场主的贫困农民或城市无产者,他们移民到殖民地后,给殖民者做一段时间的奴仆偿还移民路费后就可以获得自由。18 世纪中叶以前,这种白人契约奴约占北美殖民地移民的半数,到 18 世纪下半叶,白人契约奴才逐渐为非洲黑奴所取代。② 罪犯是移民的另一个重要来源,北美和澳大利亚殖民地早期都有大量罪犯移入,新威尔士一度成为大英帝国的海外监狱。

从 17 世纪初开始,欧洲殖民者就开始将非洲黑人作为奴隶,贩卖到美洲从事种植园和矿山的繁重劳动,主要去向是北美洲南部、西印度群岛、巴西东北部等地区。到 18 世纪下半叶,由于欧洲殖民者对美洲原住民印第安人的大规模屠杀,导致印第安人人口锐减。为进一步开发美洲殖民地以适应欧洲对原料和市场的需求,殖民者便到非洲掠夺黑奴,导致移民数量需求增加,速度加快,范围扩大,主要是前往美洲、大洋洲和印度。这个时期,非洲黑奴逐渐取代白人奴隶,成为国际移民主体。

19 世纪中叶,各个主要资本主义国家的工业化浪潮正在如火如荼地进行。黑奴隶制被取消后,亚洲海外移民潮兴起。中国和印度等国的契约劳工大量增加。这些契约劳工主要被输送到欧洲人的殖民地。同属自由移民的亚洲移民主要以工人身份移民海外,主要有印度人和中国人,此时日本人、密克罗尼西亚人和马来西亚人数量还比较少。在 19 世纪的亚洲移民中最重要的是印度人的迁移,主要是移向英国及其殖民地,如缅甸、马来西亚、新加坡、澳大利亚、斐济、加勒比海属地等,有的也迁移到坦桑尼亚、肯尼亚、马拉维、赞比亚、南非、乌干达等非洲地区。对卷入这次迁移的人数,西方学者有不同的估计,Tinker 和 Potts 认为,在 1834—1937 年间,有

① [英]戴维·赫尔德等著,杨雪冬等译:《全球大变革》,社会科学文献出版社 2001 年版,第 406 页。

② 黄绍湘:《美国通史简编》,人民出版社 1979 年版,第 18 页;艾里克·威廉斯:《资本主义与奴隶制度》,北京师范大学出版社 1982 年版,第 10 页。

3020 万人离开印度,2410 万人返回印度,净迁移量约为 600 万;塞加尔认为,在 1815—1914 年间的净迁移量约为 300 万。和印度人的迁移相比,中国人移民潮也十分可观。据估计,1848—1888 年,离开中国的移民约为 235 万;据塞加尔估计,1815—1914 年,离开中国的有 1200 万移民。他们多数前往美国或东南亚。日本人的迁移比印度人和中国人要晚一些,19 世纪 60 年代才开始出现移民潮,在 19 世纪 70 年代,出现了一股从日本向夏威夷和其他南太平洋岛屿的迁移流。亚洲移民以学徒和合同工为主,取代奴隶劳工成为极其廉价的劳动力来源。[①]

被贩卖的黑奴与输出华人和其他亚洲契约劳工等所谓的"移民"现象,尽管是这一时期全球移民活动的一部分,但与欧洲殖民者的"殖民"或移民活动相比完全不能同日而语。在殖民过程中,殖民地人口资源遭到巨大破坏,使得殖民地土地丰富,劳动力稀少。尽管殖民地充满发家致富的希望,很少有欧洲人愿意漂洋过海。因此,要在新大陆维持一支劳动力队伍,需要采取强制手段。白人契约奴是强制的,但他们还清债务后,可以享有自由。通过奴隶贸易贩卖到新大陆的非洲黑人,要获得自由要困难得多。他们移民海外的过程本身是被动的,并且是由白人殖民统治者或殖民主义国家的政府掌控、组织的。相对于自由移民来说,他们都是强制性移民。

大规模移民形成的原因

大规模自由移民形成的主要原因有移出地人口的迅速增长,就业机会减少,而移入地经济增长快,就业机会增多等等,另外,交通运输革命造成运费下降也是一个重要原因。下面以欧洲移民为例,对大规模自由移民形成的原因作简单分析。

18 世纪中期以来,欧洲人口高速增长,对当地生产力产生了很大压力,新增就业机会无法吸纳这么多的新增人口,迫使人们向外移民。1800 年时,欧洲人口(不包括俄罗斯的欧洲部分)总数为 1.23 亿,到 1890 年时,达到了 2.44 亿,增长了近 1 倍。[②]欧洲生产力的发展无法满足人口就业的要求,造成大量过剩劳动力,迫使人们背井离乡去海外寻找生存和发展的

① [英]戴维·赫尔德等著,杨雪冬等译:《全球大变革》,社会科学文献出版社 2001 年版,第 407—409 页。

② [英]杰弗里·巴勒克拉夫主编:《泰晤士世界历史地图集》,第 6 章。

机会。如英国由于死亡率下降和出生率上升,人口增长的速度惊人,在 19 世纪初时人口大约为 110 万,到 1867 年第二次议会改革时,已达到将近 2600 万。[①]

　　但是,造成迁移洪流的关键原因还是经济上的。一方面,欧洲在工业化过程中产生了大量的剩余劳动力,另一方面,土地丰富但缺乏劳动力的美国和其他欧洲人建立的国家和殖民地同时又出现了爆炸性的工业化浪潮。随着工业革命进程的加速,经济结构和社会结构改变的后果在 19 世纪以悖论的方式凸显出来,一方面是西欧,特别是英国率先完成工业革命,成为产品行销全球的世界工厂,另一方面是工业化带来的庞大失业大军和贫民阶层,西欧国家变成贫富悬殊、人口过剩的国家。19 世纪上半期,向殖民地移民被当做一种近乎完美的万灵药,成为缓解社会矛盾和人口压力最现实可行的道路。至 19 世纪中期,周期性出现的经济危机,大面积的自然灾害与农业歉收,更是直接推动着向海外移民的浪潮,帝国和殖民地的存在已经成了西欧特别是英国缓和国内社会矛盾的减压阀。19 世纪初,美国开始的西进运动,到 19 世纪中期达到高潮,大量欧洲移民进入美国,参加到开发西部的运动中,另一方面,西部开发的成功又吸引大量欧洲移民进入美国。19 世纪中期,加拿大、澳大利亚、新西兰等的开发,也吸引了大量移民。这样在经济的"推力"和"拉力"的共同作用下,19 世纪大规模的移民在不断跨区域进行。同时,交通运输革命造成了规范、可靠和价格低廉的运输条件,为移民洪流提供了保障。19 世纪五六十年代,大西洋上开辟了许多条固定航线,万吨巨轮横越大西洋一般只需两周左右。从欧洲到纽约轮船的票价从 1870 年的 40 美元下降到 20 世纪初的 20 美元。

　　从全球化的角度看,18 世纪以来世界各国间出现数以亿万计的人口大迁移的根本原因是,由于科学技术的进步,社会生产力的提高,资本主义生产方式从欧洲向全球扩张的结果。这些数字清楚地说明,大规模向外移民是欧洲工业化时期的普遍现象,它源于经济的发展,而不是经济的不发展。其实质是劳动力在国际市场上的流动。但劳动力的全球流动不是孤立的,它与商品、资金、信息在世界市场中的流动密不可分。劳动力作为创造剩余价值的特殊商品,是生产诸要素中不可或缺的要素。因此,劳动力

　　① J. Bowle, The Imperial Achievement: The Rise and Transformation of the British Empire. London, 1974, p. 188.

的全球流动是全球化的市场经济发展的必然结果,也是资本主义经济制度发展的必然结果。

"作为现代性的伴生物,或者在一定意义上是现代性组成部分的迁移预示了一股真正的全球人口流动的新潮流的到来。"①在殖民时代,国际移民的明显后果是欧洲人在非洲、亚洲尤其是美洲占据了许多地方,为其进一步对外扩张打下基础,同时大大改变了美洲人口的结构和民族成分,加速了欧洲和美洲资本主义的发展。

文化全球化形态的初步形成

1750 年代到 1870 年代,东西方经济社会关系处在急剧变化时期。西方经过工业革命,进入大工业时代。以机器工业为基础,西方国家创造出辉煌灿烂的近代文化,并产生了近代大众文化传播媒体,而东方国家仍然沿袭传统经济,社会变化不大,传统的东方文化在世界文化交流中处于劣势,因此,在西方文化的强势传播中,开始产生文化全球化的形式。

跨区域、跨文明圈、跨洲的文化交流虽然在近代初期已有了较大规模,但文化全球化形态却是工业革命后逐步形成的。1870 年以前主要表现形式为世界宗教、多元文化帝国、世俗意识形态、科学艺术等。

世界宗教。18 世纪中叶至 19 世纪 70 年代,基督教逐步发展为世界宗教,信教人员遍布世界。18 世纪时,基督教势力范围已包括欧洲和美洲,并在亚洲、非洲等地开始传播。19 世纪基督教传教事业盛极一时,基督教在全球迅速扩张,不仅在欧洲、北美,而且在亚洲、非洲、拉丁美洲,甚至在一些非常偏远的地区都建立了立脚点。基督教成为全球性的宗教。这一时期,天主教在亚洲的印度、中国、菲律宾等国家取得很大的进展。在这些国家,天主教传教士办起学校、医院和慈善机构,培养当地的神职人员,并将基督教典籍翻译成当地语言,使天主教更加容易被当地人接受并长期发展下去。在非洲,天主教逐渐将影响由东、西海岸向非洲腹地深入。1844年,法国天主教"圣灵神甫会"由法国政府支付经费,以加蓬为基地,进入加蓬内地,延伸到几内亚、塞内加尔、冈比亚。传教士通过训练黑人儿童,

---

① [英]戴维·赫尔德等著,杨雪冬等译:《全球大变革》,社会科学文献出版社 2001 年版,第430 页。

对他们灌输宗教,同时开办种植园,训练非洲人从事农业和手工业的方法传播天主教。1850年,法国天主教会又成立"非洲传教会",专门从事在非洲的传教工作。"非洲传教会"在达荷美和尼日利亚南部经营种植园,雇佣非洲人,进行传教活动,取得很大进展。1868年,路易·拿破仑支持法国天主教驻阿尔及尔大主教拉维日瑞成立"非洲圣母传教会"(即"白衣神甫会"),向北非和赤道非洲传教。为争夺殖民地,法国在中非的传教活动遭到比利时殖民者的抵制,比利时天主教会派遣大批传教士进入刚果,凡是比利时殖民者雇佣的黑人、士兵、工人都被吸收进入比利时天主教会。到19世纪20年代,天主教在拉美有近40个主教区,但只有5个比较活跃。天主教在拉美的传教活动没有取得太大进展,但仍保持着它的统治地位。

新教在亚洲的印度、中国等地的传播是与殖民主义侵略分不开的。进入19世纪后,英、美、德等国的传教士蜂拥而至,到1857年仅在印度的新教传教士就有约500人。这些传教士为了打入印度社会,一般都学习当地语言,并努力用当地语言传教,同时新教传教士还通过医疗传教、教育传教和兴办慈善事业的方式,吸引更多当地人,扩大传教效果。这些国家的教徒人数迅速增加,为教会自立运动奠定基础。在非洲,新教的传教活动主要集中在英国殖民地,从事传教活动的有来自英国和欧洲大陆荷兰、法国、德国的传教士。在东非,英国海军以取缔奴隶贸易为名,经常在印度洋拦截其他国家船只,把截获的黑奴送到印度,由传教士拉拢入教后,再送回蒙巴萨(现肯尼亚境内)为英国开辟殖民据点。在西非的塞拉利昂、冈比亚、黄金海岸(加纳)、尼日利亚等国家,英国传教士也进行频繁的传教活动。新教传教士在非洲的传教活动促进了殖民主义的扩张,其本身也取得重大发展,非洲新教徒人数迅速增加。在拉丁美洲新教的传教活动要比天主教晚得多,直到19世纪下半叶,新教传教士才开始进入拉丁美洲活动,其中美国传教士居多。传教士在殖民地和半殖民地开办学校、创建医院、开办农场、建立工厂,在殖民掠夺和引起文化冲突的过程中也将西方的文化与教育方法、现代医学知识和医院、农业和林业的改良办法、现代化的机器生产带到这些地区和国家,引起这些地区和国家某些领域的根本性变化,促进这些地区和国家的文明进化过程。基督教的传播是文化全球化的重要形式,基督教在19世纪末成为全球性的宗教,成为文化全球化的一种重要形态。

多元文化帝国。18世纪到19世纪70年代,近代帝国已发展成为多元文化帝国,成为维系文化全球化的重要形式。在众多的欧洲帝国中,英帝国在其中是比较典型的。英国自称"日不落帝国",其殖民地遍及五大洲,1914年前,英国殖民地面积共达3350万平方公里,占全球总面积的四分之一,占帝国主义殖民地的二分之一,比英国本土大110倍,人口为英国的9倍,成为世界头号殖民强国。英国在殖民地实行文化同化政策,在许多领土和殖民地范围内,英帝国依靠强大的文化或意识形态共性维系着中央与周边地区以及都市和各省之间的复杂联系。维系这种联系最重要的两种形式,是帝国执行的教育政策和建立的帝国通信基础设施。在教育领域,英国的思想和文化通过早期殖民地教育系统扩散并且渗入到当地教育系统中去。在全世界范围内,英国的公立学校模式和基础学校教育模式在培养地方精英子女中被使用,而课本和课程的来源和主题都来自英国,教育和培养的主要语言是英语。在殖民地精英社会化过程中,尤为有效的是牛津和剑桥对精英的培养,在那里,他们先接受有利于殖民地管理的教育,后来接受又适合于以后独立政府管理的教育。

民族文化。民族是一个有共同种族认同和共同的历史经历,存在共同的认同感、团结感和利益感跨阶级的社会群体。民族文化就是从这些致力于获得民族自决并建立和塑造国家的事业中产生的真实的与想象的习惯、信仰、仪式和态度等的复杂混合体。在欧洲,19世纪民族国家已经建立,民族主义成为当时的文化意识形态主流。在民族和民族国家出现之前,大多数文化交流和文化互动发生在许多不同社会的精英之间。随着民族和民族国家的出现,许多文化网络和文化制度所涉及的空间和社会渗透范围发生了变化。民族的形成还涉及控制公众可以利用的文化信息和文化符号的种类,19世纪几乎欧洲的每一个民族政府和国家都追求某种民族或官方语言的系统化,大多数政府已经建立或试图建立一个民族教育系统。此时,许多国家已经或试图对国家新闻进行控制。而所有的国家已经把它们的常备军作为建立国家地位的象征和手段。这些组织和文化实践被有意识地用来建构国家历史、确立民族认同并灌输民族忠诚思想。民族国家的出现导致一定规模的文化流动、文化制度和文化认同在这些国家之间产生,并导致文化基础的形成,实践和传播更有效的跨阶级和统一的文化信息。从19世纪初,民族、民族文化和民族主义的思想逐渐传播到亚洲、非洲和中东。这种新型社会组织模式的力量有助于推动20世纪反殖民主义运动的强大。

跨国的世俗意识形态。欧洲启蒙运动的成果包括现代科学和现代道德政治哲学和纲领的出现。自由主义、社会主义和科学的论点和主张已经在北美和欧洲腹地以外的地方找到自己的接受者。社会主义思想,尤其是马克思主义思想,虽然是植根于欧洲 19 世纪资本主义工业化和城市化过程中的,但很快就传播到世界经济更加落后的地区。然而,最初在早期欧洲工业化的大熔炉中锻造产生的思想和观点迅速传播到俄国、中国、日本、加勒比海地区和拉丁美洲,在当地的政治斗争和政治统治的组织和结果中起到核心作用。

资本主义市场本身不可避免地会产生一套特殊的取向和习惯,表现在此时西方自由主义在全球已经开始传播一套不同的意识形态观和政治价值观,比如公民权和政治权利、有限的政府、民族自决等。印度精英在 19 世纪下半叶采用的自由学说就是最为人所知的一个例子。印度人跻身于上层行政职位越来越多,而且他们与自由政治概念接触越来越多,依靠印度精英接受高等教育以及英国官员和政府机关,有助于印度民族主义的发展。另一方面,在资本主义市场关系学说被正式提出来或广泛传播之前很久,这种关系的稳定扩散就将新古典经济学的基本要素传递给广大民众。

殖民统治是西方向东方扩张的重要手段,在文化扩张和传播中起着重要作用。英国对印度和南非的殖民统治是一个很好的例子。英国占领印度后,在印度实行殖民统治,推广英国的制度、文化,对印度的影响体现在两个方面:一是英式教育对西方文化在印度的传播起了很大作用。英国为了统治印度,在印度推广英式教育,培养接受英式教育的印度人,为英国的殖民统治服务。这样在英国统治下的印度上层接受英国文化,在生活上追逐宗主国的精英,模仿他们的行为,这些人就如托马斯·麦考莱(Thomas Macaulay)1835 年在《教育备忘录》(Minute on Education)中写到的那样:"这些人有着英式品位、英式观念,他们的道德和价值观以及智慧无一不是英式的。"二是英语成为印度的官方语言,同时印度词汇也丰富了英语。但印度人讲英语时很不标准,且分不出清浊音,还习惯夹带印度词汇,语言混杂竟丰富了英语的词汇。英语词典里有许多带有印度文化特征的词汇,如神像(Juggernaut)、化身(avatar)、梵文学家(pundit)。生活单词也大量进入英语中,仅表示棉布的名词就有 10 多个,如印花布(calico)、粗棉布(dungaree)、卡其布(khaki),人们熟悉的英语词汇如洗发液(shampoo)、手镯(bangle)、披肩(shawl)等都来自印度语。

到18世纪中期,欧洲殖民者的势力范围已经囊括了整个美洲,在亚洲的势力范围也由印度南部向整个次大陆扩展,在中东地区,英国、法国的势力也渗入奥斯曼帝国,在南部非洲,荷兰人建立了稳固的殖民地。跨区域文化交流主要是随着殖民扩张进行的,主要形式有军事占领、通商、传教、使节往来、留学等形式,交流内容也非常广泛,从艺术、法律、信仰、风俗到思想、观念、风俗习惯、思维模式、行为模式等都涵盖在内,但文化的流向以"西学东渐"为主,反方向的文化流动也存在,但要弱小得多。18世纪50年代到19世纪70年代这一百多年间,文化传播的流向主要是西方工业文明由欧洲向美洲、亚洲、非洲和大洋洲传播,主要内容是近代工业文化。当然也有东方文化向西方传播的情况,但势力却弱得多。

西方文化对东方的影响。虽然在西方文化的传播中存在这样那样的不足和缺点,但欧洲文化的入侵造成的影响还是随处可见的。1862至1869年间曾在印度供职的英国法理学家和历史学家亨利·梅恩爵士说:"英国的势力(在印度)正通过间接的、多半非故意的影响,改变和分解了英国势力范围下的种种思想和社会形态,它也没有任何权宜之计可用来逃避这样一种责任;根据其自己的原则重建它所勉强摧毁的东西……我们并没有以纯粹傲慢的态度来革新或摧毁。相反,我们带来变化是因为我们没有办法。不管我们称之为进步的许多影响的性质和价值是什么,有一点是最确凿无疑的:这些影响一旦接触到一个社会,就会像传染病一样传播开来。"①英国在印度敷设铁路网,建立拉尼甘杰钢铁厂、茶叶种植园和咖啡种植园等,不仅发展了经济,改变了社会结构,也影响了人们的思维方式,英国教育还创造了熟悉外国语言和文化、接受自由主义和理性思想的一批新印度人。西方文化对中国的影响也非常明显。在1850年到1899年,中国人大量翻译自然科学、尤其是应用科学方面的著作。维新派领导人接受西方的革命观念。比如,一位改革者说"民族主义就是:在所有地方,同一种族、同一语言、同一信仰、同一习俗的人民互相之间都视为兄弟,并为独立和自治而努力,建立一个为公众谋福利、反对其他种族侵犯的更为完善的政府……如果我们想在中国提倡民族主义的话,那么,除通过人民的革

---

① [英]H. S. 梅恩:《东、西方的村社》,转引自斯塔夫理阿诺斯:《全球通史》,第372页。

新以外绝无别的办法。"①西方文化对日本的影响则更大。在教育方面,日本实施义务初等教育,创办职业学校和大学;1871年,日本成立司法部,学习西方制定成文法,并将司法部门和行政部门的权力区分开来。日本先成立内阁和枢密院,于1889年颁布宪法,形式上学习西方的议会制政体。

东方文化对西方的影响。18世纪中国对欧洲的影响比欧洲对中国的影响大得多。中国的儒家伦理体系、为政府部门选拔人才的科举制度、对学问而不是对作战本领的尊重以及精美的手工艺品如瓷器、丝绸和漆器等,被欧洲推举为模范文明。例如,伏尔泰(1694—1778)用一幅孔子的画像装饰其书斋的墙;而德国哲学家莱布尼茨(1646—1716)则称赞中国的康熙皇帝是"如此伟大、人间几乎不可能有的君主,因为他是个神一般的凡人,点一下头,就能治理一切;不过,他是通过受教育获得美德和智慧……从而赢得统治权"。英国在认真研究中国的科举制度后,制定了文官制度。中国的杂技艺术,也对外国科学家的发明产生过启迪心智的作用。根据李约瑟教授的叙述,法国科学家孟高尔费(1740—1810)发明降落伞,就是受到中国杂技演员运用雨伞作"走索"表演的防护道具的启发。另外,在近代传统艺术中,中国杂技艺术是走向世界最早的项目,早在19世纪末,中国戏法大师朱莲奎就带领杂技班子远渡重洋在纽约献艺,他把三国时期的左慈在曹操面前表演的"堂下钓鱼"这一招,传授给美国魔术家威廉·罗宾逊,并成为他的绝活。随着欧洲人逐渐注意到印度人的古代文学,他们对印度及其文明的认识开始深化。德国哲学家叔本华(1788—1860)就像莱布尼茨被中国文化迷住那样,着迷于印度哲学。1786年,英国学者威廉·琼斯爵士向孟加拉亚洲学会宣布:"无论梵语多么古旧,它具有奇妙的结构;它比希腊语更完美,比拉丁语词汇更丰富,比希腊语和拉丁语中的任何一者更优美得多。"②

由于东方国家在19世纪70年代以前处于殖民地社会或半殖民地半封建社会,前资本主义社会形态在政治、经济、社会等方面表现出的落后状况,西方国家对其认识具有很大局限性,普通人对东方的认识遥远而模糊,社会上层对东方的认识也不很清晰。像伏尔泰就十分推崇中国文化,英国的政治阶层也十分欣赏中国的科举选官制度。但更多的人认为东方文化

---

① [美]斯塔夫理阿诺斯:《全球通史》,第474页。
② 斯塔夫理阿诺斯:《全球通史》,第450页。

落后,不值一提。19世纪中叶,法国汉学家纪尧姆·波蒂厄描述当时欧洲人对中国文明的态度:"如今几乎没有引起少数杰出人物的注意……这些人,我们平日视作野蛮人,不过,在我们的祖先居住于高卢和德意志的森林地带的数世纪以前,已达到很高的文化水平,如今,他们却仅仅使我们产生极大的轻蔑。"[1]因此,殖民地时代东方文化向西方的传播和交流存在很大的局限性。

通过对殖民时代全球化因素的考察,我们看到这一百年间,全球联系的广泛性和多样性在不断增加,联系的深度和强度也在不断增强,并出现了全球化的新形态——文化全球化。因此,殖民时代是全球化发展的一个重要时期,是承上启下的阶段,不仅巩固了近代早期发展起来的各种全球联系的成果,而且为下一阶段全球化的大发展,奠定了坚实的经济、政治和文化的基础。

---

[1]　Adolf Reichwein, China and Europe: intellectual and artistic contacts in the eighteenth century, New York, Barnes & Noble, 1968, p. 51.

第三篇　全球化的帝国时代 (1870—1945)

本篇作者　孟海泉

第十一章

帝国的基础:资本主义国家现代化的发展

帝国形成的基础是世界主要资本主义国家向纵深发展的现代化。现代化,广义而言,"是指人类社会从工业革命以来所经历的一场急剧变革,这一变革以工业化为推动力,导致传统的农业社会向现代工业社会的全球性的大转变过程,它使工业主义渗透到经济、政治、文化、思想各个领域,引起深刻的相应变化"①。自 1760 年代发端于英国的第一次技术革命和工业革命以来,欧美主要资本主义国家的现代化步伐一直不断地向前迈进。但是,只是在第二次技术革命的推动下,欧美国家的现代化才突破性地向纵深发展。此时也崛起了像日本那样的非欧美地区的资本主义强国。这些得益于第二次技术革命和工业革命的少数国家构成了我们所称的主要资本主义国家。十多年后,凭借其强大的经济和军事实力,它们开始大规模地瓜分和统治世界,形成帝国。因此,帝国时代的起点是第二次技术革命。

第二次技术革命

技术革命是一个抽象概念,它通过生产领域表现出来,因而第二次技

---

① 罗荣渠:《现代化新论》,北京大学出版社 1993 年版,第 16—17 页。

术革命也有人称之为第二次工业革命,但实际上两者的角度是有所不同的。但在时间上,两者又是一致的,即发轫于 1870 年前后,完成于 20 世纪初。这次技术革命中雨后春笋般地涌现出来的大量技术发明,简直令人眼花缭乱。但是概括起来,它主要体现在电的普遍运用、内燃机的广泛使用、新技术和新材料的开发、新交通和通讯手段的应用以及新管理方法的采用。这些技术主要地被迅速应用到工业生产领域,极大地促进了工业生产力的发展。可以说,当代意义上的传统工业部门和工业体系主要是在这30 年左右的时间里建立起来的。有什么契机造就了如此轰轰烈烈的一场技术革命呢?

首先,资产阶级革命的完成为技术发明和技术应用创造了良好的社会环境。英国是最早进行资产阶级革命的大国,但是只是在 1832 年议会改革和 1846 年废除《谷物法》之后,工业资产阶级才彻底赢得了对土地贵族、金融贵族和特权商人的胜利。法国在 1848 年革命中推翻了具有浓厚封建残余的七月王朝的统治,建立起金融资产阶级的政权,并在 1870 年进一步由帝国制转变为共和制,实现了 19 世纪初期开始发展起来的工业资产阶级的统治。德国在 1850 年通过颁布新的《调整法》基本废除了农奴制,并通过 1864 年的普丹战争、1866 年的普奥战争和 1870 年的普法战争,于 1871 年最终实现了国家的统一,完成了资产阶级革命的任务,建立了容克贵族和资产阶级的联合统治。俄国于 1861 年废除了农奴制,日本于 1868 年进行了"维新"运动。这两个国家虽然保留了大量封建残余因素,但毕竟也是一场资产阶级改革或革命。美国经历了 1861—1865 年的内战之后,废除了奴隶制度。南部种植园奴隶主在内战中失败后,政权全部落入资产阶级之手,此后南部的经济和社会改造也按照资产阶级的意志进行。除了上述大国之外,还有一些国家也进行了资产阶级改革或革命。

资产阶级革命在不同国家表现为不同形式,但相同的结果是确立或基本确立了资产阶级的统治,进而使国家政权实行有利于资本主义经济发展的各种政策;即便是保留了封建残余的政权,也程度不同地倾向于发展资本主义经济。正是在这样的社会环境下,技术发明和技术应用获得了前所未有的发展。统一而巩固的中央政权建立和完善专利保护制度,为技术发明和应用提供研发资金,并减少甚至消除了由政治分裂和政治动荡所引起的对研究者的各种干扰。所以,资产阶级革命的完成是第二次技术革命的重要政治基础。

其次,第一次工业革命所积累的财富为技术发明和技术应用提供了充裕的资金保障。第一次工业革命肇始于英国后,其他大国相继加入工业革命的行列。1850—1860 年间,欧美资本主义国家工业的发展尤为迅猛,工业生产成倍增长,资本积累也日益加快。例如,其间英国的工业生产增长约为 1 倍,法国约为 2 倍,德国约为 3 倍,美国约为 3.5 倍;其间英国资本积累占国民生产总值的比例平均每年约为 9.2%,法国约为 8.3%,德国约为 12.5%,美国约为 18.8%。[①]

工业财富的增长和以此为基础的资本积累是技术发明和应用的重要物质基础。上述技术发明和应用的主要国家中,美国的工业增长速度和资本积累率最高,德国其次。第二次技术革命浪潮中最活跃的正是这两个国家。因此,第一次工业革命中所创造和积累的财富,是第二次技术革命的重要物质基础。

最后,第一次技术革命以来的技术发展和科学进步为第二次技术革命奠定了知识前提。第一次技术革命所创造的技术知识在第二次技术革命时期仍然得到广泛应用,这是不言而喻的。同时,第一次技术革命所创造的技术和产品为第二次技术革命前夕的科学研究提供了实验设备和实验技术。而同样重要的是,第一次技术革命过程中的技术改造也促进了科学理论的创立。以对蒸汽机的改进为例,由于它的热效率非常低,当时的人们千方百计地对它进行技术改造和理论探索,由此在 19 世纪中期完成了以热力学三大定律为基础的理论体系,同时英国物理学家焦耳于 1840 年代发现了能量守恒和转化定律。电学理论、化学理论等的创立相对独立,但如果考虑到科学理论的相关性——例如研究电能与其他形式能量的转化时要应用能量守恒与转化定律——那么我们仍然看到这些理论的建立与第一次技术革命的密切联系。电学理论的重大突破是英国物理学家法拉第于 1831 年发现的电磁感应现象而提出的发电机原理。化学理论的建立和完善主要归功于俄国化学家门捷列夫,他于 1869 年发现了化学元素周期表。除此之外的其他一系列科学进步也为第二次技术革命奠定了理论基础。

从某种意义上讲,第一次技术革命和第二次技术革命是连续的。科学

① S. Kuznets, Modern Economic Growth: Rate, Structure, and Spread, Yale University Press, 1966, p. 182、p. 238.

和技术发展的一般规律是：两者是交替发展、相互促进的。没有以第一次工业革命为基础的电磁学等科学理论的进步，就不会发生第二次技术革命。因而，得益于第一次技术革命的科学的进步，是第二次技术革命的重要理论基础。

第二次技术革命的重大成就在以下几个方面体现出来。

电的普遍运用。电磁学理论的创立，为电的实际应用奠定了坚实的理论基础，电的普遍运用由此大规模地展开。1866年，德国人西门子研制成功第一台自激式发电机。1870年，比利时人格拉姆发明了电动机，电力开始被用来带动机器，成为补充或取代蒸汽动力的新能源。同年，美国著名发明家爱迪生发明了电灯照明系统。1880年，他又制造出大型直流发电机，并于1882年在纽约建立了世界第一座火力直流发电厂，把输电线连接成网络。此后电车、电焊、电镀、电解法、电冶法等电气技术被广泛运用。1882年，法国人德普勒实验发明了远距离高压直流输电的方法。1890年代，经美国人威斯汀豪斯等人的努力，远距离交流输电方法获得成功，并被普遍采用。

内燃机的广泛使用。蒸汽机是一种外燃机，热效率低下，结构笨重，操作复杂，运行不安全。但随着蒸汽时代活塞、气门、轴承等机械结构的完善和冶金、铸造、轧制、焊接等加工技术的进步以及法国人卡诺等人对热机做功效率理论研究的发展，内燃机应运而生。1860年，法国发明家雷诺制成了第一台实用的内燃机，它是一台二冲程、无压缩、电点火的煤气机，热效率仅为4%。内燃机技术的重大突破发生在1876年，该年德国人奥托制造出一台以煤气为燃料的四冲程往复式活塞内燃机，它小巧紧凑，热效率达到12%～14%，以后更提高到20%以上。1883年，德国工程师戴姆勒又制成以汽油为燃料的内燃机，它具有重量轻、体积小、马力大、效率高的特点，适用于汽车等交通工具。1892年，又一名德国工程师狄塞尔发明了一种结构更简单、燃料更便宜、热效率更高的内燃机，即柴油机。它虽然比汽油机笨重，但却适用于卡车、拖拉机、公共汽车、船舶和机车等重型运输工具。

新技术和新材料的开发。新技术的开发主要表现在冶炼钢铁的新技术的发明。1856年英国人贝塞麦发明了"吹气精炼"法，随即贝塞麦转炉在许多国家建立起来。1864年法国人马丁和德国人西门子兄弟同时发明了平炉炼钢法，它不仅可以熔化生铁和熟铁，还可以熔化废铁，使之变成优质钢，随后各国又相继采用这一炼钢法。1877年英国人托马斯发明的碱性转炉,使含磷矿石也可炼出优质钢。这些冶炼技术极大地提高了钢铁质量和产量。新材料的开发主要表现在由新化学工艺的发明而带来的原材料产量的增加和来源的扩大。新化学工艺的发明层出不穷,不胜枚举,并且主要归功于德国人。1860—1870 年间发明的以氨为媒介生产纯碱和利用氧化氮为催化剂生产硫酸的新方法,使这两种化学工业的基本材料产量有了极大的增加。从 1880 年代起,人们开始从煤焦油中提炼氨、苯、人造染料等,后者很快取代了天然染料。同时,电木、塑料、人造纤维、合成橡胶等新产品也被大量生产出来。

新交通和通讯手段的应用。钢铁工业和化学工业的进步以及新兴石油工业的发展,与内燃机的应用结合起来,便诞生了新的交通手段,即汽车和飞机。1885 年前后,德国人戴姆勒和本茨应用汽油机分别制成了尚显原始的汽车。1893 年,本茨开始生产四轮汽车,汽车工业就此兴起。1903年,美国人莱特兄弟驾驶内燃机驱动的飞机首次飞上天空,飞机工业随即迅速发展起来。交通运输业的发展对远距离联系提出了要求,而电磁学理论的建立和电的应用使这种要求变成了现实,新的通讯手段由此发展起来。通讯手段的革新大致经历了有线电报、有线电话和无线通讯三个阶段。电报的发明经多人努力,最后由美国人莫尔斯完成。1837 年,他实验成功;1843 年,在华盛顿和巴尔的摩之间架设了最早的电报线。电话的发明者是美国人贝尔及其助手华生。1876 年,他们实验成功,旋即向政府申请了专利。无线通讯奠基于英国物理学家麦克斯韦 1865 年对于电磁波的预言和德国物理学家赫兹 1888 年的证实。1894 年,意大利物理学家马可尼实验无线电报成功。1899 年和 1901 年,他分别实现了横渡英吉利海峡和大西洋的无线通讯。

新管理方法的采用。新的技术革命使生产组织也发生了深刻的变革。由于电的使用,原来以蒸汽机为基础的机器体系,包括发动机、传动机和工作机,现在连成了一个统一的结构。过去由于动力和传动装置限制而将同种机器并列的工艺组织,已由按产品加工工艺组成的流水线所代替。由此产生了新的劳动组织和管理体系,最著名的当推"泰罗制"和"福特制"。20世纪初,美国人 F. W. 泰罗创建了科学管理理论体系,该体系被人称为"泰罗制"。泰罗制的特点是从每一个工人、每一件工具、每一道工序抓起,在科学实验的基础上,设计出最佳的工位设置、最合理的劳动定额、标准化的操作方法、最适合的劳动工具。如果说泰罗制侧重于理论论证,那么福特制则侧重于实践运用。1913年,亨利·福特在他的汽车公司推广泰罗制的技术成果,创建了世界上第一条流水生产线。福特不仅设计出完善的装配线和统一精确的通用零部件,还按工序将工具和人排列起来,使工人从事简单而重复的装配工作,以便他们能够在尽量短的时间内完成零配件的装配。泰罗制和福特制问世以后迅速向其他国家传播。这两种管理方法的确降低了成本,提高了效率,但它们奠基于"经济人"的理念,因而也受到多方批判。

第二次技术革命是一场全面深刻的技术变革,上述成就只是其冰山之角。它在诸多欧美国家以及其他一些国家几乎同时开展,各国的技术发明相互借鉴,技术传播的速度也异常迅速。它以科学为后盾,与科学密切结合,理论基础更加稳固,呈现出日益加速的发展势头。它是人类生产力的巨大飞跃。

从帝国形成和全球化发展的角度而论,第二次技术革命产生了以下几个方面的重大影响:

第一,主要资本主义国家基本实现了工业化,进而向全面现代化推进。主要资本主义国家的工业化历程发端于第一次技术革命或工业革命,它产生了以纺织工业、煤炭工业、机器制造业、铁路运输业等为主体的工业群。第二次技术革命或工业革命一方面使旧的工业部门因技术改造而获得飞跃发展;另一方面,更重要的是,它创造了一个以电力工业、电器工业、化学工业、石油工业、汽车工业等为主体的新的工业群。这次技术革命的另一个突出成就是,它改造了工业结构,使主要资本主义国家的工业结构逐渐从以轻工业为主导转变为以重工业为主导。同样突出的是,工业在各国整个国民经济结构中的比重日益上升。这些都标志着先进资本主义国家工业化的基本完成。在此基础上,这些国家的现代化进程全面推进。资本主义国家的现代化,尤其是工业化的发展,为帝国的形成和全球化的发展奠定了强大的物质基础。

第二,股份公司不断涌现,资本和生产日益集中,资本主义向垄断过渡。采用先进技术需要巨额资金,只有资本雄厚的企业才有能力采用。一些企业依靠自身的积累扩大资本,更多的企业则采用股份公司形式积聚资本。资本的增加往往意味着企业规模的扩大。以先进技术装备的大企业增强了竞争能力,不断吞并或排挤小企业,促进了资本和生产的集中,垄断由此大规模产生。垄断组织凭借其强大的资金实力,成为帝国形成和全球化发展的组织基础。

第三,资本主义企业对能源和原材料的需求迅速增加和扩大,同时资本过剩局面也日渐产生。由于技术推动的工业化的全面发展,能源和原材料的价格也呈日益上涨趋势。另一方面,企业对廉价能源和原材料的需求却呈上升趋势。同时,由于技术进步,许多过去不被重视的原材料成为重要物资,其中有不少在资本主义国家藏量很少或近乎阙如。对能源和原材料的渴求使得资本主义企业尤其是垄断组织和政府把目光放到了落后地区。同时,由工业化的大发展而产生的资本过剩局面也日益显现。垄断组织争夺能源、原材料和输出过剩资本的欲望促使代表其利益的列强进行大规模的争夺殖民地的运动。所以,垄断组织还是帝国形成和全球化发展的核心动力。

第四,交通和通讯革命为资产阶级真正到处钻营、到处落户、到处建立联系提供了技术保障,世界各个地区都被卷入到资本主义体系中来。由于技术进步,传统的交通运输业如铁路、航运业得到大规模改造。但是,只是在汽车、飞机等新型交通工具的大量生产和电话、无线电通讯的广泛使用之后,安全、便捷、高效的远距离联系才得以实现。铁路主要是在资本主义国家和地区之间建立了联系,海运主要是在各大洲的沿海地区之间建立了联系;而飞机和无线通讯则不仅进一步提升了这些联系,更可以深入到过去难以进入的落后地区的内陆。得益于交通和通讯革命,服务于资产阶级和垄断组织的各种勘察、开发和殖民活动在落后地区大规模展开。因此,交通和通讯革命是帝国形成和全球化发展的技术前提。

资本主义国家工业化的飞速发展

工业化是现代化的核心内容,也是现代化全面发展的主要推动力。从它的本质内涵和发展逻辑来看,工业化的内容至少涵盖四个方面:一是工业产量或产值的持续增长,二是工业体系的建立和完善,三是工业区域的扩展,四是工业经济取代农业经济而在国民经济中占主导地位。

在第二次技术革命的强烈推动下,主要资本主义国家的工业化进程呈现出飞速发展的势头。在1870—1914年间,各国相继开展并完成了第二次工业革命,也完成了自第一次工业革命以来的工业化过程,基本上都转变成为工业国。但是,具体地看,各国第二次工业革命的发展状况实际上大不相同,工业化的程度也有较大差别。

美国是这一时期工业发展最快、工业化程度最高的国家。1870—1913年美国的国内生产总值(GDP)增长率年均为 4.1%,人均为 2.0%;产值中的大部分增长来自工业,这 43 年中美国工业增长了 8.1 倍,年均增长约为 4.5%。[①] 以重要工业部门为例,1870—1914 年煤产量增加了 11.2 倍,铁产量增加了 15.4 倍,钢产量增加了 189.1 倍;新兴工业中石油开采量从 1860 年的 50 万桶增加到 1900 年的 6362 万桶,电器器材总价值从 1879 年的 265 万美元增加到 1914 年的 35943 万美元,汽车产量从 1895 年正式投产时的 300 辆增加到 1900 年的 4200 辆,继而到 1913 年的 486000 辆。[②] 工业产量和产值增加的同时,美国的工业体系也日渐完善。1860 年时美国工业中领先的是轻工业部门的面粉业、棉织业、木材加工业等工业部门;1900 年美国工业中领先的是钢铁、屠宰和肉类罐头、机械制造、木材加工业,钢铁业和机器制造业分别跃居第一位和第三位。重工业的快速发展为国民经济各部门提供了技术装备。此外,一些新兴工业如石油业、电器业、电力工业、汽车工业、化学工业等也迅速发展起来。1900 年前后,美国基本建立和完善了一个以重工业为主导、轻重工业齐头并进、新老工业协调发展的工业体系。另一方面,工业体系的建立和完善始终伴随着工业区域的扩展。1870 年前后,"制造业带"集中在新英格兰南部地区,以后逐步向五大湖区西移,在那里形成了以匹兹堡为中心的钢铁工业区。20 世纪初苏必利尔湖区的铁矿开发以后,沿湖地带又兴起了许多新的冶金工业和汽车工业中心,如芝加哥、底特律、克利夫兰和布法罗等。与此同时,采煤工业也从阿巴拉契亚山麓向西扩展到密西西比河中游地区;棉纺织业则从东北工业区逐渐南移到南部以皮特蒙特地区为中心的产棉区。更为重要的是,由于在 19 世纪后期纵横大陆的联合太平洋铁路等铁路大动脉的建成,美国的工业区域也逐渐向西部扩展,尤其是加利福尼亚州。工业的大发展使美国的工农业产值比例发生了重大变化。早在 1884 年,美国的工业净产值就首次超过了农业而占工农业净产值的 53.4%;以后,工业产值的比

① A. Maddison, Phases of Capitalistic Development, Oxford University Press, 1982, p. 45、p. 73.

② A. D. Chandler, Scale and Scope: The Dynamics of Industrial Capitalism, Harvard University Press, 1990, p. 35.

重一直有增无减,及至远远超过农业。① 从以上几个方面看,到 19 世纪末 20 世纪初,美国已经完成了工业化,成为一个强大的工业国了。

德国是这一时期工业增长速度仅次于美国、工业呈现跳跃式发展的国家。1870—1913 年德国的工业生产提高了 4.7 倍,年均增长约为 4.2%;其间煤产量增长了 7 倍多,铁产量增长了 11 倍,钢产量增长了 87.5 倍。② 自 1890 年代起,德国的机器制造业发展特别迅速,其中电机制造业和造船业尤甚。1895—1910 年间,电机产值从 7800 万马克增至 3.68 亿马克;1870—1914 年间,商船吨位从 98.2 万吨增至 510 万吨。新兴工业中,化学工业在世界上独占鳌头。1870—1900 年酸和碱等基本化学原料的产量增加了 7 倍,染料的产量增加了 3 倍;1900 年全世界所使用染料的 4/5 是德国制造的;1914 年世界生产化学染料的 9 大工厂中有 6 家是德国的。电气工业的发展也取得了骄人的成就,其总产值在 1891—1913 年间增加了 28 倍。汽车是德国人的发明,1907 年其产量为 3900 辆,1912 年增加到 16100 辆。③ 总之,经过 30 年左右的发展,德国的工业体系已经建立起来,它以重工业为主导,以新兴工业为支柱。值得注意的是,德国工业体系中军事工业具有突出的比重,这与德国政府推行军国主义政策密切相关。在工业发展和工业体系建立的同时,德国的工业区域也不断扩大。传统工业区鲁尔区和萨尔区因煤铁蕴藏量丰富而进一步扩大,钢铁工业在鲁尔区内从东部向西部莱茵河沿岸逐渐转移,形成了以杜伊斯堡为中心的最大的钢铁工业区。电力工业区在西部莱茵褐煤产区和东部莱比锡等地逐渐形成。化学工业也在莱茵河、美茵河两岸和北方沿海城市建立并扩展。船舶制造以汉堡和基尔等城市为中心在沿海扩展。机械制造则以鲁尔区、柏林、斯图加特等为中心形成工业群。汽车工业区也在斯图加特、慕尼黑、科隆等城市形成。总体上看,德国在当时形成了以鲁尔区为中心的西部重工业区和以各大城市为中心的新兴工业区和轻工业区的工业布局。在整个工业化过程中,德国的工业产值在国民经济总产值中的比重也逐年上升,农业产值的比重则逐年下降。1900 年前者为 40.4%,后者为 26.7%;1913 年前者为 45%,后者为 23%。④ 综合而言,德国在 20 世纪初也完成了工业化过

① A. D. Chandler, Scale and Scope: The Dynamics of Industrial Capitalism, p. 44.

② A. Maddison, Phases of Capitalistic Development, p.74.

③ 同上, pp.75 - 78.

④ A. D. Chandler, Scale and Scope: The Dynamics of Industrial Capitalism, p. 48.

程,成为仅次于美国的工业强国。

英国是这一时期工业增长速度相对缓慢、新旧工业发展相对失衡的国家。无论是与美国和德国相比较,还是与此前英国本身的工业发展相比较,这一时期英国的工业增长速度都是缓慢的。1870—1913 年间,英国工业只增长了 1.3 倍,年平均增长率为 2.1%,而在 1850—1870 年间,它的年平均增长率高达 3.16%。此间英国老工业的发展仍然较快,煤产量从 1.12 亿吨增至 2.98 亿吨,铁产量从 597 万吨增至 1398 万吨,钢产量从 22 万吨增至 778 万吨,船舶制造从 34 万吨增至 120 万吨。同时一些新兴工业部门如汽车、电力、煤气、人造丝等建立起来,但这些部门一般规模较小且发展缓慢。1913 年,英国新兴工业部门的产值只占工业总产值的 8.4% 左右。① 由此可见,与美国和德国相比,英国在第二次工业革命中建立起来的工业体系是失衡的,旧工业依然是工业经济的支柱,新工业部门的增长抵偿不了旧工业部门发展的滞缓,导致整个工业发展速度下降。尽管如此,英国的工业区域仍在不断扩大。西北老工业区以曼彻斯特和利物浦为中心进一步扩展,除了煤炭、钢铁外也发展起新兴的化学工业。西部以伯明翰为中心发展成冶金、机器制造业带;以格拉斯哥为中心形成造船业带;以谢菲尔德为中心建设为钢铁工业带。石油化工则在苏格兰北海沿岸发展起来。新兴工业如电力、汽车等则多布局在伦敦周围。工业化的同时,英国的工农业产值比重进一步改变。英国是工业化最早的国家,1886 年其工业产值已经超过了农业产值;到 1913 年,工业产值在整个国民经济总产值中的比重更上升为 67%,而农业的比重则下降为 11.5%。② 由以上情况看,英国在 20 世纪初也完成了工业化。

法国是这一时期工业发展相对缓慢、中小企业和轻工业相对发达的国家。跟美国和德国相比,法国在此时期的工业增长速度是缓慢的,与英国相当。1870—1913 年间,法国工业产值增长了将近 2 倍,年平均增长率约为 2.3%。然而法国的重工业发展还是比较快的,尤其是钢铁工业。其间法国的铁产量从 117.8 万吨增加到 520.7 万吨,钢产量从 8 万吨增加到 468.7 万吨,煤产量也从 1333 万吨增加到 4084 万吨。与此同时,电力、化学、制铝、汽车等新兴部门也建立起来,并取得很大成就。1913 年,法国汽

① A. Maddison, Phases of Capitalistic Development, pp. 74 – 76.
② 同上, p. 76.

车产量和铝产量仅次于美国而居世界第二,化学品产量和人造丝产量仅次于德国和美国而居世界第三。[1] 但是,法国的工业结构存在两大问题。一是存在大量分散的中小企业,现代化程度较高的大企业较少;二是轻工业还居于重要地位,尤其是传统的工艺品奢侈品生产占较大比例。因此,法国工业体系中尽管重工业也比较发达,但其主导作用却十分有限。另一方面,与其他国家一样,在此期间法国的工业区域也在逐渐扩展。法国工业区主要集中在东部。它又可分为东南部、中部和东北部三大区域。东南部以勒克勒佐、圣艾蒂安、里昂为中心形成了采煤、钢铁、纺织工业区域,以马赛为中心发展出石油工业区;东北部以加莱煤田为中心也发展成采煤、钢铁工业区;中部以巴黎为中心形成轻重工业并举的工业区。由于普法战争后洛林和阿尔萨斯割让给德国,法国失去了一个资源丰富、工业基础雄厚的工业区,直至一战后才重归法国。工业化还改变了法国的国民经济结构。法国向来农业发达,但到 1913 年,农业在国民经济总产值中的比重也已经降到了 25.3%,而工业产值的比重已上升到 41.7%。[2] 综合来看,法国在一战前也完成了工业化。

俄国是这一时期工业增长较快、但工业化程度相对不高的国家。俄国工业基础薄弱,受惠于第一次工业革命较晚,受制于传统农奴制经济时间较长。1830—1840 年间,俄国的近代工业有一些发展。但直到 19 世纪 70 年代,在主要工业部门中,它的近代工厂制度才较大规模地建立起来。俄国工业的大发展主要是在 1890 年代开始的。1890—1900 年间,俄国工业产值增加了 1 倍;煤产量增长了 1.7 倍,铁产量增长了 2.2 倍,钢产量增长了 4 倍,石油产量增长了 1 倍。1860—1913 年间,俄国的工业产值增加了 11 倍,年均增长 5.6%。[3] 但是,俄国的经济结构存在严重缺陷。除了煤炭、冶金、石油等以外,它的重工业配置极不完整,尤其是它的机器制造业极为薄弱,大量工业设备依靠从国外进口。至于新兴工业(石油例外),俄国当时几乎还处于萌芽状态。然而,俄国的工业化进程还算是很快的,这个方面甚至不逊色于上述国家。它的工业区域扩展也相当快,主要是在欧俄地区。其中,以顿巴斯为中心形成了煤炭和钢铁工业群,以巴库为中心建立了石油工业区,以彼得堡为中心在波罗的海沿岸形成了制造业带,以

---

[1] A. Maddison, Phases of Capitalistic Development, pp. 75 – 76.

[2] A. D. Chandler, Scale and Scope: The Dynamics of Industrial Capitalism, p. 49.

[3] A. Maddison, Phases of Capitalistic Development, pp. 75 – 77.

莫斯科为中心也建立了制造业带。应该说,尽管发展较快,俄国在一战以前的工业化程度相对而言是不高的。从工农业产值的比例来看,直到1913年,农业仍占优势;该年在工农业总产值中,农业比重为57.9%,工业比重为42.1%。[1] 俄国的工业化是在十月革命后的社会主义时期完成的。

日本是这一时期工业化特别迅速、一个从亚洲发展出来的资本主义强国。日本发展近代大工业的历史,基本上是从1868年明治维新后开始的。在此之前,日本是一个闭关自守的落后国家。明治维新后,日本政府积极向欧美国家学习先进科技,大力扶植私营企业和国营企业。1880年代日本以纺织工业为中心开始工业革命,随即发展起以军事生产为中心的电气、煤炭、钢铁、机械、造船等重工业。1901—1914年间,日本工业生产年平均增长率为6.3%,是同期主要资本主义国家中最高的。[2] 日本工业体系的特点是,纺织业占很大比重,突出军事工业,私人和国家企业并置,技术几乎全靠从国外进口但消化能力极强。日本作为一个岛国,在与其他国家发生紧密的经济联系的过程中,以一些临海港口城市为中心形成了大片工业地带。以东京和横滨为中心的京滨工业区、以大阪和神户为中心的阪神工业区已初具规模;以长崎为龙头形成了造船工业地带;在中京地区和大阪湾南部则形成了纺织工业地带;新兴工业在北九州和濑户内等地发展起来。工业的快速发展使日本的工农业产值比例也发展了剧烈的变化。1885年日本工业产值在工农业总产值中的比重是24.3%,农业比重是75.7%;但到了1914年,工业产值比重上升为49.5%,而农业产值比重则相对下降为50.5%。[3] 可以说,在一战前夕,日本已经完成工业化,成为一个资本主义强国。

除上述重要国家之外,工业化也在其他一些国家和地区蓬勃开展起来,如北欧的斯堪的纳维亚国家和丹麦、荷兰、比利时等国、中欧的奥地利等国、南欧的意大利、北美的加拿大、澳洲国家等,并程度不同地在一战前后跨入了工业国家行列。

工业国家能够完成工业化的具体原因各不相同,但共同的一点是都主要得益于第二次技术革命。这次技术革命大规模地改造了传统工业,建立了大量新兴工业,并使各国轻重工业结构得以重新调整。多数资本主义国

---

① A. D. Chandler, Scale and Scope: The Dynamics of Industrial Capitalism, p. 50.

② A. Maddison, Phases of Capitalistic Development, p. 75.

③ A. D. Chandler, Scale and Scope: The Dynamics of Industrial Capitalism, p. 51.

家依托重工业的发展来带动整个工业乃至整个国民经济的发展。

主要资本主义国家工业化的发展和完成为帝国的形成和全球化的发展奠定了基础。

首先,工业化的重大成就是帝国形成和全球化发展的物质前提。自近代以来,工业是财富和资本加速增长的主要经济领域。农业经历了几千年的发展,工业(这里主要指机器大工业)从1760年代肇始到1914年则只有150年左右的发展。但是,从财富增长的速度来看,工业大大超过农业。多数资本主义国家在这短短一个半世纪内工业产值就超过了农业产值,有的甚至超出几倍,足见工业在财富积累方面的威力。进一步考察可以发现,工业对财富积累的贡献是加速发展的,而且在第二次工业革命时期开始显得越来越突出。关于这一点,虽然大多数国家早年对农业产值不作统计而缺乏直接对比的资料,但我们还是可以通过比较1700—1913年世界工业生产指数得到佐证。以1913年的指数为100,代表性年份1700、1800、1860、1870、1890、1900年的工业生产指数分别为0.53、2.97、14.7、19.5、41.1、58.7。[①] 从这里可以看出,工业革命以前的1700年工业生产(主要是手工工场生产)指数是极低的;第一次工业革命时期(1760—1870)工业生产指数逐步加速提高;但第二次工业革命时期(1870—1914)工业生产指数的增长尤其迅速,1890年指数是1870年的两倍多,1913年的指数又分别是1890和1900年的近两倍半和两倍。结合前述各国工农业产值在1913年的比重关系,我们可以推断,第二次工业革命创造了大量财富。这些财富主要以商品和资本两种形式存在,其中的相当部分就输出到发达和不发达的国家和地区,以攫取更多的利润和财富。因此,工业化的成果成为帝国形成和全球化发展的坚实的物质基础。

其次,工业化所产生的发达国家对不发达国家和地区的经济优势地位是帝国形成和全球化发展的基本动力。1870—1914年间,资本主义国家工业生产占了世界工业生产的4/5以上,而亚非拉绝大多数国家在世界工业生产中的地位则微不足道,前者对后者形成了一种经济上的绝对优势地位。但是,亚非拉不发达国家和地区人口众多、资源丰富,是一个巨大的商品市场和投资市场,为资本主义国家所觊觎,这是帝国形成和全球化发展

（无）

---

① W. W. Rostow, The World Economy: History and Prospect, University of Texas Press, 1978, appendix A.

的基本动力。另一方面，若说帝国主要着眼于发达国家对落后国家的关系，那么全球化则不仅仅限于这两者之间的关系，它还包括资本主义国家之间的关系。由于资本主义国家之间也存在着相对先进与相对落后的差别，并且它们之间还需要经济互补，因此作为全球化的一个方面，经济渗透在这些国家之间也进行着；并且从根本上说，资本主义国家之间的经济渗透，其主要动力也是由工业化所产生的相对发达国家对相对不发达国家的经济优势。1870年，英国的工业生产仍是世界第一，因此它大量投资到美国、加拿大和澳洲等地；1880年代初，美国超过英国成为世界第一大工业国，它也有一部分资金流向英国、加拿大、日本等国，不过由于美国幅员辽阔，到20世纪初国内市场基本饱和之后它才大规模地对外投资；德国和法国对意大利、俄国等国具有经济优势，因而大量资本也从前者流向后者。资本主义国家之间的经济渗透和共同发展，使它们对于亚非拉落后国家的经济优势更加明显，世界经济形成了依附理论所称的"中心—外围"格局。在这种格局下，主要资本主义国家运用经济及以经济为基础的政治和军事手段夺取殖民地而形成帝国。同时，殖民地被卷入帝国和资本主义世界的经济体系，全球化广泛深入地发展起来。从全球化的含义来看，较之资本主义国家之间的经济渗透，殖民地被卷入资本主义经济体系才是真正的全球化。总之，帝国形成和全球化发展的基本动力来自工业发达的资本主义国家对工业不发达的农业国家和地区的经济优势。

最后，工业化所制造的运输工具和所构建的交通、通讯网络是帝国形成和全球化发展的基本前提。交通运输业和通讯业的发展既是工业化的必备条件，也是工业化的一个巨大成就。就交通运输方面而言，铁路里程和船舶吨位的剧烈增长对于促进帝国的形成和全球化的发展具有特别重要的作用。对于任何一个国家来讲，铁路既是统一国内市场的主要交通运输工具，也是使全国联系国际市场的重要途径和手段。国土毗连的两国可以联结铁路网，通向港口的铁路可以由船舶接续。这两种方式都使铁路的对外联系的重要作用显现出来，也是铁路在帝国形成和全球化发展中的重要性所在。因此主要资本主义国家自工业化以来大力修建铁路线，尤其是在第二次工业革命时期。1835年全世界共有营运铁路2431公里，全部在欧洲和美洲；到1870年新增了207358公里，该年欧美两洲的营运铁路里程占94.4%；到1913年又新增了894428公里，该年欧美两洲的营运铁路里程占 83.0%。^① 其他洲的铁路修建主要在澳大利亚、日本等国进行。毫无疑问,主要资本主义国家拥有大部分铁路线,他们新建铁路也主要是在 1870—1913 年间。这些国家新旧铁路已构建了一个比较密集而完善的铁路网。在船舶制造方面,1870 年主要资本主义国家仍以木制帆船为主,蒸汽船尚处于刚刚兴起时期。1870—1913 年正是汽船取代木帆船并且船舶吨位急剧增长的时代。1870 年世界船舶总吨位是 1680 万吨,但近 84% 是帆船,汽船仅占 16%;1900 年总吨位增长到 2620 万吨,其中汽船已占 62%。不消说,这些船舶绝大多数也是属于主要资本主义国家的。如 1900 年美国拥有商船 454.3 万吨,英国拥有 930.4 万吨,德国拥有 190.3 万吨,法国拥有 103.8 万吨;其中多数是 1870 年以后建造的钢制汽船。^② 就通讯方面而言,由于有线通讯在第二次工业革命前夕就已经发明,所以到 1914 年主要资本主义国家工业化完成之前就已经得到广泛应用。早在 19 世纪 50—60 年代,就在英吉利海峡和大西洋分别铺设有海底电缆;1869 年横贯伦敦经由普鲁士、俄国、波斯到达印度的电报线路也告完成;1876 年贝尔发明电话后即在欧美国家广泛建设电话网;1898 年无线电通讯也投入使用。一言以蔽之,工业化过程中的交通运输和远距离通讯成就为帝国的形成和全球化的发展提供了基本条件。

资本主义国家城市化的快速发展

城市化一般又称城镇化或都市化,它是指人类生产和生活方式由乡村型向城市型转化的历史过程,主要表现为乡村人口向城市人口的转化以及城市不断发展和完善的过程。城市化是现代化的重要内容和主要表现之一。自人类文明发生以来,城市作为文明的重要产物和重要标志一直有之。但城市的大规模发展即城市化的进程,却是从近代开始的。第一次技术革命和工业革命使主要资本主义国家的城市化进程开始发展起来。在帝国时代,由于第二次技术革命和工业革命的剧烈推动,这些国家的城市

① B. R. Mitchell, European Historical Statistics, 1750 – 1975, Macmillan, 1981, pp. 603 – 611; Bureau of the Census, The Statistical History of the United States, from Colonial Times to the Present, New York, 1976, pp. 721 – 725.

② B. R. Mitchell, European Historical Statistics, 1750 – 1975, pp. 619 – 623; Bureau of the Census, The Statistical History of the United States, from Colonial Times to the Present, pp. 749 – 750.

化速度更快、规模更大。整个帝国时代,可以说是主要资本主义国家快速完成城市化的时代。其中,帝国时代前期是这些国家城市化快速发展的时期。

这一时期主要资本主义国家城市化的快速发展主要表现在以下几个方面:

其一,城市人口快速增长,农村人口逐渐缩减。1870 年,农村人口依然在欧美多数资本主义国家占人口的一半左右;例外的是英国,它的农村人口只占全国总人口的约 1/4。此后,这些国家的农村人口不同程度地继续快速下降,而城市人口却快速增长。城市人口的增长和农村人口的相对减少主要是工业化的结果,它从一个侧面也反映了各国工业化的进程。不过对于美国来说,它的城市人口的增长还有一个重要原因是外国移民大量流入它的城市。

1870、1913 年几个主要资本主义国家农村、城市人口规模比较

		英国	法国	德国	俄国	美国	日本
1870	农村人口比例	22.2%	49.8%	46.7%	69.8%	42.3%	61.7%
1913	农村人口比例	11.8%	41.0%	36.8%	58.6%	22.5%	41.3%
1870	城市人口比例	77.8%	50.2%	53.3%	30.2%	57.7%	38.3%
1913	城市人口比例	88.2%	59.0%	63.2%	41.4%	77.5%	58.7%

资料来源: Ad van der Woude, etc., Urbanization in History: A Process of Dynamic Interactions, Oxford, 1995, p. 285.

其二,城市数目不断增加,市区面积不断扩大,高层建筑开始兴建。这一时期,主要资本主义国家城市面积的扩展主要表现为城市和城镇数目的增加,每个城市市区面积的扩大。由于工业化广泛深入地发展,许多中小城市因其地理位置和资源优势等得以兴起,有的甚至发展为大城市。如英国的布拉德福德、金斯顿、布里斯托尔;法国的图尔、第戎、勒芒;德国的马格德堡、罗斯托克、萨尔茨吉特;美国的旧金山、洛杉矶、丹佛等。据统计,1870—1913 年间,市区人口超过 10 万的城市,英国增加了 12 个,法国增加了 11 个,德国增加了 15 个,美国增加了 28 个,俄国增加了 7 个,日本增加了 9 个。[①] 与此同时,早先建立的一些城市进一步扩大市区面积,发展为大城市。如英国的伦敦、曼彻斯特、伯明翰、利物浦;法国的巴黎、马赛、奥尔

———

① Ad van der Woude, etc., Urbanization in History: A Process of Dynamic Interactions, p. 303.

良;德国的柏林、汉堡、法兰克福;美国的纽约、波士顿、芝加哥;俄国的彼得堡、喀山;日本的东京、大阪等。作为城市发展的一个新现象,此时开始出现了现代意义上的高层建筑。高层建筑的兴建,既是城市现代化的象征,也是市区面积扩大的一种特殊表现。1885年在美国芝加哥建成的10层高的家庭生命保险大厦,通常被认为是世界上第一栋高层建筑,它在结构上没有承重墙,整个建筑的重量由金属框架支撑,这标志着探索多年的高层建筑技术已经成熟,此后欧美国家很快相继仿效兴建高层建筑。

其三,城市产业结构加速变迁,服务行业规模日益扩大。城市产业结构的变迁,从宏观角度来看,实质上反映了一国产业结构的变迁,即农业、工业、服务业三大行业规模的相对变动。由于农业人口大量流向城市,城市工业和服务业的规模显然是越来越扩大。在城市内部,由于人口的增加,消费规模也不断扩大,导致轻工业生产的绝对规模也不断扩大。另一方面,由于重工业生产的绝对规模也在不断扩大,因而轻重工业的相对规模变化不是很大。然而,作为现代城市的一个重要特征,服务业的规模也在日益扩大。服务业一般包括商业、金融、自由职业和各种服务(企业服务、政府服务、家庭服务等),它的历史可以说比工业还久远;但是,只是在工业革命的推动下,它才大规模发展起来。第二次工业革命使服务业的规模比以前更加扩大。

1870、1913年几个主要资本主义国家工业、服务业规模比较

		英国	法国	德国	俄国	美国	日本
1870	工业人口比例	42.4%	28.0%	35.5%	17.2%	31.3%	24.1%
1913	工业人口比例	44.1%	41.0%	33.1%	16.1%	42.3%	33.3%
1870	服务业人口比例	35.4%	22.2%	17.8%	13.0%	26.4%	14.2%
1913	服务业人口比例	44.1%	25.9%	22.2%	25.3%	35.2%	25.4%

资料来源:Ad van der Woude, etc., Urbanization in History: A Process of Dynamic Interactions, pp. 316.

其四,城市居民的生活质量有了很大提高,消费文化快速兴起。工业化创造的巨大财富,使主要资本主义国家城市居民的生活质量不同程度地得以提高。但是,由于社会分配不公,资本家和工人的生活质量有着天壤之别。对于工人阶级而言,尽管物质生活条件比过去有了明显的改善,但基本上依然处于解决温饱的境地。追求物质和精神享受尚属于资产阶级的权利。一个新的社会现象是,中产阶级开始逐渐兴起。广义地说,中产阶级也属于资产阶级。中产阶级与资产阶级上层除了在财产方面的区别外,主要是他们把更多的时间花在商务和工作上,而上层富豪则把更多的时间花在所谓的文化(休闲)生活上。城市设施的建设和诸多服务性行业的兴起,使资产阶级和部分中产阶级的物质文化水平有了大幅度提高,同时也使工人阶级的物质生活条件有了较大改善。对于城市上层居民来说,居住别墅、讲究饮食、追求时尚、外出郊游成为他们生活的重要组成部分。但是,最令他们心动的莫过于拥有私家汽车。自 19 世纪末汽车发明以后,它的产量与日俱增,尤其是在美国。1903 年,亨利·福特与其他几个投资人成立了福特汽车公司。1908 年他试制成功新式的 T 型汽车,并于 1913 年创设了世界上第一条汽车流水装配线,使汽车售价由过去的每辆 8000 美元降至 500 美元,由此汽车在美国快速普及起来。其他国家也争先恐后地大量制造汽车,汽车以惊人的速度在主要资本主义国家的城市上层居民中得以普及。到 1913 年,全世界已有私人汽车 151.1 万辆左右;其中美国约有 119 万辆、英国约有 10.6 万辆、法国约有 9.1 万辆、德国约有 5 万辆、意大利约有 2 万辆、加拿大约有 5.4 万辆。[①]

城市化的发展也带来了一系列问题。人口的剧增使住房问题、交通问题、环境问题等突现出来。法国巴黎是最早进行城市改造的大都市。从 19 世纪中叶起,巴黎的改建工程推倒了许多旧的建筑,特别是铲除了许多贫民窟,拓宽展直了许多街道,街道两旁种植了树木,使巴黎成为当时世界上最美丽的城市。许多国家的城市纷纷仿效巴黎,并进一步改善交通和住房条件。交通的改善和住房的进步有一定联系,有了便宜的交通工具便可以在比较远的地方找到更便宜的住房,欧洲的一些城市就在市郊建立了不少工人住宅区。在美国,更加突出的是城市环境问题。直至 1870 年前后,美国的许多城市、包括一些大城市依然有许多牲畜在游逛,牲畜粪便甚至人类粪便随处可见。结果是城市环境一片肮脏,生活用水遭到污染,各种疾病经常蔓延。一些有识之士倡导政府进行城市规划,改善城市环境和卫生条件,由此兴起了所谓"进步主义运动"。从 1880 年代起,政府开始采用管道排污系统,到 1910 年约 4000 公里的排污管道已经在美国各大城市中运作。[②] 但是新的问题又产生了,污水被排入城市周边的江河里,依然影

---

① Ad van der Woude, etc., Urbanization in History: A Process of Dynamic Interactions, pp. 323.
② 同上, p. 341.

响着城市环境。随着工业技术的进步和城市管理方法的完善,这些问题也在日后逐步得到了解决。

城市化的另一个重要问题是城市居民的饮食问题,它有赖于农业(包括畜牧业)的发展。19世纪后期,欧美资本主义国家上层阶级的饮食一如既往地以肉类为主;此时中产阶级也开始注意饮食,肉类也成为他们的主要饮食;而下层人民的饮食则仍以谷物为主。交通运输业的发展为城市居民的大量饮食消费提供了运载渠道,但农业的发展才是根本保障。在第二次工业革命时期,农业的发展相对于工业和其他产业的发展是滞后的。这一时期只有少数国家如美国和英国开始使用农业机械,其他国家基本上仍以手工型的改良农具为主;世界农业生产的增长主要地仍然依靠耕地面积的扩大,单位面积产量的提高不大。尽管如此,农业以其相对落后的生产方式为城市的快速发展提供了后勤保障。通过天然河道、人工运河和铁路,大量畜类和谷类农产品被输入城市,城市居民可以在市场上买到各种新鲜的和包装的农产品。在美国,农业与城市的紧密联系不仅在地区层面上构建为一个个体系,而且进一步使全国形成了东北部以工业为主、西部以畜牧业和谷物农业为主、南部以棉花农业为主的生产大格局。美国农业发展的一个有趣的现象是,为了确保农产品的新鲜,运输时间被精确计算,进而引起了商业领域的时间标准化。1883年,《铁路标准时间法案》开始生效,以此为基础,美国国会于1918年进一步制定了适用于各行各业的《标准时间法案》。

城市发展进程中出现的一些问题并不能阻挡城市化的大规模开展。欧美主要资本主义国家的城市化使这些国家率先从农业社会开始走向现代社会。城市化不仅是现代化的一个重要内容,而且是现代化的综合体现。现代城市创造了大量的财富,汇集了众多的人口,并且在发展过程中不断完善自身。资本主义国家的现代城市既是物质财富的积聚地,也是精神财富的汇集地。资产阶级民主和法制的进一步巩固,精英文化和平民文化的进一步发展,都是资本主义国家城市化的重要内容。但是,从帝国形成和全球化发展的视角来看,主要资本主义国家的城市化为垄断企业的兴起提供了基本的社会环境;垄断企业的对外扩张,提供了帝国形成和全球化发展的核心动力。

第十二章

帝国的形成:从垄断到瓜分世界

19世纪70年代以后,垄断帝国逐渐形成,各帝国主义国家纷纷夺取原料产地、投资场所、销售市场和战略要地,瓜分世界领土的斗争达到白热化的程度。1876—1914年间,英、俄、法、德、美、日6个帝国主义国家,共占领近2500万平方公里的海外土地,使世界殖民地领土从4040万平方公里增加到6500万平方公里,几乎整个非洲、拉丁美洲和大部分亚洲地区都被置于帝国主义殖民统治之下,世界领土被瓜分完毕,资本主义囊括全世界,形成世界资本主义体系。

垄断组织的产生和发展

垄断组织是指资本主义大企业之间为了独占生产和市场、以攫取高额利润而联合组成的经济同盟。垄断组织或垄断企业是垄断现象的实体形式。垄断现象产生的基础是资本主义生产的集中,生产的集中达到一定量的积累便产生了垄断现象。在这里,垄断被看做一种大规模的社会经济现象。主要资本主义国家的社会经济从1870年前后开始了由自由资本主义向垄断资本主义的过渡。

垄断的产生主要有三方面的原因:其一,第二次技术革命和工业革命的推动。由于这次新的技术和工业革命,各主要资本主义国家的企业竞相在生产中大量采用新能源、新工艺和新技术,这就导致了企业对资金的需求急剧增长。由此,资本家除了加速利润的资本化以积累更多资金外,还加快了彼此兼并、以大吃小和发展股份公司的步伐,使资本和生产迅速集中起来。其二,频繁的经济危机的刺激。在19世纪的最后30年内,资本主义世界发生了三次经济危机,发生时间分别是1873年、1882年和1893年。紧接着在1900年又发生了经济危机。每次危机经历一个周期都需要几年时间。频繁的经济危机使许多中小企业破产,而大企业则凭借雄厚的资本和良好的生产销售条件,在危机中乘机吞并中小企业。其三,城市化提供了生产集中的基础。城市首先是工业生产和经济活动的集中地,资本主义企业大多集中在城市。在自由资本主义时期,城市企业基本上是各自独立生产的个体。但是,从某种意义上说,这些个体因其大多集中在城市里,就已经为后来的企业兼并和生产集中奠定了基础。

垄断最初发生在流通(销售)领域,然后深入到生产领域,并由一个或几个部门扩展至所有部门,逐渐发展为普遍性的社会经济现象。垄断组织有多种形式,在主要资本主义国家向垄断过渡的进程中,主要形式有四种。其一是普尔或卡特尔。它可算是最早的垄断组织,发生在销售领域。几个势均力敌的较大企业短期内在销售价格上达成某种妥协,形成垄断价格,以共同控制市场,由此形成的垄断组织,在美国和英国被称为普尔,在德国和法国则被称为卡特尔。其二是辛迪加。它是在卡特尔的基础上发展而成的垄断组织。这是生产同类产品的少数大企业为了进一步垄断市场而在商品销售和原材料采购方面实行的联合,参加联合的企业在生产方面仍然保有独立自主权。由于卡特尔和辛迪加都是以在流通领域内实行垄断为特征,所以两者联系密切,很难截然分开。其三是托拉斯。这是垄断组织的一种高级形式,也是最重要的一种形式,最早出现于美国。它是垄断从流通领域延伸到生产领域而产生的一种垄断组织。由若干生产同类产品的或彼此在生产上密切联系的企业通过实行统一生产和统一销售而结为一体,其中的各参与者实际已失去产销自主权,变成为持股者,企业的所有权和经营权分离,就形成了托拉斯。其四是康采恩。这是一种比托拉斯更复杂、联合程度更高的垄断组织。不同经济部门的大企业或大公司以某个巨型公司或大金融资本集团为核心,通过横向和纵向联合而结合在一起,形成跨行业的综合性企业集团,就形成了康采恩。与托拉斯不同的是,参与这一联合的各企业在形式上仍然独立,但其中的核心企业借助于持股和在财务、人事、销售方面拥有的优势和特殊权力,实际上是把全部参与企业置于牢牢的控制之下,使之变成有机的、庞大的垄断实体。

在主要资本主义国家向垄断过渡的过程中,各国生产的集中程度和垄断组织的形式有较大差别。

美国是当时的一个后起国家,得益于良好的自然条件和先进的生产技术,它的生产集中过程发展较快,集中程度也远比其他国家高。1905 年,美国共有工业企业约 21.6 万家,其中约有 2.4 万家即占总数近 11% 的企业,控制了资本总额的 81%,集中了工人总数的 72% 和工业产值的 79%。从部门情况来看,钢铁企业的数目从 1870 年到 1905 年减少了 2/3,即从 1808 家减少到 606 家,而平均投资额却从 15 万美元增加到 150 万美元,增长了 9 倍,产量也同样增长了 9 倍;造船业中,从 1880 年到 1905 年造船厂数目减少了一半,而造船吨位却增加了 1 倍;制盐的厂家,从 1860 年到 1905 年减少了 63.4%,即从 399 家减少到 146 家,但产量却增长了 3 倍左右。另据美国 1914 年的工业普查,在 1904—1914 年间,年产值在 100 万美元以上的大工业企业,占工业企业总数的比重从 0.9% 上升到 2.2%,但所雇佣的工人占工业工人总数的比重,却从 25.6% 提高到 35.2%,其产值占工业生产总值的比重也从 38% 提高到 48.6%。20 世纪初,资产达 1 亿美元的巨型企业已有 100 家左右。[1] 生产的集中意味着垄断组织的产生。在美国,由于工业生产的集中程度很高,垄断组织的主要形式是托拉斯。美国出现的第一个托拉斯是 1879 年成立的洛克菲勒的美孚石油公司,它在建立之初就掌握了全国石油产量的 90% 以上。随后,各行各业的托拉斯组织纷纷建立,其中,规模最大的有:1884 年的棉籽油托拉斯,1885 年的亚麻籽油托拉斯,1887 年的全国铝制品托拉斯、制糖业托拉斯和威士忌酒业托拉斯等。到 1904 年,美国共有 318 个工业托拉斯,其中 236 个是在 1898 年以后建立的;它们吞并了 5300 个工业企业,拥有全部加工工业资本额的 40%。[2] 至此,美国的各重要工业部门大多都已被少量大托拉斯所垄断。其中最著名的是美孚石油公司、美国钢铁公司、国际收割机公司、杜邦

---

① [美]吉尔伯特·菲特,吉姆·里斯:《美国经济史》,辽宁人民出版社 1981 年版,第 471 页。

② T. Morris and I. Adelman, Comparative Patterns of Economic Development: 1850–1914, Baltimore, 1988, p.91.

火药公司和福特、通用、克莱斯勒 3 家汽车公司等。

　　德国的生产和资本的集中程度以及企业的规模都远远低于美国,但垄断组织的发展程度仅次于美国。在德国的统计中,雇佣工人人数在 50 人以上的被列为大企业。1882 年这类企业占德国企业总数的 0.3%,而雇佣工人的人数占雇工总人数的 22%。到 1907 年,即使把商业和运输业也计算在内,这类企业的比重仍只有 0.99%,雇佣工人人数为 39.4%。同年德国拥有 1000 人以上的企业有 586 个,约占企业总数的 0.02%,但它们所雇佣的工人占工人总数的 10%。[①] 由于德国农村保留了大量的封建残余,国内市场狭小,因而以产品销售方面见长的卡特尔成为德国垄断组织最普遍的形式。1857 年,德国出现了第一个卡特尔,到 1870 年增加到 6 个。1873 年危机爆发后,卡特尔迅速增加,1879 年已有 14 个,1890 年猛增到 210 个。19 世纪末期的工业高涨和 1900—1903 年的危机期间,德国垄断组织又有了进一步发展,1905 年卡特尔已达 385 个;此时的垄断组织遍及采煤、冶金、电气、化学、纺织、玻璃、食品等行业。卡特尔运动达到高潮后,20 世纪初,德国的几乎所有卡特尔迅速向辛迪加转化。其中,1905 年的 385 个卡特尔中的 200 个左右早就具有辛迪加的性质。例如,莱茵区威斯特伐利亚煤业辛迪加 1893 年成立时就已经集中了该地区产煤总量的 86.7%,到 1910 年则达到了 95.4%,并且占全国煤产量的 56%。1901—1910 年间,德国又先后组成了钢铁辛迪加和制糖辛迪加。前者联合了约 30 家大钢铁企业,控制了全国钢铁产量的 43%～44%;后者联合了 47 家企业,垄断了国内食糖销售量的 70% 和出口量的 80%。[②] 一战前夕,德国还出现了联合程度更高、组织更复杂的托拉斯和康采恩垄断组织,它们数量不多,但控制着主要生产部门。例如,电气总公司和西门子公司两个集团基本控制了德国的电气工业;汉堡—美利坚公司和北德意志航运公司基本垄断了德国的航运业;克虏伯集团组成了以克虏伯公司为核心的集采矿、冶金、机器制造和军火生产为一体的巨型康采恩。

　　英国工业生产集中的速度与程度落后于美国和德国,垄断的发展程度也相对落后。作为老牌的工业化国家,英国在第二次工业革命中工业发展的速度反而显得相对缓慢了。由于技术装备陈旧,纺织业等旧工业部门生

　　① D. Senghaas, The European Experience: A Historical Critique of Development Theory, Leamington, 1985, p. 45.

　　② D. Senghaas, The European Experience: A Historical Critique of Development Theory, p. 202.

产分散,新工业部门比较薄弱,以及庞大的殖民地为资产阶级带来高额利润等因素,英国工业的生产和资本的集中进程发展缓慢,程度也较低。英国生产和资本积聚的趋势有一个重要特点,即一方面大企业的规模日益扩大,同时小企业的数目也成倍增长,甚至后者的速度超过了前者;这一点与英国的企业多为股份公司、并且这种股份公司因多为家族式企业而排斥公共股份有关。1862 年在政府登记备案的股份公司数已有 165 家,到 1873 年增为 1234 家。不过,直到 19 世纪 80 年代后期,英国制造业中绝大多数企业还是独资或合伙的家族企业,资本和生产的集中程度还不高。19 世纪 80 年代末和 90 年代中出现了两次创设股份公司的高潮,共创设了近 2 万家股份公司。[①] 股份公司的这种大量增加,特别是进入 90 年代后,许多工业部门中原有的较大的独资或合伙企业,也纷纷改组为股份公司,并在股份公司的形式下进行联合和兼并活动,这样也就加速了生产和资本的集中。经过一系列兼并或合并而组成的英国的大股份公司,到 19 世纪末 20 世纪初,都很快具有托拉斯的特点。例如,1888 年的盐业联合公司控制了全英食盐产量的 91%;1895 年合并成立的帝国化学公司垄断了英国大部分苏打生产;1897 年出现的著名的阿姆斯特朗—惠特沃公司和维克斯—马克西姆公司都集军火制造、军舰建造、钢铁冶炼、金属加工于一身;1900 年由 46 家公司联合而成的英国棉花染商联合公司以及另一家漂白业者联合公司共控制了英国漂染业务的 90%,等等。[②] 这一系列的联合表明,尽管英国总的垄断程度不高,但具有托拉斯性质的大股份公司成了英国垄断企业的主要形式。

　　法国工业生产和资本的集中情况以及垄断发展的程度与英国类似,也比较缓慢和落后。法国中小企业的比重一直很大,工业生产的集中程度一直较低。20 世纪初,在政府的大力扶植下,工业集中才有所加速。1906 年,雇佣工人在 50～1000 人的工业企业占 0.39%,雇佣工人数占 22.5%;雇佣工人超过 1000 人的工业企业占 0.008%,雇佣工人数占 8.1%。集中程度较高的主要是重工业部门,1906 年雇佣工人达 100 人以上的企业所雇工人占工人总数的比重,冶金业为 97.2%,煤炭业为 98.5%,化学工业为 57.1%,金属加工业为 50%。在轻工业部门,也发生了一定程度的集中

　　① T. Morris and I. Adelman, Comparative Patterns of Economic Development: 1850 – 1914, p. 99.

　　② 克拉潘:《现代英国经济史》(下卷),商务印书馆 1977 年版,第 279—280 页。

化,还以 1906 年为例,纺织工业中拥有 100 名工人以上的大企业,集中了该部门工人总数的 52%;在造纸和橡胶工业中则为 55.7%。[1] 由于法国工业的集中程度相对不高,因而它的垄断组织的发展速度和程度也比不上美国和德国。同时,它也没有形成某种比较突出的垄断组织形式,卡特尔、辛迪加和托拉斯都有所发展。法国重工业部门的垄断组织如较早的冶金工业的郎格维"康多阿"辛迪加、钢铁工业的西克利达辛迪加;20 世纪初形成的旺代尔、施奈德、马林、奥姆古尔、德恩·昂赞等公司。法国轻工业部门的垄断组织如著名的亚麻辛迪加控制了全国 90% 的麻织品生产;1883 年成立的制糖卡特尔也在该部门取得了垄断地位。

俄国虽然资本主义工业发展比较落后,但生产的集中程度特别高,辛迪加成为了俄国垄断组织的主要形式。作为工业化起步较晚的国家,俄国在工业革命中引进了外国的技术和企业组织形式,并且得到外国资本尤其是法国资本的支持,因而它的工业生产集中程度特别高。例如,在 19、20 世纪之交,俄国 5 家炼铁厂的生铁产量占全国总产量的 1/4 以上;17 个大煤矿的采煤量占全国煤炭总产量的 2/3 以上;不到 1/10 的石油公司生产了全国石油的近 7/10。又如,1903 年全俄所有工厂中,雇佣工人在 100 人以上的工厂占 17.3%,拥有的工人数占总数的 76.9%。其中雇佣工人数在 1000 人以上的工厂占工厂总数 1.5%,拥有的工人数占 31.8%;雇佣工人在 1000 人以下 100 人以上的工厂占 15.8%,拥有工人数占 45.1%。此外,雇佣工人在 100 人以下 20 人以上的中等工厂数占 46.4%,雇佣工人数占 19.3%;雇佣工人在 20 人以下的小型工厂占 36.3%,拥有工人数仅占 3.9%。[2] 由于俄国工业集中程度高,加之它的工业企业一般都分别掌握在不同国别的外国资本家手中而难以在生产上联合组成托拉斯,并且俄国政府的大批订货和保护关税政策又使资本家争夺订货和国内市场的斗争异常激烈,因而组成辛迪加以调节彼此间的矛盾实为最佳垄断形式。早在 19 世纪 80 年代,俄国就出现了一批垄断组织,如铁轨工厂联合、桥梁工厂联合等。20 世纪初,俄国的垄断组织更加广泛发展起来。1904 年煤矿辛迪加垄断了顿巴斯煤矿区产量的 75%,橡胶业辛迪加控制了全部橡胶销售,制铜业辛迪加占全国生产的 90%,制糖业辛迪加控制着全部糖的生

① D. Senghaas, The European Experience: A Historical Critique of Development Theory, p. 273.

② T. Morris and I. Adelman, Comparative Patterns of Economic Development: 1850 – 1914, p. 117.

产,烟草辛迪加垄断了全国 75% 的烟草生产。①

日本与俄国一样,虽然资本主义发展较晚,但工业生产的集中程度却非常高,它的垄断组织形式主要是康采恩。日本的近代工业,一开始就是在国家的大力扶植下发展起来的,受国家政权扶植的少数特权资本得到充分发展,因而其生产集中的程度也很高。1914 年,资本在 100 万日元以上的大公司占公司总数的比重为 21%,而其资本额占资本总额的比重却高达 63%。其中,资本达 500 万日元的巨型公司仅占公司总数的 0.37%,但资本额却占资本总额的 38.5%。同年,雇用 500 名工人以上的大企业,仅占企业总数的 0.7%,然而却集中了日本在业工人总数的 25.7%。② 这些集中了全日本绝大部分工业生产和资本的企业,多数是近代以来得到政府特殊保护的特权资本。它们原来就广泛从事商业、金融、运输和工业生产等各部门的活动,以后又在对外侵略战争(如中日甲午战争和日俄战争)中膨胀起来,因而当生产和资本集中到一定程度时,便形成了以康采恩为主的垄断组织。这些垄断企业基本上都属于三井、三菱、住友、安田、川崎、山口、浅野、大仓、古河、片仓等大财阀所有。其中,三井、三菱、住友、安田等四大"家族康采恩"占据了统治地位。同俄国一样,日本的整个经济发展水平并不高,但垄断和垄断组织形式却畸形地发展到很高的程度。

在工业迅速集中和垄断化的同时,各主要资本主义国家的银行业也迅速地走向集中和垄断。银行业的集中和垄断,使银行能够控制全社会的工商业经营,并在此基础上开始与工业资本相融合,形成了所谓"金融资本"。它们之间的融合是通过多种途径实现的,如银行和工业企业相互购买对方的股票;双方的代表互兼董事会的董事;银行为工业企业发行股票、公司债券,发放长期贷款;银行建立自己的工业企业或工业企业建立自己的银行或金融公司等。

在比较年轻的资本主义国家美国和德国,金融资本形成的过程表现得最为明显。历史上美国的银行大都是私人银行,且不被允许开展跨州业务,因而银行业比较分散,其集中的进程也比工业缓慢。然而,在 1890 年代以后,美国银行业通过扩大银行资本和存款、加强银行的合并、组织银行连锁(即形式上独立的各银行在同一人或少数人控制之下的联合)和银行

---

① D. Senghaas, The European Experience: A Historical Critique of Development Theory, p.286.

② T. Morris and I. Adelman, Comparative Patterns of Economic Development: 1850 – 1914, p. 201.

集团(即由某一持股公司所操纵的一些形式上独立的银行)以及同各中小银行建立代理关系,使它们从属于大银行等方式,迅速完成了集中的过程。到 1900 年,全美 12427 家商业银行中,最大的 20 家银行拥有全国银行存款的 15%。[1] 在此过程中,美国的金融资本也日益成长。其中摩根和洛克菲勒两大金融资本集团最具代表性。前者是银行资本向工业资本渗透形成金融资本的典型代表;后者是工业资本向银行资本渗透形成金融资本的典型代表。这两大银行集团拥有成百家工业企业。在德国,银行业的集中几乎与工业的集中同时产生,并且集中程度比美国要高得多。例如,1907—1908 年度,资金在 100 万马克以上的银行共有 172 家,它们拥有 70 亿马克的存款,占全国存款总额的 96%。其中,资金在 1000 万马克以上的 57 家大银行占有存款总额的 79.5%,而在这 57 家银行中,9 家特大银行所拥有的存款占全国存款总额的 47%。到 1912—1913 年度,这 172 家银行的存款总额又增加了 40%,即新增 28 亿马克,其中的 98.2%,即 27.5 亿马克,为资金在 1000 万马克以上的 57 家大银行所占有。同年度内,这 57 家银行所拥有的存款比重增加到 85%,其中 9 家特大银行所占的比重增至 49%。与此同时,德国银行资本迅速向工业渗透,形成了金融资本。1896 年德国电气工业中 39 家股份公司的建立便是由大银行直接资助的。1910 年,柏林 6 家特大银行的经理们作为各行的代表参加到了全国 344 家工业公司的领导机构中,它们的董事们也作为代表参加了全国 407 家公司的领导工作。1895—1910 年间,这 6 家特大银行的每一家都参加了数百个工业公司发行股票和债券的工作。[2] 20 世纪初,金融资本已成为了德国经济中占统治地位的资本形态。

　　英国和法国工业生产的集中与垄断虽然较低,但银行业的集中很高,同时金融资本的生长却又不如美国和德国明显。英国的银行业发展较早,尤其是经过 19 世纪中期的迅速扩展后,垄断已经产生。其银行业的垄断程度不仅远比工业高,而且甚至超过了美国和德国所达到的水平。英国股份银行的数目,在 1865 年为 250 家,1875 年合并为 120 家,到 1900 年减为 98 家,1913 年更减为 61 家。在 1900 年,仅占银行总数 24.5%、资本在 100 万英镑以上的大银行为 24 家,但所拥有的存款却占全国存款总额的

　　① T. Morris and I. Adelman, Comparative Patterns of Economic Development: 1850 – 1914, p. 277.

　　② 《列宁全集》(第 22 卷),人民出版社 1958 年版,第 203,213 页。

68.2%。到 1913 年,这类大银行增为 27 家,占银行总数的比重上升为 44.3%,拥有的存款占全国银行存款总额的比重高达 85.7%。随着银行业的集中,英国银行业与工业的融合也迅速增长。到一战前夕,至少在 26 家重要钢铁公司的董事会中已有大银行的董事参与管理和领导。① 不过,由于英国银行垄断资本的经济利益主要在海外,而且占英国银行业主导地位的商业银行具有不参与对国内工业进行长期投资的历史传统,因而它的银行资本与工业资本的融合即金融资本的发展不如美国和德国明显。法国金融资本的发展情况与英国类似。法国银行业的兴起和集中也比较早。成立于 1800 年的法兰西银行,在 1848 年就垄断了全国银行券的发行权,从私人银行转变为国家银行。1848—1875 年间,法国的私人大银行如巴黎国民贴现银行、里昂信贷银行、法国兴业银行(即总公司)、巴黎荷兰银行等先后建立起来,并迅速走向集中。如法国最著名的三大银行即里昂信贷银行、国民贴现银行和总公司,在 1870—1909 年间,它们的分支机构从 64 家扩大到 1229 家,资本额从 6.27 亿法郎增加到 52.5 亿法郎。1908 年,它们拥有的存款占全国 266 家银行存款总额的 70%。1914 年,在法国 110 亿法郎的银行资产总额中,5 家最大的银行所占的比重高达近 73%。② 法国银行业的集中也超过了工业的集中,并且在集中过程中同时向后者渗透。如巴黎荷兰银行不仅是垄断性的金融投资银行,而且在石油、电气、冶金业中占有垄断地位,在出版、化学、造纸、制糖、运输业中也有重要影响。不过,与英国类似,法国金融资本集团更多地热衷于国外投资,因而法国金融资本的发展程度也较美国和德国为低。

俄国和日本金融资本的形成大致都在 20 世纪初,但两国有较大差异。俄国银行经过 19 世纪最后 30 年的扩展,资本在不断增大;到 20 世纪初,银行业加快了集中的步伐。从 1900 年到 1914 年,俄国商业股份银行从 39 家增为 47 家,所拥有的资本则从 2.8 亿卢布增加到 8.36 亿卢布,增长了近 2 倍。其中,资本在 1000 卢布以下的小银行所拥有的资本额从 44% 降为 11%,而中等以上银行拥有的资本额所占的比重由 56% 增加到 89%。在 1914 年第一次世界大战爆发前夕,仅 12 家大银行就集中了全国银行资本的 80%,其中 5 家银行占全国银行资本的 50%。不过俄国银行资本的

① L. J. Sechrest, Free Banking: Theory, History, and a Laissez – Faire Model, London, 1993, p. 133.

② L. J. Sechrest, Free Banking: Theory, History, and a Laissez – Faire Model, p. 148.

发展严重依赖外国,如 1913 年俄国的 19 家大银行中,有 11 家是由法英德三国银行参与的,它们所拥有的资本占这 19 家银行资本总额的 77.3%,而名义上独立的 8 家银行仅占资本总额的 22.7%。这些大银行通过发放长期贷款和受托发行股票对各企业实行控制。到一战前夕,全俄工业和运输业股票的一半已经在银行业垄断资本手中。与此同时,工业垄断资本也通过购买股票向银行渗透。例如,在彼得堡的几家最大银行中,其流动资金的 40% 以上为煤炭公司、五金公司、石油辛迪加、冶金辛迪加和水泥辛迪加所拥有。① 俄国金融资本基本上为外国资本家和沙皇统治集团所控制。20 世纪初,日本也大大加快了银行业的集中和垄断。1903—1914 年间,日本银行的数量从 2534 家减为 2153 家,减少了 15%。1913 年,三井、三菱、住友、安田和第一(涩泽)五大银行,集中了全国普通银行存款总额的 22.5% 和放款的 18.4%。② 在日本,现代资本家的前身是封建时代的"官商"家族,他们从来就兼营银行、信贷和工、商、运输等行业,集银行资本家和工业资本家于一身。因而日本资本主义发展到 20 世纪初的垄断阶段时,就是银行资本和工业资本相融合的金融资本。

从 1870 年前后到 20 世纪初,以上述国家为代表的主要资本主义国家相继从自由资本主义过渡到垄断资本主义。垄断组织在资本主义国家从产生到普遍建立历时不过三四十年,最主要的原因是第二次技术和工业革命的强烈推动。从逻辑和史实两方面看,垄断组织大致快速经历了工业资本垄断、银行资本垄断和金融资本垄断的从工业领域向金融领域扩展、继而融贯两大领域的发展过程。垄断组织的产生和发展,不仅使资本主义国家的社会经济生活彻底改观,而且使全世界的经济和社会面貌开始发生深刻的变化。就后者而言,它具体表现为全球化的发展和帝国的形成。

资本主义垄断的产生和发展,对全球化发展和帝国形成的强烈作用主要表现为以下三个方面:

首先,垄断使资本主义国家的生产力发展更加迅猛,垄断组织对外扩张的实力进一步增强。垄断组织是生产力发展的结果,但它反过来又极大地促进了生产力的进一步发展。垄断组织是大企业,它们设备先进,管理有方,劳动生产率比一般企业高得多。同时,雄厚的资金使垄断组织有条

---

① L. J. Sechrest, Free Banking: Theory, History, and a Laissez-Faire Model, p.162.
② 同上, p.175.

件进行大规模科学研究和成果应用,从而更加提高了生产力。生产力的提高意味着财力和物力的增强,在资本扩张本性的驱动下,垄断组织必然要对外发展。垄断组织对其他资本主义国家的经济扩张,就促进了全球化的深入发展。垄断组织对非资本主义国家的经济和政治扩张,则一方面导致了帝国的形成,另一方面也促进了全球化的广泛发展。垄断所带来的生产力的进一步提高和财力物力的增强,是垄断组织推动全球化发展和帝国形成的一个重要原因。

其次,垄断组织在资本主义国家之间进行商品输出和资本输出,造就了一个"核心地区",从而形成了对"外围地区"的扩张趋势。垄断组织凭借其强大的经济势力,在兴起之后,成为各国各地区之间建立经济联系的主要载体。垄断组织在产生和发展过程中,同时开始了商品输出和资本输出。但是,早期垄断组织对外开展经济活动,主要着眼于资本主义国家,而对非资本主义国家和地区的经济活动相对要少得多。垄断组织在资本主义国家之间相互输出商品和资本,使资本主义世界联结成为一个整体。这个整体就是依附理论所称的"核心地区"。"核心地区"因其占绝对优势的经济势能,必然逐渐向所谓的"外围地区"进行经济扩张,从而导致了帝国的形成和全球化的发展。

最后,垄断组织不仅控制着一国的国民经济,而且左右着该国政府的对内对外政策,它们为自己的利益操纵政府进行对外扩张和侵略。资本主义国家的政府从本质上来说是代表资产阶级利益的政府,实力强大的垄断组织尤其是金融寡头操纵着政府。例如操纵美国政府的是摩根集团等八大财团和60家族;操纵法国政府的是巴黎荷兰银行等六大银行;操纵日本政府的是三菱集团等五大金融寡头,等等。垄断组织不满足于在资本主义国家之间进行商品贸易和资本投资,它们要求继续扩大商品的销售市场和原材料的供应地以及资本的输出地。资产阶级政府为了满足垄断组织的欲望,不惜牺牲人力物力,不断进行殖民扩张和侵略,由此导致了帝国的形成和全球化的发展。

资本主义核心区域的形成

在帝国时代前期,全球经济大致形成了"核心—外围"的格局。主要资本主义国家的经济在总体上联结成核心(中心)区域,世界其他国家和地区则成为外围地区。我们这里借用依附理论的概念，并不表示我们赞同依附理论。我们只是认为，在那个时期，全球经济的核心—外围格局事实上是存在的。资本主义核心区域的存在，不仅是指当时经济相对发达国家集中于这个区域中，而且更重要的是指，这个区域中的国家在经济上相互密切联系，构成了一个经济整体。

资本主义国家在经济上发展对外关系，主要通过商品输出和资本输出两种手段。

商品输出是资本主义国家对外贸易的核心组成部分，它的规模的扩大既是资本主义生产方式发展的重要基础，也是这种生产方式的必然产物。随着第二次工业革命的开展，资本主义国家的对外贸易规模也日渐扩大。1870年，国际贸易额为106亿美元；1913年，已扩大为404亿美元。[①] 在40多年中，国际贸易新增加了近3倍。从当时国际贸易的地区分布来看，1876—1880年间，在世界贸易进出口总额中，欧洲进口额占69.6%，出口额占64.2%；北美洲进口额占7.4%，出口额占11.7%；拉丁美洲进口额占4.6%，出口额占6.2%；亚洲进口额占13.4%，出口额占12.4%；非洲进口额占1.5%，出口额占2.2%；大洋洲进口额占3.5%，出口额占3.3%。到了1913年，各洲在世界贸易进出口总额中的比例有所变化，欧洲进口额占65.1%，出口额占58.9%；北美洲进口额占11.5%，出口额占14.8%；拉丁美洲进口额占7.0%，出口额占8.3%；亚洲进口额占10.4%，出口额占11.8%；非洲进口额占3.6%，出口额占3.7%；大洋洲进口额占2.4%，出口额占2.5%。[②] 由此可见，在帝国时代前期，世界贸易的2/3左右集中在欧洲；欧洲所占份额到1913年虽有所下降，但仍占支配地位。欧洲是资本主义工业化开展得最普遍的地区，国际贸易在这一地区的发展也比较充分，区内国家之间的相互贸易一直就非常发达。欧洲在世界贸易中比重的下降，即进出口贸易总额从1876—1880年的66.9%下降到1913年的62.0%，基本原因在于，随着工业化的发展，欧洲主要资本主义国家对洲外国家粮食和原料初级产品的需求日益增多，同时这些欧洲国家的工业制成品也日益需要向洲外市场推销，因而欧洲与欧洲以外的贸易，比洲内国家间的贸易相对地增长较大。在欧洲国家中，英国曾经是遥遥领先的贸易大

---

① S. B. Saul, Studies in British Overseas Trade: 1870 – 1914, Liverpool University Press, 1960, p.72.

② S. B. Saul, Studies in British Overseas Trade: 1870 – 1914, p.75.

国,在 1850 年代它所占世界进口贸易总额的比重曾高达 46%。随着工业垄断地位的丧失,英国在世界贸易中的地位也开始下降。1911—1913 年间,英国所占世界进口贸易总额的比重下降为 17%。不过,在一战以前,英国仍然是世界贸易中的第一大国。[①]

北美洲、拉丁美洲和非洲是这一时期国际贸易地位处于上升趋势的三个地区。非洲开始卷入世界市场,它的比重上升较快,但贸易地位仍然很低,只是超过了大洋洲。北美和拉丁美洲在国际贸易中地位的上升主要是由于欧洲国家对北美和拉丁美洲地区的粮食和经济作物、畜牧产品等的需求有了较大增长,同时这些地区的国家对欧洲国家工业品的需求也有迅速增长。在 19 世纪下半期,除美国以外的美洲国家与欧洲的经济关系,不同程度地带有殖民地性质。美国依靠发展国内经济,大力推进本国工业化,逐渐消除了过去与欧洲、尤其与英国的经济关系上的殖民地性质。美国在世界贸易中的地位上升很快,反映出它的工业生产实力的增强以及经济结构的变化。其工业制品贸易在 19 世纪最后 10 年中由入超变为出超,并且开始向其他美洲国家的市场渗透。美国成为西半球的贸易大国。

亚洲在国际贸易中的地位呈下降趋势,这反映了亚洲国家,诸如印度、中国、土耳其等国经济在帝国主义的压榨和国内封建主义势力的阻碍下几乎处于停滞状态,远远跟不上欧洲国家工业化的步伐。在亚洲国家中唯一的例外是日本。日本的工业生产和对外贸易在这一时期中发展得极为迅速,它不仅与欧美国家开展贸易,而且开始在中国等东亚市场上与欧美国家竞争。日本在东亚市场上的兴起是这一时期国际贸易发展中的一个突出现象。

国际贸易的商品结构主要是按初级产品与工业制品分类。1876—1913 年间,初级产品与工业制品在国际贸易中的比例关系大体上保持稳定。考虑到这一时期主要资本主义国家的工业扩张引起了对粮食和原料初级产品的需求增长,导致一些新近加入国际贸易网的亚非拉国家出口贸易中大部分是初级产品,初级产品和工业制品在国际贸易中的比例大致保持稳定这一情况只能由欧美国家间工业制品相互贸易的增长来解释。我们可以联系这两大类产品贸易的地区构成来进一步说明这一点。1876—1880 年间,在世界初级产品进出口贸易总额中,英国和爱尔兰的出口额占

————————————
① S. B. Saul, Studies in British Overseas Trade: 1870 – 1914, p.76.

3.1%,进口额占 29.7%;欧洲大陆的出口额占 42.8%,进口额占 50.5%;美国和加拿大的出口额占 16.1%,进口额占 7.2%;其余国家的出口额占 38.0%,进口额占 12.6%。在世界工业制品进出口贸易总额中,英国和爱尔兰的出口额占 37.8%,进口额占 9.1%;欧洲大陆的出口额占 56.3%,进口额占 31.4%;美国和加拿大的出口额占 4.4%,进口额占 7.7%;其余国家的出口额占 1.5%,进口额占 51.8%。1913 年,在世界初级产品进出口贸易总额中,英国和爱尔兰的出口额占 6.2%,进口额占 19.0%;欧洲大陆的出口额占 39.9%,进口额占 55.4%;美国和加拿大的出口额占 17.3%,进口额占 11.3%;其余国家的出口额占 36.6%,进口额占 14.3%。在世界工业制品进出口贸易总额中,英国和爱尔兰的出口额占 25.3%,进口额占 8.2%;欧洲大陆的出口额占 56.2%,进口额占 39.8%;美国和加拿大的出口额占 10.6%,进口额占 12.1%;其余国家的出口额占 7.9%,进口额占 39.9%。[1] 这里可以看出几点:第一,无论是初级产品的进出口贸易还是工业制品的进出口贸易,主要地都发生在欧洲国家内部、北美国家内部以及欧洲和北美国家之间。例如 1876—1880 年欧洲和北美国家的初级产品进口额共占 87.4%,出口额共占 62.0%;工业制品进口额共占 48.2%,出口额共占 98.5%。第二,亚非拉绝大多数国家参与国际贸易的程度都很低。虽然这许多国家在一定程度上参与了国际贸易,但非常突出的是,它们主要从事初级产品的出口和工业制品的进口。而且同样突出的是,它们的初级产品的出口和工业制品的进口在总量上仍不及欧洲和北美国家。如果考虑到上述"其余国家"中经济也比较发达的日本和大洋洲国家参与国际贸易的状况(关于这一点,我们缺乏具体数据),那么亚非拉经济落后国家参与国际贸易的程度就更低。第三,在一战之前,上述的国际贸易格局并没有多大变化。这一点我们从上述数据中可以比较出来。有所变化的是,英国和爱尔兰的世界贸易所占份额有所下降,北美国家的则有所上升,其余国家的也有所上升(但仍因考虑到其中日本和大洋洲国家的份额上升得更多)。

总之,绝大多数亚非拉国家的贸易结构是出口以初级产品为主、进口以制成品为主,而且无论以出口衡量还是以进口衡量,一战之前它们的对

---

① S. Kuznets, "Quantitative Aspects of the Economic Growth of Nations: Long–Term Trends in Capital Formation Proportions", Economic Development and Cultural Change, July 1961, p.33.

外贸易在世界贸易中的地位还比较低。但是这里仍然显示出一种重要性，即这些国家的相对重要的初级产品出口贸易和工业制品进口贸易，显现出它们的重要价值，这正是接踵而至的列强瓜分世界的狂潮的根本原因。另一方面，虽然一部分初级产品由落后国家所提供，一部分工业制品为落后国家所消费，但从总体衡量，这一时期世界贸易集中在主要资本主义国家、尤其是在欧洲与北美国家。因此，从国际贸易角度来看，主要资本主义国家已经在一战之前形成了一个经济核心区域。

主要资本主义国家在进入垄断资本主义时代之后，商品输出仍然是发展对外经济关系的主要手段，但此时发展出另一个主要手段，即资本输出。同商品输出一样，资本输出的产生和发展既是资本主义生产方式发展的重要基础，也是这种生产方式的必然产物。资本主义国家的资本输出或对外投资，在自由资本主义时期就已存在，但那时只是个别现象。资本输出在资本主义垄断时期大规模发展的主要原因是：由于第二次工业革命带来的生产的大发展，导致资本的急剧增长和国内资本市场的相对饱和，为攫取高额利润，资本家把部分或全部资本投资到别的国家或地区。资本输出的形式，基本上有两种，一种是借贷资本输出（或称对外间接投资），即资本主义国家的政府或资本家对别国政府或私人企业提供贷款；另一种是生产资本输出（或称对外直接投资），即一国的资本家在国外投资开办工厂、开采矿山、建筑铁路等等。

据估计，在1914年，世界对外投资总额约为440亿美元。其中，英国拥有180亿美元（占近41%），法国90亿美元（占20%强），德国58亿美元（占13%强），美国35亿美元（占近8%），比利时、荷兰和瑞士三国合计55亿美元（占近13%），其他国家为22亿美元（占5%）。主要资本主义国家英、法、德、美四国共占363亿美元（占82.5%）。而在1870年，它们的资本输出总额仅为约79亿美元。1914年的对外投资中，投资接受地区的分布情况是：欧洲占27%，北美占24%，拉丁美洲占19%，亚洲占16%，非洲占9%，大洋洲占5%。[①]

资本输出的流向和投资重点对各资本主义国家来说是不尽相同的。英国最早成为一个资本输出大国，并在主要资本主义国家的资本输出中，始终占居首位，并大大超过其他国家。在1870—1913年间，英国的资本输

---

① C. P. Kindleberger, *A Financial History of Western Europe*, Oxford, 1993, p. 274.

出增加了 2.5 倍。巨额的资本输出成为它掠夺殖民地半殖民地和进行对外扩张的重要手段。它的投资遍及世界各地,但主要集中在英帝国及其势力范围之内。投资重点地区是印度、加拿大、澳洲、南非、阿根廷、巴西、埃及、墨西哥、智利和西非。同时,对中国、中东、东欧及拉丁美洲国家进行大量投资。此外,在第一次世界大战前,美国也是它的投资重点地区之一。这一时期,英国投资的重点部门首先是铁路建设。这是因为从 19 世纪下半期开始,世界范围内出现了铁路建设高潮,投资于殖民地和其他国家的铁路建设,不仅可以攫取巨额利润和带动与铁路建设有关的机器、设备及建筑材料的出口,而且还可以从经济上和政治上控制被投资国。其次是投资于政府债券。据统计,1914 年英国对外投资总额的 40% 是铁路证券,29% 是政府(包括中央政府和市政府)债券,4% 是公用事业,8.6% 是工商业,8.4% 是金融事业,10% 是采矿等其他部门。另据估计,1914 年英国对外的直接投资占世界对外直接投资的 45.5% (65 亿美元),而大大超过居于第二位的美国(18.5%)。同时,英国也接受外国的直接投资,1914 年约为 2 亿美元,仅占世界直接投资的 1.4%。[①]

  法国是世界第二大资本输出国。它的对外投资也遍布世界各地。在1914 年的法国对外投资总额中,欧洲占 61%,拉丁美洲占 13%,法国殖民地占 8.9%,亚洲占 4.8%。[②] 此外,在埃及、南非、美国、加拿大和澳大利亚都有相当数量的投资。法国资本输出有两个明显的特点:一是主要采取借贷资本的形式;二是资本投放的重点地区在欧洲。这是由法国的社会经济和政治状况造成的。首先,法国的工业生产能力及水平均低于美国、德国和英国,经济实力远不及这些国家,因此它不愿为输出生产资本承担巨大风险。其次,法国企图利用贷款拉拢其他欧洲国家政府,同德国和英国抗衡,以达到称霸欧洲乃至世界的目的。此外,法国具有高利贷资本剥削的历史传统。

  德国在这一时期的资本输出位居世界第三,对外投资地区主要在欧洲和美洲。1914 年,在德国的对外投资(235 亿马克)中,欧洲占 53.2%,美洲占 31.9%,亚洲和非洲(包括其殖民地)占 12.8%,其他地区占 2.1%。在欧洲投资的 125 亿马克中,法国和英国占 13 亿(10.4%),西班牙和葡萄

① H. Feis, Europe, the World's Banker: 1870 – 1914, Yale University Press, 1931, p.27.

② H. Feis, Europe, the World's Banker: 1870 – 1914, p.39.

牙占 17 亿(13.6%)。在美洲投资的 75 亿马克中,美国和加拿大占 37 亿马克(49.3%)。据估计,1914 年,在它的对外投资总额中,直接投资约占 20% 到 35.6%,在世界直接投资总额中,它至少占有 10.5%,成为世界主要的直接投资国之一。①

美国的资本输出从 1898 年美西战争以后有了明显增长。1897 年美国对外投资为 6.8 亿美元,到 1914 年增加到 35 亿美元。美国对外投资的重点地区在美洲。如在 1913 年美国对外投资的 26.05 亿美元中,墨西哥 10.5 亿,加拿大 7.5 亿,欧洲 3.5 亿,南美洲 1 亿,古巴 1 亿,中国和日本 1 亿,菲律宾群岛 0.75 亿,中美洲 0.5 亿,波多黎各 0.3 亿。美洲国家和地区占了约 78%。美国对外投资以直接投资为主。据估计,1897 年,美国对外直接投资累计额为 6.35 亿美元,1908 年增至 16.38 亿美元,1914 年更增至 26.52 亿美元,占当年对外投资总额 35 亿美元的近 77%。投资部门依次为:采矿业、制造业、农业、石油业、铁路、销售机构、公用事业。其中,投资于自然资源部门的约占 54%。②

资本输出的流向表明,资本输出的主要动机是攫取高额利润,因此它主要流向那些资本主义已经发展和正在发展但落后于当时先进国家的地区。这些地区资本缺乏,而资本主义的发展却需要大量货币资本;同时由于这些地区的经济已有一定程度的发展,其社会条件和投资环境对吸收外来资本也有较好的基础。资本输往这些地区,其利润率可相对地高于其他国家和地区。我们看到,除英国外,其他国家的资本输出地区集中在欧洲和北美;换言之,在一战以前,资本输出和输入主要地发生在欧洲和北美。因此,与从国际贸易角度来看一样,从资本输出角度来看,主要资本主义国家在一战以前形成了核心区域。英国的资本输出主要流向它的殖民地这一点表明,作为较早形成的和最大的殖民国家,英国在向殖民地输出资本的道路上领先了一步;英国的资本输出状况预示着其他资本主义国家未来的资本输出状况,并且后者已经显现出这种趋势。但是,在一战之前,资本输出和输入主要还是在资本主义经济的核心地区。

资本主义核心区域的形成,主要是通过国际贸易和资本输出两条途径,但是,资本输出具有特别重要的意义,因为唯有资本输出才使得核心区

① H. Feis, Europe, the World's Banker: 1870 - 1914, p.44.

② 同上, p.51.

域内各个国家的经济真正联系在一起而成为整体。资本输出过程中以对外直接投资为主要特征的跨国公司具有特别重大的作用。

显然,跨国公司是以垄断组织的产生和发展为基础的,因为一般而言,跨国公司本身就是垄断组织。跨国公司(Transnational Corporation)是指为获取巨额利润,通过对外直接投资,在多个国家设立分支机构或子公司,从事生产、销售与服务等经济活动的国际性公司集团。尽管跨国公司这一名称大约出现于 1960 年,但跨国公司实体却早已出现。从某种意义上说,17世纪的英国东印度公司已经可算是一家跨国公司。但是一般认为,最早的现代跨国公司是 1863 年在英国投资设厂的美国的胜家(Singer)缝纫机公司。跨国公司的巨大发展是二战以后的事,并且已经成为了当今推动全球化的主要动力。但在 19 世纪末 20 世纪初,跨国公司已经开始快速膨胀,当时出现了一批早期跨国公司。

美国由于科技进步迅速和现代工商企业的发展,成为跨国公司的重要发源地。到 1914 年,美国跨国公司约有 40 余个,包括著名的胜家缝纫机公司、美孚石油公司、通用电气公司、威斯汀豪斯电气公司、国际贝尔电话公司、福特汽车公司、美国烟草公司、杜邦公司、国际收割机公司、国际商业机器公司以及可口可乐、吉列、海因茨、魁克麦片公司,等等。当时美国跨国公司在国外的制造业子公司已达 116 个,主要集中在西欧各国、加拿大和拉丁美洲地区。例如到 1914 年,通用电气公司在加拿大、法国、德国和日本均有制造业务,其投资额度最大的要占到所在企业投资总额的 97%。在世界其他许多地区,从墨西哥到南非,到澳大利亚,通用电气公司都拥有自己独占的销售子公司和分公司。又如威斯汀豪斯电气公司在 1889 年就建立了伦敦威斯汀豪斯电气公司,到 1914 年它不仅在英国,而且在德国、法国、俄国和加拿大都设立制造厂。美国跨国公司所涉足的领域有:机器制造业(缝纫机、收割机、打字机、印刷机等)、电力工业、石油工业、化学工业(药品、炸药、胶卷等)、铜业和铝业、汽车制造业、烟草业、肥料工业和食品业等。[①]

德国也是跨国公司的发源地之一。在它的早期跨国公司中,最重要的有西门子公司、德国电气总公司、拜尔化学公司和罗伯特·博施公司。西

---

① M. Wilkins, The Emergence of Multinational Enterprise: American Business Abroad from the Colonial Era to 1914, Harvard University Press, 1970, pp. 107 – 112.

门子公司是德国跨国公司的先驱,早在1855年,西门子公司就在俄国的圣彼得堡设厂投产,1858年又在英国建立了西门子子公司。著名的拜尔化学公司,于1865年在美国纽约州的奥尔伯尼开设了一家制造苯胺的工厂,到1880年,它几乎在欧洲各大城市都设立了子公司。进入20世纪以后,拜尔公司便进入了拉丁美洲、非洲和亚洲的一些国家。德国跨国公司在国外所涉足的领域有化学、电气、钢铁、纺织等部门,但主要经营化学和电气等"高技术"工业部门。1914年德国化学工业部门的跨国公司在国外设立的生产性子公司至少有153个。

英国在19世纪80年代出现了第一批制造业跨国公司。到1914年,在英国15个较大的跨国公司中,它们占了14个。这一年,它们在国外的生产企业已有数百个,分布在欧洲其他国家、美国和英国的殖民地,主要从事消费品和重型工程设备的生产,而不是这一时期的高级技术产品的生产,如汽车、电机和化学产品等。英国较大的早期跨国公司,在国内市场上都已拥有垄断寡头地位,绝大多数是英国最大和比较老的公司,诸如利弗兄弟公司(制造肥皂和人造黄油)、邓禄普公司(生产轮胎)、巴布科克公司(制造工业机器)、帝国烟草公司、雷基特公司(生产家用品)、韦尔科姆公司(制药)、诺贝尔炸药公司、留声机公司(生产录音机)等。

法国比较著名的早期跨国公司有圣戈班、米其林和许奈特公司。早在1850年代,圣戈班的玻璃制造厂在德国开办了一家分厂。到1900年该厂发展为多厂企业。在第一次世界大战前,它在意大利、荷兰、西班牙和奥匈等国家也设立了制造业。从事橡胶生产的家族公司米其林,到1914年在美国、意大利和英国均设有工厂企业。

此外,在欧洲一些较小的资本主义国家,也出现了一些早期跨国公司。例如,瑞士"雀巢食品公司"一战前曾在英国和美国开办工厂;瑞典滚珠轴承公司于1911年在英国建立了第一个国外工厂,之后又在德国、美国、俄国和法国收买企业和开办工厂,到一战结束之前它已在34个国家设有分支机构;意大利的第一个跨国公司皮雷利电力公司1901年在西班牙建立了一家电导体工厂,1913年它与英国通用电气公司合资在英国的南安普顿建立了皮雷利通用电缆工程公司。另外,比利时的索尔韦化学公司、荷兰的化学制药公司等也都是这一时期重要的跨国公司。

与此同时,资本主义国家的跨国银行也得到了发展。英国银行在19世纪上半期就已在国外建立了一批分行。到19世纪末,法国、德国、美国、比利时等国也在其他国家开办分行。英国银行拥有最广大的分行网络,其次是法国。到 1914 年,英国的 32 家跨国银行拥有 2014 家海外分行,法国 14 家跨国银行拥有 104 家海外分行。美国在 1893—1914 年间,只有少数商业银行是跨国银行,如国际银行业公司、美国捷运银行和花旗银行等。据估计,到 1913 年,美国银行拥有 26 个国外分行,其中绝大部分是国际银行业公司的分行。① 早期跨国银行的主要资产业务仍然是国际贸易融资。但是为了适应资本输出的需要,它们已较多地从事债券投资和采掘业、交通、公共设施等生产性贷款的业务。从一定意义上说,从事生产性贷款的跨国银行可以被看做一种特殊类型的跨国公司。

从商品输出到资本输出,从跨国公司到跨国银行,资本主义核心区域在 19 世纪末 20 世纪初基本形成。核心区域的形成,是第二次技术革命和工业革命推动的结果,是主要资本主义国家近代工业化和现代化的结果,是垄断资本主义发展的结果。另一方面,核心区域的形成,更加促进了区域内各国经济的快速发展,使区域内各国的经济联系更加密切。

资本主义核心区域的形成,是帝国形成和全球化发展的重要基础。一方面,核心区域的形成本身是全球化发展的重要内容和重要表现之一;另一方面,核心区域的形成使主要资本主义国家对广大亚非拉落后国家和地区形成一种经济优势,资本向全球的扩张随之而来,进而造就帝国,推进全球化。主要资本主义国家对全球的扩张,并不是按部就班地等待核心区域形成之后才开始的,而是在核心区域形成过程中就逐渐展开了。两者的逻辑关系是:正是在核心区域的形成过程中,正是在资本主义国家工业化和现代化发展的过程中,全球其他地区(所谓外围地区)作为原料产地和商品资本市场的重要性才日渐显现出来。尽管英国在全球扩张的道路上已先行了一步,但其他国家的全球扩张,尤其是大规模的扩张,却是伴随核心区域的形成过程而开展起来的,连英国的扩张规模和扩张深度的进一步发展也是与核心区域的形成密切相关的。因此,资本主义核心区域的形成是帝国形成和全球化发展的直接基础。

---

① M. Wilkins, The Emergence of Multinational Enterprise: American Business Abroad from the Colonial Era to 1914, p. 122.

列强瓜分世界和帝国的形成

列强(the powers),是指资本主义的大国或强国,也就是我们前文所称的主要资本主义国家。当这些资本主义国家进入垄断时代,开始对外进行大规模扩张并构建帝国的时候,我们也常常用该词指称它们。列强瓜分世界,就是列强对资本主义核心区域之外的全世界外围地区或落后地区进行殖民地或势力范围的瓜分,并在此基础上对殖民地或势力范围进行经济统治和政治统治。对其他国家和地区实行殖民统治并不是垄断资本主义时代的新现象,但是,只是到了这个时代,主要资本主义国家才加紧了对既有殖民地的经济和政治统治,并且进一步争夺新的殖民地或势力范围。比以往更为深刻的变化是,此时主要资本主义国家对其殖民地或势力范围的统治具有国际法法理"依据",得到了各大国的"认可"。由此,列强各国与其各自的殖民地和势力范围构成为殖民体系,列强各国都转变为帝国实体。

列强各帝国开始形成的标志性事件,应当是 1884 年 11 月 15 日至 1885 年 2 月 26 日召开的柏林会议。这次国际会议共有英、法、德、美、俄、意、西、葡、荷、比、丹麦、瑞典、挪威、奥匈、土耳其等 15 国参加。会议通过了《柏林会议关于非洲的总议定书》文件。文件内容最令世人瞩目的一点是,列强就与会各国在非洲的殖民活动通过了"有效占领"的著名原则,即要求占领非洲沿海新地区的国家必须通知签署各国,同时建立足以有效保护该地区现有各项权利的机构。① 这一原则表明,只有对非洲有争议地区实行了"有效占领"才能被视为合法的拥有;任何国家在对非洲某一块地区实行了"有效占领"后,必须通知与会各国,以求在得到它们承认的条件下来避免国际纠纷。虽然这一原则是针对非洲、甚至起初只限于非洲的沿海地区的,但它具有现代国际法上的深刻意义。因为"有效占领"原则为列强的殖民扩张和殖民统治提供了国际法的法理依据。这就是说,主要资本主义国家在柏林会议以前所占领的殖民地现在得到了列强在国际法上的追认——这实质上是一种特殊形式的瓜分;同时这也意味着资本主义国家过去和将来所占领的殖民地从此以后在国际法上与宗主国结合为一个

① 《国际条约集(1872—1916)》,世界知识出版社 1986 年版,第 95—96 页。

经济的或政治的实体——即帝国。

柏林会议之前,主要资本主义国家已经拥有了相当多的殖民地,但绝大多数属于英国。柏林会议之后,列强抢占殖民地、争夺势力范围的活动形成了高潮。1884—1900 年是欧洲主要资本主义国家加紧扩张的时期。在此时期,英国夺得了 962 万平方公里的领土,法国夺得了 936 万平方公里的领土,德国夺得了 260 万平方公里的领土,比利时夺得了 234 万平方公里的领土,葡萄牙夺得了 208 万平方公里的领土。此外,俄国、日本和美国等国也通过扩张和 1904 年日俄战争、1898 年美西战争等夺取了大片亚洲国家的领土、或者建立势力范围。19 世纪末列强还在中国掀起了划分势力范围的狂潮。20 世纪初,列强对世界的瓜分基本完成。以洲别而论,整个非洲大陆,除利比里亚(实际是美国的保护国)和埃塞俄比亚外,都已变成欧洲列强的殖民地。法国占领非洲领土面积最大,达到 1097 万多平方公里,约占非洲总面积的 36%,相当于法国本土面积的近 20 倍。英国次之,占有 866 万多平方公里,约占非洲总面积的 29%,为英国本土面积的 36 倍。德国约占 234 万多平方公里,约占非洲总面积的 7.7%,为德国本土面积的 6.6 倍。比利时也占有 234 万多平方公里,约占非洲总面积的 7.7%,为比利时本土面积的 77 倍。意大利占有 233 万多平方公里,约为非洲总面积的 7.7%,为意大利本土面积的 7.8 倍。葡萄牙和西班牙在非洲也拥有一定数量的殖民地。在亚洲,4300 多万平方公里的总面积中,至少有 2450 万平方公里,即 56.2% 的土地由欧洲列强统治。中国、土耳其、波斯、阿富汗、尼泊尔等国虽然名义上是独立的,实际上是半殖民地。在拉丁美洲,约有 27.2% 的土地是列强的殖民地。拉美的殖民地面积比重虽然较小,但实际上许多拉美国家在 19 世纪初独立后,又遭到英、美、德等国资本主义势力的大举入侵,逐步沦为半殖民地。至于大洋洲国家,则早就是英国的殖民地,并且已逐渐英国化或欧洲化。[①]

在领土瓜分或经济瓜分的基础上,各主要资本主义国家同时各自逐步实现了对殖民地和半殖民地的经济统治和政治控制,从而形成帝国。

英国是近代最早掠夺殖民地的国家之一。早在 16 世纪末 17 世纪初,英国便开始侵占殖民地的行动。19 世纪初,英国开始扩大殖民侵略的规

---

① H. L. Wesseling, Imperialism and Colonization: Essays on the History of European Expansion, Greenwood Press, 1997, pp. 98 – 107.

模。尽管这个时期英国曾经失去大片北美殖民地,但英国殖民地的总体发展趋势是长期保有和不断扩大它的殖民地。到1876年,英国已拥有2250万平方公里的殖民地和半殖民地,包括北美的加拿大、西印度群岛的一些岛屿、南美东岸的马尔维纳斯群岛(福克兰群岛),大洋洲的澳大利亚、新西兰和斐济,非洲的塞内加尔、塞拉利昂、尼日利亚、黄金海岸、南部非洲的开普顿等,亚洲的印度大部分和缅甸一部分领土、苏门答腊、马六甲、新加坡、马来亚、文莱、中国香港,等等。可以说,到19世纪70年代,英国已经初具帝国雏形。在列强瓜分世界的狂潮中,英国进一步扩展了它的殖民地、半殖民地和势力范围。1876年,英国将印度命名为印度帝国,继续向其周围扩张,当年占领了俾路支。1878—1879年阿富汗沦为英国的附属国。1886年英国占领曼德勒,完成了将缅甸并入印度的计划。1887年英国宣布哲孟雄(锡金)受其保护。同年,荷属马尔代夫群岛改受英国保护。与此同时,英国以印度为基地窥伺中国的新疆、云南和西藏。掠夺新疆的阴谋最后为清军粉碎;云南在1876年被迫开放,增辟商埠,扩大领事裁判权;西藏在遭到1888年和1904年的两次入侵后,亦被迫开放,承认英国的领事裁判权。英国还乘中国在甲午战争中失败之机,于1898年强租威海卫和香港"新界"。同年,英国还迫使清政府承认长江流域为其势力范围。在马来半岛,经不断蚕食,马来半岛南部均落入英国之手。1907年英、俄两国在伊朗划分了势力范围。在大洋洲,1884年英国宣布巴布亚为其保护地。1893—1904年英国又先后占有所罗门、汤加、库克等岛屿。在地中海,1878年英国从土耳其手中夺得塞浦路斯岛。在非洲,1882年埃及实际上已经变成英国的殖民地。1899年,苏丹在马赫迪起义被英军扼杀后沦为英国殖民地 。同时,英国在南部非洲也继续扩张。19世纪80—90年代,英国占领了祖鲁兰和津巴布韦等地,并在1895年命名这一地区为罗得西亚。1899—1902年的英布战争后,英国占领了布尔人的两个共和国德兰士瓦和奥伦治。1910年,它们和英国先前占领的开普、纳塔尔等组成新的自治领,即南非联邦。19世纪末,东非的索马里、乌干达、肯尼亚、桑给巴尔岛等地先后沦为英国的保护地。到20世纪初,世界领土被瓜分完毕,英国所占份额最大。1914年英国殖民地和半殖民地共计3350万平方公里左右,相当于英国本土面积的 137 倍。①

在殖民扩张的过程中,英国与其殖民地的经济联系也建立和发展起来。在商业资本主义时期,英国主要通过商品贸易与其殖民地建立经济联系。到了工业资本主义时期,英国进一步加强了与其殖民地的经济贸易联系,并开始在殖民地进行投资。而到了垄断资本主义时期,资本输出和商品贸易业已成为了英国与其殖民地发展经济联系的两个主要手段。例如与印度的经济联系:自 1813 年英国棉纺织品打进印度市场以来,英国的毛、棉、丝纺织品向印度大举倾销;到 19 世纪 50 年代末,英国货已占印度进口货总值的 50% 以上;1874—1879 年间,在印度的进口总额中,英国的纺织品和铁路设备、钢铁、机器等工业品占的比重已高达 82%。19 世纪 50 年代,英国在印度的投资掀起了热潮,尤其是铁路投资。到 1901 年,英国在印度的铁路投资总额达到约 2.3 亿英镑。同时英国还在印度的矿业如煤炭、石油和锰矿等部门中,以及一些轻工业如黄麻加工、纺织、制糖工业等部门中大量投资。此外,英国还在印度兴办银行,控制了印度的银行金融业。② 对埃及,英国的主要目标是把它改造为英国的棉花生产基地和英国工业品的销售场所。为此目的,英国通过与法国的竞争,控制了埃及的财政金融大权。1885 年,英国在埃及实行币制改革,把埃及银币降为辅币,使英镑在埃及的经济生活中起主导作用。1893 年,英资"埃及国民银行"接手经办埃及国库,掌管埃及货币发行,实际上成了埃及的中央银行。英国向南非的资本输出是它掠夺南非资源的重要物质基础。1880 年英国在南非的公司已有 396 家,到 1889 年更达到 642 家;1862 年开普殖民地有 29 家地方银行,到 19 世纪 90 年代它们被英国的 3 家帝国银行所取代。③此外,南非在 19 世纪 80 年代已成为了英国的钻石等矿产品的主要来源和工业品的销售市场。在拉丁美洲,英国是最大的资本输出国。1880 年以前,英国以贷款和债券等间接投资方式渗入拉美市场,以后逐渐转变为以直接投资方式为主。1913 年英国对拉美的投资 70% 集中在南美洲,其中

---

① H. L. Wesseling, Imperialism and Colonization: Essays on the History of European Expansion, p. 122.

② S. Akita, Gentlemanly Capitalism, Imperialism and Global History, Palgrave McMillan, 2002, pp. 88 – 90.

③ S. Akita, Gentlemanly Capitalism, Imperialism and Global History, p. 92.

67%投于铁路部门。① 加拿大、澳大利亚和新西兰殖民地主要是由英国移民建立的,在殖民化过程中当地土著几乎被剿灭。这些殖民地受宗主国英国的控制比较松,经济发展虽有从殖民地经济向自主型经济的趋向,但始终与英国保持着密切的联系。

总之,到 20 世纪初,庞大的英国帝国已经形成。在这个帝国中,有的是英国的殖民地,有的是它的半殖民地或势力范围,有的则日渐发展为它的自治领。但它们共同的一点是经济上程度不同地受英国控制。也正因为这样,英帝国范围内的国家和地区在政治上也程度不同地受到英国的控制。因此,英国帝国的实质是对帝国范围内的国家或地区的经济和政治的双重控制或统治。

法国也是近代侵占殖民地最早的国家之一。法国的殖民地面积虽远逊色于英国,但仅次于英国。与英国一样,法国在历史上也曾经失去过一些殖民地,如加拿大的魁北克自 1608 年成为法国殖民地后,于"七年战争"(1756—1763)后转归英国;北美的路易斯安那自 1683 年成为法国殖民地后,几经转手,最后拿破仑一世于 1803 年被迫以低价将它卖给美国;法国在印度也失去了近代早期建立的一些殖民据点。这表明,无论对法国还是其他资本主义国家来说,近代早期的殖民地是不稳定的。法国侵占比较长期而稳定的殖民地是在 19 世纪。随着工业化的开展,殖民地的作用在那时日益显露出来。19 世纪中叶,通过侵略战争,法国占有了东南亚的越南、老挝和柬埔寨等地,并在 1887 年将其组合为印度支那联邦。在中国,法国在 1895 年以前就取得了在广东、广西和云南开矿的优先权。1898 年它迫使清政府租让广州湾,并于次年强迫清政府和它签订《广州湾租界条约》,强租广州湾 99 年,取得修筑铁路和办理邮政等特权,逼迫清政府答应把两广和云南作为它的势力范围。在拉美,法国也取得了法属圭亚那等殖民地。不过,法国的殖民地主要集中在非洲。从 19 世纪上半叶起,法国就逐渐在北非的阿尔及利亚、突尼斯、摩洛哥等地进行殖民渗透,并最终于 20 世纪初完成了对这些地区的殖民占领。在 19 世纪末列强瓜分非洲的狂潮中,法国占领了黑非洲的广大地区,如毛里塔尼亚、马里、几内亚、塞内加尔、布基纳法索、达荷美、尼日尔、象牙海岸、加蓬、中刚果、中非、乍得、马达加斯加等。20 世纪初法国的非洲殖民地,除非洲大陆以东的马达加斯

① S. Akita, Gentlemanly Capitalism, Imperialism and Global History, p. 94.

加外,集中在非洲的西北部、西部和中部,并且基本上连接成一片。法国是当时在非洲占领殖民地最多的国家。

在进行殖民扩张的过程中,法国与其殖民地和半殖民地之间的经济联系也逐渐建立起来。早在1787年,法国商人就已经取得了在越南垄断贸易和享受免税的特权。1862年签订的《西贡条约》,更使法国获得了在越南自由经商和内河航行等特权。印度支那联邦成立后,法国完全操控了中南半岛国家的政治和经济。在中国,法国迫使清政府于1896年签订协议,允许法国铁路从越南修筑至中国境内。1898年,法国获得修筑自越南至昆明的铁路的权益。法国还伙同其他列强取得了一系列中国铁路的借款权和矿山开采权,如卢沟桥到汉口的铁路借款权、京汉铁路沿线的采矿权等。在拉美,法国的投资比较早,且主要是在采矿业等部门。巴拿马运河工程中,法国也曾投入过20亿法郎。从20世纪初开始,法国资本加速输入拉美地区,其中约90%投资在墨西哥、阿根廷、巴西三国,且以政府债券、铁路、银行、采矿和农业等部门为主。[1] 对于面积广大且距离较近的非洲殖民地,法国更是加紧进行经济渗透。自19世纪30年代占领阿尔及利亚以后,法国大量向该地安置法国移民,这些移民以种植园方式从事葡萄、蔬菜、烟草等生产,使阿成为了法国的一个农业生产基地。同时,在殖民统治下,法国资本掌握了阿的铁路、航运、银行和外贸等行业。从1851年起,法国统一了法阿两国关税,1884年又将阿正式划入法国关税区,使阿成为了法国国内市场的一部分。法国法郎成为阿的货币,法国商品充斥阿市场。突尼斯和摩洛哥也与阿尔及利亚一样,在20世纪初成为法国的主要殖民地,经济进一步殖民地化。在撒哈拉以南的法国非洲殖民地,法国殖民者剥夺了当地上层分子的政治权力,实行直接统治。这些殖民地按照法国殖民者的意志,主要从事棕榈、香蕉、可可、咖啡、花生、烟草和棉花等出口作物的种植。

通过政治和经济的双重控制,法国与其殖民地和半殖民地的各种联系在一战前夕已经比较稳固地建立起来,法国帝国也就此形成。这个帝国虽然没有像英国帝国那样庞大,却也把它的触角延伸到了亚非拉各洲的广大地区。

---

[1]　H. L. Wesseling, Imperialism and Colonization: Essays on the History of European Expansion, p. 129.

德国是一个后起的帝国主义列强。当德国于 1871 年统一时,世界上绝大多数落后地区已经被其他列强瓜分或正在被瓜分(例如非洲)。在此之前,德意志的某些邦国曾经短暂地占有过一些殖民地,例如南美的委内瑞拉、非洲的阿尔金岛和黄金海岸、印度的一些地区等。德国统一后,为了取得一份"阳光下的地盘",特别热衷于参与瓜分世界领土的活动,由此促成了 1884 年柏林会议的召开。之后,德国也加入到了 19 世纪末列强疯狂瓜分世界的行列。在非洲,德国夺得了坦噶尼喀、卢旺达、布隆迪、喀麦隆、多哥、西南非洲一部分(今纳米比亚)等。这些殖民地集中于东非、西非和西南非。在太平洋地区,德国获取了西萨摩亚、新几内亚一部分、加罗林群岛、马里亚纳群岛等。在中国,德国于 1897 年出兵强占胶州湾,强迫清政府签订《胶澳租界条约》,由此德国不仅长期租占胶州湾,而且取得了在山东境内修筑铁路、开采矿藏等特权,把山东划定为它的势力范围。在中东,1870 年普法战争后,法国在土耳其的势力大为削弱,德国逐渐取而代之。在这些殖民地和半殖民地,德国不断加强政治控制和经济渗透。例如在中国,德国的德意志银行于 1872 年在华设立分支机构后,又于 1890 年成立了德华银行。1894 年,德国已经在华设立了 85 家商行,它们主要从事进出口贸易。1908 年,德国还取得了开滦煤矿的开采权。在东非,德国殖民统治者强行移民占地,向非洲人征收重税,实行强迫劳动制。1895 年德国殖民政府颁布土地法,宣布一切土地均为"王土",将非洲人赶进"土著保留地",而把最好的土地出租给欧洲移民。欧洲殖民者在这里发展出口作物如剑麻、咖啡、橡胶、棉花等。此外它们还开办了 3 个矿业公司、270 个工商企业。20 世纪初,德国在东非的投资占其资本输出总额的 21%;东非的对外贸易占德国殖民地对外贸易总额的 1/3。① 在土耳其,1888 年德国资本组建安纳托利亚铁路公司,获得了把巴格达铁路线延长到安卡拉的修筑权。1890 年德土签订贸易协定,土耳其成为德国商品的一个外国市场。在拉美,德国资本也参与了投资,主要是直接投资,集中在阿根廷、巴西、智利和墨西哥四国,投资部门主要是铁路、公用事业、采矿和热带农业等。从以上情况看,德国在一战前夕也已经形成为帝国。与英法等帝国不同的是,德国由于在一战中是战败国,战后基本失去了殖民地和半殖民地,因此德国帝国没有能够在战后进一步巩固和发展。

① S. Akita, *Gentlemanly Capitalism, Imperialism and Global History*, p. 134.

俄国是一个在近代迅速兴起的大国。在经过了几个世纪的蚕食和侵略之后,俄国的国土面积大为扩展。波罗的海沿岸、北亚、中亚和高加索的许多地区逐渐由俄国的"国内殖民地"发展为其领土的一部分。1853—1856 年在克里米亚战争中失败后,沙皇俄国把注意力移向东方,开始疯狂地宰割亚洲、尤其是中国。1858 年和 1860 年,沙俄强迫中国签订了《瑷珲条约》和《北京条约》,吞并了中国黑龙江以北和乌苏里江以东的大片中国领土。1864 年,沙俄又迫使中国签订《勘分西北界约记》,夺占了中国西部44 万平方公里的领土。以后,沙俄又通过《中俄伊犁条约》和另外几个勘界议定书,割占了中国 7 万多平方公里的领土。此外,沙俄还违约强占了帕米尔地区 2 万多平方公里的中国领土。在不到半个世纪的时间内,沙俄共割占了 150 多万平方公里的中国领土。1896 年,俄国诱迫清政府签订了《中俄密约》。这个条约不仅使沙皇俄国取得了在黑龙江、吉林两省修筑铁路的特权,还为俄军闯入中国的领土和领海敞开了大门。1897 年,沙皇又乘德国侵占胶州湾的机会,出兵强占了旅顺和大连,并于 1898 年迫使清政府与之签订《旅大租地条约》,取得了长期占领旅顺、大连的特权,还攫取了从哈尔滨至大连的铁路修筑权,由此整个东北就成了俄国的势力范围。1904—1905 年的日俄战争后,由于俄国战败,东三省的南部"移让"给日本而成为日本的势力范围。1911 年,沙俄乘中国辛亥革命之机,策动外蒙王公叛乱,搞所谓"独立",把外蒙置于沙俄控制之下。19 世纪中叶,沙俄为了打通到印度洋的出海口和争夺暖水港,极力推行"南下政策"。它用欺骗、收买和逐步蚕食等手段,于 19 世纪中叶兼并了哈萨克各部,并于1870 年代先后征服了浩罕、布哈拉(两者位于中亚的乌兹别克境内)和瓦希(位于中亚塔吉克境内),1880—1884 年又侵吞了土库曼,1885 年侵占了阿富汗的库什克堡。也是在 19 世纪中叶,沙俄伙同英国跟伊朗签订了一系列不平等条约,两国取得了伊朗的电报、铁路、银行、石油开采、内河航运和采矿等租让权,并享有治外法权,伊朗由此成为半殖民地。1907 年,俄国和英国签订协定,在伊朗正式瓜分势力范围。在中国和伊朗的势力范围地区,俄国以各种手段不断进行财富掠夺和经济渗透。例如在中国,沙俄先后部分或全部取得了一些铁路的借款权和修筑权,如芦汉铁路(卢沟桥—汉口,即后来的京汉铁路)的部分借款权、正太铁路(正定—太原)的借款权、洮昂铁路(洮南—昂溪)的包筑权、滨黑铁路(哈尔滨—黑河—墨尔根,今嫩江—齐齐哈尔)的贷款权等。1898 年,俄国取得了中东铁路、南满铁路沿线的煤矿开采权,并且独霸了初为中俄"合办"的蒙古金矿公司。总之,在一战前夕,沙俄帝国也已经形成。它不仅拥有面积广大的"国内殖民地",而且在中国和伊朗等国占有大片势力范围。这个帝国在1917年十月革命后基本崩溃,当时根据列宁的民族自决原则苏维埃俄国承认波罗的海沿岸一些国家的独立。但是,这个帝国的形成对后来苏联的民族政策和外交政策具有某种消极的影响。

日本是明治维新后才兴起的一个强国,但它迅速走上了对外侵略的道路,主要目标是近邻朝鲜和中国。早在1874年,日本侵略者就试探性地对我国台湾地区实施了侵略行动。为了实现它的"大陆政策"、即以朝鲜为跳板既而侵略中国的野心,日本于1875年对朝鲜江华岛进行了侵略,并于次年迫使朝鲜签订《江华条约》。该条约规定朝鲜开放釜山等通商口岸;在指定港口内设领事馆,赋予日本领事裁判权;日本有权自由测量朝鲜沿海岛屿和绘制海图等。1882年朝鲜"壬午政变"后,日本又同朝鲜当权派签订《济物浦条约》和《朝日修好条规续约》,条约增加了日本在朝鲜驻军等特权。1894年,当朝鲜爆发农民起义(甲午农民起义)之际,日本以保护使馆和侨民为由出兵侵占朝鲜并成立傀儡政权。同时,日本还向帮助镇压朝鲜农民起义的中国清政府挑衅,由此引发了中日甲午战争。战争以中国的失败告终,日本强迫清政府签订了屈辱的《马关条约》。条约规定:中国从朝鲜半岛撤军并承认朝鲜的"自主独立";中国割让台湾岛及所有附属各岛屿、澎湖列岛和辽东半岛给日本;中国赔偿日本军费2亿两白银;中国开放沙市、重庆、苏州、杭州为商埠;允许日本人在中国通商口岸设立领事馆和工厂及输入各种机器,等等。虽然后来因俄、法、德三国的干涉日本放弃了辽东半岛(由此日本要求中国增加赔款3千两白银并得到了满足;三国也因"有功"而从中国获得了许多特权),但条约的其他内容按照日本的意愿得到了实施。条约规定的允许外国资本家在中国投资设厂,为各列强向中国输出资本敞开了大门。1898年,日本进一步胁迫清政府不得把福建割让或租借给其他国家,由此把福建划入了它的势力范围。八国联军侵华战争后,次年的《辛丑条约》又使日本从中国得到部分赔款和各种特权。日俄战争后,1905年该两国签订的《朴茨茅斯和约》规定:俄国把业已攫取的中国旅顺、大连的租借权以及长春至旅顺间的铁路及其支线的权利转让给日本,并承认日本在朝鲜的统治权。由此东三省南部也成了日本的势力范围。从此,日本加紧向中国东北实行殖民扩张,并于1910年吞并了朝鲜。在获取了朝鲜、台湾、澎湖列岛等殖民地和福建、东三省南部等势力范围后,日本对这些地区和整个中国的经济侵略变得更加疯狂。仅以对中国的铁路和采矿业的侵略为例,日俄战争期间,日本就夺得了抚顺煤矿和本溪煤矿。战后,日本不仅从沙俄手中夺取了长春到旅大的铁路及其支线的特权,而且从清政府手中夺得安奉轻便铁路(今沈阳至丹东)15年的经营权,该铁路是它在日俄战争时期擅自修筑的。此外,日本在日俄战争后还取得了南浔铁路(南昌—九江)、改建新民至奉天轻便铁路、吉长(吉林—长春)铁路的贷款控制权。1913年,日本取得修筑长洮(长春—洮南)等五条东北境内铁路的贷款权。可见,到一战爆发前夕,日本在中国和朝鲜不仅占领了大片殖民地和势力范围,而且经济渗透也达到了很深的程度,日本帝国就此形成。

美国也是一个后起的帝国主义列强。18世纪末期美国脱离英国独立并建国后,它一方面大力发展民族经济,另一方面不断向西部进行领土扩张。19世纪90年代,美国不仅完成了大陆扩张,而且一跃而成为头号工业化国家。然而此时世界大部分落后地区已被欧洲列强基本瓜分完毕,美国只能以争夺其他国家殖民地的方式来获得自己的殖民地,而老朽的殖民国家西班牙便成了它开刀的对象。1898年,美国借口它派往古巴护侨的"缅因号"军舰在哈瓦那港爆炸这一事件,对西班牙采取了军事行动。美西战争以西班牙的失败告终。随后两国签订的《巴黎和约》规定:西班牙承认古巴独立,将波多黎各、关岛和菲律宾转让给美国;美国获得菲律宾向西班牙交付的2000万美元作为抵偿。此后,美国在1899—1901年又向菲律宾起义军发动进攻,血腥镇压了菲律宾人民的反抗,把菲律宾变成了美国的殖民地。古巴虽然名义上获得了独立,但美国利用《普拉特修正案》把它变成了美国的"保护国"。该修正案规定:古巴政府不得与任何外国缔结有损古巴主权的条约;不得以任何方式把领土让给任何外国政府;不得举借其正常收入所不能支付的任何外债;古巴政府同意美国行使干涉权,并认可美国军事占领期间的一切行为和所取得的权益;古巴为美国提供建立煤站及海军基地所需的领土。这一修正案实际上是使古巴完全沦为美国的殖民地和保护国。古巴制宪会议派出代表团赴美谈判,要求取消威胁古巴独立的条款,但美国坚持不准变动。最后,古巴制宪会议慑于美国的压力,不得不把《普拉特修正案》作为附录列入本国宪法。1903年,美国与古巴签订永久条约,美国向古巴租借关塔那摩港作为永久性的海军基地,并多次对古巴进行武装干涉和军事占领。由此,古巴沦为美国"统而不治"的殖民地。在美西战争结束之后,美国利用各列强为争夺中国而形成的矛盾,于 1899 年 9 月和 1900 年 7 月两次向它们提出"门户开放"照会,以维护它的在华利益。两次照会的主要内容是:美国在承认各国在华势力范围的前提下,要求"中国一切地方"向各国开放;在"门户开放"的同时,"保持中国的领土与行政完整"。很显然,照会的潜台词是全中国应该对"美国"开放,包括各国业已攫取的势力范围。由此,整个中国变成了包括美国在内的帝国主义列强共有的半殖民地。除此之外,在拉美,美国通过政治干涉和经济渗透,程度不同地控制了各国;在非洲的利比里亚,美国从 19 世纪 20 年代起就通过从国内向该地迁居黑人的方法建立了较为特殊的殖民地(附属国)。在它的各个殖民地和半殖民地,美国不断地进行经济侵略。例如在中国,通用电气公司、美国钢铁公司、美孚石油公司等广设分支机构,组成庞大的销售网;各种洋行和托拉斯组织也竭力向中国倾销商品;美商在华创办的旗昌轮船公司甚至在 1867—1871 年间垄断了长江航运和津沪沿海航线的航运;19 世纪后期美国花旗银行等银行资本也侵入了中国的借贷和金融市场。在拉美,20 世纪初美国资本开始大量涌入,其投资总额在一战前夕一直仅次于英国,投资去向集中在墨西哥、古巴、中美和加勒比地区。在墨西哥,美国资本在 1912 年已控制了采矿业的 78%,冶金业的 72%,石油开采的 58% 和橡胶生产的 68%。[①] 在古巴,美国资本于 1890 年建立了制糖工业托拉斯,1902 年又创办烟草托拉斯,取得了对古巴制糖业和卷烟业的绝对控制地位,并渗透到古巴经济的各个部门。总之,到 20 世纪初,一个横越太平洋直抵亚洲、南下加勒比海直至拉美的美国帝国已经形成。

除上述列强外,欧洲一些实力较弱的国家也在这一时期攫取了不少殖民地和半殖民地,从而形成规模不等的帝国。这些国家所占领的殖民地大多在非洲,例如比利时占领刚果河流域;葡萄牙占领安哥拉、莫桑比克;西班牙占领西撒哈拉南部;意大利占领利比亚。而荷兰则保有了它早期侵占的亚洲的印度尼西亚等地。

主要资本主义国家在第一次世界大战之前大都形成帝国,总体来看,实质上是世界工业化和城市化相对发达的核心地区向亚非拉广大外围地

---

① S. Akita, Gentlemanly Capitalism, Imperialism and Global History, p. 155.

区经济和政治扩张的结果。资本追求利润的本性决定了这种扩张的必然性,核心地区对外围地区的优势造就了这种扩张的趋势和方向,技术革命和工业革命为这种扩张奠定了物质基础。具体来看,每个帝国开始启动的时间有早有晚:排除近代早期的实质上尚不成其为帝国的西班牙、葡萄牙和荷兰等国,英国和法国开始构建帝国的时间最早,俄国其次,德国、美国和日本相对较晚。帝国形成后,每个帝国的规模也有大有小,其中英国最大,法国、俄国、美国、德国和日本无一能与之匹敌,更遑论其他小国了。每个帝国内部,宗主国或列强对其殖民地及半殖民地的统治方式也有一定差异,一般对殖民地实行政治和经济的双重统治,对半殖民地侧重于经济控制。

帝国的形成,是全球化进一步发展的重要里程碑。各帝国在形成过程中逐步程度不同地与其殖民地和半殖民地建立了经济甚或政治联系。虽然后者为此付出了惨重的代价,但从全球化角度看,这是全球化进一步发展的重要表现。因为正是帝国的形成,才确立了列强与殖民地半殖民地的经济联系;换言之,帝国的形成建立了资本主义核心区域与亚非拉广大外围地区的经济联系。这种联系的不断加强,就是全球化的深入发展。由此看来,在帝国时代,全球化从资本主义核心区域向世界外围地区的发展是以帝国的形式进行的。另一方面,在帝国的形成时期,各个列强与其殖民地半殖民地之间的经济联系尚不如列强之间的那么密切,而各殖民地半殖民地之间的经济联系则更是微不足道。但帝国的形成,标志着全球化从核心区域向外围地区全面推进的时代已经到来。

第十三章

帝国发展时期的全球政治局势

19 世纪 70 年代以后,资本主义世界发生的技术革命,加速了重工业和一系列新工业部门的发展,引起英国和法国的相对落后和美国、德国和日本经济的跳跃性发展。1870—1913 年间,英国在世界工业生产中的比重由第一位下降为第三位,法国从第三位下降到第四位,而美国从第二位上升为第一位,德国从第四位上升为第二位。但是,到 20 世纪初结束的世界领土瓜分中,夺得土地最多的仍然是英国和法国,而经济实力日益增强的美国和德国所得到的却很少。这种经济实力与领土瓜分的不平衡发展,导致帝国主义列强重新瓜分世界的博弈。就在这种斗争中,俄国摆脱世界资本主义体系,取得社会主义革命的胜利。

从欧美社会主义运动到俄国无产阶级政权建立

第一次世界大战结束前夕,俄国爆发了十月革命,建立了工农苏维埃政权。这是人类历史上第一个取得胜利的无产阶级政权。在无产阶级专政的形势下,俄国进行了全面的社会主义建设,于 1936 年基本建立了社会主义制度。俄国无产阶级政权和社会主义制度的建立,是近代以来、尤其是马克思主义诞生以来欧美国家社会主义运动的现实结果。

社会主义制度作为资本主义制度的对立面,是以生产资料的公有为本质特征的一种社会制度。社会主义的思想和理论,从根本上说,是随着资本主义生产方式的发展而发展的。同时,许多理论家通过对资本主义生产方式的批判和对未来理想社会的设想,也推动了社会主义思想理论的发展。早在资本主义原始积累时期,英国的托马斯·莫尔就开始批判资本主义制度,并设想了未来的理想社会,这可以被看做是社会主义思想的萌芽。随着18世纪60年代发轫于英国的第一次工业革命在西欧的开展,社会主义思想理论得到了进一步发展。在19世纪三四十年代,空想社会主义理论形成,当时出现了著名的三大空想社会主义思想家,即英国的欧文、法国的圣西门和傅立叶。以1848年《共产党宣言》的发表为标志,马克思主义的科学社会主义理论诞生了。从此以后,欧美社会主义运动蓬勃开展起来。马克思主义科学社会主义理论与形形色色的非马克思主义社会主义理论的斗争以及工人运动的广泛发展,构成了1848—1870年间欧美社会主义运动的主旋律。第一国际的成立和巴黎公社的建立,使这一时期社会主义运动达到了高潮。

进入帝国时代之初,因巴黎公社的失败,欧美社会主义运动暂时处于低潮时期。但是,正是在这一时期,马克思和恩格斯进一步丰富和发展了他们的社会主义理论。对于1871年仅存在了72天的巴黎公社的失败,马克思总结的经验教训是:"工人阶级不能简单地掌握现成的国家机器,并运用它来达到自己的目的","公社的真正秘密就在于:它实质上是工人阶级的政府,是生产者阶级同占有者阶级斗争的结果,是终于发现的、可以使劳动在经济上获得解放的政治形式"。① 这就是说,无产阶级在夺取国家政权后,紧接着应该实行无产阶级专政,砸碎旧的资产阶级的国家机器;在此基础上,实行社会主义的经济改造。由此马克思对于从资本主义社会到社会主义社会的过渡方式作了具体阐述。巴黎公社革命以后,欧美各国工人阶级面临的任务是,在各国建立无产阶级的独立政党,组织和训练无产阶级和劳动群众为夺取政权作准备。在1871年9月国际工人协会伦敦代表会议和1872年9月海牙代表大会上,马克思和恩格斯联合各国革命者作出了工人阶级参加政治斗争、建立与一切旧政党相对立的独立政党的决议,并粉碎了巴枯宁集团篡夺国际领导权的阴谋。1872年9月,国际总委

---

① 《马克思恩格斯选集》(第2卷),人民出版社1972年版,第372、378页。

员会迁往纽约。1876年7月，国际工人协会宣告解散。马克思在晚年以主要精力研究和写作《资本论》第二、三卷，同时与欧美工人运动保持密切的联系，指导各国社会主义政党的建设。1875年，他写了《对德国工人党纲领草案的意见》（即《哥达纲领批判》），进一步发展了无产阶级革命和无产阶级专政的理论，首次提出了共产主义社会的两个发展阶段。他指出："在资本主义社会和共产主义社会之间，有一个从前者变为后者的革命转变时期。同这个时期相适应的也有一个政治上的过渡时期，这个时期的国家只能是无产阶级的革命专政。"①这是对巴黎公社经验的进一步强调和完善，极大地丰富和发展了科学社会主义理论。

与此同时，恩格斯也与马克思一起不断探索和发展科学社会主义理论。1876—1878年，恩格斯写了一组题为《欧根·杜林先生在科学中实行的变革》的文章（即《反杜林论》）。文章批判了杜林的唯心主义先验论和小资产阶级社会主义思想，第一次系统地阐述了马克思主义的三个组成部分（即哲学、政治经济学和科学社会主义理论）。1880年夏，恩格斯把《反杜林论》中的某些章节改编为《空想社会主义和科学社会主义》（即《社会主义从空想到科学的发展》）。这本小册子对普及马克思主义科学社会主义理论起了重要作用。1883年马克思逝世后，恩格斯独自肩负起了指导国际工人运动、整理和出版（或再版）马克思遗著、捍卫和发展马克思主义理论、培养各国年轻的社会主义活动家和理论家的重任。19世纪80年代以后，国际工人运动进一步扩展到了整个欧洲和北美大陆。恩格斯密切注视着社会主义运动在各地的发展，广泛了解各国的历史和现状，与各国社会主义政党和工人运动活动家保持经常的联系，不时地向他们提出建议和忠告。19世纪八九十年代，恩格斯继续在各个思想领域内从事理论研究工作，全面地丰富和发展了马克思主义的理论宝库。1884年，《家庭、私有制和国家起源》一书出版，它在马克思主义史上第一次系统探讨了人类社会的史前史，揭示了私有制、阶级和国家的起源、发展及消亡的规律和家庭的变迁史。1886年，恩格斯发表了《路德维希·费尔巴哈和德国古典哲学的终结》，论述了马克思主义哲学的诞生及其在哲学发展史上引起的划时代的意义，对唯物主义哲学及唯物史观作了深刻的发挥。针对德国社会民主党和第二国际内部右倾机会主义思潮日益抬头的情况，恩格斯在晚年做

---

① 《马克思恩格斯选集》（第3卷），人民出版社1972年版，第21页。

了一系列重要工作:1891 年 1 月发表了马克思的《哥达纲领批判》并为之作序;3 月再版了《法兰西内战》并写了导言;6 月写了《1891 年社会民主党纲领草案批判》(即《爱尔福特纲领草案批判》);1895 年初为马克思《1848 年至 1850 年的法兰西阶级斗争》单行本写了导言。恩格斯在这些导言中集中地捍卫和发挥了马克思主义的无产阶级革命和无产阶级专政的理论。1894 年 11 月,他写的《法德农民问题》论述了无产阶级政党争取农民同盟军、引导农民走向合作制的原则、方针和政策,批判了法国工人党和德国社会民主党在农民问题上的右倾错误。

第二国际的成立及其一系列活动,是帝国时代欧美社会主义运动的主要内容。1889 年 7 月 14 日,在法国大革命爆发 100 周年的纪念日,国际社会主义工人代表大会(即第二国际)在巴黎召开,来自 22 个国家的 393 名代表参加了大会。大会的决议指出:"只有作为一个阶级组织起来的无产阶级在国际上共同努力,只有无产阶级夺取政权,剥夺资本家阶级的生产资料并把它变为公有财产之后,劳动和人类才能获得解放";必须加强"决不与其他政党妥协的社会主义政党";无产阶级在有选举权的国家里,应当"利用自己的投票权竭力在现存制度下夺取政权"。第二国际在从 1889 年到 1914 年存在的 25 年时间里,总共召开过 9 次代表大会,但每次大会的基调基本上都是通过议会斗争实现社会主义,而摒弃了暴力革命的必要手段,甚至实际上放弃了社会主义理想。在第二国际内部,始终存在着左中右三派的斗争:以 1900 年为界,前期是马克思主义派、改良主义派、无政府主义派之间的斗争;后期是以 E·伯恩斯坦为代表的右派修正主义派、以 K·考茨基为代表的中派折中主义派、以列宁和李卜克内西等为代表的左派马克思主义派之间的斗争。但右派一直占上风,以至于第二国际终于在一战爆发后瓦解破产。第二国际的思想分裂对社会主义运动的发展造成了消极影响,各种机会主义思潮由此而在工人队伍中泛滥。尽管如此,第二国际在促进更多国家建立工人政党、推动各国工人运动进一步发展和扩散社会主义运动到亚非拉各国等方面依然取得了重大成就。

1895 年恩格斯逝世以后,欧美社会主义运动在第二国际右派分子的操控下,实际上大多违背了马克思主义,也偏离了社会主义方向。但与此同时,捍卫和继承马克思、恩格斯科学社会主义思想、推动社会主义事业向前发展的行动,却在欧洲东部的俄国逐步展开。俄国的社会主义运动虽然稍晚于西欧,但是在列宁等马克思主义者的领导下,它却发展到最高的程度,并最终取得了社会主义革命的胜利。

俄国的第一个马克思主义团体即劳动解放社是普列汉诺夫于1883年在日内瓦创建的。普列汉诺夫通过其一系列著述教育和培养了俄国第一批马克思主义者。不久,这些马克思主义者在俄国国内的彼得堡和莫斯科等地建立了马克思主义团体和小组,但他们主要从事革命理论的学习和宣传活动,很少同工人运动发生联系。把马克思主义同工人运动结合起来的伟大任务,是由列宁完成的。1893年,列宁参加了首都彼得堡的马克思主义小组。1895年,他把彼得堡的20多个马克思主义小组统一为工人阶级解放斗争协会。1898年3月,俄国社会民主党第一次代表大会在明斯克召开,列宁因遭流放未能出席。大会宣告党的成立并发表了《俄国社会民主工党宣言》,宣言指出,俄国无产阶级将摆脱专制制度的桎梏,用更大的毅力继续同资本主义和资产阶级作斗争,直到社会主义胜利为止。但大会没有制定出党纲党章,也没有统一的中央领导机构,因而实际上没有建立起统一集中的无产阶级政党。这些工作是在列宁的领导下进一步完成的。作为思想和组织统一的准备,列宁自参加马克思主义小组以来已发表了许多宣传马克思主义、批判各种错误思想的文章。1894年,列宁写了《什么是"人民之友"以及他们如何攻击社会民主主义者?》一书,批判民粹派否认俄国资本主义发展和无产阶级领导地位的错误观点。1894年底至1895年初,列宁又写了《民粹主义的经济内容及其在司徒卢威先生书中受到的批判》,揭露了"合法马克思主义者"所谓的客观主义,指出其本质是否认资本主义灭亡的历史必然性、把唯物史观歪曲为宿命论、否定马克思主义的阶级和阶级斗争理论等。1902年,列宁出版了《怎么办?》一书,批判了经济派的只要经济斗争而不要政治斗争的谬论,指出其崇拜工人运动自发性的主张只能导致工联主义而无力推翻资本主义制度。列宁的这些著述为俄国建立新型工人政党奠定了思想基础。1903年,俄国社会民主工党第二次代表大会在布鲁塞尔召开,不久移到伦敦继续举行。大会通过了党纲,它在国际共产运史上第一次把无产阶级专政列为党的基本任务。大会在讨论党章时发生了尖锐的分歧,争论的焦点是党章第一条关于党员条件的问题。列宁主张建立一个集中统一、组织严密的党;而马尔托夫主张只要表示承认党纲即可成为党员。大会通过了马尔托夫的主张。但在最后选举中央委员会时,拥护列宁的人占了多数,称布尔什维克;反对者占少数,称孟什维克。这次代表大会宣告了布尔什维克党的建立。这是一个新型的、与西欧的社会民主党根本不同的马克思主义政党。它标志着列宁主义的诞生。列宁主义是帝国主义和无产阶级革命时代的马克思主义。列宁在新的历史条件下对马克思主义作了进一步发展。构成列宁主义的核心内容主要有帝国主义理论、无产阶级革命理论、民族殖民地问题理论、无产阶级专政理论、建设社会主义理论、新型无产阶级政党理论等。列宁主义开创了人类历史的新纪元，它将指引俄国人民建立世界上第一个社会主义国家，并取得社会主义建设的巨大成就。

列宁主义诞生以后俄国社会主义运动的第一次重大实践是1905—1907年革命。这次革命的直接起因是1905年1月彼得堡普梯洛夫工厂的工人抗议厂方无理开除工人而进行罢工，但从根本上说，它暴露了俄国社会经济多方面的问题，尤其是它的政治经济的封建残余性严重阻碍了俄国资本主义的发展。这次革命本质上是一次资产阶级革命，但它的领导力量却是无产阶级。显然，在列宁主义者看来，这也是进行无产阶级革命的一次好机会。当罢工运动在首都迅速扩大之时，1905年4月，布尔什维克党在伦敦召开了第三次代表大会。大会主张无产阶级应该积极领导当前的资产阶级民主革命，用武装起义推翻沙皇统治，实现工农民主专政，然后不失时机地把它转变为社会主义革命。经过十月总罢工和十二月武装起义的高潮之后，1905年革命最终失败。这次革命后来被列宁称为十月革命的"总演习"，它锻炼和教育了劳动大众和布尔什维克党，为十月革命的胜利作了良好的准备。

1905年革命失败后，列宁于1907年再次被迫出国。第一次世界大战于1914年爆发后，沙皇俄国作为协约国成员参加了战争，俄国国内的许多矛盾再次激化，同时无产阶级革命的时机也日渐成熟。1917年3月8日（俄历2月23日），以首都彼得堡普梯洛夫工厂工人的示威游行为开端，俄国爆发了二月革命。革命迅速在首都取得胜利并很快扩展到全国，沙皇被迫于3月15日宣布退位。此前，在3月12日，彼得格勒（即彼得堡）苏维埃成立，并领导着全国许多城市相继建立的各个苏维埃。但是，作为彼得格勒苏维埃领导人的孟什维克和社会革命党领袖擅自拱手将政权让给了资产阶级临时政府，由此出现了苏维埃和资产阶级临时政府两个政权并存的局面。在这种错综复杂的历史紧要关头，4月16日，列宁从国外回到彼得格勒。第二天，列宁在党的会议上作了报告。4月20日，《真理报》发表了列宁的报告提纲，题为《论无产阶级在这次革命中的任务》，这就是著名的《四月提纲》。《提纲》指出,现在政权已由沙皇贵族阶级转到了资产阶级手中,因此资产阶级民主革命已基本完成。"俄国当前形势的特点是从革命的第一阶段向革命的第二阶段过渡",布尔什维克党的任务是"使政权转到无产阶级和贫苦农民手中"。这就是说,要推翻资产阶级临时政府,建立苏维埃共和国。此后,在《四月提纲》精神的指引下,布尔什维克党积极向人民群众宣传其主张。7月17日,临时政府镇压了大规模的群众示威游行,制造了七月流血事件,布尔什维克党的领袖也遭到通缉。列宁被迫转入地下,但他密切注视着形势的发展。其间,他写了《国家与革命》一书,阐明了用暴力打碎旧的国家机器、建立无产阶级专政的必要性。9月,根据新的形势,列宁给党中央写了《布尔什维克必须夺取政权》和《马克思主义与起义》两封信,明确提出革命形势已经成熟,党必须通过武装起义夺取政权。10月20日,列宁秘密回到彼得格勒。经过一系列精心安排之后,11月7日(俄历10月25日)凌晨,彼得格勒武装起义爆发,并在一天之内就取得了辉煌胜利。当晚,全俄工兵代表苏维埃第二次代表大会在彼得格勒召开。大会通过了列宁起草的《告工人、士兵和农民书》,宣告"各地全部政权一律转归工兵农代表苏维埃"。同时,大会一致通过了《和平法令》。法令谴责了帝国主义战争的罪行,建议各交战国立即开始和谈,订立不割地不赔款的和约。法令还呼吁英法德三国工人以多方面的行动把和平事业以及使被剥削劳动群众摆脱一切奴役的事业进行到底。大会还通过了土地法令。法令规定,立即无偿地没收地主土地,永远废除土地私有权,一切土地都是全民的财产,土地按劳动定额或消费定额分给劳动者使用。这是社会主义运动史上的一项标志性的措施,它使以土地公有为本质特征的社会主义制度在人类历史上首次得以真正实现。

彼得格勒起义取得胜利后,俄国各地的无产阶级革命也在短期内相继获得成功。到1918年春各地的苏维埃政权都已建立起来,俄国十月社会主义革命取得了彻底的胜利。通过随后的一系列社会主义性质的政治经济措施,苏维埃政权进一步巩固了十月革命的伟大成果。

俄国社会主义苏维埃政权的建立,引起了帝国主义列强的恐慌,同时俄国国内的地主资产阶级集团也总想伺机恢复旧制度。由此,从1918年春到1920年底,苏维埃政权经历了一场抗击帝国主义武装干涉和粉碎国内反动势力武装叛乱的战争。这场内战以苏维埃政权的胜利而告结束。

社会主义革命在俄国这样一个相对落后的资本主义国家取得成功,是以列宁为首的俄国马克思主义者的创举。但是,在俄共(布)领导人看来,社会主义作为一项世界性的事业,在俄国取得胜利仅仅是个开端。为了继承马克思和恩格斯开创的事业,促进欧美社会主义运动全面深入的发展,列宁领导创建了第三国际。1919年3月2日,共产国际成立大会在莫斯科召开。大会通过了《告国际无产阶级宣言》《共产国际行动纲领》《关于资产阶级民主和无产阶级专政的提纲》等文件。共产国际的任务是,宣传马克思主义,团结世界各国工人阶级和广大劳动人民,为推翻资产阶级统治、建立无产阶级专政、消灭剥削制度而斗争。共产国际在它存在的24年(1919—1943)时间里共召开过7次代表大会,领导过65个共产主义政党和组织。它在捍卫马克思主义、推动国际工人运动和亚非拉民族解放运动、反对法西斯主义等方面作出了重要贡献。但是,在其存在期间,稳固建立无产阶级专政和社会主义制度的仍然只有苏俄(1922年扩大改组为苏联)一国。

俄国无产阶级政权的建立,是自马克思主义诞生以来欧美社会主义运动的高峰,也是它的现实结果。马克思主义自诞生之日起,在理论上和实践上与各种打着社会主义旗号的非科学的社会主义思潮进行了不懈的斗争。俄国社会主义革命的胜利,从某种意义上说,是马克思主义的社会主义理论和实践的最终完成。

俄国无产阶级政权的建立,是全球化帝国时代后期的第一个具有世界历史意义的重大事件。它首次冲破了资本主义的帝国体系,使世界历史真正进入了无产阶级革命和民族民主运动的新时代。它的消灭剥削制度和民族自决原则等理念,鼓舞了资本主义核心区域的无产阶级社会主义运动的进一步发展,激励了亚非拉外围地区人民的反帝斗争。二战以后帝国体系的崩溃,在很大程度上也是苏俄社会主义革命推动的结果。

从俾斯麦体系到凡尔赛—华盛顿体系:全球政治体系的发展

在帝国发展时期,主宰国际关系的是凡尔赛—华盛顿体系。从全球性角度来看,这是第一个真正的国际关系体系。在它之前的近代国际关系体系,如威斯特伐利亚体系、维也纳体系等,实质上只是欧洲范围的国际关系体系。然而,凡尔赛—华盛顿体系与过去的国际关系体系也有密切联系,可以说,它是欧洲范围的国际关系体系扩展到全球的结果。有鉴于此,我们有必要从帝国形成时期的国际关系体系着手来探讨一战以后的国际关系体系。

帝国形成时期的国际关系体系,本质上是 1815 年以来维也纳体系的继续。学界有一种看法,认为维也纳体系自法国 1830 年 7 月革命、欧洲 1848 年革命和 1853—1856 年克里米亚战争之后实际上早已崩溃。从欧洲封建统治秩序的终结这一角度来理解,上述观点并无不妥。但是,从五大国英俄普奥法自维也纳会议以后主宰了欧洲国际关系以及欧洲大国在此后保持了 100 年左右的“均势”这一角度来看,直到一战时期仍然是维也纳体系。近年来,不少学者提出,自普鲁士统一德国后,它的宰相俾斯麦在欧洲国际事务中发挥了主导作用,因而 19 世纪 70 年代以后的国际关系体系可以称作“俾斯麦体系”;进而,在一战前夕,还形成了欧洲两大军事集团对峙的“两极体系”。① 我们认为,俾斯麦体系的说法是可取的,而一战前的两极体系可以纳入俾斯麦体系;因为尽管俾斯麦在 1890 年之后已被迫辞去宰相职务,但之后两大军事集团的形成实际上是俾斯麦构建结盟体系手法的延续和结果。

从地缘政治角度来看,新兴的德国地处欧洲中部,存在被三面夹击的危险。西面的法国虽然在普法战争中被打败,但它依然有对德国复仇的动机和潜力。南面的奥匈帝国在德国统一进程中也是“受害者”,它虽然国力较弱,但也对德国构成一定的威胁。东面的俄国则是军事实力强大的国家,自 19 世纪末瓜分波兰后俄国与德国的领土直接接壤了。另一方面,俄法奥等国都没有能力单独对抗德国,唯有与其他国家结盟才有可能。面对这样的局势,俾斯麦一改在德国统一过程中锋芒毕露的铁血风格,努力塑造自己的欧洲“和平”维护者的形象。但是这种“和平”,实质上是维护德国的安全。为了这一目标,俾斯麦处心积虑地想构建一个以德国为中心的大陆联盟体系,具体计划是孤立法国,拉拢俄国和奥匈帝国,利用英国牵制俄国,等等。为此,俾斯麦在任德国宰相期间(1871—1890)周旋于欧洲各大国之间,与它们签订了一系列同盟条约;在德国不能直接参与某些同盟的情况下,则竭力促成对德国有利的同盟的建立。因此,所谓的俾斯麦体系,当指以俾斯麦构建大陆联盟体系的愿望为核心驱动力、以俾斯麦的外交活动为主要线索、欧洲大国为自身利益在大陆联盟体系主导下进行外交

---

① 参阅唐贤兴:《近现代国际关系史》,复旦大学出版社 2002 年版。

活动所逐步形成的欧洲国际政治格局。

1872年9月,因德国皇帝威廉一世邀请,奥匈帝国皇帝约瑟夫前往柏林访问。俄国沙皇亚历山大二世惧怕德奥接近威胁它在巴尔干地区与奥匈帝国的争夺,也要求前往柏林参加会见。三皇会见期间,俾斯麦作为"中间人",协调了俄奥在巴尔干的关系,决定维持其现状。1873年初,威廉一世访问彼得堡,德俄两国签署了一项简单的军事协定:若缔约一方遭到任一欧洲国家的攻击,另一方应出兵20万援助。对德国来说,该协定意在对付法国;而对俄国来说,该协定意在对付与之争夺伊朗等地的英国。同年6月,沙皇亚历山大二世访问维也纳,力劝奥匈帝国加入德俄军事协定。奥国因害怕卷入到俄英两国的冲突中去而没有答应,但与俄国另外签订了一个政治协定,这就是著名的《兴勃隆协定》。协定规定:遇有第三国侵略危及欧洲和平时,两国应立即商讨共同的行动方针。该协定意义含混,反映出两国在巴尔干问题上的对立,特别反映了奥国不愿因为俄国而与其他国家交恶的心态。《兴勃隆协定》的签订,特别符合俾斯麦的以欧洲王朝的结盟来孤立法国的意图,因而德国也请求加入。当年10月,威廉一世亲临维也纳,德国签字加入了《兴勃隆协定》,规定有效期至1875年。德奥俄根据这一协定结成的同盟,史称第一次三皇同盟。① 三皇同盟使德国实现了孤立法国的目标,也使俄国间接加强了在中亚地区对付英国的力量,而奥匈帝国则设想可以借助德国的力量压制境内斯拉夫人争取独立的斗争。然而同盟内部本身蕴涵着许多不可调和的矛盾,因而三皇同盟是松散而短暂的。

1875年夏,奥斯曼帝国的黑塞哥维那和波斯尼亚两省爆发了斯拉夫人反抗土耳其素丹统治的起义,并引起了奥斯曼帝国境内斯拉夫人争取独立的连锁反应,由此开始了持续三年之久的近东危机。俄国支持斯拉夫人的行动,意欲趁机控制巴尔干半岛和黑海海峡。通过一系列外交努力,俄国安排了于己有利的国际环境,于是在1877年4月发动了对土耳其的战争。1878年3月,土耳其被迫与俄国签订了《圣斯蒂法诺和约》。和约规定:门的内哥罗、塞尔维亚、罗马尼亚独立;土耳其保证在波黑两省实行改革;保加利亚成为隶属土耳其的公国,由俄军占领两年进行改革,其疆域扩

———————

① 法国大革命期间,为共同对付拿破仑,俄普奥三国曾经建立过三皇同盟,史称旧三皇同盟,它后来发展为"神圣同盟"。

展至黑海和爱琴海,等等。毫无疑问,和约使俄国在巴尔干的势力急剧膨胀起来了,尤其是保加利亚的疆域划定更加便利了俄国对黑海海峡的控制。但是,和约因遭到英奥等大国的竭力反对而无法生效。在此情况下,俾斯麦建议在柏林召开国际会议来商讨此事,由他来充当"调停人"。1878年6月,柏林会议开幕,欧洲各大国和土耳其的代表参加了会议。最后,与会各国签署了《柏林条约》。根据该条约,保加利亚公国的领土面积大大缩小,俄军占领时间也缩短至九个月;波黑两省在名义上仍属土耳其,但划归奥匈帝国管辖。柏林条约使俄国控制巴尔干和黑海海峡的如意算盘落空,俄国迁怒于俾斯麦,德俄关系由此恶化,第一次三皇同盟也由此瓦解。

柏林会议后德俄关系的恶化,又引起了俾斯麦对俄法两国联合的担忧。此时,加强德奥关系成了俾斯麦外交政策的首选。1879年10月,俾斯麦赴维也纳与奥国签订了《德奥同盟条约》。条约规定:如缔约国之一遭到俄国进攻,另一国应以其全部军事力量进行援助;如缔约国之一遭到俄国以外国家的进攻,另一国应中立,但若进攻国家得到俄国支持,则缔约国双方共同作战。显然,该条约是针对俄国的。但是对俄国来说,它也离不开德国的支持,尤其考虑到自己与英国在黑海海峡和近东的抗衡。因此,1880年初,俄国向德国提议恢复三皇同盟。6月,俾斯麦与俄奥两国大使在柏林又签订了同盟条约,为期三年,史称第二次《三皇同盟条约》。条约规定:缔约国之一与第四国作战时其他两国应守中立;对土耳其欧洲领土的任何改变须经三国共同协议;三国承认封闭博斯普鲁斯和达达尼尔海峡的原则,务使土耳其不得将海峡供任何交战国作军事活动之用。这样,俄国取得了在黑海海峡与英国制衡的保障,而德国也免除了一旦与法国交战的后顾之忧。

然而,第二次三皇同盟仍然存在着变数,俄奥在巴尔干的无法调和的矛盾威胁着同盟的稳定性。恰在此时,意大利在与法国争夺北非突尼斯的过程中遭到失败,有意接近德国。俾斯麦也乐意接受意大利,并劝说与意大利有领土之争的奥匈帝国接纳意大利。于是,1882年5月,《德奥意三国同盟条约》在维也纳签订。条约共八条,主要内容是:(1)缔约国相互保持和平友好,不参加反对其中任何一方的同盟或协定;(2)如若意大利受到法国进攻,德奥必须以其全部军队给予援助;如若德国受到法国进攻,意大利也承担同样义务;(3)缔约国一方同两个以上的非缔约国家发生战争时,所有缔约国应同时参战;缔约国一方被迫同一个非缔约国家作战时,其他缔约国应保持中立,并保留参战的权利;(4)在缔约国共同参战抗击非缔约国时,不得单独与后者媾和。由此,德奥意结成了著名的"三国同盟"。三国同盟条约是一个秘密的军事同盟条约,对各缔约国的义务作出了细致明确的规定,相互约束的程度也较强。条约规定的有效期为五年,但在1887年、1891年、1902年和1912年四次续订。可见,三国同盟是一个比较稳固的军事同盟(尽管一战爆发后意大利没有恪守条约)。这个同盟成为后来第一次世界大战的战争一方。

俾斯麦试图将英国也拉入到其大陆体系中来,但英国不信任德国,而且也不愿卷入到德国与其他国家的战争中来。然而,英国与意大利在地中海存在着遏制法国的共同利益,与奥匈帝国在巴尔干问题上存在着遏制俄国的相同立场。俾斯麦考虑到德国与英国直接结盟的不现实因素,于是竭力怂恿意奥两国与英国合作。1887年2月,英意两国互换照会,双方约定维持地中海到黑海连续区域的现状,并在埃及和北非问题上相互支持。3月,奥匈帝国也加入该约定。史称第一次《地中海协定》。此前,在延续两年的保加利亚危机(1885—1887)的最后解决过程中,驻君士坦丁堡的英奥意三国大使协议合力支持土耳其抵抗沙俄的侵略。俾斯麦抓住时机,推动三国的进一步合作。12月,英奥意三国又以照会形式达成了第二次《地中海协定》。三国商定共同维持近东现状,保护黑海海峡,确认土耳其对保加利亚的宗主权,共同抵御俄国对土耳其的干涉。德国虽然没有参加这两个地中海协定,但通过其盟国意奥间接地实现了与英国的联合。

订立于1881年的第二次三皇同盟条约在1884年续订过一次,到1887年期满。为了继续阻止俄法接近,俾斯麦建议德俄两国签订双边条约,以代替已经过期的三皇同盟条约。而俄国在保加利亚问题上也需要德国的支持。1887年6月,德俄双边条约签订。条约规定如果缔约国一方对第三个大国作战,另一方应保持善意中立。对德国而言,由于德奥同盟条约中已保证奥匈在发生德法战争时中立,而这个条约又保证了俄国的中立,对法国的战争上了双保险,因而这个条约被称为《再保险条约》。

至此,通过多年的外交努力,俾斯麦苦心经营的大陆联盟体系基本建立。这个体系通过三皇同盟条约及其续约、三国同盟条约及其续约、两次地中海协定、再保险条约以及相对次要的德奥罗同盟条约、奥塞同盟条约等而建立起来,过程中充满了欧洲大国之间的纷繁复杂的外交斗争。正因为如此,表面看来这是俾斯麦外交斗争的胜利,而实际上内部仍然矛盾重重,潜伏着巨大的危险。由于德俄的利益始终受到其他国家(如奥匈帝国)和地区(如巴尔干地区)的牵制,两国的关系也极不稳定。此外,英国并没有直接参与大陆联盟体系,地中海协定中英国的义务也比较含混。这些都表明,俾斯麦的大陆联盟体系只是暂时的,它不仅会解体,而且会走向反面去。

大陆体系走向反面终于成为现实,俾斯麦到处结盟,却无意中酝酿了另一个与之对立的同盟体系,这就是协约国集团。协约国的形成,实际上开始于德俄交恶。本来俄国对德国没有太严重的恶感,俄国心目中的主要敌人是英国。但是,为了大陆联盟体系的需要,俾斯麦的外交天平逐渐倾向于英奥等国。在保加利亚问题上,俾斯麦拒绝帮助俄国阻止保加利亚议会选举反俄的斐迪南为大公;在主要针对俄国的地中海协定订立的过程中,德国给予了支持;在俄国急需的外资问题上,德国禁止帝国银行接受俄国的有价证券作为借款抵押,等等。这一切,都把俄国逼向退出大陆同盟体系、与法国结盟的道路。1887 年 12 月,俄国与法国签订了第一次借款协定,借款 5 亿法郎。此后,法国资本源源不断地输向俄国。经济上的依赖使俄国在政治上也逐步接近法国。1891—1894 年间,俄法两国通过高层互访,订立了一系列政治和军事协定。特别是 1892 年 8 月签订、1894 年正式批准生效的《法俄军事协定》,标志着法俄同盟的正式形成。该协定规定:如果德国或意大利在德国支持下进攻法国,俄国应用它所有军队与德国作战;如果德国或奥匈帝国在德国支持下进攻俄国,法国应用它所有军队与德国作战;条约有效期和三国同盟条约相同。显然,法俄同盟是直接作为德奥意三国同盟的对立面而建立的,它标志着俾斯麦的大陆同盟体系已经走向反面,这是已于 1890 年卸任的俾斯麦所不愿看到的结果。十年以后,一直奉行"光荣孤立"政策、并且向来不愿与德国密切合作的英国,也通过调整与法俄的利益加入到法俄集团中。1904 年,英法缔结协约。1907 年,英俄缔结协约。由此,英法俄三国协约集团终于形成。俾斯麦的大陆体系基本崩溃。

德奥意三国同盟和英法俄三国协约这两大军事集团的直接对立,最终导致了第一次世界大战。战争以协约国的胜利而告终,国际关系体系也从俾斯麦体系转变为凡尔赛—华盛顿体系。

1914—1918 年的第一次世界大战是人类历史上第一次规模空前的战

全球化的历史考察

quanqiuhuadelishikaocha

争。它历时四年多,参战国达 30 余个,使当时世界上约 2/3 的人口卷入了战争,造成 900 万军人的死亡,人力和物力的损失之惨重难以估量。这场大浩劫于 1918 年 11 月结束后,战胜国立即着手处理战后事宜。1919 年 1 月 18 日,处理战败国和安排战后世界秩序的巴黎和会在法国巴黎凡尔赛宫召开。出席会议的有 32 个国家,但起主导作用的是美英法意日五大国,而实际操控会议的是美国总统威尔逊、英国首相劳合·乔治、法国总理克里孟梭等"三巨头"。苏俄和战败国德国、奥匈帝国、土耳其、保加利亚等被排斥于和会之外。经过主要战胜国之间长达近半年的激烈角逐和讨价还价之后,6 月 28 日,战胜国与德国签订了《协约国和参战各国对德和约》,即《凡尔赛条约》。

《凡尔赛条约》的主要内容是:(1)关于德国的疆界。恢复 1870 年以前的德法边界,德将阿尔萨斯和洛林归还法国;萨尔煤矿的所有权、开采权归法国所有;萨尔区的行政管理由国际联盟负责,为期 15 年,期满后由公民投票决定其归属;德国在莱茵河以东 50 公里所划界线以西领土内,不准保留或建筑工事,不准留驻或集结军队;莱茵河以西的德国领土连同各桥头,自本条约实施后 15 年内均应由协约和参战各国军队占领;奥伊彭和马尔梅迪划归比利时,并承认比利时对莫雷内的主权;德国与丹麦的边界由石勒苏益格北部边境地区居民举行公民投票确定;上西里西亚南部划归新成立的捷克斯洛伐克;波兰获得上西里西亚一部分、波兹南全部、西普鲁士和东普鲁士各一部分;但泽(今格但斯克)作为国际自由城市交国际联盟管理,但在经济上划入波兰关税区,成为波兰的出海口。根据和约,德国领土共减少 1/8。(2)关于德国的境外权利和利益。德国将海外属地的一切权利交与主要协约及参战各国,其前殖民地按国联委任统治制度被主要协约国瓜分:德属东非大部(坦噶尼喀)让与英国,多哥和喀麦隆由英法瓜分,卢旺达和乌隆迪归比利时,西南非洲由英自治领南非联邦统治;德属太平洋岛屿之马绍尔群岛、加罗林群岛、马里亚纳群岛归日本,新几内亚归英自治领澳大利亚,西萨摩亚归新西兰。此外,和约还规定,取消德国在中国、埃及、利比里亚、暹罗、摩洛哥、土耳其和保加利亚的特权,但将它在中国山东的特权和利益转让给日本。(3)关于德国的军事。解散德国参谋部及其类似组织;废除德国义务兵役制;严格限制德国军备的数量,陆、海、空军总数分别不准超过 10 万人、1.5 万人和 1000 人;禁止生产和输入坦克、装甲车等重型武器装备;禁止拥有飞机和潜艇;海军舰只最高限额为战列舰、轻型巡洋舰各6艘,驱逐舰、鱼雷舰各12艘;成立协约国监督委员会以监督上述军事条款的实施。(4)关于德国的经济和赔偿。德国关税不得高于他国;战胜国对德国输入货物不受限制;战胜国成立的赔偿委员会须在1921年5月1日前确定德国在30年内应付清的赔偿总额;在1921年5月1日以前,德国应付清总值200亿金马克的赔偿,可用黄金、商品、船只、有价证券及其他物资支付;德国应负担其境内外国占领军的维持费用。(5)关于德国的战争责任和审判。组织特别军事法庭,审判前德皇威廉二世;协约国及参战各国有权对被控违犯战争法规与惯例的行为者交军事法庭审判。

　　显然,条约对德国是严厉苛刻的。对德国人来说,这是一个无比屈辱的条约。起初德国政府拒绝接受条约,后来成立的魏玛临时政府也陷入了两难境地,最后魏玛共和国总统艾伯特被迫决定接受条约。但是,条约埋下了复仇的种子。以后希特勒及其纳粹党能够一步步实现政治图谋统治德国,并最终发动第二次世界大战,一个很重要的根源就在于严苛的《凡尔赛条约》。有评论家认为,对德国的处置实际上在某些方面是有利于德国的,例如波兰的复国使德国有了一个对俄国的缓冲区、奥匈帝国的解体使德国与巴尔干地区的关系较俾斯麦时代更为亲近。① 我们认为,即便如此,客观的有利也丝毫没有抵消德国人主观上对条约的不利性的感觉。

　　对主要战胜国而言,《凡尔赛条约》带给它们不同的感受。例如美国总统威尔逊带着"十四点原则"赴会巴黎,无论他的理想主义世界格局还是领导世界的尝试欲望都没有得到实现:条约还是以法英两国为主导拟定的,而美国参议院也没有批准条约。法国基本上实现了其严惩德国、削弱德国的期望,但要使条约得到切实实施对它来说也是一件头痛的事情,以后的赔款问题、鲁尔危机等就是明证。英国一方面因分得德国殖民地、并且条约规定削弱德国军力而得到基本满足,另一方面它也不希望德国从此一蹶不振而危及它的"大陆均衡"政策。日本作为远离一战主要战场的参战国,以微小的代价获得了丰厚的利益。条约给予日本原属德国的中国山东和一些太平洋岛屿属地的利益,基本满足了日本的愿望。总之,《凡尔赛条约》令各国喜忧参半。它们所担心的事情,后来不幸成为现实。

　　① D. Wetzel and T. S. Hamerow, International Politics and German History: The Past Informs the Present, London, 1997, p.96.

除了对德国的《凡尔赛条约》之外,战胜国还与其他各主要战败国分别签订了一系列和约。与奥地利签订的是《圣日耳曼条约》,确认奥匈帝国解体,匈牙利与奥地利分立;承认捷克斯洛伐克和南斯拉夫独立;重新划定奥地利与周边国家的疆界;割让的里雅斯特等地给意大利;阜姆港为自由港;禁止德奥合并;陆军不得超过 3 万人,禁止拥有潜艇和空军;赔款待研究决定。与保加利亚签订的是《纳伊条约》,主要规定保加利亚承认南斯拉夫独立;划部分领土给周边国家;陆军限 2 万人,不得拥有海空军;赔款 22.5 亿法郎等。与匈牙利签订的是《特里亚农条约》,主要规定奥匈分立;割让部分领土;限陆军 3.5 万;赔款 22 亿金法郎等。与土耳其签订的是《色佛尔条约》,主要规定:土耳其在欧洲仅保留伊斯坦布尔及附近地区;海峡地区为国际共管;土耳其承认汉志和亚美尼亚独立;叙利亚和黎巴嫩由法国"委任统治",美索不达米亚和巴勒斯坦由英国"委任统治";恢复列强在土耳其的领事裁判权和财税监督权;军队限 5 万,不得拥有空军和炮兵,海军舰艇也有限制,等等。这一条约使土耳其丧失了独立地位,在土耳其资产阶级革命以后,凯末尔政府拒绝承认这个条约,因而它也从未生效。1923 年,战胜国与凯末尔政府另订较为平等的《洛桑条约》。

以上《凡尔赛条约》和随后签订的一系列条约,构成了凡尔赛体系。凡尔赛体系虽然主要是对欧洲国际秩序的安排,但由于战胜国对德国在非洲、亚太等地的殖民地实行了"委任统治"制度,因而这一体系所覆盖的范围已经越出了欧洲,涉及非洲和亚太的一些地区。此外,另一个战败国奥斯曼帝国,其领土大部分在亚洲(近东),通过《色佛尔条约》及后来取代它的《洛桑条约》,战胜国对近东的政治秩序也作出了安排,这样凡尔赛体系也覆盖到近东地区。更值得注意的现象是,一战的交战国集中在欧洲,而出席巴黎和会并签署《凡尔赛条约》的许多国家却来自其他大洲。除了像美国和日本这样的为渔利而参战的非欧洲国家外,有不少来自拉美的国家,如巴西、玻利维亚、古巴、海地、厄瓜多尔、危地马拉、洪都拉斯、尼加拉瓜、巴拿马、秘鲁、乌拉圭等。拉美国家在一战中基本上没有直接的战争利益,但由于它们在经济上与欧洲参战各国已经建立了紧密的联系,因而战后也参加和会并签署条约。可见,凡尔赛体系虽然主要是欧洲政治格局,但已关涉到亚洲、非洲的一些地区,甚至与美洲大陆也有某种关系。这表明,欧洲传统的国际关系体系正在逐步扩大,其涵盖范围正在日益扩展。不过,一战以后全球性国际关系格局的形成,并不是凡尔赛体系拓展的结果,而是它与另一个体系衔接整合的结果;这另一个体系,就是华盛顿体系。

华盛顿体系形成于1921—1922年间召开的华盛顿会议。召开这样一次国际会议,既是为了弥补美国没有加入凡尔赛条约的缺陷,更是为了在战后列强实力对比发生重大变化的新形势下重新调整它们在远东和太平洋地区的利益。会议在激烈的较量过程中出台了三个著名的条约,即《四国条约》《五国海军条约》和《九国公约》。《四国条约》全称《关于太平洋区域岛屿属地和领地的条约》,由美英法日四国于1921年12月13日签订。条约规定缔约各国同意相互尊重它们在太平洋区域内岛屿属地和岛屿领地的权利,并废止1902年以来形成的英日同盟。《五国海军条约》全称《美英法意日五国关于限制海军军备条约》,签订于1922年2月6日。条约对五国的海军军力发展作出了限制,规定主力舰总吨位的限额分别为:英美各52.5万吨,日本31.5万吨,法意各17.5万吨(即5:5:3:1.75:1.75的比率);航空母舰总吨位限额为:英美各13.5万吨,日本8.1万吨,法意各6万吨。此外,条约还规定:美英日三国在太平洋岛屿和领地的要塞维持现状;美国不得在菲律宾、关岛、萨摩亚和阿留申群岛,英国不得在香港及太平洋东经110度以东的岛屿修建海军基地和新的要塞,日本承诺不在台湾设防。《九国公约》全称《九国关于中国事件应适用各原则及政策之条约》,由美英法日中等在远东有利害关系的九国于1922年2月6日签订。《九国公约》规定尊重中国的主权与独立、领土与行政完整;维护各国在中国的商务实业机会均等原则;不得在中国谋取有损于其他国家公民的特权等。《九国公约》的核心是列强确认了美国自19世纪末提出的"门户开放""机会均等"等原则,并把它作为共同侵略中国的基础。

通过《四国条约》《五国海军条约》《九国公约》等建立起来的华盛顿体系,是凡尔赛体系的补充和发展。华盛顿会议的一系列条约修改和补充了凡尔赛条约中的一些条款,解决了巴黎和会上没有解决的一些问题,如《五国海军条约》补充解决了各国的海军军备问题。但是,华盛顿体系更主要的内容是对一战以后的亚太地区作出政治安排。一战以后,英法两国在远东的势力急剧减弱,而美日两国的势力在战前的基础上更加增强。在欧洲,英法还是主宰者,由此形成了凡尔赛体系。在亚太,美日更胜一筹,由此形成了华盛顿体系。两个体系虽然具有相对的独立性,但由于主导它们的都是美英法日等几个大国,所以相互密切联系着,由此构成了学界所称的凡尔赛—华盛顿体系。这个体系直接安排的是欧洲、近东、远东、太平洋地区的国际秩序，但它实际上已经覆盖全球。也就是说，列强对当时世界上政治和经济的重要地区作出安排，其处理原则却是全球适用的。凡尔赛体系取代了一战前的俾斯麦体系，而凡尔赛—华盛顿体系则突破性地取代了以往所有欧洲范围的国际关系体系。从俾斯麦体系到凡尔赛—华盛顿体系，是一个质变；后者标志着人类历史上第一个全球范围的国际关系体系的形成。从本质上说，凡尔赛—华盛顿体系的形成是全球经济联系日益发展的结果。

凡尔赛—华盛顿体系从本质上来说是列强战胜国不顾战败国和弱小国家的利益，按照自己的意志单方面安排的世界秩序。因此，其中充斥着各种矛盾，这些矛盾将逐渐导致该体系的崩溃。早在凡尔赛体系形成不久，已经出现了突破该体系的一些事件。例如在 1922 年苏维埃俄国与德国魏玛政府签订的《拉巴洛条约》的秘密附件中，规定德国可以在俄国训练部队，并试验凡尔赛条约所禁止的坦克、飞机等武器。1923 年，土耳其以《洛桑条约》取代了屈辱的《色佛尔条约》，也是对凡尔赛体系的突破。到了 20 世纪 30 年代，在欧洲和亚洲形成两个二战的战争策源地的过程中，凡尔赛—华盛顿体系急剧走向崩溃。1931 年日本制造了"九一八事变"并进而占领中国东北。1932 年日本又制造"一·二八事变"威胁长三角地区。1937 年"七七事变"开始日本发动了全面的侵华战争。日本的一系列侵华行动使华盛顿体系名存实亡。在欧洲，1935 年 3 月希特勒宣布恢复义务兵役制并扩充德国军队，包括陆海空军和装甲部队。1936 年希特勒宣布德国重新占领莱茵非军事区。1938 年德国吞并奥地利。1939 年德国占领捷克斯洛伐克。1939 年 9 月德军闪击波兰，第二次世界大战爆发，凡尔赛体系彻底崩溃。1941 年 12 月 7 日日本攻击美国的珍珠港海军基地，太平洋战争爆发，华盛顿体系也彻底崩溃。

国际联盟与国际社会的初步形成

国际联盟是世界历史上第一个政治性的国际组织。从根本上说，国际联盟是以近代以来资本主义的发展，尤其是工业革命以来资本主义核心区域现代化的发展为基础的。国际联盟既是近代以来、尤其是 19 世纪以来政治性国际会议和非政治性国际组织发展的间接产物，又是第一次世界大战的直接产物。同时，一些政治人物的努力也直接推动了国际联盟的成立,其中当首推竭力倡导它成立的美国总统威尔逊。国际联盟作为世界历史上第一个以维护和平与安全为宗旨的政治性国际组织,成员国的地区分布已经具有一定的代表性,它标志着国际社会的初步形成。

国际组织这一概念具有特定的内涵,它不能被单纯地理解为国家之间建立某种暂时的联系而形成的组织。正因为如此,我们一般不把古代社会的地区性的、大多是出于战略需要而暂时形成的国家之间的联合看做国际组织。国际组织的萌芽,我们认为是从16世纪人类历史进入近代世界才开始的,而且发源地是欧洲。随着资本主义时代的来临,全球性联系开始日益建立和加强。两次工业革命为此种联系的进一步发展提供了物质基础,特别是远洋船舶、铁路、电报电话等交通和通讯设备。与此同时,资本主义的世界市场也日渐形成,主要资本主义国家为争夺世界市场而矛盾重重,这种矛盾的极端尖锐化往往导致战争,最惨烈的便是两次世界大战。因此,时代呼唤政治性国际组织的出现,以协调国家之间的矛盾、维护世界安全和人类和平。

作为第一个全球范围的政治性国际组织的国际联盟,它的组织理念和筹建经验主要来源于近代以来以欧洲为中心发展起来的政治性国际会议和非政治性国际组织。政治性国际会议肇始于1648年召开的威斯特伐利亚大会,这次大会开创了以国际会议方式协调和解决国际矛盾的先河。此后,欧洲国际会议多次召开,从1814年维也纳会议召开到1914年一战爆发的100年间,欧洲一共召开过约30次国际会议。但是,对于国际联盟的建立影响最为直接的当属19世纪末20世纪初召开的两次海牙会议。第一次海牙会议在1899年召开,会议发表了《1899年国际和平会议最后文件》,并通过了《和平解决国际争端公约》等多边协议。第二次海牙会议于1907年召开,会议发表了《第二届国际和平会议最后文件》及10项新公约和一项宣言。两次海牙会议都是在第一次世界大战两大帝国主义军事集团尚处于形成阶段的历史背景下召开的,其目的也都是为了限制军备、防止战争、寻求和平解决国际争端的办法。会议的目的最终没有达到,但是,它们对于政治性国际组织的创建却具有重大作用。第一,与会成员表现了一定的国际性。第一次会议除欧洲20个国家外,尚有包括中国在内的亚洲和美洲的6个国家参加。第二次会议则有44国参加,并且在数目上欧洲以外国家超过了欧洲国家。第二,会议确立了国家平等原则。会议规定,与会各国无论大小强弱都只有一票表决权;并且所有决议案都要求全体一致才能通过。第三,会议显示了建立国际常设机构的趋向。第二次会议拟定今后每隔八年召开一次类似的国际会议,并且每次会议提前两年组建筹备委员会。只是由于一战的爆发,这种设想最终胎死腹中。但是,这种设想已经表现了国际会议的制度化,也显示了建立国际常设机构的趋向。除了以两次海牙会议为代表的政治性国际会议之外,近代以来陆续建立的非政治性国际组织对于国际联盟的建立也具有重大的推动作用。据统计,从 1840 年到 1914 年,大约 500 个国际组织被建立起来;而 1910—1914 年间就建立了 212 个,其中 192 个是非政府间的,20 个是政府间的。[①]特别重要的国际组织如 1865 年在巴黎成立的万国电报联盟、1874 年在伯尔尼成立的万国邮政联盟等。这些组织的成员国几乎遍及全世界;而更为重要的是,它们一般都建立了常设机构,这些常设机构的运作经验为国际联盟的建立提供了诸多借鉴。

国际联盟直接是第一次世界大战的产物。第一次世界大战是人类历史上一场空前的浩劫,它不仅使参战各国遭受了巨大的物质损失,而且更是给世界人民造成了巨大的精神创伤。以往的缺乏严密的制度化协调和监控的国际会议,对制止大规模战争的发生显得无能为力。一战的发生使得世界各国人民对于建立一个能够保障和平、制止战争的国际组织的愿望愈益强烈。由此,在战后召开的巴黎和会上,虽然各战胜国都以努力谋求各自的利益为主要任务,但是,各国政要也不得不考虑如何防止类似战争再次发生的重大问题。从历史和现实来看,建立一个全球范围的政治性的国际组织是化解国际争端的最佳途径。在这一点上,各国基本达成了共识。巴黎和会通过了国际联盟盟约,并把它列为对德国的凡尔赛条约和对奥地利、匈牙利、保加利亚等国和约的第一部分内容。

国际联盟的创立,固然是形势使然,但也与某些政治家的努力密切相关,其中美国总统威尔逊的功绩最为突出。早在一战末期,即 1918 年 1 月 8 日,威尔逊在阐述美国参加战争的目的的"十四点"原则中,就特别强调了最后一点:"为了大小国家都能够相互保证政治独立和领土完整,必须成立一个具有特定盟约的普遍性的国际联盟。"战争结束时,威尔逊的"十四点"基本成为巴黎和会上各国谈判的原则。1919 年 1 月 25 日,巴黎和会全体会议通过了最高委员会提出的关于建立国际联盟的建议,并决定它应

---

① A. David, The Rise of the International Organization: A Short History, London, 1982, p.64.

该作为总的和平条约的不可分割的一部分。随后和会成立了以威尔逊为主席的委员会起草国联盟约。虽然对于盟约各国有许多不同意见，但最终定稿的盟约却是以美英两国的联合草案为底本的。在国际联盟建立的过程中，威尔逊始终处于主宰地位，但我们也不能因此而过分夸大他的功绩；毋宁说，威尔逊充当了历史的代言人。事实上，在威尔逊之前，早就有不少有识之士提出过建立普遍性的国际组织的设想。从中世纪的杜希瓦到文艺复兴时的但丁，从17世纪的彭威廉到18世纪的卢梭，都设想过欧洲和平的方案。而康德的和平方案则更加具体、更加具有世界性。1795年，康德发表了《论永久和平》一文。其中设想，每个国家的政体都应该是共和制，在此基础上，联合为自由国家联盟。① 可见，战争与和平的问题一直是学者们关注的一个重要问题，甚至也可以说是全人类关注的重要问题。但是，只是到了第一次世界大战之后，关于战争与和平的问题才有了尝试解决的机遇。一战使世界人民和各国政要都意识到需要一个完善的国际体系来预防此类灾难的再度发生。威尔逊作为当时世界第一工业强国美国的总统，又兼具一种似乎"中立"于欧洲事务之外的身份，成为各国比较一致地认可的倡导世界和平的政治人物。② 这是威尔逊的国际联盟倡议被多数国家接受的现实因素。

1919年4月28日，以威尔逊为主席的起草委员会向巴黎和会的全体大会提交了《国际联盟盟约》，并获得通过。1920年1月20日，在凡尔赛条约生效当天，国际联盟正式成立。国际联盟的总部设在日内瓦。

国际联盟的成立，标志着国际社会的初步形成。

第一，国际联盟会员国的分布具有一定程度的世界性。《国际联盟盟约》规定，美国、英国、法国、中国等32个在一战中对德奥集团宣战的国家自动成为国联的创始会员国。同时，国联邀请阿根廷、智利等13个国家加入。由于美国参议院于1919年1月19日否决了凡尔赛条约，致使美国始终没有加入国际联盟。中国则是在1920年6月29日正式加入国联。而苏俄和一战的战败国则在国联成立之初被拒绝加入。这样，国联在成立之初的会员国一共是44个。以后，德国、日本和意大利等国也先后加入，但

① W. F. Kuehl and L. K. Dunn, Keeping the Covenant: American Internationalists and the League of Nations, 1920 – 1939, Kent State University Press, 1997, p. 75.

② W. F. Kuehl and L. K. Dunn, Keeping the Covenant: American Internationalists and the League of Nations, 1920 – 1939, p. 83.

出于发动侵略战争的需要,这 3 个国家于 20 世纪 30 年代又分别退出国联,并怂恿一些小国也退出国联。苏联则在 1934 年加入国联,但在 1939 年因入侵芬兰而遭国联开除。国际联盟在其存在的 26 年时间内,先后共有 63 个国家参加,其中 1937—1938 年间会员国最多,达 58 个。总的来看,国际联盟在当时已经具有一定的世界性,称得上是一个普遍性的国际政治组织。它不完善的地方在于,会员国的分布仍然具有"欧洲中心"的现象,而且英法两国是它实际的操纵国;同时,美国一直没有参加国联,苏联长期被排除在国联之外,使得国联失去了一些重要的核心力量。尽管如此,国际联盟仍不失它作为国际社会的代表性。

国际联盟会员国(1919—1946 年)

序号	会员国	所属洲	加入时间	变动情况
1	阿根廷	南美洲	创始会员国	1921 年退出,1933 年重新加入
2	比利时	欧洲	创始会员国	
3	玻利维亚	南美洲	创始会员国	
4	巴西	南美洲	创始会员国	1926 年 6 月 14 日退出
5	大英帝国—澳大利亚	大洋洲	创始会员国	
6	大英帝国—加拿大	北美洲	创始会员国	
7	大英帝国—印度	亚洲	创始会员国	
8	大英帝国—新西兰	大洋洲	创始会员国	
9	大英帝国—南非联邦	非洲	创始会员国	
10	大英帝国—英国	欧洲	创始会员国	
11	智利	南美洲	创始会员国	1938 年 5 月 14 日退出
12	中国	亚洲	创始会员国	
13	哥伦比亚	南美洲	创始会员国	
14	古巴	南美洲	创始会员国	
15	捷克斯洛伐克	欧洲	创始会员国	1939 年 3 月 15 日脱离
16	丹麦	欧洲	创始会员国	1940 年退出
17	萨尔瓦多	南美洲	创始会员国	1937 年 8 月 11 日退出
18	法国	欧洲	创始会员国	"维希法国"1941 年 4 月 18 日退出,但退出不为"自由法国"承认

续表：

全球化的历史考察

quanqiuhuadelishikaocha

序号	会员国	所属洲	加入时间	变动情况
19	希腊	欧洲	创始会员国	
20	危地马拉	南美洲	创始会员国	1936 年 5 月 26 日退出
21	海地	南美洲	创始会员国	1942 年 4 月退出
22	洪都拉斯	南美洲	创始会员国	1936 年 7 月 10 日退出
23	意大利	欧洲	创始会员国	1937 年 12 月 11 日退出
24	日本	亚洲	创始会员国	1933 年 3 月 27 日退出
25	利比里亚	非洲	创始会员国	
26	尼德兰（荷兰）	欧洲	创始会员国	
27	尼加拉瓜	南美洲	创始会员国	1936 年 6 月 27 日退出
28	挪威	欧洲	创始会员国	
29	巴拿马	南美洲	创始会员国	
30	巴拉圭	南美洲	创始会员国	1935 年 2 月 23 日退出
31	波斯（1934 年起称伊朗）	亚洲	创始会员国	
32	秘鲁	南美洲	创始会员国	1939 年 4 月 8 日退出
33	波兰	欧洲	创始会员国	
34	葡萄牙	欧洲	创始会员国	
35	罗马尼亚	欧洲	创始会员国	1940 年 7 月退出
36	暹逻（1939 年起称泰国）	亚洲	创始会员国	
37	西班牙	欧洲	创始会员国	1939 年 5 月退出
38	瑞典	欧洲	创始会员国	
39	瑞士	欧洲	创始会员国	
40	乌拉圭	非洲	创始会员国	
41	委内瑞拉	南美洲	创始会员国	1938 年 7 月 12 日退出
42	塞尔维亚—克罗地亚—斯洛文尼亚王国（1929 年起称南斯拉夫王国）	欧洲	创始会员国	1941 年 4 月 17 日脱离，1944 年 10 月重新加入
43	奥地利	欧洲	1920 年 12 月 15 日	1938 年 3 月 13 日脱离
44	保加利亚	欧洲	1920 年 12 月 16 日	
45	哥斯达黎加	南美洲	1920 年 12 月 16 日	1925 年 1 月 22 日退出
46	芬兰	欧洲	1920 年 12 月 16 日	
47	卢森堡	欧洲	1920 年 12 月 16 日	1942 年 8 月 30 日脱离
48	阿尔巴尼亚	欧洲	1920 年 12 月 17 日	1939 年 4 月 9 日脱离
49	爱沙尼亚	欧洲	1921 年 9 月 22 日	
50	拉脱维亚	欧洲	1921 年 9 月 22 日	

续表:

序号	会员国	所属洲	加入时间	变动情况
51	立陶宛	欧洲	1921 年 9 月 22 日	
52	匈牙利	欧洲	1922 年 9 月 18 日	1939 年 4 月 14 日退出
53	爱尔兰	欧洲	1923 年 9 月 10 日	
54	阿比西尼亚（埃塞俄比亚）	非洲	1923 年 9 月 28 日	
55	多米尼加共和国	南美洲	1924 年 9 月 29 日	
56	德国	欧洲	1926 年 9 月 8 日	1933 年 10 月 19 日退出
57	墨西哥	北美洲	1931 年 9 月 23 日	
58	土耳其	亚洲	1932 年 7 月 18 日	
59	伊拉克	亚洲	1932 年 10 月 3 日	
60	苏联	欧洲	1934 年 9 月 18 日	1939 年 12 月 14 日被开除
61	阿富汗	亚洲	1934 年 9 月 27 日	
62	厄瓜多尔	南美洲	1934 年 9 月 28 日	
63	埃及	非洲	1937 年 5 月 26 日	

资料来源：维基百科英文版关于国际联盟成员国（会员国）的资料（网址：http://en. wikipedia. org/wiki/League_of_Nations_members）、联合国日内瓦办事处网站关于国际联盟的资料（网址：http://www. unog. ch/library）。

注：1. 本表按照各会员国加入国际联盟的时间先后排列，加入时间相同时则按照英文字母表升序排列。

2. "退出"指自愿退出国联，"脱离"指该国被德国、意大利或苏联吞并而失去存在。

3. 本表中，国联创始会员国为 42 个，但一般认为有 44 个。笔者认为，原因是（1）美国是创始会员国，但始终没有加入，因而这里不计入会员国；（2）英国作为会员国，曾经被重复计入，分别是 British Empire（大英帝国）和 United Kingdom（联合王国）。

第二，国际联盟的机构设置表明它意在对国际社会的全方位管理。根据盟约，国际联盟的宗旨是："缔约各国，为增进国际合作，并保持其和平与安全起见，特允承受不从事战争之义务，维持各国间公开、公正、荣誉之邦交，严格遵守国际公法之规定，以为各国行为之规范。"[1]概言之，国联的宗旨一是谋求通过集体行动维护和平，二是在经济和社会事务中促进国际合作。鉴此，国联比较全面地进行了机构设置。国联的主要机构是会员国全体代表大会、行政院和常设秘书处。代表大会每年召开常会一次，各会员国享有一票表决权。行政院由英法等五个常任理事国和大会选出的四个

---

① 王铁崖，田如萱：《国际法资料选编》，法律出版社 1986 年第 2 版，第 850 页。

（后增加至九个）非常任理事国组成,每年至少开会一次。代表大会和行政院有权处理"属于联盟行动范围以内,或关系世界和平之任何事件",它们的所有决议必须全体一致表决通过。常设秘书处由一位秘书长领导,负责处理大会和行政院的日常事务。这三个主要机构的设置表明,国联的主要宗旨是维护世界和平。但是,国联同时也注重促进国际合作的另一个宗旨,而且从以后的实践来看,它在这方面的成就比维护和平更加突出。国联除了设置三个主要机构外,还设立了国际常设法院、常设委任统治委员会、国际劳工组织等六个常设机构和专门委员会以及许多辅助机构。这些机构的其中一部分是为了强化维护和平的宗旨,但大部分是为了促进国际合作,后者诸如国际劳工组织、国联卫生组织、国际航空委员会、国际营养委员会、知识合作委员会等等。国际联盟的机构设置涉及政治、经济和文化等国际社会的各个方面,反映出它已然具备了普遍性国际组织的资格。

国际联盟主要机构简介

机构名称	职能简介
大会	由全体会员国的代表组成,会员国有权派最多三名代表出席大会但只有一票表决权。1920 年第一次大会后,每年 9 月在日内瓦召开一次大会;因某个成员国请求且得到大多数成员国同意,可以召集特别会议。大会的决议,除盟约特别规定者外,均须全体一致通过。按照盟约,大会有权处理属于联盟职责范围以内或影响世界和平的任何事件。大会的具体职能还包括:接纳新会员、周期性选举行政院非常任理事国、与行政院一道选举国际常设法院法官、控制预算,等等。大会实际上是国联一切活动的总的指导力量。
行政院	国联最重要的机构,是引导大会事务的行政机关。它最初由 4 个常任理事国(英国、法国、意大利、日本)和 4 个非常任理事国的代表组成。美国因未批准条约,其常任理事国的席位一直空缺。德国和苏联也曾担任过常任理事国。非常任理事国由大会选举,任期 3 年,且成员数目各届有所不同。行政院平均每年开会 5 次,非常情况下召集特别会议。行政院的决议除盟约特别规定者外,均需一致通过;弃权票和争端当事国的票都不计算在内。行政院的职权还包括开除会员国、分配委任统治地、在发生侵略时就采取集体军事行动向各成员国提出建议、任命秘书长等。
秘书处	国联的常设事务机关,秘书长领导全体工作人员,他们多是各领域的行家。秘书处的官员和办事人员最初只有几十个,最多时也只有 400 个左右。官员各自领导一个部门,主要设有政治、财经、委任统治、裁军、卫生、社会、知识合作等部门,这些部门各自负责相关的国联各机构的秘书工作和会议事务。办事人员则主要从事日常事务性工作,如为大会和行政院拟定日程安排、出版会议报告等。

续表:

机构名称	职能简介
国际常设法院	由国联盟约规定设立,但其章程由行政院和大会制定,预算由大会提供,设在荷兰的海牙。它是一个相对自主的机构,但受国联监管。法官由国联大会和行政院分别投票选举,在两机关均获多数票者当选,共有11名(后来增加为15名)法官和4名后备法官。法院的职权是审理各国提出的一切案件(包括事实问题或法律问题),并可就行政院或大会提出的事项发表咨询意见。
委任统治委员会	根据国联盟约第22条设立,职责是代表国联监管英、法、日等"受委任国"对"委任统治地"(战败国德国、奥斯曼帝国等的殖民地或保护领地)的统治,并在有争议地区组织全民公决以决定其领土归属。委任统治地分为三类:(A)战前奥斯曼土耳其帝国所属近东部分地区;(B)战前德国所属非洲殖民地;(C)战前德国所属西南非和太平洋诸岛。
国际劳工组织	根据《凡尔赛条约》第八部分于1919年成立,其预算受国联大会控制。但是,该组织自主程度很高,它有自己的管理机构、大会、秘书处;其章程也与国联的不同——代表权不是基于各国政府而是基于各种劳资组织。它在普及八小时工作日和四十小时工作周、取缔童工、提高妇女劳动权益等方面取得了很大成功。
卫生组织	分为三个分支机构:卫生局(由国联常驻官员构成)、顾问理事会(由医学专家组成的行政机构)、卫生委员会。卫生委员会的职责是调查研究、监管国联的卫生工作、做好预备工作以便向顾问理事会呈报。它在消灭麻风病、疟疾、黄热病等方面取得了显著成效。
知识合作委员会	国联行政院根据第二次国联大会第五届委员会的报告,于1922年8月设立。该委员会的职责包括:调研各国的精神生活、帮助各国创建知识合作分委员会、保护知识产权、促进大学间合作、协调国际文献和出版物交流工作、促进考古研究的国际合作等。
难民委员会	职责是保护难民的权益,包括其遣返和重新安置事务等。其突出工作是在一战以后帮助几十万流散在俄罗斯的战俘返乡、1922年在土耳其建立大量难民营帮助伊土冲突中的难民、设立"南森护照"安顿不少无国籍人士等。

资料来源:联合国日内瓦办事处网站关于国际联盟的资料(网址:http://www.un-og.ch/library)。

　　第三,国际联盟为各国解决国际矛盾和国际冲突等提供了一个世界性的讲坛,并且对中小弱国至少提供了相当程度的舆论和实质支持。国联在这方面的作用主要表现在20世纪30年代德、意、日法西斯势力开始横行于世之后,也就是国联存在的最后十年左右的时间内。国联最初作为凡尔赛—华盛顿体系的有机组成部分,是帝国主义大国为了维护该体系而采用的一种工具。列宁在世时称它为"强盗联盟"也不为过;我国史学界也长期遵循列宁的这一评价。但是,当法西斯势力日益猖獗,欧洲和亚洲两个战争策源地形成之后,国际联盟及整个凡尔赛—华盛顿体系的性质已然发生了变化。根据陈旭东先生的见解,此时的凡尔赛—华盛顿体系对法西斯国家的对外扩张是一种约束力量,是正义舆论的理论根据;虽然在当时国际联盟对于抵制法西斯国家的对外扩张软弱无力,甚至很多情况下还纵容和绥靖侵略者,但是它试图制止侵略维护和平也是历史事实。例如,对于日本侵略中国东北,国联提出的《李顿报告书》中关于承认东北属于中国的一部分、否定伪满洲国的合法性等条款,对中国都十分有利;国联的裁军行动在实际效果上延缓了德国的扩军速度;而国联对意大利的制裁则可以说是国联反对法西斯扩张的顶点。[①] 陈旭东在文章中还描述了国联大会作为世界政治讲坛的一些情形。例如,1932 年 12 月,在探讨中日冲突问题时,许多小国发言表示支持中国的立场。当时出席国联会议的中国代表顾维钧在回忆录中写道:“他们明确表示接受《李顿报告书》,并认为报告书足以证明日本违反了盟约。”与此相印证,同时出席大会的日本大使吉田茂在发回日本的信件中说:“在大会会场上,与会者对中国代表略表同情,对其演说报以掌声,而我国代表却遭到冷遇。”[②]由此可见,国联虽然在英法等大国的操纵下,面对法西斯国家的猖狂显得软弱纵容,但像中国这样的遭受侵略的国家依然在道义上得到了世界大多数国家的舆论支持。就当时的国际和国内形势而言,中国所能要求于国联的大概也只能是这些。舆论支持也能带来实质性的援助,尤其是在中国的抗日战争全面爆发后以及整个第二次世界大战期间。由此看来,国际联盟至少在作为国际政治讲坛这一点上,也标志着国际社会的基本形成。

第四,国际联盟为联合国的创建提供了全面的借鉴。联合国是当今世界一致公认的国际社会的核心标志,但是,它在创建过程中借鉴了国际联盟的许多经验教训。联合国的创建借鉴国际联盟的经验,其内在的逻辑是:两者都代表了国际社会。联合国是在国际联盟无力制止战争和维护和平、并且在 1939 年 9 月第二次世界大战全面爆发后完全瘫痪的形势下,经多年酝酿而成立的。1945 年 10 月 24 日,《联合国宪章》生效,联合国正式成立。1946 年 4 月,国联在日内瓦召开最后一届大会,宣布解散,并决定将其职权和资产移交给联合国。这一点,表明了两者的承继关系。不仅如

---

① 陈旭东:《对国际联盟的再认识》,《世界历史》1989 年第 2 期,第 100—107 页。
② 《顾维钧回忆录》,中华书局 1985 年版,第 2 分册,第 91 页。

此,两者还在更多方面表现出承继关系。从两大组织的宗旨来看,维护世界的集体安全都是它们的最高宗旨。国联将集体安全构想视做它实现所谓永久和平的桥梁,盟约中列有实现集体安全的多项条款。联合国宪章继承和发展了国联盟约的关于集体安全的思想,确立比国联盟约更加可行和完善的维持和平、制止侵略的集体安全机制。从主要组织机构的设置来看,两者是一脉相承的。联合国的大会、安理会和秘书处与国联的大会、行政院和常设秘书处在形式、职能和性质等方面是相同或相似的。联合国的托管理事会起源于国联的委任统治制度和常设委任统治委员会。联合国的国际法院实质上是国联的国际常设法院之继续。从附属机构和专门机构的设置来看,两者也密切相连。国联的国际劳工组织在联合国继续存在,国联的卫生组织变成了联合国的世界卫生组织,国联的国际营养委员会是联合国粮农组织的前身,国联的知识合作委员会成为联合国的教科文组织,等等。[①] 联合国与国际联盟有如此密切的渊源关系,可见,即便在联合国的创建人眼中,国际联盟前此已然代表了国际社会。当然,联合国与国联也存在重大区别;但是在代表各自时代的国际社会这一点上,两者是相同的。

从以上四点看,国际联盟的建立无疑代表了国际社会的初步形成。作为第一个普遍的政治性的国际组织,国联有许多不完善之处,它也未能真正实现其制止战争、维护和平的宗旨,它最初甚至是维护帝国主义的凡尔赛—华盛顿体系的工具。但是,我们也不能过分苛求于国际联盟。作为一个在帝国时代建立起来的、以列强各国为主导的普遍性国际组织,它难免带有时代的烙印。它的维护世界和平与安全、促进国际合作的主观愿望是毋庸置疑的,也正因为如此,它在当时也基本获得了世界各国的普遍认可,并愿意加入它。国际联盟没有有效发挥其作为普遍性国际组织的作用,但是在初步促成了国际社会的形成这一点上,它仍然是功不可没的。可以说,没有国际联盟的实践,就没有后来联合国的相对完善的运作。国际联盟一方面标志着国际社会的形成,另一方面,它本身也是时代的产物,是世界经济和政治日益联结为整体的产物。诚如吴于廑和齐世荣先生所言:"国际联盟是世界上第一个政治性的国际组织,它反映了 20 世纪世界已发展为一个息息相关的整体的现实。"[②]

---

① 高华:《联合国与国际联盟比较研究》,《世界经济与政治》1996 年第 5 期,第 46 页。
② 吴于廑,齐世荣主编:《世界史》(现代史编上卷),高等教育出版社 1994 年版,第 128 页。

第十四章

帝国发展时期的全球经济格局

帝国时代全球经济的日益相互联系,从理论和史实两方面来看,都是资本主义发展的结果。在帝国发展时期,全球范围内的世界经济已经基本形成,并成为经济全球化发展中的一个里程碑。帝国发展时期所基本形成的世界经济,本质上是一种以资本主义核心区域为主导、而不是以各国各地区平等互利为基础的世界经济秩序,是一种今人称为国际经济旧秩序的世界经济体系。在这个世界经济体系的形成过程中,主要资本主义国家的推动作用是第一位的;也就是说,世界经济体系的建立是以帝国的形式进行的。

苏联的社会主义现代化模式

在帝国形成时期,俄国经济也已经基本融入了资本主义体系,并且俄国也已然是资本主义核心区域的一部分。但是,到了帝国发展时期,情况发生了重大变化。自十月革命之后,俄国从政治上来说已经是一个实行无产阶级专政的社会主义国家。苏维埃俄国的下一步目标是从经济上把俄国改造成实行生产资料公有制的实质上的社会主义国家。社会主义国家以马克思主义为理论指导。马克思主义并非是要改变世界历史全球化的发展趋势,相反,它要以一种可持续地、公平地发展的模式来促进全球化的发展。马克思主义肯定资本主义的历史功绩,同时认为,当资本主义进入垄断时期,全球性的社会主义发展时机已经来到,并且俄国可以率先走上这一步。因此,在帝国发展时期,当资本主义继续在全球扩张的同时,俄国却在独立运行社会主义经济,并由此建立了社会主义的现代化模式。

苏联社会主义现代化模式的建立过程,是由对帝俄时期的经济实行社会主义改造开始的。十月革命胜利后,苏维埃政权当即开始了俄国经济的社会主义改造过程。1917 年 11 月,苏维埃政权颁布了《工人监督条例》,对一切企业实行工人监督。不久,苏俄政府又将银行、铁路和大企业收归国有,实行对外贸易垄断,并宣布废除沙皇和临时政府所借的外债。在农村,苏维埃政权根据土地法令,没收了地主、皇室和寺院的全部土地。1918 年 5 月,苏维埃政府宣布实行粮食专卖,规定全体农民必须把剩余的粮食按规定的价格卖给国家,不久又组织征粮队下乡征粮。农村的社会主义革命使广大贫农得到了土地和农具牲畜,但也在一定程度上损害了有余粮的农民的利益,因此农村的局势出现了动荡。但是紧接着,苏俄进入了国内战争时期,经济随即转入战时轨道。

在国内战争时期,为了集中人力物力于战争,苏维埃政权陆续采取了一系列非常措施,这就是后来所称的"战时共产主义政策"。农业方面,政府明确颁布"余粮收集制",要求农民按国家规定的数量交售粮食和其他农产品。工业方面,除大工业外,中等工业也收归国有,对小工业则实行监督。经济管理方面,国家通过最高国民经济委员会及其下属的各个总管理局对工业的管理、产品的生产和分配实行严格的集中领导。商业贸易方面,排斥自由贸易,实行粮食和日用品的配给制。战时共产主义政策是非常时期的非常政策,它对于捍卫新生的苏维埃政权、挫败国内外反动势力的进攻起到了积极作用。但是,当战争结束后,这些措施不仅没有得到及时收缩,反而有所加强,从中反映出苏维埃领导集体的"决定直接过渡到共产主义的生产和分配"的冒进思想。

国内战争结束后继续实行战时共产主义政策,引起了广大农民和工人的不满,苏俄经济也日渐恶化。在这种情况下,1921 年 3 月,俄共(布)召开了第十次代表大会。大会决定废止余粮收集制而实行粮食税制度,由此开始了从战时共产主义政策向新经济政策的过渡。粮食税制度规定农户在缴纳粮食税之后可以自由处理剩余的粮食。在实行过程中,苏维埃政府对土地使用也放宽了条件：允许出租土地，允许有条件地使用雇佣劳动力。与此同时，政府也陆续调整了其他经济政策。在商品贸易方面，通过合作社实现工农业产品的交换；而后又允许农民和小手工业者自由出售自己的产品，恢复国内的自由贸易。在工业方面，一些中小企业允许由本国和外国的资本家经营；而后又允许外国资本家在苏俄开办租让企业，允许本国公民或组织租借中小企业。新经济政策实质上是通过某种程度上发展资本主义来恢复和发展苏俄经济，从而为苏俄的社会主义制度奠定物质基础。这是以列宁为核心的苏俄领导集体根据俄国的历史和现状作出的明智之举，但苏联领导层希望快速建成社会主义经济的心态使新经济政策没有得到长期实行，尤其是在后来的斯大林当政时期。

通过新经济政策的实施，苏俄（1922年成为苏联）的国民经济得到基本恢复。1924年列宁逝世，苏联进入了斯大林长期当政的历史时期。斯大林虽然没有宣布停止实行新经济政策，但已经开始了苏联国民经济的转轨过程。1925年底，联共（布）第十四次代表大会召开。大会确定党的基本任务是"争取苏联社会主义建设的胜利"，建设的核心是实行国家工业化。大会根据列宁在世时提出的电气化思想提出了国家工业化的基本方针，即优先发展重工业，特别是机器制造业，"使苏联从进口机器和设备的国家变为生产机器和设备的国家，从而保证苏联在资本主义包围的环境下不致变成资本主义世界经济的经济附属品，而成为按照社会主义方式进行建设的独立经济单位"。对于农业，大会确定的方针是，大力发展国营工业，并在国营工业的领导和合作社的协助下将越来越多的农户引上社会主义建设轨道。总之，以联共（布）十四大的召开为标志，苏联在斯大林的领导下，进入了自力更生的工业化建设时期，也进入了全面的社会主义改造和建设时期。

工业化和社会主义建设的全面开展实际是从1926年开始的。以高速发展重工业为中心的工业化实践，最大的困难是资金严重短缺。为此，苏联政府一方面将大部分工业利润再投资到工业部门，另一方面号召人民节衣缩食增加积累。国家将资金和设备主要投入到重工业部门，尤其是冶金、煤炭、石油、电力等基础工业。1926—1928年，工业投资的80%用于扩建和改建旧企业，20%用于建设新企业。其间，苏联还开始建设著名的斯大林格勒拖拉机厂、第聂伯河水电站等。1928年，苏联全部工业产值比1925年增加80%（平均年增长率为21.6%），比1913年增加32%；同时，苏联工业产值在世界工业产值中的比重由 1913 年的 2.6% 提高到 4.7%；另一方面的重大变化是，私人资本主义经济的比重由 1924 年的 23.7% 下降为 17.6%。① 以此骄人的成绩为基础，从 1928 年 10 月起，苏联开始实行第一个五年计划(1928—1933)，工业化建设进入全面开展阶段。计划规定工业方面的基本任务是，建设一流的重工业，并在此基础上对整个国民经济进行技术改造，巩固国防和经济独立；排挤资本主义经济，消灭资产阶级。与工业化初期的建设方针不同，这个五年计划以建设新企业为主。在整个工业投资中，2/3 用于建设新企业，1/3 用于改建旧企业。在计划执行过程中，由于工业建设和农业集体化运动的迅猛发展以及国际局势的恶化，1930 年联共(布)中央决定追加钢铁、有色金属、拖拉机、汽车、农机等部门的生产任务和建设项目，因而又增加了对重工业的投资。这样一个以重工业的发展为核心的看来困难重重的计划，苏联却在四年零三个月的时间内基本完成了。其间，工业产值完成了 100.2%，其中重工业完成了 127.6%，轻工业完成了 80.5%，机器制造业完成了 157%；农业产值由于集体化运动中生产力遭到严重破坏，只完成了 58%；国民收入完成了 91.5%。② 从中不难看出，一五计划中重工业、尤其是机器制造业大大超额完成了计划指标，但轻重工业之间和工农业之间的发展比例严重失衡。总的来看，一五计划的成就还是巨大的，其间苏联的国民收入增加了 82%，职工的平均工资增加了 1 倍多，苏联工业在世界工业中的比重跃居第 4 位（当然也要考虑到 1929 年开始的资本主义世界的经济大危机）。在第一个五年计划提前完成的基础上，苏联从 1933 年开始实行第二个五年计划（1933—1937）。这一计划的基本任务是完成国民经济的技术改造，彻底消灭阶级，加快发展轻工业和农业，进一步提高人民的物质文化水平。为此，苏联对重工业、轻工业、运输业、农业等都追加了投资。但是，由于国际形势恶化，法西斯国家加紧扩军备战，苏联不得不调整计划，加速发展国防工业，结果投资天平又向重工业方向倾斜。总体来看，苏联的二五计划也是成就斐然的，尤其重要的是，工业的地区布局日渐合理，中亚和苏联东部地区以超常的速度被开发起来。与资本主义世界相比较，1937 年苏联的工业产值超过了英德法三国，仅次于美国而居世界第二位。1938

① C. E. Ziegler, The History of Russia, Greenwood Press, 1999, p. 132.

② C. E. Ziegler, The History of Russia, p. 134.

年,在严峻的国际政治形势下,苏联开始了第三个五年计划的执行。此时,与国防有关的工业,尤其是重工业被置于更加突出的地位。1941 年夏,苏德战争爆发后,苏联被迫中断三五计划的执行,将经济全部转入战时轨道。

苏联在 1925 年联共(布)十四大之后优先建设工业,农业虽然也被综合考虑进去,但苏联领导层一直牢记列宁的合作化思想,对农业实行逐步改造的方针。农业的改造在苏俄其实开展得比工业化更早,可以说从十月革命胜利不久就开始了。在 1929 年夏季之前,苏联农业的社会主义改造主要以合作化宣传教育和创办示范农场为主。根据列宁临终前的合作化思想,改造苏联的小农经济要实行逐步过渡和自愿联合的原则。他明确指出:"对于中农,我们不容许采取任何暴力手段。甚至对于富农,我们也不能像对待资产阶级那样肯定地说:绝对剥夺富农。"关于自愿原则,列宁说:"既然说必须自愿,也就是说,要说服农民,要实际地说服农民。"①由此,苏联在列宁逝世后的大约五年时间内,在对农业的社会主义改造过程中,基本上贯彻了列宁的思想。1927 年 12 月,联共(布)召开了第十五次代表大会。大会虽然把改造小农经济作为党的基本的农业方针提出来了,但是仍然坚持了逐步过渡和自愿联合的原则。这种改造方式取得了较大的成就,到 1928 年,苏联的农业合作社已有 7.9 万个,参加合作社的农户数占总数的大约 32%;各种形式的集体经济农业组织 3.3 万个,联合了 1.7% 的农户;农业总产值比 1925 年增加了 10.7%,比 1913 年增加了 24%。②

然而不久,在 1929 年 4 月召开的联共(布)第十六次代表大会和同年 5 月召开的苏联苏维埃第五次代表大会上,都通过了大力支持整村整乡实行集体化的决议。全盘集体化的任务就这样被提了出来,于是从 1929 年下半年起,苏联在农村掀起了全盘集体化运动的高潮。苏联政府突然以非常方式加快农业的社会主义改造,主要原因是:随着工业化的快速发展,农业越来越不能满足日益增长的工人和城市居民的粮食需求,以至于发生了 1928 年初的粮食收购危机。苏联领导层希望通过加快农业集体化的进程来提高粮食生产能力。基于此种指导思想,苏联突然改变了农业的社会主义改造方式,在联共(布)十六大之后不久就开展了全盘集体化运动。这

① 《列宁选集》,人民出版社 1960 年版,第 798、804 页。
② C. E. Ziegler, The History of Russia, p.173.

场运动的速度是惊人的,这与以斯大林为首的苏联领导人不断发布强制性法令密切相关。自全盘集体化的决议提出后,半年内在全国即形成了整村、整乡、整区、整州的集体化运动,集体化农户的比重由 1929 年 7 月的 3.9% 猛增到 1930 年 1 月的 21.6%。[①] 半年的农业全盘集体化运动,产生了许多问题,同时也引起了思想上的混乱。为此,斯大林要求从理论上阐述全盘集体化运动,他批判了各种经济成分平衡论、社会主义建设自流论、小农经济稳固论等思想。1930 年 1 月,联共(布)中央全会通过了《关于集体化速度和国家支援集体农庄建设措施》的决议。决议虽然重申坚持自愿原则,但又规定在 1—3 年内各个地区都必须实现集体化。于是,全国再次掀起全盘集体化运动的高潮。为了纠正运动中暴露出来的更多问题,1930年 3 月和 4 月,斯大林分别先后发表了两篇著名文章:《胜利冲昏头脑》和《答集体农庄庄员同志们》。其间,联共(布)中央发布了《关于同集体农庄运动中歪曲党的路线进行斗争》的决议。文章和决议都对全盘集体化运动中采用强制手段进行了批评,再次强调自愿原则;同时规定了一些纠偏措施。但是,这些整顿措施实质上是为了加速集体化的进程。果然,从 1930年秋后起,全国又掀起了集体化运动的新高潮。到 1931 年 10 月,全国集体化农户的比重上升到 61%,而主要地区已基本实现了集体化。1934 年 7月,全国集体化农户的比重更达到 71.4%,苏联基本上实现了集体化。1937 年,集体化农户比重达到 93%,实行集体化的土地播种面积达到99%,苏联的农业集体化全部完成。[②] 由此,以集体农庄为主体的社会主义农业体制在苏联形成。

在经历了十年左右的工业化和农业集体化运动之后,1936 年 11 月,苏联召开了第八次苏维埃代表大会,大会通过了苏联新宪法。宪法规定,苏联是工农社会主义国家,其经济基础是生产资料的社会主义公有制。新宪法的制定,宣告了苏联社会主义制度的建立,同时也标志着苏联社会主义现代化模式的形成。苏联的社会主义经济,以生产资料的全民所有制和集体所有制为基础,实行国家对全国经济的高度集中管理。这种经济体制有两个突出的特点。第一,所有权与管理权完全统一于国家。苏联的全民所有制工业企业和农业组织由国家直接管理,国家通过严密的计划管理制

① M. McCauley, The Soviet Union: 1917 – 1991, New York, 1993, p.107.

② M. McCauley, The Soviet Union: 1917 – 1991, p.112.

度,向各地各部门下达经济计划。同时,国家为了保障计划的实施,对物资、工资和财政金融等也实行全国性的计划管理。对于集体所有制工业企业和农业组织,苏联政府虽然规定由企业和组织自行管理,但实际上也是国家管理,因为国家通过计划机关和其他经济机关,间接控制了这些企业和组织。第二,排斥商品货币和市场的作用。苏联领导层根据马克思主义经典作家的思想,认定社会主义经济是产品经济,而商品货币关系是资本主义经济关系,与社会主义格格不入;社会主义改造和建设的任务就在于用产品生产和分配原则来代替商品生产和分配原则,用直接的产品关系来代替商品货币关系。由此,苏联在社会主义改造和建设的过程中,不断扩大直接的产品交换范围。先是在国营企业中实行生产资料调拨制,农业全盘集体化以后,又将主要农产品的采购改为义务交售制。在市场关系方面,私人商业被完全消灭,有时连自由市场也被封闭。这样做的后果是,企业和组织无法实行真正的经济核算,它们为了完成国家的指令性计划,往往不惜工本、不顾效益;同时,国民经济的正确比例难以确定,工业和农业、重工业和轻工业等的比例关系严重失调。总之,1936 年宣布建成的苏联社会主义制度,在经济体制方面,是一种以生产资料公有制为基础,高度中央集权、排斥市场作用的计划经济体制。由此看来,苏联的社会主义现代化虽然取得了较大成就,但这种现代化模式也存在着严重缺陷。

苏联的社会主义经济体制,不仅排斥国内市场,而且也在很大程度上排斥国际市场。在理论上,苏联领导人不但不想排斥国际市场,反而认为应该融入国际市场。列宁曾经指出:"人类的整个经济、政治和精神生活,在资本主义制度下已经越来越国际化了。社会主义会把它完全国际化。"①可见,列宁所设想的国际市场,不是资本主义国际市场,而是社会主义国际市场。另一方面,列宁又是一个从实际出发考虑问题的理论家和领导人。十月革命后,苏维埃政权从帝俄时期继承下来的是远远落后于先进资本主义国家的经济,而且刚刚经历了第一次世界大战,随即又经历了三年内战。面临几近崩溃的经济形势,苏维埃政府实行了新经济政策,其实质是通过一定程度地发展国家资本主义来恢复国民经济。既然在国内也要发展一定程度的资本主义,那么,对外自然也不应该排斥资本主义世界市场。列宁当时的看法是,只要资本主义国家还没有全部垮台,同它们"进

---

① 《列宁全集》(第 19 卷),人民出版社 1959 年版,第 239 页。

行贸易是绝对必要的"①。然而,当时苏俄建立对外经济联系的愿望要成为现实却困难重重。在十月革命后的三年多时间里,资本主义强国不仅不承认苏维埃政府,而且对这个新生政权进行武装干涉和经济封锁。苏俄实行新经济政策后,它的政治形势已经有所改善。帝国主义国家在扼杀苏维埃政权的图谋失败后,也开始现实地、一定程度地放松对苏俄的经济封锁。由此,1921 年苏俄同英国、奥地利、意大利等国签订了临时贸易协定。意义特别重大的是 1922 年苏俄同深受凡尔赛条约压制的德国所签订的经济协定,即《拉巴洛条约》。条约规定立即恢复两国的外交关系并按最惠国待遇原则发展两国的经济关系;双方放弃赔偿战争损失的要求,德国不对苏俄已经收归国有的德国财产提出要求。《拉巴洛条约》对于苏俄的外交和外贸形势都产生了积极影响,1924 年意大利和英国等国都与苏联签订了贸易条约。这些贸易条约对于苏联外贸形势的改善还是起了比较大的作用。1924 年苏联的进出口额只有约 20 亿卢布,而 1925 年则增加到约 50 亿卢布。② 然而历史地考察俄国的外贸状况,苏联经济跟资本主义经济的融合程度甚至比帝俄时期更低:在帝俄时期的 1913 年,俄国的进出口额已经达到了约 101 亿卢布。③

在工业化时期,苏联因为急需大量的机器设备和重要原材料,继续扩大它的外贸。苏联主要以矿物、燃料、材料、动植物性食品原料等的出口来换取资本主义国家的机器设备等。1929 年资本主义世界的经济大危机,对苏联来说,却是个大力发展对外贸易的好时机。出口虽然受一定影响,但仍然继续发展;进口的条件则更好,资本主义国家的过剩产品以较低价格更多地流向了苏联市场。1930 年,苏联的出口额达到 73 亿卢布,恢复到了 1913 年的 72.4%,成为 1941 年以前的最高峰。进口方面,苏联主要以机器设备为主。1931 年,苏联的机器设备进口额占全部进口额的 53.9%,而占世界出口额的约 1/3。然而到 1932 年,苏联调整了它的对外经济政策,进口和出口都进行了压缩。1937 年,苏联的进出口额已经下降到 23.3 亿卢布,而到 1940 年则更下降为 21.6 亿卢布。④ 苏联外贸政策的改变,固然与需要平衡外贸逆差和工业化已经取得了重大成就等原因有关,但是实

① 《列宁全集》(第 33 卷),人民出版社 1957 年版,第 184 页。
② M. McCauley, The Soviet Union:1917－1991, p.138.
③ C. E. Ziegler, The History of Russia, p.105.
④ M. McCauley, The Soviet Union:1917－1991, 157.

际上,在斯大林等苏联领导人的思想深处,始终存在着苏联变成"资本主义世界经济附属品"的担心。

由以上论述看,苏联发展对外经济关系,是把它作为社会主义建设的一部分来看待的,具有较强的暂时性和实用性的色彩。当苏联领导人认为社会主义经济制度即将建成的时候,就要压缩它的对外贸易。实际上,苏联的对外贸易从来没有超过帝俄时期的程度。这虽然与帝国主义列强的经济封锁有很大关系,但从根本上说,是苏联领导人所设想的社会主义经济模式限制了苏联对外经济交往的扩大。苏联限制对外贸易的发展,与它限制国内贸易是一脉相承的。这种政策理念来自对经典作家的社会主义是产品经济思想的理解。在经典作家看来,社会主义制度下的对内和对外贸易,都将以产品经济的形式来发展。经典作家不但没有否定发展全球性经济联系的重要性,反而是要求更快更完善地发展这种关系;只是在他们看来,要达到这样的目标就需要实现全球性的社会主义。作为当时唯一的社会主义国家,苏联实际上是颇不情愿地与资本主义国家发展外贸关系。苏联不仅没有积极参与世界经济,反而在它的社会主义制度建成以后逐渐走向自我封闭。脱离资本主义世界经济体系,使苏联经济成为一种独立运行的经济。从经济全球化的角度来看,在帝国发展时期,苏联经济对于全球化没有作出它应有的贡献。苏联的社会主义现代化模式,是一种与世界市场相脱离的发展模式,它不仅给苏联本身的经济和社会发展带来了不利影响,而且对于促进世界经济全球化的发展只起了极其有限的作用。

核心区域现代化的推进和帝国的发展

第一次世界大战主要是欧洲两大帝国主义集团协约国和同盟国之间的战争,主要战场也主要是在欧洲。欧洲是资本主义核心区域的主要部分。此外,同属核心区域的其他国家如美国和日本也参加了战争。这次大战对资本主义核心区域的影响是非常巨大的,表现在经济方面,就是使各国的经济遭受了严重的破坏。因此,这些国家战后的经济恢复显得异常艰难。

战争对各个主要资本主义国家所造成的破坏程度是大不一样的,因而各国恢复经济所面临的问题和恢复过程也有很大差别。法国虽然是战胜国,但它是一战的主要战场,因而经济损失特别严重。另一方面,法国恢复经济也有一些有利条件。从德国手中收复富饶的阿尔萨斯和洛林、获得德国的物资赔偿和赔款、得到许多原德国殖民地的委任统治权等等,都对法国经济的恢复十分有利。英国在大战中也损失惨重,它在资本主义世界中的经济地位一落千丈。它从美国的债权国变成了债务国,英镑在国际金融市场的地位也发生了动摇。英国主要依靠自己原先的实力来恢复经济,因而经济恢复得并不比法国快。作为战败国,德国被迫割地赔款,战后经济处于一片混乱中。1923 年,德国因经济困难拒绝支付赔款,法比两国出兵占领了德国重工业基地鲁尔区,造成"鲁尔危机"。鲁尔危机一方面使德国经济更加难堪,另一方面也带来了机遇,这就是解决德国赔款问题的"道威斯计划"。道威斯计划规定由美英等国向德国提供贷款,目的是帮助德国恢复经济,提高偿付赔款的能力。由此,德国的经济也逐渐恢复起来。美国和日本虽然也参加了世界大战,但它们远离主要战场,而且在战争中捞到不少好处;因而对于它们,与其说是恢复经济,不如说是调整经济。总之,一战结束之后,以上述各国为重心的资本主义核心区域的经济开始恢复和调整起来;到 20 世纪 20 年代中期,各国基本上程度不同地完成了这一过程。

在战后的经济恢复过程中,资本主义国家在 1920—1921 年经历了一次经济危机。这次危机的主要原因是,美国和日本等受一战破坏较小的国家以及一直经济实力很强的英国在战后经济迅速高涨起来,而法国和德国等遭受战争破坏严重的国家则尚处在经济恢复的过程中;国际市场的失衡使美日英等国过剩的商品无法为法德等国所吸收。所以,危机对美日英等国的打击较大,而对法德等国的影响则很小。从这种情况来看,这次危机对于调整资本主义世界的国际市场,促进整个资本主义核心地区经济的共同恢复和发展其实是有正面作用的。另一方面,这次危机也反映出资本主义核心地区的经济联系到一战前后已经非常密切了。

经济危机之后,整个资本主义世界开始进入经济复苏和高涨的时期。20 世纪 20 年代,在凡尔赛—华盛顿体系的笼罩下,资本主义世界在政治上虽然仍是危机重重,但还是提供了一个相对稳定的经济发展环境。由此,各国进入了 20 年代的经济稳定发展时期。这次发展的主要原因是:一战中遭到严重损耗的固定资本的更新拉动了经济;战前延续下来的科技革命依然在推动经济发展;各国在商品生产和销售方面大力推行以提高效率为主旨的"资本主义合理化"方法;各国公开或秘密地扩军备战,等等。

美国在战后经历了 1920—1921 年危机之后,经济很快复苏。从 1923 年开始,美国经济进入了较长时间的繁荣期。这次经济繁荣,从根本上来说,仍然是第二次工业革命的推动。战前已经具有一定规模的新兴工业得到进一步发展,更新的工业部门被开发出来,老工业部门也不断更新技术,工业技术在各行业得到相互借鉴和应用,这一切,使得战前已经是世界第一工业强国的美国工业更加兴盛。化学、石油、电气、汽车、航空等新工业部门发展尤为迅速,而煤炭和纺织等旧工业部门也仍然具有较快的发展势头。繁荣期间,汽车、电气和建筑三大产业成为美国经济繁荣的主要支柱。美国经济迅猛发展的另一个重要原因是,一战期间资产阶级所获得的数百亿美元的巨额利润,为他们更新固定资本和扩大生产提供了充足的资本。再有,向经济恢复中的欧洲以及向欧洲国家的和本国的殖民地进行资本输出和商品输出,极大地刺激了美国经济的高涨。最后,大力推行生产合理化措施和广泛采用分期付款的赊销方法,也全面地推动了整个国民经济的繁荣。从 1923 年到 1929 年经济大危机前的这个繁荣时期,美国的生产率增长高达年均 4%。1929 年,美国工业产值在资本主义世界工业产值中的比重达到了 48.5%。在此期间,美国的国民收入也由 1921 年的 594 亿美元增长到 1929 年的 878 亿美元。① 虽然农业持续低迷,但工业的大发展却不断推动着美国的城市化和现代化进程。此间,农村人口大量流向城市,尤其是工业化发展迅速的东北部地区。在 20 世纪 20 年代,人口在 100 万以上的大城市由此前的纽约、费城和芝加哥三个增至十个。工业化和城市化的发展使美国人民的生活水平得到极大提高。城市居民的住房面积不断扩大,高层住房逐渐增多。各种家用电器如电熨斗、洗衣机、电冰箱等在这一时期得到普及。汽车也逐渐进入寻常百姓家庭。与此同时,物质生活的富足使美国人的精神追求也发生了重大变化,享乐主义风行于整个 20 世纪 20 年代,尤其是在城市中。在资本主义世界中,美国已经率先跨入了所谓消费社会的门槛。

英国在 20 世纪 20 年代的经济发展与美国有很大差距。1922 年,英国摆脱了经济危机状态,但是此后,英国经济一直处于萧条状态,直至 1929 年遇到更加严重的经济大危机。英国经济发展的这种状况,还是要归咎于

---

① T. Weiss and D. Schaefer, American Economic Development in Historical Perspective, Stanford University Press, p.217.

工业技术相对落后这个根本原因。英国是第一次工业革命的发源地,早先形成的工业结构对它以后的工业发展具有长期的影响。在第二次工业革命中,英国虽然也发展了新兴工业,但发展势头不及美国和德国这样的工业后起国家。老工业部门占有很大比重、并且技术比较落后这个顽疾一直延续下来,以至于在第一次世界大战之后,英国更难调整工业结构并促进工业整体快速发展。一战的重大损失以及战后不久遭遇的经济危机,使英国更加缺乏资金来更新固定资本,尤其是传统工业部门。在 20 世纪 20 年代,英国传统的工业部门如煤炭、钢铁、冶金、纺织等开始走向衰落,而这些部门在英国工业中占有比其他国家更大的比重。这些部门的技术滞后必然阻碍英国经济的快速发展。此外,国际市场上实力强大的美国和日本的竞争以及殖民地民族工业自一战爆发以后的较快发展,也都是英国经济在 20 年代发展滞缓的原因。1929 年,英国的工业产量才勉强达到 1913 年的水平,传统工业部门则连这个水平也没有达到。从资本主义世界工业生产的比重来看,1929 年英国的占有率从 1913 年的 14% 下降至该年的 9%;而同时期美国却从 36% 上升为 48%;德国到 1930 年也占有了 11%。[1] 农业方面,英国在 20 年代也处于衰落状态,国内消费的粮食和畜产品日益依靠进口来满足。在城市化方面,英国虽然是城市化启动最早也是程度最高的国家,但在 20 年代,城市建设和城市居民生活水平的提高远不及美国快。英国在当时尚处于准消费社会的阶段。

法国的战后经济恢复工作大致完成于 1924 年,此后法国经济出现了较快的增长势头。与英国不同的是,法国的固定资本更新取得了重大成就。法国以大量发行纸币和大举国债的方式筹措资金,为固定资本的更新奠定了重要基础。这种筹资方式虽然造成了严重的通货膨胀,如 1926 年的物价指数达到了 1913 年的大约 8 倍,但也确实为法国工业的勃兴作出了重大贡献。此外,法国经济的发展也得益于收复了经济发达的阿尔萨斯和洛林地区和取得了对萨尔产煤区的代管权以及从德国得到了大约 82 亿金马克的赔款。1924 年,法国的工业生产总量第一次超过了战前水平。此后直至 1929 年,法国工业的增长速度达到年均 5%,超过了英德两国,仅次于美国。[2] 法国的农业生产在 20 世纪 20 年代一直停滞不前,但到 1929

① C. H. Feinstein etc., The European Economy between the Wars, London, 1997, p. 111.

② C. H. Feinstein etc., The European Economy between the Wars, p. 129.

年也恢复到了战前水平。总的来看,20 年代法国的经济发展取得了较大的成就。在此基础上,城市化也在进一步推进,人民的生活水平也有了较大提高。但是与英国一样,法国的现代化速度和程度也无法与美国相比。

德国在一战以后推翻了帝制,于 1919 年 8 月根据魏玛宪法转变为共和国,并在此前接受了凡尔赛和约。凡尔赛和约对德国是个束缚,但也带来了机遇,这种机遇就是美国的介入带来了大量的资金。和约规定的赔款对德国是个重负,在经历 1923—1925 年的拒绝赔款、鲁尔危机的过程中,由美国主导的道威斯计划出台了,德国得到美国的经济帮助的时机也随之而来。1923 年底,德国进行了货币改革,稳定了通货。在此前后,经济恢复工作也基本完成。1924 年 8 月,德国国会接受了道威斯计划。从此,以美国资本为主的大量外国资本源源不断地流入德国。1924—1930 年间,德国共得到以美国为主的外国贷款及投资 326 亿金马克,其中贷款约为 250 亿金马克;此间德国支付的赔款总共约为 110 亿金马克。① 外国贷款和投资远远超过了赔款数额,这对德国经济的复兴无疑起了重大作用。以此为基础,德国还从美国引进了先进的科学技术和高效率的科学管理方法,推行所谓的"产业合理化运动",使工人的劳动生产率提高了 40% 左右。到 1927 年,德国的工业已经达到战前水平。与工业相比,德国农业的发展则非常缓慢,整个 20 世纪 20 年代也没有恢复到战前水平。在城市化方面,德国与英法等国一样,也在继续发展,但速度不及美国。同时,产业合理化运动使大量工人失业,农业的发展缓慢也使农村贫困人口有所增加。德国 20 年代的经济发展使贫富分化日趋加剧,资产阶级更加富裕,广大劳动者的生活质量并没有太大的改善。

日本在一战期间经济比较繁荣,这是它远离主要战场,并且利用时机大力发展对外贸易的结果。但是随着战争的结束和欧洲大国经济的逐渐恢复以及它们对于各自殖民地的市场的重新占领,日本的外贸市场又逐步缩小。1920—1921 年,日本与美英等国一样,经历了战后第一次经济危机。到 1924 年,日本经济才开始复苏,进入了 20 世纪 20 年代的相对稳定发展期。然而在整个 20 年代,日本经济基本上处于萧条状态。在一战结束不久的 1919 年,日本的工业发展依然延续了战争期间的繁荣,它的工业生产指数为战争爆发前夕 1914 年的约 4.8 倍;而进入 20 年代,日本的工

① C. H. Feinstein etc. , The European Economy between the Wars, p.136.

业生产指数长期徘徊在 1919 年的水平以下,直至 1928 年才略微超过了 1919 年的水平。日本经济在 20 年代的长期萧条,其主要原因还是在于它是个资源相对匮乏的岛国,国民经济的发展对外贸的依赖性很强;而 20 年代后期它的外贸市场又几乎缩小到一战以前的规模了。另一方面,日本与其他资本主义国家一样,在此期间也开展了"产业合理化"运动,才使工业在不利的国际市场条件下仍有所发展。日本农业在这一时期也长期萎缩,粮食产量徘徊不前,农业总产值一直低于 1919 年的水平。尽管经济发展的速度相对减慢,但日本在 20 年代的城市化和现代化依然在向前推进,居民的生活水平也在缓慢提高。

在 20 世纪 20 年代,以上述五国为代表的资本主义各国的经济基本上都处于稳定发展中。虽然各国的经济发展速度有所差异,但总体上都呈现出逐步高涨的趋势。到 1929 年,整个资本主义工业生产指数比 1913 年增长了 45%。20 年代各国工业生产增长的幅度为:美国 83.8%,英国 12.3%,法国 39%,德国 2%,日本 41.53%,意大利 80%,荷兰 87%,瑞典 51%,等等。① 各国经济的增长,主要是依靠工业的发展、尤其是重工业和新兴工业的发展。这一时期,农业在各国都处于慢性危机之中。经济发展在结构上的失衡潜伏着巨大的危机,也将使各国在现代化的整体推进过程中遇到挫折,接踵而来的经济大危机就印证了这一点。

20 世纪 20 年代资本主义各国经济的持续稳定发展,被一场空前的经济大危机打断了。1929 年 10 月,这场危机首先在美国爆发,随即迅速扩展到整个资本主义世界,甚至波及许多殖民地。这场危机生产下降幅度之大,打击范围之广,持续时间之长,造成的失业率之高,都是前所未见的。危机自 1929 年爆发,持续到 1933 年,时间达五年之久;而且在危机结束后进入复苏阶段不久,又爆发了 1937—1938 年经济危机。大危机期间,资本主义世界的工业生产下降了 40% 以上;以 1913 年一战前夕的工业指数为 100 来衡量,危机期间美英法德四国的工业生产指数分别降低到了最低点的 81.2%、70.7%、92%、51.8%。同时,危机造成了大量人员失业,资本主义各国的失业率高达 30% ~ 50%,失业工人多达 3000 万 ~ 4500 万。危机的另一个重要特点是,工业危机、金融危机、农业危机一齐并发,也是历史上罕见的。各国的股票都下跌了一半甚至更多;大量银行破产,光美国就

① W. W. Rostow, The World Economy: History and Prospect, London, 1978, pp. 222 - 223.

有超过10000家的银行倒闭。① 此外,危机使原已处于长期慢性危机中的农业更是雪上加霜,农产品的价格急剧下跌,大量农户破产,流离失所。总之,30年代的大危机是资本主义世界经济和社会的一个大倒退。

危机的发生,从根本上来说,是资本主义各国的生产能力急剧膨胀和国内、国际市场的相对萎缩造成的。就国内市场而言,伴随着20世纪20年代的经济繁荣,在每一个国家,人民的贫富差距日渐加大,却又缺乏有效的社会收入调节措施。生产能力大大超过了国内人民的购买能力,这是危机发生的一个重要原因。从这一点来看,各国政府对产业结构、分配结构和消费结构缺乏整体协调,是经济危机的国内原因。就国际市场而言,由于20年代整个资本主义世界的经济都处于持续发展中,到1929年甚至大都实现了高涨,各国给予其他国家的市场空间就大为压缩。同时,自一战爆发以来广大殖民地的民族经济也有了较大发展。由此,资本主义国家的国际市场都大大地萎缩了。根据以上分析,这场大危机的根源其实早就潜伏在经济繁荣的20年代了。同时,这场危机也预示着,资本主义将走向实行国家干预的国家垄断资本主义。

为了应付这场特大的经济危机,资本主义各国的政府都采取了非常措施。总体来看,各国都对经济实行了全面干预。由此,资本主义在它的发展历程中又一次发生了质变,即从一般的垄断资本主义走向了国家垄断资本主义。就整个资本主义世界而言,此时国家垄断资本主义大致表现为两种形态。一种是常态的、非军事性的国家垄断资本主义,西方的所谓民主国家美国、英国、法国等属于此类,以美国为典型。另一种是非常态的、军事性的国家垄断资本主义,法西斯国家德国、意大利、日本等属于此类,以德国为典型。以下我们对美国和德国这两个典型做一些阐述。

20世纪30年代美国国家垄断资本主义的一整套具体措施被称为"罗斯福新政"。1929年危机爆发时,当时的美国总统胡佛依然沿袭资产阶级政府的一贯做法,对社会经济实行自由放任政策,幻想由危机的规律自行运作,逐步由萧条、复苏过渡到再次高涨。但是,四年时间内美国经济不但不见复苏,反而进一步走向低谷。1933年,罗斯福接任总统,开始了他在竞选中提出的"新政实验"。新政从改革银行制度开始。1933年3月9日,国会通过了由总统命令财政部长起草的《紧急银行法案》。法案授权

① T. Weiss and D. Schaefer, American Economic Development in Historical Perspective, p.231.

总统对银行进行个别审理,让有偿付能力的银行尽快开业,对缺乏偿付能力的银行进行改组。几天后,政府成立了联邦储蓄保证公司,保证5000美元以下存款的安全。新政的第二项重大措施是调整农业。5月12日,政府颁布了《农业调整法》,该法旨在限制农作物和畜牧产品的生产,以提高农产品的价格,恢复农民的经济能力。根据该法令,财政部对削减产量的农场主给予补贴或提供新的贷款;同时,根据该法令成立的农业调整署购买并销毁大量农牧业产品。新政的第三项重要措施是复兴工业。6月16日,国会通过了《全国工业复兴法》,根据该法成立了全国复兴署。复兴署的主要职责是制定公平竞争法规,协调全国企业的运作。此外,新政还施行了社会救济措施。根据国会通过的《联邦紧急救济法》,政府成立了联邦紧急救济署,实行广泛的社会救济;救济工作中特别强调"以工代赈"。通过以上紧急措施,罗斯福政府暂时遏制了危机发展的势头。从1935年起,政府进一步把新政改革推向深入。此后一系列的重要举措包括实施《社会保险法》《全国劳工关系法》《公平劳动标准法》等,这些措施侧重于工业经济和社会分配的改革。总之,从1933年罗斯福上台到1941年太平洋战争爆发新政中断为止,新政基本上得到了全面深入的实施。新政在恢复经济方面的直接效果并不十分明显,但历史地看待新政,它却是美国在资产阶级民主范围内的最佳选择。以国家干预为本质特征的罗斯福新政,其实是美国资本主义发展的内在要求。罗斯福新政不仅是美国历史上、而且是世界历史上的一次全面深刻的社会改革,它标志着美国和世界资本主义已经发展到了国家垄断资本主义时代,它是资本主义发展史上的一个分水岭。

德国在20世纪30年代大危机中也遭受了严重的打击,其工业生产的下降幅度仅次于美国。德国民众饱受失业和破产之苦,对政府的不满情绪日益高涨。利用这一时机,组建于20年代初期的纳粹党发动了强大的宣传攻势。通过虚伪的宣传蛊惑以及拉拢大垄断资本家等手段,纳粹党最终成为国会第一大党,它的魁首希特勒也于1933年1月成为总理。从此,魏玛共和国告终,德国进入了法西斯专政时期。到次年8月,希特勒更是通过各种阴谋手段成为"元首兼国家总理",集党政军大权于一身。纳粹党和希特勒上台之时,德国其实已经进入了经济恢复时期,只是失业问题仍然没有得到解决。希特勒政府通过修筑高速公路等一系列大规模工程解决了几百万人的就业问题。它的下一步目标就是全面改造和复兴德国经济,以便为纳粹党的军事目的奠定基础。纳粹政府通过多种手段来实行经济的军事化。首先是进行大规模的军事采购和订货。政府将国家预算总支出的 2/5 或国民收入的 11% 用于军费支出,不消说,这些费用大部分成为克虏伯等大垄断公司的利润。其次是对企业实行强制卡特尔化。这项措施的目的是加速生产和资本的集中,增强垄断大企业的资本实力和生产能力,从而为战争迅速积累经济能力。到二战前夕,德国工业各部门的生产垄断化已经达到惊人的程度,如在电力、炼铁、金属加工、水泥、化工、药品等部门都达到了 95% ~ 100%。复次是建立一系列的军事经济调节机构。法西斯政府在帝国经济部下面设立了按部门和按地区的两类经济调节机构,实行对国民经济的双重交叉控制,由此形成了一个从中央到地方的庞大的经济管理系统。1936 年秋,政府又设立了以戈林为首的四年计划管理局,其权力与帝国经济部平行。通过全国性的严密的经济调节机构,法西斯政府对国民经济的一切部门实行了全面的控制,并且按照经济全面军事化的方针把原料、资金、设备和劳动力优先供应给予军需生产有关的部门,尤其是重工业和军火生产部门。最后,扩大和加强国家所有制。希特勒政府不仅全部掌握了铁路和邮政等企业,还进一步扩大和加强了在德国有一定历史传统的国家所有制。1939 年,德国的国家垄断资本达到了全国总资本的 20% 以上。通过以上措施,法西斯德国以军事国家垄断资本主义的方式摆脱了 30 年代的经济大危机,并且为全面对外侵略做好了准备。

英法两国受经济大危机的打击比美国要小得多,因此它们的政府对经济的干预并没有像美国政府那样广泛而深入。然而,与各自历史上的情况相比较,英法两国政府也在这次经济大危机中对国民经济加强了国家干预,主要是对重要而又长期落后的产业部门加强管理,实行优惠贷款和政府补助制度以及支持垄断组织的组合扩大等等。由此,英法两国也步上了国家垄断资本主义的台阶。与美国不同的是,由于欧洲局势日趋紧张,战争策源地已经形成,两国在 20 世纪 30 年代后期也加强了战备,经济重心日渐移向与军事相关的部门,但也没有像法西斯国家那样实行经济的全面军事化。与此相反,与德国同属法西斯阵营的意大利和日本,也趁经济大危机之机对国民经济迅速实行全面军事化。意大利自 1922 年墨索里尼夺取政权后即着手实行经济统制。30 年代,意大利通过垄断资本同国家政权的"个人联合"和建立各级劳资协会等措施,加强了对经济政治生活的管制。日本在 30 年代初虽然尚未建立军部法西斯势力的正式统治,但当政者的法西斯思想观念和社会上法西斯势力的强大,促使政府在经济大危机的时候也全面推行国民经济的军事化。日本国民经济军事化的主要做法是扩大军事支出和军事订货,实行"军需通货膨胀";大力推行各种产业的卡特尔化和托拉斯化;管制国民经济各部门,等等。总之,意大利和日本同德国一样,也以军事国家垄断资本主义的方式摆脱了经济大危机,并以此为基础发动了侵略战争。

纵观从 1918 年第一次世界大战结束至 1939 年第二次世界大战爆发这一时期资本主义核心区域的经济发展过程,我们发现,危机和萧条的时间比繁荣的时间更多。尽管这样,这一时期资本主义经济还是在举步维艰地增长,资本主义各国的现代化也在程度不同地向前推进。在此过程中,各国各种产业的垄断化也在进一步扩大和加强;尤其在经济危机的刺激下以及 20 世纪 30 年代国家垄断资本主义环境下和各国政府对垄断组织的资助下,垄断组织的发展,直接是跨国公司的发展。据研究,1919 年资本主义国家的跨国公司母公司已有 2530 家左右;到 1929 年这一数字已经达到 3090 家左右;1939 年也维持在 3070 家左右。[1] 跨国公司母公司及其大量子公司将触角延伸到世界各地,进一步发展了世界各地的经济联系。这种经济联系,主要还是发生在资本主义核心地区。例如,在两次世界大战之间,平均说来,欧洲国家相互间的贸易额在世界贸易中的比重大致都维持在 29% 左右;而欧洲国家与美国、加拿大和日本之间的贸易额在世界贸易中的比重也维持在 37% 左右。[2] 虽然与一战以前相比较,在两次世界大战之间的这一时期,资本主义核心区域各国相互间的贸易和投资在全世界的比重略有下降,但是在此期间,它们的经济和现代化都有了巨大发展。因此,核心区域的经济联系不是减弱了,而是加强了。资本主义核心区域对亚非拉外围地区的经济优势依然存在,并且进一步加强了,这是帝国发展的基础;而跨国公司依然是帝国进一步发展的主要动力。

帝国的发展,主要表现为帝国主义列强在保持对殖民地的政治控制的基础上,进一步进行经济渗透。在此,我们有必要先阐述一下一战以后列强殖民地变更的情况。一战结束初期,根据国际联盟的"委任统治"制度,

---

① S. Akita, Gentlemanly Capitalism, Imperialism and Global History, Palgrave McMillan, 2002, p.174.

② D. H. Aldcroft, The European Economy: 1914–2000, New York, 2001, p.161.

德国的前殖民地和前奥斯曼帝国的大片领地交给国联,由国联委托给英法比日等主要战胜国进行统治,这些国家的委任统治权由巴黎和会上战胜国与各战败国签订的条约予以确认。由此,英国新增加了美索不达米亚、巴勒斯坦、坦噶尼喀等殖民地,其总面积达 260 万平方公里;并且原来已经是英国殖民地的澳大利亚、南非联邦等也新增了部分领土。法国则取得了叙利亚、黎巴嫩、多哥、喀麦隆等殖民地的委任统治权。日本则获得原德属马绍尔群岛、加罗林群岛和马里亚纳群岛的委任统治权;日本企图夺取原德属中国山东势力范围的阴谋没有得逞,但在后来的华盛顿会议上取得了不少在山东的特权。进入 20 世纪 30 年代,法西斯国家通过侵略战争又获得了许多殖民地。日本在 1931 年"九一八"事变后侵占了中国东北;意大利在 1935 年侵占了埃塞俄比亚;德国则在 1938 年吞并了捷克和奥地利等。

在帝国发展时期,随着资本主义核心区域经济的发展和现代化的推进,列强加紧了对殖民地的原料和市场的争夺,从而加强了对亚非拉外围地区的经济控制和渗透。这个时期,资本主义国家对亚非拉不发达地区初级产品的需求越来越大,反映在贸易方面,就是亚非拉地区在世界初级产品出口额中所占的比重日渐提高。例如,在 1913 年,这一比重为 34.3%;而 1929 年(经济大危机前)上升到了 42.6%;1938 年更提高到 51.4%。① 这是在不平等交易基础上的亚非拉出口贸易的增加,而并不意味着不发达国家贸易境况的改善。与此相应,亚非拉殖民地的经济更加依赖宗主国,其主要产品的生产和出口更趋单一化。例如,在亚洲,马来西亚、印尼、印度支那和斯里兰卡等地的橡胶种植规模不断扩大;在拉美,铜在智利出口中所占比重由 1913 年的 10% 上升为 1938 年的 48%,石油和石油产品的比重在委内瑞拉出口中由 1929 年的 76.1% 上升为 1938 年的 90%,锡矿在玻利维亚出口中的比重 1929 年高达 71%;在非洲,北罗得西亚和比属刚果铜的产量及出口也在增多。②

英国是老牌的殖民帝国,拥有最广泛的殖民地。在帝国发展时期,加强对殖民地的控制对英国具有特别重要的意义。1926 年,为了缓和已经摆脱了纯粹殖民地位的自治领的日趋强烈的要求完全独立的情绪,英国

---

① S. Akita, Gentlemanly Capitalism, Imperialism and Global History, p. 206.

② D. H. Aldcroft, The European Economy: 1914 – 2000, p. 167.

召开了帝国会议。在这次会议上，英国承认自治领在内政和外交方面拥有独立地位，在法律上与英国平等；而各自治领承认自己是英帝国的成员，并宣布效忠英王。1931年，英国议会通过的《威斯敏斯特法》批准了1926年帝国会议的决议。在20世纪30年代经济大危机时期，英国与其殖民地和自治领以及许多资本主义国家组成了英镑集团。同时，英国放弃了长期实行的自由贸易政策，开始实行保护关税政策。1932年夏天，在加拿大首都渥太华召开了专门讨论经济问题的英帝国特别会议，英国借此把保护关税政策推广到整个帝国，以特惠制保护了整个英帝国的市场。美国在一战以后经济实力剧增，因而在世界市场上日益排挤英国，尤其在拉美地区。1913—1929年，在大多数拉美国家的出口中，美国的比重迅猛增长，如在墨西哥由50%上升到70%，在乌拉圭由12%上升到30%，在阿根廷由14.7%上升到26%；而英国的比重则急剧下落，如在墨西哥由13.5%减至7%，在乌拉圭由24.3%减至16%，在阿根廷由31%减至19%。[1] 此外，在英国的殖民地和自治领，也出现了类似的情形，即其他国家的经济渗透。法国采取了与英国相同的做法，也在自己的殖民地中推行保护关税和优惠关税政策，并组织了法郎货币集团，试图稳固保有殖民地市场。日本在以中国为主的亚洲各地一面保护自己独占的殖民地利益，一面与英美争夺其他市场（包括拉美和澳大利亚等）。德国则侧重于在中欧和东南欧进行贸易扩张。

与此同时，列强在殖民地的投资规模也在不断扩张。英国在一战结束后对外投资有大幅度下降，20世纪20年代逐渐恢复，30年代则达到历史高潮。1938年，英国对外投资高达229亿美元，为该年份美国对外投资额的两倍。[2] 英国对外投资对象首先是它的殖民地和自治领，其次是拉美，最后才是其他地区。美国在一战以前虽然也对外投资，但实际上是一个资本净输入国。一战以后，美国凭借其强大的经济实力，对外投资规模迅速扩大，成为仅次于英国的资本输出国。美国对外投资的将近70%投放到加拿大和拉美（各占一半），其他各洲也有不少投资；在菲律宾、中国、利比里亚等殖民地和势力范围虽然投放比例较小，但总量也相当可观。此外，法国占首位的投资对象是非洲领地和印度支那，日本则重点在朝鲜、中国的台湾和东北等殖民地投资。在20—30年代，各国对外投资的资金数量

---

① D. H. Aldcroft, The European Economy: 1914 – 2000, p.183.

② 同上，p.185.

和对殖民地投资的比例都比一战以前有了很大提高。

在两次世界大战之间的帝国发展时期,资本主义国家虽然经历了多次经济危机,但总的趋势还是经济的快速增长和现代化的不断推进。由于第二次技术革命和工业革命在这一时期得到充分发展,也由于资本主义经济发展自身规律的作用,帝国发展时期各国的经济和现代化发展在帝国形成时期的基础上发生了更大的飞跃。与此同时,资本主义各国经济和社会的相互联系也进一步加强了,资本主义核心地区对亚非拉外围地区的优势进一步凸显出来。在此期间,通过商品输出和资本输出等手段,列强加强了与各自殖民地和其他殖民地的政治和经济联系,从而进一步巩固和发展了帝国。帝国的发展,是资本主义在推动全球化过程中的一个重要步骤。如果说帝国的形成是全球化的初步布局,那么帝国的发展则是全球化的全面展开。从历史辩证法的角度来看,帝国通过它的发展完成了自己的历史使命,它造就了全球化全面深入发展的基础。第二次世界大战以后,帝国遭遇全面崩溃,但全球化却在它所奠定的基础上更加广泛深入地发展起来。

外围地区现代化的发轫与世界经济的基本形成

亚非拉外围地区的现代化开始得有早有晚,不过一些相对先进的国家大致从一战时期开始进入了现代化的发轫阶段,更多的相对落后的国家和地区也在帝国发展时期初步显露了现代化的端倪。第一次世界大战期间,由于主要资本主义国家大多忙于战事,一定程度上放松了对其殖民地的控制,使得亚非拉地区的民族资本主义以较快的速度发展起来,从而开始踏上了现代化的历程。现代化的本质特征是从农业社会向工业社会的转变,亚非拉地区的现代化正是发端于民族工业的建立。但是,在帝国发展时期,几乎没有一个亚非拉国家建立了独立的工业体系,因此这一时期亚非拉地区的现代化仅仅是一个开端。亚非拉地区现代化发展得艰难曲折,其主要原因在于,它们是在帝国主义殖民体系的夹缝中生长起来的。帝国体制的存在,使亚非拉国家的现代化不可能在正常的政治和经济环境下顺利发展起来。但是另一方面,无可否认的是,亚非拉的现代化也正是在帝国体制下、在资本主义国家的政治和经济侵略的刺激下成长起来的。资本主义核心区域各国对亚非拉地区原料及市场的需求和掠夺,迫使亚非拉外围地区也加入到世界经济体系中来,并且以建立自己的民族工业和发展自己的现代化的方式力求摆脱受压迫受剥削的命运,力求以平等的地位参与到世界经济中。由此,在亚非拉外围地区现代化发轫的同时,全球范围的世界经济体系基本形成。

亚洲许多国家和地区自古以来农业和手工业经济比较发达,近代以来则较早遭受了殖民主义的侵略。在帝国形成时期,由于殖民主义经济势力尚未充分渗入农村地区,因而亚洲农民虽然开始遭到资本主义的经济侵略,但程度较轻。进入帝国发展时期,亚洲地区的农业开始急剧走向衰落。此时亚洲农民遭到了外国资本家、国内封建地主和商人高利贷者的三重剥削,经济负担日益加重。如在印度,农民除了向政府交纳田赋外,还要向英国殖民当局交纳盐酒等消费税;中国大陆和台湾岛以及朝鲜的农民被迫以低价向日本等国的侵略者出售农产品。与此同时,各国的地主逐渐提高了地租,商人高利贷者则提高了利率。例如,东南亚国家农民向地主交纳的地租,约占其收获量的1/3到2/3。亚洲农民苦不堪言,许多农民实际是亏本经营农业,因而逐渐放弃了农业生产。在这种情况下,土地大量荒芜,农民大量沦为佃农、雇农或乞丐。例如在1931年,印度的雇农约占农业人口的38%,中国的贫雇农约占农户总数的70%,泰国的贫雇农占农户总数的50%以上。[1]

另一方面,亚洲国家的民族工业却开始快速成长起来了。一战时期,亚洲各国的民族资产阶级利用列强忙于战争和需要大量战略物资等时机,大力生产技术含量较低的工业产品。两次世界大战之间,帝国主义列强重新加强了对殖民地的控制,但是它们在各自帝国范围内实行保护关税的措施却有助于殖民地工业的发展。亚洲各国由此获得了相对有利的工业发展机会。此外,农民的大量破产也为民族工业的成长提供了廉价劳动力。在帝国发展时期,印度的纺织、钢铁、采煤、水泥、制糖等工业都获得了较大发展;中国的纺织、生丝、水泥、卷烟、面粉等工业也有了一定进步;印尼的编织、皮革、陶瓷和马来西亚的橡胶、锡矿等民族工业也有一些发展。在亚洲国家中,民族工业发展取得较大成就的当属印度、中国、伊朗和土耳其等国。

印度很早就逐步成为英国的殖民地,但在第一次世界大战以前,它的

---

[1] H. G. Gelber, Nations out of Empires: European Nationalism and the Transformation of Asia, London, 2001, p. 83.

民族工业几乎没有什么发展。一战期间,印度跟随英国参加了战争,付出了极大的人力和物力。另一方面,由于远离欧洲战场,印度的民族工业在这一时期得到了快速发展。例如,同大战前夕相比,印度的纺织工业和黄麻工业在战时迅速扩大。前者的工厂数增加57%,织机增多一倍,纺锭数增加41%;后者的工厂数增加67%,织机增加近87%,纺锭数增多88%。① 战后,英国加紧了对这颗英王"王冠上的明珠"的控制,印度的民族工业受到一定的限制。然而,战后声势浩大、历时持久的非暴力不合作运动使英国殖民当局不得不在经济上作出某些让步。例如,英国宣布帝国特惠制适用于印度。这个措施有利于印度民族资本的积聚和集中。在两次世界大战之间,印度不少民族工业取得了令人瞩目的发展。例如,1916—1917年度,印度生铁和钢的产量仅为十几万吨,而1933年则分别增至112.7万吨和80.2万吨;1939年进一步增加到186.7万吨和121.9万吨。一战以前,印度只有一家水泥厂,年产水泥945吨;1930年水泥公司增至八家,年产水泥达到75.5万吨,1934年更达到100万吨。值得注意的是,这一时期印度资本在某些产业中已经开始占据控制地位。1937年,在棉纺织业和钢铁工业就业人数中,印度资本所占比重分别为78.1%和57.9%;在新兴的制糖工业和水泥工业中,印度资本分别控制了84.3%和90.7%。② 此外,一个突出的现象是,此时印度出现了自己的垄断组织,如糖业辛迪加、联合水泥公司、塔塔康采恩等。印度民族工业虽然有了重大发展,但普遍具有一定的买办性和封建性;而且得到重大发展的多为一些轻工业和食品工业,重工业除钢铁工业以外没有多大发展,机器制造业和化学工业则更加落后。工业体系的不完善,正是帝国发展时期亚非拉发展中国家现代化的普遍特征,印度在当时其实还是亚非拉现代化的领先者。

中国自1911年辛亥革命以后,资本主义经济开始以较快的速度发展起来,迈入了艰难曲折的现代化进程。关于中国现代化的开端,学术界见仁见智,一般认为它开始于19世纪60年代的洋务运动。我们认为,罗荣渠先生的见解是值得借鉴的。他说:"就现代化的特定意义而言,在19世纪后半叶,它只是中国近世社会大变动诸流向中的一个流向;到本世纪初清王朝解体,现代化才异常艰难地上升为诸流向中带有主导性的趋势。"③

① M. Misra, Business, Race and Politics in British India: 1850 – 1960, London, 1999, p. 178.
② M. Misra, Business, Race and Politics in British India: 1850 – 1960, p. 184.
③ 罗荣渠:《现代化新论》,北京大学出版社1993年版,第243页。

辛亥革命为中国资本主义民族工业的发展创造了比较有利的政治和社会环境,我们可以把它看做中国现代化的起点。但是,就经济内涵而言,中国在当时也没有立即进入现代化历程。在随后的北洋军阀统治时期,中国的现代化才以一种畸形的方式开始启动。袁世凯窃取政权后,颁行了一些经济法令,在一定程度上推动了中国民族资本主义的发展。另一方面,他却出卖国家经济主权,如与日本签订臭名昭著的"二十一条"等等。在北洋军阀统治时期,中国的官僚资本主义工业企业获得了较大的发展,除军工企业外,官办民用企业也日渐增多。在 1914—1919 年间,中国资本投资建立了厂矿企业 379 家,资本总额计 8580 万元。在民族工业中,纺织、卷烟、面粉、造纸等轻工业发展较快;采矿、煤炭、钢铁、水泥等重工业的发展相对较慢,但也有了一定的起色。1927 年,蒋介石在南京建立了国民党政权,开始逐步建立起国家垄断资本主义性质的官僚资本主义。在以蒋介石为首的国民政府统治时期,中国的官僚资本主义主要掌控在人们熟知的四大家族手里。蒋介石政府利用政权,从垄断金融着手建立官僚资本。它借助江浙财团的支持,到 20 世纪 30 年代中期已经把持了中央银行、中国银行、交通银行、农业银行等四大银行和遍布全国的 2500 个支行以及邮政储蓄汇业局、中央信托局等金融机构。通过这"四行两局",四大家族垄断了全国的金融业,控制了全国的经济命脉。在此基础上,四大家族同时通过加资、合股、接管、国营等手段兼并原有的官办工业和私营工业,还通过资源委员会建立了煤炭、电力、机械、冶炼和矿业等新的官办工业。在四大家族的统治下,一般的民族工业也在艰难地发展着。在 1927—1931 年间,民族工矿交通运输业资本的年增长率提高到 13.4% ,表明这是一战结束以来民族资本主义快速增长的时期。但是在 1931 年以后,民族工业又陷入危机,主要原因是世界经济大危机的影响和日本帝国主义的领土和经济侵略。总的说来,在国民党政府统治时期,中国民族资本主义虽然处于内忧外患、举步维艰的境地,但四大家族的经济垄断是它发展缓慢的主要原因。由此来看,在两次世界大战之间,中国的现代化发展是畸形曲折的。

伊朗在第一次世界大战结束初期国内政局处于动荡中。它曾经是英国和帝俄的半殖民地。俄国在十月社会主义革命后,实行民族自决的外交政策;英国企图趁机独占伊朗。1919 年,英国诱逼伊朗政府签订了《英伊协定》,力图使伊朗完全成为英国的保护国,但遭到伊朗议会的否决。1921

年初礼萨汗率军发动政变成功,1925年他推翻凯加王朝建立了巴列维王朝。伊朗的现代化就是从礼萨汗实行的一系列改革开始的。农业方面,政府通过颁行一系列法令正式确认了土地私有制,从财政和贷款等方面扶植地主阶级,培植农业资本家。工业方面,礼萨汗政府通过机器进口免税法、扶助民族工业企业法等法律发展民族工业。伊朗得到发展的工业部门主要是纺织业和农产品加工业。到1940年,伊朗已经拥有25家大型棉纺厂及8家大型丝织厂。此外,伊朗还兴建了大型面粉厂、烟草厂、火柴厂等轻工业企业,并尝试兴建炼铜厂等重工业企业。交通运输方面,巴列维政府也开始大规模修建公路和铁路。1928—1938年间,伊朗修建完成了从波斯湾到里海的贯穿伊朗的铁路大动脉,而后又不断修建新的铁路干线和支线。与此同时,伊朗还修筑了总长度约两万公里的公路。虽然巴列维王朝没有能够改变伊朗的半殖民地地位,其工业体系也极不完善,但民族工业的发端,标志着伊朗已经步入了现代化进程的门槛。

土耳其在凯末尔革命之后,以凯末尔主义即共和主义、民族主义、平民主义、国家主义、世俗主义和改革主义六项原则为指导,大力推行改革和发展国家现代化。国家主义是凯末尔进行经济改革的指导思想,它的主旨是由国家统一管理国民经济计划,国家在工业、交通运输业和金融业等方面进行直接投资和经营,其实质是国家资本主义。国家投资修建了不少铁路和港口,还兴办了众多的国营企业。在私营企业方面,国家重点是通过实行保护关税制度和外汇管制制度以及兴办银行和提供优惠贷款等措施来促进它们的发展。与其他发展中国家一样,土耳其的工业发展集中在纺织、玻璃、制糖等轻工业;钢铁、冶金等重工业则得到国家的特别扶持;而火柴、卷烟、盐业等行业由政府垄断。在1927—1939年间,土耳其的工业产值增加了5倍,工业化取得了很大成就。土耳其政府虽然对农业也采取了一些措施,但由于封建剥削关系依然存在,取得的成效相对小得多。总之,土耳其在一战以后的民族危机的情势下,通过凯末尔革命和凯末尔改革,通过发展民族工业,初步建立了现代化的基础。

非洲各国和各地区在帝国发展时期的民族经济发展差别很大,因而现代化的启动也早晚不一。总体来看,这一时期非洲的工业发展比亚洲和拉丁美洲落后;非洲绝大多数国家和地区的轻工业都处于萌芽状态,只有埃及和南非联邦是例外。非洲在这一时期的工业以采矿业和加工业为主,而且技术落后,许多工业企业的生产和经营基本上处于手工作坊阶段。非洲各国缺乏重工业,只有埃及和南非联邦等国家有一些冶金、机器制造工业。农业方面,非洲的单一作物制倾向日益加重,广袤的非洲大陆主要种植棉花、棕榈、花生、甘蔗、芝麻等经济作物,粮食生产也不能自给。对大多数非洲国家和地区来说,虽然经济上已经卷入了世界市场,但民族尚未有起色,现代化也没有启动。这个时期,只有埃及和南非联邦等少数国家步入了发展民族经济和启动现代化的轨道。埃及在第一次世界大战中积累了一定的民族资本,这主要得益于当时棉花价格的暴涨和军事订货的猛增。战后,埃及的民族主义运动也迅速发展,在声势浩大的华夫脱运动的压力下,英国政府被迫于1922年宣布埃及为独立国家。虽然英国在埃及保有特权,但殖民保护制度的废除为埃及民族经济的发展奠定了良好的基础。1922年,埃及政府颁布了补助企业主的决定,并命令国家机关必须尽量采用本国产品,同时开始对密斯尔金融财团等进行重点扶植。1930年,埃及实行了关税改革措施,将进口税的平均税率由8%提高到15%。在两次世界大战之间,埃及比较发达的民族工业是以棉纺织业为主的纺织工业和以蔗糖工业为主的食品工业以及为外国资本提供原料和燃料的采矿业。在此期间,埃及的冶金、金属加工和机器制造业虽然有一定发展,但基本上是以与外资合作的形式进行的,电气工业和化学工业则是空白。南非联邦成立于1910年,是一个具有一定独立地位的英国自治领。在两次世界大战之间,南非联邦的民族工业也逐渐发展起来,其中加工工业比较发达,门类也较多。加工工业主要是轻工业,但其产值仅占国民收入的1/5。此外,在这一时期,南非联邦的冶金工业和主要制造矿山、铁路设备的机器制造业也较为发达。虽然南非联邦的工业在南部非洲一枝独秀,但与北非的埃及相比,还略逊一筹。南非联邦的现代化在这一时期是刚刚起步。

拉丁美洲各国在第一次世界大战之后民族经济有了很大发展,工业增长速度明显加快了。在此期间,巴西兴建了5900多家新企业,墨西哥兴建了6300多家新企业,阿根廷兴建了4700多家新企业,其他国家的工业企业也有了很大增长。[①] 同时,拉美各国的工业体系也开始逐步建立起来,许多国家拥有纺织、食品、加工等轻工业,有的国家则拥有采矿、冶金、钢铁、石油等重工业,特别是墨西哥、巴西、阿根廷、乌拉圭等国。但是,从总

---

① V. B. Thomas, The Economic History of Latin America since Independence, London, 2003, p. 306.

体上看,这一时期拉美各国轻工业的比重依然占60%;而且许多工业技术落后,手工操作占很大比重。值得注意的是,此时拉美各国的工业基本上是以私人企业、公私合营企业和国有化企业等形式为主,可见拉美国家的工业主要是在国家的扶持下发展起来的。在拉美,不少国家进行了政治和经济改革。经济改革的主要目的是消除外国垄断资本和国内封建势力的统治,发展民族经济,改善人民生活。在墨西哥,1934年卡德纳斯当选为总统后,促成国会通过了允许政府将外国公司收归国有的法令,由此,由外资控制的全部铁路和大部分石油公司都被收归国有。同时,政府还进行了比以前历届政府更激烈的土地改革,将大量土地分给贫雇农,并以贷款等形式扶持农民。在巴西,瓦加斯于1930年执政后,颁布了矿藏、河流、森林等自然资源归国家所有的法令,1938年又颁布石油公司国有化的法令。同时,国家加强了对工商业、财政金融和外贸的管理,实行保护关税制度。在玻利维亚,1936年托罗就任总统后,实行了没收美孚石油公司和交通运输业国有化等改革措施。在智利,人民阵线领导人佩德罗·塞尔达1938年当选总统后,也努力要发展民族工业;但因在消除外国垄断资本和本国封建势力的控制方面措施不力而成就有限。总的看来,通过改革和一定程度的国有化措施,拉美各国的民族工业有了较大发展。但另一方面,农业的发展依然缓慢。在农业中,封建的大庄园制不仅没有被消灭,反而得到进一步发展。同时,单一作物制的倾向也更趋严重。例如,巴西、墨西哥、委内瑞拉、哥伦比亚等国都以种植甘蔗、香蕉、咖啡、可可等为主;乌拉圭和阿根廷以发展粮食、肉类、皮毛等畜产品为主;洪都拉斯则基本上是香蕉种植国。大庄园制和单一作物制的发展,虽然表面上通过出口农产品增加了拉美国家的外贸收入,但实际上却使拉美国家的农业发展更加缓慢,以农产品出口为主导的国民经济受世界市场的影响也很大,尤其是在20世纪30年代大危机中遭到了严重打击。因此,拉美国家的现代化启动过程也充满了艰难险阻。

纵观帝国发展时期亚非拉的经济发展过程,我们看到,尽管多数国家和地区尚处于建立民族经济的萌芽状态,但少数国家已经踏上了这一步。这少数国家的工业体系并不完善,一般是轻工业比较发达,而重工业只是零散拥有。以工厂制度为本质特征的大量轻工业的建立,标志着这些国家的现代化已经开始发轫。在亚非拉国家,现代化的启动与国家政权的作用是密不可分的。例如,有的国家官僚资本在民族工业中占主导地位,有的国家国有化企业在民族工业中占统治地位。依靠国家的大力培植和扶持，为私营经济的发展提供有利条件，这是殖民地半殖民地国家开启现代化道路的共同特征，它成为发展中国家现代化的模式。亚非拉国家现代化的模式之所以如此，是因为它们是在发达资本主义国家的经济侵略和经济渗透的不利环境下成长起来的。在帝国发展时期，资本主义列强对亚非拉的政治和经济侵略愈益加强，而这一时期又恰是亚非拉国家现代化的发轫时期。以辩证的眼光来看，一方面帝国主义的经济侵略和渗透使亚非拉国家的现代化举步维艰，另一方面，亚非拉外围地区的现代化却也是在核心地区资本主义各国经济侵略的刺激下成长起来的。这两者的矛盾运动，逐步促成了世界经济体系的形成。

第一次世界大战以后，以英、美、法、日、荷等国为主的帝国主义国家，急剧扩大了在亚洲殖民地和半殖民地的投资。据统计，1938 年帝国主义国家在亚洲的投资总额超过 110 亿美元，比一战以前多 80% 以上。其中，在印度、中国、荷属东印度(印尼)的外资分别为 28 亿、26 亿、24 亿美元；在泰国、缅甸、马来亚、法属印度支那、朝鲜的投资超过 25 亿美元；在中东的土耳其、伊朗等国的外资也超过 10 亿美元。[1] 以此为基础，帝国主义加强了对亚洲的资源掠夺。以 1937 年为例，在亚洲近 20 种重要矿产的开采量中，帝国主义垄断资本所控制的比重为：英、美、法、荷四国公司共控制石油产量的 98.6% 和天然气采量的 94.8%；英、美、法三国公司共控制铁开采量的 49.1%，锰开采量的 76.2%，铜开采量的 38.1%，精炼锡产量的 39.7%，铬开采量的 36.6%。日本则疯狂抢掠朝鲜、中国台湾和大陆以及其他亚洲国家的矿产与原材料，如中国的煤、铁、锡、锑、钨等矿产和盐、皮革、猪鬃等原材料。[2] 同一时期，特别是经济大危机的 20 世纪 30 年代，帝国主义也加紧争夺亚洲商品销售市场。例如在 1936 年中国的进口中，英、美、日、德、法五国的比重依次为 15.6%、19.6%、16.6%、15.9% 和 2%。[3] 帝国主义对亚洲国家资本和商品的输出、对自然资源的掠夺以及对亚洲国家政治和经济的控制，使亚洲的殖民地化进一步加深了。另一方面，亚洲国家的经济也日益融入资本主义经济体系中。帝国主义对亚洲的投资，有

① H. G. Gelber, Nations out of Empires: European Nationalism and the Transformation of Asia, p.104.

② 同上，p.107.

③ 同上，p.113.

相当一部分用于掠夺矿产和农业产品;同时,因为工业基础薄弱,亚洲国家也以矿产品和农业产品来发展对外贸易。由此造成的结果是,亚洲农村地区的自然经济遭到破坏,同时以商品经济的形式卷入了资本主义体系。在东亚,尤其是中国,采矿业和丝绸、茶叶等农业经济被日益卷入世界市场;在东南亚,采矿业和热带经济作物种植业也服务于世界市场;在西亚,石油开采几乎是列强资本家的专权。在亚洲各国的城市地区,虽然民族工业有了程度不同的发展,但它们都或多或少地与外资联系着。即使像印度、中国、伊朗、土耳其等民族工业相对发达的国家,它们的民族工业的发展也处于列强的金融借款、铁路运输、关税制度等整体环境下。同时,亚洲民族企业也有部分商品逐渐打入了世界市场,不过其出口贸易的地位尚次于矿业和农业。据研究,1913 年亚洲发展中国家包括农业产品和工业产品在内的出口贸易仅占世界总贸易的 1.3%,而 1928 年已提高到 7.1%,1937 年则达到 9.7%。[①] 总之,在帝国发展时期,通过以上各种途径,亚洲发展中国家的经济已经基本融入了世界经济体系。

非洲大陆是距离资本主义核心区域欧洲较近、而且资源丰富的大洲,自帝国形成时期列强瓜分非洲后,这里便成为它们进行资本输出和商品输出、掠夺资源的一个重要场所。帝国主义对非洲的资本输出,据 1938 年的统计,为 40 亿美元以上;主要是英法两国的资本,也有美、意、比、葡、荷等国的资本。英国资本投放的重点国家和地区是埃及和撒哈拉以南非洲;投资的部门主要是铁路运输,占投资的 1/3,其次是采矿业等,占投资的 2/3。英国资本控制了这些国家和地区的金矿、钻石、棕榈、可可等的生产和出口。法国资本的输出主要集中在埃及和北非马格里布地区的阿尔及利亚、突尼斯、摩洛哥等国,1933 年法国在埃及的投资曾经达到埃及外资总额的 48% 而居第一位。[②] 通过资本输出,列强加紧了对非洲殖民地的掠夺。据统计,20 世纪 30 年代后期,在非洲矿产开采方面,列强资本控制的比重为:石油 100%,铁矿石 92.2%,锰 93.1%,铬 98.2%,铜矿石 73.4%,铅矿石 74.2%,锌 94.2%,精炼锡 60%;此外,南非联邦的钻石等矿产资源完全

---

① H. G. Gelber, Nations out of Empires: European Nationalism and the Transformation of Asia, p. 118.

② N. R. Bennett, Africa and Europe: from Roman Times to National Independence, New York, 1984, p. 83.

为英国资本垄断。[1] 农业的情况也与矿产的一样,资本主义国家的输出资本有相当大部分投资于农业,并且在非洲农业投资中也占绝对优势,目的是获取经济作物的利润。由于非洲绝大多数国家和地区工业落后,其矿产和农作物主要输出到各宗主国。除了为外资控制的矿产和农作物外,由民族资本投资的也基本上输往资本主义核心区域。由于矿产和农作物的生产一般都深入到非洲内陆,因而非洲绝大部分地区的经济都以矿产和农作物出口的方式融入了资本主义世界市场。此外,民族经济相对发达的国家如埃及和南非联邦等,其农村经济和城市经济都与世界市场联系着。在这些国家,民族工业的发展也始终与外资的入侵密切相关。例如在埃及,以英法两国为首的外资控制着整个国民经济命脉,甚至其政治、军事、财政、关税等也被英国殖民当局把控着;作为英国一个自治领的南非联邦,情形更是如此。在帝国发展时期,几乎整个非洲的经济都处在了资本主义体系的操控之下,同时一些国家和地区的民族经济也在这样的环境中成长起来;由此,非洲在帝国发展时期也基本融入了世界经济。

拉丁美洲各国在政治上早就取得了独立,但经济上却一直依附于核心区域各资本主义国家。进入帝国发展时期,这种依附趋势更加强化了。这一方面是由于资本主义核心区域各国在这一时期变本加厉地在世界范围内输出商品和资本、争夺原料市场,另一方面是拉美的近邻美国这个工业强国的资本在一战以后大规模地侵入了拉美经济。在帝国形成时期,英国对拉美的商品和资本输出独占鳌头;输出的商品主要是纺织、化工、金属、药品等工业产品,输出的资本主要投资于矿业、畜牧、食品和重要工业原料等生产部门。到了帝国发展时期,由于环境险恶的非洲内陆矿藏得到开发、英国从非洲进口矿产更为方便以及有一定基础的拉美资本主义民族工商业得到进一步发展等原因,英国对拉美的投资结构发生了重大变化,主要集中在了铁路、市政等公用事业和银行、保险等金融业以及对政府的贷款等方面。此时英国对拉美的投资仍在增长,如在 1913—1929 年间,英国对南美洲的投资增长了 16.9%。但是,在帝国发展时期,美国对拉美的投资规模却在急剧扩大,大有取代英国在拉美的经济地位的趋势。在一战前夕的 1913 年,美国对中美洲的投资为 10.7 亿美元,对南美洲的投资为 1.7 亿美元。但是,到 1929 年,这两项数据分别扩大到 33 亿美元和 22.9 亿美

① N. R. Bennett, Africa and Europe: from Roman Times to National Independence, p. 85.

第十五章

帝国的衰落：亚非拉民族民主运动的发展

　　帝国主义是垄断资本主义在世界规模上进行的积累过程。在帝国体系中，一方面是剥削和压迫殖民地、半殖民地的少数帝国主义国家，另一方面则是占世界人口大多数的殖民地、半殖民地，它们是帝国主义赖以生存的基础。由于发达资本主义对世界实行帝国主义的统治，便阻碍了资本主义在不发达的国家的发展。因此，帝国是一种矛盾的体制，在形成和发展的过程中，它同时也在酝酿自身的消亡。一方面，资本主义先进国家通过对落后的亚非拉地区的领土侵略和经济剥削，促进了自己的发展，造就并发展了帝国。然而另一方面，帝国把资本主义的生产方式逐渐传播到了亚非拉地区，促进了当地的生产转型和经济发展，并在那里培育了一批具有强烈民族民主意识的社会精英。在这批社会精英的领导下，亚非拉各国和各地区不同程度地开展了民族民主运动，从而使帝国日渐走向衰落，并最终崩溃。

民族民主运动：帝国形成时期

　　关于民族运动和民主运动，学术界的共识是，它们都是近代以来随着资本主义的发展而产生的新现象。民族民主运动最早发生在资本主义国家。当资本主义对外扩张时,这种运动也在殖民地半殖民地逐渐开展起来。在帝国时代,殖民地半殖民地取代资本主义国家或地区而成为民族民主运动的主要场所。就亚非拉殖民地半殖民地而言,民族运动和民主运动有特定的含义。亚非拉的民族运动也称民族主义革命,是指殖民地半殖民地人民反抗殖民侵略和殖民统治、争取民族解放和民族独立的运动或革命。亚非拉的民主运动也称民主主义革命,是指反对封建统治、争取建立资产阶级民主制度的运动或革命;它的领导阶级在早期主要是资产阶级,在后期有的国家和地区却是无产阶级。

亚洲、非洲、拉丁美洲国家和地区的民族民主运动,从性质上看,有的表现为民族运动,有的表现为民主运动,更多的国家和地区则是两者兼而有之;从时间上看,有的开启得比较早,有的开启得比较晚;从规模来看,有的广泛而深入,有的仅限于精英阶层;从结果来看,有的取得了成功,有的只是造成了一定的影响。我们这里要阐述的,是帝国时代的亚非拉民族民主运动。在帝国形成时期,这种运动已经开始摆脱过去自发和分散的特点。在帝国发展时期,这种运动已经是斗争理论与斗争实践的结合,并且各国各地区的此种运动已经在很大程度上相互呼应了。从历史主义的角度来理解,帝国发展时期亚非拉各地的民族民主运动是帝国形成时期这些地区民族民主运动发展的最终结果和最高成就。从一定意义上说,帝国形成时期的亚非拉民族民主运动侧重于理论宣传,而帝国发展时期的亚非拉民族民主运动侧重于政治实践。

印度作为英国最早的殖民地之一,它的不少知识分子曾经接受过英国的教育。西方资产阶级的教育培养了这些印度知识分子的民族民主观念。进入帝国时代,印度成长起一批民族主义知识分子,如经济学家戈文达·伦那德、达达拜·纳奥罗吉,著名新闻工作者艾耶尔·高斯,著名律师苏·班纳吉、斐·梅达等。他们或者以英国古典政治经济学为理论依据,抨击英国殖民者对印度的剥削,倡导国货运动;或者以法国启蒙思想为武器,宣传代议制度和社会民主的政治主张。[①] 通过这些知识分子的努力,成立印度民族统一组织的时机成熟了。1885 年 12 月,印度国民大会党(国大党)在孟买举行了成立大会。大会在表示效忠于英国政府的前提下,提出了民

---

① C. Bhatt, Hindu Nationalism: Origins, Ideologies, and Modern Myths, New York, 2001, p. 94.

族主权和自治的要求,同时要求改革行政和司法制度、实行保护关税。国大党的初期活动,仅限于宣传鼓动和向英国议会呈递请愿书等。但是不久,民族主义精神日益体现出来。以提拉克为首的国大党"极端派"竭力主张同英国殖民当局作一切形式的斗争——包括武装斗争,以实现印度自主,由此推动了印度民族主义运动的发展。

奥斯曼土耳其这个"近东病夫",近代以来一直为西方大国所觊觎。同时,西方思想文化也不断冲击着这个与欧洲毗连的老朽帝国。早在1839年,为了在一定程度上融入西方世界,土耳其素丹就颁布过"花厅御诏",承诺法律面前人人平等,保障人民的生命和财产安全等。这是土耳其民主运动的重要一步,它标志着土耳其立宪运动的开始。1856年,素丹颁布新的改革御诏,除重申1839年《花厅御诏》的各项原则外,还增加了宗教平等、发展科学、改革法律等内容。① 进入帝国时代,由于西方列强对土耳其的渗透不断加紧,立宪改革再次被提上日程。以凯末尔为首的一批受过欧式教育的自由主义者在1865年建立了"奥斯曼青年党人"组织之后,于19世纪70年代加紧了活动。以米德哈特为领袖的素丹政府的改革派支持奥斯曼青年党人,发动政变另立新素丹。1876年12月,素丹哈米德二世颁布了一部没有多少民主内容的宪法。宪法规定,奥斯曼土耳其帝国为君主立宪国家;国会由两院组成,上院议员由素丹委任,终身任职,下院议员由选举产生;素丹被赋予专制君主的一切权力,包括任命大臣、掌握军队、对外宣战媾和、召集和解散议会等权力;人民宗教自由、人身自由、新闻自由等。当1877年3月第一届奥斯曼国会开幕时,一些议员抨击政府腐败的发言令哈米德二世气急败坏,他解散了国会。同年12月召开的第二届国会也是同样的结局。此后30年,国会不再召开。1878年5月,由奥斯曼青年党人发动的护宪起义也遭到素丹镇压。土耳其回复到素丹长期专制统治的状态,但一场更加激烈的革命却在酝酿中。

菲律宾自16世纪中叶沦为西班牙的殖民地之后,同西方世界有了较多的接触。一批知识分子的民族意识被培养起来,如何塞·黎萨尔、洛佩斯·哈恩纳、米·摩利塔等人。1883年,摩利塔在西班牙发起成立"西班牙菲律宾协会"。协会在认可菲律宾与西班牙保持密切关系的同时,要求两国政治权利平等,并赋予菲律宾一定的民族自主权。1892年7月,黎萨

---

① M. Leifer, *Asian Nationalism*, London, 2000, p. 78.

尔在马尼拉领导建立了"菲律宾联盟"组织,该组织的宗旨是发展菲律宾民族经济,争取菲律宾民族权利。联盟的一部分成员在波尼法秀的领导下,在1896年发动了起义,并得到广泛响应,建立了一些地方政权。1898年4月,美西战争爆发,曾经参加过1896年起义而后分裂革命队伍的艾·阿奎那多趁机领导建立了革命政府,并召开议会,颁布宪法,成立菲律宾共和国。美西战争以美国的胜利告终,菲律宾新政府要求美国承认菲律宾独立,但遭到拒绝。在抗击美国侵略的过程中,菲律宾革命队伍分裂,投降派与美国订立了协议。协议规定美国国会有权改变和取消菲律宾立法会议所通过的任何法律;美国驻菲律宾总督对菲立法会议的决议拥有否决权,等等。[1] 美国由此控制了菲律宾的立法、行政、司法大权,将菲律宾变成了它的殖民地。菲律宾民族独立运动虽然受阻,但通过这场运动,民众的民族意识已经被唤醒。

中国自鸦片战争以后开始越来越广泛地与西方接触。由于长期形成的文化优越感和天朝自大思想的顽固性,直至19世纪90年代,统治阶级和有识之士的民族民主思想依然有很大的局限性。一个常被提及的用语"中体西用"大致反映了这种局限性。在当时人们的眼中,"中体西用"无非是利用西方科技发展本国经济,政治和文化则全盘保留中国体制;当时尚未形成无论经济、政治或文化方面都要采取取精去伪的辩证态度的社会共识。因此,60年代中国的民族主义表现为洋务运动,70年代的民族主义表现为民族资本主义工业的发展。1883—1885年的中法战争、1894年的中日甲午战争以及接踵而至的90年代帝国主义列强瓜分中国的狂潮,才真正唤醒了中国大批民众的民族民主意识。1898年,严复的《天演论》译本以犀利的笔调,竭力向国人推介西方的民主政治思想,并以"自由为体、民主为用"的新命题取代了过去的"中学为体、西学为用"的旧命题。与此同时,以康有为、梁启超为代表的资产阶级维新派也努力为推动中国社会的变革而奔走。康、梁分别在其代表作《大同书》《孔子改制考》中阐述了他们的君主立宪思想,并力求付诸实践。康有为曾多次向清王朝上书,要求变法维新,实行西方式政体。虽然维新变法最终未能成功,但通过这场运动,民主主义的思想在中国知识界得到了广泛传播。正是在这个基础上,中国民族民主运动才进一步发展起来。以孙中山为代表的革命派已

---

① M. Leifer, Asian Nationalism, p.122.

经不满足于君主立宪,而是要求建立资产阶级共和国。20世纪初,孙中山表达了以民族主义、民权主义和民生主义(简称"三民主义")为核心的资产阶级共和思想。民族主义企求中国的民族解放,主张各民族一律平等,反对帝国主义的殖民政策;民权主义呼求主权在民,主张建立法制国家,实行立法、司法、行政、考试、监察的五权分立;民生主义要求平均地权和节制资本。三民主义基本上是带着小资产阶级色彩的民主主义纲领,它成为辛亥革命的指导思想,推动了中国资产阶级民主革命运动的发展。

非洲在19世纪后期的民族民主运动,主要发生在北非地区。名义上属于奥斯曼土耳其帝国的埃及,自18世纪末就遭到了英法等国的侵略。19世纪中叶英法两国更是加紧了对埃及的经济渗透,尤其是在1869年苏伊士运河通航以后。1878年,英国人和法国人甚至参加了埃及内阁,此时的埃及内阁因而被称为"欧洲人内阁"。在这样的背景下,1879年,一些爱国军官和知识分子领导组建了"祖国党"。该党以民族主义的姿态出现在埃及历史舞台上,致力于建立独立自主的民族国家。在党主席阿拉比的领导下,祖国党一度掌控了政府,对殖民者在埃及的统治构成了威胁。由此,英国政府于1882年7月发动了全面侵略埃及的战争。阿拉比领导的军队败北,埃及成为英国的殖民地。以埃及为基地,英国进一步向南方的苏丹扩张。1881年,苏丹爆发了反抗英国侵略的"马赫迪起义",这场以伊斯兰教"圣战"为号令的反侵略斗争虽然失败了,但它持续时间长达20年,给英国殖民者以很大的打击。在东非的埃塞俄比亚,1894—1896年该国人民在皇帝孟尼利克二世的领导下击败了意大利侵略军。在马格里布的阿尔及利亚、突尼斯和摩洛哥三国,也发生过反抗法国侵略者的人民起义,但都以失败告终。在撒哈拉以南的非洲,许多地区也发生过反抗列强侵略的斗争。总的来看,19世纪后期,在非洲发生的主要是民族主义运动;而且就斗争水平而言,多数国家和地区的民族运动尚处于旧式的民族运动的程度。

拉丁美洲许多国家在19世纪初期的独立战争后取得了政治上的独立,但经济上却依然遭到欧美资本主义大国的剥削和控制。19世纪后期,拉美的民族民主运动在古巴和巴西两国表现得比较突出。古巴自近代以来一直是西班牙的殖民地,在拉美独立战争期间也进行过争取独立的努力。1868年,西班牙发生了推翻君主制建立共和制的民主革命,古巴人民利用这一时机发动了起义,并于次年制定了宪法,建立了共和国。但是不久,西班牙调集重兵镇压了古巴起义,古巴起义者代表与西班牙签订了《桑洪条约》。条约在政治和经济等方面并没有给古巴人民带来实质性的改善,民族独立依然是古巴人民的重要任务。1895 年 1 月,斗争烽火又起,以何塞·马蒂等人为领导的古巴革命党发动了古巴第二次独立战争。9 月,古巴革命者召开了代表会议,制定了临时宪法,并宣布古巴独立。正当古巴人民即将全面击溃西班牙殖民者的关键时刻,1898 年 4 月,美国借口其停靠在古巴哈瓦那港的"缅因号"军舰突然发生爆炸事件,向西班牙宣战。西班牙在古巴革命者和美国的双重打击下,旋即溃败。12 月,美西签订《巴黎和约》,其中规定:西班牙放弃在古巴的一切权利,古巴由美军占领。1901 年,美国把《普拉特修正案》强加给古巴人民,作为古巴宪法的附件。该修正案规定美国有权对古巴进行干涉;古巴给与美国建立煤站和海军基地的土地;未经美国同意,古巴不得与任何外国签订条约;古巴不得把领土转让给其他任何国家,等等。① 由此古巴沦为了美国的保护国,古巴的民族解放斗争仍然任重而道远。

巴西在 19 世纪后期的民主运动主要表现在废奴运动和共和国的建立。早在拉美独立战争胜利之后不久,拉美各国相继废除了奴隶制,只有巴西例外。此后巴西人民曾经进行过废除奴隶制的努力,但都因奴隶主及代表其利益的君主政府的压制而未获成功。② 因此,在当时的巴西,废除奴隶制和废除君主制紧密联系在一起。美国内战期间废除奴隶制的举措鼓舞了巴西人民,因而在 19 世纪 80 年代,废奴运动在巴西再次高涨。1888 年 5 月 3 日,在巴西人民反对奴隶制的群众游行的压力下,巴西议会通过了立即无条件废除奴隶制的法令。随即,巴西人民又进行了废除君主制的示威游行。1889 年 11 月,君主制被推翻,巴西共和国诞生。废除奴隶制和建立共和国,是巴西民主革命的重大成果,促进了巴西资本主义经济的发展。

总的来看,19 世纪后期亚非拉的民族民主运动较少取得成功,就运动的地区范围和斗争水平而言,亚洲国家走在了时代的前列。正因为如此,进入 20 世纪,在俄国 1905 年革命的影响下,亚洲再次掀起了民族民主运

---

① R. H. Swansbrough, The Embattled Colossus: Economic Nationalism and United States Investors in Latin America, University Press of Florida, 1976, p. 118.

② R. H. Swansbrough, The Embattled Colossus: Economic Nationalism and United States Investors in Latin America, p. 174.

动的高潮,列宁称之为"亚洲的觉醒"。这次运动在伊朗、土耳其、印度和中国等国家展开,可以说是 19 世纪民族民主运动的继续和推进。[1] 在伊朗,它表现为立宪革命。由于英国和俄国势力的侵入,伊朗人民对本国的君主专制政府早就心存不满,而 1905 年 12 月发生在德黑兰的地方官毒打商人和阿訇事件则点燃了伊朗人民的怒火。大规模的抗议活动迫使伊朗国王下诏召开立宪会议。在人民和专制政府的反复较量中,英俄两国进行了武装干涉。1911 年伊朗立宪革命失败,卡扎尔王朝重新统治了伊朗。土耳其的民主革命则是前一阶段斗争的延续。素丹哈米德二世在 1878 年镇压了护宪运动之后,长期实行专制统治。1894 年,土耳其各秘密组织联合成立了"青年土耳其党",其纲领是反对素丹专制统治、维护奥斯曼帝国领土完整、恢复 1876 年宪法、建立君主立宪制。通过在军队中发展组织,青年土耳其党掌握了一部分军队,并于 1908 年 7 月发动了起义。素丹被迫宣布立即恢复宪法和举行大选。12 月召开的新议会表明青年土耳其党占有议席多数,它由此掌握了实权。但 1913 年 6 月军事独裁政府取而代之,并重新实行专制统治。印度自国大党成立以来,一直举行着有组织的反英斗争;尤其是以提拉克为领袖的国大党激进派,其反英斗争多年坚持不懈。1905 年,英国驻印度总督寇松颁行了孟加拉分治法令,企图利用孟加拉省人民宗教信仰的不同(伊斯兰教和印度教)分而治之,引起了印度人民新的斗争高潮。在这种气氛下,1906 年,提拉克在国大党年会上提出自主、自产、抵制英货和民族教育的四大纲领,并获得通过。对于自主的理解,国大党激进派和温和派存在着分歧。前者主张印度摆脱英国统治完全独立,后者只要求印度在英国统治下的有限自治。在激进派的宣传鼓动下,1906—1907 年印度人民掀起了全国性的自主自产运动的高潮。斗争形势的发展引起了温和派和殖民当局的恐慌,也因而导致了国大党的分裂。1907 年 12 月,在国大党年会,激进派和温和派发生公开冲突,在殖民当局的庇护下,温和派占了上风,并宣布终止自主自产运动。1908 年夏,由于殖民当局逮捕提拉克并对他判刑 6 年,孟买 10 万余名工人宣布政治总罢工。虽然罢工只坚持了 6 天,但无产阶级开始大规模参加反英斗争表明印度的民族运动进入了新的发展阶段。

中国自戊戌变法失败以后,民族民主运动不仅没有停止,反而在进一

① M. Leifer, Asian Nationalism, p. 159.

步发展着。世纪之交的义和团运动,虽然在斗争形式上是愚昧的,但也对推动中国民族运动的发展具有重大的影响,它在抗击八国联军的斗争中有一定的贡献。但是,在20世纪初期,民主运动的强大声势已使清朝政府处于山雨欲来的窘境中。各种资产阶级革命团体如光复会、华兴会等已纷纷建立起来。1905年,更加广泛而统一的革命组织中国同盟会成立,它以孙中山的三民主义思想为指导,旨在建立民主而独立的共和国。在全国各地反帝反封建运动风起云涌的情势下,1911年10月,辛亥革命首先在武汉爆发。12月,以孙中山为临时大总统的具有资产阶级共和国性质的南京临时政府成立。1912年2月,清朝皇帝溥仪宣告退位。此后,清朝旧臣袁世凯窃取了革命果实,并一度恢复帝制,中国历史进入了北洋政府的反动统治时期。辛亥革命推翻了清朝统治,也推翻了中国几千年的封建帝制,这是中国历史的重大转折。虽然此后中国依然经历了帝制或专制与共和制的反复较量,但历史的车轮已不可逆转。在以"亚洲的觉醒"为代表的20世纪初期的亚非拉民族民主运动中,中国的辛亥革命是斗争水平最高的。

从以上叙述来看,在帝国形成时期,亚非拉各洲都发生了民族民主运动。尽管各国各地区的民族民主运动斗争形式有所差异,斗争水平也高低不齐,但从根本上说,它们都是帝国形成过程中亚非拉人民救亡图存、企求现代化的自觉不自觉的一种反应。从一定意义上说,此时的亚非拉民族民主运动只是一个开端;进入帝国的发展时期,亚非拉民族民主运动才广泛深入地开展起来。因此从发展逻辑来看,帝国发展时期亚非拉的民族民主运动是帝国形成时期此种运动的延续和推进。

民族民主运动:帝国发展时期

在帝国发展时期,由于列强的触角已经延伸到世界各地,亚非拉的民族民主运动几乎遍及各地。与列强各国联系的疏密程度不同、各地自身的历史文化传统和经济发展水平不一等方面的情况,决定了这一时期亚非拉的民族民主运动仍然具有各自的特点。亚洲和北非的许多国家自古以来经济和社会发展程度相对较高,而且是最早全面深入地遭受殖民主义领土和经济侵略的地区,因而其民族民主运动的水平不仅在帝国形成时期、而且在帝国发展时期都是最高的。撒哈拉以南的非洲国家和地区自古经济发展落后,而且大都是在帝国形成时期才遭到帝国主义列强的全面侵略,因而其民族民主运动的水平虽然也在不断提高,但仍然相对落后于亚洲、北非和拉美。拉美虽然是近代最早沦为西方国家殖民地的地区,但由于经济发展长期缓慢,它的民族民主运动的总体水平也落后于亚洲和北非。概言之,帝国发展时期亚非拉的民族民主运动在前一时期的基础上,地域范围更加扩大,运动水平更加提高。以下我们就一些具有代表性的国家的民族民主运动作一阐述。

中国自辛亥革命推翻清王朝后,出现了军阀混战的局面。另一方面,以孙中山为领导的资产阶级民主运动还在继续发展。1917 年孙中山在南方领导发起了护法运动。1919 年南北政府议和,军阀们达成了暂时的妥协。辛亥革命以来,以变革传统文化为先导的一场新的民族民主运动正在急剧酝酿中。1915 年,北京大学教授陈独秀领导倡办了《新青年》杂志,它以提倡民主和科学为己任,培养了一大批当时中国知识界的精英。同时,李大钊、蔡元培、鲁迅、胡适等人以文学革命为途径,展开了对中国传统文化和封建制度的猛烈批判。与此同时,国际形势的发展也强烈影响了中国社会。俄国十月革命的胜利极大地鼓舞了中国人民反帝反封建的斗志,而一战结束以后巴黎和会对中国的不平等对待则直接导致了一场轰轰烈烈的中国人民反帝爱国运动。《凡尔赛和约》规定战败国德国在山东强占的领土、铁路、矿山等特权都由日本继承。消息传来,1919 年 5 月 4 日,北京 13 所高校的学生举行了声势浩大的抗议示威。这场爱国运动迅速波及全国,并从学生运动发展为各行各业的群众运动。中国代表因而拒绝在《巴黎和约》上签字。五四运动是近代中国历史的重大转折,它标志着以马克思主义为指导的中国共产党领导下的新民主主义时期的开始。1921 年 7 月,在共产国际的帮助下,中国共产党成立,随即领导了全国许多城市的工人运动。不久,国共两党进行了合作,由此推动了 1926 年开始的国民革命军的北伐。但是正当革命深入发展之际,1927 年,蒋介石和汪精卫分别在上海和武汉发动了反革命政变,第一次国内革命战争失败。中国共产党决定开展独立的武装斗争。1927 年 8 月 1 日,周恩来等人领导了南昌起义,9 月 9 日,毛泽东在湘赣边界领导了秋收起义。不久,以井冈山为中心的革命根据地建立起来,全国其他地区也建立起不少革命根据地。从 1930 年到 1933 年,以赣南为核心的中央革命根据地经历了蒋介石集团发动的五次"围剿",而后开始长征,于 1935 年 10 月到达陕北。与此同时,在 1930 年代,中国日益面临着日本帝国主义的侵略,民族危机日渐加深。1931 年

"九一八"事变和 1932 年"一·二八"事变后,日本侵略者进一步觊觎华北,策动"华北自治"。在民族存亡的关头,1935 年全国爆发了抗日救亡的"一二·九"运动。此后,救亡运动更趋高涨,要求停止内战、一致抗日的呼声越来越高。蒋介石集团顽固坚持"攘外必先安内"的方针,迫使张学良和杨虎城在 1936 年 12 月 12 日发动了"西安事变",以兵谏求抗日。在中国共产党的共同参与下,事变以和平方式得到了解决,蒋介石也被迫承诺抗日。抗日民族统一战线由此初步建立。1937 年"七七事变"日军全面侵华后,中华民族经历了八年抗击日本侵略者的民族战争。

印度也在第一次世界大战和俄国十月革命的影响下掀起了新一轮民族民主运动。这场运动是以印度著名的民族主义者"圣雄"甘地所倡导的非暴力不合作方式进行的。非暴力的思想,在古代印度的某些宗教(如佛教)中已有所体现,甘地将它与近代资产阶级的人道主义政治伦理观结合起来,目的是从英国手中争取印度的自治或独立,促进印度社会的平等。看来有些迂腐的斗争方式,实际上是甘地从当时印度的社会和政治现状出发考虑问题的结果。① 甘地侨居南非时,曾经在当地的印度侨民中运用过非暴力的反抗方式。1915 年回到印度后,甘地开始进一步推行他的这种斗争方式。1919 年 2 月,英国殖民当局把《罗拉特法案》强加于印度人民,它授予英印总督以随意逮捕判决人民等特权。4 月,印度各地人民以"总罢业"进行抗议。在阿姆利则,殖民当局开枪射击集会群众,制造了流血惨案。此后甘地等人决定以非暴力不合作运动对抗英国殖民者。1920 年 8 月,甘地第一次发动了大规模的非暴力不合作运动。主要内容是抵制立法机构选举、抵制在政府机关和法院工作、提倡手工纺织以抵制英国商品等。12 月,在国大党年会上通过了以争取自治领地位为目标的不合作纲领,同时国大党决定发起不合作运动。在国大党党员的宣传鼓动下,抵制英货的热潮席卷全国。1922 年 2 月,联合省乔里乔拉村农民火烧警察局,21 名警察被烧死。这被甘地认为是破坏了非暴力原则,在他的建议下,国大党通过了停止非暴力不合作运动的决议。1930 年 3 月,在世界经济大危机的大背景下,甘地又一次发起了非暴力不合作(此时称不服从)运动,当时他带领一些非暴力反抗者步行 3 周到达海岸,自取海水制盐,以示破坏食盐专卖法。非暴力不服从运动波及印度城乡,一些地方甚至转化为武装起

---

① C. Bhatt, Hindu Nationalism: Origins, Ideologies, and Modern Myths, p. 167.

义。英印当局镇压了运动,不久甘地和国大党也宣布停止运动。此后,甘地还领导了以解救"贱民"、倡导社会平等为目的的"个人文明不服从运动"。二战期间,印度还发生过反战的"代表性非暴力运动"和争取独立的"退出印度运动"等。二战结束后两年,印度人民获得了独立。非暴力不合作运动虽然屡发屡止,但从某种意义上说,它对于印度最终取得独立功不可没。

土耳其在第一次世界大战中参加了同盟国一方作战,是一战的战败国之一。1920 年 8 月,战胜国协约国集团与土耳其素丹立宪政府签订了《色佛尔条约》,规定土耳其的欧洲领土除伊斯坦布尔及其附近地区外,东色雷斯和伊兹密尔割让给希腊;亚洲领土仅保有安纳托利亚高原地区,其他部分或者独立、或者分别由英法"委任统治";海峡地区实行国际共管;列强在土耳其恢复享有领事裁判权和财政关税监督权;军队规模得受限制。这是一个令土耳其丧失主权的条约,激起了土耳其新的民族民主运动。此前,面临民族危机,凯末尔已经领导成立了土耳其大国民议会和国民议会政府。1921—1922 年,凯末尔率军击败了希腊侵略军,迫使列强停止对土耳其的干涉。1923 年 7 月,土耳其与列强和巴尔干各国签订了《洛桑条约》,取代了《色佛尔条约》。条约规定将小亚细亚全都领土和东色雷斯归还土耳其;各国承认土耳其领土完整和国家独立;废除外国的领事裁判权和财政关税监督权;海峡国际共管和委任统治安排不变。《洛桑条约》使土耳其基本上获得了民族独立。10 月,大国民议会宣布土耳其废除素丹君主制,建立共和国,凯末尔当选为首任总统。至此,被称为"凯末尔革命"的土耳其资产阶级革命宣告完成。在此基础上,土耳其开始了世俗化、现代化的改革,史称"凯末尔改革"。改革全面涉及政治、经济、文化教育、社会习俗等。政治方面,重点是政教分离,以世俗主义的资产阶级民主主义思想主导意识形态。[1] 1924 年的土耳其宪法由于宗教势力的坚持而写入了"伊斯兰教为土耳其国教"条款,但 1928 年时机成熟时就删去了这一条款。在此过程中,土耳其法律体系也以世俗主义原则进行了重大改革。经济方面,以国家主义为指导思想,借鉴苏联的工业化经验,统一管理国民经济,重要工业部门实行国家资本主义,同时鼓励和扶持民办工业。文化教育方面,1924 年大国民议会颁布的教育法令规定,教育实行国家监督,

---

[1]　M. Leifer, Asian Nationalism, p. 177.

学校得提供非宗教的现代化教育,并传授西方的科学技术和思想文化等。为普及教育,1928 年,大国民议会公布了文字改革方案,决定用拉丁字母代替传统的阿拉伯字母。社会习俗方面,提倡科学,禁止迷信活动。1925 年政府决定废除旧历采用公历。1934 年大国民议会还通过了关于姓氏命名的决定。总之,凯末尔改革是土耳其的一场以世俗化为核心的现代化改革,它显示了凯末尔等领导人的远见和胆识;在一个具有浓厚宗教传统意识的国家里推行这样的改革并取得成功,实属罕见;它使现代土耳其走上了民族复兴的道路。

　　埃及自 1882 年以后成为英国的殖民地,但它名义上仍然是奥斯曼土耳其帝国的一个行省。第一次世界大战爆发后,1914 年 12 月,英国政府以奥斯曼帝国加入同盟国一方参战为由发表声明:"埃及今后处于英王陛下的保护之下。"由此取消了土耳其对埃及的宗主权。一战结束以后,埃及的民族民主运动再次兴起,以柴鲁尔为领导的埃及民族主义者在 1918 年 11 月组织了"华夫脱"党(阿拉伯语,代表团之意)。党纲规定该党的任务是"用和平合法的手段来实现埃及的完全独立"。这比过去埃及民族主义运动中仅仅争取自治的要求是个很大的进步。[1] 自此,埃及开始了历时近 30 年的"华夫脱运动"。1919 年 2 月,华夫脱党组织了群众集会和示威,要求终止英国的殖民保护制度和参加巴黎和会。3 月,埃及人民群情激奋,全国许多城市和乡村发生了抗议和起义,要求结束英国的殖民统治。殖民当局采用多种手段压制埃及的民族主义运动,但运动一直持续不断。在这种形势下,英国政府被迫于 1922 年 3 月宣布,埃及为独立的君主立宪国家。随后颁布的《埃及宪法》规定,埃及为君主立宪制的自由独立国家;议会为两院制;公民享有基本的人权;国王统领军队,具有有条件的立法、行政、宣战和媾和等权力;英国在埃及继续享有特权,包括驻军、顾问财政和司法,等等。1922 年《埃及宪法》尽管有许多保守内容,但它依然是华夫脱运动的一项重大成果,它使埃及成为非洲现代史上第一个民族独立国家。1924 年 1 月,在华夫脱党大选获胜后,该党领袖柴鲁尔受命组阁。柴鲁尔把处理英埃关系作为头等大事,于同年 9 月赴英谈判,要求英国放弃在埃及的诸多特权,遭到拒绝。回国后,柴鲁尔单方面宣布埃及将履行独立主权国

　　① N. R. Bennett, Africa and Europe: from Roman Times to National Independence, New York, 1984, p.102.

家的权利,反对外国干涉。英国政府迫使埃及国王下诏免去柴鲁尔的首相职务,但未得逞。11月,英国以其驻埃军总司令遇刺事件为借口出动军队占领了埃及议会和政府大厦,柴鲁尔被迫辞职。柴鲁尔于1927年逝世后,埃及的华夫脱运动并没有停止。1928年7月,由于埃及反英热潮的再次高涨,迫于英国的压力,埃及国王下诏解散议会,并宣布宪法失效三年。从此以后,在华夫脱党的领导下,埃及人民进行了长达八年的护宪运动。在此期间,华夫脱党曾经于1930年再次执政半年,并继续在坚持民族主权的前提下与英国谈判。1935年,在华夫脱党的号召下,反英斗争再起,全国性的抗议活动持续了近一个月。1936年,华夫脱党人再次组阁。在它与英国签订的英埃同盟条约中,英国的特权仍然被保留下来。1937年,华夫脱党人内阁因它提出的新宪法草案遭国王否决而下台。1938年,华夫脱党在议会选举中失利,标志着轰轰烈烈的埃及华夫脱运动结束。华夫脱运动是一场埃及人民的民族民主运动,它在柴鲁尔时代取得了重大成果,使埃及确立了君主立宪制度,并基本赢得了国家独立。此后的华夫脱运动虽然成就不显著,但它为推动后来的埃及民族民主运动的进一步发展作出了自己的贡献。

墨西哥自1867年推翻帝制建立共和国以后,长期处于军阀混战的局面。1910年,墨西哥总统大选,独裁30余年的迪亚士操纵选举并再度当选总统。当年10月,资产阶级和自由派地主代表马德罗号召全国起义,革命运动随即席卷全国。1911年5月,迪亚士被迫辞职并外逃,马德罗于10月当选总统,但他未践行此前提出的“土地归还以前主人”的诺言。1913年,韦尔塔发动政变,逮捕并杀害马德罗。韦尔塔就任临时总统后,也实行独裁统治。1914年,宪政主义者卡兰萨发起革命,推翻了韦尔塔的统治,并就任总统。卡兰萨当政期间,于1917年2月通过了新宪法。自此结束了墨西哥1910—1917年资产阶级革命。墨西哥1917年宪法以载有第27条关于土地问题和第123条关于工人权益问题等条文而被认为是资产阶级宪法中空前民主和进步的宪法。宪法第27条规定,一切土地及其资源为国家所有,有条件地供私人使用和开采;国有土地和没收的大地主土地分配给农民使用;教会不得领有和经营不动产,等等。第123条规定,每周工作6天,每个工作日为8小时;禁止使用童工,男女同工同酬,规定最低工资;工人有组织工会和罢工的权利,企业主得提供住宿,并不得随意解雇工人,等等。① 但是,宪法在实施过程中遇到了极大的障碍,尤其是天主教会的反抗。由此,墨西哥人民进行了长达20多年的护宪运动。历经卡兰萨、奥布雷贡、卡列斯统治时期,土地问题的解决实际上进展缓慢。1926 年 7 月,形势更趋严峻,天主教会因其土地遭没收而发起了暴动。暴动持续近 3 年,于 1929 年 4 月被最终镇压,但土地问题依然没有解决。1934 年,民主主义者卡德纳斯当选总统,决心按照 1917 年宪法推进改革。卡德纳斯在任 6 年,以土地改革和工商业国有化运动为核心,进行了比较全面深入的改革。土地改革方面,卡德纳斯政府没收了大量本国和外国人拥有的大地产,分配给农民;同时设立国家农贷银行帮助农民,鼓励扶植农民组织合作农场。卡德纳斯在任期间,政府共分配土地 2000 万公顷,超过了 1910 年以来历届政府分配的土地的总和。工商业国有化方面,政府将汽车公司等轻工业没收,改造成工人生产合作社或工农业合作社。1937 年,政府公布了把外国公司的铁路收归国有的法令,并付诸实施。1938 年,政府宣布把属于英、美、荷等国的 17 家石油公司收归国有。② 此外,卡德纳斯政府还进行了政治改革、教育改革、工会改革等。卡德纳斯改革是一场全面的民族民主运动,是墨西哥护宪运动的最高峰。改革基本摧毁了封建大庄园制,并使民族资本取代外国资本掌握了全国的经济命脉,为墨西哥以后的经济发展和政治稳定奠定了良好的基础。

综合以上阐述,帝国时代亚非拉各地的民族民主运动一浪高过一浪。它呈现出三个鲜明的特点。第一是同时性,即亚非拉各地虽然相隔遥远,但每一次民族民主运动的大规模发生在时间上相差不过几年,这说明各地民族民主运动的爆发都在很大程度上受到了外界的影响。第二是频发性,即进入帝国时代,亚非拉的民族民主运动频繁发生。大规模的具有世界影响的民族民主运动一般十多年就爆发一次,而影响较小的民族民主运动则可谓此伏彼起。第三是运动水平的不等性,即亚非拉的民族民主运动所要求的目标和取得的成果是参差不齐的。一般而言,自古以来经济和社会比较发达的国家和地区,也容易遭受资本主义势力的较早侵略和较深入侵略,因而其民族民主运动的水平较高,例如南亚、东亚、西亚和北非;反之则较低,例如非洲撒哈拉以南地区,拉美除个别国家外,整体运动水平也并不

---

① R. H. Swansbrough, The Embattled Colossus: Economic Nationalism and United States Investors in Latin America, p. 193.

② 同上, p. 197.

高。这三点集中说明一个问题，即帝国主义列强的侵略是亚非拉民族民主运动的主要原因。汤因比的"刺激—反应"模式在这里是基本适用的，但同时我们也应该重视亚非拉各地本身业已达到的社会经济发展水平在帝国时代民族民主运动中的重要作用。总之，亚非拉的民族民主运动，无论就运动的广度还是深度而言，本质上都是帝国时代的产物。

亚非拉民族民主运动的发展，日益动摇着帝国的基础。每一次民族民主运动都会给资本主义宗主国以一定的打击，也迫使其在某种程度上作出让步。在两次世界大战之间，资本主义国家逐渐改变了过去的对殖民地的全方位统治，而逐渐趋向于以经济纽带束缚殖民地的方式。对宗主国而言，已经觉醒的亚非拉地区，民族民主运动势不可挡，继续进行直接的统治效果适得其反，但是彻底放弃殖民地也不甘心。在宗主国与殖民地两者的较量中，后者日渐取得上风，帝国逐渐走向衰落。亚非拉人民经过长期不懈的努力，以第二次世界大战的胜利为契机，终于在 20 世纪 50、60 年代取得了民族民主运动的胜利，资本主义的帝国体系也自是彻底崩溃。

总体上来看，我们把帝国时代看做是近代以来全球化进程中一个具有自身特点的发展阶段。帝国时代的全球经济和社会发展，我们认为实质上是现代化过程，即现代化进程从相对发达国家向相对落后国家和地区扩展的过程。我们从现代化和全球化角度对帝国时代的论述，与列宁关于帝国主义的论述，在技术术语和某些观点上会有所差异。但我们认为，基于历史事实的不同范式的研究，不仅可以并行不悖，反而可以互相借鉴和促进，进而深化对同一问题的研究。在第二次世界大战之后，发达地区控制欠发达地区的帝国体系或殖民体系迅速走向崩溃，世界经济旧秩序逐步要为世界经济新秩序所取代，进而经济全球化以史无前例的速度全面发展起来。

第四篇　全球化的网络时代（1945—）

本篇作者　杨仕文

第十六章

高科技革命向全球扩散

20世纪50年代,第三次科技革命时期,自动化机器设备代替过去人力操纵的机器,生产率空前提高,石油成为主要的一次能源,核能得到和平利用,喷气客机、大型油轮、遍布各地的油气管道、高速公路、集装箱码头和现代化航空港使世界各国、各企业的交往更为便捷,运输成本大幅度下降。到了80年代中期以后,以信息技术为中心的新的科技革命兴起,计算机、个人电脑、因特网和移动电话、通信卫星迅速普及,越来越多的智力产品在全球广泛流通。如果说以前的交通和通信技术革命大大降低了有形商品和要素在世界范围内流动的成本,那么新一轮的革命则在更大程度上便利了无形商品和要素的流动。这种流动加深了各国经济的国际化,促进了世界贸易的发展,加强了各国经济的相互依赖,加速了世界经济全球化的发展。

高科技革命的产生及特征

20世纪40、50年代以来,在世界范围内,各个科技领域都出现了一系列连续不断的突破,这些突破极大地推动了当今世界的发展。什么叫高科技(High Technology,简称 Hi – tech)? 这个词源于美国,是一系列新兴尖端技术的泛称。20 世纪 70 年代以来,一批新技术的涌现使得科学与技术之间原有的界限不再明显,由于它们与科学技术融为一体,所以又被称为"高科技"。这场 20 世纪 50 年代开始孕育、70 年代加速发展的新技术革命被称为高科技革命。

说到这场革命,我们必然要说到交通技术的变革和通信技术的发展。这两个方面的发展加速了世界迅速缩小的进程。

我们先说交通。其一是喷气式飞机的使用,深刻地改变和影响着人们的生活。20 世纪 50 年代出现第一代喷气式客机、60 年代开始使用第二代中短程客机、70 年代宽机身客机问世,载客能力大大提高。到 80 年代又出现了使用电传操纵系统的空客 A320、波音 757、波音 767 等设备更先进的客机。自从飞机发明以后,飞机日益成为现代文明不可缺少的运载工具。由于发明了飞机,人类环球旅行的时间大大缩短了。葡萄牙人麦哲伦在 16 世纪完成的世界上第一次环球旅行用了 3 年时间,才穿越大西洋、太平洋,环绕地球一周。19 世纪末,一个法国人乘火车环球旅行一周,也花费了 43 天的时间。1949 年进行的一次环球旅行,一架 B - 50 型轰炸机,经过 4 次空中加油,仅仅用 94 个小时,绕地球一周,飞行 37700 公里。超音速飞机问世以后,人们飞得更高更快。1979 年,英国人普斯贝特只用 14 个小时零 6 分钟,就飞行 36900 公里,环绕地球一周。在不到一天的时间里,就可以飞到地球的各个角落。

© AIRBUS S.A.S. 2006 _ photo by e*m company / P. MASCLET

目前世界最大的客机——空中客车 A380

1958 年，只有一架商用喷气式飞机成功地飞越大西洋。此后迄今的几十年里，飞机的速度大幅提升，飞行成本急速下降，航班班次明显增多。险峻的高山、一望无际的大洋再也阻挡不了我们相互交流的进程，不同地区、不同种族、不同肤色的人们紧密地联系起来，人们播种友谊，传递信息，相互沟通、相互理解和相互促进，共同推进人类的文明。

其二是集装箱的大规模应用。集装箱运输是现代运输手段的革命。美国人马尔可姆·麦克莱恩（Malcom Maclean）是集装箱的发明者。据说麦克莱恩坐在卡车里等待卸货装船的时候突发奇想，与其费尽周折把货物从卡车上装来卸去，不如直接在船上装卸卡车车体本身。经过调整，卡车车体本身便摇身变成可供直接运输的集装箱。1956 年，集装箱革命拉开了帷幕。那一年，"理想 10 号"（Ideal X）乘载着人类历史上第一只集装箱从美国新泽西州纽瓦克港出发驶往得克萨斯州休斯敦市。这只经过改装的二战油轮装载了长达 9 米的 58 个箱子。

其后，集装箱通用标准逐步确立，集装箱革命随即如火如荼地展开，越来越多的货物开始使用集装箱进行运输。到 20 世纪 90 年代末期，大约 90% 的国际货物贸易是用专门定制的集装箱运输的。新的装配有集装箱吊车和集装箱堆放区的专业集装箱码头和集成贯穿整个运输链文件和信息流的物流标准也随之应运而生，由此建立起一整套运输体系。随着标准化理念在全球物流系统的逐渐深入，世界在悄然间被彻底改变了。无论货物的体积、形状有多么不同，最终都可以被装载进标准的集装箱里。要实现集装箱运输，堆场、码头、起吊设备、船舶、汽车乃至公路、桥梁、隧道等，都必须适应全球标准，从而形成影响国际贸易的全球物流系统。由此带来的是系统效率大幅度提升，运输费用大幅度下降，地球上任何一个地方生产的产品都可以快速而价廉地运送到有需求的地方。为此，英国《经济学家》杂志提炼出一句话："没有集装箱就没有全球化。"①

与此同时，通讯领域费用迅速下降，速度大幅度提高。这种变化则和数字集成电路（IC）的发展密切相关。数字集成电路是将元器件和连线集

① The container industry: The world in a box, The Economist, March 16, 2006

成于同一半导体芯片上而制成的数字逻辑电路或系统。① 集成电路具有体积小、耗电省、可靠性高、成本低、便于大规模生产等优点,在通信、广播电视、计算机以及其他各种电子设备中得到越来越广泛的应用,数字集成电路的诞生,引发了以信息技术为核心的新技术革命。

电路集成化的最初设想是在晶体管兴起不久的 1952 年。当时英国科学家达默(G. W. A. Dummer)设想,按照电子线路的要求,将一个线路所包含的晶体管和二极管以及其他必要的元件统统集合在一块半导体芯片上,从而构成一块具有预定功能的电路。1958 年,美国得克萨斯仪器公司按照上述设想,制成了世界上第一块集成电路。同年,美国著名的仙童电子公司开发出一整套制作微型晶体管的新工艺——平面工艺,被移用到集成电路的制作中,使集成电路很快从实验室研制试验阶段转入工业生产阶段。1959 年,得克萨斯仪器公司首先宣布建成世界上第一条集成电路生产线。1962 年,世界上出现了第一块集成电路产品。不久,世界范围内掀起集成电路的研制热潮。20 世纪 60 年代初,国际上出现的集成电路产品,每个硅片上的元件数在 100 个左右;1967 年已达到 1000 个晶体管,这标志着大规模集成阶段的开端;到 1976 年,发展到一个芯片上可集成 1 万多个晶体管;进入 80 年代以来,一块硅片上有几万个晶体管的大规模集成电路已经很普遍了,并且正在向超大规模集成电路方向发展。1999 年英特尔推出的奔腾三代芯片,内核只有邮票般大小,却容纳了 800 多万个晶体管。2001 年,奔腾四代芯片上市,内核集成的晶体管却高达数千万个。最新研究显示,芯片集成度每 18 个月左右增加一倍的摩尔定律已被突破,提高到每 12 个月增加一倍。人们普遍认为集成电路等微电子技术正在孕育新的突破,微电子技术即将进入"后光刻时代"。如用纳米电子学的方法代替光刻工艺,将使集成电路的集成度等指标在现有的基础上提高上万倍,引起微电子领域的一次新的革命。

1971 年世界第一台基于大规模集成电路作芯片的微型计算机在美国制成;1976 年美国又推出世界上第一台个人电脑——"苹果电脑";1998 年美国开发出每秒运算能力 3.9 万亿次的超级计算机——"太平洋蓝"。在

---

① 按芯片上所含逻辑门电路或晶体管的个数来划分,一般人们将单块芯片上包含 100 个元件或 10 个逻辑门以下的集成电路称为小规模集成电路;而将元件数在 100 个以上、1000 个以下,或逻辑门在 10 个以上、100 个以下的称为中规模集成电路;门数有 100~100000 个元件的称大规模集成电路(LSI),门数超过 5000 个,或元件数高于 10 万个的则称超大规模集成电路(VLSI)。

信息技术方面,1973 年世界上第一个光纤通信实验系统建成,标志着光纤通讯进入实际应用阶段;1989 年 INTERNET 正式命名,共有 30 万台电脑联网;1990 年美国研制出世界上第一台光子信息处理机;1994 年全球兴起信息高速公路建设热潮;1996 年美国政府宣布投资 1 亿美元建设第二代计算机互联网,使信息网络技术更加成熟。计算机市场开始发展壮大,实现了从办公室到普通家庭的跨越。

我们还要注意纳米技术的发展。纳米科学探究的是,当材料尺寸减小到纳米量级后,所展示出的一些新奇的物理效应。而这些物理效应在其他尺度上可能是没有的。在材料方面,纳米技术可能使材料性质发生根本变化,如硬的变软,导电的变成不导电,无磁性变成有磁性等等。在微电子学与器件方面,纳米技术可以制造更节能、更便宜的微处理器,使计算机效率提高百万倍,也可以制造海量存储器以及集传感、数据处理、通讯为一体的智能器件。在环境与能源方面,纳米技术可用作高灵敏的环境监测传感器,可有效处理核废料。在生物和农业方面,纳米技术可制造新的化学药品,可对动物和植物基因改良,可利用纳米阵列测试 DNA,了解生物基因和基因表达。发现、研究、掌握、利用这些效应,可能会在信息、生物、能源领域带来深刻的技术革命。

除了这些以外,还有一些发明和创新也极大地推动了全球化的进展。在空间技术方面,1957 年世界上第一颗人造地球卫星上天;1981 年美国第一架航天飞机飞行成功。一系列高新科技成就纷至沓来,其发展速度令人目不暇接。自 20 世纪 90 年代以来,信息技术、生物技术、能源技术、纳米技术等孕育新的突破。[①]

这场科技革命实质上是一场新的技术革命。一般认为,高科技是一种知识与技术密集性高、技术难度大、智力要求高、竞争性和渗透性强、投资多、风险大、对人类社会的发展进步具有重大影响的前沿科学技术。从世界各国高科技的发展来看,高科技不是一个单项技术,而是科学、技术、工程最前沿的新技术群。高科技的"高",是相对于常规技术和传统技术说的,因此它并不是一个一成不变的概念,而是带有一种历史的、发展的、动态的性质。今天的高科技,将成为明天的常规科技和传统科技。由于高科技与高技术产业联结在一起,因此它是科学、技术、生产一体化的生产体

---

① 这几个方面的总结见王恩哥:"世界科技发展新趋势",文汇报,June 22,2003。

系,并且受到市场的大力推动。

从历史的角度来说,这场科技革命是20世纪上半叶自然科学革命发展的产物,同时又是生产的技术方式在机械化、电气化、自动化基础上的进一步信息化,并正在向更高的层次——智能化迈进。所以,这次革命具有前所未有的特点。

从技术自身的特点看,以点带面,点面结合。只要有一个点上技术突破,就能够引发"簇"的突破。目前,这样的"簇"有许多,如生物技术、纳米技术、光电子技术等,这些技术增长的爆炸点呈"簇状"分布,这个技术群形成"高科技体系"。而新材料技术、新能源技术和信息技术分别对应着人类文明的三大支柱——物质、能量和信息,是整个高技术群的基础;空间技术、海洋技术和生物技术代表了人类向宇宙空间、海洋和复杂系统三个方向的发展;新制造(加工)技术和激光技术则是一种可以在各项技术和实践活动中应用的技术手段。因此,高科技应理解为当代科学、技术和工程最前沿的新技术群。

从科学和技术的关系看,愈来愈呈现出科学与技术一体化发展的特征。由于科学和技术相互渗透和融合,出现科学技术化和技术科学化的现象。科学技术化主要是指科学越来越离不开技术的支撑,并且向技术转化的速度愈来愈快。技术科学化是指20世纪中叶以来出现的高技术都以最深厚的现代科学理论为基础,具有极高的科学含量或知识含量。二者关系越来越密切,以致界限越来越模糊。例如,计算机和通讯技术相互融汇在一起,两者的结合为信息时代奠定技术基础。

这次科技革命还有一个极其重要的特点,具有强烈的产业化特征,直接表现为生产的介入。一方面,科学发展不断催生新技术,新技术不断转化为生产,促进生产工艺的革新和发展;另一方面,社会生产的发展为技术的进步提出更新更高的要求,并对科学理论提出新的研究课题,促进科学技术的繁荣。由于有科学理论的指导,由于有生产的介入,高科技向着产业化方向发展。很多重大技术创新项目的组织实施,从设计到任务完成都以提升企业创新能力以及国际市场竞争力为主线。这样,就形成"科学—技术—生产"相辅相成的发展模式。这一点比较明显地体现在世界著名创新中心的产生上,因为技术发展与突破本身仍然集中在一定的地域。

世界公认的技术领先的地区

美　国	欧　洲	亚　洲
南加利福尼亚(含硅谷)	伦敦,M4 走廊	东　京
马萨诸塞州,波士顿	慕尼黑	汉城—仁川
得克萨斯州,奥斯汀	斯图加特	台北—新竹
华盛顿州,西雅图	巴黎南区	
科罗拉多州,波尔多市	格勒诺布尔(法国)	
北卡罗莱纳州 杜兰、罗利	蒙比利埃(法国)	新加坡
	尼斯—索非亚·昂蒂波利大学	
	米兰	

资料来源:[英]彼得·迪肯:《全球性转变——重塑 21 世纪的全球经济地图》,商务印书馆,2007 年 6 月,第 100 页。

强烈的产业化特征决定了高科技的集群发展特点。美国是世界上的创新大国,创新中心数量多,涉及领域广。"硅谷"以半导体工业集群而闻名天下,是世界上最大的信息产业集群。印度的班加罗尔现已成为世界上一个最重要的计算机软件生产、加工和出口基地。英国的苏格兰科技区集聚了大量电子生产企业和相关的科研开发和销售公司,该地区是英国乃至欧洲重要的电子工业生产基地,其集成电路产品占英国的 79%,占欧洲的21%。中国台湾的新竹科技工业园区、法国的安蒂波利斯、芬兰的赫尔辛基、以色列的特拉维夫等地的高新技术产业,都具有产业集群特征。从目前情况来看,以 ICT 为核心的信息技术产业已经发展成为新的主导产业群,以信息和生物技术产业为核心的新一代主导产业群正在形成。

信息产业成为支柱产业

20 世纪 70 年代后期以来兴起了以微电子技术和生物工程技术为标志,以信息技术为中心的高科技革命,信息技术成为当代世界科技革命浪潮的主流。信息技术本身虽然并非新事物,但有关信息传递的通信技术和有关信息处理的计算机技术紧密结合,使当代信息技术具有特殊的作用和含义。

什么是信息? 所谓信息(Information),是指人类能够从数据中抽取出来的知识片段,信息是多种多样的。信息和物质、能源是人类生存和社会发展的三大基本资源之一。信息具有客观内容,可以转化为二进位数字,以电子作为载体,可以实现光速运动。"比特没有颜色、尺寸或重量,能以光速传播。"以二进位制将信息数字化,化为"0"和"1"两个数码,称为"比特(bit)",正好与电路的"开"和"关"一致,因此比特和电子运动相一致。电子的运动就是信息的传输。以光速运动的数字化信息,既不是物质又不是能量,而是独立分为一类,作为以光速运动的某种"内容",可以超越空间的限制,并产生超越时空限制的产业——信息产业,在本质上必然是全球化产业,可以超越国界限制、语言限制、速度限制。

計算机芯片的革命:以英特尔公司为例

微型处理器	问世时间	晶体管
4004	1971	2300
8008	1972	3500
8080	1974	6000
8088	1978	29000
英特尔 286	1982	134000
英特尔 386	1985	275000
英特尔 486	1989	1200000
奔腾处理器	1993	3100000
奔腾 2 处理器	1997	7500000
奔腾 3 处理器	1999	9500000
奔腾 4 处理器	2000	42000000
以太处理器	2001	55000000
以太 2 处理器	2003	220000000
以太 2 处理器(9 兆缓存)	2004	592000000

资料来源:A chronological list of Intel products,http://download. intel. com。

半导体,也就是芯片,是实现计算能力的基础结构。其基本材料是硅,这种化学元素在地球上的蕴藏量相当丰富。1967 年,芯片被装入普通计算器当中;1978 年,一种能说会写的玩具中也有了芯片;1983 年,芯片出现在烤面包机里;1988 年,无线电话也有了芯片。芯片越来越先进,运算速度越来越快,价格大幅下降,应用越来越广泛,其影响力也从计算机和高科技领域逐步渗透到人们生活和工作的方方面面。计算机成为几乎所有行业提升效率的主要动力。

根据国际标准化组织(International Standardization Organization,ISO)和国际电工委员会(International Electrotechnical Commission,IEC)的定义,信息技术(Information Technology)是"针对信息的采集、描述、处理、保护、传

输、交流、表示、管理、组织、储存和补救而采用的系统和工具的规范、设计及其开发"。信息技术的大规模应用推动了专门从事信息技术和信息资源开发利用的产业的发展,就形成所谓的信息产业,包括信息处理设备制造产业、信息流通服务产业、信息利用产业等领域。对于信息产业的分析,我们分成三个层面。第一个层面,我们看企业的发展。第二个层面,我们看其对经济的影响。第三个层面,我们看政府对信息产业发展的支持。

美国是信息产业的先驱,更是为这个行业贡献最大的国家之一。电脑、互联网、硅谷、纳斯达克、微软、英特尔……美国为全球信息产业贡献了一个又一个的先进发明,创造了一个接一个的商业神话。这些信息产业的突破与美国所创造的特殊环境有关。

随着 20 世纪 60 年代中期以来微电子技术高速发展而逐步形成的硅谷,是美国重要的电子工业基地,也是世界最为知名的电子工业集中地。依托周边具有雄厚科研力量的一流大学斯坦福、加州大学伯克利分校等世界知名大学,以高技术的中小公司群为基础,并拥有思科、英特尔、惠普、朗讯、苹果等大公司,融科学、技术、生产为一体。目前在硅谷附近聚集大大小小电子工业公司达 10000 家以上,所产半导体集成电路和电子计算机约占全美 1/3 和 1/6。

美国硅谷的盛况

资料来源:http://blog.pracucci.com/.../2008/02/siliconvalley.jpg

美国科技创新的发展，与风险投资的发展密不可分。美国国会于1958年通过了《小企业投资公司法》，授权联邦政府设立小企业管理局，经小企业管理局审查和核准许可的小企业投资公司（SBIC），可以享受税收优惠和政府优惠贷款。但SBIC只能为小型的职工人数不超过500人的独立企业提供资本，在投资的企业规模、投资行业、投资时间以及对所投企业拥有的控制权等方面要受到一定的限制，如它们不能永久地控制任何小企业，也不能与其他的小企业投资公司联合起来控制一家企业。美国许多著名高科技企业如微软、英特尔、苹果、数字设备、雅虎、亚马逊等公司发展的初期都有着风险资本的扶持，风险投资为这些企业的超常规发展提供了巨大的推动力。

1971年，作为全美也是世界最大的股票电子交易市场——纳斯达克开始运行，这是一个完全采用电子交易、为新兴产业提供竞争舞台、自我监管、面向全球的股票市场。它是世界上主要的股票市场中成长速度最快的市场。每天在美国市场上换手的股票中有超过半数的交易在纳斯达克上进行的，将近有5400家公司的证券在这个市场上挂牌。这个市场为各种高科技投资提供了退出机制，极大地促进了科技创新的发展。

美国高科技板块——纳斯达克

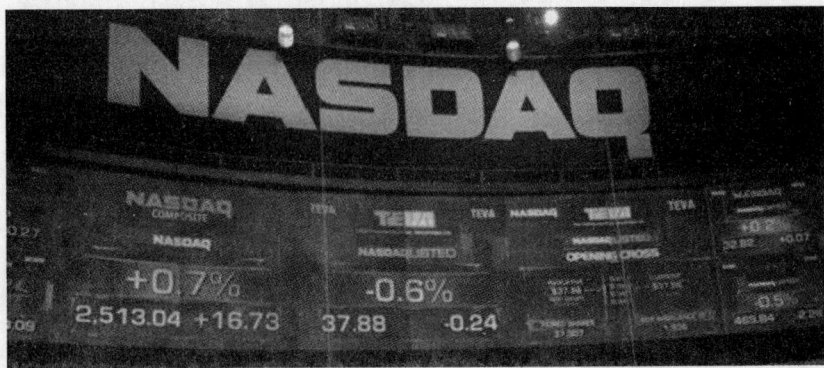

图片来源：http://cache.daylife.com/imageserve/021b4oa38bgNA/610x.jpg

为了长期维持优势，美国企业将信息产业的外部产品放到世界各地进行生产，英特尔的本土部分控制核心部件（中央处理器），微软控制软件，利用英特尔和微软控制的技术平台，周期性提升电脑性能和硬件需求，进而与因特网等最新的信息技术结合，左右和控制全球信息产业的发展进程，形成"温特尔平台"：微软的视窗操作系统和英特尔的芯片结合，形成事实上的全球垄断,因为微软占领90%以上的软件市场,英特尔占领80%的芯片市场。

温特尔模式是信息时代的企业生产模式。视窗与英特尔结合带动产品档次提升,造成整个产业的所有企业和供应商,服务商等相关部门的技术大幅度提升,核心企业只要控制技术标准,就可以控制整个市场的利润流向。温特尔模式意味着几家控制关键技术的公司可以形成一个实质的卡特尔,垄断整个市场。拥有技术和产品标准的公司,可以利用垄断优势,不断推出新产品。

以计算机和因特网为主导的信息通讯技术是一种真正的转化型技术。它不仅能够快速自我创新,而且具有强烈的扩张性。作为新的技术基础,信息通讯技术可以武装其他技术,如生物技术、纳米技术、航空航天技术等。同时,信息通讯产业具有一条很长的产业链,在这条产业链上,相关产品的生产可以分解为很多组独立的新行业,包括硬件业、软件/服务业、通讯设备业、通讯服务业、互联网业等,每组新行业中包括更多的部门,这些部门可以同社会生产的各行业和各阶段相结合,使信息通讯技术对社会经济活动形成极强的渗透性。

这种转化就是高科技产业化,就是指在高新技术的基础上形成新产业的过程。高新技术产业化发展包括两个方面:一是,高新技术产业本身的兴起;二是,以高新技术产业对传统产业的改造。目前,世界发达国家集中发展微电子、生物技术、新材料、电信、航空、机器人和机床、电脑及软件等高新技术,在此基础上形成一大批成为国民经济增长主要动力的高新技术产业,并推动自身的产业结构向高技术化发展。由于高技术产业的形成和发展需要传统产业为其提供材料、工艺、基础器件和设备等生产要素的支撑,高技术产业反过来对传统产业产生极强的改造作用,即通过高技术产业的杠杆作用,提高传统产业的效率和技术水平,使传统产业焕发新的生机。

无论是美国硅谷、瑞典"无线谷",还是日本筑波、英国剑桥、中国中关村、印度班加罗尔;无论是集成电路、个人计算机、无线互联网,还是宽带,新技术正迅速改变着信息产业的结构与商业应用。今天,不仅所有行业都离不开信息技术,而且计算机与通信产业自身面临着变革和重组,范围更大、内容更丰富的信息技术应用市场正在创新中孕育与形成。高新技术特别是信息技术的开发与应用,提供了经济全球化的技术手段,造就了全新的、强大的生产力基础。

从政府这个层面来看,各国积极支持信息产业的发展。美国是世界上信息产业最发达的国家,1990年美国对以信息技术为主的高新技术产业的投资超过了对其他产业的投资,标志着它率先迈进知识经济时代。为了保住领先地位,美国在1999年初出台新的信息技术发展计划——《21世纪的信息技术:对美国未来的一项大胆投资》①。这个计划支持美国在信息技术基础领域进行长期性、前瞻性和较高风险性的研究项目,目标是使美国在新世纪继续称雄于信息技术领域,重点是加强对计算机科学、信息技术、通讯技术中的基础性研究,包括软件、人机界面与信息管理、可扩展信息基础设施和高级计算机等四个方面,同时提高高等院校及民用机构的信息基础设施的整体水平。该计划将由美国国防部、能源部、航空航天局、卫生部、海洋与天气局和国家科学基金会共同承担。

1993年,欧盟在《经济增长、竞争和就业白皮书》中提出建设欧洲信息高速公路协议,拟定欧洲信息网基础设施建设的具体计划。北欧诸国以信息产业为突破口,实现了20世纪90年代经济的持续增长,芬兰的诺基亚和瑞典的爱立信在全球移动电话领域分别占第一和第三位。

新兴国家和地区信息产业的发展也引人注目。我国台湾地区的笔记本电脑、监视器、台式电脑、主机板等14项电脑产品产值均占世界第一,与信息技术相关的产业成为台湾地区第一大出口产业,约占制成品出口的50%。韩国制定《2000年信息化推进计划》,明确提出跻身全球十大信息产业国的目标,为此采取了一系列措施加快信息产业的发展。

继信息产业崛起后,美国又未雨绸缪地加快实施生物技术和纳米技术的产业化战略。2000年5月22日,斯坦·戴维斯和克里斯托弗·迈耶(Stan Davis and Christopher Meyer)发表《下一种技术经济》,文章宣称,以1953年弗朗西斯·克里克和詹姆斯·沃森(Francis Crick 和 James Watson)发现DNA双螺旋结构为标志,一个与农业经济、工业经济、信息经济相对应的经济形态——生物经济初露端倪,是以生命科学与生物技术研究开发与应用为基础的、建立在生物技术产品和产业之上的经济。② 在生物学领域,DNA结构的发现是本世纪最重要的自然科学成就之一,其意义不

---

① Information Technology for the 21st Century: A Bold Investment in America's Future, http://www.nitrd.gov.

② Stan Davis and Christopher Meyer, What Will Replace the Tech Economy, Time, May 22, 2000.

亚于19世纪达尔文《物种起源》所带来的影响。

后来,美国又将纳米技术的研发工作提上日程,制订《国家纳米技术促进计划:走向下一个工业革命》的发展战略,并将其列入2001年财政预算的最优先领域。这个计划的实施将帮助美国开发出具有广泛商业潜力的技术,如纳米电子、纳米结构的材料、以纳米尺度为基础的制造业工艺等。这表明,美国决心在新世纪继续保持其高新技术的制高点,永葆技术和经济优势。英、法、德、韩、日等国家把生物经济提到国家战略的高度,提出"生物产业立国"口号,并纷纷成立"国家生物技术委员会"。

今天,人类基因组、超导技术、纳米材料等本属于基础研究的成果,有的早在研究阶段就申请了专利,很多科学研究的成果迅速转化为产品,走进人们的生活。世界的竞争已前移到原始创新阶段,原始创新能力、关键技术创新和系统集成能力已经成为国家间科技竞争的核心,成为决定国际产业分工地位和全球经济格局的基础条件。

高科技革命的全球化

随着全球化的进展,全球化对科技发展的影响凸现,科技活动已不局限于一国之内,科技人才与资源、研究对象、研究成果、影响和作用无不带上国际性的色彩,这就形成了科技全球化。

首先是科技活动内容的全球化。人类遗传基因问题、全球气候变暖问题以及全球重大传染病防治问题等问题成为世界性难题,单靠一个国家或者一个组织的力量难以解决。同时在一个越来越走向全球化的时代,没有任何一项科学技术能够长期保持在某一个国家手中,也没有一个国家可以不依靠与其他国家的科学技术交流而长期保持其科学先进水平。即使在科技领先的美国,本国科学技术供应也只能占到其全部科学技术需求量的1/4,其余3/4则要通过与其他国家的科学技术交流而获取。

其次是科技活动主体的全球化。过去科研活动人员和机构大都局限于某一个国家、地区或研究机构、公司。现在这些主体为了共同的利益结成联盟,对某一方面的科技研究与开发集中攻关。比如,美国和苏联的空间合作,欧洲的尤里卡计划,一些大公司之间结成国际战略联盟,都体现了当前国际竞争条件下的科技全球化的要求。

再其次是科技活动的影响全球化。要解决世界性课题,需要各国科学家与工程师在全球层面上展开对话,进行讨论。由此带来的影响体现在以下三个方面:第一,不同国家的科技工作者会进行科学研究方面的合作,科学活动的学术规范与行为标准也会渐趋一致;第二,科学技术活动全球管理,为开放式的研究开发制定规则,为科技成果的持有者提供知识产权保护;第三,研究开发成果全球共享,确保科技研究成果的应用是全球性的。这三个方面相辅相成,互相促进,共同构成了科技全球化浪潮的主旋律。

今天科技扩散与影响比以往任何时候都快,每一项重大科技成果一出现,马上就能在全世界感觉到。比如,美国英特尔公司刚推出一种新芯片产品,在世界各地几乎都可以买到,其他老型号芯片的价格在全球范围内应声而落。科学技术在全球范围内迅速传播造成当代世界范围内的科技全球化的形成。

虽然科技全球化深受经济全球化的影响,但是科学技术作为经济全球化的核心推动力,又同时深深地影响经济全球化的发展方向。二战以后以电子技术的突破和电脑的发明为标志的第三次技术革命导致了信息化代替工业化的产业趋势发展,从而使人类社会进入信息化社会。正是由于科技革新带来的产业革命,将世界经济与经济全球化推向了一个新的阶段。

在信息化条件下,产品生产也发生了变化。原有的生产链条与生产过程被打破,并被细化为各个环节:生产之前,需要进行科学研究,设计;正式投入生产,还需要预测规划,筹措资金;而在生产之后,借由消费者信息反馈而产生信息交流又将生产环节加以延伸。在这里每一个环节都可以独立存在,都可以创造部分价值。分解之后,再对生产流程进行优化整合,把每个环节都放在最有利的地点进行,这样整个生产就可以在全球范围内布局,从而形成跨国产业链。

我们还要看到,一个方面,在传统工业领域中"多余"的环节和环节之间的"连接",就成为服务业发展的领域,从而促进服务经济的发展。另一方面,研究开发与生产制造分离,特别是广泛应用计算机辅助,打破了生产在空间和时间上的约束。不仅发达国家参与产业链运作,很多发展中国家也能够参与进来。这样就需要在全球环境下进行国际分工与合作,使得国际分工与合作扩大化和深化。

全球化的发展使科学技术转化为商品的时间大大缩短。据统计,18世纪,科技发展转化为应用技术,再转化为商品的时间大约需要100年,蒸汽机从发明到应用经过了80年。19世纪这一过程缩短为50年,电动机从发明到应用用了61年。第二次世界大战期间缩短为20~30年,收音机花了30多年实现应用,飞机花了20年实现应用。第二次世界大战后下降为7年。1990年以来,这一过程进一步缩短为2~5年就实现应用。20世纪60年代的晶体管经历了3年,70年代的微电子技术只有1.5年就实现应用,到20世纪90年代微型计算机领域每半年就有一代新产品问世。同时产业化周期也大大缩短。据测算,1885—1919年间,一种发明从其发现到在工业上实现应用的"成熟期"平均是30年,1920—1944年间,缩短到24年,1945—1964年间则缩短为14年。

1960—2000年通信和计算机成本大幅下降

年代	纽约—伦敦3分钟电话费 (2000年美元)	计算机及外设价格对GDP 的指数(2000年 GDP = 1000)
1960	60.42	1869004
1970	41.61	199983
1980	6.32	27938
1990	4.37	7275
2000	0.40	1000

资料来源:Paul Masson, Globalization: Facts and Figures, http://yaleglobal. yale. edu/about/pdfs/globalization_facts. pdf,p6.

新技术革命的应用大大降低了生产中的物耗和能耗,推动社会生产力发生巨变,极大地拓宽生产领域与对象。同时推动生产方式发生根本变革,机械化、自动化生产方式使人从笨重的体力劳动中解放出来,而信息化的生产方式不光取代一部分脑力劳动,更重要的是原先封闭的生产方式转变为全球化的、开放的生产方式,使得全球的每一个生产资源都可以被带动、被优化、被组合,而信息化、网络化推动着全球生产格局的形成,尤其是生物技术方面的进展,又不断创造出清洁、文明、无污染的生产过程,不仅使工厂变得更干净,而且使得生产过程当中消耗的能量跟物耗下降到最低,产品对环境也更加友好。所以这些趋势正推动着人类经济活动逐步向循环经济方向发展,向绿色经济方向发展。

科技革命推动全球经济社会的发展。它不断增加市场交换的内涵和规模,加快资本、人才、商品和信息流通的速度,改变了传统的交易和结算方式,为市场的监管和调控提供了崭新的手段,同时使各种要素在全球范围内得以优化配置。

因此,科学技术发展既受到全球化的驱动,又是全球化的关键推动器。

如果说以前的交通和通讯技术革命大大降低了有形商品和要素在世界范围内流动的成本,那么新一轮技术革命则在更大程度上便利了无形商品和要素的流动,这对于以知识和信息为基础的全球经济来说,其重要性是不言而喻的。近年来互联网的飞速发展,世界正变成一个名副其实的"地球村"。可见,以信息技术为中心的当代科技革命是20世纪80年代末以来经济全球化的主要推动力之一,也是其物质技术基础。

作为一个微观工程学,纳米技术就是要对原子和量子进行加工,并且将其组装成具有特定功能的一种结构,控制小到肉眼看不到的一种材料,从而为向微观世界跃进作准备。纳米技术的应用领域十分广泛。纳米技术如纳米加工与纳米制造以及在纳米尺度上对物质进行操纵及仿真的技术,都有助于当前的实验室科学成果在广泛的产业领域中推广应用,包括电信、计算机、电子、医疗保健及国家安全等领域。有人预言,纳米技术所引起的世界性技术革命和产业革命,将会比历史上任何一次技术革命对社会经济、政治、国防等领域所产生的冲击更为巨大。

未来的竞争绝不仅仅是最终产品的竞争,而是研究开发实力的竞争,是研究开发方向与速度的竞争。各国之间经济技术竞争从产品竞争前移到研发能力乃至方向选择。相关资料显示,发达国家以其占世界70%的研究开发投入远远走在发展中国家的前边。有资料表明,仅美国就占了世界科学活动总量的32%左右,欧盟占23%左右,日本接近13%,而其他国家合计所占份额接近30%。①

在经济全球化的影响下,科学技术本身进行着全球化的发展,科学技术对于经济全球化趋势下的贸易全球化、生产全球化、金融全球化、消费全球化的趋势都起着举足轻重的作用。

---

① Global R&D Report 2007:Globalization Alters Traditional R&D Rules, September 2006, www.rdmag.com

第十七章

全球互联网开启新时代

互联网是冷战和信息技术革命的共同产物,它作为这个时期全球化最重要的物质技术手段,诞生于冷战正酣的20世纪60年代末,此后从军用通信网络一步步嬗变为大众化的全球通信网络。20世纪90年代以后,因特网迅速覆盖全球。互联网被普遍运用到人类生产和生活的各个层面后,全球化进入了一个崭新阶段。互联网时代的全球化是一个被计算机网络和在网络中高速流动、四通八达且如同巨浪般涌来的信息所缠绕着的全球化,此时全球化力度——无论其深度、广度和速度都是以往任何一个时期所无法比拟的。

互联网的产生和拓展

随着信息技术的发展,实现在全球范围内进行互动交流的革命性技术出现了。这个新生的电子空间的骨架就是互联网。它诞生于20世纪70年代早期,最初连接尽可能更多的专业计算机,逐渐发展成为复杂的多层结构——通过一系列骨干网络连接众多的区域性和地方性网络。

1946年2月15日,世界上第一台电子数字式计算机ENIAC在美国宾夕法尼亚大学研制成功。这是一个重达30吨的庞然大物,每秒钟可进行

5000 次加法运算。虽然它还比不上今天最普通的一台微型计算机,但在当时它已是运算速度的绝对冠军,并且其运算的精确度和准确度也是史无前例的。ENIAC 的诞生奠定了电子计算机的发展基础,标志着电子计算机时代的到来,也为网络时代的到来奠定了基础。

计算机的特性比较

项　目	电子数位计算器	英特尔酷睿芯片
面世时间	1946	2006
计算能力	5000 次	216 亿次
耗电量	170000 瓦	最大 31 瓦
尺　寸	640 平方米	90.3 平方毫米
关键部件	17840 真空管	1.5 亿晶体管
价格	487000 美元	637 美元

资料来源:Thomas M. Lenard, Daniel B. Britton, The Digital Economy, Fact Book, EIGHTH EDITION, 2006, p3。

　　而网络发展可以追溯到 20 世纪 50 年代,当时人们尝试把分别独立发展的通信技术和计算机技术联系起来,在技术上为今后的计算机网络的出现做好准备。这个时期,计算机技术正处于第一代电子管计算机向第二代晶体管计算机过渡期。第一代计算机使用真空电子管和磁鼓储存数据,操作指令是为特定任务而编制的,每种机器有各自不同的机器语言,功能受到限制,速度也慢。第二代计算机用晶体管代替电子管,现代计算机的一些部件打印机、磁带、磁盘、内存、操作系统等让计算机有了越来越强大的功能,存储介质的变化和方便的程序使得计算机有很好的适应性,可以更有效地用于商业用途。在这一时期出现了更高级的 COBOL(Common Business – Oriented Language) 和 FORTRAN(Formula Translator) 等语言,以单词、语句和数学公式代替二进制机器码,使计算机编程更容易。

　　20 世纪 60 年代,网络进入第二个发展阶段。此时正值美苏冷战时期,为预防军事指挥中心遭到苏联的打击导致军事指挥系统出现瘫痪,美国开始设计一个由许多指挥点组成的分散指挥系统,并把几个分散的指挥点通过某种通讯网连接起来成为一个整体,以保证一个指挥点被摧毁后,不至于出现全面瘫痪的现象。1969 年,美国国防部高级研究计划管理局(简称 ARPA)把 4 台军事及研究用电脑主机连接起来,组成奥普网络(AR-PANET)。奥普网络的诞生是计算机网络发展的里程碑,是 Internet 出现的基础。

随着网络的出现,一种新的通信技术——分组交换技术诞生。早在1961年,麻省理工学院列奥纳德·克兰洛克(Leonard Kleinrock)教授在其发表的一篇论文中提出了包交换思想,并在理论上证明了包交换技术(packet switching)相对于电路交换技术在网络信息交换方面更具可行性。不久,包交换技术就获得了大多数研究人员的认同,奥普网络采用的就是这种信息交换技术。包交换思想的确立在国际互联网的发展史上是第一个具有里程碑意义的事件,因为包交换技术使得网络上的信息传输不仅在技术上更为便捷,而且还在经济上更为可行。这种技术将传输的数据加以分割,并在每段前面加上一个标有接受信息的地址标志,从而实现信息传递。分组交换技术也是20世纪60年代网络发展的重要标志之一。此时,奥普网络技术还不具备大规模推广的条件。

20世纪70年代中期,网络发展进入了第三个阶段。随着计算机技术的快速发展,个人电脑的出现促进了网络技术的发展。各种局域、广域网发展迅速,计算机生产厂商开始开发自己的计算机网络系统。1974年,ARPA的鲍勃·凯恩(Bob Kahn)和斯坦福大学的温登·泽夫(Vint Cerf)合作,提出开放式网络架构的TCP/IP协议。后来信息传输协议(TCP/IP)的制定成为国际互联网发展中的第二个里程碑。

网络在类型上有多种,诸如卫星传输网络、地面无线电传输网络等等。信息的传输在同样类型的网络内部不存在任何问题,而要在不同类型的网络之间进行信息传输却会在技术上存在很大困难。TCP/IP协议是网络中使用的基本的通信协议,包括上百个各种功能的协议,如远程登录、文件传输和电子邮件等,是保证数据完整传输的两个基本的重要协议。在TCP/IP中,网络是一个高度抽象的概念,即任何一个能传输数据分组的通信系统都可以被视为网络。只要采用包交换技术,任何类型的数据传输网络都可相互对接。由于兼容性是技术上一个重要的特征,因而标准的制定对于国际互联网的顺利发展具有重要的意义。同时,TCP/IP标准中的开放性理念也是网络能够发展成为如今的"网中网"——Internet一个决定性因素。作为20世纪70年代中期美国国防部为其奥普网络广域网开发的网络体系结构和协议标准,以它为基础组建的Internet是目前国际上规模最大的计算机网络,正因为Internet的广泛使用,使得TCP/IP成为国际互联网事实上的标准。

80年代是网络发展中非常重要的十年。1983年出现了可用于异构网络的 TCP/IP 协议,得到广泛认可,并逐步流行开来。也就在这时,真正意义上的 Internet 诞生了。

1985 年,美国科学家基金会(NSF)组建 NSFNet,美国的许多大学、政府资助的研究机构甚至一些私营的研究机构纷纷把自己的局域网并入 NSFNet 中,用高速通信线路把分布在各地的一些超级计算机连接起来,以 NFSNET 接替奥普网络,使其迅速扩大;进而又经过十几年的发展形成 Internet。1986 年,NSFNet 网络奠定了其成为今后 Internet 主干网的地位的基础,当时其速度是 56Kbps。

1988 年 9 月,国家科学基金网(NSFNET)正式投入运行。他们把支持 TCP/IP 的 NFSnet 网叫做 Internet 网,即当今世界最大的计算机互联网。到 1989 年,Internet 的速度已经提升为 1.54Mbps,也出现了最早的 Internet 服务提供商(ISP)。

早期在网络上传输数据信息或者查询资料需要在电脑上进行许多复杂的指令操作,这些操作只有那些对电脑非常了解的技术人员才能熟练运用。特别是当时软件技术不发达,软件操作界面过于单调,电脑对于多数人只是一种高深莫测的神秘之物,因而当时"上网"只是局限在高级技术研究人员这一狭小的范围之内。

1989 年,被称为国际互联网之父的伯纳斯·李提出了利用 Hypertext (超文本)重新构造信息系统的设想,并设计出供多人在网络中同时管理信息的超文本文件系统。1990 年,他开发出了世界上第一个网络服务器和第一个客户端浏览编辑程序 World Wide Web。系统采用一种超文本格式把分布在网上的文件链接在一起,使得网络上任何地方、任何类型的计算机,都能查看同样的文档。这构成互联网发展的第三个里程碑。不久,网景公司推出 Netscape Navigator 浏览器,微软公司也在其后发布 Internet Explorer。浏览器软件使得 Internet 不再只是传送信息的平台,而进化成为呈现信息的窗口。简单的 html 工具、生动的浏览器、丰富的内容使 Internet 迅速地成为人们日常生活中不可或缺的一部分。

1993 年,位于美国伊利诺伊大学的国家超级应用软件研究中心(NCSA)设计出了一个采用 WWW 技术的应用软件 Mosaic,这是国际互联网史上第一个网页浏览器软件。该软件除了具有方便人们在网上查询资料的功能,还有一个重要功能,即支持呈现图像,从而使得网页的浏览更具直观性和人性化。随着技术的发展,网页的浏览还具有支持动态的图像传输、声音传输等多媒体功能,这就为网络电话、网络电视、网络会议等提供一种新型、便捷、费用低廉的通讯传输基础工具创造了有利条件,从而适应未来商务活动的发展。

这种浏览器独创了超链接(hyperlink)规则,这种互联网独一无二的特性,引发了互联网的革命,使互联网以更加惊人的速度发展,互联网应用开始真正走入平民化时代。统计数字显示,到 2000 年,也就是世界上第一个浏览器发明 7 年之后,美国有 95% 的公立学校都可以上网,年收入超过 5000 美元的家庭中,接入互联网的比例高达 15%。

由于是政府出资,NSFnet 因而只对大专院校及公共研究机构免费开放,而且限制在该主干网传输与商业活动有关的数据信息。然而许多大企业都对网络潜藏的巨大商机表现出极大的关注,一些企业开始自主兴建主干网络。到 1992 年,由于网络技术已日趋成熟,NSF 为了推进国际互联网的商业化进程,宣布 1995 年正式终止运行 NSFnet,并开始积极鼓励和资助各类商业实体建立主干网。从此,国际互联网在基础设施领域的商业化进程进入了快速发展时期。

1987 年,互联网上的商用服务开始出现,当时只能提供简单的电子邮件、电子新闻服务。到 1990 年代,越来越多的商业性机构的加入,成为 Internet 发展的一剂催化剂,使得 Internet 的商业化进程迅速加快,商业化也使得互联网更快地走向易用型、应用型。服务器的增多,连入网络的计算机数目增多以及主干网速度的提升,都为商业的发展提供了广阔的空间,同时商业的发展也极大地促进了网络的发展。

如今随着网络技术的成熟,高速局域网技术迅速发展,传输速率为 10Mbps 的 Ethernet 得到广泛应用,IP 电话服务,更高性能的 Internet 发展,使得网络全面渗入到商业、金融、政府、医疗、科研、教育等各个社会部门,成为人们生活中不可缺失的重要组成部分。

国际互联网主机大幅增长

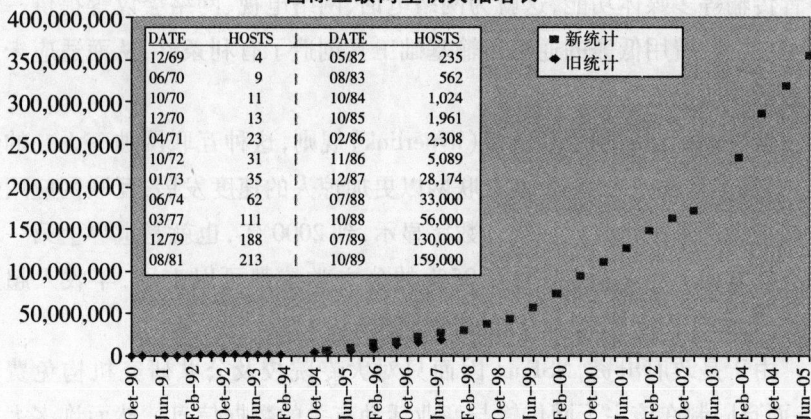

DATE	HOSTS	DATE	HOSTS
12/69	4	05/82	235
06/70	9	08/83	562
10/70	11	10/84	1,024
12/70	13	10/85	1,961
04/71	23	02/86	2,308
10/72	31	11/86	5,089
01/73	35	12/87	28,174
06/74	62	07/88	33,000
03/77	111	10/88	56,000
12/79	188	07/89	130,000
08/81	213	10/89	159,000

资料来源:http://www.zakon.org/robert/Internet/timeline/#Sources

国际互联网地址快速增长

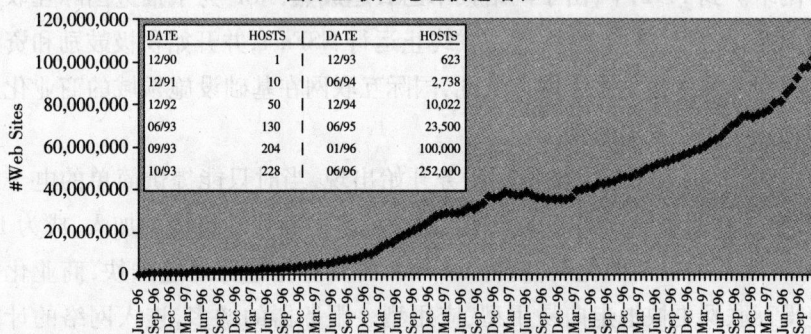

DATE	HOSTS	DATE	HOSTS
12/90	1	12/93	623
12/91	10	06/94	2,738
12/92	50	12/94	10,022
06/93	130	06/95	23,500
09/93	204	01/96	100,000
10/93	228	06/96	252,000

资料来源:http://www.zakon.org/robert/Internet/timeline/#Sources

　　1993 年,美国白宫上网;1994 年,重要的网站数目超过 300 万,著名的滚石乐团首开风气地在网络上开演唱会;1995 年,被视为最保守的梵蒂冈教廷上网。到 1999 年,互联网基本上将整个世界联在一起。

国际互联网的拓展历程

时间	数量	加入国家和地区
1988	6	加拿大、丹麦、法国、冰岛、挪威、瑞典
1989	10	澳大利亚、德国、以色列、意大利、日本、墨西哥、荷兰、新西兰、波多黎各、英国
1990	12	阿根廷、奥地利、印度、比利时、巴西、智利、希腊、爱尔兰、韩国、西班牙、瑞士、捷克斯洛伐克
1991	9	克罗地亚、中国香港、匈牙利、波兰、中国台湾地区、葡萄牙、新加坡、南非、突尼斯

时间	数量	加入国家和地区
1992	11	拉脱维亚、喀麦隆、厄瓜多尔、爱沙尼亚、斯洛文尼亚、南极洲、科威特、卢森堡、马来西亚、泰国、委内瑞拉
1993	17	保加利亚、哥斯达黎加、埃及、斐济、关岛、秘鲁、罗马尼亚、加纳、印度尼西亚、卡扎克斯坦、美属维京岛、肯尼亚、俄罗斯联邦、土耳其、乌克兰、阿联酋、列支敦士登
1994	22	阿尔及利亚、百慕大、布基纳法索、哥伦比亚、黎巴嫩、立陶宛、澳门、新喀里多尼亚、尼加拉瓜、尼日尔、塞内加尔、斯里兰卡、摩洛哥、巴拿马、中国大陆、斯瓦士兰、乌拉圭、亚美尼亚、乌兹别克斯坦、约旦、菲律宾、牙买加
1995	22	摩纳哥、蒙古国、库克群岛、埃塞俄比亚、梵蒂冈、马达加斯加、基里巴斯、吉尔吉斯斯坦、科特迪瓦、毛里求斯、西萨摩亚、开曼群岛、安圭拉岛、直布罗陀、密克罗尼西亚、尼日利亚、尼泊尔、圣马力诺、坦桑尼亚、汤加、乌干达、乌努阿图
1996	28	老挝、中非共和国、阿曼、诺福克岛、贝宁、格陵兰岛、马恩岛、厄立特里亚、法属波利尼西亚、阿鲁巴岛、柬埔寨、也门、安道尔、瓜达卢佩、图瓦卢、卢旺达、卡塔尔、佛得角、波斯尼亚－黑塞哥维纳、北马里亚纳群岛、泽西岛、马尔代夫、马绍尔群岛、多哥、扎伊尔、布隆迪、毛里塔尼亚、法属圭亚那、
1997	45	冈比亚、几内亚比绍、刚果（布）圣诞岛、利比亚、马拉维、伊拉克、蒙特塞拉特岛、皮特克恩岛、法属留尼汪岛、塞舌尔、缅甸、海地、特克斯和凯科斯群岛、科哥斯岛、土库曼斯坦、纽埃岛、索马里、阿富汗、美属萨摩亚、英属维京岛、苏丹、刚果（金）、塔吉克斯坦、英属印度洋领地、斯瓦尔巴特和扬马延岛、塞拉利昂、东帝汶、南乔治亚/桑威齐群岛、圣皮埃尔和密克隆、帕劳、马提尼克岛、托克劳群岛、阿森松岛、圣多美和普林西比、马约特岛、乍得共和国、赤道新几内亚、布维岛、福克兰群岛、法属南部领地、圣赫勒拿、不丹、瓦利斯和富图纳群岛、美国本土外小岛屿、赫德岛和麦克唐纳群岛
1998	2	瑙鲁、科摩罗
1999	2	孟加拉国、巴勒斯坦

资料来源:http://www.zakon.org/robert/Internet/timeline/#Sources

　　互联网的发展使社会资源发生了转移,并对社会的经济、文化及至人们的日常生活方面都产生了深刻的影响。此前的技术革命都作用于生产效率的提高,此次技术革命却超越了单纯的改善生产效率的层面,使信息的流通突破了传统的时空限制——任何人在任何场合任何时候都可以获取任何所需信息,任何人在任何地方都可以和任何人沟通。这给人类的社会产业、日常生活带来了巨大的影响,将彻底地改变人类社会生活的各个层面。

　　现在,科学家们提出"云计算"。"云"就是计算机群,每一群包括几十万台,甚至上百万台计算机。由于其中的计算机可以随时更新,"云"可以长生不老。云计算(Cloud Computing)是分布式处理(Distributed Computing)、并行处理(Parallel Computing)和网格计算(Grid Computing)的发展。其基本原理是,通过将成百上千台计算机连接在一起,搭建起一个存储、运算中心——"云",信息处理分布在大量计算机,而非本地计算机或远程服务器中,使得用户能够将资源切换到需要的应用上,根据需求访问计算机和存储系统。用户通过一根网线借助浏览器就可以很方便地访问,把"云"作为资料存储以及应用服务的中心。在"云计算"时代,"云"会替我们做存储和计算的工作。在未来,我们只需要一台笔记本或者一部手机,就可以通过网络服务来实现我们需要的一切,甚至包括超级计算这样的任务。

网络化的经济分析

IT产业的基本原料是信息。IT产业就是围绕信息资源的获取、加工、存贮、传输和运用而展开的新兴产业,它涵盖了计算机软硬件业、通信业和互联网服务业等众多部门。从产业的角度看,IT产业主要包括IT制造业和IT服务业。IT制造业的核心是计算机硬件和通讯设备的制造。IT服务业的核心是计算机软件设计、有线、无线通讯服务和互联网业务。

在信息社会中,信息是一种充分的经济资源,以爆炸方式增长,稀缺的只是人们的注意力,注意力也成为一种商品。而网络则把信息和注意力二者串在一起,信息、网络和注意力成为网络世界生产的商品。这种经济形态是一种新形态的经济。由于这种经济包括建立在由现代通讯网络、电子计算机网络所形成的信息网络基础之上的一切经济活动,即基于互联网基础上发生的经济行为以及网络的上游、下游活动,有人把这种经济称为网络经济。Internet带来的不仅是一场信息革命,更重要的是它将引起人类经济活动方式的深刻变革。

这种经济形态,最初只有接入以及基于接入的简单内容服务,如今,从网络、接入、托管、数据中心等最底层的基础服务,到即时通信、邮件服务、网络电话、短信息、VPN,再到互动传媒、在线娱乐、在线教育、虚拟社区、电子商务等应用服务,整个互联网衍生出大大小小的业务种类和市场。

网络化的经济是一种物理上虚拟的经济形态,主要表现在时间上是虚拟的,是全天候运行的,很少受到时间因素的制约;在物质上是虚拟的,即在互联网上的经济活动实际上只是一套符号体系,它是经济社会实物经济在互联网上的再现,必须与实体经济相对应;同时也是全球化的经济,它是建立在综合性全球信息网络的基础之上的,突破了时间和空间的限制,使整个经济活动成为全球化的活动。

在人类社会中,一切有价值的东西以两种形态存在。一种是物质的形式,一种是信息的方式。前者如土地、汽车等,在法律上为有体物;后者如书籍、音像磁带所载的内容,在法律上称为无形物。因此,信息产品可以分为两类:一类是以物理载体形式存在的信息产品;一类是以数字形式存在的信息产品。在交付上,前者通过载体的交付转移信息;后者通过数字传输方式转移信息。信息产品本质上依附于各种载体存在的信息。它可以独立存在或表现自己。可以是一本书,也可以是计算机磁盘中的一个文件;它能够满足当事人的需求,具有商业价值,可以交易。因此,信息产品是指能够独立存在或表现自己并可以交易的信息。其特点是不可破坏、易篡改、易复制,可重复使用。

在网络时代,信息与知识进行交换与传统的商品交换具有截然不同的含义。传统上,我卖一个产品给你,你付出金钱,获得新的价值,而我放弃产品而获得货币。在网络时代,交换以后,我和你分享知识,而我还继续拥有这些知识,与我共享知识的人们的反馈还可以增加知识的价值。网络经济的主导产业是信息技术、信息服务和电子商务。信息技术产业包括计算机硬件、软件和信息媒介等;信息服务产业包括新闻、咨询、通讯等;电子商务则是凭借上述两种产业,在互联网上进行的一切商务活动,包括网上购物、网上银行、网上拍卖等。

作为一种信息化了的经济形态,网络经济具有全新的经济交往手段。其表现之一,各国对信息产业的投资剧增,信息产业的比重在国民经济中持续上升。以美国为例,第一次信息技术领域投资大增长从 1985 年的 4.9% 到 1990 年的 6.3%,其标志是个人电脑普遍进入家庭和办公室,微软、英特尔、苹果、康柏等一大批 IT 新军崭露头角;第二次大增长从 1993 年的 6.4% 到 1999 年的 8.3%,其标志是始于 20 世纪 90 年代初的互联网大爆炸。美国在线(AOL)、思科(Cisco)、网景(Netscape)、亚马逊(Amazon)、电子港湾(E - Bay)等一大批网络企业问世,开创了全新的商业模式,作为朝阳产业的互联网经济成为美国增长最迅猛的一个行业。

经济信息化的表现之二,经济活动的主体对信息技术的依赖性越来越强,信息化的公司形态成为信息经济的组织载体。企业信息化的重要表现是,企业将互联网技术运用于企业内部和外部的信息资源的整合,建立企业内部的 Intranet(内部网),减少内部管理和市场交易的中间环节,降低经营成本。企业自建的内部网又通过网关与互联网相连,形成一个四通八达、反应灵敏的网络神经系统。借助网络平台,企业在信息交换方面的能力得到极大提高,B2B(企业对企业)和 B2C(企业对个人用户的个性化定制)的交易模式被大量采用,这种交易做到了真正跨越时空。信息化后的企业组织开始走向网络化、虚拟化、扁平化,此时企业的全球化水平就更高了——企业获得了在全球范围配置资源的超强能力。

由于信息产品具有完全不同于传统工业产品的特性,因此,以提供信息产品为盈利手段的信息经济具有比较突出的虚拟经济的特点。在网络时代,有四大定律在起作用。

第一定律是摩尔定律(Moore's Law)。1965 年,芯片制造厂商 Intel 公司的创始人之一——戈登·摩尔(Gordon Moore)发现了一个惊人的趋势:在既定价格水平条件下,微处理器(CPU)的运算能力每隔约 18 个月可增加一倍。如果这个趋势继续的话,计算能力相对于时间周期呈指数式的上升。这就是现在所谓的 Moore 定律,所阐述的趋势一直延续至今,且仍不同寻常地准确。人们还发现这不光适用于对存储器芯片的描述,也精确地说明了处理机能力和磁盘驱动器存储容量的发展。由于高纯硅的独特性,集成度越高,晶体管的价格越便宜,这样也就引出了摩尔定律的经济学效益。在 20 世纪 60 年代初,一个晶体管要 10 美元左右,但随着晶体管越来越小,一直小到一根头发丝上可以放 1000 个晶体管时,每个晶体管的价格只有千分之一美分。据有关统计,按运算 10 万次乘法的价格算,IBM704 电脑为 1 美元,IBM709 降到 20 美分,而 60 年代中期 IBM 耗资 50 亿研制的 IBM360 系统电脑已变为 3.5 美分。

与摩尔定律相关的是贝尔定律(Bell's Law)。如果保持计算能力不变,微处理器的价格和体积每 18 个月减小一倍,这就意味着同等价位的微处理器的速度会越变越快,而同等速度的微处理器则会越来越便宜,在一定的范围内依然有效且有用。计算机速度更快了,价格更便宜了,体积也更小了。从 IT 行业的发展情况来看,这两大定律互相补充,与实际情况非常吻合。但是到了后 PC 时代,电脑技术的运用在 IT 行业的地位开始逐渐被网络技术的运用所替代,这主要是因为国际互联网的发展速度已经超出大多数人的想象。

在网络时代,计算将无所不在,而且成本越来越便宜。同样有效的还有吉尔德定律(Gilder's Law)和麦特卡夫定律(Metcalfe's Law)。被称为"数字时代三大思想家"之一的乔治·吉尔德(George Gilder)曾预测,未来25年里,主干网的带宽将每6个月增加一倍,这个增长速度超过摩尔定律预测的 CPU 增长速度的3倍。

Ethernet 的发明人鲍勃·麦特卡夫(Bob Metcalfe)说,如果将多台电脑联成一个网络,这个网络价值同网络用户数量的平方成正比,即任何网络的效用都等于其用户数量的平方。据此,互联网的成长速度将空前快捷。

根据麦特卡夫定律,任何一个网络体系,开放程度越高,其扩展程度越快。目前的互联网可以连接任何一台计算机,理所当然地成为最主要的用于数据通信的物理网络。一个庞大的网络,就像滚雪球一样,越滚越大,将对用户产生强大的吸引力。一旦达到临界容量,就会产生质变和飞跃。随着网络技术的发展,能够与国际互联网连接的通讯工具越来越多,个人电脑的各种信息传递、信息处理等功能将逐渐被分离、独立出来,以适应未来人们对上网日益增多的需求,这充分证明了网络经济的潜在价值。

本来,网络的发展主要是为了满足人们信息交流的需求,而现在通过网络进行商务活动则是国际互联网今后发展的主要推进器。可以肯定的是,国际互联网仍将以一种不可预见的飞快速度向前发展,同时,如何发展网络经济也将成为每个国家不可回避的重要问题。

互联网的未来将有3个平台:一个是通讯平台,一个是内容平台,一个是交易平台。网络经济代表未来经济发展的趋势,为现实经济增长构筑起一个全新的技术平台,提供一种将信息资源转化为经济收益的高效工具,营造一种全球化的经营环境。人们通过由计算机网络连成一体的全球化市场,可以实施真正的全球化经营战略,优化全球范围的资源配置,提高整个人类社会的经济资源利用效率,促进整个世界经济的增长。它所营造的是一种崭新的社会经济形态,为全体社会成员提高社会发展能力和经济创造力提供一个平台,使所有产业都构建在一个新的起点上,让企业有可能实现财富迅速积聚和跳跃式发展。

目前,计算机网络已从最初的终端联机模式、多用户系统、个人网络,发展到局域网络、广域网络和国际互联网,网络拓扑结构越来越庞大,联入网络的用户越来越多,网络协议和网络通信也越来越复杂。其应用也越来越重要。

互联网极大地提高了生产力。因为互联网是一种强有力的全新信息传输方式,可以实现更快捷、更廉价、更灵活的信息传输。这种特性使公司减少了用于查找和购买所需供应物(包括劳动力)的交易成本;使公司提高了生产和交付商品与服务的效率;使公司既降低了与客户开展业务的费用,又提高了效率。B2C(企业对个人)和B2B(企业对企业)的交易量正变得日益重要,但公司通过互联网得到的收益以及由此产生的经济整体收益,在更大程度上取决于公司使用互联网来重组其交易方式的程度。互联网实现了无纸办公,同时允许公司使用比以前更少的人员提供更多的产品和业务。

互联网引发了组织变革。大小新型组织的网络化需求,使得个人及电脑网络出现爆炸性扩散。由于对电脑的弹性、互动式操作的大量需求,使软件变成电脑产业中最重要的部分,而信息生产活动也很可能会塑造未来的生产与管理过程。另一方面,由于能够获得这些技术,网络化才成为组织弹性与企业表现的关键。① 可以说,网络化已经重构了我们社会,目前还在重构。

由铁轨和高速公路构成的网络,是一个国家的交通和经济命脉;由某些程序运行的计算机构成的网络,可以产生强大的内聚引力。网络的连接点越多,其内聚引力就越强,最终将突破经济和技术的各种限制,达到在任何地方都可以安全接入的理想境界。目前,网络是以互联网的形式存在的,互联网囊括了各种网络标准,并能够确保各种共享软件。现在,网络不仅可以传输数据,还可以传输音频、视频,以后可能还能够实现味道和气味的交换。信息是信息技术革命的基础物质,互联网提供运输功能的网络。在互联网上,信息以极高的速度沿着几乎是无限丰富的可选择路径奔跑。此时,空间的距离已经被最大限度地缩小了,各种各样的边界和疆域几乎不存在了。

信息化时代的全球化,与工业时代的全球化具有本质的区别。工业时代的全球化,是一种高成本的社会化;而信息时代的全球化,建立在低成本

---

① [美]曼纽尔·卡斯特:《网络社会的崛起》,社会科学文献出版社,2001年6月,第212—213页。

社会化的基础之上。经济全球化背景下的市场与传统的市场相比有了新的内涵,它不再局限于某一国家或者某一地区,其经济行为呈现国际化的特征。经济作为社会发展的最基本方面,相应地推动了其他领域的国际化进程。

目前正在开展的其他网络信息服务涉及整个人类活动,诸如电子购物、储蓄、证券交易、竞选民意测验和投票、家庭娱乐、公司电视网络、电视会议、医生电子出诊、心理治疗、电子出版,甚至通过计算机会议系统举行宗教仪式等,可以说,网络变得无处不在。

目前,我们正在进入一个网络技术发展的新纪元,网络技术正呈现出四方面的变化趋势:(1)从静态网到动态网;(2)从被动方式到主动方式;(3)从呈现信息和浏览的窗口到智能生成的平台;(4)从 HTML 到 XML。互动性和可编程性成为崭新的动态网的主要特征。

技术的创新和发展将使网络应用者改变先前以不变应万变、被动地处理信息的状态,并以更加灵活主动的姿态去面对眼前的虚拟世界;整合了服务器、路由器、转换器的软件服务的价值将在网络用户端实现最大化,软件将会成为网络发展和应用的最重要的动力。相关硬件的性能将越来越高,无论是企业或是个人都将得益于无限的计算和充裕的带宽,并由此促使网络的价值急剧膨胀;包括 CPU、内存、图形卡、带宽等在内的硬件能力空前扩展,将直接冲击软件产业的既有发展模式;汇聚了网络通信、计算机和娱乐等三个传统行业优势的新技术具有极其广阔的应用前景;新一代用户界面(UI)技术与智能人工(Intelligent Agent)技术将让文化心理迥异、文化程度不同的普通人切实感受到生活质量的飞速提升,网络化、人性化、个性化的软件将使技术不再成为人们沟通的障碍。

互联网带来的影响刚刚开始。因为互联网不仅实现了更快的信息传输速度,而且其传输方式能使信息得到更有效的利用,从而极大地提高企业的生产和业务能力。互联网为当代企业降低成本、改善业务和扩展市场提供了一项最重要的技术,能够卓有成效地让使用互联网的公司在市场竞争中处于领先地位,并在一段时间内获得更高的利润。随着更多的企业应用互联网来降低成本,互联网将推动整个经济的自然增长,从而提高国民的生活水准。

作为一种物理上虚拟的经济形态,网络经济主要表现在时间上是虚拟的、全天候运行的,很少受时间因素的制约;作为全球化的经济,网络经济建立在综合性全球信息网络的基础之上,突破时间和空间的限制,使经济活动成为全球化的活动;在物质上是虚拟的,即在互联网上的经济活动实际上只是一套符号体系,它是实体经济在互联网上的再现,必须与实际经济相对应。

网络社会的到来

说到网络社会,就一定要说到 BBS、"赛伯空间"和"虚拟社区"。这三个看似无关的东西却有着密切的联系。

1978 年,沃德·克里斯腾森(Ward Christensen)写下第一个电子公告板系统软件(Computerized Bulletin Board System)。他的朋友兰迪·苏斯(Randy Suess)借助于当时刚上市的调制解调器(Modem)将电脑通过电话线连接在一起,实现了世界上第一个 BBS。① 这个用于两个人交流的软件成为 BBS 的雏形。

就在 1984 年,美国科幻作家威廉·吉布森在他的小说里杜撰了一个奇怪的术语"赛伯空间"(Cyberspace)。他告诉人们,电脑的屏幕之中有着另外一个真实的空间,虽然人们看不到这一空间,但确实存在,它是一个真实的活动领域。在其中,不仅包含人们的思想,也包括人类制造的各种系统,比如人工智能和虚拟的现实系统等等。这就是说,进入知识经济时代,我们每个人都生活在两个"宇宙"之中。一个是原子构成的物质世界,另一个则是数字化数据结构的虚拟世界。

虚拟的社会是由虚拟的社区构成的。"虚拟社区"是从英文"Virtual Community"翻译而来的。最早关于"虚拟社区"的定义是由霍华德·瑞格尔德(Howard Rheingold)作出的。他将其定义为"一群主要借由计算机网络彼此沟通的人们,他们彼此有某种程度的认识、分享某种程度的知识和信息、在很大程度上如同对待朋友般彼此关怀,从而所形成的团体"②。与现实社区相比,从中文的角度理解,"虚拟社区"似乎是非实在的、类似于乌托邦的"理想国"。所以人们很容易得出,"虚拟社区"是人们在网络上构造的虚幻世界的结论。然而,虚拟社区并不虚假,网络是真实的,网上社

---

① The Origin of Computer Bulletin Boards, http://www.freewarehof.org/ward.html
② Howard Rheingold, The Virtual Community, http://www.rheingold.com/vc/book/

区也是真实的:人们可以在此获取信息、广泛交流、甚至购物、交易、娱乐等等。目前,全世界都用"Virtual Reality"来描述网络给我们营造的新空间,即"虚拟现实"。

要实现虚拟社区,技术方面需要电子公告系统的建立。近年来在互联网技术的飞速发展之下,BBS 在功能得到不断扩展,并迅速成为全世界计算机用户的交流信息的园地——虚拟社区。虚拟社区就是网络为人类提供一个崭新空间与交往环境,即人类的"另类空间"①。BBS、"赛伯空间"和"虚拟社区"的出现与网络与生俱在的四个特性有关。网络的开放性、平等性、虚拟性和全球性这四大特性,几乎是任何外在因素难以改变的。

先说开放性。计算机要能够上网,必须通过一个认证,就是 TCP/IP 协议。这个协议指传输控制协议/网际协议,是供已连接因特网的计算机进行通信的通信协议,它定义了计算机等电子设备如何接入因特网以及数据如何在它们之间传输的标准。TCP/IP 协议之所以征服整个网络世界,一个重要原因在于它们是开放的、透明的和灵活的。TCP/IP 协议只有一个功能——那就是把信息包从一个地方传输到另一个地方,并尽可能地直接、高效。一般而言,对于每一位上网者来说,开放性包括几个方面的内容:自由访问内容,消费者可以自由访问所选合法内容;自由访问应用,消费者可以自由使用所选应用;自由连接个人设备,消费者可以把自己所择的任何(终端)设备,从家庭中连接到网络上去;自由获取服务规划信息,消费者能够自由获取他们所使用服务的规划的、有价值的信息。这种开放性又基于其虚拟性。互联网从美国军方的战略设计走向全民化的科技产物,来自于其本身营造了一个几乎无限大的虚拟世界。人们踏入这个虚拟世界的门槛是如此之低,以至于一台电脑、一个调制解调器就足以完成。今天,全球使用网络者以十亿计算,网络冲破了时间与空间的地理障碍,成为人们无须面对面就可坦诚交流的工具。

在网上,你可以起一个或长或短、或中或洋的网名,但你的身份只有一个,那就是"网民";你的档案只有一组符号而已。网络信息的即时传输功能,让每一个上网的人都可以即时参与互动和交流。可以说,网络几乎创造了有史以来最平等的对话空间。

————————————

① http://en. wikipedia. org/wiki/Virtual_world

虚拟性可能是网络与其他媒体最大的区别,因为网络的虚拟性给人们带来另外一个世界,人在物理现实中的真实身份和相关的社会信息都被掩盖,人们只需要通过文字、图片等就可以进行交流。赛伯空间的本质又是现实的,人们可以共享海量信息和资源。我们以电子邮件的方式给别人发信息,在网络聊天室与别人聊天,不仅可以语音聊天,还可以进行视频聊天;在网上与别人下棋,尽管看不见对手,但感到对手就在身旁;参加一些在线电信会议,我们几乎能够同时"看"到其他与会者的表现。但是,我们在哪儿?与我们交流的人又在哪儿?我们以某种方式与他人进行沟通,但从身到心都相互分离,这就获得了既虚又实的两重性,这就是通常所谓的"赛伯空间"。赛伯空间意味着有无数的聚合与分离,在线与离线,创建与删除等等情况发生。看起来,赛伯空间是没有边界的,在网上冲浪过程中遭遇未知事物的可能性永远存在,这是一个永恒的互动过程。

虚拟社区至少具有四个特性:一是虚拟社区通过以计算机、移动电话等高科技通讯技术为媒介的沟通得以存在,从而排除了现实社区;二是虚拟社区的互动具有群聚性,从而排除了两两互动的网络服务;三是社区成员身份固定,从而排除了由不固定的人群组成的网络公共聊天室;四是社区成员进入虚拟社区后,必须能感受到其他成员的存在。从社会学的角度看,是指由网民在电子网络空间进行频繁的社会互动形成的具有文化认同的共同体及其活动场所。"虚拟"一词的英文"Virtual",其本意一点也不"虚",正好相反,它是"实质上的、实际上的、事实上的"。可谓虚拟不再虚无,社区不再有形。

BBS、"赛伯空间"和"虚拟社区"这三者可以说为实现"无所不在"奠定条件。1991 年 9 月,美国施乐公司 PARC 研究中心(Palo Alto Research Center)首席科学家马克·威赛(Mark Weiser)发表论文"21 世纪的计算机",第一次提出 Ubiquitous①Computing("无所不在的运算")的概念。他说:"无所不在的计算,就是到处都有计算机存在的意思,不像现在计算机有具体表现。正如以前的马达已经从我们眼前消失一样,计算机以后也会完全消失,但还是相互联络,更加全面地服务人类。人类不会意识到这一点,系统也不会强制人类的行为,这一新世界的主导还是人类。"②

---

① "ubiquitous"来自拉丁文,意为"无所不在"。

② Mark Weiser, The Computer for the 21st Century, http://www.ubiq.com/hypertext/weiser/SciAmDraft3.html

芬兰则把"Ubiquitous Computing"称为"Ubitechnology"。这个词有三层含义。其一是地方性。不同的空间、位置、对象、情景被近距离通讯、设备跟踪、信息汇聚极大地丰富了。其二是社会性。使用者和隶属于这个社会网络的其他人的行为和处境将形成设备工作与信息传递、展示的途径。其三是开放性。这为创新、综合、变通使用留下了空间。[1]

"无所不在"的网络构建一个信息社会。首先,任何事物都可以通过传感器标签或传感器节点彼此连接,来自真实世界的任何信息都能够连接到全球网络中并被共享;其次,各种传感器技术不仅能够提供事物本身的信息,而且能够探测、存储、处理乃至整合各种与事物相关的位置、环境等信息,从而向全球网络提供各种关联信息;最后,通过构建起一个面向用户的网络,令任何人在任何地方都能够通过该网络获取所需的任何信息。[2]

随着"无所不在的运算"及移动通讯技术的发展,每个人可随时随地上网。3G手机迅速普及,手机上网渐成时尚;在无线局域网覆盖的场所,利用带移动计算技术的笔记本电脑可直接上网。全球对于信息社会的认识经历了一个从"E"(Entertainment)到"U"(Ubiquitous)的演进过程,目前人们逐渐以"U"取代"E"。

目前,人们在两个意义上使用这个词:一是"Ubiquitous Computing",一是"Ubiquitous Network"。前者指电脑无处不在,不论何时何地何人均可自由使用,即使使用者不在现场,电脑也可自主工作。后者则指,宽带、移动通讯终端等,可不间断联结,"不论何时何地何物均可联网",是一种无所不在或称"泛在"的网络。在"无所不在"的网络社会,通过网络,人们可以不拘时间地点,获得所需服务与产品。

进入21世纪,"无所不在(Ubiquitous)的信息社会"日益受到更多国家和相关国际组织的重视,各国纷纷将"无所不在"作为国家信息化战略发展的一个关键要素。2004年,日本和韩国推出各自下一步国家信息化战略U-Japan和U-Korea,实现"无所不在的日本"和"无所不在的韩国",带动国家整体产业的发展。

2005年,国际电信联盟(ITU)发布《国际电信联盟互联网报告2005:

---

① Helsinki Institute for Information Technology, TOWARDS UBIQUITOUS NETWORK SOCIETY, September 15th, 2006, www.hiit.fi/files/admin/publications/Publications/HIIT_Ubi_Report_finished_Final_version－1.pdf

② "ITU面向无所不在的网络加快转型进程",人民邮电报,2007年10月10日。

物联网》，正式提出"物联网"（IOT，Internet of Things）的概念。所谓"物联网"，就是把所有物品通过射频识别等信息传感设备与互联网连接起来，实现智能化识别和管理。报告指出，无所不在的"物联网"通信时代即将来临，世界上所有的物体从轮胎到牙刷、从房屋到纸巾都可以通过射频识别技术（RFID）、传感器技术、纳米技术、智能嵌入技术与因特网主动进行信息交换，这是继计算机、互联网与移动通信网之后的又一次信息产业浪潮，是一个全新的技术领域，是人类面临的又一个发展机遇。

网络发展的四个阶段

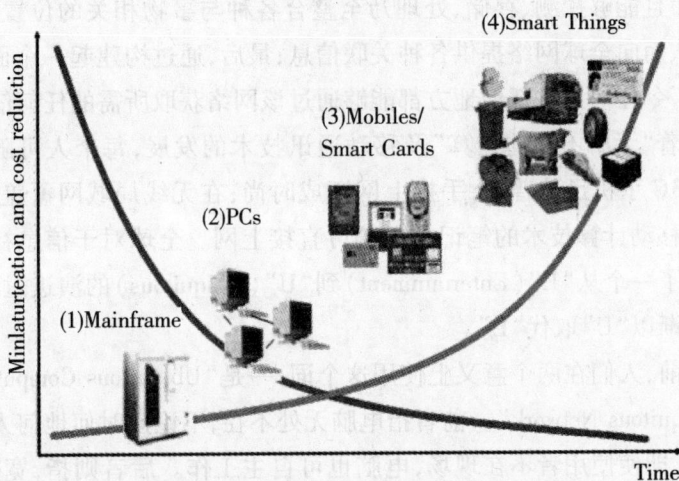

资料来源：ITU Internet Reports 2005：The Internet of Things，http://www. itu. int/osg/spu/publications/internetofthings/InternetofThings_summary. pdf，p. 3.

巴拉克·奥巴马就任美国总统后，将建议美国政府投资新一代智慧型基础设施的"智慧地球"概念上升至美国的国家战略。该战略认为，IT 产业下一阶段的任务是把新一代 IT 技术充分运用在各行各业之中，具体地说，世界上的万事万物，小到手表、钥匙，大到汽车、楼房，只要嵌入一个微型感应芯片，把它变得智能化，这个物体就可以"自动开口说话"。再借助无线网络技术，人们就可以和物体"对话"，物体和物体之间也能"交流"，这就是物联网。通过无所不在的传感器与接入设备，物理世界、信息网络、人类社会三个世界将实现连通，成为一个资源共享、协同工作的全球信息网络，信息网络像电力、电话一样为社会大众提供工作和生活的必需服务。不仅所有的人，而且所有的重要物品都可根据需要"置身"于网络之中，相互联系，从而真正出现一个信息网络"无处不在"的社会。

在著名学者曼纽尔·卡斯特看来,信息技术革命已经催生出一种新的社会模式,实现经济行为全球化、组织形式网络化、工作方式灵活化、职业结构两极化。作为一种历史趋势,信息时代的支配性功能与过程日益以网络组织起来,网络建构了我们社会的新社会形态,这代表了人类经验的性质变化,这就是网络社会。①

---

① ［美］曼纽尔·卡斯特:《网络社会的崛起》,结论。

第十八章

全球政治治理体系的发展

　　随着全球化进程的日益深入和国际政治经济格局的调整,全球治理(Global Governance)的问题正在日益引起国际社会的关注,这是人类的政治生活正在发生重大的变革。其中最引人注目的变化,便是人类政治过程的重心正在从统治(Government)走向治理(Governance)。这既包括有权迫使人们服从的正式制度和规则,也包括各种人们同意或以为符合其利益的非正式的制度安排。而治理在世界层面上一直被主要视为政府间的关系,如今它还与非政府组织、各种公民运动、跨国公司和世界资本市场有关。

联合国体系的确立

　　第二次世界大战后,全球主义呈现出良好的发展势头。一方面继承了原有的全球主义,如通过建立联合国、国际货币基金组织、世界银行等普遍性国际组织强化国际机制,高扬国际主义,另一方面则开始真正突破主权国家的局限,凸现人类整体的作用,赋予全球主义名副其实的全球意义。

　　"联合国"一词是美国总统富兰克林·罗斯福构想出来的。在第二次世界大战尚未结束时,"欲免后世再遭今代人类两度身历惨不堪言之战祸"，已成为各国政治家思考的重要问题。1941 年 6 月，英美法等国的代表在伦敦发表《同盟国家宣言》，提出了维护和平、制止侵略和促成国际合作的原则。1941 年 8 月，美、英发表《大西洋宪章》，促进了国际反法西斯统一战线的形成。1942 年 1 月 1 日，中、美、英、苏等 26 国代表在华盛顿签订了《联合国家宣言》，表示支持《大西洋宪章》，并第一次使用"联合国"一词。1943 年 10 月 30 日，中、美、英、苏 4 国在莫斯科发表《普遍安全宣言》，声明有必要建立一个普遍性的国际组织，以维护国际和平与安全。1944 年 8 月至 10 月，苏、英、美 3 国和中、英、美 3 国代表先后在华盛顿的敦巴顿橡树园举行会议，提出了组织联合国的方案，并拟定出《联合国宪章》的基本轮廓。1945 年 4 月 25 日至 6 月 26 日在旧金山举行的联合国国际组织会议上，50 个国家的代表起草《联合国宪章》。1945 年 6 月 26 日，代表们签署了《联合国宪章》。波兰当时没有代表参加会议，但后来签署《宪章》，成为 51 个创始会员国之一。在中国、法国、苏联、英国和美国以及多数其他签字国批准《宪章》之后，联合国于 1945 年 10 月 24 日正式成立，51 个成员国承诺通过国际合作和集体安全维护和平。

《联合国宪章》作为联合国组织的总章程，除序言和结语外，共分 19 章 111 条，表达了使人类不再遭受战祸的决心，并且为防止战争、维持和平建立起一套完整、可行的运作机制。宪章规定，联合国的宗旨是维护国际和平与安全；发展国家间以尊重各国人民平等权利及自决原则为基础的友好关系；进行国际合作，以解决国际经济、社会、文化和人道主义性质的问题，并且促进对于全体人类的人权和基本自由的尊重；作为协调各国行动的中心，以达到上述共同目的。

《宪章》规定，为实现上述宗旨，联合国及其会员国遵循下列原则：(1)联合国组织基于所有会员国主权平等的原则；(2)各会员国应该忠实履行他们依宪章规定所承担的义务；(3)各会员国应该以和平方法解决他们的国际争端；(4)各会员国在他们的国际关系中不得以不符合联合国宗旨的任何方式进行武力威胁或使用武力；(5)各会员国对联合国依照宪章所采取的任何行动应给予一切协助；(6)联合国在维护国际和平与安全的必要范围内，应确保使非会员国遵循上述原则；(7)联合国组织不得干涉在本质上属于任何国家内管辖的事项，但此项规定不应妨碍联合国对威胁和平、破坏和平的行为及侵略行径采取强制行动。

《联合国宪章》是一个国际条约，被认为是联合国的基本大法，它既确立了联合国的宗旨、原则和组织机构设置,又规定了成员国的责任、权利和义务以及处理国际关系、维护世界和平与安全的基本原则和方法。遵守联合国宪章、维护联合国威信是每个成员国不可推脱的责任。《联合国宪章》的制定和联合国的诞生是现代国际关系史上的一件大事,也是二战后规划和平体制的一项重大成就,它反映了各国民众的和平愿望。

联合国设有大会、安全理事会等主要机构。联合国大会由全体会员国组成,每年举行一届常会。大会是一个"世界议会",开会审议世界上最紧迫的问题。每一会员国享有一个投票权。维持国际和平与安全、接纳新会员国、制定联合国预算等关键问题以三分之二多数决定。安理会由中、法、俄、英、美5个常任理事国和10个按地区分配原则选出的非常任理事国组成。《宪章》规定,安理会在维护国际和平及安全方面负有主要责任。

联合国是二战中世界反法西斯大同盟的产物,它预示着一战后欧洲主导的以国际联盟为代表的旧国际秩序结构隐退,以美、苏(俄)、英、中、法主导的新国际秩序结构的浮现。《联合国宪章》第一次把维护和平与解决经济和社会发展问题联系在一起,代表了人类在二战后对自身命运的一种战略思考。

自联合国成立以来,出现了三次发展机遇。第一次发生在上世纪60年代,亚非拉国家民族解放运动使一大批国家独立,加入联合国。他们摆脱殖民统治、赢得民族独立的进程也是联合国逐步壮大的过程。到1977年,有80个发展中国家成为联合国的成员国。非常任理事国数目第一次增加。1965年开始增加到10个,席位按地区分配,即亚洲2个、非洲3个、拉美2个、东欧1个、西欧及其他国家2个。第二次是1971年恢复中华人民共和国在联合国的席位,联合国安理会首次有了发展中国家的声音。作为安全理事会常任理事国中唯一的发展中国家,中国始终站在发展中国家一边,维护发展中国家的利益。第三次是冷战的结束。在东西方长达几十年的冷战中,联合国实际上一直处于一种被边缘化的地位。冷战结束后,苏联分裂出来的亚美尼亚、阿塞拜疆等一系列国家以及朝鲜、韩国等加入联合国,使联合国的力量大增。

联合国会员国的增长情况

年代	会员国数目	会员国状况
1945	51	阿根廷、澳大利亚、比利时、玻利维亚、白俄罗斯、委内瑞拉、中国、哥伦比亚、哥斯达黎加、古巴、捷克斯洛伐克、丹麦、多米尼加共和国、厄瓜多尔、萨尔瓦多、埃塞俄比亚、法国、希腊、危地马拉、洪都拉斯、印度、伊朗、伊拉克、黎巴嫩、利比里亚、卢森堡、墨西哥、荷兰、新西兰、尼加拉瓜、挪威、巴拿马、巴拉圭、菲律宾、波兰、俄罗斯联邦、沙特阿拉伯、南非、叙利亚、土耳其、乌克兰、美国、乌拉圭、南斯拉夫、智利、巴西、加拿大、埃及、秘鲁、海地、英国
1946	55	阿富汗、冰岛、瑞典、泰国
1947	57	巴基斯坦、也门
1948	58	缅甸
1949	59	以色列
1950	60	印度尼西亚
1955	76	阿尔巴尼亚、奥地利、保加利亚、柬埔寨、芬兰、匈牙利、爱尔兰、约旦、意大利、老挝、罗马尼亚、西班牙、斯里兰卡、利比亚、尼泊尔、葡萄牙
1956	80	日本、摩洛哥、苏丹、突尼斯
1957	82	加纳、马来西亚
1958	82	几内亚
1960	99	贝宁、布基纳法索、喀麦隆、中非共和国、乍得、刚果、科特迪瓦、塞浦路斯、加蓬、马达加斯加、马里、尼日尔、尼日利亚、塞内加尔、索马里、多哥、刚果民主共和国
1961	104	毛里塔尼亚、蒙古、塞拉利昂、坦桑尼亚联合共和国
1962	110	阿尔及利亚、布隆迪、牙买加、卢旺达、特立尼达和多巴哥、乌干达
1963	112	肯尼亚、科威特
1964	115	马拉维、马耳他、赞比亚
1965	117	冈比亚、马尔代夫、新加坡
1966	122	巴巴多斯、博茨瓦纳、圭亚那、莱索托
1967	123	民主也门
1968	126	赤道几内亚、毛里求斯、斯威士兰
1970	127	斐济
1971	132	巴林、不丹、阿曼、卡塔尔、阿拉伯联合酋长国
1973	135	巴哈马、德意志联邦共和国、德意志民主共和国
1974	138	孟加拉国、格林纳达、几内亚比绍
1975	144	佛得角、科摩罗、莫桑比克、苏里南、圣多美和普林西比、巴布亚新几内亚
1976	147	安哥拉、萨摩亚、塞舌尔
1977	149	吉布提、越南

续表:

年代	会员国数目	会员国状况
1978	151	多米尼加、所罗门群岛
1979	152	圣卢西亚
1980	154	圣文森特和格林纳丁斯、津巴布韦
1981	157	安提瓜和巴布达、伯利兹、瓦努阿图
1983	158	圣基茨和尼维斯
1984	159	文莱达鲁萨兰国
1990	159	列支敦士登、纳米比亚
1991	166	朝鲜、爱沙尼亚、密克罗尼西亚联邦、拉脱维亚、立陶宛、马绍尔群岛、大韩民国
1992	179	亚美尼亚、阿塞拜疆、克罗地亚、格鲁吉亚、哈萨克斯坦、土库曼斯坦、斯洛文尼亚、摩尔多瓦、吉尔吉斯、圣马力诺、波斯尼亚和黑塞哥维那、塔吉克斯坦、乌兹别克斯坦
1993	184	安道尔、捷克共和国、厄立特里亚、摩纳哥、斯洛伐克、马其顿共和国
1994	185	帕劳
1999	188	基里巴斯共和国、瑙鲁、汤加
2000	189	图瓦卢、塞尔维亚
2002	191	瑞士、东帝汶
2006	192	黑山共和国
2011	193	南苏丹共和国

资料来源:http://www.un.org/zh/members

　　截至 2011 年,联合国的会员国由创建时的 51 个增加到 193 个,已成为当代由主权国家组成的最具普遍性和权威性的政府间国际组织。联合国成立以来,主权国家的数量增加了四倍,而国家间的冲突却少于 20 世纪上半叶。世界上大多数国家和地区享有和平与安宁,避免了新的世界大战。在联合国的斡旋和主持下,谈判、对话、斡旋、调解等和平手段已逐渐成为各国处理国际争端的首要选择。

　　人们大多会把联合国同和平与安全的问题联系在一起,但联合国资源的绝大多数却用于经济发展、社会发展和可持续发展。从 20 世纪 60 年代起,联合国连续发起四个"十年国际发展战略"。2000 年 9 月,联合国千年首脑会议确定了千年发展目标,向贫困、疾病、环境污染等发展问题宣战。千年发展目标已成为国际发展合作里程碑式的文件。联合国人类发展报告从 1990 年开始发布,由联合国开发计划署委托独立的专家组撰写。报告根据各国的人均预期寿命、人均收入、成人识字率、各级学校入学率等数据制定出"人类发展指数",并对各国的人类发展水平进行排名。

历年联合国人类发展报告的主题

年份	主题	年份	主题
1990	人类发展的概念与衡量	2000	人类发展与人权
1991	资助人类发展	2001	让技术为人类发展服务
1992	全球的人类发展	2002	分裂中的世界的民主进程
1993	人们的参与	2003	消除人类贫穷的国际合作
1994	人类安全新的方面	2004	多样化世界的文化自由
1995	女性与人类发展	2005	处于十字路口的国际合作:不均衡世界中的援助、贸易与安全
1996	经济增长和人类发展	2006	透视贫水:权力、贫穷与全球水危机
1997	人类发展,消除贫困	2007/2008	应对气候变化:分化世界中的人类团结
1998	为了明天的发展而改变今天的消费模式	2009	跨越障碍:人员流动和发展
1999	与人相关的全球化	2010	重新审视人类发展

过去十几年间,世界上发生的经济和社会变革,在其方向和形式上深受联合国工作的影响。联合国作为全球建立共识的中心,确定轻重缓急,制定目标,开展国际合作,帮助各国进行发展工作,形成有利的全球经济环境。关于经济和社会问题的国际辩论,越来越多地说明富国和穷国在解决超越国界的诸多问题方面有着共同利益。环境、难民、有组织犯罪、贩毒和艾滋病等问题被视为需要统筹采取行动的全球问题。正如前联合国秘书长科菲·安南在纪念联合国成立60周年时所讲:"联合国必须体现这一新的时代,应对这个时代的种种挑战。众所周知,其中最大的挑战是,世界上数以亿计的人无依无助,遭受着饥饿、疾病和环境退化的折磨,尽管这个世界不乏拯救他们的能力。"

"我们今天面临的主要挑战是确保全球化成为一股有利于全世界所有人民的积极力量。因为尽管全球化带来了巨大机遇,但它所产生的惠益目前分配非常不均,各方付出的代价也不公平。我们认识到发展中国家和转型期经济国家为应付这一主要挑战而面临特殊的困难。因此,只有以我们人类共有的多样性为基础,通过广泛和持续的努力创造共同的未来,才能使全球化充分做到兼容并蓄,公平合理。这些努力还必须包括顾及发展中国家和转型期经济体的需要、并由这两者有效参与制订和执行的全球性政策和措施。"①

著名学者戴维·赫尔德总结说:联合国宪章体系"为非殖民化,为寻求国际制度改革提供了一个正式的框架。更为重要的是,它有助于一种复杂的提供'国际公共物品'的治理体系的发展,其所提供的'国际公共物品'的范围从国际空中交通控制、电信和邮政,到对传染病的控制,对难民和自然灾害的受害者的人道主义救济以及对共同环境的保护。所有这些'物品'都需要国际合作来进行分配并对之进行有效的保护。进而,这一需要有助于一种广泛的全球治理体系的产生"②。所有这些都在当时昭示着一种"新秩序"实现的可能。作为当前世界系统中最大的政府间国际组织,联合国已经成为国际外交活动的最重要舞台,在建立国际政治经济新秩序中起着越来越重要的作用。

冷战时代

随着第二次世界大战接近尾声,美苏同盟裂隙丛生,美国方面开始更多地从意识形态角度重新评估其全球战略。围绕这个最重要的变化,美国的世界蓝图在两个方面作了重要调整:从强调硬权力领导改为更加追求软权力的对比优势,在加强大国合作过程中推进美国式价值观的全球化;在五大国基础上对主要大国间关系进行新的调整。美国国家安全政策开始具有美国式价值观所代表的软权力与国家实力并重的特征。这种双重目标不仅要替代传统欧洲格局,还要实现意识形态安全,即最终实现一个共同价值观、同一社会制度的世界体系,即全球美国化世界,从而在根本上满足美国解决其扩张性经济、集体安全的难题。

早在参战前美国已经部分程度上意识到苏联将成为主要对手的可能。迫于抵御共同敌人的需要,苏联被纳入美国重要考虑之中,但即使在美苏合作高峰期的雅尔塔会议期间,美国不仅向英法殖民势力开刀,对苏联也同样不客气。

战争临近尾声,大国间摩擦逐渐增多,美国政府中已经出现与罗斯福世界秩序相异的主张,认为"要使联盟真正起作用,联盟一定要建立在利益

---

① 《联合国千年宣言》,2000年9月8日,http://www.un.org/chinese/ga/55/res/a55r2.htm。
② [英]戴维·赫尔德:《全球大变革:全球化时代的政治、经济与文化》,社会科学文献出版社2002年版,第91页。

和观点真正相同的基础上"①。这说明,美国政府中已经有人对不同意识形态进行合作的效果表示出怀疑。杜鲁门政府继承其前任世界蓝图的目标,却在一定程度上抛弃大国合作,并逐渐代之以遏制为主的强硬策略。波茨坦会议之前,国务院经过长时间研究出台的绝密备忘录提醒杜鲁门总统,在三国首脑会晤之前务必注意目前共产主义政策在欧洲正占有优势地位。② 美国把苏联作为主要敌人是冷战的开始,也是美国全球主义在现实主义层面的表现。

1946 年 2 月 22 日,美国驻苏大使馆代办乔治·凯南向华盛顿发回著名的八千字长电报,认为美国必须依靠实力来抵制苏联的扩张,同时不会引起美、苏之间的全面军事冲突:只要保持实力威慑与压力,无需热战那种极端的方式。这标志着美国冷战思想的基本形成。3 月 5 日,英国前首相温斯顿·丘吉尔在美国的富尔敦,发表题为"和平砥柱"的演说。这篇以"铁幕"一词闻名的演说,符合美国在战后要遏制苏联、称霸世界的战略需要,从而拉开了冷战的序幕。

伴随美苏在战后许多问题上的对抗与争斗,两国的对外政策都发生了转向,即逐渐脱离大国合作政策而转向对抗。于是,冷战就在双方的行动与政策的对立互动中,以美国首先发出明确的对苏遏制与对抗的冷战信号——杜鲁门主义出台为标志而终于爆发。

1947 年 3 月 12 日,杜鲁门在国会众、参两院发表咨文,把世界分为自由民主和极权主义两个对立的营垒,不指名地将苏联称为"极权政体",并以援助希腊和土耳其为名,宣布美国将支持和帮助世界上所有抵抗"共产主义威胁"的力量。"杜鲁门主义"正式问世,这是美国外交政策的转折点。这种转折体现在三个方面:第一,它表明,美国战后的对外政策完成了从孤立主义向全球扩张主义的转变。"杜鲁门主义"实际宣布,"不论什么地方,不论直接或间接侵略威胁了和平,都与美国的安全有关";第二,它"是美国对共产主义暴君扩张浪潮的回答",因此"杜鲁门主义"成为美国对苏联进行冷战的重要标志,并使其意识形态味道十分浓烈;第三,它标志着美国越来越以两极思维来看待这个世界。通过二战,美国不仅开始把目

---

① 国务院政策设计委员会文件:关于国际组织,1948 年 2 月 24 日,第 101 页。
② 国务院关于国际共产主义问题递呈杜鲁门总统的备忘录,1945 年 6 月 27 日。刘同舜:《冷战、遏制和大西洋联盟:1945—1950 年美国战略决策资料选编》,复旦大学出版社 1993 年版,第 32 页。

光转向世界,而且开始深刻卷入世界政治经济事务当中。

由于美国已认定战后的对手是苏联而不是德国,在政治上,对德政策开始从肢解和限制转向扶植与恢复,对日政策则是单独占领日本,不容苏联染指。在经济上,马歇尔计划从"欧洲复兴计划"演变成"西欧复兴计划",从 1948 年 2 月开始实行,到 1952 年结束,美国共向西欧 16 个国家和德国的美英法占领区提供了总额为 132 亿美元的援助,西欧经济很快得以复兴,巩固了资本主义秩序,进一步改组了西欧的经济结构,使其更符合美国的经济利益,并逐渐形成统一的北大西洋自由市场区域。

就在美国忙于打造布雷顿森林体系、孤立社会主义的时候,一个与美国和西欧相对立、以苏联为首的苏东集团,在经济上和政治上基本确立。1947 年 7 月到 8 月,苏联先后与东欧各国签订了双边贸易协定,被西方称为"莫洛托夫计划"。1947 年 9 月,在苏联的主持下成立欧洲九国共产党和工人党情报局,提出战后的世界已经分裂为帝国主义反民主阵营和反帝国主义的民主阵营两大对立的阵营。

1949 年 1 月,由苏联发起,原东欧社会主义国家参与,建立"经济互助委员会"。其后,古巴、蒙古、越南相继加入,该组织对加强成员国之间的经济协调与合作,促进经济发展起了一定作用。但是,该组织实行计划经济体制,实际上是苏联集中计划模式的扩大,各国之间计划与协调困难重重,各国专业分工和利益损益不平衡,其作用受到极大限制,后随东欧剧变而解体。

以 1948 年 3 月西欧五国《布鲁塞尔条约》为基础,到 1949 年 8 月以美国为首的北大西洋公约组织的正式成立,苏联建立了包括东德和东欧国家在内的与北约直接相抗衡的另一个欧洲军事集团——华沙条约组织,跨大西洋的西方军事战略界线也基本划定。

综上所述,美苏双方通过一系列相互作用与反作用的敌对政策和具体措施,到 20 世纪 50 年代中期终于形成了政治、经济、军事和地缘政治版图的两大集团的全面冷战对峙。美苏冷战,使美苏由盟友变成了敌人;美苏冷战,在意识形态上尖锐对立;在经济上互相封锁;在军事上,1949 年以美国为首的北大西洋公约组织的建立,1955 年以苏联为首的华沙条约组织的建立,使美苏在冷战中形成两大军事政治集团的对峙局面。随着苏联经济、军事实力进一步增强,从 20 世纪 50 年代后期起,美苏争霸的格局逐渐形成。

从美国方面看,这个格局体现了美国制定的一系列新的全球规则秩序,以在某种程度上恢复经济、政治和安全之间的平衡,这些规则决定了西方之所以成为现代意义上的西方。[①] 这一系列规则包括以资源流动为目的的马歇尔计划,以1947年国防法确定的政府重大改组,联合国、国际货币基金组织、世界银行等为首的国际组织的大量成立,以关税和贸易总协定、布雷顿森林体系为代表的新的世界经济规则的设定以及以北大西洋公约组织为首的新的军事同盟。这既是美国本身综合实力急剧上升的结果,也是其谋划世界蓝图的自然结局。

20世纪50年代中期至60年代初,美苏争霸既有缓和又有争夺。苏联主动与西方国家合作,签订对奥和约,解决了二次大战的一大遗留问题,同联邦德国建立外交关系。1959年赫鲁晓夫访问美国,美苏首脑戴维营会议是苏联推行美苏合作外交战略的重大行动,美国实际上承认苏联是超级大国这一事实。1961年苏联修筑柏林墙,封锁东西柏林边界,使美苏关系更加紧张。1962年古巴导弹危机,表明苏联开始走上同美国进行全球争夺的道路,同时也表明当时的战略优势仍然在美国方面。

20世纪60年代中期至70年代末,苏联处于攻势,美国转攻为守。1975年,苏联的工业总产值上升,相当于美国的80%,苏联的经济实力同美国的差距大大缩短。苏联在军备方面赶上了美国,推行与美国争夺世界霸权的积极进攻战略。欧洲是美苏争霸的重点,欧洲重兵集结,处于两军对峙的僵持状态。而苏联加紧在欧洲以外的地区扩张。1979年入侵阿富汗,标志着苏联霸权主义政策发展到顶点。

由于受经济危机的冲击,美国经济增长在这一时期趋于缓慢,侵越战争受到严重挫折,军事力量被苏联赶上,美国在美苏争霸中从战略进攻转为战略防御。1969年后的尼克松主义,调整全球军事部署,收缩亚洲兵力,1973年从越南撤军,1979年同中国建交。

20世纪80年代到90年代初,是美苏争霸的第三阶段。1981年,里根出任美国总统以后,开始对苏联采取强硬态度,遏制苏联在全球的扩张势力。在核战略和核军备方面,美国提出"星球大战"计划,通过以高技术为核心的新一轮军备竞赛,从而拖垮经济力量相对落后的苏联。在争夺第三

---

① [美]托马斯·巴尼特:《五角大楼的新地图:21世纪的战争与和平》,东方出版社2007年版,第15页。

世界方面,美国立足于在军事上打小规模的局部战争,打击亲苏政权。

从 20 世纪 70 年代开始,冷战中对峙的东西方阵营,无论是社会主义还是资本主义,同时陷入经济困顿、社会矛盾交织的瓶颈。苏联由于国内经济发展缓慢,在与美国的争霸中背上了沉重的包袱。1985 年戈尔巴乔夫上台执政后,开始放弃争夺军事优势的做法,转为裁减军备,从对外扩张转向全面收缩。在西方资本主义国家,国家主义本位的政府干预和国有化过度将经济推入窘境,而石油危机的爆发更让这种困局雪上加霜。

当时,西方资本主义国家率先自我反省,向经济注入更大剂量的市场化因素进行自救。1979 年撒切尔夫人入主唐宁街后,决定按照经济自由主义的理论改造英国。撒切尔夫人先是借用弗里德曼货币主义政策,减少货币供应量以遏制通货膨胀。上任当年,一举削减 10 亿英镑的国债,将银行的准备金率提高到 10%,把最低贷款利率提高到 17%。同时进行大规模的民营化,出售英国电信公司、英国航空公司、劳斯莱斯汽车公司等许多国营企业股票,使它们成为股份上市公司。在 20 世纪 80 年代中期,她又将 100 万套公共住宅出售给居民,从而使英国私房拥有者从 52% 增加到66%。所有这些措施,都大大削弱了联邦政府的职权,但将经济增长率提高到超过前几十年的水平。从 1980 年开始,英国经济连续 6 年增长,成为战后增长最长的时期。同时,国际收支也连续 6 年盈余。到 1988 年,英国经济形势一片大好。

1980 年,罗纳德·里根当选美国总统。他信奉经济自由主义,任命弗里德曼为经济政策顾问。在里根的"经济复兴计划"中,第一项政策就是减税。从 1981 年到 1986 年,国会两次通过减税法案,大幅削减个人和企业税——从 1982 年底开始,美国经济持续两年高速增长,失业率下降,劳动生产率上升。第二项措施是削减社会福利开支。里根认为,帮助穷人最好的方法,不是由政府救济,而是通过经济增长使总财富增加,最终使穷人受益。因此他上台后,大幅削减社会福利开支,内容涉及家庭补助、医疗照顾、住房津贴、特殊行业拨款等方面。不到 4 年,政府削减福利支出总计350 多亿美元,取消公用事业冗员 30 万,100 多万能自食其力的人不再享受政府救济。

随后,里根政府实施民营化政策,不仅将国有资产出售,还包括合同外包、特许经营、凭单(抵用券)、法令委托等形式,涵盖以前由政府提供的领域,从监狱管理、机场经营到戒毒中心、防洪计划等共 200 多个项目。这些原先由政府提供的领域,在改革后都通过合同外包给私有企业。在里根执政的十多年间,美国经济迅速好转,1983年底开始了连续6年的高速增长。

而苏联和东欧阵营,由于普遍建立国家全面控制的经济社会体制,企业全部或大部分是国有、国营或者集体经营的。从20世纪60年代起,苏联的经济就陷入停滞,政府发动过改革,但始终收效不大。东欧也处于短缺经济状态下,经济溃败随即引发社会动荡。

1989年2月6日,以波兰团结工会领袖瓦文萨参加波兰政府召开的圆桌会议开始,到12月25日罗马尼亚的齐奥赛斯库总统被枪决,波兰、匈牙利、民主德国、保加利亚、捷克斯洛伐克和罗马尼亚六国发生剧变,作为东西方前沿的两个德国正式统一,同年11月欧洲安全与合作会议巴黎首脑会议宣布战后欧洲冲突分裂的旧秩序最终结束。

20世纪80年代末,苏联的政治、经济与民族关系出现了严重危机。1990年3月,立陶宛首先脱离苏联,宣告独立。接着,格鲁吉亚也宣告独立。1991年8月以后,爱沙尼亚、拉脱维亚、乌克兰、白俄罗斯、摩尔多瓦、阿塞拜疆、乌兹别克、塔吉克、亚美尼亚、土库曼和哈萨克相继宣告独立。12月,俄罗斯、乌克兰、白俄罗斯、阿塞拜疆、亚美尼亚、摩尔多瓦和中亚五国(哈萨克斯坦、乌兹别克斯坦、土库曼斯坦、塔吉克斯坦、吉尔吉斯斯坦)领导人签署《阿拉木图宣言》,宣告11国自愿组成独立国家联合体,苏联解体。

随着东欧剧变和两德统一,华约组织难以为继。1991年4月1日,华约组织宣告解体。6月28日,经互会宣告解散。战后苏联在东欧苦心经营的政治、经济、军事集团全部瓦解。两德统一、华约解散和苏联的解体标志着两极格局的正式终结。

这次世界巨变与历史上的格局交替完全不同,近代史上的几次国际格局变化,都经过大规模的世界性战争,然后由大国会议订出基本框架,付诸实施。这次世界格局新旧格局交替没有经过世界大战,是在和平环境中逐渐完成交替的。这说明,国际争夺的主战场已从军事领域转变为以经济实力为主的综合国力的较量。

非政府组织的兴起

一般认为,非政府组织(Non-Government Organizations,英文缩写 NGO)一词最初是在 1945 年 6 月签订的联合国宪章第 71 款正式使用的。该条款授权联合国经社理事会"为同那些与该理事会所管理的事务有关的非政府组织进行磋商作出适当安排"。1952 年,联合国经社理事会将非政府组织定义为"凡不是根据政府间协议建立的国际组织都可被看做非政府组织"。在当时,这主要是指国际性的民间组织。

1945 年联合国创立之时,许多非政府组织参与并支持了这一政府行为。非政府组织和各国政府代表一起,制定出《联合国宪章》中有关人权、基本自由以及其他经济、社会和文化领域事务的条款。鉴于非政府组织作出的贡献,《联合国宪章》第 71 条赋予非政府组织权力,使其通过"咨商地位",继续在联合国经济和社会领域事务中发挥作用。1948 年,享有咨商地位的非政府组织决定开展相互间合作,以改进参与过程,并协调与联合国有关的活动,创立享有联合国经社理事会咨商地位非政府组织大会,简称非政府组织大会(CONGO)。

联合国宪章第 71 条明文规定:"经济暨社会理事会得采取适当办法,俾与各种非政府组织会商有关在理事会职责范围内之事件。"第 1296 号决议正式把非政府组织分为三类,第一类属于一般咨询地位,有 88 个非政府组织(时间截至 1997 年 7 月),它们实际上参与经社理事会所有领域的活动;第二类包括 602 个非政府组织,它们参与某些特定的经济和社会领域的活动,拥有专门咨询地位;第三类指那些性质和兴趣不确定、偶尔关注联合国活动的非政府组织,有 666 个。在少数情况下,第一类非政府组织还可向经社理事会提交议案,将之列入大会议程之中,其建议可直达联合国秘书长。

在这之后的十多年里,非政府组织本身的活动以及它们同联合国的关系都处在较低的水平,没有多少实质性的发展。1968 年 5 月,经社理事会通过 1296 号决议规定,非政府组织如要在经社理事会中得到咨询地位,首先应致力于联合国经社理事会及其附属机构所关注的问题,如国际经济、社会、环境、文化、教育、卫生保健、科学、技术、人道主义和人权以及其他一些相关的问题。这些非政府组织的宗旨与使命,不得同联合国宪章的精神、宗旨以及原则相抵触。它们应支持联合国的工作,传播有关联合国所遵行原则的知识。

在经社理事会享有咨询地位的非政府组织,要有一定的代表性和国际性,应具有代表其成员发言的权威。规定了联合国同非政府组织关系的法律框架,肯定了非政府组织的范畴,同时允许非政府组织在联合国经社理事会以及联合国体系中的其他机构中获得咨询地位。其下设的非政府组织委员会,负责定期监测非政府组织和联合国之间关系的演变。自此以后,非政府组织的活动被有意识地、越来越广泛地引入了联合国体系的运作。

在联合国经社理事会中,专门设有一个非政府组织委员会,负责审核批准接纳非政府组织,认可它们在联合国的咨询地位和观察员身份。非政府组织委员会有权要求在经社理事会注册的非政府组织提交书面陈述。获得经社理事会中咨询地位的非政府组织,有权以咨询者和观察者的身份出席经社理事会议并参加联合国的各种会议,并有权在会上作口头发言和书面发言,它们还可以应经社理事会的请求提供各种形式的咨询。

1996 年经社理事会对 1296 号决议进行了修改,并通过了经社理事会 1996/31 号决议。CONGO 在其 1997 年 11 月召开的第 20 届大会上,根据 1996/31 号决议,修改了议事规则,并将组织名称更改为具有联合国咨商关系的非政府组织大会,仍简称为非政府组织大会(CONGO),决议对授权非政府组织参加联合国会议的安排进行标准化,简化了对经社理事会咨商地位的申请,并决定只有国际性组织和国家级非政府组织才有资格申请"咨商地位"。

1968 年决议只承认国际性非政府组织,而 1996 年决议则进一步承认了在各国和各地区活动的非政府组织。目前,全球有 2000 多个非政府组织取得经社理事会的咨询地位。

非政府组织围绕着联合国体系的各次国际会议所建立起来的联系机制,是从 20 世纪 70 年代初开始形成的。在联合国召开国际会议的同一时间和同一地点,举行同样议题的非政府组织国际论坛,是非政府组织参与和影响联合国决策的一种重要方式。与联合国的国际会议平行的非政府组织国际论坛,第一次是在 1972 年斯德哥尔摩人类环境大会期间召开的,以后成为惯例。如 1992 年里约热内卢的环境与发展大会,1994 年开罗的人口与发展会议,1995 年的哥本哈根社会发展会议,1995 年北京的世界妇女大会。

自 20 世纪 80 年代以来,联合国体系内的各政府间国际组织也在进行组织和职能方面的调整,努力发展同非政府组织的联系和合作机制。在联合国体系内,世界银行、联合国开发计划署等 20 多个政府间国际组织致力于各类发展事业。这些组织的成员是各国政府,其活动受官方决策的支配。还有一些联合国机构与特定的非政府组织有着经常性的密切联系。非政府组织起着巨大作用,前联合国秘书长科菲·安南说:"今天,联合国召开一个重要国际会议时无民间社会以各种不同形式参与的话,这是无法想象的。"①

享有经社理事会咨商地位的非政府组织数目

年份	普遍	特殊	名册	合计
1948	7	32	2	41
1968	12	143	222	377
1991	41	354	533	928
1993	42	376	560	978
1995	69	436	563	1068
1996	81	499	646	1126
1997	88	602	666	1356
1998	103	745	671	1519
2002	131	1197	908	2236

资料来源:http://www.sis.pku.edu.cn/upteachfile/teach2005525153854.ppt

可见,近二三十年来,非政府组织一词在国际活动的各领域里得到日益广泛的使用。目前,有 2000 多个非政府组织在联合国经社理事会享有正式的咨询地位,有 1500 多个非政府组织同联合国的公共信息部建立了正式的工作联系。在 2002 年联合国在南非召开的世界可持续发展全球会议上,有 3500 多个非政府组织获得与会的资格。除此之外,在各个国家、各个地区以及国际领域,还有数目众多的各种形式的非政府组织。单是国际性的非政府组织,目前就有约 40000 余个。

自 20 世纪 70 年代以来,非政府组织日益广泛地参与国际事务,它们在联合国体系内外的作用和影响不断增大,在各个领域里也得到了不同程度的承认。1997 年 9 月初,前联合国秘书长安南在向第 52 届联合国大会

---

① 柯菲·安南:《加强联合国:进一步改革纲领》,2002 年。

提交的工作报告中,列举和阐述了影响当前全球发展的八大因素,其中的第五大因素即是:跨国性的民间社会组织的迅速发展,非政府组织的作用越来越大。非政府组织在国际事务中所发挥的作用和影响主要有:

1. 从事咨询和信息活动,提供和宣传非政府组织的观点与思想。联合国吸收非政府组织参与其活动并建立起制度性的联系机制时,首先考虑的是发挥非政府组织在咨询和信息处理方面的作用。像经社理事会和公共信息部对非政府组织参与所作的安排,也是着眼于既能发挥非政府组织的咨询与信息处理的作用,又能限制它们在其他方面的影响。在联合国的会议场所、特别是会议的准备过程中,各国政府可以从非政府组织那里,得到有关特定专业领域的、技术的、法律的以及政治等方面的专门知识。

2. 对政府和政府间国际组织的行为进行监督。非政府组织可以对政府间国际组织的条约、承诺、计划和项目的落实进行监督,还可以对各政府间国际组织所通过的决议和条约的实施情况进行监督,促使各国政府遵守其在国际上作出的承诺。

3. 参与执行国际组织的项目,协助政府间国际组织提供特定的产品与服务。近十多年来,联合国各机构一直在鼓励非政府组织参与各发展项目的实施。联合国体系通过分包合同等方式,将操作性的责任转移到非政府组织身上,非政府组织通过缔结协议和签订合同的方式承担提供特定产品和服务的工作。

4. 影响政府间国际组织的决策过程。第二次世界大战以后至今,在全球发展决策过程中起决定性作用的,一直是政府间国际组织,特别是联合国体系内的各组织。以往非政府组织在联合国体系中的主要作用是促进决议和条约的实施,而近十多年来,非政府组织不再仅满足于在联合国体系中提供信息和服务,而是试图对决策过程施加影响。它们积极争取参与决策的制定,对国际决策过程发挥着越来越大的影响。进入20世纪90年代后,联合国体系在确立议程、制定政策以及执行政策等方面越来越多地吸收非政府组织参与。

5. 在不同的利益冲突角色之间促成协调和妥协。在许多国际事务中,当事各国政府往往会由于经济的、政治的、文化的以及意识形态等方面的原因而争执不下、互不相让,有时甚至兵戎相见。在这种场合,非政府组织可以利用其民间的身份,在当事国政府之间进行斡旋,缓和紧张气氛,促进相互沟通与理解,打破僵局,推动问题的解决。

总起来说,联合国体系与非政府组织两方面相互吸引、相互支持,目前已形成较密切的合作关系。从联合国方面看,它试图通过与非政府组织的合作去实现其在各个领域里的目标。非政府组织则通过联合国体系争取有较多的发言权,力求对国际上的重大决策有较大的影响力,同时谋求从联合国体系中获得尽可能多的资助。

　　非政府组织的兴起打破了长期以来一直由政府独占国际治理领域的局面,已成为全球治理体制演变进程中不容忽视的重要因素。尽管非政府组织已进入现存的全球治理体制,已经能够对一些重大的决策过程施加影响,但是总体上看,非政府组织仍处于现存国际体制的边缘,对决策的影响有限。在可以预见的将来,政府仍然是全球治理体制的主要角色。

第十九章

从 GATT 到 WTO

第二次世界大战后,为管理国际贸易而成立的关税与贸易总协定将传统条约基础上的最惠国待遇和国民待遇原则升华为全球性贸易的多边准则,确立一系列围绕贸易自由化、公平贸易和市场准入的新原则和新规则,形成一个多边贸易机制。这个"临时"的 GATT 存在了将近 40 年。由于这个体系仅适用于货物贸易,不适用于在国际贸易中越来越重要的服务贸易、知识产权贸易和跨国投资领域,1995 年为新建立的世界贸易组织所取代。世界贸易组织继承了关税与贸易总协定的合理内核,包括其宗旨、职能、基本原则及规则等。关税与贸易总协定有关条款,是世界贸易组织《1994 年关税与贸易总协定》的重要组成部分,仍然是规范各成员间货物贸易关系的准则。

关税及贸易总协定

关税及贸易总协定是关于关税和贸易准则的多边国际协定和组织。第二次世界大战之后,国际经济严重萧条,国际贸易秩序混乱,1944 年 7 月在美国布雷顿森林召开的国际货币与金融会议建议成立国际货币基金组织、国际复兴开发银行和国际贸易组织,作为支撑全球经济的三大支柱来调节世界经贸关系,推动全球经济的复苏和发展。1946年,联合国经社理事会决定召开一次国际贸易与就业会议,并成立一个筹备委员会着手起草国际贸易组织章程。1947年4月至10月,在日内瓦召开的第二次筹委会会议同意将正在起草中的国际贸易组织宪章草案中涉及关税与贸易的条款抽取出来,构成一个单独的协定,并把它命名为《关税及贸易总协定》,23个国家和地区签署这份临时适用议定书。这个协定于1948年1月1日起正式生效,根据该文件成立相应机构,总部设在日内瓦。

其基本原则如下:1. 非歧视贸易政策。缔约国承担相互之间给予最惠国的待遇。任何缔约国一方给予任何国家在进出口关税及其他税费方面的优惠都必须自动给予所有的缔约方。区域性的贸易协定可以例外。

2. 关税保护原则。缔约国对国内工业保护只能采用关税手段,而不允许采取补贴、各种附加税费等商业行政措施,以便对各国保护的程度可以进行简捷的比较,使贸易关税的减让谈判有明确的衡量标准。

3. 约束关税的减让水平。缔约国的关税约束率不得随意提高,同时只要要求减税的一方提出减让的动议,即可每隔三年进行一次双边基础上的关税减让谈判,经谈判确定的关税减让水平还要按照最惠国待遇的原则在多边基础上实施。

4. 公平贸易的原则。允许缔约国采取措施来抵制倾销和出口补贴。倾销是指企业以低于产品的正常价值(指国内的售价或成本加合理的利润)在国外大量销售产品以打击竞争的对手;补贴是指缔约方政府出资金补贴出口商品使其低于成本价在国外销售。

5. 一般禁止进口数量限制。在一般情况下,缔约方不得制定进口数量限制的规定,但也有例外,如对发展中国家的主要出口(农产品、纺织、服装、鞋类、钢铁)数量限制很普遍。

6. 豁免原则。由于特殊的原因,经缔约国批准,可免除一方执行总协定规定的某项义务,比如1955年美国获准在农产品方面免除义务,以后许多发达国家都仿效美国要求豁免,以至于今日农产品贸易完全偏离了总协定的原则。

7. 普惠制待遇。发展中国家出口产品到发达国家的市场准入问题,是一个十分敏感的问题。1965年,关贸总协定东京回合贸易谈判确定普惠制。规定发展中国家向发达国家出口制成品,将享有比最惠国更优惠的待遇。尽管并非所有商品都能享受普惠制,这仍旧标志着国际贸易政策,特别是制造业贸易政策的重大转变。

8.解决争端的机制。总协定对缔约国之间的贸易争端设立了协商、调解和解决的专门程序,并有特设的机构。

本来,关贸总协定是一个临时适用的过渡性安排,1948年1月1日生效后,逐渐成为国际贸易领域一项唯一的、带有总括性的多边条约,同时又成为一个事实上的国际经济组织。由于其产生背景的特殊性,在发展过程中不可避免地存在着局限性:关贸总协定仅是根据《关贸总协定临时适用议定书》生效的临时协议,并不是正式生效的国际公约,没有权威的法律基础;从传统的法律和组织来看,关贸总协定是众多国际机构中级别较低的一个,没有自己的组织基础,仅是一个政府间的行政协议,其决定难以有效地推行。

关贸总协定从1947年至1994年共举行了8轮多边贸易谈判,前五轮谈判主要讨论关税减让,1964—1979年进行2轮谈判,主要讨论非关税减让和关税减让。

1947年4—10月,关贸总协定第一回合贸易谈判在瑞士日内瓦举行,23个创始国决定在世界范围内降低45000种贸易关税,同时达成了123项双边减税协议,使应征税进口值54%的商品平均降低关税35%,影响贸易额100亿美元。第一轮谈判确立了关贸总协定多边谈判的基本原则,即多边的、无条件最惠国待遇的原则。根据这个原则,谈判一方与另一方在互惠互利原则基础上达成的关税减让协议,应立即无条件地适用于缔约国全体。由于适用了最惠国待遇原则后,在双边基础上达成的关税减让协议立即就会自动地、无条件地适用于全体缔约国。因此,这次谈判成为有史以来最大规模的多边关税减让谈判。

第二轮至第五轮关贸总协定的多边贸易谈判,一般被称为补偿性谈判及新加入国的"入门费"谈判,即原接受或提供关税减让国变更或撤销其减让项目,改以其他项目替换或用作补偿,新加入国以关税减让或其他方式作为加入关税与贸易总协定"入门费"的谈判。这些谈判使关贸总协定继续朝着多边关税减让的方向前进,所涉及商品项目先后达25100项;总协定的缔约国不断增加,到第五轮谈判时,已有45个国家参加。这是关贸总协定平稳发展的时期。不过,这个时期,关贸总协定主要关注发达国家之间的贸易,导致发展中国家对与自己商品和产品相关的世界贸易状况广泛不满。在这个背景下,1965年召开的联合国贸易和发展大会,主要作用就是促进发展中国家的贸易。

关贸总协定的八次重要谈判

时间	参加国家	名称	内容
1947 年 4 月至 10 月	23	日内瓦回合	占资本主义国家进口值 54% 的商品平均降低关税 35%
1949 年 4 月至 10 月	13	安纳西回合	占应征税进口值 5.6% 的商品平均降低关税 35%
1950 年 9 月至 1951 年 4 月	38	托奎回合	使占进口值 11.7% 的商品平均降低关税 26%
1956 年 1 月至 5 月	26	日内瓦回合	占进口值 16% 的商品平均降低关税 15%
1960 年 9 月至 1961 年 7 月	26	迪龙回合	占进口值 20% 的商品平均降低关税 20%
1964 年 5 月至 1967 年 6 月	62	肯尼迪回合	关税税率平均水平下降 35%
1973 年 9 月至 1979 年 4 月	102	东京回合	谈判重心从关税转移到非关税壁垒,达成七个非关税壁垒的守则
1986 年 9 月至 1994 年 4 月	123	乌拉圭回合	除货物贸易外,首次将劳务贸易列入多边贸易谈判范围,知识产权和投资问题也被列入

1964 年 5 月至 1967 年 5 月,第六回合谈判在美国总统肯尼迪倡议下在日内瓦举行,故称"肯尼迪回合"。54 个国家参加谈判。达成的协议是从 1968 年 1 月 1 日起分 5 年将大约 6 万种工业品关税平均降低 35%,涉及贸易额 400 亿美元。这次谈判涉及减让商品项目几乎相当于以往历轮谈判的总和。谈判第一次涉及了非关税壁垒,制定了第一个反倾销协议,即总协定第六条的实施细则,规定了反倾销和反补贴税的定义以及征收这两种税的条件和幅度,并于 1968 年 7 月 1 日生效。

由于相继独立的发展中国家加入总协定,肯尼迪回合新增了总协定的第四部分"贸易和发展",对相互减让原则作了有利于发展中国家的修改。根据第三十六条第八款规定对"发达的缔约国对它们在贸易谈判中对发展中的缔约国的贸易所承诺的减少或撤除关税和其他壁垒的义务,不能希望得到互惠"。肯尼迪回合的另一重大进展,是开创了让波兰作为一个计划经济国家参加关贸总协定多边贸易谈判的先例。

1973 年 9 月,第七轮谈判由美国总统尼克松在日本东京发起,故称"尼克松回合"或"东京回合",1979 年 4 月在日内瓦结束。99 个参加国把关税平均降低 20% ~30%,价值 3000 亿美元,在肯尼迪回合谈判的基础上规定可以对发展中国家的某些产品取消关税,扩大了对发展中国家的贸易优惠,并且决定为世界贸易建立一个良好框架。

东京回合对前六轮谈判最大的超越,是在限制非关税壁垒措施上取得的成果。进口关税的总水平大大降低后,非关税壁垒问题日益突出,东京回合在海关估价、补贴与反补贴税、政府采购、贸易的技术壁垒、进口许可证程序等方面达成九个协议,包括修订《反倾销守则》。

东京回合对关贸总协定的基本条款进行了修改和补充。1979 年 11 月 28 日,关贸总协定缔约国全体成员国年会上通过“授权条款”规定:第一,发达国家单方面给予发展中国家以及发展中国家之间互相给予优惠待遇,这成为普惠制的长期法律基础;第二,整理根据关贸总协定设计的、为保障本国的财政和对外收支平衡而采用的贸易限制措施的方法和程序;第三,给予发展中国家以更大的灵活性,允许其为维持基本需求和谋求优先发展而采取贸易措施;第四项决定则涉及促进关贸总协定现行运转机制的通知、协商、争端解决及监督等事项。

1986—1994 年乌拉圭回合,主要讨论非关税、服务贸易、农产品贸易及其关税减让。就市场准入、非关税措施、保障条款、服务贸易、知识产权、投资措施以及多边贸易组织问题进行谈判,并拟定新的协议和规则,这是关贸总协定产生以来最复杂、最困难的一轮全球多边贸易谈判。据不完全统计,前 7 轮谈判中达成关税减让的商品就近 10 万种。在其生效的 40 多年中,发达国家的平均关税已经从 40% 左右削减为 4.7%,发展中国家和地区的平均关税削减到 15% 左右。“乌拉圭回合”谈判进一步削减关税 1/3 左右。

通过八轮多边贸易谈判,世界贸易格局发生很大改观。主要表现在:

其一,关税壁垒大为降低。到 1988 年,发达国家工业产品的平均进口关税水平,已由 20 世纪 40 年代的 54% 下降到 4.7%,发展中国家工业产品的平均进口关税水平也降为 14% 左右。乌拉圭回合将现行关税总体水平再削减 1/3。

其二,对非关税壁垒进行约束。非关税壁垒随着关税水平的下降而大量增加。据 1968 年资料反映,非关税壁垒措施约有 800 种,而据 1988 年统计,非关税壁垒措施达到 2500 多种。面对复杂、多样、实施范围广泛的非关税壁垒,关贸总协定采取了许多种措施,达成了包括海关估价、反倾销、反贴补、贸易技术壁垒等多项有关消除非关税壁垒的协议。乌拉圭回合又定出了旨在减少和取消包括数量限制在内的非关税措施的目标。

其三,确立争端解决程序。40 多年来,关贸总协定协调解决的贸易争端多达百余起。这些争端都是适用于关贸总协定争端解决程序最后阶段的起诉。通过协调,平息争端,在一定范围内制止了违反关贸总协定原则和法则的贸易措施的行为。

其四,使发展中国家获得某些优惠待遇。在关贸总协定"普惠制"等优惠待遇刺激下,许多发展中国家重视发展外向型经济,并上升为新兴工业化国家。发展中国家也利用关贸总协定提供的讲坛,为改善自己的国际经济地位而斗争。

其五,缔约国家和地区增多,总协定规则调节的范围不断扩大。到 1994 年底,关贸总协定的正式成员国已经由原来的 23 个发展到 128 个,成员国贸易总额约占世界贸易总额的 90% 以上。关贸总协定几乎包括了所有经济类型的国家。另外,关贸总协定主持的多轮谈判,着意补充修改总协定的规则框架,商谈服务贸易、知识产权以及与贸易有关的投资问题,使之适应国际经济贸易的新格局。

其六,初步建立起世界经济贸易秩序。关贸总协定的多边、无条件、较为稳定的最惠国待遇给予发展中国家特殊的、有差别的优惠待遇,现已成为国际贸易制度中得到普遍接受的重要基本原则,是关贸总协定向平等贸易的国际经济新秩序目标前进的又一重大进步。

总协定为上述目标而进行的努力和取得的结果,使战后国际经济秩序得到改善,资本主义世界尖锐对立的矛盾得到缓和,广大发展中国家获得较好的发展环境。尽管局部冲突不断,但自 20 世纪以来,世界上从来没有出现过这样长期地处于和平、繁荣和稳定的时期。在这一时期内,世界的贸易量增长了 10 倍多,世界贸易的发展速度长期超过世界国民生产总值的发展速度,各国经济贸易关系得到空前发展。

1995 年 12 月 12 日,关贸总协定 128 个缔约方在日内瓦举行最后一次会议,宣告关贸总协定历史使命的完结。根据乌拉圭回合多边贸易谈判达成的协议,从 1996 年 1 月 1 日起,由世界贸易组织取代关贸总协定。

世界贸易组织

1944 年 7 月举行的布雷顿森林会议,设想在成立世界银行和国际货币基金组织的同时,成立一个国际性贸易组织,从而使它们成为第二次世界大战后左右世界经济的"货币—金融—贸易"三位一体的机构。1947年联合国贸易及就业会议签署的《哈瓦那宪章》同意成立世贸组织,后来由于美国的反对,世贸组织未能成立。同年,美国发起拟订了《关贸总协定》,作为推行贸易自由化的临时契约。1986年《关贸总协定》乌拉圭回合谈判启动后,欧共体和加拿大于1990年分别正式提出成立世界贸易组织的议案。

乌拉圭回合谈判取得的进展,不仅就逐步取消进口许可证或配额、减让关税等方面达成了一系列多边协议,而且最终促成世界贸易组织的诞生。1994年4月15日在摩洛哥的马拉喀什市举行的关贸总协定乌拉圭回合部长会议决定成立更具全球性的世界贸易组织(WTO),以取代成立于1947年的关贸总协定。1995年1月1日,世界贸易组织正式成立,关贸总协定的历史使命随即宣告结束。

世界贸易组织的扩大

参加时间	数量	加入国家
1995.01.01	78	赞比亚、智利、阿根廷、奥地利、科特迪瓦、澳大利亚、多米尼克、坦桑尼亚、秘鲁、澳门、巴巴多斯、爱尔兰、巴基斯坦、巴拉圭、德国、加蓬、乌干达、乌拉圭、西班牙、丹麦、法国、芬兰、洪都拉斯、比利时、伯利兹、菲律宾、圭亚那、印度尼西亚、罗马尼亚、荷兰、科威特、肯尼亚、卢森堡、马耳他、哥斯达黎加、纳米比亚、巴林王国、冰岛、马来西亚、毛里求斯、加拿大、加纳、安提瓜和巴布达岛、摩洛哥、墨西哥、欧盟、意大利、捷克、美国、中国香港、匈牙利、新西兰、新加坡、泰国、巴西、日本、印度、英国、南非、塞内加尔、孟加拉、尼日利亚、挪威、圣文森特和格林纳丁斯、希腊、委内瑞拉、瑞典、葡萄牙、圣卢西亚、斯里兰卡、斯洛伐克、斯威士兰、苏里南、缅甸、文莱、韩国
1995.03—04	9	特立尼达和多巴哥、津巴布韦、多米尼加、土耳其、牙买加、突尼斯、古巴、哥伦比亚、以色列
1995.05—06	13	博茨瓦纳、多哥、吉布提、几内亚比绍、莱索托、马尔代夫、埃及、马拉维、马里、毛里塔尼亚、中非、萨尔瓦多、布基纳法索
1995.07	7	波兰、瑞士、危地马拉、布隆迪、塞拉利昂、塞浦路斯、斯洛文尼亚
1995.08—12	7	莫桑比克、列支敦士登、尼加拉瓜、玻利维亚、几内亚、马达加斯加、喀麦隆
1996	16	乍得、卡塔尔、阿联酋、厄瓜多尔、海地、格林纳达、贝林、安哥拉、保加利亚、卢旺达、巴布亚新几内亚、圣基茨和尼维斯、所罗门群岛、冈比亚、尼日尔、斐济

续表：

参加时间	数量	加入国家
1997	4	刚果（金）、蒙古、刚果（布）、巴拿马
1998.12.20	1	吉尔吉斯斯坦
1999.02.10	2	拉脱维亚、爱沙尼亚
2000.04.11	5	约旦、格鲁吉亚、阿尔巴尼亚、阿曼、克罗地亚
2001	3	立陶宛、摩尔多瓦、中国大陆
2002.01.01	1	中国台湾澎湖金门马祖单独关税区
2003	2	亚美尼亚、前南联盟马其顿共和国
2004.04.23	2	尼泊尔、柬埔寨
2005.12.11	1	沙特阿拉伯
2007.01.11	1	越南
2007.07.27	1	汤加
2008.5.16	1	乌克兰
2008.7.23	1	佛得角

资料来源：http://www.wto.org/english/thewto_e/whatis_e/tif_e/org6_e.htm

世界贸易组织是一个独立于联合国的永久性国际组织，负责管理世界经济和贸易秩序，其宗旨是：在提高生活水平和保证充分就业的前提下，扩大货物和服务的生产与贸易，按照可持续发展的原则实现全球资源的最佳配置；努力确保发展中国家尤其是最不发达国家在国际贸易增长中的份额与其经济需要相称；保护和维护环境。世界贸易组织的目标是建立一个完整的、更具有活力的和永久性的多边贸易体制。

世界贸易组织所代表的多边世界贸易组织协议的内容主要有：第一，数年内取消进口许可证和进口配额制；第二，减让关税（工业品平均减40%）；第三，知识产品、服务贸易等协议；第四，明确倾销与反倾销、补贴与反补贴的含义和相关规范；第五，贸易体制与解决贸易争端更加制度化、法律化。这些协议主要体现出以下4个基本原则。

第一是非歧视原则。它是世贸组织的基石，由无条件最惠国待遇和国民待遇原则组成。"最惠国待遇"指在货物贸易的关税、费用等方面，一成员给予其他任一成员的优惠和好处，都须立即无条件地给予所有成员。"国民待遇"指在征收国内税费和实施国内法规时，成员对进口产品和本国（或地区）产品要一视同仁，不得歧视。

第二是市场开发原则。世贸组织倡导成员在权利与义务平衡的基础上，依其自身的经济状况及竞争力，通过谈判不断降低关税和非关税壁垒，逐步开放市场，实行贸易自由化。

第三是公平贸易原则。世贸组织禁止成员采用倾销或补贴等不公平贸易手段扰乱正常贸易的行为,并允许采取反倾销和反补贴的贸易补救措施,保证国际贸易在公平的基础上进行。

第四是权利与义务平衡原则。世贸组织成员要履行世贸组织的义务,如遵守世贸组织的基本原则,履行承诺的减让义务,确保贸易政策法规的统一性和透明度。与此同时,世贸组织成员也享受一系列世贸组织赋予的权利,如参与制定多边贸易规则;在贸易伙伴不履行世贸组织义务,对本国(或地区)产业造成损失时,可提出磋商或诉诸世贸组织贸易争端解决机制,或在其他贸易领域获得相应补偿。此外,世贸组织成员在特殊情况下确实无法履行世贸组织义务时,可以向世贸组织申明理由,提出暂停或延期履行相关义务。

世界贸易组织具有如下职能。第一,负责世界贸易组织多边协议的实施、管理和运作,并促进其目标的实现,同时为诸边贸易协议的实施、管理和运作提供框架。第二,为谈判提供场所。世界贸易组织为其成员就多边贸易关系进行的谈判和部长会议提供场所。同时提供使谈判结果生效的框架。第三,争端解决。当世界贸易组织成员发生纠纷时,通过该组织的贸易争端解决机制来解决成员间可能产生的贸易争端,也是世界贸易组织最重要的职能之一。第四,贸易政策审议。世界贸易组织依靠贸易政策审议机制,审议各成员的贸易政策。主要是对各个成员的全部贸易政策和做法及其对多边贸易体制运行的影响进行定期共同评价和评审。其目的在于促进所有成员遵守根据多边贸易协议及诸边贸易协议的规则、纪律和承诺,增加透明度。第五,处理与其他国际经济组织的关系。世界贸易组织与负责货币和金融事务的国际组织如国际货币基金组织和世界银行及其附属机构进行合作,以增强全球经济决策的一致性,保证国际经济政策作为一个整体和谐地发挥作用。世界贸易组织分别于1996年12月和1997年4月与国际货币基金组织和世界银行签署了合作协议。第六,对发展中国家和最不发达国家提供技术援助和培训。给予发展中国家的特殊和差别待遇,包含在乌拉圭回合达成的大多数单独协议和安排中,这些规定中的一项内容是向发展中国家提供技术援助,以使它们能够履行协议所规定的义务。

作为正式的国际贸易组织,WTO在法律上与联合国等国际组织处于平等地位。它的职责范围除关贸总协定原有的组织实施多边贸易协议以及提供多边贸易谈判场所和作为一个论坛之外,还负责定期审议其成员的贸易政策和统一处理成员之间产生的贸易争端,并负责加强同国际货币基金组织和世界银行的合作,以实现全球经济决策的一致性。WTO 协议的范围包括从农业到纺织品与服装,从服务业到政府采购,从原产地规则到知识产权等多项内容。WTO 继承 GATT 的合理内核,包括其宗旨、职能、基本原则等,关贸总协定的有关条款,是 WTO 的重要组成部分,仍然是规范各成员间货物贸易关系的准则。

与关贸总协定只适用于商品货物贸易相比,世贸组织涵盖货物贸易、服务贸易以及知识产权贸易,所涉范围广泛得多。同时世贸组织是具有法人地位的国际组织,在调解成员国争端方面具有更高的权威性。世贸组织于 1995 年 11 月 29 日还成立争端解决机构,负责对世贸组织成员之间分歧进行仲裁。

作为世界上唯一处理国与国之间贸易规则的国际组织,世界贸易组织的建立,标志着世界贸易进一步规范化,世界贸易体制开始形成。作为世界多边贸易体制组织和法律基础的世界贸易组织,以其法人地位对所有成员方都有严格的法律约束力。因此,世界贸易组织的建立标志着一个以贸易自由化为中心,囊括当今世界贸易诸多领域的多边贸易体制大框架已经构筑起来。目前越来越多的国家和地区卷入贸易全球化潮流当中。

目前,世贸组织的贸易量已占全世界贸易量的 95% 以上。世贸组织与世界银行、国际货币基金组织一起,并称为当今世界经济体制的三大支柱。截至 2009 年年底,世界贸易组织成员国已经达到 153 个。目前,这个队伍还在不断增加。

世界贸易组织促进世界范围的贸易自由化和经济全球化。2005 年 12 月 13 日至 18 日,世贸组织第六次部长级会议在中国香港通过《部长宣言》,规定发达成员和部分发展中成员在 2008 年前向最不发达国家所有产品提供免关税、免配额的市场准入;发达成员 2006 年取消棉花的出口补贴,2013 年年底前取消所有形式农产品出口补贴。这些措施使全世界的关税水平大幅度下降,极大地促进世界范围的贸易自由化。此外,WTO 还在农业、纺织品贸易、安全保障措施、反倾销与反补贴、投资、服务贸易、知识产权以及运作机制等方面都作出有利于贸易发展的规定,这些协定和协议都将改善世贸自由化和全球经济一体化,使世界性分工向广度和深度发展,为国际贸易的发展奠定稳定的基础,使对外贸易在各国经济发展中的作用更为重要。

在世贸组织的推动下,世界市场的竞争由单一竞争转变为综合竞争、由粗放式竞争转变为集约式竞争。成员国竞争的基础是他们的综合能力,包括生产条件、需求条件、出口产业产品结构的健全、企业开拓国内外市场的战略以及机遇的运用与政府的管理决策。单一式的竞争让位于综合式的竞争,即在竞争中把货物贸易、服务贸易、投资、知识产权有机地结合起来;粗放式的竞争让位于集约式的竞争,即依靠拼价格、拼数量、拼优惠条件的竞争让位于非价格的优良投资环境、注意知识产权保护的竞争;企业金字塔式的组织机构让位于矩阵式灵活实用的组织机构;规模经济让位于规范经济。

世界贸易组织不是一个纯"自由贸易"组织,而是一个致力于"开放、公平、无扭曲竞争"的国际贸易组织,把成员国之间以协商实现共赢作为基本要求,从此,世界贸易进入协商管理贸易时代。各成员国的贸易政策建立在"双赢"基础上,"贸易保护"和"贸易制裁"的作用与含义都发生了很大的变化。它致力于扩大货物贸易、服务贸易和与贸易有关的投资措施的自由化,同时又致力于加强与贸易有关的知识产权的保护并允许各成员方对贸易予以必要的保护。而且,出于竞争的需要,保护措施可以向世贸组织未列入的措施领域发展,如生态环境、社会条款、技术、文化等方面。

但是,近几年,世界贸易组织在推进贸易自由化方面进展不大。贸易保护主义不断死灰复燃,自由贸易准则在世界范围内不断受到冲击。如西方贸易保护主义者希望向已失去竞争力的"夕阳产业"提供保护、美国经济刺激计划中的"购买美国货"条款、欧盟重新开始对奶产品提供出口补贴以及法国救助困境中的汽车业等举措和西方国家先后发生保护本国工人就业、抵制外籍工人的事件等紧密地联系在一起。与此同时,一些发展中国家也相继出台旨在保护国内产业和促进出口的政策。

贸易全球化

世界市场是一个历史范畴,早期的形成和发展同资本主义生产方式的建立和发展有着密切的关系,而真正意义上的世界市场的形成主要在第二次世界大战之后,主要变化是市场容量迅速扩大,其构成日益复杂,贸易集团和跨国公司在世界市场上占有重要地位。这被称为贸易全球化。

冷战结束以后,世界贸易得到更加迅速的发展,成为联系各国经济发展的重要纽带和拉动各国经济增长的重要力量。各国的商品不仅在本国,而且在国外与本国及其他国家的竞争者进行竞争。这种竞争最初是在有形商品之间展开的,随着经济与贸易的不断发展,进而在无形商品之间展开。

贸易全球化的发展,体现在其广度、速度和深度诸方面。从广度上看,参与贸易全球化进程的国家和地区越来越多。市场导向的改革将很多国家引入经济贸易全球化之中。拿关税及贸易总协定来说,1948 年生效时,只有 23 个签字国;20 世纪 80 年代增加到 90 个,1990 年增加到 100 个,1994 年年底达到 128 个。世界贸易组织成立后,其成员国日益增加,到现在已经达到 153 个。

从速度上看,贸易全球化发展迅速并领跑世界经济大盘。其明显标志之一是世界贸易增长率高于世界经济增长率。根据联合国贸易和发展会议《世界贸易回顾与展望(2003—2004)》和世界贸易组织《2004 年世界贸易报告》的统计数据,2003 年世界经济的增长率为 2.5%,世界贸易增长率为 4.5%。世界商品贸易总额从 1990 年的 3.44 万亿美元,增加到 2003 年的 7.27 万亿美元,增幅为 111%,世界服务贸易总额从 1990 年的 0.78 万亿美元,增加到 2003 年 1.76 万亿美元,增幅为 126%。世界贸易增长成为拉动各国经济增长,进而推动经济全球化迅速发展的重要力量。

世界商品出口及其份额(世界总额单位:亿美元)

类别	1948	1953	1963	1973	1983	1993	2003	2005
世界	590	840	1570	5790	18380	36750	73690	101590
北美	28.1%	24.8%	19.9%	17.3%	16.8%	18.0%	15.8%	14.5%
欧洲	35.1%	39.4%	47.8%	50.9%	43.5%	45.4%	46.0%	43.0%
亚洲	14.0%	13.4%	12.6%	15.2%	19.1%	26.1%	26.1%	27.4%

世界商品进口(10 亿美元)

类别	1948	1953	1963	1973	1983	1993	2003	2005
世界	62	85	164	549	1882	3769	7647	10511
北美	18.5%	20.5%	16.1%	17.2%	18.5%	21.5%	22.6%	21.7%
欧洲	45.3%	43.7%	52.0%	53.3%	44.2%	44.8%	45.3%	43.2%
亚洲	13.9%	15.1%	14.2%	15.1%	18.5%	23.3%	23.1%	24.7%

资料来源:WORLD TRADE REPORT 2007,www. wto. org/english/res_e/booksp_e/anrep_e/world_trade_report07_e. pdf,p199 - 200。

世界银行使用"贸易依存度(对外贸易总额/国民生产总值)"来衡量贸易全球化的深度。就整个世界而言,贸易依存度越高,表明全球化的程度越深;就一个国家而言,贸易依存度越高,表明这个国家的市场化程度越高,与国际市场的联系更紧密(二者成正比),对周边国家和地区的辐射力和经济拉动力也越强。根据有关历史资料和世界银行的统计,从 1820 年到 2003 年,世界出口依存度从 1% 上升到 20.8%,长期上升的趋势非常明显。并且,这一趋势在当代变得更加明显。1820—1950 年,世界出口依存度仅仅上升了 6 个百分点;而 1950—2003 年,世界出口依存度却上升了近 14 个百分点。根据统计,1960—2003 年,世界货物贸易出口的年均增长率为 9.9%,比世界生产总值年均增长率高 2 个百分点。同期世界货物贸易规模扩大了 57 倍,而世界经济总量只增长了 26 倍。在经济全球化不断发展的当代,贸易作为经济全球化的基本纽带,其增长速度明显大于生产的增长速度。[①] 世界贸易依存度的长期上升趋势表明,贸易在世界各国经济发展中的作用越来越重要。

可以说,除极个别国家外,世界各类国家都卷入了世界分工和贸易体系之中,对外贸易成为世界各国经济增长越来越重要的发动机。世界出口增长远远快于产出的增长,世界贸易依存度的稳步提升,成为贸易全球化日益加深的重要标志之一。

根据麦迪森的测算,1950 年到 2005 年,年均出口增长 6.2%,而 GDP 仅仅增长 3.8%。在很大程度上,这种超过 GDP 的增长得益于贸易自由化的措施。尽管直接投资仍然受到限制,各个国家仍旧放宽直接投资制度。"继续前些年的趋势,1993 年 57 个国家作出的 102 项立法修改中有 101 项是放宽外国直接投资制度的;1994 年,49 个国家作出的 110 项立法修改有 108 项也是为了这个目的。实际上,1991 年至 1994 年期间作出的 373 项外国直接投资规章修改仅有 5 项不是为了实行更大自由化的。"[②]根据 2005 年的数据,我们发现,实行贸易改革的国家逐年增加,采取的促进贸易自由化的措施日益增多(见下表)。

① "贸易依存度的国际比较",http://www.studytimes.com.cn/txt/2005 – 03/15/content_5811516.htm。

② 《1995 年世界投资报告:跨国公司和竞争力》,http://www.unctad.org/ch/docs/wir1995overview_ch.pdf,第 3 页。

中央标题

1991—2004 年贸易自由化的发展

项目	1991	1992	1993	1994	1995	1996	1997	1998	1999	2000	2001	2002	2003	2004
国家数目	35	43	57	49	64	65	76	60	63	69	71	70	82	102
改革措施	82	79	102	110	112	114	151	145	140	150	208	248	244	27
自由贸易措施	80	79	101	108	106	98	135	136	131	147	194	236	220	235
管制措施	2	–	1	2	6	16	16	9	9	3	14	12	24	36

资料来源：World Investment Reports 2005, TNCs and the Internationalization of R&D, http://www. unctad. org/ch/docs/wir2005overview_ch. pdf, 第 13 页。

随着科技的飞速发展、电子商务的崛起、贸易自由化的发展，世界贸易与国际经济环境的关联度加深。一些国家进一步放开市场，在更大范围和更深程度上参与国际经济合作与分工。与此相联系，国与国之间，地区与地区之间的市场依赖程度越来越高。世界贸易组织现在拥有 153 个成员（截至 2008 年 8 月），占世界国家或地区总数的 3/4，代表着全球 90% 以上的贸易规模。

1995 年以来世界贸易增长情况(%)

类别	实际贸易增长			
	1995—1999	2000—2004	2005—2006	2007
高收入国家	6.9	6.1	8.0	7.8
低收入国家	6.7	7.6	8.8	7.7
世界	6.8	7.2	8.6	7.7
类别	实际出口增长			
	1995—1999	2000—2004	2005—2006	2007
高收入国家	6.5	6.1	7.5	7.2
低收入国家	7.9	8.2	8.6	7.1
世界	7.6	7.7	8.4	7.1

资料来源：World Trade Indicators 2008, http://info. worldbank. org/etools/wti2008/docs/mainpaper. pdf, p41。

20 世纪 80 年代后期以来，随着高技术产业的加速发展，世界贸易的增长速度进一步加快。以 1995 年为基期指数 100，世界国内生产总值指数从 1990 年的 93 上升到 2002 年的 120，而同期世界商品出口量的指数从 75 上升到 143，世界商品出口量的增长幅度明显高于世界国内生产总值的增

全球化的历史考察

quanqiuhuadelishikaocha

440

长幅度。① 这不仅表明全球化程度在日益加深,而且表明世界贸易的快速增长成为拉动世界经济增长的引擎。

贸易的全球化首先是货物贸易的全球化,然后才是服务贸易的全球化。在全球化过程中,服务贸易的发展有着不同于货物贸易的独特趋势。

首先,呈现出加速发展的态势。自 20 世纪 60 年代以来,由于各国政府逐步放宽了对服务贸易的限制,国际服务贸易得到了迅速发展。1970年,国际服务贸易的出口额仅为 710 亿美元,而 1999 年则高达 13400 亿美元,29 年间增长了 17.8 倍,年平均增长率为 10.7%,不仅高于同期世界GDP 的平均增长率,而且高于同期世界商品贸易出口额的年平均增长率。服务贸易的增长不但快,而且还有不断加速的趋势。服务贸易在整个国际贸易中的比例,在 70 年代和 80 年代约为 20%,但在 90 年代已经上升到25% 左右。

其次,呈现出高科技化趋势。目前,国际高科技领域发展最快的是以计算机、通信技术为代表的信息技术(IT)产业,而信息技术产业的发展中心及发展的方向则是软性化的服务。由于世界服务贸易以高新技术为载体,服务产业与高新技术产业在当今世界经济中的作用越来越重要。许多新兴服务行业从制造业分离出来,形成独立的服务经营行业,其中技术、信息、知识密集型服务行业发展最快。其他如金融、运输、管理咨询等服务行业,由于运用了先进的技术手段,也很快在全世界范围内扩大。

其三,呈现出非平衡化趋势。世界服务贸易一直是以发达国家为中心而发展的。欧盟是世界上服务贸易额最大的地区,是服务贸易的净出口地区,其服务贸易的进出口额占世界的比例一直在 40% 以上。美国长期以来一直是世界最大的服务贸易进口国和出口国,1996 年美国服务贸易额占世界服务贸易总额的 17.6%。从世界服务贸易进出口额的国家排序来看,位居世界服务贸易前列的国家大多是发达国家。2005 年,在全球货物进出口贸易的前 10 位国家中,发达国家占 9 席,发展中国家只有中国占得1 席;在全球服务进出口贸易的前 10 位国家中,发达国家占 8 席,发展中国家只有中国和印度占两席。

为了更好地把握贸易全球化,世界银行推出《世界贸易指标》,综合国

---

① "世界经济与中国"研究组:"聚焦与评述:2005 年世界经济大事回眸",http://www.iwep. org.cn/info/content.asp? infoId=557。(2008 年 8 月 25 日)

际贸易中心、世界贸易组织、联合国贸易和发展会议和世界银行得到的主要贸易指标,对 210 个国家和关税地区的相关政策、数据进行基准化分析和比较。总体上看,世界各国关税逐步走低,最惠国关税 1995 年到 1999年平均为 14.1%,2000 年到 2004 年降到平均 11.7%,2007 年更降到9.4%,12 年里下降了 33%。高收入的国家仍然有世界最低的关税壁垒,与此同时,许多发展中国家异军突起。根据平均最惠国关税指标,格鲁吉亚、海地、亚美尼亚和毛里求斯排在最低关税国前 10 名。欧盟和日本并未列入前 10 位。从 21 世纪第一个十年开始,发展中国家大大降低了进口限制。埃及把平均最惠国关税从 47% 降低到 17%;塞舌尔的平均关税从28% 降低到 8%;印度从 32% 降低到 15%,而毛里求斯从 18% 降到了 3.5%。

但是《世界贸易指标》数据也表明,高收入的国家在最高关税方面仍然高出低收入国家很大一截。高关税主要集中在对许多发展中国家最有利润可言的出口领域。通过《服务贸易总协定》(GATS),锁定现阶段自由化程度将是向更雄伟的改革方案前进的重要的第一步,尤其是对低收入国家来说。完善低收入国家国内体制将促进他们的出口,特别是制造业和服务业领域的出口,同时,有助于开发新市场和新商品。[①]

世界市场的形成使各国市场逐渐融为一体,并极大地促进了全球贸易的发展。国际贸易的范围不断扩展,世界市场容量越来越大,各国对世界市场的依赖程度也日益增大。

① World Trade Indicators 2008, http://info. worldbank. org/etools/wti2008/docs/mainpaper. pdf

第二十章

构建全球生产网络

　　跨国公司依靠竞争优势进行跨越国界、跨地区界限的生产和经营，实施全球范围内最佳的资源配置和生产要素组合，已经成为生产全球化的主角。60 年代以前，跨国公司主要通过对生产链的上游初级产品的投资，获取发展中国家的廉价自然资源，在国内生产制成品，然后向全球推销产品。20 世纪 60 年代以后，跨国公司主要采取将生产外包的国际生产的方式；特别是 80 年代以来，跨国公司通过控制全球价值链，将生产过程中的研究开发、生产制造、市场营销加以分解，将直接生产环节放置到全球化生产中，直接掌握价值增值高的研究开发和营销服务环节。这个过程促成全球产业转移和全球生产网络的形成。

跨国公司的崛起

　　20 世纪 60 年代以后，"跨国公司""多国公司""国际公司""环球公司""宇宙公司"等类名称经常在西方报刊出现。这是一个实践先于理论的典型案例。1974 年 8 月，联合国经济及社会理事会通过决议，统一使用"跨国公司"这一名称。1980 年，联合国对跨国公司作出权威定义：(1)是一个工商企业，组成这个企业的实体在两个或两个以上的国家经营业务，而不论其采取何种法律形式经营,也不论其在哪一个经营部门经营;(2)这种企业有一个中央决策体系,因而具有共同的政策,这些政策反映企业的全球战略目标;(3)这种企业的各个实体分享资源、信息,也分担责任。由于跨国公司一般是通过对外直接投资,在国外设立分支机构和子公司、从事世界规模的生产、销售或其他经营活动,以获取高额垄断利润的国际性垄断企业,苏联学者将跨国公司称为跨国垄断组织或现代国际托拉斯和康采恩。简单地说,跨国公司就是"以世界为工厂,以各国为车间"。

其实,早在19世纪末20世纪初,在垄断统治形成和巨额资本输出的基础上,主要资本主义国家的一些垄断企业就开始在国外投资进行生产,发展成为早期的跨国公司,如美国通用电气公司、福特汽车公司、英荷壳牌石油公司、德国电气公司等。在两次世界大战之间,跨国公司的数目、规模和国外投资分布地区继续扩展,但基本上还是以局部地区为重点,其经济实力和业务经营的规模也没有达到现代跨国公司的程度。因而国际卡特尔仍是当时帝国主义国家从经济上瓜分世界的普遍形式。

二次大战后,由于整个世界的政治、经济环境发生了变化,生产力水平不断提高,技术更新速度不断加快,运输、通讯条件不断改善等诸多因素,使跨国公司获得了迅速的发展。20世纪70年代以来,跨国公司呈现蓬勃发展的势头,越来越多的公司包括众多的中小企业纷纷进入跨国公司的行列,跨国公司数量不断攀升。据联合国跨国公司中心统计,1968年全球共有7276家跨国公司,它们在全世界的分支机构、子孙公司总计27.3万家。到1988年,全球跨国公司总数已增至2万家,它们的子孙公司则达100万家,分布于世界160多个国家和地区。

由于美国在第二次世界中形成强大生产能力和科技实力,战争结束后,这些跨国公司全面活跃并加速发展。20世纪50—60年代是美国跨国公司全面扩张时期。无论是跨国公司的数量,还是经营规模和经济实力,美国都当之无愧名列第一。到1971年,全世界650家最大跨国公司,美国占有358家,占55%,其中销售额在100亿美元以上的有3家;100亿到50亿之间的有9家;50亿到10亿之间的有115家;10亿到5亿之间的有115家;5亿到3亿之间的有116家。[①] 其他国家跨国公司的数量和规模都远远落在美国后面。

① 联合国秘书处经济社会事务部:《世界发展中的多国公司》,第155—156页。

20 世纪 70 年代,跨国公司继续扩张。按照 1978 年美元价格计算,全世界外国投资总额,1967 年为 1050 亿美元,1971 年增加到 1580 亿美元,1975 年又增加到 2590 亿美元。而跨国公司越来越多地卷入国际业务,呈现出在广泛基础上跨越工业部门、跨越国界的发展趋势。以美国为基地的 180 家跨国公司在 1951—1966 年每年平均增加子公司 456 家,1967—1969 年平均增加 954 家,1970—1972 年平均增加 801 家,1973—1975 年平均增加 563 家,相应地从子公司网减少的数目也在增加。按照固定价格计算,国外子公司销售额和全部销售额分别以每年 11.1% 和 6.2% 的速度增长。①

20 世纪 70 年代到 80 年代是日、欧跨国公司崛起的时期,美国的全球经济地位受到极大冲击。美国在世界经济中所占份额从 35% 下降到 20% 左右,欧洲和日本的经济实力大大增强。

这个时期,日本跨国公司积极推进全球化经营战略,从发达国家获得技术和市场,减少贸易摩擦,从发展中国家获取廉价劳动力和原材料,将日本的总公司变为世界范围的总公司,在世界范围内设置生产据点和销售点,架构国际信息网络,在全球范围内实行国际分工,建立全球研究开发体系等。由于这些举措,日本取得极大成功。从 1950 年到 1973 年,日本经济的年均增长率达到 10%,这个指标是美国的 4 倍。从 1974 年到 1989 年,日本经济年均增长率为 4.5%,仍然是美国的两倍。而日本的 GNP 在全球 GNP 总额中所占比例在 1950 年时是 3%,到 1989 年达到 18% 的峰值。1985 年,日本成为世界最大债权国。

2001 年世界跨国程度最高公司销售的区域分布(单位:%)

财富 500 排名	公司名称	国别	跨国销售	北美	欧洲	亚太	集中度
147	诺基亚	挪威	49.0	25.0	49.0	26.0	全球化
288	罗氏	瑞士	36.8	38.6	36.8	11.7	双地域
194	ABB	瑞士	53.9	25.1	53.9	11.3	本地导向
143	飞利浦	芬兰	43.0	28.7	43.0	21.5	全球化
263	北电网络	加拿大	54.4	54.4	–	–	本地导向
423	斯道拉恩索	芬兰	69.2	19.5	69.2	7.1	本地导向
301	阿斯利康	英国	32.0	52.8	32.0	5.2	东道国导向
267	沃尔沃	瑞典	51.6	30.2	51.6	6.0	本地导向
140	葛兰素史克	英国	28.6	49.2	28.6	–	双地域

① 联合国跨国公司中心:《再论世界发展中的多国公司》,商务印书馆,第 50—53 页。

随着全球经济一体化步伐的加快,跨国公司在国外资产的比重会越来越高,统计表明,跨国公司100强平均41%的资产在国外,美国花旗银行在国外的资产占整个资产的51%。从全球产销情况看,美国80%的出口由跨国公司来完成。这就说明,所谓经济全球化实际上不是以国家之间而是以各个跨国公司为轴心,进而推动和完成的。

跨国公司(TNCs)在许多方面,都是最强大的跨国行动的代表。就全球性的力量和范围而言,世界上最大的经济实体一半是跨国公司而不是国家。目前,国际市场上年销售额在130亿美元以上的跨国公司约1000家,而美国和日本各占1/3,总数多达662家。据统计,世界上80%国家的国民生产总值低于美国通用公司创造的产值。

跨国公司不仅具有巨大的经济优势,而且还具有最大的技术优势,目前跨国公司的研究与开发投资占全球的90%,掌握全球80%的最新技术。以世界知识产权组织(WIPO)公布的1999年申请国际专利的企业排名来看,美国、德国、日本等国仍然是产业技术进步的主角。据联合国工业计划署的不完全统计,当今世界共有名牌商品约8.5万种,而其中90%以上的名牌所有权归属于工业发达国家或地区。由此可见,跨国公司已成为国家经济与科技实力的显著标志。

美国跨国公司出口情况

年代 类别	1983		1998	
	总出口	公司内贸易	总出口	公司内贸易
低技术制造业	30.9	22.9	21.4	13.9
中等技术制造业	45.1	48.6	39.3	43.0
高技术制造业	24.0	28.5	39.3	43.1

资料来源:WORLD INVESTMENT REPORT 2002:Transnational Corporations and Export Competitiveness,www.unctad.org/en/docs/wir2002_en.pdf,p288.

尽管总体上跨国公司仍然以发达国家为主,发展中国家力量也开始异军突起。在世界非金融跨国公司100强排行榜上,来自发展中国家的跨国企业从2004年的5家增加到2005年的7家。这些跨国公司正在国际化,进程尤其迅速。亚洲占发展中国家跨国公司100强中的78家,非洲和拉丁美洲各占11家。这些跨国公司经营的范围比发达国家跨国公司更为广泛。① 根据波士顿顾问集团 2006 年报告,来自快速发展经济体的 100 家顶尖公司,2000 年到 2004 年年均增长率 24% ,是美国 GDP 增长率的 10 倍,日本的 24 倍和德国的 30 倍,2004 年实现收入 7150 亿美元,等于墨西哥和俄罗斯 2004 年的 GDP 总值,2000 亿美元的收入来自国际销售。②

跨国公司的发展在不同时期具有不同的特征。在信息经济和全球一体化条件下,现代跨国公司的发展呈现出新的趋势。国际战略联盟成为跨国公司发展模式的新趋势。20 世纪 90 年代以来,随着竞争的不断加剧,许多跨国公司深感仅凭自身的资源无法实现企业的战略目标,客观上要求它们改变竞争方式,形成合作竞争,国际战略联盟成为跨国公司发展模式的新趋势。据《1997 年世界投资报告》统计,跨国公司之间各种联盟协议的数量明显增加,从 1990 年的 1760 份增加到 1995 年的 4600 份。按联盟各方合作在价值链上的位置及其相互关系,可将其分为研究开发型、资源补缺型和市场营销型的国际战略联盟。

自 20 世纪 90 年代以来,跨国并购取代新建投资,成为跨国公司扩张的主要手段。全球完成的跨国并购价值从 1987 年的 745 亿美元,剧增到 2000 年的 11438 亿美元。这期间,有两次高潮:其一是 1988—1990 年间,另一次是 1995—2000 年。2000 年跨国并购价值已占世界 FDI 流出量的 77% 。这种并购主要发生在发达国家。2000 年,发达国家跨国并购额占世界跨国并购总额的 92% ,2000 年,美国跨国并购出售额达到 3244 亿美元,占发达国家跨国并购出售额的 31% 和世界跨国并购出售额的 28% ,是跨国并购最大的目标国家。如 1998 年,英国石油公司以 550 亿美元收购美国阿莫科公司,德国戴姆勒—奔驰公司以 405 亿美元收购美国克莱斯勒公司等。同时,10 亿美元以上的巨额并购案比重极高,这类并购占有举足轻重的地位。2000 年,英国沃达丰公司收购德国曼内斯曼公司,创造 2000 亿美元的高价,迄今这项纪录还没有被打破。

跨国公司势力伸及全球。跨国公司以世界市场为大舞台,在多数国家进行投资,利用全球资源,在世界大多数国家开展市场营销活动。据统计,全球最大的 100 家企业中,海外销售额占总销售额 50% 以上的企业多达一

---

① World Investment Report 2007:Transnational Corporations, Extractive Industries and development,http://www.unctad.org/ch/docs/wir2007overview_ch.pdf,第 10 页。

② The Boston Consulting Group,The New Global Challengers, www.bcg.com/publications/files/New_Global_Challengers_May06.pdf,p10。

半以上。目前,至少75%的世界直接投资来自跨国公司。国际贸易的67%是通过跨国公司内部贸易以及与第三方贸易实现的。

主要发达国家中,生产能力转移的比例也在不断上升。例如,日本的出口额中,出口给海外制造业子公司的中间产品所占比例已经从1994年的20%上升到1999年的29%。美国跨国公司的出口中,出口给国外子公司以进一步加工的中间产品所占比例从1989年的57%增至1999年的68%。90%的美国公司中,其公司内部业务中至少有一项被外包。在美国企业中,业务外包到海外的比例2003年为5%,2007年将提高到23%。同时,跨国公司海外子公司之间的出口比例也在上升。由于这些跨国公司的子公司有上半左右分布在发展中国家,因此跨国公司的直接投资对发展中国家的经济及产业结构调整都有重大影响。

在各种国际经济事务中,有很大一部分被跨国公司结合外国直接投资、技术、金融和贸易等各种流动手段内部化了。现在世界上绝大部分跨国公司都控制在发达国家手中,美国国际贸易的80%与跨国公司有关,其中1/3为跨国公司内部贸易。

戴维·赫尔德对于这种产业内贸易作出如下看法:"发达国家不是通过不同的工业结构在国家间从事不同商品的贸易,而是在从事类似商品的贸易。这种产业内贸易使国内生产商在同一产品上直接与外国生产商竞争,这种情况又强化了全球竞争的动力,并有助于全球市场的发展。几乎按照任何标准,产业内贸易都占发达国家制成品贸易的大部分,而是第二次世界大战后大部分时期内最有活力的因素。""产业内贸易对于理解新的国际劳动分工很重要,它还有助于解释当代贸易的相对增长和发达国家间贸易的相对上升。"①

全球产业转移

在全球化时代,国际产业转移始终是一个回避不了的话题。什么是产业转移?产业转移是指在市场经济条件下,发达地区的部分企业顺应区域比较优势的变化,通过跨区域的直接投资,把部分产业的生产从成本高的地方转移到成本低的地方,转移到发展中地区进行,从而在产业的空间分

---

① [英]戴维·赫尔德等:《全球大变革》,第243页。

布上表现出该产业由发达地区向发展中或欠发达地区转移的现象。战后60余年来,全球产业结构大体上经历了三次大转移,出现三次重大调整。

第一次发生在20世纪50年代。由于冷战格局的形成,美国把战略意义十分重大的钢铁、纺织等传统工业转移到日本、加拿大、西德等国家,而美国则凭借自身雄厚的科学技术实力,重点发展半导体、电子计算机、医药、通讯等技术密集型产业。日本、西德等国家和地区由于有效地承接了美国的产业转移,从战后经济的恢复增长中迅速发展,加快了其工业化的步伐,产业结构调整也迅速地完成,经济实力大为改观,为日后成为经济大国和综合实力强国奠定了基础。产业转移已拓展至工业制成品领域,由消费资料产业向生产资料产业、轻工业向重工业、原材料工业向加工、组装工业演化。这种结构演进趋势,同工业化国家突破一国限制,在全球范围内进行结构调整的趋向吻合。

第二次发生在20世纪60—70年代,日本、西德等国随着科学技术和经济实力的增强,也加快了产业结构的调整,把部分劳动密集型产业转移到一些发展中国家和地区,如东亚地区。同时,把产业结构的调整定位于电子集成电路、机械制造、精细加工、家电、汽车、航空飞行器等消耗能源和原材料少而附加值高的技术密集型产业。"亚洲四小龙"等国家和地区由此而获得了借扩大劳动密集型产业进行加工和出口的机遇,逐步实现了由进口替代型产业向出口加工型产业的过渡,成为新兴工业化国家和地区,一度成为世界经济发展最为迅速的地区之一。到80年代中后期,日本在新兴的半导体产业方面超过美国,赢得了全球半数以上的市场份额,工业总产值占世界的份额达到了10%左右,出口产品以机电设备、汽车、家用电器、半导体等附加值较高的技术密集型产品为主,成为公认的世界工厂和制造业中心。在美国这一世界制造业中心外形成了又一新的制造业中心。

第三次发生于20世纪90年代。随着发达国家和新兴工业化国家与地区科学技术的发展以及产业结构不断调整、升级,产业结构中第一产业、第二产业比重下降,而第三产业比重不断增加,在工业方面主要发展以信息技术、生物医学技术为标志的技术密集型和知识密集型的高科技产业以及以金融、证券、保险等为重点的服务产业。在这种情况下,发达国家和新兴工业化国家逐步把劳动密集型产业、一般技术型产业、能源消耗大而附加值低的产业逐步转移到发展中国家和工业基础较薄弱的国家和地区。

而大部分发展中国家和地区为了发展本国的经济,实现工业化,采取积极措施,主动迎合当前国际产业转移的流向,承接适合本国或本地区发展的产业。

20世纪80年代以前,国际产业转移具有较明显的线性、单向的特征。具体表现在以下四方面:一是国际产业转移一般由劳动密集型产业开始,逐步向资本、技术密集型产业推进;二是国际产业转移主要在发达国家与发展中国家之间展开;三是国际转移的通常是已经标准化的技术和产品,或是在转移国已经成熟或趋于衰退的产业;四是国际产业转移一般由加工装配开始,逐步向本土化生产过渡,并最终完成转移国与承接国的产业升级。

发达国家与发展中国家制造业比较(%)

类 别	制成品增加值世界份额				制成品出口世界份额			
	1980	1990	2000	2003	1980	1990	2000	2003
发达国家	64.5	74.1	74.9	73.3	74.1	77.9	67.3	65.4
发展中国家	16.6	17.0	22.8	23.7	18.9	18.3	28.9	29.7

资料来源:UNCTAD, TRADE AND DEVELOPMENT REPORT 2006, http://www.unctad.org/en/docs/tdr2006_en.pdf,p181.

进入20世纪80年代中期后,随着经济全球化进程的加快和知识经济时代的到来,国际产业转移发展到了一个新的阶段,国际产业转移的重心开始由原材料向加工工业、由初级产品工业向高附加值工业、由传统工业向新兴工业、由制造业向服务业转变。目前西方发达国家对国外服务业的投资已占其对外投资总额的60%以上。资本、技术密集型产业转移占国际产业转移和国际投资总额的比重也由80年代的46%以下提高到90年代的50%以上。

国际产业转移实质是生产要素在全球范围内的重新组合。当代全球产业转移主要有两种方式:一是在发达国家间通过相互投资、企业兼并或联合研发来拓展市场、更新技术,实现技术与资本密集型产业的升级。二是以直接投资或并购方式,把劳动和资源密集型产业转移到发展中国家。对于发达国家来说,通过产业转移,可以调整和优化产业结构,实现全球发展战略目标。对于发展中或欠发达国家和地区来说,通过承接国内外的产业转移,可以利用他国的资金和技术,加快产业结构升级,促进经济发展,甚至可以实现区域经济跨越式发展。

根据彼得·迪肯的研究,目前世界绝大多数制造业集中在为数很少的国家/地区,单美国、日本和德国这三个国家占有世界制造业产量的60%。但是和20世纪50年代相比,可以看到明显的产业转移发生。"从1953年到(20世纪)90年代末,工业化国家/地区占全球制造业总产量的比重从95%下跌到77%,而同期发展中国家/地区的份额则翻了两番,达到23%。"与此同时,发展中国家/地区制造业出口也表现突出,从1960年只有20%上升到超过50%。更为显著的是,在70年代末,发展中国家/地区的制成品出口首次超过其食品和初级产品出口。从70年代开始,这些国家/地区制成品出口总体上是初级产品出口增幅的2倍。①

国际产业转移已不局限于发达国家与发展中国家之间,发达国家之间、发展中国家之间的产业转移已成为另两种需关注的渠道。不仅如此,国际产业转移已深入到跨国公司之间和跨国公司内部,是跨国公司在全球进行资源配置和公司内分工的一种实现机制。其次,产业转移已不单纯是在市场这只无形的手的调控下进行,国家、跨国公司成为影响国际产业转移的另两股重要力量。其三,突破了原先的把整个产业抛向他国的模式,留住高附加值的产业链环节。其四,产业转移的目的,并不局限于衰退产业的转移和加速培育新的主导产业,而是更注重整个产业在全球的优势整合以寻求全球竞争优势。其五,除国际贸易和国际直接投资外,跨国战略联盟已成为国际产业转移的另一种重要的实现机制。

国际产业转移主要是通过资本的国际流动和国际投资来实现的,往往是从劳动密集型产业的转移开始,进而到资本、技术密集型产业的转移,是从相对发达的国家转移到次发达国家,再由次发达国家转移到发展中国家和地区,逐层推进。近些年,发达国家向发展中国家转移生产能力达到了一个新的阶段。

世界银行统计资料显示,20世纪50—80年代,国际产业转移主要以初级产品加工和原材料为主,并且主要是由发达国家向发展中国家单向进行转移。进入90年代以后,国际产业转移不仅由发达国家向发展中国家进行,也有发展中国家的劳动密集型产业向发达国家和次发达国家转移,并且其重心开始由原材料工业向加工工业、由初级工业向高附加值工业、由

① ［英］彼得·迪肯:《全球性转变——重塑21世纪的全球经济地图》,商务印书馆2007年版,第32—34页。

传统工业向新兴工业、由制造业向服务业转移,其中第三产业中的金融、保险、旅游和咨询等服务业和资本技术密集型产业是当前国际产业转移的重点领域。21世纪,知识经济将进入快速发展阶段,国际产业转移结构高度化、知识化有进一步加强的态势。

服务业成为国际产业转移新热点。近年来,跨国公司开始了新一轮全球产业布局调整,服务业向新兴市场国家转移的趋势也渐趋明显,外国直接投资的结构已转向服务业。根据《2004年世界投资报告:转向服务业》,在20世纪70年代初期,该部门仅占全世界外国直接投资存量的四分之一;1990年这一比例占不到一半;而2002年,它已上升到约占60%,估计为4万亿美元。在同一时期,初级部门占全世界外国直接投资存量的比例由9%下降到6%,而制造业降幅更大,由42%降至34%。

近几年出现了产业链整体转移的新趋势。由于跨国公司社会化协作程度高,横向联系广,一家跨国公司的投资往往会带动一批相关行业的大量投资。跨国公司把非核心的生产、营销、物流、研发乃至非主要框架的设计活动,都分包给成本更低的发展中国家的企业或专业化公司去完成,不仅减少了固定投入成本,而且达到了在全球范围内利用最优资源的目的。从产品价值链看,跨国公司所控制的价值增值环节集中于少数具有相对竞争优势的核心业务,而把其他低增值部分和简单的生产加工外包给较不发达国家的供应商。

跨国公司寻求战略优势的领域

战略门类	自然资源优势	市场优势	效率优势	战略要素优势
商品生产	石油 天然气 矿产	汽车 食品 烟草 饮料 电子设备	汽车 电子服装	制药 芯片设计
服务生产	自然资源的运输	金融 通讯 零售 电力销售	物流 区域总部	研发中心

资料来源:Michael Mortimore,Globalization & Transnational Corporations,UNCTAD Intensive Training Course on International Investment Agreements,16 September,2003。

此时,产业转移不再是个别企业的孤立行为,而是在国际生产的网络或体系的基础上,形成了以跨国公司为核心、全球范围内相互协调与合作的企业组织框架。通过这些国际生产网络,产业转移的速度和范围都达到了一个新的水平。

据联合国贸发会议的研究,目前以产业资本为主体的转移高潮已经过去,新一轮以跨国企业并购为主题的全球化正在到来。如果说前一轮以产业资本转移为代表的经济全球化主要集中在产品市场竞争,那么,新一轮以金融资本为载体的全球化则将重心转向了要素与资本市场。

全球生产网络的形成

第二次世界大战以前,国际分工基本上是产业间国际分工,表现在亚、非、拉国家专门生产矿物原料、农业原料及部分产品,欧美国家专门进行工业制成品的生产。第三次科学技术革命对当代国际分工产生了深刻的影响,使国际分工的形式和趋向发生了很大的变化,突出地表现在使国际分工的形式从过去的部门间专业化向产业部门内专业化方向迅速发展起来。产业内部国际分工主要有 3 种形式:第一,同类产品不同型号规格专业化分工。在某些部门内某种规格产品的国际生产专业化,是部门内国际分工的一种表现形式。第二,零部件专业化分工。许多国家为其他国家生产最终产品而生产的配件、部件或零件的专业化。第三,工艺过程专业化分工。这种专业化过程不是生产成品而是专门完成某种产品的工艺,即在完成某些工序方面的专业化分工。

这个结构基于全球价值链的理念。全球价值链是指为实现商品或服务价值而连接生产、销售、回收处理等过程的全球性企业网络组织,涉及从原料采购和运输,半成品和成品的生产和分销,直至最终消费和回收处理的整个过程,散布于全球各地的处于价值链上的企业进行着从设计、产品开发、生产制造、营销、交货、消费、售后服务、最后循环利用等各种增值活动,所创造的价值和利润在各个组织者和参与者之间分配。每一种生产功能都会找出最合适的区位,再与正好位于此区域内的网络里的新公司连接。形象点说,现在生产一个产品所用的资金、原料、技术和劳动力很可能来自不同的国家和地区,并且销往不同的国家和地区。

跨国公司通过参股和非参股形式介入生产活动,"这种进程的互相推动性质以及它对整个经济发展的推动作用称为通过跨国公司协助下互相推动的重振工业结构实现的'串联式发展'"①。

————————

① 《1995 年世界投资报告:跨国公司和竞争力》,http://www. unctad. org/ch/docs/wirl995overview_ch. pdf,第 35 页。

　　跨国公司的全球运作,出现全球范围内的产业转移,形成跨国的产业链和供应链。跨国公司的全球运作使得一个产品不是在一个国家内部生产,它的生产是跨国进行。由于跨国公司的全球运作,使得大规模的国际投资和国际贸易不断发展。全球资本的流动率以一个很高的速度在发展,特别是像发展中国家这样一些具有很大市场潜力的资本流动出现了大规模的转移。

　　制造产业专业化分工日趋全球化,产业价值链在全球范围内分化。各国制造业的分工正在演变成为世界性的产业分工,专业化程度加剧,并且制造业价值链在全球范围日益分解,世界各国依据创新能力的不同,占据价值链的不同位置,高端研发和销售基本为发达国家所占据,低端生产制造主要分布于发展中国家。跨国公司通过建立独资企业、合资企业,乃至实行许可证和分包生产,"所有这些形式的中心和共同点是,跨国公司保持对关键资产的控制,因而也就控制了生产或销售过程(或两者兼而有之)的关键环节"①。

　　早期的跨国企业以国内企业为主进行分工合作,自己拥有生产制造设施与技术,产品完全由自己制造;在资源的利用上,仅限于利用东道国的原材料、人员或资金等。与早期的跨国公司组织结构和战略不同,在全球经济一体化的趋势下,在地区和全球两个层面上,跨国公司和国际企业利用它们的全球发展战略在全球范围内实现投资、开发、生产、采购和销售的最优化,并且形成以这些企业为核心和先导的全球化的供应链。这种产业组织方式就形成了以这些企业为核心的,把上下游企业联系在一起,形成分工合理、运作有序、管理严密的企业网络。单个企业(主要是跨国公司)的国际化生产向纵深推进,其跨国经营的分支机构在数量上和地域上极大地扩展,在组织安排和管理体制上超越国界;借助跨国公司以及分支机构间多种形式的联系,逐步建立以价值增值链为纽带的跨国生产体系,处于国际分工不同层次的国家被有机地纳入在国际生产体系之中。

---

① 《1995年世界投资报告:跨国公司和竞争力》,第31页。

公司名称	来源国	1983 年	1993 年
皇家壳牌	荷兰 英国	奥地利、比利时、联邦德国、卢森堡、瑞士、美国	奥地利、比利时、法国、德国、卢森堡、瑞士、美国
福特汽车	美国	比利时、加拿大、法国、联邦德国、瑞士、英国	比利时、加拿大、法国、日本、德国、瑞士、英国
通用汽车	美国	比利时、加拿大、法国、日本、联邦德国、英国	比利时、加拿大、法国、德国、英国、
埃克森石油	美国	比利时、联邦德国、法国、荷兰、瑞士	比利时、法国、德国、日本、荷兰、瑞士、英国
IBM	美国	奥地利、比利时、加拿大、法国、联邦德国、日本、荷兰、瑞士、英国	奥地利、比利时、加拿大、法国、德国、日本、荷兰、瑞士、英国
英国石油	英国	法国、联邦德国、荷兰、瑞士、美国	加拿大、法国、德国、日本、荷兰、瑞士、美国
雀巢咖啡	瑞士	奥地利、法国、联邦德国、荷兰	奥地利、法国、德国、日本、荷兰、英国
ABB	瑞典 瑞士	英国、美国	奥地利、丹麦、芬兰、德国、英国、美国
菲力普电子	荷兰	奥地利、比利时、法国、卢森堡、联邦德国、瑞士、英国、美国	奥地利、比利时、法国、德国、卢森堡、瑞士、英国、美国
美孚石油	美国	加拿大、法国、联邦德国、荷兰、瑞士、英国	加拿大、法国、德国、日本、荷兰、瑞士、英国
上市国家总数	– –	58	70

资料来源：WORLD INVESTMENT REPORT 1993：Transnational corporations and integrated international production，www. unctad. org/en/docs/wir1993_en. pdf，p140.

上表说明，世界跨国公司越来越多地在其他国家上市交易，变得更加国际化。在这里，生产本身发生了变化。第一是生产模式发生了变化，出现虚拟制造，在这种方式下，制造企业广泛利用别国的生产设施与技术力量，在自己可以不拥有生产设施与制造技术知识产权的情况下，制造出最终产品，并进行全球销售。它们仅掌握产品设计、关键技术，授权国内外生产厂商按其要求生产产品，自己则在全球建立营销网络，进行产品的广告宣传与销售及提供售后服务。如耐克公司的产品生产就采用这种方式。第二则是制造业的区域布局发生了变化，形成跨越任何国家疆域边界与法律范围的全球协同发展的制造网络。许多制造业企业几乎把所有产品都分解为成百上千个零部件，分配到全球范围内的各个企业加工制造，自己负责产品的总装与营销。如波音 747 飞机，含有约 450 万个零部件，来自近10个国家，1000多家大企业，1.5万多家小企业。波音公司所完成的不过是科技的设计、关键零部件的生产和产品的最终组装而已。据统计，目前全世界有40%的产品是由跨国公司生产的。

"模块化"就是将原来的生产制造过程分解为一些功能和结构相互独立的标准模块，然后按照产品生产的特定需求对这些标准模块进行组合而完成产品的生产。模块化生产深化了分工，使企业可以专注于自己有优势或关键的生产模块，而将其他生产模块置于生产成本较低或有这方面生产优势的国家进行。模块化的出现与发展，使得越来越多的跨国公司将资源集中在产品价值链中收益高的上游环节和下游环节(研究与开发、销售与市场等)，而将收益低的中间环节(生产制造、加工装配)转移到发展中国家的企业进行，这一过程就是发展中国家开始逐渐参与到产品国际生产的过程中。

这时传统的企业间个体竞争模式逐渐被结盟企业之间的群体竞争模式所替代，新竞争格局逐步形成。在新竞争环境下，企业成长不再简单地依赖于内部的资源及其管理，同时还依赖于联盟伙伴企业的资源状况、行为以及相互之间的合作。网络中的企业通过与其他企业建立合作关系迅速获得网络化成长。

由于利润在各个环节分配不同，跨国公司总是倾向于控制获利最多的环节。这样跨国公司就不再单纯依赖于规模及地理优势，而是试图将其星罗棋布的工厂整合为紧密的整体，建立全球生产体系，以创造新的制造规模优势。

丰田汽车的国际生产体系(辆)

地 区	子公司数量	生产数量	销售数量	出口数量
北 美	4	1088463	1893600	156045
欧 洲	5	219542	666000	168113
亚洲(除日本)	9	374096	721000	71053
非 洲	1	77479	126500	2224
拉 美	3	17838	107500	16899
日 本	--	4046637	2291503	1749041

资料来源：WORLD INVESTMENT REPORT 2002：Transnational Corporations and Export Competitiveness，www. unctad. org/en/docs/wir2002_en. pdf，p. 284.

国际生产体系的一体化程度更高，而且更强调整个生产体系的效率。这样，国际市场上的竞争就更多地改变为跨国公司主导的生产体系之间的竞争,完整的产业链条之间的竞争,而不再是单个企业或厂商之间的竞争。现在跨国公司每年创造的 GDP 占全球 GDP 的 10%,出口额占全球出口额的1/3,所掌握的高新技术占全球高新技术的 70%,境外直接投资占该项投资的 90% 以上。

这样,人们就不能简单地把跨国公司称为总部与子公司或子公司之间的有机联合体了。跨国公司正在通过不受时空限制的网络组织,迅速地在全球范围内调动、使用和分配资源。目前的国际生产已经突出地表现为跨国公司在地区或全球范围内按照各国的比较优势配置其价值链上的各个环节,并且各个环节采取各种方式紧密结合起来,构成一体化的国际生产体系,最终服务于地区和全球市场。而在一体化的跨国公司国际生产体系中,涉及的大量中间产品、技术、资金、服务及无形资产的流动,已不仅仅发生在母公司与海外子公司之间,而且越来越多地发生在海外子公司之间。统计资料显示,美国跨国公司子公司之间的贸易占整个公司内部贸易的比重在 1977 年为 37%,1983 年上升到 53%,1996 年进一步增长到 60%。在这一体系中,跨国公司母公司与海外子公司的关系日益密切,跨国公司更多的已不再是一个层级结构,而更接近于网络结构。

跨国公司通过在全球范围设立营销服务、制造组装和研发设计中心,跨国公司建立起自己的全球产业链。现代市场竞争已经从单一企业间点对点的竞争上升到产业链的竞争。因此,跨国公司建立全球产业链对于其参与全球竞争具有极其重要的意义。

跨国公司把生产活动的各个环节在很大程度上分布于世界各地,在国际金融市场和所在国筹措资金,利用当地资源和劳动力进行生产,直接在当地市场销售产品或转销其他国家和地区;其活动范围从国际流通领域扩展到国际生产领域,并涉及整个再生产过程,从而体现了垄断资本向更高程度的国际化发展。

当今经济全球化是以多元的行为主体来构成世界经济和国际关系的。除国家之外,企业,尤其是现代跨国公司和跨国银行的作用日趋增大。它们把自己的生产、投资、销售等活动的场所遍布全球各地,实行全球经营战略。跨国公司的全球化经营,形成了当代国际经济关系空前巨大和严密的全球网络,把世界各国和全球经济都包罗在内。据统计,眼下全世界有40% 的产品是由跨国公司生产的。目前跨国公司贸易占世界贸易的 2/3,世界对外投资的 4/5 属跨国公司,世界技术开发与转让的 9/10 被跨国公司掌握,几乎全部的世界劳务贸易均为跨国公司所控制。换句话说,跨国公司在推动全球经济化的同时几乎控制了全球经济网。

世界前100强跨国经营情况(10亿美元、千名雇员、%)

类 别	类 别	2002	2003	变化%
资 产	海 外	3317	3993	20.4
	总 量	6891	8023	16.4
	海外/总量	48.1	49.8	1.7
销 售	海 外	2446	3003	22.8
	总 量	4749	5551	16.9
	海外/总量	51.5	54.1	2.6
就 业	海 外	7036	7242	2.9
	总 量	14332	14626	2.1
	海外/总量	49.1	49.5	0.4

资料来源:World Investment Report 2005:Transnational Corporations and the Internationalization of R&D,United Nations New York and Geneva,2005,p17.

在全球产业结构大调整中跨国集团迅猛发展。目前,跨国公司是生产、投资、贸易全球化的主角。到1997年,全世界跨国公司总数达5.3万家,其中,母公司设在发达国家的有43442家,在发展中国家有9323家。跨国公司的海外直接投资以及其他经营活动的发展,超过了世界国内生产总值和贸易的增长速度。1997年,跨国公司国外直接投资增长10%,直接投资量占到全球国内生产总值的21%,总存量估计达3.5万亿美元。其海外子公司的总资产(包括当地股本与贷款)高达12.6万亿美元,出口值占世界出口总值的1/3,提供的增加值占全球国内生产总值的7%,销售额的增长速度高于世界商品与服务贸易的出口速度。

与此同时,发展中国家被逐渐纳入经济全球化进程中,成为全球生产网络的重要组成部分。1980年,发展中国家对外直接投资累计至少达50亿~100亿美元。20世纪80年代,发展中国家FDI流出量约占世界FDI的5%~7%。到1997年,这个比例上升到14%。按照FDI存量计算,主要来源于中国香港、新加坡、中国台湾、中国大陆、韩国、马来西亚、尼日利亚、巴西、阿根廷和智利等发展中国家和地区。这10个最大的投资来源地占发展中国家FDI存量的80%。从1980年到2001年,发展中国家FDI流出存量由221亿美元增长到7761亿美元。21年增长35倍,大大快于发达国家的增长速度。

世界产出增长比较(%)

类 别	1990—2000	1999	2000	2001	2002	2003	2004	2005
世 界	2.7	2.9	4.0	1.3	1.8	2.5	3.8	3.0
发达国家	2.4	2.7	3.5	1.0	1.3	1.7	3.0	2.3
发展中国家	4.8	3.5	5.4	2.4	3.5	4.7	6.4	5.4

资料来源:TRADE AND DEVELOPMENT REPORT 2005:New Features of Global Interdependence,http://www.unctad.org/en/docs/tdr2005_en.pdf

随着全球生产体系日益形成贸易的模式,特别是通过零部件在企业之间的贸易迅速增长,贸易和外国直接投资已变得更加紧密结合在一起。跨国企业现在估计占到全球贸易的三分之二,同时,跨国企业和其子公司之间的公司内部贸易占到世界出口的大约三分之一。[①]

从世界贸易这个角度看,当代国际分工在很大程度上不过是跨国公司内部分工的外在表现。当代国际经济活动,基本上是由跨国公司完成的。跨国公司内部的贸易和它们之间的相互贸易约占世界贸易的 2/3;世界劳务贸易几乎全部为跨国公司所控制;世界对外直接投资的 4/5 以上是由跨国公司完成的;世界技术研究与开发成果和技术转让的 9/10 以上掌握在跨国公司手里。每一个巨型跨国公司都形成了一张以母公司为中心、伸展到全球的经营网,数以千百计这样的网又交织成巨大无比、无所不包的全球经济网,把世界上各个国家、各个地区都囊括在内。

生产全球化是经济全球化的主要特征,也是推动经济全球化的主要动力。20 世纪 90 年代以来,国际分工进一步向广度和深度发展,从广度上讲,参与国际分工的国家和地区已遍及全球;从深度上讲,国际分工越来越细,已由过去单一的垂直型分工发展为垂直型、水平型和混合型多种分工形式并存的新格局。同时,国际直接投资迅速发展,国际直接投资是一种深层次上的通过投资设厂,在生产领域里、在生产过程中把各国经济联系起来的方式,90 年代以来,国际直接投资增长速度在各项国际经济指标中是最高的。另外,国际资本流动规模的迅速扩大,已成为贸易之外联系世界各国经济的又一重要纽带。

生产全球化主要有两重含义:一是单个企业(主要是跨国公司)的国

[①] 全球化社会影响世界委员会:《一个公平的全球化:为所有的人创造机会》,国际劳工组织,2004,第 28 页。

际化生产向纵深推进,其跨国经营的分支机构在数量上和地域上极大地扩展,在组织安排和管理体制上超越国界的局限;二是借助于跨国公司以及其分支机构间多形式的联系,逐步建立以价值增值链为纽带的跨国生产体系。发挥各国的比较优势从而导致国际分工的细化是生产全球化的主要推动力。近年来,越来越多的公司开始走出国界,实行跨国经营,从而形成了一大批跨国公司,并成为生产全球化的主角。

现阶段国际产业分工正在向纵深发展,国际生产网络不断深化。主要表现在三个方面:第一,在制造业中,国际生产网络继续快速扩张。第二,在服务业中,高附加值的服务转包活动开始活跃。近年,一些高科技跨国公司开始将它们的高收入、高附加值职业转移到海外去。这些工作包括集成电路的设计、工程、样本制作、测试、咨询、医学诊断、统计分析、汽车和飞机设计以及制药和纳米技术研究等。第三,在研究和开发中,由研究开发人员工资率差别所引致的新一轮国际化开始兴起。涉及的产业主要包括新兴产业,如微电子、生物技术、医药、化学和软件产业等。

当前,世界各国和地区之间的商品、资本、劳动力和技术流动日益自由化,全世界形成一种日益纵横交错的复杂关系。目前,全球化浪潮正在席卷全球。用托马斯·弗里德曼的话说,世界真的变得扁平了。世界究竟会不会变得越来越扁平? 今天来看,尽管全球化浪潮汹涌澎湃,贫富悬殊、南北差距、信息鸿沟等沟壑使世界变得越来越凸凹不平,也极大地阻碍了全球化的进程。因此,全球化的顺利推进越来越取决于这些沟壑的填平,全球化进程依旧任重道远。

第二十一章

从布雷顿森林体系到金融全球化

随着世界经济的全球化发展,金融领域的跨国活动以汹涌澎湃之势迅猛发展。世界各国、各地区在金融业务、金融政策等方面相互交流和协调、相互渗透和扩张、相互竞争和制约,进而使全球金融形成一个联系密切、不可分割的整体:整个金融活动按全球同一规则运行,巨额国际资本通过世界金融中心在全球范围内迅速运转,从而形成全球金融一体化的趋势。金融全球化不仅成为世界经济发展最关键的一个环节,同时也成为最敏感的一个环节。

布雷顿森林体系

在两次世界大战之间的 20 年中,国际金本位制已经退出历史舞台,正常的国际货币秩序遭到破坏,建立一个统一的国际货币制度,改变国际金融领域的动荡局面,已成为国际社会的迫切任务。

20 世纪 30 年代世界经济危机和二次大战后,各国的经济政治实力发生了重大变化,德、意、日是战败国,国民经济破坏殆尽。英国经济在战争中遭到重创,实力大为削弱。相反,美国经济实力却急剧增长,并成为世界最大的债权国。从 1941 年 3 月 11 日到 1945 年 12 月 1 日,美国根据"租借法案"向盟国提供了价值 500 多亿美元的货物和劳务。黄金源源不断流入美国,美国的黄金储备从 1938 年的 145.1 亿美元增加到 1945 年的 200.8 亿美元,约占世界黄金储备的 59%,登上资本主义世界盟主地位。美元的国际地位因其国际黄金储备的巨大实力而空前稳固。这就使建立一个以美元为支柱的有利于美国对外经济扩张的国际货币体系成为可能。

在第二次世界大战后期,英美两国政府出于本国利益的考虑,构思和设计战后国际货币体系,分别提出"怀特计划"和"凯恩斯计划"。由英国经济学家梅纳德·凯恩斯提出的"凯恩斯计划",内容主要包括,建立一个相当于世界银行的"国际清算同盟","同盟"总部设在伦敦和纽约,理事会会议在英、美两国轮流举行。凯恩斯计划内容明显对英国有利,暴露出英国企图同美国分享国际金融领导权的意图。

而美国基于自己经济力量日益强盛,试图获得国际金融领域的统治地位,在 1943 年 4 月抛出以美国财政部部长助理怀特命名的"怀特计划",全称为"联合国外汇稳定方案"。经过 3 个月的讨价还价,英美两国终于达成协议。

1944 年 7 月,在美国新罕布什尔州的布雷顿森林召开有 44 个国家参加的联合国与同盟国家国际货币金融会议,通过以"怀特计划"为基础的"联合国家货币金融会议的最后决议书"以及"国际货币基金组织协定"和"国际复兴开发银行协定"两个附件,总称为"布雷顿森林协定"。这一揽子协定所确立的制度被称为"布雷顿森林体系"。

国际货币基金条约第一条,"促进和保持高水平的就业和实际收入,把所有成员国生产性资源的开发利用作为经济政策基本目标",是布雷顿森林体系的核心。布雷顿森林体系要求:(1)美元与黄金挂钩。各国确认 1934 年 1 月美国规定的 35 美元一盎司的黄金官价,每一美元的含金量为 0.888671 克黄金。各国政府或中央银行可按官价用美元向美国兑换黄金。为使黄金官价不受自由市场金价冲击,各国政府需协同美国政府在国际金融市场上维持这一黄金官价。(2)其他国家货币与美元挂钩。其他国家政府规定各自货币的含金量,通过含金量的比例确定同美元的汇率。(3)实行可调整的固定汇率。

建立永久性国际金融机构——国际货币基金组织是布雷顿森林体系的一大特色。IMF 的宗旨是:(1)促进国际货币合作;(2)促进国际贸易和投资的均衡发展,提高会员国的就业和实际收入水平,扩大生产能力;

（3）促进汇率稳定，维护正常汇兑关系，避免竞争性货币贬值；（4）建立多边支付体系，设法消除外汇管制；（5）为会员国提供资金融通，纠正国际收支失衡；（6）缩小或减少国际收支赤字或盈余的扩大。

国际货币基金组织的最高权力机构是各国财政部长和中央银行行长组成的理事会。这是一个制度化的体制，国际货币基金组织监督着体制的运作，监控着国家的经济运行，并准备预防措施拯救陷于收支平衡困难的国家。《国际货币基金协定》规定，各国货币对美元的汇率，一般只能在法定汇率上下各1%的幅度内波动。若市场汇率超过法定汇率1%的波动幅度，各国政府有义务在外汇市场上进行干预，以维持汇率的稳定。若会员国法定汇率的变动超过10%，就必须得到国际货币基金组织的批准。布雷顿森林体系的这种汇率制度被称为"可调整的钉住汇率制度"。1971年12月，这种即期汇率变动的幅度扩大为上下2.25%的范围，而决定"平价"的标准，也由黄金改为特别提款权。

这个协定还要求调节国际收支。国际货币基金组织会员国份额的25%以黄金或可兑换成黄金的货币缴纳，其余则以本国货币缴纳。会员国发生国际收支逆差时，可用本国货币向基金组织按规定程序购买（即借贷）一定数额的外汇，并在规定时间内以购回本国货币的方式偿还借款。会员国所认缴的份额越大，得到的贷款也越多。贷款只限于会员国用于弥补国际收支赤字，即用于经常项目的支付。

国际货币基金组织起初是西方国家的金融协调机构，其宗旨是避免竞相贬值本国货币，监督国际货币体系，从而稳定资本主义经济，对抗社会主义国家。后来，逐渐发展成为一个成员最多、影响最大的国际金融机构，至2010年已有186个国家或地区成员。国际货币基金组织有利于促进国际贸易的增长，它在调节、稳定资本主义经济中发挥过重要的作用，也在一定程度上促进了发展中国家经济的发展。目前，国际货币基金组织是西方维护和发展自由主义体制的工具，同时对国际经济的稳定和持续发展也起着越来越重要的作用。

世界银行是第二次世界大战期间在新罕布什尔州的布雷顿森林孕育而生的，其最初的目标是帮助重建战后的欧洲。1948年以后转向世界性的经济援助，通过向生产性项目提供贷款和对改革计划提供指导，帮助欠发达成员国实现经济发展。世界银行包括五个紧密联系的开发机构：国际复兴开发银行（IBRD）、国际开发协会（IDA）、国际金融公司（IFC）、多边投资担保机构(MIGA)和国际投资纠纷解决中心(ICSID)。目前,世界银行已经发展成为世界上最大的多边开发机构,向中低收入国家提供贷款、政策咨询和技术援助,减少贫困并提高人民的生活水平。

国际复兴开发银行成立于1945年,总部设在华盛顿,其最高权力机构是理事会,具体权力在21人执行董事会,总负责人为行长,行长历来由美国指派,拥有184个成员国,几乎包括世界上所有国家。国际开发协会(IDA)有163个成员国。国际金融公司有175个成员国,是国际复兴开发银行的附属机构,但其资金与世界银行分开,是个独立的法律实体,它作为世界银行的补充,主要致力于资助欠发达地区私人企业的发展。多边投资担保机构(MIGA)有158个成员国,主要向发展中国家的投资者和贷款人提供政治风险保险(担保)。国际投资纠纷解决中心(ICSID)有134个成员国,解决外国投资者与东道国之间的投资纠纷。

在布雷顿森林体系下,美元可以兑换黄金和各国实行可调节的钉住汇率制,是构成这一货币体系的两大支柱,国际货币基金组织则是维持这一体系正常运转的中心机构,它有监督国际汇率、提供国际信贷、协调国际货币关系三大职能。布雷顿森林体系的建立,开始了国际货币体系发展史上的一个新时期。

布雷顿森林体系的建立,在战后相当长一段时间内,确实带来了国际贸易空前发展和全球经济越来越相互依存的时代。布雷顿森林体系的形成有助于生产和资本的国际化、由于汇率相对稳定,避免了国际资本流动中引发的汇率风险,这有利于国际资本的输入与输出。同时也为国际融资创造了良好环境,有助于金融业和国际金融市场的发展,也为跨国公司的生产国际化创造了良好的条件。

布雷顿森林体系所确定的美元与黄金挂钩、各国货币与美元挂钩的原则,是维持这一货币体系正常运转的机制。我们发现,美元既是一国货币,又是世界货币。作为一国货币,它的发行必须受制于美国的货币政策和黄金储备;作为世界货币,美元的供给又必须适应于国际贸易和世界经济增长的需要。在实践中,这个体系成为美元体系,国际交易在很大程度上受到美国操纵;同时由于把所有社会主义国家排除在外,限制了资本流动的范围。在其运行过程中逐渐暴露出一个难以克服的矛盾,即所谓的"特里芬难题"①：随着国际贸易的发展,国际储备也要相应增加;但美元在国际储备资产总额中所占比重,却由于黄金生产的停滞不前而显著上升。在这种情况下,如果美国保持国际收支平衡,就会使国际储备的来源断绝,从而引起国际清偿能力不足,导致其他国家的美元短缺,出现"美元荒";如果依靠国际收支的持续逆差来维持其他各国储备的增长,则又会影响美元的信用,并最终导致其他国家"美元过剩"的美元危机。

从战后初期到 20 世纪 50 年代中后期,世界经济多受"美元荒"之累:美国的对外贸易长期保持顺差,而其他国家每年都出现逆差;二者的差额用美元正常的对外投资抵消之后,仍然存在着不平衡。这样,其他国家的国际流动性储备就逐渐被耗尽,有时甚至到接近破产的程度。这一时期,由于各国都需要美元来扩充它们的国际储备,所以特里芬难题所涉及的矛盾没有充分展开,美元也因此能够保持相对的稳定。从 50 年代后半期起,随着美国经济实力的相对削弱,国际收支状况的不断恶化和黄金储备的大量外流,其他国家又开始出现"美元过剩"的现象。抛售美元的"美元危机"由此频繁爆发。

1960 年 10 月,战后第一次美元危机爆发。当时正值战后第四次经济危机期间,再加之英国提高利率的措施,导致美国的大量短期资金逐利外逃,国际金融市场上掀起了抛售美元,抢购黄金的风潮。第一次美元危机的爆发,意味着美元的霸权地位开始动摇,标志着战后建立的以美元为中心的国际货币体系开始进入动荡时期。在整个 20 世纪 60 年代期间,先后又爆发多次美元危机。

1971 年,美国的对外贸易出现了自 1893 年以来的第一次巨额逆差,美国的国际收支逆差达 220 亿美元。同年,美国的对外短期债务高达 520 亿美元,黄金储备却只有 102 亿美元,因而陷入了债台高筑的困境。是年 5 月和 7 月,战后的第六次和第七次美元危机先后爆发,西方主要国家出现了抛售美元的风潮,使美国的黄金储备减少到不及其短期外债的 20%。面对负债累累而黄金又严重短缺的局面,美国前总统理查德·尼克松宣布实行"新经济政策":在国内经济政策方面,宣布冻结工资和物价;在对外经济政策方面,宣布"暂时中止美元兑换黄金及其他储备资产",同时对进口商品征收 10% 的进口附加税。

① 美国经济学家罗伯特·特里芬(Robert Triffin)在 1960 年指出,在布雷顿森林体系下,美元承担的两个责任,即保证美元按官定价兑换黄金、维持各国对美元的信心和提供足够的国际清偿力之间是矛盾的。这个被称为"特里芬难题"的矛盾最终导致布雷顿森林体系无法维持。

尼克松政府的新经济政策遭到了国内外的一致反对。从国际上来说，许多国家反对美国的这种"既赖账又整人的把戏"，纷纷采取措施进行反击：放弃固定汇率制，听任本国货币与美元的汇率自由浮动；或者采取相关措施，加强对外汇的控制。这样不仅使美国的新经济政策未能达到预期的目的，反而导致国际金融市场一片混乱。

更为重要的是，尼克松的决定是美国在战后第一次公开宣布美元停止兑换黄金，这几乎等于结束美元与黄金的挂钩，意味着布雷顿森林体系的"两挂钩一固定"原则事实上的终结。正是在这样的情况下，美国同西欧、日本和加拿大等发达国家之间围绕美元的地位问题进行了数次多边谈判或双边谈判，并于1971年12月16日达成《史密斯协议》规定：美元贬值10%，即由1盎司黄金兑换35美元提高到38美元，汇率波动范围扩大到正负2.25%，美国取消10%的进口附加税。

美元贬值虽然使美国产品的国际竞争力得到提高，但是却没有从根本上扭转其对外贸易逆差和国际收支的失衡。1972年6月到1973年2月，连续爆发三次美元危机。1973年2月12日，美国政府被迫再次宣布将美元贬值10%，即由1盎司黄金兑换38美元提高到42.22美元。1973年3月，西欧又出现抛售美元、抢购黄金和马克的风潮。3月11日，欧洲经济共同体9国召开财政部长会议，达成建立"联合浮动集团"的协议，法国、荷兰、比利时、卢森堡、丹麦和联邦德国等国对美元实行联合浮动；英国、爱尔兰和意大利实行单独浮动。同时，日本宣布实行单独浮动。3月16日，美、欧、日等国发表联合公报，宣称"每一个国家都声明，在必要和合意时，根据市场状况并经与其货币可能被买卖的国家密切协商，灵活地采取行动，主动地在其本国市场上进行干预"。美元第二次贬值，主要资本主义国家开始实行浮动汇率制。美元停止兑换黄金和固定汇率制的结束，标志着战后以美元为中心的货币体系瓦解，宣告布雷顿森林体系的最终解体。

不过，在此需要特别交代一下。本来在布雷顿森林体系时代，亚洲、拉美等一批游离于世界市场之外的"新兴市场国家"在20世纪50—60年代采取出口导向的发展模式：高估本币、钉住美元、促进出口，积累大量美元储备，反过来把积累的美元储备重新投入到美国。尽管美国经常账户赤字不断增加，美元实际汇率却在不断升值，美国对外债务金额不断扩大，逐步沦为世界最大的债务国。但美国基本维持了低储蓄率、高消费率、低利率、低通货膨胀率与高经济增长率并存。这说明布雷顿森林体系瓦解后美国仍然在享受美元霸权带来的收益。

金融全球化

迅速扩展的跨国银行,遍布全球的电脑网络,使全世界巨额资本和庞大的金融衍生品在全球范围内流动,使各国金融命脉更加紧密地与国际市场联系在一起。"金融全球化"成为近二十年来人们使用频率很高的一个名词,也是整个世界日益广泛关注的热点问题。

究竟什么是金融全球化?作为经济全球化的组成部分,金融全球化是全球金融活动和风险发生机制联系日益紧密的过程,包括金融资本在全球范围内的频繁流动、金融机构的跨国经营、金融市场的全球联动等,其主要表现有货币的全球化、资本的全球化、各国中央银行货币政策和金融监管的全球化等。从微观层次来看,由于金融活动是投资者和融资者通过一定的金融机构、利用金融工具在金融市场进行的资金交易活动,因此金融全球化就是金融活动的全球化。综观几十年国际金融发展的历史,金融全球化已成为全球化最重要、最显著的特征。

20世纪70年代,随着布雷顿森林体系的瓦解,美国、德国和英国等放弃了对资本流入和流出进行控制的企图。随着越来越多的国家放松金融管制,越来越多的非关键货币进入了全球金融交易。随着各国相继放松管制和金融市场日益一体化,各国利率水平趋于同步变动。投资者和筹资者可以比较自由地在世界各国的金融市场上从事金融活动,而建筑在因特网基础上的全球24小时不间断交易体系已经形成。著名学者曼纽尔·卡斯特说得好,资本若非全球性的,就得变成全球性的,以便进入电子网络化经济的积累过程。

世界各地金融资产增长迅速(%)

类 别	美国	欧元区	日本	英国	中国	亚洲新兴市场	拉丁美洲	印度	俄罗斯	东欧
金融资产占GDP份额	424	356	446	422	307	250	159	202	162	130
年均加权增长率1990—2006	8.7	9.2	9.6	9.5	25.7	15.5	29.0	19.9	54.2	26.9

资料来源:Long – term trends in the global capital markets,http://www. ieco. clarin. com/2008/02/13/longtermtrendsinglobalcapital. pdf,p12。

此时,金融全球化的游戏规则基本形成。其一,金融活动"游戏规则"的全球一体化。无论是国内金融活动,还是跨国金融活动,"游戏规则"基本相同,就是资金需求者可以广泛地面向全球来筹集资金,而资金的供应者也可以在全球范围内选择贷款对象。其二,金融工具的全球一体化。金融交易的工具,从原生产品到它们的衍生产品,其民族和国家色彩均已淡化,新的金融工具一经创造出来,就立即成为全球金融交易的对象。

现在,随着交易条件特别是计算机网络技术的引入,电子形式的资金周转使金融机构能够十分方便地把货币从一家组织或机构的账户直接转入银行或者其他金融机构的账户,而且可以进行国内和国际货币周转。这样,更多货币、更多品种和更加复杂的金融资产能够以更快的速度、更频繁地交易,交易量也比以前任何时候大,各地资金可以进出特定证券和特定市场的资本流动,是以光速流转全世界,在伦敦、纽约、东京等证券交易市场实现 24 小时连续不断的股票交易,这种全天候跨国金融交易建构了一个正在发展中的全球金融市场。

这种金融活动的全球化主要包括在资本流动全球化、金融机构全球化、金融市场全球化等几个方面。

先看资本流动全球化。随着投资行为和融资行为的全球化,资本流动也全球化了。20 世纪 80 年代以来,国际资本流动呈现出不断加速和扩大的趋势。特别是 90 年代以来,国际资本以前所未有的数量、惊人的速度和日新月异的形式使全球资本急剧膨胀。从国际债券市场的融资规模来看,包括银行贷款、票据融资和债券发行三项业务的融资额,1973 年为 622 亿美元,1979 年为 1450 亿美元,年均增幅为 15%;而进入 90 年代后,由 1990 年的 4276 亿美元增加到 1996 年的 15139 亿美元,年均增幅高达 23.5%。在国际证券市场上,发达国家证券资本的年平均流出入总额,1976—1980 年间为 476 亿美元,而在 1991—1994 年间已增加到 6311 亿美元。共同基金的融资规模更令人叹为观止,美国 1970 年的共同基金数为 400 个、资产总额约为 448 亿美元,到 1994 年则相应增加到 5300 个和 21000 亿美元。在全球外汇市场上,目前每天的交易量平均约为 2 万亿美元,比十年前增加了 10 倍。

2004 年世界资本市场(亿美元)

类别	GDP	资本市场总市值	占 GDP 比值
世界	408905	1447085	353.9%
欧盟	122717	506780	413.0%
欧元区	95501	379788	397.7%
北美	127277	502349	394.7%
美国	117343	466727	397.7%
日本	46712	222473	476.3%
法国	20463	91906	449.1%
德国	27547	92208	334.7%
英国	21330	102833	482.1%
意大利	16801	61499	366.0%
新兴市场	98686	169172	171.4%

资料来源：IMF，Global Financial Stability Report，http://www.imf.org/external/pubs/ft/GFSR/2005/02/pdf/statappx.pdf，p171。

　　从数据来看，发达国家的资本市场大都超过 GDP 数倍，这是当今世界虚拟经济发展的重要表现。金融机构全球化表现在，作为金融活动的组织者和服务者，金融机构在国外广设分支机构，形成国际化或全球化的经营。1997 年末，世界贸易组织成员国签署"金融服务协议"，把允许外国在其境内建立金融服务公司并将按竞争原则运行作为加入该组织的重要条件，进一步促进了各国金融业务和机构的跨国发展。全球金融业并购浪潮，造就了众多的巨型跨国银行，银行业的集中度迅速提高。据统计，2000 年以资产总额排名的世界 1000 家大银行中，前 25 家大银行的资产占 1000 家银行资产 40%，而 1996 年仅为 28%。大型跨国公司在世界金融服务中的主导地位，不仅在于拥有庞大的总资产，而且还在于它们在其中开展经营活动的国家数目。在这一名单中，花旗集团(美国)占第一位，接着是瑞士联合银行(瑞士)和安联(德国)。法国、德国、日本、联合王国和美国的金融跨国公司 2003 年占金融跨国公司 50 强总资产的 74%。①

　　金融市场全球化表现在，金融市场是金融活动的载体，金融市场全球化就是金融交易的市场超越时空和地域的限制而趋向于一体。目前全球主要国际金融中心有全球性金融中心、地区性金融中心和大批离岸金融中

---

① World Investment Reports 2005，TNCs and the Internationalization of R&D，概览，http://www.unctad.org/ch/docs/wir2005overview_ch.pdf，

心,全球各地以及不同类型的金融市场趋于一体,相互交织连成一片,依赖性和相关性日益密切。金融自由化和金融创新的发展,信息通讯技术的高度发达和广泛应用,全球金融市场已经走向金融网络化,即全球金融信息系统、交易系统、支付系统和清算系统的网络化。全球外汇市场和黄金市场已经实现了每天24小时连续不间断交易。世界上任何一个角落有关汇率的政治、经济信息,几乎同步显示在世界任何一个角落的银行外汇交易室电脑网络终端的显示器上。远隔重洋的地球两端以亿美元为单位的外汇交易在数秒钟之内就可以完成。

金融全球化促使资金在全世界范围内重新配置,一方面使欧美等国的金融中心蓬勃发展,另一方面也使发展中国家,特别是新兴市场经济国家获得了大量急需的经济发展启动资金,带动了区域经济乃至世界经济的增长。可以说,世界经济的发展离不开金融全球化的推动。

20世纪90年代以来在某些国际金融中心的外国银行数目(家)

在 岸	1990—1995	2000—2002	离 岸	1990—1995	2000—2002
伦 敦	520	480	凯 曼	大于600	580
纽 约	340	260	巴哈马	350	250
巴 黎	170	180	卢森堡	220	190
法兰克福	150	130	新加坡	220	120
东 京	90	140	香 港	130	170
上 海	NA	50	巴 林	40	50
莫斯科	NA	40	拉布恩	40	60

资料来源:Risto Laulajainen (1998), Financial Geography. A Banker's View。转引自李琮:《经济全球化新论》,中国社会科学出版社,2005年5月,第84页。

从1990年到2002年,世界经济的年平均增长率大概是3%左右,世界贸易的平均年增长率超过5%,资本流动量增长率大大高于世界经济增长率和世界贸易增长率。从流动的速度来看,通过信息技术的发展,瞬时之间就可以把巨额的资金输送到万里以外,所以资本流动速度和规模都大大加快。

2003年按资产计算的世界金融跨国公司前10强(亿美元)

排名	公司名称	来源国	总资产	子公司总数	国外子公司数	国际化指数	所在国家数
1	花旗集团	美国	12640	601	320	53.2%	77
2	瑞银华宝	瑞士	12210	410	344	83.9%	48

续表：

排名	公司名称	来源国	总资产	子公司总数	国外子公司数	国际化指数	所在国家数
3	安联集团	德国	11792	852	606	71.1%	48
4	瑞穗金融集团	日本	11150	87	41	47.1%	15
5	东方汇理公司	法国	11028	447	196	43.8%	41
6	汇丰银行	英国	10342	971	573	59.0%	48
7	德意志银行	德国	10125	679	469	69.1%	40
8	三菱东京金融集团	日本	9954	82	49	59.8%	37
9	法国巴黎银行	法国	9866	641	351	54.8%	48
10	ING 集团	荷兰	9817	1098	429	39.1%	34

资料来源：World Investment Report 2005；Transnational Corporations and the Internationalization of R&D, http://www.unctad.org/en/docs/wir2005_en.pdf, p273。

金融工具的交易量大大增加，虚拟经济迅速膨胀。麦肯锡公司全球研究所（McKinsey Global Institute）在一份研究报告中称，2005 年全球包括股票、债券及银行存款的金融资产达到创纪录的 140 万亿美元，较上年增长 5.3%，是同年全球商品和服务年总产值的三倍多。2005 年的跨境投资流，包括外资购买的股票及债券以及跨国贷款和外国直接投资达到了 6 万亿美元，高于上世纪 90 年代股市泡沫创出的纪录，是 2002 年数字的两倍多。2005 年的全球金融资产，美国、英国、欧盟及日本所占比重超过 80%。新兴市场则从 10 年前的 7% 增至 14%。今后几年中，全球金融资产的流动可能进一步加速。麦肯锡称，基于 2005 年的增长率，到 2010 年时，全球金融资产总值将较 2005 年的 140 万亿美元增长 53%，达到 214 万亿美元。①

由于资本能够迅速地流动，信息技术发展和各国追求资源的全球优化配置，这些电子证券可以在几秒钟之内，从一个账户转移到另一个账户，从一个国家传递到另一个国家，而且中间不用花费任何运输成本，因此国内金融和国外金融之间的界线正在日益消失。现在世界金融市场处于牵一发而动全身的地步。

20 世纪 90 年代中期以前，各国的交易所并购大多发生在本国国内，主要通过国内并购来整合资源，扩大规模，提高效率，但从 20 世纪末到现

① McKinsey Global Institute, $118 Trillion and Counting: Mapping the Global Capital Market, www.mckinsey.com/mgi。

进，提高自身抵御金融风暴的能力，加强预防金融危机的管理体系。我们显然也不能指望世界再次回到相对封闭、彼此割裂的时代里去。因此，我们唯有学会在全球化的世界中生存。当然这也在很大程度上有赖于新型国际金融规则和秩序的确立。

国际金融新秩序的探索

布雷顿森林体系的崩溃，可说是二次大战结束后，国际金融领域的最重大事件之一。这个制度虽然有许多缺点，但在第二次世界大战后的近30年中，大致保持了西方世界的国际金融安定和经济繁荣与成长。自20世纪70年代布雷顿森林体系瓦解以来，原来稳定的固定汇率制度被浮动汇率制度所取代，国际金融市场的风险加大，布雷顿森林体系所试图解决而未解决的难题依然存在。国际金融危机频频发生，不仅资本主义发达国家发生经济危机，而且非发达资本主义国家也开始发生经济危机。20世纪80年代以来，世界重大金融危机频发，比如20世纪80年代拉丁美洲债务危机、1994年墨西哥金融危机、1997年亚洲金融危机、1998年俄罗斯金融危机、2002年巴西金融危机和2007年以来爆发的全球性金融危机。危机的波及范围越来越广，对全球经济和金融稳定的影响也越来越深。1997年7月发端于泰国的货币危机迅速传染了东南亚的其他国家，其后又冲击了俄罗斯，并在一定程度上扩散到拉丁美洲，同时也影响到美国。由2007年美国次贷危机引发的全球金融危机则给予整个世界经济重创。这说明，在全球化背景下，任何一国的问题都可能成为影响全球的大问题。

随着现代经济的发展，国际金融开始走出商品本位制而向信用金本位制度转化，信用金本位制度正在逐步取代金本位和虚金本位制度。在全球化的背景下，到底什么样的国际储备货币才能保持全球金融稳定、促进世界经济发展？历史上的银本位、金本位、金汇兑本位、布雷顿森林体系都是解决该问题的不同制度安排，这也是国际货币基金组织（IMF）成立的宗旨之一。

自布雷顿森林体系在20世纪70年代初期解体以来，经济学家和政治家们一直在探讨如何改革和强化国际金融制度，对现存的国际金融秩序进行改革，确立国际金融新秩序。这些探索归纳起来，涉及两个方面：一个方面是是否需要设立一种国际通用的超主权储备货币单位，另一个方面是国际货币基金组织的自身改革问题。

先说第一个方面，是否需要设立一种国际通用的超主权储备货币单位？早在20世纪40年代，英国著名经济学家梅纳德·凯恩斯就曾提出采用30种有代表性的商品作为定值基础建立国际货币单位"班科"（Bancor）："班科"是"国际清算同盟"账户的记账单位，以黄金计值。会员国可用黄金换取"班科"，但不可以用"班科"换取黄金；各国货币以"班科"标价，非经"同盟"理事会批准不得变更。由于并不存在世界政府，国际组织无法对"班科"实行"现钞化"，只能是各国之间的记账单位。这是第二次世界大战后对国际金融秩序的一次有益探索。

20世纪60年代初爆发的美元第一次危机，暴露出以美元为中心的布雷顿森林货币体系的重大缺陷，越来越多的人认识到，以一国货币为支柱的国际货币体系是不可能保持长期稳定的。从60年代中期起，改革二战后建立的国际货币体系就提上了议事日程。以美英为一方，为了挽救美元、英镑日益衰落的地位，防止黄金进一步流失，补偿美元、英镑、黄金的不足，适应世界贸易发展的需要。而以法国为首的西欧六国则认为，不是国际流通手段不足，而是"美元泛滥"，通货过剩。因此强调美国应消除它的国际收支逆差，并极力反对创设新的储备货币，主张建立一种以黄金为基础的储备货币单位，以代替美元与英镑。1964年4月，比利时提出了一种折中方案：增加各国向基金组织的自动提款权，而不是另创新储备货币来解决可能出现的国际流通手段不足的问题。国际货币基金组织倾向于采纳这一接近于美、英的比利时方案。由于美元危机迫使美国政府宣布美元停止兑换黄金后，美元再也不能独立作为国际储备货币，而此时其他国家的货币又都不具备作为国际储备货币的条件。这样就出现了一种危机，若不能增加国际储备货币或国际流通手段，就会影响世界贸易的发展。于是，提供补充的储备货币或流通手段就成了基金组织最紧迫的任务。因此，1969年国际货币基金组织正式通过设立"特别提款权"的储备货币方案。

这个方案规定，特别提款权（Special Drawing Right，SDR）是国际货币基金组织创设的一种储备资产和记账单位，亦称"纸黄金（Paper Gold）"。它是国际货币基金组织分配给会员国的一种使用资金的权利。会员国在发生国际收支逆差时，可用它向基金组织指定的其他会员国换取外汇，以偿付国际收支逆差或偿还基金组织的贷款，还可与黄金、自由兑换货币一样充当国际储备。但由于其只是一种记账单位，不是真正货币，使用时必须先换成其他货币，不能直接用于贸易或非贸易的支付。

1974年7月，基金组织正式宣布特别提款权与黄金脱钩，改用包括美元、西德马克、日元、英镑、法国法郎等16种货币在内的"一揽子"货币作为特别提款权的定值标准。每天依照外汇行市变化，公布特别提款权的牌价。1976年7月基金组织对"一揽子"中的货币作了调整，去掉丹麦克郎和南非兰特，代之以沙特阿拉伯里亚尔和伊朗里亚尔，对"一揽子"货币所占比重也作了适当调整。为了简化特别提款权的定值方法，增强特别提款权的吸引力，1980年9月18日，基金组织又宣布将组成"一揽子"的货币简化为5种西方国家货币，即美元、德国马克、日元、法国法郎和英镑，它们在特别提款权中所占比重分别为42%、19%、13%、13%、13%。1987年，一揽子货币中这5种货币权重数依次调整为42%、19%、15%、12%、12%。

1976年国际货币基金组织的"国际货币制度临时委员会"在牙买加首都金斯敦的会议上达成的国际货币制度的新协定，规定特别提款权可以在成员国之间自由交易，国际货币基金组织的账户资产一律用特别提款权表示。迄今，特别提款权作为主要国际储备资产的目标远未实现。特别提款权在国际储备总额中，1971年占4.5%，1976年下降到2.8%，1982年重新增加到4.8%，到目前基本上没有什么进展。因此，SDR的作用至今没有能够得到充分发挥。但SDR的存在为国际货币体系改革提供了一线希望。

一般认为，作为国际经济新秩序的重要内容之一，国际金融新秩序首先就是要建立一个新的国际货币。如果以某一国货币作为世界货币，当该国经济状况良好时，该国大量增发货币，用以购买其他国家的商品，或用以进行对外投资，这必定会损害流入国的利益。当该国经济状况变坏时，各国商品和服务出口都拒收这种货币，这种货币大量流回其发行国，该国货币必然大幅度贬值，经济必然出现混乱，还会引起世界经济的动荡。所以，用某一国或几国的货币作为世界货币，既不公平，也不利于世界经济的稳定。第二次世界大战后美元担当的就是这种角色。如果建立起一个新的世界货币，各国的货币与世界货币有一个合理的汇率，这对世界各国来说，既是公平的，也是有利于世界经济的稳定的。

理论上讲，国际储备货币的币值首先应有一个稳定的基准和明确的发行规则以保证供给的有序；其次，其供给总量还可及时、灵活地根据需求的变化进行增减调节;第三,这种调节必须是超脱于任何一国的经济状况和利益。当前以主权信用货币作为主要国际储备货币是历史上少有的特例。此次危机再次警示我们,必须创造性地改革和完善现行国际货币体系,推动国际储备货币向着币值稳定、供应有序、总量可调的方向完善,才能从根本上维护全球经济金融稳定。

超主权储备货币不仅可以克服主权信用货币的内在风险,也为调节全球流动性提供了可能。由一个全球性机构管理的国际储备货币将使全球流动性的创造和调控成为可能,当一国主权货币不再作为全球贸易的尺度和参照基准时,该国汇率政策对失衡的调节效果会大大增强。这些能极大地降低未来危机发生的风险、增强危机处理的能力。超主权储备货币的主张虽然由来已久,但至今没有实质性进展。[①]

国际货币基金组织的改革呼声极高。国际货币基金组织的资金来源于各成员认缴的份额。投票权由基本投票权和加权投票权两部分组成。每个成员国都有250票基本投票权,加权投票权与各国所缴份额成正比,而份额又是根据一国的国民收入总值、经济发展程度、国际贸易幅度等多种因素确定的。由于基本票数各国一样,因此在实际决策中起决定作用的是加权投票权。随着美国等国家的认缴份额增加,许多发展中国家的投票权相对大减。在2006年改革之前,作为世界最大经济体的美国拥有其17.4%的份额和17.08%的投票权。日本位列第二,持有6.24%的份额和6.13%的投票权。德国位列第三,两个数字分别是6.09%和5.99%。英国和法国这两个数字都是5.03%和4.95%。目前IMF的投票权主要掌握在美国、欧盟和日本手中。而且发达国家通过对《国际货币基金组织协定》的数次修改,不断增加特别多数票通过事项,70%甚至85%的特别多数票比例使得众多政治经济利益不尽相同的发展中国家难以形成集体行动,事实上赋予了美国在关键事项(如成员国份额变更、增减执行董事会成员等)上的唯一否决权。

由于发展中国家在国际货币基金组织里的话语权不大,导致IMF针对历次金融危机的应对方案和经济拯救配套措施明显不适宜危机国家的经济调整,为此屡遭诟病。1997—1998年亚洲金融危机后,国际货币基金组

---

① 周小川:"关于改革国际货币体系的思考",http://www.pbc.gov.cn/detail.asp? col =4200&id =279。

织的改革显得日益迫切。2002 年底以来,随着阿根廷金融危机的爆发,一些改革建议又被陆续提出,并在国际社会引起了广泛的争论与反响。同时,中国在世界贸易和国际资本流动中的规模急剧上升。如果国际货币基金组织要在亚洲和发展中国家里享有更大的影响力,它的份额和投票制度必须反映这些国家日益增长的经济实力。

2006 年 9 月 18 日,国际货币基金组织在新加坡举行会议,决定增加中国、韩国、墨西哥和土耳其的认缴份额和投票权,使这 4 个国家在该组织中拥有了更多的发言权。根据该决议,中国缴纳的份额从原来的 63.692 亿特别提款权(约合 94.655 亿美元)上升为 80.901 亿特别提款权(约合 120.23 亿美元),相应地,中国在 IMF 中所占的份额从 2.98% 提升至 3.72%,投票权则从 2.94% 提升至 3.65%;韩国在增加缴纳份额后从 0.77% 提升至 1.35%,投票权从 0.76% 提升至 1.33%;墨西哥的份额从 1.21% 提升至 1.45%,投票权从 1.20% 提升至 1.43%;土耳其的份额和投票权都是从 0.45% 提升至 0.55%。这是国际货币基金组织成立 60 多年来在投票机制和治理方面的最大规模的改革。①

2008 年 IMF 改革后前 10 个主要国家所占份额

国别	SDR 认缴份额	投票权
美国	17.67	16.73
日本	6.56	6.23
英国	4.51	4.29
法国	4.51	4.29
中国	4.00	3.81
沙特	2.93	2.80
加拿大	2.67	2.56
俄罗斯	2.49	2.39
印度	2.44	2.34
荷兰	2.17	2.08

资料来源:Reform of IMF Quotas and Voice: Responding to Changes in the Global Economy, http://www.imf.org/external/np/exr/ib/2008/040108.htm。

2008 年 3 月 28 日再次通过改革方案,中国、韩国、印度、巴西和墨西哥

---

① Reform of Quota and Voice in the International Monetary Fund – Report of the Executive Board to the Board of Governors, http://www.imf.org/external/np/pp/eng/2008/032108.pdf

的投票权增加幅度最大。中国在国际货币基金组织的份额由此增加到4.00%,投票权增加至3.81%,印度则分别为2.44%和2.34%。中国和印度在该组织中的代表性分列第六位和第十二位。4月28日,这一方案得到绝大多数成员国批准生效。这是国际货币基金组织自1944年成立以来首次增加基本票。①

根据方案,发展中国家在该组织的投票权比例从40.5%上升为42.1%,发达国家的投票权比例从59.5%下降为57.9%。但是,我们发现,美国、日本、德国、法国、英国仍然是国际货币基金组织中份额和投票权最多的五个国家,其中美国所占份额和投票权比例仍分别高达17.67%和16.73%。这个比例仍然不适合当前部分发展中国家崛起的现实。

一个稳定、有效的国际货币体系是世界经济持续健康发展的重要保障。回顾历史,每一次经济大危机往往伴随着国际货币体系大变革。20世纪30年代的大萧条促使世界主要国家相继脱离金本位;上世纪70年代发生的"滞胀",则伴随着布雷顿森林体系的解体。从2007年起延续至今的全球金融风暴更突显出世界需要一个稳定合理的国际货币体系,创造一种与主权国家脱钩、并能保持币值长期稳定的国际储备货币,从而避免主权信用货币作为储备货币的内在缺陷,这也是国际货币体系改革的理想目标。因此,国际金融新秩序的确立再次提上议事日程。当前对国际货币体系进行一定程度的改革已经成为世界多数国家的共识,推进国际货币体系多元化被认为是较为可行的方案。这个方案就是要摆脱国际货币体系过于依赖美元的现状,努力发挥多种货币的作用,实现储备货币的多元化、国际贸易交易货币的多元化、国际大宗商品计价货币的多元化,形成国际货币相互制约和相互竞争的机制,共同支撑国际货币体系的稳定。

①　Reform of IMF Quotas and Voice: Responding to Changes in the Global Economy, http://www.imf.org/external/np/exr/ib/2008/040108.htm

附 录

英国东印度公司
——一个重商时代典型"特许公司"的历史考察

本文作者 何顺果

《重商主义——资本主义的催化剂》和《特许公司——西方推行"重商政策"的急先锋》①两篇文章,从整体上对"重商主义"和"特许公司"进行了讨论,主要目的是要对本文的个案研究提供一个大的背景。为什么要把英国东印度公司作为个案或典型进行历史考察呢? 其理由是不言而喻的:首先,该公司是重商时代西方组建的"最大的特许公司"②,1600 年英王特许状说其创始成员达 215 名;③其次,它还是这类"特许公司"中寿命最长的一个,④从 1600 年至 1858 年共存在了 258 年;再次,它也是这类公司中成就最大的一个,因占有和统治印度而拓展了庞大的英帝国。

但本文并不打算对英国东印度公司作全面考察,因在本文准备和起草

---

① 何顺果:《重商主义——资本主义的催化剂》,《西学研究》2006 年第 2 辑;《特许公司——西方推行"重商政策"的急先锋》,《世界历史》2007 年第 1 期。

② George Cawston and others, The Early Chartered Companies(A. D. 1296 – 1858), New York, 1968, p. 87.

③ 关于英国东印度公司创始成员的数目一说为 218 人,此处采 1600 年英王特许状中的数据。

④ W. F. 福斯特说:它是英国甚至世界历史上"存在时间最长,也最富有的商业公司之一"。见 W. F. Foster, The East India House: Its History and Associations. London, 1924, p. 2.

过程中出版的汪熙教授所著《约翰公司:英国东印度公司》(上海人民出版社,2007年3月),已对该公司的历史作了系统和全面的考察,且从观点到材料和写作都堪称"匠心独运",必将以毋庸置疑的开拓性载入我国英国殖民史研究的史册。此处只想就个人感兴趣的几个重要问题做一些探讨,并以此作为对汪教授所作努力的呼应,因为英国东印度公司的历史及它所留给人们的遗产实在是太多、太复杂了,应当有更多的人来关注它、研究它,从不同的方面,从不同的视角。

本文准备探讨的问题是:是哪些因素导致了英国东印度公司的诞生,这些因素中最直接最主要的因素是什么? 英国东印度公司在商业上是如何运作的,"代理制度"怎样成就了一个商业帝国的建立? 这个商业公司为何会演变成印度的统治者,公司的司法制度在其中起了怎样的作用? 英印帝国是建立在什么基础上的,普拉西战役后在印度究竟发生了什么事情? 如何在经济上评估英国东印度公司的成败,特许商人在垄断制度下又发生了怎样的嬗变? 如此等等。我的探讨将尽量采用原始资料以及国际学术界最新的研究成果,但鉴于本文所涉问题的复杂性,许多问题一时还很难弄清,错误和失误恐在所难免,望读者不吝赐教。

(一)英国东印度公司的组建及其历史背景和动因

由1600年12月31日女王伊丽莎白特许状所确认的英国东印度公司,全名"The Governor and Company of Merchants of London, Trading into the East Indies",第一任总裁为托马斯·史密斯,其总部最初就设在这位总裁的公馆,且一驻就是21年。[1] 因它的215名股东或成员均是来自伦敦的商人和贵族,所以该公司有时也称"伦敦东印度公司"(London East India Company)。

虽然公司正式获得批准是在1600年底,但筹备工作早已在紧锣密鼓地进行,我们从公司编年史中能查到的与筹备有关的会议,在1599年就有三次:一次是在9月22日,另一次是在9月24日,第三次是在9月25日。9月22日的会议,在罗斯伯里街利凡特公司办公室召开,由伦敦市长斯蒂芬逊尼主持,提出了组建东印度公司的任务。9月24日的会议,是有关商

---

① William Foster, The East India House : The History and Associations, London, 1924, p. 2.

业冒险家参加的全体会议,会议的成果是作出了向女王申请批准所建公司的决议,并起草了第一批管理条例。9 月 25 日的会议,被称为董事会"第一次会议",此会又分为两个工作委员会:一个准备向枢密院申请公司特权,一个准备扩大航行的航运事务。① 实际上,早在 1599 年 10 月 16 日,公司有关扩大航行的申请,就获得了女王的签署同意,虽然英王特许状一年之后才正式颁布。

赵秀荣说:"英国东印度公司实际上是从利凡特公司中派生出来的。"②这一说法在很大程度是可以成立的:第一,它的总裁托马斯·史密斯当时本来就是利凡特公司的总裁;第二,该公司的创始成员中至少有 31 人是原利凡特公司的成员;第三,正因为如此,甚至连该公司的筹备会议也是在利凡特公司的办公室举行的。但与其说它是利凡特公司所"派生"的,不如说它是英国商业冒险家长期努力开拓东印度贸易的必然产物。因为,正如我在《特许公司——西方推行"重商政策"的急先锋》一文中证明了的,如果说利凡特公司是英国东印度公司的母体,那么利凡特公司在很大程度又渊源于 1553 年成立的莫斯科公司(或俄罗斯公司),而莫斯科公司的渊源则可以追溯到 1407 年成立的伦敦商业冒险家公司。这可以说是一个持续的和系统的发展和演变过程,其扩张性质和主要方向两百年来几乎始终未变:指向东方贸易,指向"东印度"。请读者注意,"商业冒险家",这并不是现在我们对他们的称呼,而是当时他们自己对自己的称呼和认知,组成于 1407 的那个公司原本就叫"Merchant Adventurers"③;而"Adventurers"在当时也不是一个贬义词,至少不完全是一个贬义词,其中包含了为开拓世界而冒险犯难的意思。正如著名学者弗朗西斯·培根所说:"殖民地是古老的、初民的、英雄的工作之一。"④

其实,作为英国东印度公司前驱的"商业冒险家公司",远在 13 世纪初就已存在于英国了,只不过到 1407 年才获英王亨利四世的特许,那是因为

① John Brucs, Annals of the Honorable East – India Company (1600 – 1707 – 8), London, 1968, V. I, pp. 111 – 113.

② 赵秀荣:《1500—1700 年英国商业与商人研究》,社会科学文献出版社 2004 年版,第 107 页。

③ T. S. Willan, The Early History of the Russia Company . Manchester University Press, 1956, p. 20

④ 弗朗西斯·培根:《新大西岛》,商务印书馆 1979 年版,第 13—15 页。

王室这时越来越依赖于出口税的提高,以便"充实国库的财政"。① 为此,在此期间,英国加强了对羊毛和羊绒制品出口和转口贸易的征税,并于1313 年在尼德兰的阿姆斯特丹建立了羊毛批发站,同时要求这里所有的羊毛都要按"市长和商人公司的规定"进货和出货。大约在 16 世纪中叶,英国的商业冒险家在对外贸易中把冒险活动推进到北海和地中海,并在此过程中组建了五到六个新的特许公司,其中就包括了建立于 1553 年的莫斯科公司,该公司的成员大多就来自上述"商业冒险家公司",虽然两年后才获得英王特许,但它是英国第一个采用合伙制的公司,共同拥有自己的一批船舶。莫斯科公司成功地与俄国沙皇谈判并签订了条约,从对方手中获得通过白海与莫斯科进行贸易,并在沃洛格达(Vologda)和 Kholmogory建立仓库的特权。1557 年莫斯科公司的一名雇员抵达波斯和波克哈拉(Bokhara),1567 年该公司获得穿过俄罗斯经喀山和阿斯特拉罕与波斯贸易的权利,且于同年获准组建非洲公司。大约在 1578 年,东地公司(East-land Company)获英王特许,以便享有通过海峡进入挪威、瑞典、波兰、立陶宛、普鲁士、波美拉尼亚以及从奥得河向东进入但泽、埃尔宾、柯尼斯堡、哥本哈根、埃尔西诺、芬兰、哥得兰、巴尔霍姆(Barnholm)和奥埃兰(Oeland)进行贸易的特权。此外,在东地公司建立前的一年,商业冒险家公司的另外一些成员,还在 1577 年组建了著名的"西班牙公司"(Spanish Compa-ny),以便垄断和西班牙、葡萄牙之间的获利丰厚的葡萄酒、油料和水果贸易,并在该特许下保持其竞争优势。之后,英王室又于 1581 年授予 4 名绅士以与土耳其贸易的专利权,这一授权实际上成为"利凡特公司"的起源,因该公司 1592 年由土耳其公司和另一家叫做"威尼斯公司"的公司合并而成,而女王伊丽莎白是其主要股东之一。"利凡特"扼通往东印度乃至整个东方的要冲,长期以来就是经营东西方贸易的必经之地,利凡特公司不久也就开始关注东印度事务,并不时派人前去探路。因此,接下来所发生的,于 1599 年 9 月在利凡特公司在伦敦的办公室,开会筹备组建英国东印度公司的那一幕,就不足为怪了。

然而,16 世纪中叶以后,英国商业冒险家的动作为何如此之大? 他们的冒险活动难道只是指向东印度而再也没有别的方向? 而为何指向东方的冒险又如此连续而系统? "英国东印度公司"的创建有何更为紧迫的背

① R. Mukherjee, The Rise and Fall of the East India Company. Berlin, 1955, p. 8.

景和缘由？这些都是要进一步探讨和回答的问题。以往的研究主要强调的是 1453 年土耳其帝国对君士坦丁堡的占领以及由此引发的西方国家寻找如何能避开中东而前往东方的新航路的必要，因为信奉伊斯兰教的奥斯曼帝国堵塞了西方基督教国家传统的通道。但：第一，土耳其人占领君士坦丁堡对经过"中东—意大利—西欧"的东西方贸易的影响是逐步显露出来的，意大利的过境贸易及意大利的繁荣至少持续至 16 世纪末；第二，为开拓新航路作出了首要贡献的葡萄牙王子"航海家亨利"最初沿非洲西海岸南下进行探险和航行并占领西北非休达等地，原本是为了通过非洲寻找传说中的强大的"基督教王国"，却不是"东印度"；第三，英国东印度公司创立于 1600 年，距土耳其帝国 1453 年占领君士坦丁堡也已过去了 147 年即大约一个半世纪之久，其间世界形势变换何其纷纭复杂、艰深莫测，该公司的建立除非有更为迫切和直接的原因，否则是无法获得圆满解释的。那么，英国东印度公司在 1600 年创立的直接和迫切的动因究竟是什么呢？其中最重要的原因和动力又是什么呢？对这些问题的回答，不可避免地会涉及都铎王朝的外贸政策及其评价问题，而国际学术界对此历来争议颇大：像林格尔巴克（lingelbach）和哈格多恩（Hagendorn）这样的德国学者，从冒险商人的兴趣中不仅看到了英国贸易的扩大，而且还看到了都铎王朝日益加强的中央集权所衍生出来的经济反对派，但也表明了政府活动的某种成功；而英国著名学者昂温（G. Unwin）却认为，商业冒险家和英国政府在创建垄断贸易时的特许政策，在 17 世纪末导致了矛盾和长期衰落的后果，从而对上述那种认为都铎王朝和商人组织密切的参与产生了英国对外贸易最终成功的观点提出了挑战；不过，M. 波斯坦在评论 15 世纪末英国贸易体制时指出，商业冒险家的兴趣虽然不是一种胜利，但也不是一种失败，而只是失败的副产品，确切地说是当时矛盾集中的征兆和反映，这一意见和观点得到了宾多夫教授的承认和背书。①

　　这些争论都很有意义，且可以说是各有所据，但这些争议比较偏重于学理，在讨论范围上又与本文所提问题不完全一致，或者说二者讨论的重点并不相同。笔者以为，无论学者们对商业冒险家的兴趣及英国对外贸易的成败如何看，以下作为导致英国东印度公司产生的基本事实，却是绝对

———————————
① K. N. Chaudhuri, The English East India Company: The Study of an Early Joint – Stock Company, 1600 – 1640. London, 1965, pp. 23 – 24.

不容忽视的,尽管它们有时被视为"旧观点":首先,是在阿拉贡和卡斯蒂利联合建立统一的西班牙的基础上,菲利普二世为了把地中海变成西班牙的内湖,在1585年以后切断了英、荷商人与里斯本的联系,以阻止英荷商人参与葡萄牙香料市场,这一事变"强化了英人的海上权力意识",[①]同时也迫使英人为英国的呢布寻找新的出路。1591年,一批伦敦商人企图渗透到东印度,曾派出三艘商船前往东方,其中由詹姆士·兰开斯特指挥的船只,成功抵达印度尼西亚的亚齐。其次,在先期抵达东印度的国家中,荷兰人似乎比葡萄牙人在商业上更成功,因为它成功地建立了对香料供应的垄断,以致胡椒在欧洲市场的价格被抬到每磅8先令的高位,这一事实早就引起了英国利凡特公司的密切关注,当6艘满载着东方商品的荷兰商船于1599年从东印度成功返回荷兰的消息传到叙利亚阿勒颇(Aleppo)时,利凡特公司一位名叫威廉·奥尔德里奇(W. Aiderich)的代理人写下了下面的话:"我们的公司将被迫寻找一些其他的替代办法。"[②]第三个基本事实,是奥斯曼帝国威胁的扩大:这个1301年兴起于小亚细亚的帝国,1389年将其领土扩展至欧洲,1453年占领地跨欧亚的战略要地君士坦丁堡,之后迅速征服安纳托利亚和巴尔干12个国家和200个城市,1512—1520年又征服叙利亚、阿拉伯和埃及,从而使通过红海的香料贸易受到现实的和真正的威胁,其直接后果是迫使英国商人决定"效法荷兰人的榜样",并于1599年9月提出通过新的航路以摆脱利凡特主要贸易团体之种种计划。正是在这个意义上,K. N. 乔杜里指出:"如果说利凡特公司的成员是英国东印度公司建立的主要部分和作用,那么荷兰在东印度冒险的成功乃是成立东印度公司的主要动力。"[③]

由此产生和成立的英国东印度公司是一种"特许公司",它和当时其他特许公司一样要由英王"特许"和批准。但如果仔细阅读1600年底伊丽莎白女王的特许状,就会发现该公司从一开始就与以往几乎所有的特许公司不尽相同。很少有人注意到,以往的特许公司在英王的特许状中的命名一般称为"fellowship"或"society""company",而从东印度公司开始便采用了一种更为严格的制度,并在名称前冠以"Governor and Company"或"Gov-

---

① K. N Chaudhuri, op. cit. p. 10

② The Travels of John Sanderson, Hakluyt Society (London, 1930), Lxvll, p. 190. 转引自 K. NChaudhuri, op. cit, p. 10.

③ K. N Chaudhuri, op. cit. p. 10.

ernor and Society""Treasurer and Company",且在 20 年内至少就有 6 家特许公司是如此冠名。这种冠名意味着:(1)这种命名已成为"一种专业术语";(2)"总裁和公司是由一个特许的阶层构成的";(3)"总裁和总督比董事会主席有了更大的权力";(4)由选举产生的总裁"代表了和官方的非常密切的关系"。① 在笔者看来,它突出了一种权力关系,而不仅仅是一种组织联系。其次,它给"East – Indies"(东印度)下了一个非常宽泛的定义,而不仅仅是通常所说的"非洲好望角以东地区",因为特许状声言"所谓东印度是指这样一些可能或已经从事商业和贸易的地区,它们包括了从邦纳·埃斯佩兰萨(Bona Esperanza)到麦哲伦海峡,亚洲和非洲的国家和地区以及亚洲、非洲和美洲的所有岛屿、港口、港湾、城镇、地方及其所属范围"②。请注意,这里不仅提到"America"还提到"Bona Esperanza",实际上把该公司所享贸易特权的范围扩大到全球,而不论它们是已知的地区还是未知的地区,由此凸显了东印度公司在英国海外战略中的特殊地位。此外,据詹姆士·密尔研究,该公司从英王特许状获得的最重要的特权有三:(1)"在给予东印度公司的权利范围内,禁止其余任何团体从事贸易,但授予他们在他们需要的时候,为其目的发放执照之权";(2)"在每次航行中,有权出口金银 3 万磅,头 4 次航行的英国商品免税,并有权在同样的特权下,用英国船只再出口印度物品,直至该特许状结束";(3)该特许状有效期为 15年,"但如果看不到对国家有什么益处,在这种情况下它将被注销,而如果对国家有好处且公司也有愿望,特许状将延长 15 年"③。不难看出,三项特权中最关键的是第三项,即要看公司的运作是否"对国家有好处",这道出了上述"权力关系"的本质和要害所在。趁这次研究机会,笔者查阅了东印度公司的几乎所有重要特许状,尽管 17 世纪的文件由于流失严重,目前只能看到 1600 年、1661 年、1686 年、1693 年和 1694 年的特许状,发现从内容到形式都比 1600 年的特许状改变很大,但上述是否"对国家有利"的原则仍是全部特许文件的灵魂和核心,这一点不仅贯穿于英国东印度公司的全部历史和运作过程,也实际上决定了该公司的兴衰。事实就是如此。

---

① W. R. Scott, The Constitution and Finance of English, Scottish and Irish Joint – Stock Companies to 1720. Cambridge,1911,V. I,pp. 150 – 151.

② Madden and Fieldhouse, Select Docummments. I. pp. 235 – 6. 转引自 Philip Lawson, The East India Company:A History. London,1987,p. 4.

③ L. Blusse & F. Gaustra, eds., Companies and Trade. Leiden University Press, 1981, p. 247.

英王特许状一旦颁布，紧接着就是选举托马斯·史密斯为总裁，并相应地组建了公司的董事会及其办事机构，1601 年 4 月 8 日以詹姆士·兰开斯特为船长的船队，便开始了公司向东印度的商业航行。看起来东印度公司的事业似乎一帆风顺，其实它面临着巨大的挑战。且不说来自葡萄牙、西班牙、荷兰、法国等西方列强在东印度的竞争，也不说处于初创阶段公司在资本筹措、经营管理和组织机构等方面极不完善，就是在伦敦商业冒险家内部也围绕着能否享受到垄断的好处而进行着激烈的竞争，而暗潮汹涌。尽管公司于 1609 年、1657 年、1661 年一再从英王手中获得继续独占东印度贸易的特权，但反对由某一个公司垄断某一方贸易的声音从来就未间断过，而且他们会编造出各种各样的理由来为其抗议活动助威。什么对东印度贸易"运走了几乎所有金银"，什么为满足东印度贸易"浪费了很多船舶和材料"，什么东印度贸易导致"皇家造币厂一直开工不足"，什么对东印度贸易"消耗粮食"而"使很多水手丧生"，不一而足。早在 1637 年，以威廉·柯登爵士为首的商人集团，就通过送礼、贷款等方式获得查理一世的批准，享有为期 5 年的对东印度贸易的特权，且每年还可以输出金、银 4 万英镑，同时豁免其经营的印度货的进口税。由于激烈的内部斗争，以托马斯·帕皮朗（Thomas Papillon）为首的一派，于 1682 年被以乔塞亚·柴尔德（Josiah Child）为首的一派，从东印度公司理事会（Court of Committees）中驱逐出去，旋即便另组一新的以"Dowgate Companry"著名的东印度公司。① 为了缓和内部矛盾、一致对外，1688 年"光荣革命"后资产阶级和新贵族达成妥协的英国政府，于 1702 年决定强迫新、旧东印度公司有条件地组成一个新的联合公司：The United Company of Merchants of England Trading to the East Indies，②其条件就是以年息 8 厘认购一定数量的国债，这才基本结束了英国商业冒险家内部的纷争，使英国东印度公司建立在一个统一和稳定的基础之上。

毫无疑问，由于这次联合，在英国东印度公司的生命旅程中迎来了一个重要的"转折点"，以致卡尔·马克思在说到这次联合的意义时断言：

① C. Lestock Reid, Inner History of East India Company. Abhishek Publications,1979, pp. 54 – 55.

② C. Lestock Reid, Ibid, p. 59

"东印度公司的真正创始不能说早于1702年。"①尽管这一论断可能过于偏激,因为在此以前的一百年间东印度公司在贸易和管理方面,都取得了惊人的扎实的进展,并非毫无作为。

(二)商馆及代理制度与公司管理体系之形成

上文提到,1600年英王特许状中关于"总裁"(Governor)的设置及其内涵,这实际上已涉及英国东印度公司的管理及其性质问题。应当说,在东印度公司组建过程中,公司就有了一个基本管理体制。

按1600年英王特许状的规定,公司的最高领导人是"总裁",其管理权力的源泉来自一个被称做"总理事会"(The General Court)的机构,它相当于股东大会但只由拥有足够选举资格的股份(其票面价值需在500~3000英镑之间)的全部股东组成。这些股东可分为两类:一类包括了这样一些英国商人和部分外国商人,由于他们有以前从事海外贸易的经验,而对管理工作持非常积极的态度,托马斯·史密斯、莫里斯·艾博特、克里斯托费·克利西罗诸爵士就属此类;另一类是普通的贵族和平民投资人,他们虽然为预期赚得的利润所吸引,但一般对公司的管理工作不那么积极,尽管他们在法庭和议会中对公司持支持态度,其中就包括了坎伯兰伯爵、南开普顿勋爵和伍斯特勋爵这样的人。但总理事会不是一个实际的管理机构,真正的管理机构是由总裁、副总裁和24名成员组成的"董事会"(Court of Directors),它由总理事会选举产生并作为股东的"受托人",负责公司的全面管理。为了进行全面管理,当时董事会内设置了7个专门的小组委员会,他们分别涉及会计、采购、通讯、运输、财务、仓储和民间贸易等方面的事务,而充当这些小组委员会助手的都是该方面的专家,如会计师、审计员、书记员、出纳员和秘书,不少人有与东方贸易的实际经验。② 这个机构的成立大会就在伦敦"利凡特公司"总部办公室举行,当选的首任总裁就是上文提到的托马斯·史密斯(Thomas Smythe),曾主持莫斯科公司和利凡特公司的工作,被认为是"当时英国最有海外经验的人",还是伦敦市议员。然而,尽管英国东印度公司一开始就建立了一个比较完善的管理机构,但我

---

① 卡尔·马克思:《东印度公司,它的历史与结果》,《马恩全集》第9卷,人民出版社1961年版,第167页。

② Jonathan B. Baskin and Paul J. Miranti, Jr. , A History of Corporative Finance . p. 65.

们必须注意此公司是一个外贸公司而不是一个一般的国内贸易公司,而海外贸易的主要活动和所面临的挑战是在海外而不是在国内,随着时间的推移和海外活动的展开,会给它的组织和管理带来许多新的变数和要求,这些新的变数和要求集中到一点就是:如何有效组织和管理公司在世界各地的商人和经营,并协调和处理好他们与公司总部的关系?

东印度公司组建之后发生了什么样的变数呢?首先是以 1613 年为界发生了航行模式和集资方式的改变。由于东印度公司直接脱胎于利凡特公司,所以有人说东印度公司一开始就是"股份公司"①,因利凡特公司原是股份公司。实际上,在其存在的早期阶段,即 1613 年建立"联合公司"或"合股公司"(joint stock company)之前,它至多只是一个"合伙公司"。此间与东印度进行过 12 次航行和贸易,每一次都是单独组织和集资,且每一次集资都是围绕该次航行运作,因而结算也是各次分别进行。资金筹措有两种形式:一是出售股票,二是发行短期定息信用债券,一般以半年为期限,由于投资者关心的是如何保证航行的成功,而在信息的获得方面又普遍存在问题,最初 12 次航行的资金筹措均按"最高限度"运作,所售股票之面值一般为 100 英镑。各次航行资本总额在 80000 英镑(1609 年)和 7142 英镑(1612 年)之间不等,其中绝大多数在 40000 ~ 60000 英镑左右,一般以"红利"形式在股东中分配收益,但并不区分它是经营所得还是资本收益,且红利的支付还要分为现金和商品两种。这是因为,每次航行从东印度带回的商品要在出售之后才能进行结算,而售卖在 17 世纪 80 年代正规交易机构建立之前,一般是在每年 4 至 6 次按季举行的定期拍卖会上进行的,但并不能保证每次都能完全出售他们的货物,所以有时只好以商品的形式支付给股东红利。② 此外,随着对东印度贸易的展开,商船队的规模、设备、人员有增无减,为安全考虑还配置了皇家军队护航,所有这一切都提升了对东印度贸易的成本,使以往的集资和决算方式显得不合时宜,并由此催生了一种新的被称为"多次航行"或"多元航行"的航行模式,英文叫做"multiple voyage"。③ 它既是航行模式的改变,也包括集资方式的改变,在此种集资和航行模式下,集资不再以某一次航行为目标,投资人也可与某个具体的航行脱钩,决算也不必为支付某一特定航行的红利而匆忙进

① 赵秀荣:前引书,第 107 页。
② Jonathan B. Baskin and Paul J. Miranti,op. cit. ,pp. 69 – 72.
③ 同上,p. 73.

行,所集资本或剩余资本也可以供下次或多次航行使用,这样在英国东印度公司乃至整个英国对外贸易和商业史上便第一次有了永久性资本,它的航海和外贸事业也就有了持续发展的可能。

　　另一个变化涉及贸易模式和性质。原公司对东印度贸易模式的设计不仅是"一次性的",而且是以"直接贸易"(direct trade)为主。公司的直接贸易发展很快,大约经历了三个阶段:第一阶段是班达(bandam)到伦敦(1602—1607),第二阶段是途经红河的阶段(1608—1612),1612 年在苏拉特建商馆后开始与东南亚发生联系。但这种直接贸易在以下三种因素影响下发生了变化:首先,1601 年和 1602 年英国东印度组织的头两次航行,其目的地最初都不是印度而是印度尼西亚,其中头一个抵达的地点就是印尼著名古镇亚齐,英国人要从这个香料群岛大量进口香料,自己却拿不出什么恰当的东西与之交换,它当时唯一可供出口的产物是传统产品呢布,但东方人当时在习俗上主要还是用棉布,为此英国东印度公司被迫大量输出白银,致使白银在这一次对东印度出口的总值中占到了 76%,如何解决由此造成的英国在东印度贸易中的不平衡甚至逆差? 可供选择的办法就是寻找、经营甚至在当地生产其他可用于周转的产品。而在英国商人本身在当地尚未站稳脚跟的情况下,要在当地组织生产自然是不可能的,只能考虑其他办法。其次,英国东印度公司在东印度的活动,采取了全面展开和进攻的姿态,它的船队 1602 年 6 月抵达亚齐(Achin),1608 年抵达印度西海岸的苏拉特,1613 年其人员甚至在日本也建立了贸易站。但最初只在印尼进展比较顺利迅速:1603 年英商在爪哇的班达建贸易站,1614 年在马加萨建贸易站,1616 年占领普劳阿伊(Pulauai)岛,这引起了从 1596 年起就开始在这个香料群岛经营的荷兰人的恐慌,乃在 1623 年 3 月发生了搜捕和处决包括 9 名英人在内的所谓"安汶事件",迫使英国东印度公司几乎完全退出那里的竞争,而把经营的重心转往孟加拉湾地区:先是在1633 年获得了印度东海岸的贸易权,然后于 1639 年获得了在马德拉斯的租地权,1651 年在加尔各答附近的胡格利建贸易站。其三,英国人与印度的直接贸易,最初主要是通过印度西海岸苏拉特进行的,然而英国东印度公司在印度经营的重心,如上所述这时却是在孟加拉湾地区,印度半岛把它们分成东、西两部分,英商把货物集中到苏拉特贸易站的活动,导致一种新的贸易模式即"港港贸易"(port－to－port trade)的产生,这种贸易形式的发展不仅促进了公司在当地的资本积累,从而有利于英国对东印度贸易不平衡问题的解决,也在一定程度上满足了公司在当地的职员和商人个人在公司集体活动之外发财致富的需要。但这样一来就催生了一些更新的贸易形式,如港口与印度次大陆内地、港口与东南亚其他地方贸易的产生,同时也把更多的英国商人和移民卷入到这类活动中来。这就提出了一个问题:如何更有效地把英国东印度公司的海外贸易活动和人员组织和管理起来,以适应公司成立以后出现的上述种种新情况和新挑战?公司给出的答案就是,建立和完善它的"商馆或代理制度"(factory – system)。K. N. 乔杜里认为:"正是把公司的贸易组织起来,以利于商业的种种条件这一事实,导致了后来称为'商馆制度'的那种制度的创立。"[①]

"商馆",英文"factory",有人把它误译为"工厂",[②]实际上"即当时所谓的贸易站",[③]在历史上也叫做"trading post""agency""consulate"等等,均是总部设在英国本土的公司在世界各地的代理机构,主持商馆事务的人即公司的"代理"(factor)。因此,公司在各地建立"商馆"的过程,也就是公司"代理制度"形成的过程。英国人在东印度所建商馆,最早并不是建立于印度,而是于 1603 年建在爪哇的班达。东印度公司在印度的第一个商馆则是苏拉特,建于 1612 年。[④]据统计,到 1617 年,英国东印度公司拥有商馆约 18 家,散布于从红海到日本的广大地区,但多数不在印度境内。英国人在印度建立商馆的历史,权威的数据和解读是由威廉·福斯特(William Foster)提供的,他著有多达 11 卷的《英国人在印度的商馆》,所用资料翔实而可靠。据他研究,直到 1618 年 1 月为止,英国人在莫卧儿帝国境内的商馆总共不过 5 家,他们分别建立在阿格拉(Agra)、艾哈马达巴德(Ahmadabad)、布尔汉布尔(Burhanpur)、布罗奇(Broach)和苏拉特(Surat);但以后发展加快,1630 年时已增加到 16 家,到 1647 年时已达 23 家,其中 1633 年时仅孟加拉湾地区就有 10 家,占了公司在印度商馆总数的一半。威廉·福斯特在其专著 1630—1633 年卷中谈到,在亨利·西尔(Henry Sill)1630 年被任命为"沿岸代理人",主管公司在马苏里普塔姆(Masu-

附录

493

① K. N. Chaudhuri, op, cit. , p. 16.

② 安东尼·派格登:《西方帝国简史:迁移、探索与征服的三部曲》,天津人民出版社 2007 年版,第 75 页。

③ C. Lestock Reid, Inner History of East India Company. Abhishek Publication, 1979, p. 25.

④ 东印度公司的人于 1608 年,第一次抵达苏拉特,1609 年建贸易站,1612 年正式建馆。关于英人在苏拉特正式建馆的时间一说为 1613 年,此处取公认的意见。

liptam)的事务之后,仅在他领导之下就有 5 家商馆投入运营。实际上,英国东印度公司在印度所建商馆,主要分布于印度三个地区:(1)是印度西海岸。在该地区,公司在苏拉特的贸易活动开始最早,但获得在此建商馆的特权,则是 1608 年英使威廉·霍金斯抵达莫卧儿帝国首都阿格拉两年之后,由帝国皇帝贾汉杰尔授予的。(2)是印度的东海岸。公司在该地区建商馆晚于西海岸,直到 1626 年才在高康达国的阿马冈建立了它在当地的第一家商馆。(3)是孟加拉地区。公司在这里建商馆最晚,直到 1633 年才建立了它在该地区的第一家商馆,地点在哈里哈普尔。但是,由于孟加拉远离莫卧儿帝国首都,又有多条河流通往印度次大陆内地,并与东南亚各国接近,不久就以加尔各答为中心建立了大批商馆,包括巴拉绍尔、胡格利、巴托尔、巴特那、苏塔纳提,等等。

K. N. 乔杜里认为:"苏拉特商馆的建立,是东印度公司地区机构产生的标志,也几乎是该公司贸易组织的最后形式(final form)。"①但英国东印度公司商馆或代理制度的直接起源,至少可以追溯到 1553 年建立的"莫斯科公司",因为莫斯科公司已采用了"驻节代理人"和"移动代理人"两种形式,②尽管当时的商馆不叫"factory"而叫"household"。驻节代理人,1555年时只任命了两位,两年后又增加了一位,按规定他们享有平等权力,并应住在一个城市或主要贸易中心,1557 年以后才有了一个"公司的主要代理"(company's chief agent)的设置,第一位公司在莫斯科的主要代理名叫威廉·罗利(William Rowley)。主要代理的任务是"控制整个公司在俄国的雇员及其他代理":一是掌握公司在俄国的全部运作,二是保管全部贸易记录和账目,三是监控公司的其他雇员,四是对影响整个公司的事务作出决定,但其权力似乎还未达到后来的所谓"总管"的水准。③ 事实上,英国东印度公司在组织第一次航行时就决定,如果舰队司令和代理人发现已抵达了印度,那么他们就可以在那里(和平地)从事贸易,然后一些代理人可作为定居者在当地留下来,而另一些代理人则应随船返英,由此创立了所谓"三级代理人"制度。1609 年,公司在苏拉特设置它在印度的第一个贸易站,1612 年又正式建立了"商馆",但在代理制度上似乎并未取得什么新

① K. N. Chaudhuri, op. cit, p. 17.

② 同上, p. 17.

③ T. S. Willam, The Early History of the Russia Company. Manchester University Press, 1956, pp. 29 - 32.

的进展，直到 1614 年航行时，负责这次航行的船长（或司令）基林（Keeling）才与公司签署了这种合作协议，1615 年他在到达印度后留在了印度并立即成了商馆的"总代理"（Factor - General），且在那里一呆就是 5 年，苏拉特实际上也成了公司在印的第一个管区。个人认为，这个协议的签署，应是英国东印度公司代理制度发展史上的一个转折点，它表明代理权已由移动代理人转到居留代理人手中，是公司海外代理制度初步形成的重要标志。由此可见，公司代理制度产生的动因有三：一是英国冒险商人多年经验的总结，二是为了监控代理人及其雇员的活动，三是为了整合和协调代理人与公司在国外的贸易活动。① 但这样一来，就赋予商馆和代理以两重性：对于东印度公司来说，它是衍生出来并附属于公司的代理机构和地方机构，直接管理公司在世界各地的公司人员和业务；对于东印度来说，由于它的建立必须以一定范围的侨居地为条件，一开始就意味着一种外在权力中心的出现。尽管在商馆和代理活动的初期，前一种功能可能是主要的，但它也为公司以后演变为英属印度的统治者，埋下了重要的伏笔。

在公司商馆或代理制度形成的过程中，代理人的选拔和招募是公司理事会的一件大事。乔纳森·B.巴斯金和保罗·丁·小米蒂在《公司财政史》中谈道："与中世纪的行会一样，东印度公司喜欢雇佣商人股东的后裔当自己的学徒。同时，它也试图过问代理商的职业活动与私人生活。凡滥用钱财、赌博与过于奢侈的个人消费，都要遭到训斥、罚款，甚至是解雇。它还通过日常的宗教活动，来反复灌输勤奋与孝敬。"② 而为了防范代理商的渎职，公司挑选代理商的条件之一，就是要看候选人是否有足够的财产，为履约保证书在经济上提供担保，因为保证书将要求赔偿公司因经营不当所遭受的损失。③ 但正如 K. N. 乔杜里所指出的："在挑选其'主要代理人'（Prime factors）的活动中，公司方面最为关注的还是候选人的资格及其商业经验。"④他还举例说：当劳伦斯·费米尔（Lawrence Femmel）在 1609 年被任命为高级商人（senior merchant）时，他已是一个拥有 23 年工龄的代理人或商人，1586 年就在柏柏尔（Barbary）经商了。1613 年，公司招聘了 4 位代理商，他们的名字分别叫托马斯·埃尔金顿、尼古拉·埃蒙斯沃思、威廉·爱德

① K. N. Chaudhuri, op. cit., p. 76.

② Jonathan B. Baskin and Paul J. Miranti, op. cit., p. 67.

③ Jonathn B Baskin and Paul J. Miranti, op. cit., p. 68.

④ K. N Chaudhuri, op cit, p. 80.

华兹、尼古拉·伊萨克,都有来自调查委员会的很好的推荐,并被描述为"适合的和非常好的"人选。① 当然,也应当同时指出,选拔的结果并非总是那么公正,尽管总的来说对代理人的选拔是严格的。正因为如此,许多被选拔出来的代理商,包括一些低级别的代理商,在走上岗位后都受到了锻炼,并成了名人。

上文关于"高级商人"的说法,无意中透露了一个信息:在东印度公司在各地的商馆及其代理商和商人中,是存在等级划分的。以苏拉特馆为例,公司官员被分为若干等级:大多数年轻人是"抄写员"(writers),其服务期限为 5 年,而年工资仅有 10 英镑;5 年过后他们可以升任为"代理"(factors),其年工资也可相应上调到 20 英镑,即上涨一倍;再过三年,他们可以升级为"高级代理"(senior factors);此后,再过三年,他们就可荣升所谓"商人"(merchants),并获得每年 40 英镑的报酬;它的最后一个等级,是公司重要的成员,包括理事会成员,仅附属于代理机构主管。② 关于这种等级划分,尽管在一些著述中时有提及,但笔者仅在 S. S. 希尔·万特所著《印度法律和宪政史》中看到,有如此系统的研究和描述。不过,应当指出,并不是所有的人均可以按年头一级一级提升,而各商馆代理人的年工资也不完全一致。例如,代理商安德鲁·科根(Andrew Cogan)工作 8 年,他每年的工资是 200 英镑。而威廉·泰罗(William Taylor),最初每年工资只有 30 英镑,但以后每年可加薪 10 英镑,且可连续加薪 5 年。托马斯·莫利(Thomas Morley),头年工资就是 40 英镑,以后也是每年加薪 10 英镑,但可连续加薪 7 年。丹尼尔·埃尔德(Daniel Elder),第一年工资亦是 30 英镑,以后也是每年加薪 10 英镑,但只能连续加薪 5 年。但威廉·詹森(William Janson)又有所不同,他头年工资只有 20 英镑,以后每年也只能加薪 5 英镑,却可以连续加薪 7 年。③ 显然,代理商的报酬究竟多少,似乎并无一定之规。据有的地方记载,除了上述有关工资的正式记录之外,还可获得所经办交易所得的 2.5% ~ 4%。④

不仅如此,由于各地代理人在公司经营和管理中的重要性,公司总是

---

① K. N Chaudhuri, op cit , p. 80.

② S. S. Shil Want, Legal and Constitutional History of India . New Delhi ,2003, p. 5.

③ William Foster, The English Factories in India, 1637 - 1641. Oxford at the Clarendon Press , 1912, p. 62.

④ K. N. Chaudhuri , op cit , p. 75.

想方设法对其职位提供"补偿",以刺激和提高他们的绩效。这类补偿政策和措施包括:(1)允许代理人从事公司经营以外的个人交易,尽管这一做法最初是被公司禁止的;(2)一般地说,对代理人支付的是高薪,以保护他们不致因某次不赚钱的交易而会自己遭受亏损的风险;(3)允许代理商购买公司股票,从而使他们能从每次盈利中得到好处。笔者以为,其中高薪应是最重要的"补偿",因为它在上述各种措施中最为稳定。

(三)公司司法权的实施由内向外: 英人在印建立统治权的重要步骤

一般认为,英人在印度建立统治权,似乎只是1757年"普拉西战役"以后的事。其实,英人在印度建立统治权的过程早就开始,应始于公司司法权的实施由内向外的发展,而这一变化的物质基础源于公司在印度三大"管区"(Presidency)的建立以及由此引发的系列发展。

从某种意义上说,英国东印度公司从一开始就拥有某些司法权,这从公司"总理事会"和"董事会"采用的英文名称即可看出,前者采用的是"General Court",而后者采用的是"Court of Directors",他们都包含了"Court"一词,该词的重要意义就是"法庭",尽管它有多种解释。但它不等于实际授权。

1600年最后一天英王颁发的特许状,解决了英国东印度公司的体制、权利和特权问题:(1)公司被授权15年,如果公司对王国无利可图须撤销的话,王室要提前两年通知公司;(2)公司活动范围包括印度、美洲、非洲等,在此范围内其他英王的臣民不得从事贸易;(3)公司事务应按民主程序处理,"总理事会"由全体有资格的成员组成。它每年选举一个"总裁"和24名董事并由他们组成"董事会"以全面负责公司事务,但任期仅为一年;(4)由股东大会授权公司制定任命和延长其有关管理和利益的法律、法规,以便更好地管理公司本身并推进公司的贸易和其他业务。① 1609年5月31日由詹姆士一世重新颁发的特许状,除了以下两点变动外其余一律维持不变:(1)关于公司的延续性没有任何限制;(2)王室可以决定公司

---

① Charter Granted by Queen Elizabeth to the East India Company. P. Mukherji,ed.,Indian Constitutional Documents(1600 – 1918). V. I,Calcutta,1918,pp. 1 – 20.

的延续期但需提前三年通知。不难看出,"这些授权是有限的,只是为了建立一个好的管理贸易的机制,当时并未想到公司会在国外拥有领土并成为政治强权"①。K. N. 乔杜里也认为:"1600 年特许状并没有为公司提供更多的法律基础,最初主要是管理公司内部事务,而在当时直接建立政权被认为是海外贸易的基本条件之一,否则便不能为竞争提供保护。"②总之,公司终于发现,它在法律上的授权是不完全的。

但事情在缓慢发生改变。为了弥补 1600 和 1609 年特许状的不足,伊丽莎白女王于 1601 年 1 月 24 日为公司的第一次航行委任了"总司令"(Commander - in - Chief),詹姆士一世又于 1623 年授权公司可以委任其定居地主管及主要官员,并赋予他们惩处公司英国雇员犯罪之权,但这些都还只是临时授权,且只涉及英国人。1609 年,公司成功地在苏拉特建立了印度土地上的第一个贸易站。为了与印方交涉,英国詹姆士一世特派托马斯·拉奥(Thomas Rao)爵士作为大使前往印度,此人于 1615 年抵达阿格拉的莫卧儿帝国朝廷,并为公司争得如下权利:(1)被获准在苏拉特租房以建一个商馆并进行贸易;(2)被获准按他们自己的宗教和法律不受干扰地生活;(3)在英人中发生的纠纷由印度地方法官管辖;(4)英人与印度穆斯林之间的纠纷由印度地方当局处理;(5)在所有案件中,莫卧儿总督和当地法官(Kazi)被要求以"朋友"身份审理英人并保护他们,以免于任何伤害。托马斯·拉奥实际上为公司从莫卧儿帝国那里争得了有限"英人自治权",但:第一,英人当时在其领地上尚无行政权;第二,莫卧儿皇帝实际上赋予公司以"自治权";第三,但公司的司法当时还是由商人而不是由律师来执行;第四,因此,其判案的依据不是法律,而只是凭自己的感觉和公正意识。据笔者研究,公司正式被授予在海外殖民地的司法权,是始于 1661 年查理二世颁布的特许状,该特许状授予每个商馆的主管和参事会可以"审理属于公司的或生活于其下的一切人(包括公民或罪犯),但要按照英国法律并据此执行判决"③。此授权包括了 4 个重点:(1)公司的权力不仅扩大到公司的所有成员,而且扩大到了公司殖民地的所有人(包括印度人);(2)司法权被授给了行政机构,即海外代理商馆的主管及参事会;(3)公司在司法时要采用英国法律,这样英国法律就开始在殖民地起作

---

① S. S. Shil Want, op. cit, p. 2.

② K. N. Chaudhuri, op, cit, p. 28.

③ S. S. Shil Want, op. cit, pp. 3 -4.

用;(4)授权包括了死刑在内的全部审判。总之,1661 年特许状实现了两个重要转变:一是将公司的司法权由临时性的变为正式的,二是将司法权实施的对象由公司内部扩大到公司外部,这应被视作英国东印度公司确立在印度殖民统治的开始。虽然这种转变还仅仅是开始,但趋势毕竟已经形成,因而是一件大事。

第一个实施这种司法权的地方是公司的"马德拉斯管区",这是因为该管区最早出现了实施这种司法权的必要。其实,马德拉斯既不是公司在印度的第一个商馆(1612 年苏拉特成为公司在印度西海岸商馆的所在地),也不是公司在印度建立的第一个管区(1615 年苏拉特成为公司在印度西海岸所有商馆的总管所在地),但它是第一个出现了复杂情况又拥有决定权的管区。此地原是 1639 年公司从昌德拉吉里罗阇手中租借的一块沿海条地和一个小岛,最初在其上建立的圣乔治堡 1651 年才发展成马德拉斯市,但该罗阇后来被高康达王国征服,而征服者 1685 年也面临被莫卧儿帝国征服的危险,高康达于是把马德拉斯的主权转让给东印度公司,以求得到英人的帮助。不过,早在圣乔治堡建立后不久,就在该堡附近形成了被称为"white town"(白人区)和"black town"(黑人区)的不同村落,如果说前者是公司欧洲和英国雇员的侨居地,那么后者便是那些企图与公司进行贸易的印度人的居住地。1665 年之前,马德拉斯的司法权主要操于高康达邦之手,英国商馆的业务主要还是一般商务,而商馆的负责人还称为"代理"(agent)。1665 年,该商馆获得"管区"(Presidency)地位,于是商馆负责人由"代理"升格为"主管"(President),乃建"主管与参事会法庭"(The Court of the Governor and Council),以负责处理该侨居地民事和犯罪案件。1686 年以后,根据 1687 年关于马德拉斯的英王特许状,又设立两个新的法院:迈索尔法院和海军部法院。第二个实行这种司法权的是孟买管区,但此管区的经济中心最初不是孟买而是苏拉特。东印度公司货船首次抵达苏拉特是 1608 年,1612 年公司正式在苏拉特建立商馆,1612 和 1615 年英国人和葡萄牙人为争该地曾两次进行海战,但苏拉特并未如英王敕令要求的那样成为英商在印西海岸的"永久性中心",因为 1668 年英王查理二世把 1665 年葡王作为公主嫁妆献给他的孟买,仅以 10 英镑的名义租金将其所有权转让给了东印度公司,以后孟买就取代苏拉特成为公司在印度西海岸的管理和贸易中心。在 1668 年英王给公司的特许状中,正式授予公司以制定法律、法规和宪章之权,以便在该岛组建一个良好的政府;要求运用监禁甚至死刑等方法进行处理、处罚和征收罚金；为此，公司得建立审判法庭（Court of Justicature），并必须与英国建立的类似法庭一样。但此特许状的意义并不仅仅局限于孟买管区，正如艾伯特先生所说："1668 年特许状标志着公司从一个贸易团体，到一个拥有民事和军事权的领土主权的转变。"①还应指出，这种转变并未到此为止：1670 年，原苏拉特商馆的主管、孟买管区的"真正奠基人"杰拉尔德·奥杰尔（Gerald Aungier），又再次将孟买岛分成两个分区：一个分区包括孟买、马扎甘昂（Mazagaon）、吉尔甘昂（Girgaon）；另一个分区包括：马赫姆（Mahim）、帕雷尔（Parel）、锡永（Sion）、沃里，并在每一个分区创建一个法庭，每个法院均由 5 名法官组成。这可能是东印度公司在印度建立的第一个地方司法体系。公司在印度的第三大管理区是孟加拉：如前所述，英国人 1633 年才在该地区建立第一家商馆，其地点就是哈里哈普尔，但 1651 年取得在该地区进行贸易的特权以后，公司在孟加拉的事业和贸易堪称"突飞猛进"，短短几十年内所建商馆不下 10 家，如哈里哈普尔和马拉绍尔（1633）、胡格尔和卡锡姆马托尔、巴特那（1651）及苏塔纳提（1690）等等，乃在加尔各答筹建威廉堡（Fort William），又于 1682 年在威廉堡正式设立孟加拉管区，虽然直到 1699 年才明确由公司驻加尔各答省督及其参事会管辖，并将之命名为"加尔各答管区"。公司在该管区的司法权的落实不仅晚于其他管区，而且由英国进行的审判一般来说采用了孟加拉其他柴明达尔的模式，这就造成该管区司法的两大特点：一是在当地纳瓦布政府批准前不得实行死刑判决；二是从一开始公司在加尔各答的代表就握有比当地柴明达尔更大的实权。

从上面的回顾可知，加尔各答、马德拉斯和孟买三大管区司法制度的模式大不相同，这给公司乃至英国对印度殖民地的管理带来了很大的麻烦。还有，由于马德拉斯在 1681 年建立了一个法人团体（a corporation），孟买和加尔各答两管区也要求创立同样的团体。更重要的是，"许多死于印度的英人留下了不动产和动产，而当时任何一个殖民城市都没有一个适当的法庭，来处理这些财产的正当分配问题"②。在这种情况下，根据英国东印度公司董事们的要求，英王乔治一世（1714—1726）乃于 1726 年颁发了新的特许状，以便整合在印度的司法制度。迄今为止，此特许状的内容

---

① 转引自 S. S. Shil Want, op. cit., p. 22.
② 同上，p. 36.

不见于国内我们所看到的任何文字,鉴于此特许状在本主题研究中的极端重要性,有必要对它的内容作一系统的介绍:首先,这个特许状允许公司在加尔各答、孟买和马德拉斯三大管区各创建一法人团体(a corporation),该团体应由一个市长(Mayor)和9个长老组成;其中,市长和7个长老必须是英王室自然出生的臣民,但其余两个长老可以是任何其他亲王或与英王有关的国家的臣民,第一届市长和9个长老必须由特许状本身任命;市长任期一年,因此每年要从长老中选举一位新市长,而总管及其参事会无权变更长老的任期。第二,在每一个管区,由市长和9个长老组成"市长法院"(Mayor's Court),而该法院开庭的法定人数应为三人,市长法院有权听取并审理该市和其所辖商馆内的所有民事案件;所有涉及 1000 Pagodas(印度早期使用货币单位),或 1000 Pagodas 以上的民事案子,有权在第一时间内将印度法院的决定上诉到英王秘密参事会,时间限于 14 天以内;遗产案子由市长法院审理,该法院有权指定人员查验已死亡的英人遗嘱,有权向死者的近亲发出执行信函;此外,作为登记法院,市长法院可以对一切犯有侮辱法官罪的人,作出处罚。第三,但刑事案件,则由各管区总督及其参事会 5 成员负责。首先,他们这些人中的每一个人都将被指定为一个管片的法官,以此权力为基础他们就可以下令逮捕被控有罪的人和犯人,并审查犯人及该罪人的控告者,然后把指控犯人的证据记录在案,并最终将审理报告送达"四分之一片法院";其次,上述总督及其 5 个参事会成员将组成"登记法院"(a court of record),其中三人将被授权掌管"四分之一片法院",一年开庭审判四次,从技术层面上讲他们将享有英国"Oyer Termier and Gaol Delivery"法院的权力,可以审问、处罚任一个除最高叛逆罪(即反对国家或国王的罪行)以外的罪犯,只要是在他们管区及其所辖商馆范围之内。第四,因此,这些管区也拥有被授予公司所有的由公司董事会履行的立法权。根据 1726 年特许状,授权各管区总督及其理事会制定法律、法规和条例,以建立一个良好的政府、规范法人团体的行为及各城镇之居民,总督及其参事会可以依法征收适度的罚金、罚款,所依法律、法规及对违法所作处罚,应该是有"尽可能一致同意的理由",并不得"与英国的法律和法规相抵触"。这样,1726 年特许状,就在公司在印度的三个管区城市内,创建了 3 个"附属立法权力机构",该特许状也因此被称为公司"司法的宪章"(judicial charter)。

笔者以为,说 1726 年特许状是东印度公司"司法的宪章"是有充分的理由的：首先，乔治一世的这一特许状在司法上确实翻开了新的一页，因为皇家法院的建立使公司的三大管区从此有了统一的和明确的司法基础；其次，这个特许状还带来了一些新的有意义的变化，如在行政上建立了三个主要分局（station），在各管区组建了各自的"法人团体"；再次，还在公司的每个管区市建立了初步的地方立法机关（Local legislature），公司立法权的核心所在地由此也就从英国转移到了印度；最后，1726 年特许状在公司司法上还首次引入了"上诉制度"（the system of appeals），在印度的总督及其参事会法院可以向英国枢密院（privy council）上诉。正如 S. S. 希尔·万特所指出的，以上这些在司法上的进展，即使与 1687 年有关马德拉斯的英王特许状比较起来，也有一些重要的区别：其一，新的市长法院只拥有民事方面的司法权，而不拥有刑事方面的司法权，而旧的马德拉斯市长法院拥有民事和刑事两方面的司法权。其二，新的市长法院是向侨居地总督及其参事会上诉，并可进一步向英王及其枢密院上诉，而旧的马德拉斯市长法院只向马德拉斯行政法院上诉；其三，1726 年批准设立的市长法院是英皇家法院，而旧的马德拉斯市长法院只是公司的一个法院；其四，旧的市长法院并不拥有任何有关遗嘱事务方面的司法权，而新的市长法院却拥这个方面的司法权；其五，1687 年马德拉斯法人团体，除了 3 个英国人外，其余均属于其他民族，而新的市长和 9 长老组成的法人团体，除两人外其余全部是英国人；其六，旧的马德拉斯市长法院并不受任何法律之技术条款的限制，而 1726 年的市长法院是一种英国法的法院，其程序以英国法院的程序为模式，如此等等。

由 1726 年英王特许状所建立的这一司法体系，自然并不是那么完美无缺的。其突出的问题之一就是，市长法院与管区政府之间常常不一致。这里举两个判例：一个判例是，有一位印度妇女由于改信了基督教，其 12 岁的儿子便离开了她而去跟他的一个亲戚过活，这位母亲后来以这位亲戚拿走其宝石而起诉他的这位亲戚，市长法院于是下令这位亲戚将男孩交还他的母亲，但当这位母亲所属种姓的头领将此事控告到总督那里时，总督及其参事会却裁定市长法院无权决定"土著中有关种姓宗教和争议的性质和原因"，而市长法院对此持强烈的反对态度。另一个判例是，一位阿拉伯商人向市长法院起诉，说他的商船在古吉拉特（Gujarat）海岸起火，他的援救者因此敲诈了他一些珠宝，他要求归还他被敲诈的珠宝，参事会建议市长法院将该商人的要求作不正当要求处理，但该建议却被市长法院否决。

无论市长法院与管区政府的矛盾和争执如何深刻,但从公司司法权的实施由内向外发展的过程来看,1726年特许状所确立的这一司法体系、原则和制度都是这一发展过程中决定性的一步,因为它将公司的司法权毫不含糊地涵盖到印度土著人中去,并从一开始就引发了土著人与公司管区政府无穷无尽的矛盾和冲突。其中,市长法院在处理有关印度人的案子时,坚持用"Pagoda Oath"取代传统的"Geeta Oath",引发的愤怒尤其巨大。上述第一案例也颇能说明问题。

　　总之,通过司法权实施由内向外这一发展过程,英国东印度公司正在发生或已经发生了由一个商业公司到印度统治者的嬗变,从而走出了英人统治印度的重要一步。这是以往的研究所忽视的一点。

(四)普拉西战役对公司的影响:由商业帝国到殖民帝国

　　C.莱斯托克·里德在其《东印度公司秘史》中写道:"在仅仅一个世纪之内,公司就扩大为一个帝国,并把世界1/6的人口变成了它的臣民。"[1]这个转变的关节点就是所谓"普拉西战役"。众所周知,这次战役是以罗伯特·克莱武为首的英国殖民军和以西拉吉为首的孟加拉军队之间的战争,但法国殖民军也卷入其中并以失败告终,而印度也成为英法七年战争(1756—1763)两个主战场之一。因此,为了说明"普拉西战役"在东印度公司演变中的地位,就有必要简单地回顾一下英人和其他西方殖民国家在印度领土上周旋的情况。

　　在印度,与英国东印度公司竞争的,先后有葡萄牙人、荷兰人、法国人。早在1498年,葡航海家瓦斯科·达·伽马,就绕过非洲南端抵达了印度西海岸的卡利库特,最后在1510年落脚于果阿并把它变成其海上帝国的指挥中心。荷兰人在东方最早活动的重心是香料群岛,1605年才在属于高康达王国的马苏利帕塔姆建起它在印度的第一家商馆。至于法国人,虽然晚于1668年才在苏拉特建起它在印度的第一家商馆,但17世纪法国迅速上升为西欧大陆最大的君主专制国家,进入18世纪以后便与英国在北美和印度展开了激烈的殖民争夺,七年战争可以看成是二者的第一次殊死战。

　　① C. Lestock Reid , Inner History of East India Company. Chandigarh, 1979, p. 176.

但仅了解西方列强在印度如何逐鹿仍不够,还必须了解印度本土上莫卧儿帝国兴衰的过程及其内部问题,因为英国东印度公司在这块领土上兴起的过程,几乎是和这个帝国衰亡的过程相一致的,且在很大程度上是利用了它内部的弱点才实现的。莫卧儿帝国创建于1626年,17世纪末和18世纪初当英国东印度公司忙于建立和整顿它在印度的三大管区及其所辖的几十个商馆并准备进一步扩大时,莫卧儿帝国正处于奥朗则布(1658—1708)的统治之下而达于鼎盛,其疆域从喀布尔到吉大港,从克什米尔到高韦里河,远远超过了阿克巴奠定的仅限于北印度和中印度的版图,但不久就开始走向衰亡。其原因何在?是巴卑尔和阿克巴的莫卧儿帝国的体制本身存在什么问题,还是他们的儿孙们把祖辈创建的这个帝国引向了绝路?巴卑尔和阿克巴在创建莫卧儿帝国时形成了三条原则,这就是政治方面的"行省制"、经济方面的"军事采邑制"和宗教方面的"宽容政策",毫无疑问它们在帝国创建和巩固过程中的作用均属正面,行省制保证了皇帝对各邦总督和地方的有效控制,军事采邑制为国家军队和中央财政源源不断地输送着血液,而宗教宽容则是伊斯兰教徒与印度教和其他教徒和平共处的前提。奥朗则布把帝国的版图扩大到极致,但他由于放弃帝国传统的宗教宽容政策而镇压印度教徒,不仅使锡克教由印度教的一支发展成一个独立的宗教,而且迫使锡克教发展成为武装组织并逐步实现军事化,锡克教徒在宗教与军事结合的基础上最终演变成反抗帝国的可怕的"辛格",即雄狮。奥朗则布扩大了帝国的版图,但他长期把他的大本营设在德干并坐镇南部导致了双重的结果:一方面,对帝国的长期的和沉重的贡赋,不仅促使德干六省结成了巨大的"马拉塔联邦",也将那些难以忍受的马拉塔人演变成反抗帝国的另一支宗教与军事相结合的印度教徒;另一方面,由于皇帝长期驻扎德干并专注于军事征伐,忽略了对首府德里的监督与管理,任由他的儿孙及朝臣们胡作非为,帝国中心内部几成无政府状态。

除此之外,是否还有比上述情况更为深层的原因?阿克巴于1573年所建立的军事采邑制,史称"曼沙布达尔"制度。"曼沙布达尔"是帝国军官的称号,以指挥人数或骑数之不同而分为33级,他们被分别授予相应等级的扎吉达尔土地,从封地上征收的田赋收入一部分充作他们的俸禄,另一部分则用来为中央政府供养相应数额的骑兵、战马以及作为提供武器装备的费用,该制度本应构成帝国巩固的经济和社会基础。但按规定,曼沙布达尔之官位不得终身享有或世袭,曼沙布达尔本人也不得连年领有同一处扎吉达尔,其所在地往往与其军事驻地分离,因为他对其领有的封地并无土地所有权,只有田赋征收权。这就是说,正如 R·穆克吉所指出的:与西欧典型的农奴制不同,"印度的封建制还遗留着财政的军事的特点,它不是庄园式的。总体来说,这里在一个普通的村庄里,既没有农民土地与庄园的混合存在,也没有作为庄园制标志的对劳役的相互依赖。农民并非领主的农奴,而领主也不直接关心耕作。因此,这里不存在发生于土地出售与耕作和劳役之上的,类似于庄园主与农民之间的直接冲突,而这种冲突自 12 世纪至 18 世纪,一直激荡着欧洲大地"①。

不过,它虽然消弭了欧洲那样的农奴和领主之间的直接冲突,但印度农民对"中间人"即包税人的愤懑却与日俱增,因为在这种军事采邑制和领主与封地分离的情况下,领主对田赋的征收也不得不让"包税人"去办理,而包税人为了从中获利常常向农民多征田赋。为了杜绝这种情况的发生,16 世纪 70 和 80 年代阿克巴曾三次进行田赋征收改革,包括实行土地分类计税,对实际耕种的土地才征税,由国家直接向农民征税,但除稳定田赋和国库收入外,恐怕并不能减轻多少对农民的剥削。更重要的是,领主与封地、领主与农民分离这件事本身,使领主对耕作失去兴趣从而也使印度农业失去发展的重要动力,它不可避免地会造成帝国经济基础的落后与脆弱。由此可见,奥朗则布之后莫卧儿帝国的衰亡,并不完全是奥朗则布各项不当举措使然,还有其更深层的社会经济历史原因。

但无论如何,奥朗则布逝世后,莫卧儿帝国的衰亡过程毕竟是开始了。奥朗则布去世时,他尚存三个儿子,他们是穆阿扎姆、阿扎姆、卡姆·巴赫什,皇帝的去世几乎立即成了他们争夺帝位的信号,王位继承战争一代接一代地上演。但对帝国打击更大的,可能还不是儿孙们的王位继承战争,而是各省离心倾向的蔓延,其结果是纷纷成为实际独立的"土邦",尽管它们在名义上仍声称忠于帝国皇帝,尼扎姆统治下的德干,萨达特汗治理下的奥德,阿利瓦迪掌权的孟加拉,均是这样的独立王国,还不算无数独立或半独立的小邦。从此,帝国便内忧外患不断:在外部,在纳迪尔汗和艾哈迈德沙率领下,从 1736 年至 1759 年波斯人先后六次入侵印度完全征服旁遮普,并一度占领和洗劫了德里;在内部,趁波斯人南侵之机锡克人和马拉塔人先后组织了多次对德里和北方的进军,皇帝虽然暂时阻止了马拉塔人前

---

① Ramkrishna Mukherjee, *The Rise and Fall of the East India Company*. Berlin, 1955, p. 91.

进的步伐,却完全丧失了对纳尔马达河和昌巴尔河之间的主权。到1754年,即艾哈迈德沙(1748—1754)皇帝去世时,帝国的版图已大为缩小,只实际控制着德里周围一个不大的地区。正是在这样的背景下,西方商业和殖民列强在南亚次大陆展开了激烈的争夺,其突出的表现就是英法围绕"卡尔拉提克"(Carnatic)进行的三次战争:第一次发生在1746—1748年,第二次发生在1749—1754年,第三次发生在1758—1763年,统称"卡尔拉提克战争"。这场战争过程十分复杂,此处没有必要详加描述,但有三点值得特别关注:(1)它是18世纪中开始上演的英法全球争霸戏剧的重要组成部分,因为它与奥地利王位继承战争和七年战争交织在一起;(2)它是以英国对法国的胜利而结束的,从此确立了英国作为殖民国家在印度一家独大的地位;(3)在这场战争期间于1757年6月23日发生了由克莱武策划和指挥的"普拉西战役",此役成为英国东印度公司由商业帝国到殖民帝国的转折点。关于普拉西战役在英国东印度公司演变和英印帝国建立过程中的重要性,在我们的历史教科书中以及相关著述中均有明确定位,但普拉西战役之后究竟发生了什么?此役何以成为该公司由商业帝国到殖民帝国的转折点?却很少有深入的探究,因此有必要在此多花些笔墨。

普拉西位于加尔各答北郊,而加尔各答的前身是1698年建立的威廉堡,加尔各答在成为英国东印度公司孟加拉管区总部后,先是以安全为由增设炮台,而后又拒不执行孟加拉邦纳瓦布关于拆除炮台的命令,引起1756年新上任的纳瓦布西拉杰·乌德·道拉的不满,乃于当年6月亲率大军包围加尔各答,迫使公司之管区总督德克及英人弃城逃跑,后被公司从马德拉斯调派来的英军收复,该军头目即罗伯特·克莱武爵士(Sir Robert Clive)。克莱武何许人也?他最初只是公司文书或职员,1743年前往印度而后从公司职员转入军队,1753年返英参选议员但失败,1754年被任命为马德拉斯南部要塞总管,但七年战争爆发时才于1756年到印度履任。他曾在卡尔拉提克战争中屡立战功:1751年8月26日,他以调虎离山之计奇袭卡尔拉提克首府阿尔科特成功,给法军以致命一击;1757年1月2日,奉命率军从马德拉斯远征孟加拉,又用计收买敌军守将而一举为公司攻占和收复失守的加尔各答。1757年6月23日,在"普拉西战役"中,孟加拉纳瓦布拥有十几倍于克莱武的军队,但在战役关键时候其主要指挥米尔·贾法尔却按兵不动,最终西拉杰被迫撤退,英军大获全胜,克莱武因此在英国国内被吹捧为"民族英雄"。其实,普拉西战役取胜的秘密隐藏在战前两个文件中:(1)1756年10月11日克莱武致东印度公司事董会的信。他在信中写道:"我认为这次征服不只以收复加尔各答为目标,而要永久性地巩固公司在那个地方的地位。我希望能把法国人从昌德纳戈尔驱逐出去,使加尔各答成为设防城市。"(2)1757年4月底克莱武与米尔·贾法尔签订的秘密条约。后者原是孟加拉邦的将军,被克莱武收买并与之密谋共同推翻本邦纳瓦布西拉杰,由米尔·贾法尔自己取而代之。密约主要内容为:一旦米尔·贾法尔上台,立即批准西拉杰曾给予英国人的一切补助金和特权;赔偿西拉杰进攻加尔各答时英方所受损失和军费,总数1770万卢比;向东印度公司割让一些领土;不在胡格利城以下的胡格利河上设防御工事;与英国人订立攻守同盟;把孟加拉、比哈尔和奥里萨的法国人及其财产一律交给英国人,并且永远不许法国人在这些地区重新定居。笔者认为,如果说第一个文件是克莱武的一个战略设想,那么后一个文件就是落实这一战略的行动纲领,均体现着克莱武的"非凡胆识",因为克莱武在普拉西战役中的胜利以及征服孟加拉的所作所为,为以后征服整个莫卧儿帝国,建立英印殖民帝国树立了样板。为什么这样说呢?我们想在这里提请读者注意上文提到的一个重要事实,即在奥朗则布于1707年逝世后,随着各省总督拥兵自重而纷纷走向独立,莫卧儿帝国在某种程度上已经名存实亡。这一事实意味着,英国人对印度的征服,主要的对象并不是莫卧儿帝国本身,而是那些声称继续效忠帝国皇帝而实际上已经独行其是的土邦,它们才是东印度公司通向英印帝国道路上的真正障碍。这是以往的研究中一个注意不够的问题。

那么,普拉西战役后究竟发生了什么?此役何以成为东印度公司由一个商业组织而跃升为殖民帝国的转折点?可以概括为以下几点:首先,普拉西战役结束后的第二天,米尔·贾法尔便会见了克莱武,五天后(6月28日)他就如愿以偿地登上了孟加拉纳瓦布的宝座,而克莱武也随即被提升为加尔各答的总督。只不过,米尔·贾法尔之当上纳瓦布,乃是克莱武按此前的密约一手扶持的结果,这样孟加拉的纳瓦布便成了英国殖民者手中的傀儡,一个土邦受一个商业公司的支配,乃是印度沦为英国殖民地的开始;其次,克莱武升任为加尔各答总督,但这个"总督"在名义上却是由米尔·贾法尔任命的,且得到了莫卧儿皇帝的同意和授权,由于他实际上掌握着废立纳瓦布的大权,因而也就拥有了对孟加拉地方事务发号施令之权,这个公司的总督就具有地方"省督"的性质,是东印度公司"由一个商业强权变成一个军事的和拥有领土的强权"的标志。第三,普拉西战役开启了征服印度的战争机器,公司在军事方面花费随着战争的频仍而猛增,10 年内就从 37.5 万英镑上升到 88.5 万英镑,而要把这种增长趋势降下来却不那么简单,因为克莱武已将公司拖入了莫卧儿帝国政治家纷繁复杂的网络之中,如果公司董事会试图压制甚至控制它的这位最著名的雇员,那又可能引发那些视此人为"天生将军"、可决定"印度命运"之人的人们的反弹。第四,在莫卧儿印度,一个扎吉尔(jagir,庄园)实际上是一个从土地税征收中获取财富的军事指挥等级,为了报答克莱武对他的扶持,米尔·贾法尔授给克莱武一个年收入达 2.8 万英镑的扎吉尔,但这笔田赋并不是由莫卧儿的柴明达尔或包税人而是由东印度公司本身去征收,实际上钱每年是通过公司财库转送给克莱武的,但这样一来英国东印度公司就第一次卷入了当地的田赋征收,而扩大了公司本身的职能,并从中受益。第五,在孟买和马德拉斯管区,总督们在卡尔拉提克战争后已基本解除了其他欧洲殖民列强的干扰,那里的贸易已逐渐趋于正常;而在孟加拉,对克莱武来说却存在着比扎吉尔更为复杂和直接的问题,因为这时直接卷入地方事务已成为东印度公司在整个北印度运作的主要部分,它实际上意味着公司从此必须处理一系列前所未有的问题,但又没有一个问题可以采用战前的办法来解决。① 总之,普拉西战役以后,英国东印度公司在印度存在的形式似乎并没有什么改变,但上述由此役引发的变化不仅深刻地改变了东印度公司的性质及其与印度土邦的关系,也在很大程度上规定了此后公司在征服莫卧儿帝国的漫长而艰难的道路上应遵循的方式,而向土邦征收田赋这一重大政策和措施不仅是普拉西战役的一大结果,也是克莱武及其后继者们走上漫漫征程的主要期待和强大动力:为了增强公司来自田赋的收入,必须征服更多的领土。只可惜,关于普拉西战役后在印度究竟发生了什么,而这种发展与以后英印殖民帝国的创立又有何内在联系,在国内所读到的文字都语焉不详、闪烁其词,而在国外也只在菲利普·劳森的《东印度公司史》一书中,看到有全面而深入的揭示。

果不其然,普拉西战役后,英国东印度公司征服莫卧儿帝国的战争,便一个紧接一个地在南亚次大陆的土地上上演了。其中,大的战争包括四个,由于交战双方组成复杂、变动不居,并不完全限于英国人与当地邦军的

---

① Philip Lawson, The East India Company: A History. London, 1987. pp. 92 – 93.

斗争,我们暂时以征服的对象命名:(1)迈索尔战争,它包括1767、1780、1790和1799年发生的四次战争,前后长达30年。战争开始时,英人与马拉塔人和海德拉巴的尼托姆结有同盟而似乎气势汹汹,但迈军由于有海德·阿里这样的民族英雄统率,战争中虽各有胜负但显然迈方更胜一筹,只因长期战争令迈方消耗太大,才归于失败。(2)马拉塔战争。如前所述,马拉塔曾长期与奥朗则布征战,1775年英军进攻时它只是一个由四到五个独立邦组成的松散同盟,英军得以在第一次战争中就占领了它有1500多年历史、城堡高达几十米而被誉为"城堡之城"的历史名城瓜廖尔。此后,虽然还于1803和1817年进行过两次战争,浦那的佩什瓦巴吉罗二世甚至还发动反英起义,但仍以彻底失败告终。(3)信德战争。信德位于莫卧儿帝国的西北边疆,但扼印度河的河口而有重要的政治和商业利益,当时分为凯尔普尔、海德拉巴和米尔普尔三部分,由来自俾路支的塔尔普拉家族统治,统治者称"阿米尔"。英国先是在1832年、1838年和1839年三次逼迫它的阿米尔签订不平等条约,同意开放印度河以便通商,同意公司在海德拉巴派驻驻扎官,允许驻扎官及其卫队在信德有行动自由,以致在希尔普尔和巴卡尔驻扎英国辅助军,不经英国同意阿米尔还不能与别国谈判。但东印度公司仍不满足,由查尔斯·内皮尔率领的军队在1843年2月17日占领了海德拉巴,8月又正式将整个信德兼并。(4)旁遮普战争。旁遮普位于帝国的最西北,在马拉塔和信德被征服之后它几乎成了一个死角,当时由以兰吉特·辛格为首的锡克王国统治。兰吉特野心很大,被称为"拿破仑的缩影",他为巩固和扩大锡克王国的领土四处征战,因而引起了萨特累季河东西两岸"米斯尔"的恐惧和仇恨。英国殖民者趁机于1845年和1848年发动对它的战争,仅第一次对锡战争中就有三次大会战,于1846年2月20日占领重要城市拉合尔,此后成立由英国驻扎官控制的八人摄政会以"辅佐"国王,但却不急于宣布并吞旁遮普,直到1849年3月20日才正式将其吞并。至此,英国东印度公司便基本上完成了征服莫卧儿帝国的全过程。但:第一,在上述所有这些征服战争中,没有一次战争是在英国人和帝国皇帝之间进行的,因为如前所述各独立之邦才是英国人征服道路上的真正障碍;第二,人们也不要认为,这种征服,靠的全是英国殖民者的暴力,恰恰相反,在许多情况下是靠了印度各邦的分裂,英人得以利用其矛盾,坐收渔人之利;第三,还有几百个印度"土邦"①并不是被武力征服的,而是在军事和政治压力下,与英国东印度公司订立所谓"资助同盟"条约,而变成为公司的附属国,其主要内容就是公司派军队驻扎该邦,但全部费用须由该邦承担。据记载,最早订立这类条约的,有奥德(1765)、卡尔拉提克(1787)等。

但这种征服并不等于英印殖民帝国的完全建立,它的完全建立有赖于政治体系的完善,而对英印殖民体系完善起决定作用的,是 1773 年英国议会通过的《东印度公司法》,即所谓"诺思管理法案"。与早期许多特许状,如 1600 年英王特许状,只涉公司本身管理事务不一样,1773 年《东印度公司法》一开始就表明,制定此法是"为了更好地管理东印度公司的事务,包括它在印度和欧洲的事务"。那么,此法如何建构其英印殖民帝国的管理体系呢? 首先,是把孟加拉总督升格为印度总督(尽管仍称为孟加拉总督),因而文件用"Governor - General"取代了以往的"Governor",同时也就把"威廉堡"即"加尔各答"变成英印殖民帝国的指挥中心,即首府;第二,决定公司在印度的"中央政府"由一名总督和一个参事会组成,参事会则由 4 名参事组成,无论是总督还是参事会均接受公司董事会的指令;第三,这个设在加尔各答威廉堡的政府,不仅负责孟加拉管区的整个民事和军事事务,"还指挥经营和管理孟加拉、比哈尔、奥里萨等王国全部领地的收益和财库";第四,与上述措施相一致,决定在加尔各答建立"最高法院"(Supreme Court of Judicature),该法院由 1 名大法官(a chief justice)和另外 3 名法官组成,"他们均应来自英格兰和爱尔兰并且有不少于 5 年执业经历"。第五,但这个政府并非名副其实的英印殖民地的"中央政府",因为该政府的总督和参事会不仅需接受公司董事会的指令,还要由英国国王任命或由公司提名国王批准,且公司董事会此后还要"向财政部交出从印度寄来的有关税收的一切信件,并把有关民政或军政的一切函件上交国务大臣"②。由此可见,这个管理英印殖民帝国的政治体系,是一个存在于加尔各答和英国的"双重权力"中心的结构,但该体系在 1773 年被称为"宪法法

---

① 关于"土邦"的总数,林承节在《殖民统治时期的印度史》中说是 554 个。20 世纪 20—30 年代英国政府指派的土邦调查委员会和西蒙调查团的报告说是 562 个。1947 年成立的印度土邦部说是 584 个。尚劝余在《莫卧儿帝国》一书中的数字是 565 个。

② The East India Company Act, 1773. 见 P. Mukherji, ed., Indian Constitutional Documents (1600 - 1918). v. i, Calcutta, 1918, pp. 20 - 28.

案"的《东印度公司法》中并没有完全形成,因为这个管理体系设计中英国议会的作用还有点"犹抱琵琶半遮面"的味道。只有一点是确定无疑的:1774年,1772年刚被提升为孟加拉总督的原马德拉斯管区参事沃伦·哈斯丁斯(Warren Hastings),现在走马上任成了第一位公司的全印总督,此事构成了公司统治印度历史上的又一个转折点。但不久就发生了埃德蒙德·伯克以其在孟加拉参事会的同事菲利普·弗朗西斯提供的材料,在英国议会控告和弹劾哈斯丁斯的事件,其罪名是他强迫印度农民出卖其耕牛和庄稼,强迫印度农民以600%的高利贷去借债,虐待和凌辱印度男人和妇女等等。此案虽然在八年后才宣判,但对英印殖民政府加强监督和管理的争议却有增无减,英国议会乃于1784年通过首相庇特提出的新的《东印度公司法》(史称"庇特法案"),决定在议会成立一个由国王任命的由6人组成的"监督局"(Board of Control),"以监督和控制全部英国在东印度的领地和东印度公司的事务",包括它的民政和军政事务,此局成员必须有一位主要国务大臣和财政大臣。法案规定,公司董事会下达的一切信件、指示、命令都必须事先向监督局报告,未取得该局同意不得下发;监督局有权提出修改意见,还可以就宣战和议和问题直接下达指令,由公司不超过3人组成的机密委员会负责传达;但公司仍保留其文武职员的任命权。这就在管理印度的事务上,确立了英国议会和公司共同管理的体制,即所谓"双重权力"结构。如果说印度纳瓦布和英国总督对印度各省的统治是第一个"双重权力"结构,那么上述议会和公司对整个英印殖民帝国的统治则是第二个"双重权力"结构。

在经济上,这个殖民帝国政治体制的主要支柱,自然就是田赋征收制度。如前所述,田赋的征收本是英国人进行领土扩张的经济动力,但各地究竟实行什么田赋征收制度却依情况之不同而有所区别。在孟加拉、比哈尔和奥里萨这些最早被公司征服的地区,从1793年起实行永久性的"柴明达尔地税制",因为这里绝大部分土地为原来的包税人"柴明达尔"占有,公司须把他们的占有权变为所有权,才能把柴明达尔变成直接的纳税人,至于田赋征收的多寡则是以1790年估定地税额的10/11计算。但在马德拉斯地区,农村公社传统比较浓厚,公社成员和小地主即"莱特瓦尔"是土地的主要和实际占有者,公司征服者的办法是在承认莱特瓦尔土地所有权的基础上,把这些小土地所有者变成直接纳税人,所以它被称为"莱特瓦尔地税制",该制度后来推广于情况类似的德干和南印大部分地区。北印度的情况比较复杂,既存在着土地由扎吉达尔、柴明达尔及其他封主占有的情况,也存在着土地由农村公社集体占有、共同耕作的事实,英国殖民者乃实行所谓"马哈瓦尔地税制",即以原土地持有者即"马哈瓦尔"为纳税人,而不论原土地持有者的身份如何。以上三种田赋征收制度中,后两种是非永久性的,但无论是永久性的还是非永久性的,也无论是公司直接充当征收田赋的迪万(Diwan,财政或征税官)还是不直接充当征收田赋的迪万,都存在着田赋税率混乱和不公的问题,所以各地后来都多次进行过所谓"土地整理",并不同程度地强调了以下两点:一是定期对田赋税率进行重定,二是按实际占有和耕作的土地面积定税,这种调整反映了近代资产阶级在土地制度方面的要求。

但不应忘记,在英印殖民帝国的政治和经济体制中,还存在着第三个"双重权力"结构,因为英国东印度公司在印度活动的大部分时间内,至少在名义上是以承认莫卧儿皇帝的宗主权为前提的,从而在当时实际上是借用了莫卧儿帝国的制度,公司的司法和行政主要还是作为帝国下的地方制度而存在的,而这一点常常被我们的一些研究者忽略了。正如著名学者罗梅什·杜特所指出的:

"德里皇室衰弱的后裔,现在已经是无家可归的流浪者,但仍然是印度名义上的最高元首。大陆上所有的国王和首领依然对他表示名义上的忠顺。被他们所统治的王国和省区,原是他们用武力征用来的,但他们还假装着这种统治权是来自德里皇室。克莱武也仿效这种办法。他于1757年用武力征服了孟加拉;于1765年从德里皇帝领到敕书使得东印度公司成为孟加拉迪万,也就是该省的行政官。因此东印度公司就取得了一种法律地位,并且正式地负起了责任来统治那八年之前就已经征服了的省区。"[1]

(五)走向反面的特许商人:对公司商务活动的多角度观察

如前所述,英国东印度公司的成员,大多来自从前的"商业冒险家"或

---

[1] 罗梅什·杜特:《英属印度经济史》(上册),三联书店1956版,第5—6页。汪熙在《约翰公司:英国东印度公司》(上海人民出版社2007年版)第118页上也说:"1765年,克莱武得到德里的莫卧儿皇帝的敕令,授予东印度公司行使孟加拉、比哈尔、奥里萨三个区域的行政和税收权利。同时,沿东海岸的北五塞卡斯(Five Northern Circars)也全部割让给东印度公司。这样,东印度公司不但以威力征服了孟加拉等区域,并且也从莫卧儿皇帝手中取得了统治这些区域的合法地位。"

"冒险商人"。冒险是冒险,但最初毕竟是商人,按 1600 年英王特许状的要求,其任务:一是"增加我们的航海",二是"增进商品的贸易"①,且基本上是"和平的"。

商业冒险家们,组建英国东印度公司,当然是要到东方去冒险,但主要的动因还是看上了东方的财富,而获取这些财富的手段当然免不了掠夺,尽管大量的通常的途径还是依靠交换。不过,在 15 至 18 世纪,从总体来看西方还落后于东方,加上当时西方人在生活上喜欢穿羊毛制品而东方人主要着丝制及棉织品,英国人在出口方面的优势在对东方贸易中顿然丧失。正因为如此,英王在 1600 年特许状中,允许东印度公司每年可输出金、银和外国货币 3 万英镑,以弥补其在东西方贸易中的不足,但实际运作情况大大超出了原来的预期。有关情况见下表。

东印度公司的货币和商品输出(以英镑为单位)

年份	货币	商品	年份	货币	商品
1601	21742	6860	1616	52087	16506
1603	11160	1142	1617		
1606	17600	7280	1618	298000	152000
1607	15000	3400	1619		
1608	6000	1700	1620	62490	28508
1609	28500	21300	1621	12900	6523
1610	19200	10081	1622	61600	6430
1611	17675	10000	1623	68720	17345
1612	1250	650	1626	60000	(rials)
1613	18810	12446	1629	200000	8000
1614	13942	23000	1631	16500	53500
1615	26660	26065	1633	115900	45800

资料来源:K. N. Chaudhuri, The English East India Company: the Study of an Early Joint - Stock Company, 1600 - 1640. London, 1965, p. 115. 此表的"货币"是金、银币。

从上表可知:第一,公司在金、银币出口方面并未始终遵守英王的限令,特别是 1616 年以后;第二,金、银币在公司早期出口总值中的比重确实很高,第一次航行时的比重就高达 76%。

但这并不意味着英国东印度公司对东方的贸易就是"逆差",也不能说公司"无利可图",恰恰相反,这种贸易最终对它是有利的。这是因为贵

———————————
① 见 1600 年英王特许状原文。

金属的输出是由于当时英国拿不出更多更好的东西,英商必须用硬通货付款才能得到。但英商在购买这些商品并带回英国或欧洲之后,或者在国内举行的定期拍卖市场上拍卖,或者"再出口"到欧洲或美洲殖民地其他市场,从而收回他们在东印度失去的东西。请注意,这类商品即香料,在英国市场上的售价和在印度收购时的成本之比,据东印度公司自己的记载,有的在7.8倍左右。(见下表)

香料贸易获利丰厚

商品	在印度所花成本(每磅)		在英国出售价格(每磅)	
	先令	便士	先令	便士
胡椒	0	2.5	1	8
丁香	0	9	5	0
肉豆蔻	0	4	3	0
豆蔻皮	0	8	6	0
靛蓝	1	2	5	0
生丝	8	0	20	0

资料来源:George Cawston and others, The Early Chartered Companies (A. D. 1296 – 1858). New York,1968, p.96.

因此,从总体上看,公司在东方贸易中获利颇丰。根据菲利普·劳森的研究,1601—1612年公司资本投入总计517784英镑,而平均利润是它的155%;1612—1623年,由于在东方的固定成本提高,公司所获利润出现下降,但回报仍然很大,平均达到约87%。(见下表)

历次航行利润比较

航次	年份	资本(英镑)	平均利润
独立航行	1601—1612	517784	155%
第一次合资航行	1613—1623	418691	87%
第二次合资航行	1617—1632	1629040	12%
波斯航行	1628—1630	375000	60%
第三次合资航行	1631—1642	420700	35%

资料来源:K. N. Chaudhuri, The English East India Company: the Study of an Early Joint – Stock Company, 1600 – 1640. London, 1965. p. 22.

然而,前往东印度的航行和贸易,不仅给英国东印度公司及其投资者带来了收益颇丰的回报,而且还带动了相关的造船业及商船队的发展。从下表所提供的数据,我们可对公司早期商船队的发展状况,有一个粗略的

全球化的历史考察

quanqiuhuadelishikaocha

了解:

年份	派出商船数	吨位	返回商船数	吨位
1601—1610	18	6692	10	3410
1610—1620	63	27394	25	11535
1620—1630	50	23103	38	21050
1630—1640	37	19986	31	18323

资料来源:K. N. Chaudhuri, op. cit. , p. 91.

但据研究,在公司所组建的商船队中,除了少数可能是公司组建前商人们早就拥有的而外,大部分(共76艘)是新建造或购买的,不过这76艘中只有1艘是公司建造的,其余75艘都是新购买的。公司自己建造的那艘叫"凯撒号",据公司董事会档案记载造于1639年,1640年1月离开泰晤士河前往印度,于次年返回英国。不过,此后英国东印度公司显然加快了自己造船的步伐,因为据K. N. 乔杜里研究"东印度公司的大多数船只建造于他自己的德普特福德(Deptford)和布拉克瓦尔(Blackwall)的造船厂,尽管在较早的年份也偶尔利用过位于绍雷哈姆(Shoreham)旧船坞"①。但公司组织第一次航行时所用的5艘船,都是在泰晤士河地区购买的现货,其中最大的一艘名叫"天龙号"(Dragon,600吨位)的船,购自坎伯兰的厄尔,花了3700英镑。为什么公司后来宁愿造船而不是买船呢? 显然与造船的成本有关,公司觉得自造比购买便宜。例如,1615年,公司付2000英镑买了一艘300吨位的、名叫"防御号"(Defense)的已造好的船,平均每吨位造价在6.6镑以上。而一位叫威廉·布莱尔的造船商,在此前8年就向公司作过估算,造一艘800吨的船成本不过4000英镑,即平均每吨造价不到5英镑。而且,后来发现,据一个委员会的成员提供的消息,在印度造一艘500吨的船可以节省1000英镑之多,于是便把一些造船业务转移到殖民地。值得注意的是,英国东印度公司不像葡萄牙人所犯错误那样,去建造非常大的船,它所造的只在300~450吨之间,只有4艘船超过1000吨。至于东印度公司的商船队究竟有多大,在K. N. 乔杜里《英国东印度公司:早期股份公司研究,1600—1640》附录B中,逐一记录了1600—1640年间公司派出船舶名单总次数是166艘次;其中有不少是派出又返回然后再派出或多次派出的,如有一艘名叫"全球号"(Globe)的船曾3次出现在此名单中,

---

① K. N. Chaudhuri, op. cit. , p. 97.

此间派出船只最多的一次是 1618 年,共计 9 艘。

对英国东印度公司来说,18 世纪是一个巅峰时期,事业和商务都取得了长足的进展。如前所述,此间的第一件大事,是 1702 年"联合东印度公司"的组建,其意义在于它由此结束了"商业冒险这家"内部的纷争,使东印度公司迎来了一个相对稳定发展的时期。此间的另一件大事,是在 17 世纪所建马德拉斯、孟买和加尔各答三大管区的基础上,以"市长法院"的建立为标志完善了各管区的地方行政和司法体系。第三件大事,是在 1757 年"普拉西战役"后,以加尔各答为首府建立起公司统治全印度的主要中心,并在其全印总督指挥下用大约半个多世纪的时间,以军事和政治为手段完成对整个莫卧儿帝国的征服。然则,除了上述几大进展外,最重要的进展是公司在"普拉西战役"后,改变了获取财富的来源和方式,而不再仅仅限于通过商业贸易及直接抢夺,这类新的来源和方式包括:(1)田赋及租税。此种获取财富的来源及方式,从 1765 年克莱武被任命为孟加拉的"迪万"即财政官或税收官便开始采用,以后也推广到其他被征服的地区。据统计,从 1765—1771 年,仅孟买拉一地税收总额,就达 20133579 英镑。(2)发行"公债"。这种方式采用于 1792 年,在大多数情况下是为了应付征服战争的需要,如在 1844 年发行的 4350 万英镑公债,主要就是为入侵阿富汗筹款,但发行公债的收入决不仅用于战争,何况这种征服战争并不仅仅是消耗。(3)实行特种商品"专卖"。如食盐专卖,鸦片专卖,鸦片专卖始于 1797 年。大凡"专卖"的商品,都有极高的收益,为了垄断利润才实行专卖,如公司从鸦片专卖所获利润一般在 200% 以上。食盐专卖收益应更大,因为食盐是日用商品,有广阔和稳定的市场。(4)直接"投资"当地生产、工程和交易。学术界以往比较重视公司在"贸易"领域的"投资",但不太关注公司在水利、交通及一些工业和农业生产领域里的投资。其实,某些水利工程的建筑费虽然很大,但"东印度公司可以很正当地征收不太重的水税,为公司投资收回相当的利润"。①

在历史上常常是一种倾向掩盖另一种倾向。18 世纪,当公司上述诸方面取得进展的时候,另一种倾向便悄悄地在这些成功的掩盖下酝酿,以致最终形成对它的挑战:这就是工业资产阶级在英国的产生,及其对传统贸易垄断政策的仇视,而导致这一结果的经济根据则是工业革命。在英

---

① 罗梅什·杜特:《英属印度经济史》(下册),第 114—115 页。

国,比较广义的工业革命,1733 年约翰·凯伊发明"飞梭"时可能已经开始,但学术上一般只把 1764 年"珍妮纺纱机"及 1769 年阿克莱特式水力纺纱机的发明视作这场革命正式启动,而这场革命的主要标志则非瓦特蒸汽机的发明莫属。正是在这种革命中,1771 年在英国诞生了第一座近代工厂,1830 年英国黑色工业中心成立了以托马斯·阿斯伍德为首的"伯明翰政治同盟",并提出了改变"工业和商业的利益几乎全无代表的状况"的要求,它标志着英国工业资产阶级已作为一种政治力量登上英国历史的舞台。接下来,1832 年议会改革的成功,1846 年《谷物法》的废除和 1849 年《航海条例》的废除,都是工业资产阶级导演下演出的喜剧,而所有这些喜剧的剧本都包含着一个主题:"自由贸易。"这一浪潮所及,直指英王及君主立宪政府长期以来所实行的特许政策。早在 1829 年 4 月,工业家和从事对外贸易的商人们,便在曼彻斯特这个纺织工业中心开过一次大会,并通过了一个要求废止公司垄断权的决议案。1832 年议会改革后,议会多次启动对东印度有关咖啡、蔗糖和棉花生产和经营情况的调查,并为此专门成立了特别委员会,甚至东印度公司本身也专门指派人员从事类似的调查,可谓"山雨欲来风满楼"。这股潮流的实质,是要求改变国家对公司的管理方式以及英国人对印度的统治方式。其结果,一方面,东印度公司对东印度贸易的垄断逐步丧失,以致最终停止其贸易活动,变成纯粹的统治者;另一方面,国家由幕后走到台前,两级管理体制名存实亡,印度最终由英王接管。正是在这一背景下,英国议会在 19 世纪上半叶,前后出台了 1813 年、1833 年和 1853 年三个"特许状法"(The Charter Act),从根本上改变了以往英王给予东印度公司的特权,以满足新兴工业资产阶级关于"自由贸易"的诉求。请读者注意,这几个法案都是由"Charter"和"Act"两个概念构成的,前者代表着传统的王权,后者代表着"光荣革命"后议会的主权,它在实际上体现着后者对前者的限制,说明此类立法是直接针对前者的,均是对英王特许状的修改,而且一次比一次更甚:(1)在垄断问题上,1813 年特许状法首次正式向任何英国人开放东方贸易,但还保留公司对华茶叶贸易的垄断;1833 年特许状法取缔了公司在印度的贸易,自然也取消了 1813 年法令对垄断的部分"保留",虽然这种取消还不包括对华鸦片贸易,但鸦片贸易并不属于正常贸易,而是"走私";到 1853 年特许状法,所有这一切便都结束了。(2)在议会权限上,1813 年特许状法宣示了"国王对其印度领地的无可置疑的主权",但仍授权公司继续统治印度,实为"受托"代管;1833年特许状虽然仍然授权公司继续统治印度,但在时间上却加上了一个"20年"的明确限制;到1853年在时间上便不再作任何规定,从而给议会随时收回其统治权预留了空间;(3)在公司权利上,在1813年特许状法中虽然被剥夺了"垄断权",但尚可继续从事经营和贸易;到1833年特许状法连一般的经营权也被取消,公司只能作为政权机关而存在了,而股东的股息则被固定为10.5%,并指定从印度税收中支付。由此可见,1858年议会《改进印度管理法》,决定关闭英国东印度公司,由英王接管英属印度,到1877年又宣布英王兼印度皇帝,只不过是上述发展趋势的总结罢了。我们在这里只想指出一点:关闭英国东印度公司这件事,无论对印度而言还是对英国而言,可能都不是坏事,因为当时的特许商人已经走向了反面,连同他们所拥有的特许权力,或许还应包括这类特权的授予者。因此,"公司是被迫接受自然死亡"。正如R·穆克吉所指出的:"商业资产阶级在英国国内很快趋于保守、反动,结果导致了工业资业阶级与商业资产阶级在国内及殖民地摊牌。"①

商业冒险家几乎是和资本主义同时诞生的。虽然他们的"出身"可能一开始还算干净,他们作为资本主义开路者的角色曾经生气勃勃、到处探险、到处安家,着实为西欧(包括英国)的资本开辟了无限广阔的天地,从这个意义上可以说,他们曾经是一种积极的力量。他们为何会走向自己的反面? 这是一个国内外学术界均关注不够的问题,查提出此问题的R·穆克吉所著《东印度公司兴衰史》,也未就所提问题展开论述,笔者在这里略加论列,仅供参考。笔者以为,首先是特许制度本身的问题,它使特许公司尤其是像英国东印度公司这样的特许公司,成为两种权力即公权和私权相结合的典型代表,也是此两种权力交易即权钱交易的产物和场所,从而成为滋生腐败的温床。卡尔·马克思曾揭露说:"早在1693年,根据议会的调查,东印度公司在给'权贵'送礼项下的支出每年就达9万英镑,而在革命前还很少超过1200英镑。里子公爵曾被控受贿5000英镑,德高望重的国王本人也被指揭发受贿1万英镑。除了这些直接的行贿外,东印度公司为了排挤同它竞争的公司,还给政府大批利率极低的贷款,或者收买这些公司的董事。"②七年战争中公司在印度掠占了大批领土,在当时的大臣和

---

① R. Mukherjee, *The Rise and Fall of the East India Company*. Berlin,1955,p. xiv.

② 卡尔·马克思:《东印度公司,它的历史与结果》,《马恩全集》(第9卷),第168页。

国家看来,没有不列颠海军和陆军的协助是不可能的,如果不能从中分享一份好处,公司的特许状能否延续就成了问题:公司不得不在 1767 年与议会达成协议,答应每年给国库 40 万英镑献金。① 其次是工业革命所引发的问题,以大机器生产和工厂制度为标志的新的生产方式,一下子把小小的英伦三岛变成了"世界的工场",这不仅改变了"重商时代"初期在对外贸易尤其是对东方贸易中几无东西可卖的状况,而且还要求从根本上改变"重商时代"所实行的特许制度,因为新兴的工业资产阶级这时不仅要把殖民地变成其大工业的原料产地,同时还要把殖民地变成其工业品的销售市场,为此这个新兴的阶级便把自己的要求概括为一个口号:"自由贸易!"这是一个充满了利益、理念和做派的口号,反映了新兴的英国资产阶级在那个时代的精神和要求,其矛头直指"重商主义"及由此产生的特许制度,令许多商人及其所代表的理念和制度,显得是那样的不自在又那样的不合时宜。第三,早期的特许商人标榜"和平贸易",甚至英王的特许状也指令他们从事"和平贸易",但"商业资本的扩张与商业的扩大相联系",所谓的"诚实的商业贸易"实际上是"殖民地贸易",所有这一切决定了英国东印度公司以及其他类似的公司,期盼、寻求"政治强权"的建立以发展其贸易关系,②并促使英国东印度公司最终走上了武装征服印度的道路。在这种情况下,战争、暴力、屠杀、抢劫以及各种各样"中饱私囊"的事情,便会"层出不穷"地在各处发生,昔日的特许商人也就自觉不自觉地走向自己的反面,这就不足为怪了。罗伯特·克莱武就是其中一个典型。据估计,七年战争后的 55 年间,英国人从印度掠夺的财富高达 10 亿英镑;克莱武个人仅在战后得到的"礼品"就达 3.15 万英镑,还不包括一座年收地租3 万卢比的庄园。可他在回国后,竟然对英国议会说,那时他还过于"节制"。克莱武的话,是在从印度返英后,面对议会的质疑时说的,其"厚颜无耻"可以说达到无以复加的地步,它活活地画出了一个走向反面的特许商人的嘴脸,尽管他的话或许已"无人不知",这里仍有必要完整地加以引

---

① 卡尔·马克思:《东印度公司,它的历史与结果》,《马恩全集》(第 9 卷),第 168 页。

② R·Mukherjee, op. eit., p. xiv,克莱武于 1759 年 2 月 7 日致英国首相威廉·彼特(William Pitt)的密信是这一观点的最好的证明。他在该信中说:"东印度公司作为一个商业机构,恐怕无法行使管理和统治的权力,我建议政府把对孟加拉的统治权接收过来。"(keith Arther B. Speeches and Documents on Indian Policy ,1750 – 1921. 转引自汪熙:《约翰公司:英国东印度公司》,上海人民出版社 2007 年版,第 128 页。)

述,以供玩味:

"想想由于普拉西战役的胜利给予我的地位吧。一个伟大的王公要巴结我;一个富裕的城市受我的支配,它的富裕和人口稠密都超过伦敦。其中最富裕的银行家为了博得我的一笑而竞相出价。我出入于只为我而敞开的金库,两手抓满了黄金和珠宝。主席先生,此刻,我对我自己那时的节制真是大为吃惊。"①

2006 年 8 月初稿
2009 年 11 月修订

---

① 恩·克·辛哈,阿·克·班纳吉:《印度通史》(第 3 册),商务印书馆 1973 年版,第 810 页。T. B. Macaulay, Historical Essays. New York,1926,p. 224.

▌参考书目▐

[德]汉斯 - 彼得·马丁,哈拉尔特·舒曼:《全球化陷阱:对民主和福利的进攻》,中央编译出版社,1998 年。

[法]弗朗索瓦·沙奈:《资本全球化》,中央编译出版社,2001 年。

[美]法里德·扎卡利亚:《后美国世界:大国崛起的经济新秩序时代》,中信出版社,2009 年。

[美]约翰·迈克斯威特,爱德瑞恩·伍德里奇:《现在与未来:全球化的机遇与挑战》,经济日报出版社,2001 年。

[英]阿兰·鲁格曼:《全球化的终结》,生活·读书·新知三联书店,2001 年。

[英]保罗·赫斯特,格雷厄姆·汤普森:《质疑全球化:国际经济与治理的可能性》,社会科学文献出版社,2002 年。

[英]齐格蒙特·鲍曼:《全球化:人类的后果》,商务印书馆,2001 年。

[智]亚历克斯·E.费尔南德斯·希尔贝尔托,[比]安德烈·莫门主编:《发展中国家的自由化》,经济科学出版社,2000 年。

[古希腊]柏拉图:《柏拉图对话集》,商务印书馆,2004 年。

[美]巴里·布赞,理查德·利特尔:《世界历史中的国际体系——国际关系研究的再构建》,高等教育出版社,2004 年。

[美]雷迅马:《作为意识形态的现代化:社会科学与美国对第三世界

政策》,中央编译出版社,2003 年。

[美]斯塔夫里阿诺斯:《全球通史:1500 年以后的世界》,上海社会科学院出版社,1992 年。

[美]伊曼纽尔·沃勒斯坦:《现代世界体系》(第 3 卷),高等教育出版社,2000 年。

[日]安保哲夫等:《日本式生产方式的国际转移》,中国人民大学出版社,2001 年。

[苏联]波德纳尔斯基编:《古代的地理学》,商务印书馆,1997 年。

[英]彼得·迪肯:《全球性转变——重塑 21 世纪的全球经济地图》,商务印书馆,2007 年。

[英]马丁·沃尔夫:《全球化为什么可行》,中信出版社,2008 年。

《马克思恩格斯选集》,人民出版社,1966 年。

C. E. 布莱克等:《日本和俄国的现代化》,商务印书馆,1984 年。

D. 赫尔德,J. 罗西瑙:《国将不国? ——西方著名学者论全球化与国家主权》,江西人民出版社, 2004 年。

Jeff Saperstein 等:《区域财富:世界九大高科技园区的经验》,清华大学出版社,2003 年。

埃里克·麦克卢汉,弗兰克·秦格龙编:《麦克卢汉精粹》,南京大学出版社,2000 年。

艾瑞克·霍布斯鲍姆:《资本的年代》,江苏人民出版社,1999 年。

艾瑞克·霍布斯鲍姆:《帝国的年代》,江苏人民出版社,1999 年。

安德烈·冈德·弗兰克,巴里·K. 吉尔斯:《世界体系:500 年还是5000 年?》,社会科学文献出版社,2004 年。

安东尼·范·阿格塔米尔:《世界是新的:新兴市场崛起与争锋的世纪》,东方出版社,2007 年。

安东尼·吉登斯:《现代性的后果》,译林出版社,2003 年。

陈宝森:《美国跨国公司的全球竞争》,中国社会科学出版社,1999 年。

程光泉主编:《全球化理论谱系》,湖南人民出版社,2002 年。

戴维·赫尔德,安东尼·麦克格鲁:《全球化与反全球化》,社会科学文献出版社,2004 年。

戴维·赫尔德:《全球大变革:全球化时代的政治、经济与文化》,社会科学文献出版社,2002 年。

戴维·斯密克:《世界是弯的》,中信出版社,2009年。

丹尼斯·米都斯等:《增长的极限:罗马俱乐部关于人类困境的报告》,四川人民出版社,1984年。

邓正来编:《王铁崖文选》,中国政法大学出版社,2003年。

丰子义,杨学功:《马克思"世界历史"理论与全球化》,人民出版社,2002年。

弗·培根:《培根论说文集》,商务印书馆,1984年。

弗朗西斯科·洛佩斯·塞格雷拉:《全球化与世界体系》,社会科学文献出版社,2003年。

弗雷德里克·米什金:《下一轮伟大的全球化——金融体系与落后国家的发展》,中信出版社,2007年。

国际货币基金组织:《世界经济展望》(1997年5月),中国金融出版社,1997年。

哈佛燕京学术系列:《全球化与文明对话》,江苏教育出版社,2004年。

海因兹·迪德里奇:《全球资本主义的终结:新的历史蓝图》,人民文学出版社,2001年。

克莱·舍基:《无组织的组织力量:未来是湿的》,中国人民大学出版社,2009年。

李琮:《经济全球化新论》,中国社会科学出版社,2005年。

理查德·隆沃思:《全球经济自由化的危机》,生活·读书·新知三联书店,2002年。

联合国跨国公司中心:《三论世界发展中的多国公司》,商务印书馆,1992年。

联合国跨国公司中心:《再论世界发展中的多国公司》,商务印书馆,1982年。

联合国秘书处经济社会事务部:《世界发展中的多国公司》,商务印书馆,1975年。

梁展(编选):《全球化话语》,上海三联书店,2002年。

列宁:《帝国主义是资本主义的最高阶段》,人民出版社,1964年,单行本。

罗宾·科恩,保罗·肯尼迪:《全球社会学》,社会科学文献出版社,2001年。

罗伯特·库尔茨:《资本主义黑皮书——自由市场经济的终结》,社会科学文献出版社,2003年。

罗荣渠:《现代化新论》,北京大学出版社,1993年。

罗斯托:《从七层楼上展望世界》,商务印书馆,1973年。

马克思:《〈政治经济学批判〉序言》,《马克思恩格斯选集》(第2卷),人民出版社,1966年。

马克思:《马克思恩格斯选集》第3卷,人民出版社,1960年。

马克思:《资本论》(第1卷),人民出版社,1975年。

马克思,恩格斯:《共产党宣言》,《马克思恩格斯选集》(第1卷)。

马克思,恩格斯:《马克思恩格斯选集》,人民出版社,1972年,第2卷,第3卷。

迈克尔·赫德森:《金融帝国——美国金融霸权的来源和基础》,中央编译出版社,2008年。

曼纽尔·卡斯特:《千年终结》,社会科学文献出版社,2003年。

曼纽尔·卡斯特:《认同的力量》,社会科学文献出版社,2003年。

曼纽尔·卡斯特:《网络社会的崛起》,社会科学文献出版社,2001年。

乔治·索罗斯:《索罗斯论全球化》,商务印书馆,2003年。

萨米尔·阿明:《世界一体化的挑战》,社会科学文献出版社,2003年。

阿米尔·阿明:《古代世界体系与近代资本主义世界体系》,见《新史学》(第二辑),2004年。

塞缪尔·亨廷顿,彼得·伯杰主编:《全球化的文化动力:当今世界的文化多样性》,康敬贻、林振熙、柯雄译,新华出版社,2004年。

世界银行:《1995年世界发展报告:一体化世界中的劳动者》,中国财政经济出版社,1995年。

斯宾塞·韦尔斯:《出非洲记:人类祖先的迁徙史诗》,东方出版社,2004年。

斯大林:《马克思主义和语言学问题》,《斯大林选集》(上、下卷),人民出版社,1979年。

宋则行,樊亢主编:《世界经济史》,经济科学出版社,1998年。

孙嘉明,王勋:《全球社会学:跨国界现象的分析》,清华大学出版社,2006年。

唐贤兴:《近现代国际关系史》,复旦大学出版社,2002年。

特伦斯·K.霍普金斯,伊曼纽尔·沃勒斯坦:《转型年代 世界体系发展的轨迹:1945—2025》,高等教育出版社,2002年。

托马斯·弗里德曼:《世界是平的:"凌志汽车"和"橄榄树"的视角》,东方出版社,2006年。

托马斯·弗里德曼:《世界是平的——21世纪简史》,湖南科技出版社,2008年。

托马斯·弗里德曼:《世界又热又平又挤》,湖南科技出版社,2009年。

杨伯溆:《全球化:起源、发展和影响》,人民出版社,2002年。

伊曼纽尔·沃勒斯坦:《现代世界体系》,高等教育出版社,1998年。

约·阿·霍布森:《帝国主义》,上海人民出版社,1960年。

约翰·希利·布朗,保罗·杜奎德:《信息的社会层面》,商务印书馆,2003年。

约瑟夫·斯蒂格利茨:《全球化及其不满》,机械工业出版社,2004年。

詹姆斯·多尔蒂著:《争论中的国际关系理论》,世界知识出版社,2003年。

张世鹏,殷叙彝(编译):《全球化时代的资本主义》,中央编译出版社,1998年。

黄瑾:"世界市场与全球化:马克思对世界市场的研究给我们的启示",载《东南学术》,2003年第6期。

张书琛:"从工厂到市场再到厂市合一:世界市场经济的形成和发展",《内蒙古社会科学》(汉文版),2001年3月,第2期。

刘鸣,顾永兴:"对欧洲国际体系演进到全球性国际体系的特点和时间分段思考",《探索与争鸣》,2005年第1期。

于沛:"全球化和'全球历史观'",《史学集刊》,2001年第2期。

高岱:"帝国主义概念考析",《历史教学·高校版》,2007年第2期。

上海情报服务平台:"国际制造业产业转移推动产业结构调整",http://www.istis.sh.cn。

罗文东:"新科技革命与资本主义、社会主义",http://myy.cass.cn,(2008年3月25日)。

黄安年:"新科技革命发展的世界影响和特点",http://www.annian.net,(2008年3月25日)。

钱时惕:"新科技革命的主要特点",http://www.zjol.com.cn,(2008

年3月25日）。

何顺果：“人类正面临从未有过的变化——论高科技革命的世界历史意义”，《世界历史》1999年第三期。

朱龙华：“关于古代奴隶社会发展规律的一个探讨”，《世界史研究》，1984年第1期。

Ackerman, M. , P. Haratonik, et al. Video & kids. New York, Gordon and Breach, Science Publishers : distributed to the trade by Independent Publishers Group, (1974).

Akita, S. , Gentlemanly Capitalism, Imperialism and Global History, (Palgrave McMillan, 2002.)

Aldcroft, D. H., The European Economy: 1914 – 2000, (Routledge 2001.)

Ashton, T. S. ,The Industrial Revolution, 1760 – 1830, (London: Oxford University Press, 1966.)

Bahlcke, J. "The Construction of the Past: Conceptions of History, the Formation of Tradition and Self – representation in the Societies of Orders of East – Central Europe, 1500 – 1800. " German History 18(2): 224 – 229. (2000)

Balle, F. "Pour comprendre les média," Mac Luhan, analyse critique. (Paris,, Hatier. 1972)

Barraclough, G.. (ed.), The Times Concise Atlas of World History, (New Jersey, 1992.)

Baudrillard, J. and G. Genosko, The Uncollected Baudrillard. (London ; Thousand Oaks, Calif. , SAGE. 2001).

Beck, Ulrich, What is globalization? Cambridge, (UK: Polity Press; Malden, MA: Blackwell, 2000.)

Bennett, N. R. , Africa and Europe: from Roman Times to National Independence, (New York, 1984.)

Bhagwati, Jagdish N. , The Wind of the Hundred Days: How Washington Mismanaged Globalization, (Cambridge, Mass. : MIT Press, 2000.)

Bhatt, C. , Hindu Nationalism: Origins, Ideologies, and Modern Myths, (New York, 2001.)

Bhattacharya, B. , "Armenian European Relationship in India, 1500 – 1800: No Armenian Foundation for European Empire?" Journal of the Economic & Social History of the Orient 48(2): 277 – 322. (2005)

Blue, Gregory, Martin Bunton, and Ralph Croizier, edited, Colonialism and the Modern World: selected studies, (Armonk, N. Y. : M. E. Sharpe, 2002.)

Bureau of the Census, The Statistical History of the United States, from Colonial Times to the Present, (New York, 1976.)

Cain, P. J. , and Hopkins A. G. , British Imperialism: Innovation and Expansion, 1688 – 1914, (Longman Publishing Group, 1993.)

Cawston, George and others, The Early Chartered Companies (A. D. 1296 – 1858) , (New York, 1968.)

Chandler, A. D. , Scale and Scope: The Dynamics of Industrial Capitalism, (Harvard University Press, 1990.)

Chase – Dunn, Christopher, Interstate System and Capitalist World – Economy: One logic or Two? International Studies Quarterly, Vol. 25, No. 1 (Mar. , 1981).

Clemens, P. G. E. , "A New Face on the Countryside: Indians, Colonists, and Slaves in South Atlantic Forests, 1500 – 1800, (Cambridge University Press 1990)

David, A. , The Rise of the International Organization: A Short History, (London, 1982.)

Davis, Ralph, The Industrial Revolution and British Overseas Trade, (Leicester: Leicester Univ. Pr. , 1979.)

Deane, Phyllis, The First Industrial Revolution, (Cambridge: Cambridge University Press, 1979.)

Derek H. Aldcroft, Michael J. Freeman. edited , Transport in the Industrial Revolution, (Manchester, U. K. ; Dover, N. H. : Manchester University Press, 1983.)

Dietz, Frederick C. , The Industrial Revolution, (New York: Henry Holt and Company, 1927.)

Easton, Stewart Copinger, The Rise and Fall of Western Colonialism: a

Historical Survey from the Early Nineteenth Century to the Present, (New York: F. A. Praeger, 1964.)

Edelstein, M. , Overseas Investment in the Age of High Imperialism: The United Kingdom, 1850 – 1914, (Taylor & Francis Co. , 1982.)

El – Rouayheb, K. , "Sunni Muslim Scholars on the Status of Logic, 1500 – 1800. " Islamic Law & Society 11(2): 213 – 232. (2004).

"Encounters: The Meeting of Asia and Europe 1500 – 1880. " Library Journal 130(3): 143 – 143.

Farr, James R. (edited), Industrial Revolution in Europe, 1750 – 1914, (Detroit: Thomson/Gale, 2003.)

Feinstein, C. H. etc. , The European Economy between the Wars, (London, 1997.)

Feis, H. , Europe, the World's Banker: 1870 – 1914, (Yale University Press, 1931.)

French, Hilary F. , Vanishing Borders: Protecting the Planet in the Age of Globalization, (New York: W. W. Norton, 2000.)

Friedman, Thomas L. , Dueling Globalization, Foreign Policy, (Fall 1999) , http://global. umi. com.

Gelber, H. G. , Nations out of Empires: European Nationalism and the Transformation of Asia, (London, 2001.)

Ginsburg, Norton, From Colonialism to National Development: Geographical Perspectives on Patterns and Policies. Annals of the Association of American Geographery. V. 63, Issure 1 (Mar. , 1973).

Goucher, Candice L. Charles A. LeGuin and Linda A. Walton, In the Balance: Themes in Global History. (Boston, 1998.)

Greswell, William Henry Parr, The Growth and Administration of the British Colonies, 1837 – 1897, (London : Blackie & Son, Limited, 1898.)

Harlow, Vincent Todd, British Colonial Developments, 1774 – 1834, (Oxford : Clarendon Press, 1953.)

Hazari, Bharat R. , Colonialism and Foreign Ownership of Capital: a Trade Theorist's View, (London : C. Helm, 1982.)

Hedley Bull and Adam Watson, ed. , The Expansion of International Society. Clarendon Press, Oxford, 1984.

Held, David and Anthony McGrew, The Global Transformations Reader:
An Introduction to the Globalization Debate, (Malden, Mass.: Polity
Press, 2000.)

Hood, Neil and Stephen Young, The Globalization of Multinational Enter-
prise Activity and Economic Development, (Houndmills, Basingstoke,
Hampshire: MacMillan; New York: St. Martin's Press, 2000.)

Kagarlitsky, Boris, New Realism, New Barbarism: Socialist Theory in the
Era of Globalization, (London; Sterling, Va. : Pluto Press, 1999.)

Kagarlitsky, Boris, The Twilight of Globalization: Property, State and
Capitalism, (London; Sterling, Va. : Pluto Press, 2000.)

Kantrow, Alan M. , Sunrise – Sunset: Challenging the Myth of Industrial
Obsolescence, (New York: Wiley, 1985.)

Kelton, P. T. , Not all Disappeared: Disease and Southeastern Indian
Survival, 1500 – 1800. United States – Oklahoma, The University of Oklaho-
ma. (1998)

Keohane, Robert O. and Joseph S. Nye, Globalization: What's New?
What's not? (and So What?) , Foreign Policy, (Spring, 2000).

Kindleberger, C. P. , A Financial History of Western Europe,
(Oxford, 1993.)

Knowles, L. C. A. , The Industrial and Commercial Revolutions in Great
Britain during the Nineteenth Century, (London: G. Routledge & sons,
ltd. 1947.)

Koebner, R. , and Schmidt H. D. , Imperialism: The Story and Signifi-
cance of a Word, 1840 – 1960, (Cambridge University Press, 1964.)

Kuehl, W. F. , and Dunn L. K. , Keeping the Covenant: American In-
ternationalists and the League of Nations, 1920 – 1939, (Kent State University
Press, 1997.)

Kuypers, J. A. . Press Bias and Politics : How the Media Frame Contro-
versial Issues, (Westport, Conn. , Praeger,2002)

Kuznets, S. , Modern Economic Growth: Rate, Structure, and Spread,
(Yale University Press, 1966.)

Leifer, M. , Asian Nationalism, (London, 2000.)

Litonjua, M. D. , Global Capitalism: The New Context of Christian Social Ethies. Theology Today, (Jul. 1999).

Maddison, A. , Phases of Capitalistic Development, (Oxford University Press, 1982.)

Magdoff, H. , Imperialism: from the Colonial Age to the Present: Essays, (New York, 1978.)

Mazlish, Bruce, Comparing Global History to World History. Journal of Interdisciplinary History, V. 28, No. 3 Winter, 1998.

McCauley, M. , The Soviet Union: 1917 - 1991, (New York, 1993.)

McNeil, William H. , The Changing Shape of World History. History and Theory, V. 34, No. 2 (May, 1995).

Misra, M. , Business, Race and Politics in British India: 1850 - 1960, (London, 1999.)

Mitchell, B. R. , European Historical Statistics, 1750 - 1975, (Macmillan, 1981.)

Mittelman, James H. , The Globalization Syndrome: Transformation and Resistance, (Princeton, N. J. : Princeton University Press, 2000.)

Mokyr, Joel (edited), The British Industrial Revolution: An Economic Perspective, (Boulder: Westview Press, 1993.)

Moore, J. W. , "The Modern World - System as Environmental History? Ecology and the Rise of Capitalism. " Theory and Society 32(3): 307 - 377. (2003)

Morris, T. , and Adelman I. , Comparative Patterns of Economic Development: 1850 - 1914, (Baltimore, 1988.)

Morrison - Low, A. D. , Making Scientific Instruments in the Industrial Revolution, (Aldershot, Hampshire ; Burlington, VT : Ashgate, 2007.)

Mozaffari, Mehdi, Globalization and Civilizations, (New York: Routledge, 2002.)

Nadel, George H. and Perry Curtis, Imperialism and Colonialism, (New York : Macmillan, 1964.)

National Association of Educational Broadcasters. and United States. Office of Education. . Report on project in understanding new media. [Urbana Ill.]. (1960)

OʼRourke, K. , and Williamson J. , Globalization and History: The Evolution of A 19th – Century Atlantic Economy, (MIT press, 2001.)

Pamuk, S. , "Institutional Change and the Longevity of the Ottoman Empire, 1500 – 1800. " Journal of Interdisciplinary History 35 (2): 225 – 247. (2004).

Pieterse, J. N. , Globalization or Empire, (Routledge, 2004.)

Pollard, Sidney, Colin Holmes, Essays on the Industrial Revolution in Britain, (Aldershot: Ashgate, 2000.)

Prakash, O. . "The Indian Maritime Merchant, 1500 – 1800. " Journal of the Economic & Social History of the Orient 47 (3): 435 – 457. (2004)

Rice, S. , R. Mukerji, et al. , Children are Centers for Understanding Media. Washington, Association for Childhood Education International [with the collaboration of the Center for Understanding Media. (1973)

Rider, Christine (Edited), Encyclopedia of the Age of the Industrial Revolution, 1700 – 1920, (Westport, Conn. : Greenwood Press, 2007.)

Roberts, J. Timmons and Amy Hite, From Modernization to Globalization: Perspectives on Development and Social Change, (Malden, Mass: Blackwell, 2000.)

Rostow, W. W. , The World Economy: History and Prospect, (University of Texas Press, 1978.)

Rowntree, Lester, Diversity amid Globalization: World Regions, Environment, Development, (Upper Saddle River, NJ: Prentice Hall, 2000.)

Sabine, Noel J. B. , The British Colonial Empire, (London: W. Collins, 1943.)

Saul, S. B. , Studies in British Overseas Trade: 1870 – 1914, (Liverpool University Press, 1960.)

Schmidt, Johannes Dragsbaek, Globalization and social change, (London; New York: Routledge, 2000.)

Sechrest, L. J. , Free Banking: Theory, History, and a Laissez – Faire Model, (London, 1993.)

Semmel, B. , Imperialism and Social Reform: English Social – Imperial Thought, 1895 – 1914, (New York, 1968.)

Senghaas, D. , The European Experience: A Historical Critique of Development Theory, (Leamington, 1985.)

Servaes, Jan, The New Communications Landscape: Demystifying Media Globalization, (London; New York: Routledge, 2000.)

Shammas, C. , "America, the Atlantic, and Global Consumer Demand, 1500 – 1800. " OAH Magazine of History 19(1): 59 – 64. (2005).

Shannon, R. , The Crisis of Imperialism 1865 – 1915, (London, 1974.)

Simnett, William Edward, The British Colonial Empire, (London : G. Allen & Unwin Ltd. , 1942.)

Sklair, L. . Sociology of the Global System. Baltimore, Johns Hopkins University Press. (1995)

Sklair, Leslie, Globalization: Capitalism and Its Alternatives, (New York: Oxford University Press, 2002.)

Stearns, Peter N. (ed.), Encyclopedia of European Social History from 1350 to 2000, (New York, 2001.)

Stearns, Peter N. , The Industrial Revolution in World History, (Boulder, Colo: Westview Press, 1998.)

Swansbrough, R. H. , The Embattled Colossus: Economic Nationalism and United States Investors in Latin America, (University Press of Florida, 1976.)

Szostak, Rick, The Role of Transportation in the Industrial Revolution : a Comparison of England and France, (Montreal ; Buffalo : McGill – Queen's University Press, 1991.)

Tames, Richard L. (edited), Documents of the Industrial Revolution, 1750 – 1850, (London: Hutchinson Educational, 1971.)

Thomas, J. U. . "Historical Antecedents and Impact of Blacks on the Indigenous White Populations of Brasil and the American South 1500 – 1800. " Ethnohistory 19(2): 147. (1972)

Thomas, V. B. , The Economic History of Latin America since Independence, (London, 2003.)

Wallerstein, Immanuel, Civilization and Modes of Production: Conflict and Convergences, Theory and Society, U. S, No. 1 (Jan. 1978).

Warren, Bill, Imperialism: Pioneer of Capifalism, (London, 1989.)

Weiss, T. , and Schaefer D. , American Economic Development in Historical Perspective, (Stanford University Press, 1994.)

Wesseling, H. L. , Imperialism and Colonization: Essays on the History of European Expansion, (Greenwood Press, 1997.)

Wetzel, D. and Hamerow T. S. , International Politics and German History: The Past Informs the Present, (London, 1997.)

Wilkins, M. , The Emergence of Multinational Enterprise: American Business Abroad from the Colonial Era to 1914, (Harvard University Press, 1970.)

Williamson, Jeffrey G. , Winner and Losers Over Two Centuries of Globalization. NBER Working paper No. 9161, (September, 2002). p. 2. http://www. nber. org

Wills. Jr, J. E. , "Maritime Asia, 1500 - 1800: The Interactive Emergence of European Domination", The American Historical Review VOl. 98, No. 1, pp. 83 ~ 105, (Feb. 1993),

Wolpert, Stanley A, New - History of India, (Oxford University Press, 1997.)

Woude, A. V. etc. , Urbanization in History: A Process of Dynamic Interactions, (Oxford, 1995.)

Yaprak, Attila, Globalization, the Multinational Firm, and Emerging Economies, (New York: JAI, An Imprint of Elsevier Science, 2000.)

Yusuf, Shahid, Facets of Globalization: International and Local Dimensions of Development, (Washington, D. C. : World Bank, 2001.)

Ziegler, C. E. , The History of Russia, (Greenwood Press, 1999.)

Understanding the WTO, www. wto. org

World Trade Indicators 2008, http://info. worldbank. org

WORLD TRADE REPORT 2007, www. wto. org

WORLD TRADE REPORT 2006, www. wto. org

WORLD TRADE REPORT 2005, www. wto. org

WORLD TRADE REPORT 2004, www. wto. org

图书在版编目(CIP)数据

全球化的历史考察 / 何顺果主编. —修订本.

— 南昌：江西人民出版社，2012.7
ISBN 978-7-210-04426-0

Ⅰ.①全… Ⅱ.①何… Ⅲ.①世界史 – 研究

Ⅳ.①K107

中国版本图书馆 CIP 数据核字(2012)第 166323 号

全球化的历史考察(修订本)

主　　编：何顺果

责任编辑：吴艺文

封面设计：同异文化传媒

出　　版：江西人民出版社

发　　行：各地新华书店

地　　址：江西省南昌市三经路 47 号附 1 号

编辑部电话：0791-86898470

发行部电话：0791-86898815

邮　　编：330006

网　　址：www.jxpph.com

E-mail：jxpph@tom.com　web@jxpph.com

2012 年 7 月第 2 版　2012 年 7 月第 2 次印刷

开　　本：787 × 1092 毫米　1/16

印　　张：34

字　　数：520 千

ISBN 978-7-210-04426-0

版权所有　侵权必究

定　　价：66.00 元

承印厂：江西嘉欣印务有限公司

赣人版图书凡属印刷、装订错误，请随时向承印厂调换